2005

中国中西部地区开发年鉴

CHINA CENTRAL WESTERN AREA DEVELOPMENT YEARBOOK

刘江　主编

中国财政经济出版社

图书在版编目（CIP）数据

中国中西部地区开发年鉴．2005/刘江主编．—北京：中国财政经济出版社，2006.1
ISBN 7-5005-8859-3

Ⅰ．中…　Ⅱ．刘…　Ⅲ．地区开发-中国-2005-年鉴　Ⅳ．F127-54

中国版本图书馆 CIP 数据核字（2005）第 150029 号

责任编辑：安建军　武志庆

中国财政经济出版社出版
URL：http：//www.cfeph.cn
E-mail：cfeph@cfeph.cn

社址：北京市海淀区阜成路甲 28 号　邮政编码：100036
发行处电话：88190406　财经书店电话：64033436
北京外文印刷厂印刷　各地新华书店经销
787×1092 毫米　16 开　26.5 印张　8 插页　680 000 字
2006 年 1 月第 1 版　2006 年 1 月北京第 1 次印刷
定价：250.00 元
ISBN 7-5005-8859-3/F·7707
（图书出现印装问题，本社负责调换）

序言

2004年，我国进一步树立和落实了以人为本、全面、协调、可持续的发展观。以科学发展观统领经济发展全局的指导思想，已经成为我国不断深化改革开放和全面建设小康社会的强大动力。这一年科学发展观的伟大实践，对我国国民经济和社会发展产生了富有成果和根本性、全局性的影响。特别是我国的经济实力、综合国力和国际地位显著提高，工业化、城镇化、市场化、国际化步伐明显加快。我国在推进投资体制改革、加快循环经济发展、建设社会主义节约型社会、加强和改善宏观调控决策等方面，都取得了重要成果。与此同时，我国区域协调发展也有了新的进展。首先，中央加强了对中西部地区的农业、能源、交通、水利，以及教育、卫生等社会事业的支持力度，大大增强了中西部地区自我发展的能力；其次，东部沿海地区继续保持了较快的速度，并初步形成了资金和项目向中西部转移的态势，由此不少东部企业既实现了拓宽发展空间的目的，又在一定程度上缓解了土地、能源、水等资源约束的困境，同时也为中西部地区实施优势资源转换和发展特色经济战略创造了条件；第三，我国与周边国家的经济技术合作有了新的发展，中国与东北亚、东南亚、中亚各国和地区共同推进的区域合作都有了实质性进展，从而为全国特别是为中西部地区提高对外开放水平创造了有利条件，加快了中外资投向中西部地区进程，促进了我国经济的优化布局。

2004年，是我国实施西部大开发战略第五个年头。五年来，国家在规划指导、政策扶持、资金投入、产业布局等方面，加大了对西部的支持力度，西部大开发取得了明显成效。仅财政性建设资金、财政转移支付和专项补助，中央就投入了近万亿元，国家长期建设国债有1/3也用于西部地区。五年来，西部地区重大基础设施工程建设进展顺利，并相继开始发挥效益；生态工程不断推进，农民生产生活环境得到了较大改善；电力、煤炭、石油天然气、有色金属、棉花、畜牧、旅游等特色优势产业，在全国市场上已占有重要位置。中央明确，我国要坚持不懈地推进西部大开发，不断开创西部经济社会发展新局面。今后五年，党的十六届五中全会《建议》对西部地区提出了明确的发展定位：西部地区要加快改革开放步伐，加强基础设施和生态环境保护，加快科技教育发展和人才开发，充分发挥资源优势，大力发展特色产业，增强自我发展能力。

2004年，促进中部崛起的发展思路逐步形成。促进中部地区崛起，是我国发展新阶段整体战略布局的重要组成部分。中央要求，要充分认识促进中部地区崛起的战略意义，正确认识和把握中部地区的发展定位和特点，以新的思路促进中部崛起。中央指出，中部地区具有明显的区位优势和综合资源优势，中部地区是我国重要的农产品生产基地、能源基地和重要的原材料基地，拥有比较雄厚的工业基础，具有科技、教育和人才优势，有着丰富的自然历史文化资源。促进中部地区崛起，是统筹区域发展，促进东中西互动，实现优势互补、共同发展的必然选择；是充分发挥中部发展潜力、推进我国经济发展和扩大对外开放的迫切需要；是解决我国“三农”问题、推进工业化和城镇化、全面建设小康社会的重大举措。最近，中央五中全会《建议》对今后五年中部地区的发展定位是：要抓好粮食主产区建设，发展有比较优势的能源和制造业，加强基础设施建设，加快建立现代市场体系，在发挥承东启西和产业发展优势中崛起。很显然，促进中部地区崛起是长期而艰巨的任务，要坚持从实际出发，按客观规律办事，加强领导、科学规划、精心布局、联合协作、共同发展。只有通过有力的措施和扎实的工作，才能开创中部崛起的新局面。

中西部地区是全国空间区域的重要组成部分。中央《建议》强调我国要形成合理的区域发展格局，这就是“继续推进西部大开发，振兴东北地区等老工业基地，促进中西部地区崛起，鼓励东部地区率先发展。”要求“各地区要根据资源承载能力和发展潜力，按照优化开发、重点开发、限制开发和禁止开发的不同要求，明确不同区域的功能定位，逐步形成各具特色的区域发展格局。”中央《建议》的上述要求，是在凝炼我国几十年区域发展的经验教训和吸收国际区域发展成功经验的基础上提出来的，也是我们全面落实科学发展观，促进区域协调发展指导思想的具体化。当前和今后一个时期，是我国全面建设小康社会、加快推进现代化进程的重要时期。东中西部地区的发展是相互联系的、相互促进的。我们要根据中央的要求，继续做好推进西部大开发和促进中部地区崛起的各项工作，不断开创西部大开发和促进中部崛起的新局面。与此同时，我们也要全面认识中央提出的战略布局，推进中西部地区与东部地区、东北地区等老工业基地的相互促进、共同发展。

我国中西部地区矿产资源丰富、人力资源充沛、内需市场可观、对外经济合作潜力巨大，而我国又正值处于扩大内需、发展重化工业和扩大周边合作的发展阶段，这对中西部地区来说都是可以大有作为的。因此，我国中西部地区迎来了加快发展的战略机遇期。我国中西部地区大体可以分为中部地区（山西、河南、湖北、湖南和安徽、江西6省）和西部地区的西北（内蒙古、陕西、甘肃、青海、宁夏和新疆6省区）、西南（广西、重庆、四川、贵州、云南和西藏6省区市）共三个区域，这三个区域各有特色，可以说这三个区域的18个省区市是我国全面建设小康社会和实现现代化的关键性区域。但是，中西部地区也存在许多不足之处，或者说制约因素。从总体上来说，中西部地区思想观念相对落后，交通等基础设施严重不足，工业化、城镇化、市场化、国际步伐有待加快；按区域或省区市来说，中西部地区三个区域和18个省区市还各有各的困难，有的缺水、有的缺能和有的缺路。我们一定要科学地认识自身的优势和不足，一定要做好统筹规划，一定要坚持长期发展的理念，一定要坚持有所为有所不为的思路，那么中西部地区一定能够实现跨越式发展的目标。

21世纪第一个五年即将过去，我国经济持续增长，改革开放步伐加快，社会经济面貌发生深刻变化，为实现21世纪第一个十年的战略目标奠定了良好基础。中西部地区与全国其他地区一样，即将进入全面贯彻落实科学发展和全面建设小康社会的关键发展时期。中西部地区经济发展的困难，主要不在于增长速度上不去，而在于要优化经济结构，转变经济增长方式，提高经济增长的质量和效益。特别是资源和环境问题已经成为我国经济发展重要的制约因素，国际竞争激烈也对我国经济发展和安全提出了新的挑战。因此，今后中西部地区发展一定要以科学发展观来统领各项工作，一定要以构建社会主义和谐社会为指导思想。也就是说，中西部地区的发展要走节约型发展的道路，要把发展的潜力转化为发展的动力和经济的实力。这就是发展是硬道理，科学发展观是实现可持续发展的必由之路。

《中国中西部地区开发年鉴》要进一步宣传好中央关于“促进区域协调发展”的政策要求，努力反映各地落实国家区域发展总体战略的成功经验，为形成我国合理的区域发展格局和促进中西部地区实现跨越式发展而努力。

2005年11月18日

哈尔滨经济技术开发区长江路

拉萨大桥

三峡工程

位于沱沱河上游的长江源头第一桥——长江源特大桥全长1389.6米，因其所处的地理位置兼有冻土及融区的双重特性，对施工技术要求很高

重庆市经济技术开发区

黑龙江省大庆市世纪大道

《中国中西部地区开发年鉴》

编　委　会

保明虎　云南省发展和改革委员会　副主任
金世洵　西藏自治区发展和改革委员会　主任
李忙全　陕西省发展和改革委员会　副主任
邵克文　甘肃省发展和改革委员会　主任
罗朝阳　青海省发展和改革委员会　主任
马　明　宁夏回族自治区发展和改革委员会　副主任
杨伊波　新疆维吾尔自治区发展和改革委员会　副主任
傅仲保　新疆生产建设兵团发展和改革委员会　主任

特约编辑　（按姓氏笔划排序）

王亚东　王志兵　周尊海　王善秀　韦坚祥　王庆卫
仪庆林　权永生　孙　洁　孙　鸣　孙志文　乔永新
李　凡　李日成　李世林　肖　挺　陈世平　陈奉斌
周　强　郗海明　曹立克　曹宗杰　章新平　焦广辉
解守志

编写人员　（按姓氏笔划排序）

丁永峰　马　明　马永利　马双喜　马素英　马素梅
才让杰　王　龙　王　乔　王　莹　王广明　王凤艳
王生宝　王亚东　王庆伟　王雨顺　王志兵　王宏耀
王晓非　王清华　王新怀　王维贤　王善秀　王尊江
方长能　方曙光　巴桑旦周　韦坚祥　付野秋　牛连俊
牛剑平　兰光东　田保磊　龙　勤　龙增琪　叶红专
叶柏青　白义泉　仪庆林　布尼周　玄　武　冯天元
石芝萍　达育玲　孙　鸣　孙志文　孙世义　孙书游
师荣耀　权永生　吉仁太　达育玲　朱洪伟　牟卫东
任志斌　乔长恩　乔永新　任志斌　朴哲赫　刘　贞
刘少军　刘永存　刘光华　刘光伦　刘志明　刘志勇
刘远坤　刘君信　刘艳清　刘晏良　刘健勇　朴哲赫
米玛平措　杜长棣　李　凡　李　庆　李　晶　李　拔
李日成　李中传　李世林　李由大　李忙全　李伟中
李伟红　李志群　李和平　李学升　李环泉　李建春
李春和　李琴华　李雪岩　沙玉岚　邵克文　肖　挺
肖新明　安　虎　安俊义　杜　平　苏　亚　苏树远

编辑小组

地址：北京市海淀区阜成路甲 28 号新知大厦 7 层
邮编：100036
电话：010－88190702　88190747
传真：010－88190749　88190756
网址：http：//www.cfeph.com.cn
E－mail：nianjian912@sina.com
wuzq@cfeph.cn

目录

文献法规篇

综 合 篇

中部地区篇

西部地区篇

省会城市篇

民族自治州篇

专题研究篇

统计资料篇

附　　录

文献法规篇

政府工作报告

——2005年3月5日在第十届全国人民代表大会第三次会议上

国务院总理 温家宝

各位代表：

现在，我代表国务院，向大会作政府工作报告，请予审议，并请全国政协各位委员提出意见。

一、过去一年工作回顾

2004年，全国各族人民在中国共产党领导下，高举邓小平理论和“三个代表”重要思想伟大旗帜，团结奋进，锐意创新，社会主义现代化事业取得令人鼓舞的重大成就。

过去一年，我们是在应对新的挑战和考验中前进的。近两年我国经济运行中出现了一些新问题，主要是粮食供求关系趋紧，固定资产投资膨胀，货币信贷投放过快，煤电油运紧张。如果任其发展下去，局部性问题就会演变为全局性问题。党中央、国务院审时度势，及时作出了加强宏观调控的决策和部署，按照果断有力、适时适度、区别对待、注重实效的原则，综合运用经济、法律手段和必要的行政手段，着力解决影响经济平稳较快发展的突出问题。经过全国上下共同努力，宏观调控取得明显成效。经济运行中不稳定不健康因素得到抑制，薄弱环节得到加强，避免了经济大的起落。

一年来的成就集中表现在：经济保持平稳较快发展，综合国力进一步增强；改革取得重要进展，对外开放实现新突破；社会事业加快发展，人民生活继续改善。2004年，国内生产总值达到13.65万亿元，比上年增长9.5%；财政收入2.63万亿元，增长21.4%；社会消费品零售总额5.4万亿元，增长13.3%；进出口贸易总额1.15万亿美元，增长35.7%，由上年居世界第四位上升为第三位；城镇新增就业980万人，超过预期目标；城镇居民人均可支配收入9422元，农村居民人均纯收入2936元，扣除价格因素，分别实际增长7.7%和6.8%。这些成就，标志着我国在全面建设小康社会道路上又迈出坚实的一步。

一年来，我们主要做了以下几方面工作。

（一）采取更直接、更有力的政策措施，促进粮食增产和农民增收。这次宏观调控是从加强农业入手的。主要措施是：减免农业税，取消除烟叶以外的农业特产税，对种粮农民实行直接补贴，对部分地区农民实行良种补贴和农机具购置补贴，对重点粮食品种实行最低收购价政策。大幅度增加对农业、农村特别是粮食主产区的建设投入。全年中央财政用于“三农”的支出共2626亿元，增长22.5%。同时，推进农业结构调整，多渠道增加农民收入。这些政策措施力度之大，农民得到实惠之多，是多年来少有的，极大地调动了广大农民的积极性。粮食生产出现重要转机，全年粮食总产量达到46947万吨，增产3877万吨。粮食增产和农民增收，对于稳定经济全局起到了至关重要的作用。

（二）控制固定资产投资过快增长，大力加强薄弱环节。主要是严把土地审批和信贷投放两个闸门，控制投资需求膨胀，遏制部分行业盲目投资和低水平重复建设。深入整顿和规范土地市场秩序，全面清理各类开发区；暂停半年审批农用地转非农建设用地；制定了《关于深化改革严格土地管理的决定》；完善国土资源管理体制。提高商业银行存款准备金率，上调金融机构存贷款基准利率，放开贷款利率上限，加强商业银行资本充足率管理；提高钢铁、水泥、电解铝、房地产等行业建设项目资本金比例。依法清理在建和拟建项目。全年全社会固定资产投资增长 25.8%，增幅比一季度回落 17.2 个百分点。货币信贷增幅明显减缓。

注重结构调整，加大对农业、水利、能源、交通、环保和社会事业的投资力度。长达 4000 公里的西气东输管道全线贯通并投入商业运营，三峡工程、西电东送、青藏铁路、南水北调等重大建设取得新进展。全年新增煤炭生产能力 1.2 亿吨，新增发电装机容量 5055 万千瓦，铁路新线投产 1433 公里，新增公路通车里程 4.6 万公里。

西部大开发继续推进，新开工 10 项国家重点建设工程，总投资 800 亿元。东北地区等老工业基地振兴开局良好，国家支持启动了 197 个调整改造项目，15 个采煤沉陷区治理工程开始建设。

加强经济运行调节，缓解煤电油运紧张状况。从增加供给、抑制不合理需求、协调供需关系等方面采取有力措施，保障了经济社会发展和人民生活的需要。

（三）不失时机推进经济体制改革，扩大对外开放。深化粮食流通体制改革，全面放开粮食收购市场。农村税费改革进入逐步取消农业税的新阶段。国有企业改革取得新进展，国有资产监管体制框架初步建立。国有商业银行股份制改革顺利推进。农村信用社改革扩大到 29 个省（自治区、直辖市）。制定并实施投资体制改革方案。全面落实出口退税改革措施，做到了老账全部还清、新账不欠。在东北老工业基地开展了增值税转型改革试点。深入整顿和规范市场秩序，加强食品、药品安全监管，加大知识产权保护力度。坚决打击制售假冒伪劣商品、偷逃骗税和走私等违法犯罪活动。

我们履行加入世贸组织承诺，继续降低关税，扩大开放领域，贯彻修订后的对外贸易法，全面放开外贸经营权。实施“走出去”战略，参与区域经济合作。内地与香港、澳门更紧密经贸关系安排顺利实施。全年实际利用外商直接投资 606 亿美元。

（四）加大政策支持和财政投入，促进各项社会事业发展。各级政府加大对科技、教育、文化、卫生、体育事业的支持，中央财政用于这些方面的支出 987 亿元，投入国债资金 147 亿元。

国家创新体系、基础研究、科技基础设施建设和基层科技工作进一步加强。一批重大科技项目和高新技术产业化取得新进展。围绕制定国家中长期科学和技术发展规划，组织 2000 多位专家对若干战略问题进行研究论证。

新一轮教育振兴行动计划进展顺利。西部地区“两基”攻坚计划开始实施。加大对贫困地区农村义务教育的支持，继续实施农村中小学危房改造。为中西部地区农村义务教育阶段 2400 多万贫困家庭学生免费提供教科书。职业教育加快发展。高等教育注重提高质量。高校贫困家庭学生资助体系进一步完善。

以建设全国疾病预防控制体系和突发公共卫生事件医疗救治体系为重点，加快公共卫生事业发展。1410 个县级和 250 个省、市（地）级疾病预防控制中心基本建成，290 所紧急救援中心陆续开工。加强对重大疾病的防治工作。重视农村卫生设施建设，稳步进行新型农村合作医疗制度试点。采取果断措施，及时遏制高致病性禽流感疫情蔓延。

推进文化体制改革和文化事业发展，加强文化市场管理。中央财政安排专项资金支持 533 个县级图书馆、文化馆和 4 万个村广播电视设施建设。国家重大文化项目建设和自然历史文化遗产地保护得到加强。对外文化交流更加活跃。群众性体育活动蓬勃开展。我国运动员在第 28 届奥运会、第 12 届残疾人奥运会上取得优异成绩。

加强国土资源、环境保护和生态建设工作。加大了耕地保护力度。重点流域和区域污染防治取得新进展。农村计划生育工作进行了新的探索，并取得积极成果。

（五）努力改善人民生活，重视解决关系群众切身利益的突出问题。进一步落实各项政策措施，促进就业和再就业。继续做好“两个确保”和城市“低保”工作。从 2004 年 7 月 1 日起，全国提高企业退休人员基本养老金标准。许多地方适时提高“低保”标准。完善城镇社会保障体系试点工作继续推进。中央财政全年用于社会保障的资金达 1465 亿元，增长 18.1%。

加大扶贫工作力度，中央财政安排扶贫资金 122 亿元，农村贫困人口比上年减少 290 万。去年，部分地区发生严重自然灾害，各级政府及时做好抗灾、救灾和灾后重建工作，累计救助灾民 6800 万人次。

依法解决农村征地、城镇房屋拆迁和企业改制中损害群众利益的问题。拖欠农民的征地补偿费已基本偿还。全面清理建筑领域拖欠工程款和进城务工农民的工资，已偿还历年拖欠工资 332 亿元。维护人民群众合法权益摆在了政府工作更加重要的位置。

（六）加强民主法制建设，全力维护社会稳定。积极推进基层民主建设，进一步健全村务公开和村民自治制度，继续完善城市社区居民自治和基层管理体制。高度重视政府法制工作。国务院制定了《全面推进依法行政实施纲要》，明确了建设法治政府的目标和任务；提出了《公司法》、《传染病防治法》修订草案和《公务员法》草案等 7 部法律议案，制定了 32 件行政法规。各级政府认真实施《行政许可法》，取消和调整了一大批行政审批项目。强化执法监督，审计、监察等部门做了大量卓有成效的工作。我们组织制定了国家突发公共事件总体应急预案，以及应对自然灾害、事故灾难、公共卫生和社会安全等方面 105 个专项和部门应急预案；各省（区、市）也完成了省级总体应急预案的编制工作。建设法治政府，全面履行政府职能，取得突破性进展。

以解决损害群众利益的突出问题为重点，深入开展廉政建设和反腐败斗争。加强社会治安综合治理，推进治安防控体系建设。依法严厉打击各种刑事犯罪活动，初步遏制了严重刑事案件上升势头。加强和改进信访工作，积极化解各类矛盾。

民族、宗教、侨务工作进一步加强。国防和军队现代化建设取得新进展。外交工作开创新局面，我国的国际地位进一步提高。

一年来各方面的显著成就，是以胡锦涛同志为总书记的党中央驾驭全局、正确领导的结果，是全国各族人民齐心协力、顽强拼搏的结果，各地方各部门做了大量艰苦细致的工作，社会各界、各个方面作出了重要贡献。我代表国务院，向全国工人、农民、知识分子和干部，向社会主义劳动者和社会主义事业建设者，向解放军指战员、武警部队官兵和公安民警，表示诚挚的感谢！向全国各族人民、各民主党派、各人民团体和各界人士对政府工作的信任和支持，表示诚挚的感谢！向关心和支持祖国建设和统一的香港特别行政区同胞、澳门特别行政区同胞和台湾同胞，以及广大侨胞，向一切关心和支持中国现代化建设的各国朋友，表示诚挚的感谢！

过去一年，我们不仅大步推进各项事业，而且在丰富的实践中思想认识得到升华。各级政府增强了贯彻中央决策和部署的自觉性，提高了用好重要战略机遇期、更好推动发展的认识和能力。我们的主要体会是：

——必须坚持树立和落实科学发展观。科学发展观是中国共产党对社会主义现代化建设指导思想的新发展。它进一步明确了发展是硬道理，要以经济建设为中心，注重提高经济增长质量和效益；要以人为本，注重“五个统筹”，实现经济社会全面协调可持续发展。无论是解决当前经济运行中的突出矛盾和问题，还是全面建设小康社会，都必须以科学发展观为指导。要把科学发展观贯彻到改革开放和现代化建设的全过程。

——必须坚持加强和改善宏观调控。近两年来的宏观调控，是认真落实科学发展观的重要实践。宏观调控与市场机制都是社会主义市场经济体制的有机组成部分。要更大程度地发挥市场在资源配置中的基础性作用，同时要搞好宏观调控。关键是要根据经济运行的变化，把握好调控的方向、重点、时机和力度，改进调控方式方法，主要运用经济、法律手段，辅之以必要的行政手段，促进经济平稳运行和持续较快发展。

——必须坚持推进改革开放。我国经济体制改革仍处在攻坚阶段。要坚定不移地深化改革，消除阻碍经济发展和造成经济不稳定的体制性根源，为实现经济社会全面协调可持续发展提供制度保障。在推进经济体制改革的同时，要协调推进政治体制改革和其他方面的改革。要坚持以开放促改革、促发展，全面提高对外开放水平，建设更加开放、更具活力的经济体系。

——必须坚持处理好全局和局部的关系。全国经济是一个有机整体，应当按照“全国一盘棋”的战略布局，充分发挥各个地区的优势，调动中央和地方两个积极性。国家制定方针政策，必须考虑全局利益和长远发展，又要照顾不同地区、不同行业的特点；地方要充分发挥各自的积极性，又必须服从国家全局和长远发展的需要。

——必须坚持按客观规律办事。我国现代化建设要始终坚持从国情出发，自觉遵循客观规律。既要积极进取，抓住机遇加快发展，又不能脱离实际条件，盲目扩大建设规模、片面追求经济增长速度。否则，欲速则不达，还会造成严重损失。经济工作和其他工作都要注重实效，把发挥主观能动性和遵循客观规律统一起来。

——必须坚持把人民群众利益放在第一位。要切实维护人民群众的经济、政治和文化权益，着力解决关系群众切身利益的突出问题，保障城乡困难群众的基本生活。不断满足人们日益增长的物质文化需要，是社会主义现代化建设的根本目的。只有执政为民，我们的各项事业才能获得最广泛最可靠的群众基础和力量源泉。

总结一年来的工作，我们清醒地看到，经济社会发展中还存在不少问题和困难。一是经济运行中的突出矛盾虽有所缓解，但尚未根本解决。农业基础薄弱的状况没有明显改变，保持粮食增产和农民增收的难度增加；固定资产投资还有可能反弹；煤电油运仍相当紧张；物价上涨的压力较大。二是社会发展中的问题突出。一些地方特别是广大农村教育、卫生、文化等社会事业需要解决的问题较多；城乡之间、地区之间发展差距和部分社会成员之间收入差距过大；部分低收入群众生活比较困难；影响社会稳定的因素不少。三是经济社会发展中的一些长期性问题和深层次矛盾依然存在。主要是：就业压力巨大；经济结构不合理，产业技术水平低，第三产业发展滞后；投资率持续偏高，消费率偏低；经济增长方式粗放，资源约束和环境压力加大。特别是制约经济社会健康发展的体制性机制性问题仍很突出。

我们也清醒地看到，政府工作还存在不少缺点。政府自身改革和职能转变滞后，行政审批事项仍然过多，社会管理和公共服务职能比较薄弱；一些部门之间职责不清、协调不力，管理方式落后，办事效率不高；有些关系群众利益的问题还没有得到根本解决；有些政府工作人员依法行政观念不强；形式主义、官僚主义、弄虚作假和奢侈浪费的问题比较突出；腐败现象在一些地方、部门和单位比较严重。

对以上问题，我们要高度重视并继续采取措施加以解决。要增强忧患意识和责任感，戒骄戒躁，励精图治，知难而进，坚持不懈地做好工作，绝不辜负人民的重托和期望。

二、2005 年工作总体部署

今年，是全面完成“十五”任务、为“十一五”发展打好基础的关键一年。政府工作的基本思路是：以邓小平理论和“三个代表”重要思想为指导，认真贯彻党的十六大和十六届三中、四中全会精神，坚持用科学发展观统领经济社会发展全局，加强和改善宏观调控，以改革开放为动力推进各项工作，构建社会主义和谐社会，推动社会主义物质文明、政治文明和精神文明共同进步。

综合考虑国内外各种因素，今年经济社会发展主要预期目标是：国内生产总值增长8%左右；城镇新增就业900万人，城镇登记失业率控制在4.6%；居民消费价格总水平涨幅控制在4%；国际收支保持基本平衡。

保持经济平稳较快发展，是政府工作必须把握好的重大问题。我国正处于重要战略机遇期，经济应有较快发展，但增长速度也要适当。经济大起或大落，都不利于经济发展，不利于改革开放，不利于社会稳定。中央提出今年经济增长预期目标为8%左右，是为了使预期目标符合实际情况，既考虑需要，也考虑可能，兼顾了就业、物价等其他预期目标的要求。在社会主义市场经济条件下，经济社会发展预期目标是指导性的，可以根据经济运行的变化进行调整。各地区应当从实际出发，实事求是地提出本地区经济社会发展的预期目标，切实把工作重点放在提高经济增长质量和效益上，不要盲目攀比经济增长速度。

全面完成今年经济社会发展的各项任务，在工作指导和部署上，要突出抓好三个方面：一是着力搞好宏观调控。进一步消除经济运行中不稳定不健康因素，推进经济结构调整和增长方式转变，保持经济平稳较快发展，保持价格总水平基本稳定。二是着力推进改革开放。坚持以改革推动各项工作，把深化改革同落实科学发展观、加强和改善宏观调控结合起来，注重用改革的办法解决影响发展的体制问题。全面提高对外开放水平，更好地利用国内国际两个市场、两种资源。三是着力建设和谐社会。建设民主法治、公平正义、诚信友爱、充满活力、安定有序、人与自然和谐相处的社会主义和谐社会，要广泛团结一切可以团结的力量，充分调动一切积极因素，激发全社会的创造活力；要妥善处理各方面利益关系，让全体人民共享改革和建设的成果；要正确处理改革发展稳定的关系，努力为经济社会持续发展创造有利条件和良好环境。

三、继续保持经济平稳较快发展

今年经济发展要着重抓好以下四个方面工作。

（一）坚持加强和改善宏观调控。从当前经济运行情况看，宏观调控工作不能放松。今年要实行稳健的财政政策和稳健的货币政策，加强各项宏观经济政策的协调配合。要更好地贯彻区别对待、有保有压的原则，更加注重发挥市场机制的作用，更加注重运用经济手段和法律手段，巩固和发展宏观调控成果。

实施稳健的财政政策。1998年以来，为了应对亚洲金融危机影响和国内需求不足问题，中央实行了积极的财政政策。实践证明，这一政策是正确的，取得了显著成效。鉴于目前投资规模已经很大、社会资金增加较多，有必要也有条件由扩张性的积极财政政策转向松紧适度的稳健财政政策。今年要适当减少财政赤字，适当减少长期建设国债发行规模。拟安排中央财政赤字3000亿元，比上年预算减少198亿元；拟发行长期建设国债800亿元，比上年减少300亿元，同时增加中央预算内经常性建设投资100亿元。继续发行一定规模的长期建设国债，主要是为了加大对“三农”、社会发展、生态建设和环境保护等薄弱环节的投入，支持西部大开发、东北地区等老工业基地振兴，支持老、少、边、穷地区加快发展；还有一部分在建项目也需要国债资金继续予以支持。要认真做好财税工作。依法加强税收征管，全面清理和规范税收优惠政策，严格控制减免税，确保财政收入稳定增长。要严格控制一般性支出增长，保证重点支出需要。全面厉行节约，反对铺张浪费。

继续实行稳健的货币政策。合理调控货币信贷总量，既要支持经济发展，又要防止通货膨胀和防范金融风险。改善金融调控方式，灵活运用多种货币政策工具。引导金融企业优化信贷结构，改进金融服务，支持有市场、有效益的企业流动资金贷款需要，增加对中小企业和农村的贷款，合理控制中长期贷款。加强对金融企业的监管。积极稳妥地处置各类金融隐患，严厉打击金融领域违法犯罪活动，确保金融安全高效稳健运行。

控制固定资产投资规模。继续把好土地审批和信贷投放两个闸门。坚持实行最严格的土地管理制度，完善政策，从严执法。加强城市规划和土地管理，继续开展土地市场治理整顿，严格控制农用地转为建设用地，合理控制城市建设规模。加快完善重点行业的产业政策、专项规划和市场准入标准。着力优化投资结构，引导社会资金投向发展的薄弱环节。继续搞好经济运行调节，进一步缓解煤电油运紧张状况。

积极扩大消费需求。实行有利于扩大消费的财税、金融和产业政策。稳步发展消费信贷等新型消费方式。努力改善消费环境，尤其是加快改善农村公共基础设施，进一步搞活农村流通，开拓农村市场。培育新的消费热点，扩大服务性消费；引导消费预期，增强消费信心，增加即期消费。

保持价格总水平基本稳定。努力保持粮食等主要农产品价格在合理水平上基本稳定，重点抑制生产资料价格和房地产价格过快上涨，把握好公共产品和服务价格调整的时机和力度。加强市场和价格监管，坚决制止哄抬物价行为。

（二）进一步加强“三农”工作。解决好农业、农村、农民问题，仍然是全部工作的重中之重。适应我国经济发展新阶段的要求，实行工业反哺农业、城市支持农村的方针，合理调整国民收入分配格局，更多地支持农业和农村发展。要围绕提高农业综合生产能力，实现粮食稳定增产、农民持续增收，从多方面加大支持力度。

一是稳定、完善和强化对农业的扶持政策。加快减免农业税步伐。在全国大范围、大幅度减免农业税。592个国家扶贫开发工作重点县免征农业税。全部免征牧业税。因减免农（牧）业税而减少的财政收入，主要由中央财政安排专项转移支付予以补助。今年中央财政为此新增支出140亿元，用于这方面的支出总额将达到664亿元。明年将在全国全部免征农业税。原定5年取消农业税的目标，3年就可以实现。继续对种粮农民实行直接补贴，增加良种补贴和农机具购置补贴，对重点粮食品种继续实行最低收购价政策。采取综合措施，控制农业生产资料价格过快上涨。中央财政还将安排150亿元，增加对产粮大县和财政困难县的转移支付。这项政策对于这些地区的基层建设和农村各项事业发展具有重要作用。

二是继续推进农业和农村经济结构调整。进一步发展粮食生产，稳定增加粮食播种面积，加强粮食生产基地建设，严格保护耕地特别是基本农田。推进农业区域化布局、专业化生产和产业化经营，大力发展特色农业。加快发展农产品加工业。积极发展林业、畜牧业和水产业。发展乡镇企业，壮大县域经济。

三是加强农田水利和农村基础设施建设。国家基本建设投资和国债资金，要重点支持农田水利、生态建设、中低产田改造、“六小工程”、旱作节水农业及县乡公路建设等。农业综合开发资金进一步向粮食主产区倾斜。引导和鼓励农民对直接受益的小型基础设施建设投工投劳。

四是加快农业科技创新和技术推广。大幅度增加农业科技投入，加强农业科技创新能力建设，进一步完善农业技术推广体系。增加重大农业技术推广专项补贴。支持和鼓励科技人员到农村开展技术咨询和服务。

五是多渠道转移农村富余劳动力。发展农村二、三产业，稳步推进城镇化建设，拓展农村劳动力就业空间。改善农民进城务工就业、创业环境，积极开展职业技能培训。进一步研究制定涉及农民工的各项政策。引导农村劳动力合理有序流动。

（三）加快推进经济结构调整和增长方式转变。推进产业结构优化升级。坚持走新型工业化道路。依靠科技进步，围绕提高自主创新能力，推动结构调整。加快开发对经济增长有重大带动作用的高新技术，以及能够推动传统产业升级的共性技术、关键技术和配套技术。抓紧制定若干重大领域关键技术创新的目标和措施，务求尽快取得新突破。完善鼓励创新的体制和政策体系。坚持引进先进技术和消化吸收创新相结合，增强自主开发能力。大力发展高新技术产业，积极推进国民经济和社会信息化。加快用高新技术和先进适用技术改造提升传统产业。以重大工程为依托，推动装备制造业振兴。在专项规划指导下，继续加强能源、重要原材料等基础产业和水利、交通、通信等基础设施建设。积极发展现代流通、旅游、社区服务等第三产业。既要加快发展资金技术密集型产业，又要继续发展劳动密集型产业。

促进企业技术改造和重组。要立足于现有企业基础，重视盘活用好存量资产，防止盲目铺新摊子。要从财税、金融和土地利用等方面，加大对重点企业技术改造的支持。注重企业技术改造与企业改革结合。支持和引导社会资金用于现有企业重组和技术改造。

注重能源资源节约和合理利用。缓解我国能源资源与经济社会发展的矛盾，必须立足国内，显著提高能源资源利用效率。一要坚决实行开发和节约并举、把节约放在首位的方针。鼓励开发和应用节能降耗的新技术，对高能耗、高物耗设备和产品实行强制淘汰制度。二要抓紧制定专项规划，明确各行业节能降耗的标准、目标和政策措施。抓好重点行业的节能节水节材工作。鼓励发展节能环保型汽车、节能省地型住宅和公共建筑。三要大力发展循环经济。从资源开采、生产消耗、废弃物利用和社会消费等环节，加快推进资源综合利用和循环利用。积极开发新能源和可再生能源。四要加强矿产资源开发管理。整顿和规范矿产资源开发秩序。完善资源开发利用补偿机制和生态环境恢复补偿机制。五要大力倡导节约能源资源的生产方式和消费方式，在全社会形成节约意识和风气，加快建设节约型社会。

加强环境保护和生态建设。要抓紧解决严重影响人民群众健康安全的环境污染问题。以水污染防治为重点，加强工业和城市污染治理，加强农村面源污染治理，加强饮用水源地保护。实行严格的排污总量控制制度，加大环保监督和执法力度。大力推行清洁生产，发展环保产业。继续搞好天然林保护和草原建设，加强风沙源和水土流失治理。我们的奋斗目标是，让人民群众喝上干净的水、呼吸清新的空气，有更好的工作和生活环境。

（四）积极推动区域协调发展。实施西部大开发，振兴东北地区等老工业基地，促进中部地区崛起，鼓励东部地区加快发展，是从全面建设小康社会和加快现代化建设全局出发作出的整体战略部署。实行符合各地特点、发挥比较优势、各有侧重又紧密联系的区域发展战略，体现了统筹协调发展的要求，既有利于充分调动各地区的积极性，又有利于东中西互动、优势互补、相互促进、共同发展。

认真总结实施西部大开发战略五年来的经验。国家要从政策措施、资金投入、产业布局、人才开发等方面，进一步加大对西部地区的支持。继续加强基础设施建设和生态环境建设。做好退耕还林、退牧还草工作。大力开发优势资源，发展特色产业，提高加工增值能力。加快推进重点区域、重点地带开发。积极扩大对内对外开放，加强与周边国家和地区的经济技术合作。抓紧建立西部开发长期稳定的专项资金渠道。

全面落实中央关于振兴东北地区等老工业基地的各项政策措施。大力发展现代农业，加强国家商品粮基地建设。加快产业结构调整升级和重点企业改革改组改造。研究建立资源型城市衰退产业援助机制，促进经济转型。认真做好增值税转型试点和完善城镇社会保障体系扩大试点工作。东北等老工业基地要在加快改革、扩大开放中，主要依靠体制机制创新，走出一条实现振兴的新路子。

抓紧研究制定促进中部地区崛起的规划和措施。充分发挥中部地区的区位优势和综合经济优势，加强现代农业特别是粮食主产区建设；加强综合交通运输体系和能源、重要原材料基地建设；加快发展有竞争力的制造业和高新技术产业；开拓中部地区大市场，发展大流通。国家要从政策、资金、重大建设布局等方面给予支持。

东部地区加快发展，有利于增强国家实力和竞争力，也有利于支持和带动其他地区发展。东部地区要在优化经济结构、深化体制改革、转变增长方式等方面走在前面。更加注重提高经济整体素质和国际竞争力，进一步发展外向型经济；更加注重促进城乡、经济社会协调发展，切实加强耕地保护、资源节约和生态环境建设。积极支持和帮助中西部地区发展。

采取更加有力的措施，支持革命老区、少数民族地区、边疆地区和贫困地区加快经济社会发展。

四、大力推进经济体制改革和对外开放

今年，我们要用更大力量推进经济体制改革，在一些重点领域和关键环节取得新突破。

（一）继续推进农村改革。农村税费改革是农村经济社会领域的一场深刻变革。全部免征农业税，取消农民各种不合理负担，彻底改变两千多年来农民种田缴纳“皇粮国税”的历史，实现这一目标只是农村税费改革迈出的第一步，巩固改革成果还要付出更大的努力，走更长的路。必须抓紧研究解决税费改革中的新矛盾新问题，把工作的重点放在搞好乡镇机构、农村义务教育体制和县乡财政管理体制等各项改革上。这是更为重要、也更为复杂艰巨的任务。同时，要深化粮食流通体制改革、农村金融改革、农村土地管理制度改革。

（二）深化国有企业改革。国有企业改革仍然是经济体制改革的中心环节，必须坚定不移地按照中央确定的方针政策继续推进。一要坚持国有经济布局和结构的战略性调整，完善国有资本有进有退、合理流动的机制。积极发展具有自主知识产权、知名品牌和国际竞争力的大公司大企业集团。二要加快国有大型企业股份制改革。按照建立现代企业制度的要求，健全公司法人治理结构，转换企业经营机制。推行企业年度经营业绩和任期业绩责任制。规范国有企业经营者薪酬制度。三要加快解决企业办社会问题，继续做好国有企业政策性关闭破产工作，建立依法破产机制。四要深化电力、电信、民航等行业改革，推进邮政、铁路行业和城市公用事业改革，放宽市场准入，引入竞争机制。要完善国有资产管理体制和监管方式，建立国有资本经营预算制度，规范国有企业改制和国有产权转让，防止国有资产流失，维护职工合法权益。要深化集体企业改革，推动多种形式的集体经济发展。

（三）鼓励、支持和引导非公有制经济发展。认真贯彻落实国务院《关于鼓励支持和引导个体私营等非公有制经济发展的若干意见》，为非公有制企业创造平等竞争的法治环境、政策环境和市场环境；进一步放宽非公有资本进入的行业和领域，拓宽非公有制企业融资渠道，依法保护私有财产权和非公有制企业权益。改进政府对非公有制企业的服务和监管。非公有制企业要提高自身素质，遵守国家法律法规政策和安全、环保等规定，保障职工合法权益。

（四）加快金融体制改革。这是关系改革和发展全局的重要任务。要加快国有商业银行改革，搞好股份制改革试点。推进政策性银行和其他商业银行改革。积极稳步发展多种所有制金融企业。继续抓紧落实国务院《关于推进资本市场改革开放和稳定发展的若干意见》，加强资本市场基础建设，建立健全资本市场发展的各项制度，切实保护投资者特别是公众投资者的合法权益，营造资本市场稳定和健康发展的良好环境。深化保险业改革，规范保险市场秩序。稳步推进利率市场化和人民币汇率形成机制改革，保持人民币汇率在合理、均衡水平上基本稳定。完善金融监管体系，加强和改进金融监管。

（五）推进财税体制和投资体制改革。健全公共财政体制，完善和规范中央财政转移支付制度。完善省级以下财政体制。搞好增值税转型试点，制定全面实施方案。完善出口退税机制。深化预算管理制度改革。全面落实投资体制改革决定，制定相关办法，完善项目审批、核准和备案制度；建立新形势下的全社会投资调控体系；规范政府投资的范围和行为；健全政府投资监管制度；建立政府投资和国有企业投资责任制与责任追究制，从根本上改变投资决策失误而无人负责的状况。

（六）加强市场体系建设。积极发展各类要素市场。规范发展产权交易市场。推进流通体制改革，大力发展现代流通方式。深化价格改革，理顺价格关系。深入整顿和规范市场秩序，重点是继续抓好直接关系人民群众身体健康和生命安全的食品、药品市场专项整治；继续整顿和规范农资市场、建筑市场和房地产市场；深入开展保护知识产权专项行动；严厉打击非法传销和各种商业欺诈行为，打击走私、偷逃骗税、洗钱等经济犯罪活动。加快社会信用体系建设。

今年，我国对外开放面临不少新情况。关税要降到加入世贸组织承诺的水平，取消大多数非关税措施，进一步开放服务领域。我们要适应新形势，切实做好对外开放工作。一要加快转变对外贸易增长方式。优化出口商品结构，促进加工贸易升级，保持出口继续增长。继续搞好能源、重要原材料、关键技术和重大设备的进口。改革口岸管理体制，加快“大通关”建设。妥善处理国际贸易摩擦和纠纷。二要继续积极合理利用外资。着力提高利用外资质量，更好地把引进外资与提升国内产业结构和技术水平结合起来。鼓励外商投资高新技术产业、现代服务业、现代农业和中西部地区，限制高消耗、高污染的项目。三要进一步实施“走出去”战略。鼓励有条件的企业对外投资和跨国经营，加大信贷、保险、外汇等支持力度，加强对“走出去”企业的引导和协调。建立健全境外国有资产监管制度。四要抓紧做好加入世贸组织后过渡期各项工作。继续发展多边、双边经贸关系，积极参与区域经济合作。

五、积极发展社会事业和建设和谐社会

贯彻落实科学发展观，必须大力实施科教兴国战略、人才强国战略和可持续发展战略，加快社会事业发展；着力解决与人民群众切身利益相关的突出问题，维护社会稳定，努力构建社会主义和谐社会。

（一）大力发展科技、教育、文化、卫生、体育事业，加强精神文明建设。加快科技改革和发展。今年要发布国家中长期科学和技术发展规划纲要。继续推进国家创新体系建设。加强基础研究、战略高技术研究和重要公益性技术研究。继续实施一批重大科技专项，加大关键技术攻关力度。加强重大科技基础设施和国家重点科研基地建设。深化科技体制改革，加快建立与社会主义市场经济体制相适应的科技管理体制、创新机制和现代院所制度。充分发挥企业在技术创新中的主体作用。加强产学研结合，促进科技成果产业化。坚持社会科学和自然科学并重，进一步繁荣和发展哲学社会科学。

切实把教育放在优先发展的战略地位。重点加强农村义务教育，完善以政府投入为主的经费保障机制。继续实施西部地区“两基”攻坚计划。从今年起，免除国家扶贫开发工作重点县农村义务教育阶段贫困家庭学生的书本费、杂费，并补助寄宿学生生活费；到2007年在全国农村普遍实行这一政策，使贫困家庭的孩子都能上学读书，完成义务教育。认真解决好进城务工农民子女上学的问题。着力提高高等教育质量。大力发展各类职业教育。认真贯彻党的教育方针，加强德育工作，推进素质教育，促进学生全面发展。加快教学内容和方法的改革与创新，切实减轻学生负担。加快现代远程教育工程建设。继续促进民办教育健康发展。严格规范各类学校招生和收费制度，加强学校财务管理和监督。

加快卫生事业改革和发展。今年要全面建

成疾病预防控制体系，基本完成突发公共卫生事件医疗救治体系建设。切实把医疗卫生工作的重点放在农村，加强农村卫生基础设施和卫生队伍建设。推进新型农村合作医疗制度试点，探索建立医疗救助制度。加强重大传染病及地方病、职业病的防治工作。认真落实各项预防、救治、关爱措施，坚决遏制艾滋病蔓延。开展城市医疗服务体制改革试点。大力发展社区卫生服务。积极发展中医药事业。深入整顿和规范医疗服务收费和药品购销秩序，切实解决群众看病难、看病贵的问题。

继续做好人口发展战略研究工作。稳定计划生育政策和低生育水平，提高人口素质。扩大对农村部分计划生育家庭实行奖励扶助制度和“少生快富”扶贫工程的试点。做好老龄人口工作。关心和支持残疾人事业。

大力发展社会主义先进文化。加强思想道德建设，弘扬以爱国主义为核心的民族精神和以改革创新为核心的时代精神，弘扬集体主义、社会主义思想。加强和改进未成年人思想道德建设和大学生思想政治教育。推动文化体制改革和机制创新，加快文化事业和文化产业发展。坚持一手抓繁荣、一手抓管理。发展文学艺术、新闻出版和广播影视业。加强互联网建设和管理。加快农村基层文化建设，提高广播电视“村村通”水平。深入开展群众性精神文明创建活动。坚持不懈地进行“扫黄”“打非”斗争。广泛开展全民健身运动。继续做好2008年北京奥运会和2010年上海世界博览会的筹办工作。

加强各类型、多层次人才队伍建设。特别要培养、吸引、用好高层次和高技能人才，促进人才合理流动，加强人才市场法制建设。

（二）进一步做好就业和社会保障工作，提高人民生活水平。继续实行积极的就业政策。认真落实各项扶持再就业的政策措施，并把实施范围扩大到集体企业下岗职工。今年中央财政安排109亿元资金支持再就业，比上年增加26亿元。地方财政也要增加投入。加强就业指导、培训和服务。统筹做好城镇新增劳动力、高校毕业生、复员退伍军人和农村富余劳动力的就业工作。加强劳动保障监察。

加快社会保障体系建设。完善企业职工基本养老保险制度，坚持社会统筹与个人账户相结合，扩大做实个人账户试点。推进国有企业下岗职工基本生活保障向失业保险并轨，今年在全国多数地区基本解决历史遗留的国有企业下岗职工问题，今后企业裁员将逐步依法直接纳入失业保险或城市“低保”。依法扩大养老、失业、医疗、工伤等社会保险覆盖面，提高个体、私营和外资企业的参保率，完善灵活就业人员的参保办法。加大社会保险费的征缴力度，逐步提高统筹层次。研究制定机关事业单位养老保障制度改革方案。进一步完善城市“低保”制度，有条件的地方可探索建立农村居民最低生活保障制度。做好优待抚恤工作。支持慈善事业发展。

继续增加城乡居民收入，特别是中低收入者收入。通过多种措施促进农民收入持续增长。抓紧建立确保进城务工农民工资正常支付的机制，继续做好清欠工作。各类企业都要严格执行最低工资制度，按时足额支付职工工资，并在提高效益的基础上增加职工收入。改革和规范公务员工资制度。

推进收入分配制度改革。整顿和规范分配秩序，抓紧完善个人所得税制度，加大收入分配调节力度，逐步理顺分配关系，努力解决部分社会成员收入差距过大的问题，促进社会公平。

高度重视解决城乡困难群众基本生活问题。各地要加快建立城乡特殊困难群众的社会救助体系，帮助他们解决看病、住房、子女上学等实际困难。完善农村“五保户”供养制度。增加扶贫投入，积极帮助贫困地区群众脱贫致富。做好受灾地区减免税收和受灾群众生产生活救济等工作。

（三）加强民主法制建设，切实维护社会稳定。积极稳妥地推进政治体制改革，加强社会主义民主政治建设。进一步扩大基层民主，完善基层民主管理制度。做好政府立法工作，重点加强完善宏观调控机制、应对处置各种突发事件、保障劳动者合法权益等方面的立法。推进司法体制改革，维护司法公正。各级政府都要支持审判机关和检察机关依法独立行使审判权和检察权。加强普法宣传教育。做好法律服务和法律援助工作。依法保障妇女、未成年人和残疾人的合法权益。

全面贯彻党的民族政策，坚持和完善民族区域自治制度，巩固和发展平等、团结、互助的社会主义民族关系，促进各民族共同繁荣进步。全面贯彻党的宗教工作基本方针，认真实施《宗教事务条例》，做好新形势下的宗教工作。进一步做好侨务工作。

高度重视社会稳定工作。正确处理人民内部矛盾，及时合理地解决群众反映的问题，坚持依法纠正各种损害群众利益的行为。认真实施《信访条例》，加强和改进信访工作。建立健全社会矛盾纠纷调处机制，完善社会稳定的预警体系和应急处理机制，积极预防和妥善处置群体性事件。进一步加强社会治安综合治理，积极推进社会治安防控体系建设。依法严厉打击各种刑事犯罪，特别是危害国家安全犯罪、严重暴力犯罪、黑社会性质组织犯罪、毒品犯罪和多发性侵财犯罪，增强人民群众的安全感。提高保障公共安全和处置突发事件的能力，减少自然灾害、事故灾难等突发事件造成的损失。增强国家安全意识，构建维护国家安全的机制。

去年以来，一些地方和行业发生的多起重大特大安全事故，给人民生命财产造成严重损失。我们必须认真吸取这些惨痛的教训，采取更加有力的措施加强安全生产工作。要严格安全生产责任制，强化安全管理，加大对安全生产的检查执法力度，消除各种隐患，预防和减少重大特大事故的发生。当前，要把煤矿安全作为突出任务，完善煤矿安全监管体制和机制，发挥职工群众对安全生产的监督作用，加大对煤矿安全设施的投入，提高安全生产技术水平。国务院决定今年安排30亿元建设资金，支持国有煤矿安全技术改造，地方和企业也要增加安全生产投入。我们要以对人民高度负责的精神，切实改善煤炭生产安全状况。

六、加强行政能力建设和政风建设

一年来，我们在贯彻实施行政许可法、坚持科学民主决策、推进依法行政、加强社会管理等方面，做了一些工作。我们深知，政府自身建设还有不小差距。我们要认真贯彻党的十六届四中全会精神，加快政府自身改革和建设步伐。

第一，深化政府机构改革。按照精简、统一、效能的原则和决策、执行、监督相协调的要求，完善机构设置，理顺职能分工，严格控制编制，实现政府职能、机构和编制的科学化、规范化、法定化。要巩固政府机构改革成果，及时解决出现的新问题。加快推进乡镇机构改革，重点是合理界定乡镇机构职能，精简机构和减少财政供养人员。积极稳妥地分类推进事业单位改革。依法规范对事业单位的授权行为。

第二，加快转变政府职能。进一步推进政企分开、政资分开、政事分开。坚决把政府不该管的事交给企业、市场和社会组织，充分发挥社会团体、行业协会、商会和中介机构的作用。政府应该管的事情一定要管好。在继续抓好经济调节、市场监管的同时，更加注重社会管理和公共服务，把财力物力等公共资源更多地向社会管理和公共服务倾斜，把领导精力更多地放在促进社会事业发展和建设和谐社会上。认真贯彻行政许可法，继续深化行政审批制度改革，进一步清理、减少和规范行政审批事项。

第三，改进经济管理方式方法。要彻底改变计划经济的传统观念和做法。各级政府抓经济发展，主要是为市场主体服务和创造良好发展环境，不能包办企业投资决策，不能代替企业招商引资，不能直接干预企业生产经营活动。各级领导干部要增强按市场经济规律领导经济工作的意识和能力，增强按国际通行规则办事的意识和能力，增强主要运用经济、法律手段调节经济运行的意识和能力。

第四，努力建设服务型政府。创新政府管理方式，寓管理于服务之中，更好地为基层、企业和社会公众服务。整合行政资源，降低行政成本，提高行政效率和服务水平。政府各部门要各司其职，加强协调配合。健全社会公示、社会听证等制度，让人民群众更广泛地参与公共事务管理。大力推进政务公开，加强电子政务建设，增强政府工作透明度，提高政府公信力。

第五，提高依法行政能力。认真贯彻依法治国基本方略，全面实施国务院颁布的依法行政纲要，加快建设法治政府。各级政府及其部门都要严格遵守宪法和法律，依照法定权限和程序行使权力，履行职责，接受监督。实行行政执法责任制，坚决克服多头执法、执法不公的现象。强化行政问责制，对行政过错要依法追究。各部门都要加强内部管理，积极配合和支持审计、监察部门依法履行职责，对于发现的问题要认真整改。进一步扩大公民、社会和新闻舆论对政府及其部门的监督。

第六，大力加强政风建设。坚持以人为本、执政为民。牢固树立科学发展观和正确政绩观，大兴求真务实之风。严格执行统计法。抓紧研究建立科学的政府绩效评估体系和经济社会发展综合评价体系。坚决反对形式主义和虚报浮夸，不搞劳民伤财的“形象工程”、“政绩工程”。减少会议和文件，改进会风和文风。严格规范和控制各种检查、评比、达标活动。认真贯彻国务院第三次廉政工作会议精神，以改革和制度建设为重点，加强廉政建设和反腐败斗争。结合开展保持共产党员先进性教育活动，加强对公务员的教育、管理和监督，努力建设一支人民满意的公务员队伍。

各位代表！

加强国防和军队建设，是我国现代化建设的战略任务，是维护国家安全统一的重要保障。坚持以毛泽东军事思想、邓小平新时期军队建设思想、江泽民国防和军队建设思想为指导，紧紧围绕打得赢、不变质两个历史性课题，加强军队全面建设，切实履行军队在新世纪新阶段的历史使命。始终把思想政治建设摆在首位，保持军队建设的正确方向。以新时期军事战略方针为统揽，积极推进中国特色军事变革，提高部队信息化条件下的整体防卫作战能力。深入开展科技练兵，培养高素质新型军事人才。大力加强国防科技和武器装备现代化建设。继续推进国防科技工业改革和发展。圆满完成裁减军队员额 20 万的任务。推进军队后勤建设，增强保障能力。坚持从严治军、依法治军，提高军队正规化水平。加强人民武装警察部队建设，提高执勤和处置突发事件的能力。增强全民国防观念，完善国防动员体制，加强后备力量建设。各级政府要积极支持国防和军队建设，促进军政军民团结。

各位代表！

我们将坚定不移地贯彻执行“一国两制”、“港人治港”、“澳人治澳”、高度自治的方针，严格按照香港特别行政区基本法和澳门特别行政区基本法办事。全力支持香港、澳门两个特别行政区行政长官和政府依法施政，进一步提高施政能力。加强内地同香港、澳门在经贸、教育、科技、文化、卫生等领域的交流与合作，促进香港、澳门长期繁荣、稳定和发展。

我们坚持“和平统一、一国两制”的基本方针和现阶段发展两岸关系、推进祖国和平统一进程的八项主张，维护台海和平和两岸关系稳定发展。我们鼓励和推动两岸人员往来和经济、文化等领域的交流与合作，鼓励和推动两岸直接“三通”。继续争取在一个中国原则基础上恢复两岸平等的协商和谈判。只要是对两岸关系发展与和平统一有利的事，我们都会尽最大努力去做。这次大会将要审议的《反分裂国家法（草案）》，充分体现我们以最大的诚意、尽最大的努力争取和平统一的一贯立场，表明全中国人民维护国家主权和领土完整、绝不允许“台独”分裂势力以任何名义、任何方式把台湾从中国分割出去的共同意志和坚定决心。我们将与广大台湾同胞一道，为完成祖国统一大业而共同奋斗！

七、坚持和平发展道路与独立自主的和平外交政策

国际形势正在发生复杂而深刻的变化。和平与发展仍然是当今时代的主题。中国社会主义现代化建设道路是一条和平发展的道路。这条道路，就是利用世界和平的有利时机实现自身发展，又以自身的发展更好地维护和促进世界和平；就是在积极参与经济全球化和区域合作的同时，主要依靠自己的力量和改革创新来实现发展；就是坚持对外开放，在平等互利的基础上，积极发展同世界各国的合作；就是聚精会神搞建设，一心一意谋发展，长期维护和平的国际环境和良好的周边环境；就是永远不称霸，永远做维护世界和平和促进共同发展的坚定力量。

我们坚持走和平发展道路，就必须坚定不移地高举和平、发展、合作的旗帜，一如既往地奉行独立自主的和平外交政策，坚持在和平共处五项原则基础上与世界各国友好相处。

一年来，我们积极开展全方位外交，努力争取和平稳定的国际环境、睦邻友好的周边环境、平等互利的合作环境和客观友善的舆论环境，在一系列涉及世界和地区安全与发展的重大问题上发挥了建设性作用，加强了中国同世界各国的友好交往和互利合作，中国人民与世界各国人民的友谊进一步增强。我们为维护世界和平、促进共同发挥作出了新贡献。

在新的一年，我们将继续推动世界多极化、国际关系民主化和发展模式多样化，促进经济全球化朝着有利于各国共同繁荣的方向发展，积极倡导多边主义和新安全观，反对霸权主义和强权政治，反对一切形式的恐怖主义，推动建立和平稳定、公正合理的国际新秩序。我们将深化与发展中国家的互利合作，维护与发展中国家的共同利益。坚持与邻为善、以邻为伴的方针，加强与周边国家的友好合作关系，深化区域合作。进一步发展同发达国家的关系，努力扩大共同利益的汇合点，妥善处理分歧。我们将积极参与国际多边外交活动，维护和加强联合国及其安理会的权威和主导作用，在国际和地区组织中作出建设性的努力。我们将全面加强经济外交和对外文化交流，积极维护我国公民在海外的生命安全和合法权益。

中国政府和中国人民愿与世界各国人民一道，共同为维护和促进人类的和平、发展与进步事业而不懈努力。

各位代表！

我国各族人民正意气风发地在中国特色社会主义道路上阔步前进。我们对伟大祖国的美好前景充满信心。让我们在以胡锦涛同志为总书记的党中央领导下，高举邓小平理论和“三个代表”重要思想伟大旗帜，同心同德，再接再厉，奋发图强，不断夺取改革开放和现代化建设事业的新胜利！

开拓创新 扎实工作
不断开创西部大开发的新局面

——新华社2005年2月4日播发

国务院总理 温家宝

党中央、国务院高度重视实施西部大开发战略。1999年，根据邓小平同志“两个大局”的战略构想和我国发展面临的新形势、新任务，以江泽民同志为核心的党的第三代中央领导集体作出实施西部大开发的重大战略决策。党的十六大以来，以胡锦涛同志为总书记的党中央多次强调要积极推进西部大开发。国务院把实施西部大开发作为一项重大任务进行部署和安排。

一、五年来西部大开发取得重要进展

五年来，国家在规划指导、重大工程建设、资金投入、政策措施等多方面对西部大开发予以重点支持。中央建设资金累计安排西部地区约4600亿元，财政转移支付和专项补助累计安排5000多亿元，有力地支持了西部地区经济建设和社会事业发展。各地区、各部门特别是西部地区广大干部群众认真贯彻党中央、国务院关于西部大开发的方针政策和部署，做了大量工作，付出了艰辛努力。西部大开发各方面工作取得重要进展，西部城乡面貌有了很大变化。

经济增长速度加快。2000年至2004年，西部地区生产总值分别增长8.5%、8.8%、10.0%、11.3%和12%，高于前些年的增长速度。结构调整步伐加快，特色产业发展开始起步，财政收入逐年增长，经济效益逐步提高，人民生活不断改善。

基础设施建设取得较大进展。五年间，西部地区固定资产投资年均增长20%以上，明显高于全国平均水平。陆续新开工60个重大建设工程，投资总规模约8500亿元。交通干线、水利枢纽、西电东送、西气东输、通信网络等重大基础设施建设进展顺利。油路到县、送电到乡、广播电视到村、人畜饮水、沼气利用、节水灌溉等农村基础设施建设逐步推进，农村生产生活条件得到改善。

生态环境保护和建设显著加强。西部退耕还林7350多万亩，荒山荒地造林9570多万亩，退牧还草1.9亿亩。天然林保护、京津风沙源治理、三峡库区国土整治及水污染治理、江河源头生态保护等重点工程全面展开，取得明显成效。

科技教育等社会事业加快发展。科技体制创新不断推进，科技成果转化能力增强。科研基地和高技术产业化示范项目建设取得初步成果。重点高校基础设施建设和学科建设步伐加快。农村义务教育得到加强，7000多所中小学危房得到改造。农村医疗卫生条件有所改善，国家支持建设260所贫困县医院。疾病预防控制中心建设取得进展。干部交流和人才培训工作逐步展开。

西部大开发促进了其他地区的发展。西部地区重点工程建设所需的设备、技术等，很多来自于东部和中部地区，有效地扩大了这些地区的市场空间，促进了产业结构调整，增加了就业岗位。同时，西部地区还输出大量能源、原材料等资源，保证了其他地区经济发展的需要。这些都有力地支持了东部和中部地区的经济发展，为保持国民经济平稳较快增长发挥了重要作用。

西部大开发五年来取得的成绩，使全国各族人民特别是西部地区人民看到了西部发展的希望和前景，进一步增强了全面建设小康社会的信心和决心。实践充分证明，党中央、国务院关于实施西部大开发的战略决策是完全正确的，确定的重点任务和采取的政策措施是符合实际的。

在充分肯定西部大开发成绩的同时，还要清醒地看到西部开发面临着不少困难和问题，任务依然十分艰巨。交通、水利、能源、通信等基础设施仍然薄弱，生态环境总体恶化的趋势尚未得到有效控制，水资源短缺矛盾尖锐，教育、卫生、文化等社会事业滞后，人才不足和流失现象还比较严重，外资和社会资金进入西部地区增长缓慢，经济发展的体制性障碍突出，自我发展能力不足。对于这些问题，必须高度重视，努力加以解决。

二、坚定不移地继续实施西部大开发战略

当前和今后一个时期，是我国全面建设小康社会、加快推进现代化进程的重要时期。适应新形势新任务的要求，中央明确提出了促进区域协调发展的战略布局：坚持西部大开发，振兴东北地区等老工业基地，促进中部地区崛起，鼓励东部地区加快发展，形成东中西互动、优势互补、相互促进、共同发展的新格局。这是党中央把握规律、统揽全局作出的重大决策。西部大开发在这个战略布局中占有突出地位。坚持西部大开发，具有十分重大的经济意义和政治意义。

继续推进西部大开发，是全面建设小康社会的重要任务。目前西部地区人口占全国的近30%，但人均国内生产总值只有东部地区的40%，农民人均纯收入只有东部地区的50%左右。全国农村60%以上的贫困人口在西部，约2000万人还没有解决温饱问题。全面建设小康社会，重点在西部地区，难点也在西部地区，特别是在西部地区的广大农村。没有西部的小康，就没有全国的小康；没有西部的现代化，就没有全国的现代化。

继续推进西部大开发，是形成国民经济发展新格局的重大举措。西部地区发展滞后，是区域发展不协调的突出问题。搞好西部大开发，有利于发挥西部地区优势，加快西部地区发展，形成国民经济新的增长空间。有利于实施扩大内需的方针，推进国民经济结构的战略性调整，促进生产力合理布局，增强国民经济的活力和发展后劲。西部地区的市场、资源和劳动力优势与东部地区的资金、技术和人才优势结合起来，也有利于为东部地区经济发展拓宽市场，逐步形成区域经济优势互补、良性互动的新局面。

继续推进西部大开发，是全国实现可持续发展的重要条件。从全国来看，水土流失面积的80%在西部，每年新增荒漠化面积的90%以上在西部，大江大河源头也在西部。西部的水环境污染、大气污染等问题十分严峻。加强西部生态环境保护和建设，直接关系到保障国家生态安全和实现全国经济社会可持续发展。

继续推进西部大开发，是国家长治久安的重要保证。西部地区地理位置十分重要。全国55个少数民族有50个集中分布在西部地区。西部少数民族人口占全国少数民族人口的75%左右。西部地区与14个国家和地区接壤，陆地边境线占全国的85%左右。只有继续推进西部大开发，使西部地区广大群众在全面建设小康社会进程中得到更多的实惠，才能逐步缩小区域发展差距，巩固民族团结、社会稳定和边疆安全的好局面。

中央完整地提出区域协调发展和现代化建设的战略布局，会更有利于西部大开发。首先，中央实施西部大开发的战略绝不会动摇。推进西部大开发，是一个长期的重大战略，将贯穿于现代化建设的全过程。我们要努力保持西部地区经济社会的良好发展势头，把西部地

区广大干部群众的积极性和创造性保护好、引导好、发挥好。其次，国家对西部大开发的支持力度不会减弱。中央制定的各项政策措施都要继续贯彻执行，对西部大开发的投入不减少，支持力度不减弱。长期建设国债、预算内投资和专项建设资金，要继续向西部地区倾斜。在继续加强西部重点工程建设和农村基础设施建设的同时，加大对西部地区基础教育和公共卫生等社会事业的财政支持。第三，西部地区经济社会发展步伐不会放慢。在现代化建设进程中，东中西部的发展是相互联系、相互促进的。东部地区加快发展，有利于增强国家财力、物力和科技实力。东北地区等老工业基地加快调整改造步伐，可以做到投入少、见效快。促进中部地区崛起，可以发挥其承东启西、纵贯南北的区域优势和工农业基础好的经济优势。这些地区的发展都会对西部地区发展产生重要作用。要用辩证的观点，全面认识中央提出的战略布局，推进区域间相互促进、共同发展。

三、进一步明确推进西部大开发的指导思想和重点任务

党中央提出以人为本、全面协调可持续的科学发展观，是我们党推进社会主义现代化建设指导思想的新发展。科学发展观揭示了现代化建设的普遍规律，对我们的各项工作都有重要的指导意义。推进西部大开发，要坚持以邓小平理论和“三个代表”重要思想为指导，全面贯彻党的十六大和十六届三中、四中全会精神，牢固树立科学发展观，认真落实党中央、国务院关于实施西部大开发的战略部署，总结经验，完善政策，以更大的决心、更有力的措施、更扎实的工作，努力走出一条加快西部地区发展的新路子，不断开创西部大开发的新局面。继续推进西部大开发要把握好以下几点：

——坚持解放思想，更新观念。在改革开放和现代化建设的新形势下，推进西部大开发必须摒弃计划经济时期形成的传统观念和习惯做法，按照发展社会主义市场经济和对外开放的要求，树立竞争意识、市场意识、创新意识，用新思路、新体制、新机制推进西部地区加快发展。

——坚持统筹兼顾，协调发展。必须贯彻科学发展观和“五个统筹”的要求。坚持以经济建设为中心，在大力发展经济的同时，更加注重科技、教育、文化、卫生等社会事业发展，促进经济社会协调发展；更加注重加快农村发展，实行以城带乡、以工促农、城乡互动，促进城乡协调发展；更加注重节约资源和保护环境，增强可持续发展能力，促进人与自然的和谐发展。

——坚持深化改革，扩大开放。西部大开发必须以改革为动力，着力推进体制创新与机制创新，消除西部大开发的体制障碍，更大程度地发挥市场机制在资源配置中的基础性作用。进一步扩大对内对外开放，广泛吸引国内外资金、技术和人才，拓展发展空间，以开放促改革促开发。

——坚持从实际出发，讲求实效。推进西部大开发必须遵循客观规律，既要增强紧迫感，积极进取，又要量力而行，逐步推进；既要着力解决当前的突出问题，又要着眼长远发展，脚踏实地、扎实工作。

——坚持自力更生，艰苦奋斗。西部地区最终改变面貌，要靠大力发扬自力更生、艰苦创业、自强不息的奋斗精神，靠广大干部群众的积极性、创造性，靠充分发挥自身优势，不断增强自我发展能力。要把国家和各方面支持同依靠自身力量很好地结合起来。

当前和今后一个时期，西部大开发需要着力抓好以下几项重点任务。

（一）加大解决“三农”问题的力度。

西部大开发必须坚持以农业为基础，把解决农业、农民和农村问题放在突出位置。要按照统筹城乡经济社会发展的要求，以增加农民收入为中心，加快西部地区农业和农村经济的发展。要高度重视粮食生产，依法加强耕地管理，严格保护和建设基本农田，稳定和提高粮食综合生产能力。积极推进农业产业化经营，

大力发展农产品加工业，提高农业综合效益。认真落实中央关于取消农业特产税、减免农牧业税的政策，使农牧民休养生息，调动他们的生产积极性。发挥西部地区气候和生物多样性的优势，加快农业结构调整，大力发展特色农业，搞好棉花、糖料、水果、肉类、奶类等特色农产品生产。拓宽农民参与公共工程建设、外出打工等增收渠道，促进农村富余劳动力向非农领域和城镇转移就业。加大对农业和农村的资金投入力度，改善农民的生产生活条件。继续推进扶贫攻坚，力争在2007年以前基本解决现有贫困人口的温饱问题。

（二）认真搞好生态环境保护和建设。

加强生态环境保护和建设是西部大开发的重要任务。要扎扎实实搞好退耕还林、退牧还草、天然林保护、风沙源和石漠化治理等重点生态工程。这几年退耕还林成绩很大，既改善了生态环境，又增加了农民收入。要认真落实各项政策，取信于民。同时加强检查验收，严格执行国家规定的标准。当前要把退耕还林工作的重点放在巩固成果上，根据实际情况的变化，适当调减规模。抓紧研究完善退耕还林政策，把退耕还林、退牧还草与基本农田建设、农村能源建设、生态移民、后续产业发展、封山禁牧舍饲等配套保障措施有机结合起来，妥善解决农牧民长远生计问题，确保退得下、稳得住、能致富、不反弹。要加强重点城市、三峡库区和重点矿区的环境治理和国土整治工作。

（三）继续加强基础设施建设。

基础设施建设必须坚持统筹规划，突出重点，分步实施。一方面抓好重大工程项目，另一方面抓好与群众利益密切相关的中小项目。集中力量搞好交通、电力、水利、通信重大项目建设。加强西部地区水资源开发利用、交通运输网络和能源开发体系建设，发挥基础设施建设综合效益。合理安排各种水利工程，大力推广节水技术，建设节水型社会。加快公路国道主干线西部路段建设。抓紧落实全国铁路网建设规划西部项目的施工。加强长江上游等内河航运基础设施建设。推进西部地区信息通道和网络建设。继续搞好农村小型公共设施和农田水利建设。实施县际公路和县城电网改造工程。支持西部地区农村广播电视网络建设。

（四）积极发展特色经济和优势产业。

调整优化产业结构，大力发展特色经济和优势产业，促进资源优势向产业优势、经济优势转化。依托各类资源和产业优势，大力发展能源、矿业、机械装备、旅游、特色农业、中药材加工等优势产业。大力改造提升传统产业，发展高新技术产业，发挥国防科技工业的作用，走出一条符合西部地区特点的新型工业化道路。要贯彻以线串点、以点带面的方针，把现有经济基础较好，区位优势明显，人口较为密集，沿交通干线和城市枢纽的一些地区，作为西部开发的重点区域，发展一批中心城市，形成新的经济增长极。发展特色产业要以市场为导向、企业为主体，充分发挥市场机制在资源配置中的基础性作用，防止盲目投资和重复建设，严格控制落后的生产工艺、设备转移到西部地区。

（五）大力发展教育、卫生等各项社会事业。

西部大开发，关键在教育、在人才、在提高劳动者素质。国务院决定用五年时间在西部地区基本普及九年义务教育，基本扫除青壮年文盲。西部地区各级人民政府要把“两基”攻坚作为重要任务。认真实施《西部地区人才开发十年规划》，建立起吸引人才、留住人才、加快人才成长的人才开发机制，加大干部交流和人才培训力度。要研究采取特殊政策，吸引更多的大学毕业生、国内外人才到西部工作和创业。加强公共卫生设施建设，加快建设疾病预防控制体系和医疗救治体系。逐步建立和完善新型农村合作医疗制度和贫困农民家庭医疗救助制度。建立健全县、乡、村三级卫生服务网络，重点支持以乡镇卫生院为主体的农村医疗设施建设。加强人口和计划生育工作，建立农村部分计划生育家庭奖励扶助制度，鼓励贫困地区农民家庭“少生快富”，提高农村特别是偏远地区和少数民族人口素质。

（六）加快改革开放步伐。

西部地区要积极推动国有企业改革、改组和改造，振兴老工业基地，充分发挥他们的主导作用。要鼓励、支持和引导个体私营等非公有制经济发展，充分发挥非公有制经济在调整结构、开拓市场、增加财政收入、扩大就业中的重要作用。完善市场体系，打破地方保护和地区封锁。优化投资环境，切实保护好各类投资者的合法权益。要围绕优势资源开发、重点工程建设和重点区域发展，积极引进境内外资金和技术。放宽西部地区金融、旅游、运输等公共服务领域以及基础设施建设的准入条件。推动西部地区与周边国家开展边境贸易和经济合作。加快行政管理体制改革，切实把政府管理经济职能转变到主要为市场主体服务和创造良好发展环境上来。

四、加强领导，努力提高西部大开发的工作水平

提高认识，把思想统一到中央的决策和部署上来。各地区、各部门要增强西部大开发的使命感和责任感，自觉用科学发展观指导西部大开发，统筹兼顾，促进西部地区经济和社会全面发展、城市和农村协调发展、人与自然和谐发展。要把实施西部大开发放在突出位置，纳入重要议事日程，做到思想认识到位、改革措施到位、工作力度到位。

加强协调，形成支持西部大开发的合力。中央各部门要把西部大开发作为自己的重要职责，深入研究制定具体政策措施。东部地区要认真落实对口支援西部地区的任务，帮助西部地区发展经济和社会事业。东、中、西部地区要加强多种形式的合作，在协调发展中实现共同富裕。

落实政策措施，加大对西部大开发扶持力度。要保持西部大开发政策的连续性、稳定性，同时根据形势发展变化和政策实施过程中出现的问题，及时加以完善。各地区、各部门要结合各自工作实际，认真贯彻《国务院关于进一步推进西部大开发的若干意见》。国家要在投资项目、税收政策和财政转移支付等方面加大对西部地区的支持。逐步建立长期稳定的西部开发资金渠道。提高西部开发直接融资和利用外资的比重。积极吸引东部、中部地区资金和本地民间资金参与西部开发。

加快法制建设，依法保障西部大开发顺利推进。要从我国实际情况出发，借鉴世界发达国家开发欠发达地区的经验，加快西部开发法制建设。《西部开发促进法》已列入全国人大立法计划，有关部门要抓紧研究起草工作。同时，抓紧研究制订西部生态环境保护等专项法规。

加强科学论证，搞好西部大开发规划。要结合国民经济和社会发展“十一五”规划编制工作，深入研究西部地区长远发展的重大问题，编制西部开发总体规划工作。要研究制订专项规划，加强对西部大开发优先发展领域、重点开发地区、重大工程建设的前期工作。

西部大开发任重而道远，使命光荣而艰巨。让我们在以胡锦涛同志为总书记的党中央领导下，奋发进取，开拓创新，扎实工作，不断把西部大开发的宏伟事业推向前进。

深化土地管理制度改革
依法切实加强土地管理

——2004年10月28日在全国深化改革严格土地管理工作电视电话会议上的讲话

国务院总理　温家宝

国务院召开这次电视电话会议，主要任务是贯彻落实《国务院关于深化改革严格土地管理的决定》，进一步统一思想认识，加强和改进土地管理，巩固宏观调控成果，确保经济社会全面协调可持续发展。

去年下半年，针对经济运行中出现的突出矛盾和问题，党中央、国务院及时作出了加强和改善宏观调控的重大决策，突出强调要把好土地和信贷两个“闸门”。为加强土地管理、切实保护耕地，中央出台了一系列政策措施，开展土地市场治理整顿，清理各类开发区，严格控制建设用地。今年4月下旬，根据经济形势变化和进一步加强宏观调控的需要，中央作出了暂停农用地转用审批半年的决定。各地区、各部门认真贯彻中央部署，做了大量工作，土地市场治理整顿取得了积极进展，各方面保护耕地的意识明显增强，初步遏制了乱占滥用土地的势头。实践证明，中央的决策是非常必要、完全正确的，对于保护耕地和保障国家粮食安全，对于有效抑制盲目投资和重复建设，对于促进经济平稳较快发展，起到了十分关键的作用。

暂停农用地转用审批半年，一方面是为了遏制乱占滥用耕地的势头，一方面是为了集中精力研究改革土地管理制度，制定严格规范的土地管理措施，以逐步建立起有效的管理体制和机制。在深入调查研究、广泛听取各方面意见特别是地方意见的基础上，国务院反复讨论，作出了关于深化改革、严格土地管理的决定。这个《决定》从我国国情出发，贯彻“十分珍惜、合理利用土地和切实保护耕地”的基本国策，坚持社会主义市场经济的改革方向，针对当前土地管理中存在的突出问题，提出了深化改革、严格土地管理的措施。当前一项重要而紧迫的任务，就是要认真贯彻落实《决定》，进一步做好土地管理工作。

一、充分认识严格土地管理的重要性和紧迫性

土地是民生之本、发展之基。在我们这个发展中的人口大国，土地问题始终是现代化进程中一个带有全局性、战略性的重大问题。必须充分认识到，严格土地管理，既是贯彻科学发展观，确保经济社会可持续发展的长远大计，也是维护当前改革发展稳定良好局面的当务之急。

第一，我国人多地少的基本国情，决定了必须实行最严格的土地管理制度。我国耕地资源稀缺，在不到世界10%的耕地上，承载着世界22%的人口。我们面临的人多地少矛盾，是极为尖锐和突出的。更为严峻的是，有限的耕地资源还在大量减少。从1996年到2003

年，全国耕地从19.51亿亩减少到18.51亿亩，7年之内净减少1亿亩。现在，我国人均耕地面积仅有1.43亩，不到世界平均水平的一半。耕地后备资源也严重不足，60%以上分布在水资源缺乏或者是水土流失、沙化、盐碱化严重的地区，通过开发补充耕地的潜力十分有限。目前我国耕地资源短缺的矛盾越来越突出，已经影响到经济的可持续发展。今后一个相当长的时期，我国人口将继续增加，人地矛盾将更加突出。我们既要考虑满足当代人的需要，也要为子孙后代留下生存和发展的空间。惟一的出路就是实行最严格的土地管理制度，保护和利用好每一寸土地，除此别无选择。在土地问题上，我们绝不能犯不可改正的历史性错误，贻祸子孙后代。

第二，确保国家粮食安全，必须严格土地管理。国以民为本，民以食为天。十三亿人口的吃饭问题，始终是我国一件头等重要的大事。保证国家粮食安全，最根本的是保护耕地。近年来，由于耕地面积连年减少，粮食播种面积不断下降，粮食总产量和人均粮食占有量连续几年减少。2003年粮食总产量降至8613亿斤，是上世纪九十年代以来的最低点。而粮食消费量逐年增加，粮食产需平衡的年度缺口不断扩大。这几年粮食年度缺口，主要是靠挖库存来弥补。中央在宏观调控中首先从加强农业入手，采取了一系列直接促进粮食生产的政策措施，各地也做了大量工作，加上市场价格回升，气候条件比较好，粮食生产出现了重要转机，全年总产量将超过年初的预期目标，但当年仍有缺口。今后，随着人口增长和生活水平的提高，我国粮食需求将继续增加。提高粮食供给能力，保持粮食供求平衡，任务相当艰巨。粮食生产的基础是土地。我国现在耕地复种指数已经很高，很多地区水土条件不匹配，仅靠提高单产难以弥补因耕地减少损失的粮食生产能力。如果不严格土地管理，坚决遏止耕地快速减少的趋势，粮食安全的基础就会严重削弱。我们是一个有十几亿人口的大国，一旦粮食出大问题，后果不堪设想。对此，我们必须有危机感和忧患意识。

第三，走新型工业化、城镇化道路，必须严格土地管理。推进工业化、城镇化，不可避免地要占用一些土地。但近年来乱占滥用耕地、严重浪费土地的问题，已经到了令人触目惊心的地步。一些地方不具备条件，不经批准，盲目兴建开发区。到今年8月，全国清理出各类开发区（园区）6866个，规划面积3.86万平方公里，超过全国现有城镇建设用地总面积。一些城市建设盲目铺摊子，建宽马路、大广场，大量占用城郊良田。不少企业盲目圈占耕地，搞“花园式”厂区，厂房该建多层的却建单层，占地过多，有的企业甚至圈占上千亩、几千亩土地搞园区。一些地方为了满足投资商提出的多占土地的不合理要求，压低地价、甚至以“零地价”招商。这些问题导致耕地越占越多，土地利用效率越来越低。有的地方近几年来建设用地成倍增长，占地增长速度大大高于经济增长速度。有的地方在今后几年之内，就将用完除基本农田以外的全部耕地，面临无地可用的局面。照这样下去，工业化、城镇化进程将难以为继。只有管好用好土地，才能提高土地资源对经济社会发展的保障能力，既保证粮食安全，同时又保证工业化、城镇化所必须的土地供给，顺利推进现代化进程。

第四，维护社会稳定和国家长治久安，必须严格土地管理。土地不仅是最重要的农业生产资料，而且是农民最基本的生活保障。由于大量征占耕地，使很多农民失去土地。一些地方还压低补偿安置标准，不考虑失地农民的长远生计，导致部分失地农民成为种田无地、就业无岗、社保无份的“三无农民”，生活水平下降。如果再不严格土地管理，听任乱征滥用耕地，失地失业的农民大量增加，后果将极为严重。我们必须从维护人民群众的根本利益和社会稳定的大局出发，严格保护耕地，保障农民的长远生计，为改革开放和现代化建设创造良好的环境。

第五，巩固宏观调控成果、保持经济平稳

较快发展，必须严格土地管理。严格控制占用土地，是中央加强和改善宏观调控的一项极为重要的措施，对于有效地控制盲目扩大投资规模产生了釜底抽薪的效果。当前，宏观调控已见成效，经济运行中不稳定、不健康因素得到初步抑制，经济社会发展中的薄弱环节有所加强，整个经济正朝着宏观调控的预期目标发展。加强和改善宏观调控有效地避免了经济的大起大落，保持了经济平稳较快发展。但是也要清醒地看到，目前宏观调控仍处在关键阶段，经济生活中还存不少需要解决的矛盾和问题，经济平稳运行的基础还不稳固。特别是固定资产投资规模仍然偏大，新上项目过多，投资再度膨胀的压力和可能仍然存在。由于投资拉动，生产资料价格大幅度上涨，消费价格也面临很大的上涨压力。如果放松土地管理，乱上项目、盲目投资就很有可能出现反弹，来之不易的宏观调控成果就会前功尽弃。如果发生这种情况，明年就不得不采取进一步的调控措施，整个经济工作就可能陷入被动。所以，我们必须继续把紧土地这个闸门。

总之，严格土地管理，直接关系到国家粮食安全，直接关系到经济社会可持续发展，直接关系到社会稳定，绝不是权宜之计，而是一项长期任务。暂停农用地转用审批到期后，绝不是简单地放开审批，而是要通过完善管理制度，更科学、更有效地管住管好土地。各地区、各部门一定要牢固树立科学发展观，充分认识严格土地管理的极端重要性，正确处理长远利益与当前利益、整体利益与局部利益的关系，正确处理保护耕地与发展经济的关系，真正把思想和行动统一到中央的决策上来，切实保护好中华民族赖以生存和发展的土地资源。

二、认真落实严格土地管理的各项措施

《决定》针对土地管理中存在的突出问题和薄弱环节，在严格土地执法、加强规划管理、保障农民利益、促进节约用地、健全责任制度等方面，作出了具体明确的规定，提出了改革的措施。当前，加强土地管理工作，就是要把《决定》提出的各项政策措施落到实处。为此，要重点把握好以下几个方面：

（一）切实保护耕地特别是保护好基本农田。保护耕地，就是保护农业综合生产能力，就是保障国家粮食安全。保护耕地最要紧的是保护基本农田。务必做到：一是总量不能减少。要千方百计保住全国现有的近16亿亩基本农田。这是保障国家粮食安全的“底线”。要不折不扣地落实基本农田保护制度，基本农田要落实到地块和农户。基本农田一经划定，就是一条不可逾越的“红线”，任何地方和单位不得随意调整和占用。符合法定条件确需调整和占用的，必须报国务院批准。二是用途不能改变。基本农田必须用于农作物生产。严格禁止在基本农田挖鱼塘、种树，以及其他毁坏耕作层的活动。三是质量不能下降。要加强基本农田建设，鼓励和引导农民多用有机肥，合理施用化肥和农药，保持和培肥地力。要严格执行耕地占补平衡的制度，建设用地要尽量少占耕地，确需占用耕地的必须按程序严格审批，并补充数量、质量相当的耕地，防止占多补少、占优补劣。耕地占补平衡只能在本省（区、市）范围内进行，不能跨省进行。这是中央经过慎重研究确定的，必须坚决执行。

（二）严格执行土地管理法律法规。多年来，我国在土地管理方面制定了一系列的法律法规，对土地的所有权和使用权、征用和占用、审批权限和审批程序等，都有比较明确的规定。现在突出的问题是，有法不依、执法不严、违法不究和滥用行政权力。加强土地管理，关键是要做到严格依法办事，依法行政。一是各级政府要切实增强法制意识，自觉遵守土地法律法规，做到依法管地用地，不能执法犯法。二是严格依照法定的权限审批土地，不得违反规定下放土地审批权，更不能弄虚作假，搞化整为零、拆分审批。三是严格执法，严肃查处各种土地违法违规行为。违反法律法规批地、占地必须承担法律责任。查处土地违法行为，不能停留在交罚款、补办手续上。非法占用的土地，该收回的要收回，该复耕的要

复耕。既要查处违法行为，又要查处违法责任人。对违反土地管理法律法规的政府工作人员，也必须严肃处理。构成犯罪的，要依法追究刑事责任。典型案件要公开处理。四是强化对土地执法行为的监督。建立公开的土地违法立案标准，以利于社会各界监督。监察、审计部门和国土资源部门要切实履行监督职责，防止有案不查、违法不纠、执法不严的现象发生。

（三）加强土地规划管理和用途管制。土地利用规划，对于保护和合理利用土地至关重要。近年来一些地方违反规划管理的问题比较突出，有的随意修改土地利用规划，有的擅自突破规划设立开发区和城市新区，有的超计划占用土地。为此，必须加强规划的实施管理，发挥土地利用总体规划和年度计划对农用地转用的控制和引导作用，确保土地利用按照规划进行。要维护土地利用规划的严肃性。土地利用总体规划、城市总体规划、村庄和集镇规划的编制，都要坚持保护耕地、节约用地的原则，都必须按程序严格审核。土地利用规划一经批准，就具有法律效力，任何人都不得擅自修改。凡涉及改变土地利用方向、规模、重大布局等原则性修改，必须报原批准机关批准。土地用途管制的核心是不能随意改变农用地的用途。要通过规划的实施，严格限制农业用地转为非农业用地。在土地利用总体规划和城市总体规划确定的建设用地范围外，不得设立各类开发区（园区）和城市新区（小区）。要加强用地计划管理。土地作为不可再生、不可替代的资源，无论是保证粮食安全，还是保证工业发展和城市建设，都有一个永续利用的问题。因此，土地占用必须有计划进行。要按照土地利用规划，从严从紧控制土地占用的总量和速度，并逐年下达计划。任何地方都不能超计划批地用地。没有纳入年度用地计划的建设项目，不得批准用地。鼓励节约用地，当年指标有节余的可转下年使用。

（四）充分运用价格机制调控用地。加强土地的管理和调控，要充分发挥市场配置土地资源的基础性作用。运用价格机制，是抑制多占、滥占和浪费土地最重要的经济手段。目前，征地补偿费和土地出让价格偏低，是造成耕地乱占滥用的重要原因。为此，必须合理确定土地价格，使之能够反映市场供求关系和土地价值，反映我国土地资源的稀缺状况。要根据不同地区土地资源状况和经济社会发展水平，确定土地基准价格，制订协议出让土地最低价标准。要严格控制划拨用地的范围，经营性基础设施用地要逐步实行有偿使用。严格区分公益性和经营性两种不同性质的用地，经营性用地价格要由市场来决定，实行招标、拍卖、挂牌出让。利用原划拨土地进行经营性开发或转让土地使用权的，必须按照市场价补缴土地出让金。今后，任何地方都不得以低于国家规定的最低价标准协议出让土地，不得随意减免新增建设用地土地有偿使用费。要坚决纠正低价或变相低价出让土地的做法，严格禁止搞所谓的“零地价”。对清理出来的这方面问题要认真进行整改，对造成国有土地资产严重流失和有腐败行为的要严肃查处。

（五）切实保障被征地农民的利益。要统筹城乡经济社会发展，把推进工业化、城镇化和解决“三农”问题紧密结合起来。农村集体土地转为建设用地的过程，应当是农民分享工业化、城镇化成果的过程，应当有利于增加而不是损害农民利益，应当有利于缩小而不是扩大城乡差距。要合理调整土地收益分配关系，切实维护农民利益。一是合理提高征地补偿标准，保证被征地农民的生活水平不因征地而降低。要及时足额支付对农民的土地补偿费、安置补助费等。二是妥善安置被征地农民，保障他们的长远生计。要采取多种办法和途径，解决被征地农民的就业和社会保障问题。对城市规划区内被征地的无地农民，要纳入城镇就业体系，建立社会保障制度。对城市规划区外的农民，要尽量给他们留有必要的耕作土地，尽量减少无地农民。对不具备基本生产生活条件的无地农民，应当异地移民安置。三是健全征地程序，维护农村集体的土地所有权和农民的土地承包权。今后征用农村土地必须经农村集体和农户确认，征地的过程要公开透明。不得随意大面积、成建制地把农村集体土地转为国有土地，变为城市建设和工业用地。四是加强对农村集体内部征地补偿费分配和使用的监管。要坚持土地补偿费主要用于被征地农户的原则，制订土地补偿费在农村集体经济组织内部的分配办法。集体经济组织要公开补偿费的收支和分配情况，接受群众监督。五是加快清理拖欠农民的征地补偿安置费。今后凡补偿费用不到位、安置不落实的，不能征地。同时，也要依法解释和宣传新的政策规定，任何法规政策都有执行时间的问题，防止简单攀比和翻历史旧账。

（六）大力推进节约和集约用地。目前我国土地利用效率较低，浪费现象十分严重，节约用地的潜力很大。解决土地供求矛盾，要着重在提高现有土地利用率上下功夫，把节约土地放在首位。一要严格控制建设用地增量，努力盘活土地存量。新上项目首先要利用存量土地。现在各个方面可以利用的存量土地很多，要集中开展一次存量建设用地资源普查工作，摸清底数，并研究促进盘活存量土地的政策措施。禁止闲置土地。加大税收调节力度，提高土地保有成本，不能让囤积土地者发横财。二要制订新的用地定额标准，工商业项目用地要规定单位土地投资强度和开发进度。要认真执行国家产业政策，对那些淘汰类、限制类的投资项目，要禁止或限制用地。三要大力推进土地利用集约化。引导企业提高土地利用率，对企业利用现有土地增加投资、扩大生产规模，在有关政策上给予优惠。鼓励建设多层厂房，开发区要积极推广标准厂房，提高土地容积率。鼓励利用荒地、废地等搞建设，尽量不占或少占耕地。基础设施和公益性建设项目，也要节约合理用地。总之，我们国家一定要走出一条节约土地，促进经济社会发展的路子。

三、切实加强对土地管理工作的领导

严格土地管理的各项措施能否落实，能否把土地真正管住管好，关键在各级领导。各地区、各有关部门要统一思想，加强领导，按照中央的部署，把严格土地管理作为一项重要任务摆上日程，加大工作力度，务必抓出成效。

第一，各级领导干部要牢固树立保护耕地的意识。要深入开展国情国法国策的学习教育，坚持科学发展观和正确政绩观，正确理解和自觉贯彻《决定》精神，把管住管好土地作为提高治国理政和依法行政能力的重要内容。要从国家全局着想，为子孙后代负责，绝不能以过多占用耕地为代价来换取一时一地的经济增长。要通过培训、教育、检查、考核等形式，认真学习土地管理法律法规和《决定》精神，增强各级政府工作人员管好土地的紧迫感和责任感。要在全社会进行土地国情和土地法律法规的宣传教育，为落实最严格的土地管理制度创造良好的社会环境。

第二，要进一步明确各级政府土地管理的职责。调控新增建设用地总量的权力和责任在中央，盘活存量建设用地的权力和利益在地方，保护和合理利用土地的责任主要在地方政府，特别是省级政府。在确保严格实施土地利用总体规划和不突破年度计划的前提下，省级政府可以统筹本行政区域内的用地安排，依照法定权限审批土地，并组织耕地占补平衡，按规定用途分配和使用地方分成的土地有偿使用费。要层层建立土地管理责任制，地方各级人民政府要对本地区耕地保有量和基本农田保护面积负责，政府主要领导是第一责任人。要建立耕地保护责任考核体系，把是否珍惜土地、保护基本农田，作为考核政绩的重要内容，列入任期目标责任制。今后，衡量一个地方的工作和政绩，不仅要看经济指标，还要看耕地保护情况。对各地区耕地保护目标履行情况，国土资源部要会同有关部门定期进行检查考核，省级政府也要每年向国务院负责任地作出报告。为官一方，守土有责。如果耕地没有保住，就是严重失职。我们一定要切实担负起保护耕地的历史责任。

第三，要进一步完善土地管理体制。改革

省级以下国土资源管理体制，旨在加强省一级的责任，提高土地管理效力，是严格土地管理的一项重要措施。这项改革要在年底前完成。同时，结合这次改革，要切实加强基层国土资源管理队伍建设，确保机构、编制、经费到位，充分发挥其在土地管理和执法中的作用。实行省级以下国土资源垂直管理体制以后，中央和省级国土资源管理部门都要切实负起土地管理的职责。要适应新形势和新任务的要求，精简机构，强化管理职能，创新管理方式，充分利用现代技术手段，努力提高土地管理水平。

第四，要继续推进土地管理制度改革。建立严格、科学、有效的土地管理制度，还需要进一步研究解决一些深层次的体制性、机制性问题：一是深化国有土地使用制度及供地方式改革；二是按照保障农民权益、控制征地规模的原则，改革征地制度；三是合理调整建设用地土地收益分配关系，规范土地收益用途；四是修订和完善土地管理法律法规，切实把土地管理纳入法制化轨道。要通过深化改革，逐步建立起适应社会主义市场经济体制要求、符合我国国情的严格的土地管理制度。

第五，要继续深入开展土地市场治理整顿。目前土地市场治理整顿的成果还是初步的、阶段性的，圈占土地、乱占滥用耕地的问题尚未根本解决。有的地方清理整顿工作流于形式，不少地方清理出来的问题还没有得到处理，有的地方还在等待观望。因此，土地市场治理整顿不能松懈。清理开发区和纠正违法违规占地的工作要一抓到底，绝不能走过场。对违法违规设立的、不具备条件的开发区（园区），一定要撤销，圈占的土地能复耕的要限期恢复耕种。已撤并的开发区中确实不能复耕的土地，要充分利用起来，符合规划的，列入当地今后土地供应计划。对符合要求拟保留的开发区，要按照布局集中、用地集约和产业聚集的原则，进行严格审核。对去年下半年以来清理出的问题，要依法严肃处理，不能以罚代法，不能搞下不为例。

恢复农用地转用审批以后，各地在土地批用工作中一定要贯彻区别对待、有保有压的原则，优先保证国家重点建设项目、产业政策鼓励发展的项目和经济社会发展中薄弱环节建设项目的用地需要。要有区别、有步骤地恢复土地审批，防止一哄而起，突击批地占地，盲目集中上项目。《决定》中规定，对拖欠农民征地补偿安置费、未按期完成基本农田图件备案工作、发生严重土地违法违规行为的地方，要限期整改，整改期间暂停农用地转用和征地审批。这些规定要认真贯彻执行。

管好用好土地意义重大而深远，任务光荣而艰巨。让我们紧密团结在以胡锦涛同志为总书记的党中央周围，高举邓小平理论和“三个代表”重要思想伟大旗帜，贯彻党的十六大和十六届三中、四中全会精神，以科学发展观为指导，高度负责，扎实工作，认真落实《决定》，努力开创土地管理工作新局面，为全面建设小康社会和顺利实现社会主义现代化作出新的贡献。

中共中央 国务院关于进一步加强农村工作提高农业综合生产能力若干政策的意见

2004年12月31日 中发〔2005〕1号

党中央、国务院历来高度重视农业、农村和农民工作。2004年，在宏观调控中注重加强农业，实行一系列更直接、更有力的政策措施。各地区各部门认真贯彻落实中央决策，保护和调动了农民积极性，农村呈现出良好的发展局面。粮食生产出现重要转机，农民收入实现较快增长，农村改革迈出重大步伐，农村社会事业取得新的进展。这对促进国民经济发展和保持社会稳定发挥了至关重要的作用。但必须清醒地看到，农业依然是国民经济发展的薄弱环节，投入不足、基础脆弱的状况并没有改变，粮食增产、农民增收的长效机制并没有建立，制约农业和农村发展的深层次矛盾并没有消除，农村经济社会发展明显滞后的局面并没有根本改观，农村改革和发展仍然处在艰难的爬坡和攻坚阶段，保持农村发展好势头的任务非常艰巨。

2005年农业和农村工作的总体要求是：认真贯彻党的十六大和十六届三中、四中全会精神，全面落实科学发展观，坚持统筹城乡发展的方略，坚持“多予少取放活”的方针，稳定、完善和强化各项支农政策，切实加强农业综合生产能力建设，继续调整农业和农村经济结构，进一步深化农村改革，努力实现粮食稳定增产、农民持续增收，促进农村经济社会全面发展。

加强农业基础，繁荣农村经济，必须继续采取综合措施。当前和今后一个时期，要把加强农业基础设施建设，加快农业科技进步，提高农业综合生产能力，作为一项重大而紧迫的战略任务，切实抓紧抓好。这既是确保国家粮食安全的物质基础，又是促进农民增收的必要条件；既是解决当前农业发展突出矛盾的迫切需要，又是增强农业发展后劲的战略选择；既是推动农村经济发展的重大举措，又是实现农村社会进步的重要保障。抓住了这个重点，就抓住了农业发展的关键；把握了这个环节，就把握了农业现代化的根本；做好了这项工作，就为农村全面建设小康社会打下了坚实的基础。要进一步调动农民群众务农种粮的积极性和地方政府重农抓粮的积极性，以严格保护耕地为基础，以加强农田水利建设为重点，以推进科技进步为支撑，以健全服务体系为保障，力争经过几年的努力，使农业的物质技术条件明显改善，土地产出率和劳动生产率明显提高，农业综合效益和竞争力明显增强。

一、稳定、完善和强化扶持农业发展的政策，进一步调动农民的积极性

（一）继续加大“两减免、三补贴”等政策实施力度。减免农业税、取消除烟叶以外的农业特产税，对种粮农民实行直接补贴，对部分地区农民实行良种补贴和农机具购置补贴，是党中央、国务院为加强农业和粮食生产采取的重大措施，对调动农民种粮积极性、保护和提高粮食生产能力意义重大。这些行之有效的

政策不能改变，给农民的实惠不能减少，支农的力度要不断加大。进一步扩大农业税免征范围，加大农业税减征力度。2005 年，在国家扶贫开发工作重点县实行免征农业税试点，在其他地区进一步降低农业税税率。在牧区开展取消牧业税试点。国有农垦企业执行与所在地同等的农业税减免政策。因减免农（牧）业税而减少的地方财政收入，由中央财政安排专项转移支付给予适当补助。有条件的地方，可自主决定进行农业税免征试点。继续对种粮农民实行直接补贴，有条件的地方可进一步加大补贴力度。中央财政继续增加良种补贴和农机具购置补贴资金，地方财政也要根据当地财力和农业发展实际安排一定的良种补贴和农机具购置补贴资金。继续对短缺的重点粮食品种在主产区实行最低收购价政策，逐步建立和完善稳定粮食市场价格、保护种粮农民利益的制度和机制。搞好农业生产资料供应和市场管理，继续实行化肥出厂限价政策，通过税收等手段合理调节化肥进出口，控制农资价格过快上涨，严厉打击制售假冒伪劣农业生产资料等各种坑农害农行为。

（二）切实加强对粮食主产区的支持。为调动地方政府发展粮食生产的积极性，缓解中西部地区特别是粮食主产区县乡的财政困难，中央财政要采取有效措施，根据粮食播种面积、产量和商品量等因素，对粮食主产县通过转移支付给予奖励和补助。建立粮食主产区与主销区之间的利益协调机制，调整中央财政对粮食风险基金的补助比例，并通过其他经济手段筹集一定资金，支持粮食主产区加强生产能力建设，有关部门要抓紧研究提出具体实施方案。

（三）建立稳定增长的支农资金渠道。要下决心调整国民收入分配结构，在稳定现有各项农业投入的基础上，新增财政支出和固定资产投资要切实向农业、农村、农民倾斜，逐步建立稳定的农业投入增长机制。针对当前农田水利设施薄弱、亟待加强的状况，从 2005 年起，要在继续搞好大中型农田水利基础设施建设的同时，不断加大对小型农田水利基础设施建设的投入力度。中央和省级财政要在整合有关专项资金的基础上，从预算内新增财政收入中安排一部分资金，设立小型农田水利设施建设补助专项资金，对农户投工投劳开展小型农田水利设施建设予以支持。预算内经常性固定资产投资和国债资金要增加安排小型农田水利基础设施建设项目。土地出让金用于农业土地开发部分和新增建设用地有偿使用费，要结合土地开发整理安排一定资金用于小型农田水利建设。市、县两级政府也要切实增加对小型农田水利建设的投入。要尽快立法，把国家的重大支农政策制度化、规范化。

二、坚决实行最严格的耕地保护制度，切实提高耕地质量

（四）严格保护耕地。控制非农建设占用耕地，确保基本农田总量不减少、质量不下降、用途不改变，并落实到地块和农户。严禁占用基本农田挖塘养鱼、种树造林或进行其他破坏耕作层的活动。修订耕地占用税暂行条例，提高耕地占用税税率，严格控制减免。搞好乡镇土地利用总体规划和村庄、集镇规划，引导农户和农村集约用地。加强集体建设用地和农民宅基地管理，鼓励农村开展土地整理和村庄整治，推动新办乡村工业向镇区集中，提高农村各类用地的利用率。加快推进农村土地征收、征用制度改革。

（五）认真落实农村土地承包政策。针对一些地方存在的随意收回农户承包地、强迫农户流转承包地等问题，各地要对土地二轮承包政策落实情况进行全面检查，对违反法律和政策的要坚决予以纠正，并追究责任。要妥善处理土地承包纠纷，及时化解矛盾，维护农民合法权益。尊重和保障农户拥有承包地和从事农业生产的权利，尊重和保障外出务工农民的土地承包权和经营自主权。承包经营权流转和发展适度规模经营，必须在农户自愿、有偿的前提下依法进行，防止片面追求土地集中。各省、自治区、直辖市要尽快制定农村土地承包

法实施办法。

（六）努力培肥地力。中央和省级财政要较大幅度增加农业综合开发投入，新增资金主要安排在粮食主产区集中用于中低产田改造，建设高标准基本农田。搞好“沃土工程”建设，增加投入，加大土壤肥力调查和监测工作力度，尽快建立全国耕地质量动态监测和预警系统，为农民科学种田提供指导和服务。改革传统耕作方法，发展保护性耕作。推广测土配方施肥，推行有机肥综合利用与无害化处理，引导农民多施农家肥，增加土壤有机质。

三、加强农田水利和生态建设，提高农业抗御自然灾害的能力

（七）加快实施以节水改造为中心的大型灌区续建配套。新增固定资产投资要把大型灌区续建配套作为重点，并不断加大投入力度，着力搞好田间工程建设，更新改造老化机电设备，完善灌排体系。开展续建配套灌区的末级渠系建设试点。继续推进节水灌溉示范，在粮食主产区进行规模化建设试点。有条件的地区要加快农村水利现代化步伐。水源条件较好的地区要结合重点水利枢纽建设，扩大灌溉面积。干旱缺水地区要积极发展节水旱作农业，继续建设旱作农业示范区。各地要加强灌溉用水计量，积极实行用水总量控制和定额管理。从 2005 年起，选择部分地区开展对农民购买节水设备实行补助的试点。继续搞好病险水库除险加固。抓好地方中型水源、中小河流治理等工程建设。

（八）狠抓小型农田水利建设。重点建设田间灌排工程、小型灌区、非灌区抗旱水源工程。加大粮食主产区中低产田盐碱和渍害治理力度。加快丘陵山区和其他干旱缺水地区雨水集蓄利用工程建设。地方政府要切实承担起搞好小型农田水利建设的责任。在坚决按时取消劳动积累工和义务工制度的同时，各地要积极探索新形势下开展农田水利基本建设的新机制、新办法。要严格区分加重农民负担与农民自愿投工投劳改善自己生产生活条件的政策界限，发扬农民自力更生的好传统，在切实加强民主决策和民主管理的前提下，本着自愿互利、注重实效、控制标准、严格规范的原则，引导农民对直接受益的小型农田水利设施建设投工投劳，国家对农民兴建小微型水利设施所需材料给予适当补助，有关部门要抓紧研究制定具体办法。

（九）坚持不懈搞好生态重点工程建设。继续实施天然林保护等工程，完善相关政策。退耕还林工作要科学规划，突出重点，注重实效，稳步推进。要采取有效措施，在退耕还林地区建设好基本口粮田，培育后续产业，切实解决农民的长期生计问题，进一步巩固退耕还林成果。抓好防护林体系和农田林网建设，为建设高标准农田营造良好的生态屏障。切实搞好京津风沙源治理等防沙治沙工程。继续推进山区综合开发。进一步加强草原建设和保护，加快实施退牧还草工程，搞好牧区水利建设，加强森林草原防火和草原鼠虫害防治工作。继续搞好长江、黄河等重点流域的水土保持工作，采取淤地坝等多种措施推进小流域综合治理，加强南方丘陵红土区、东北黑土漫岗区和西南石漠化区的水土流失综合治理。切实防治耕地和水污染。

四、加快农业科技创新，提高农业科技含量

（十）加强农业科技创新能力建设。要大幅度增加对农业科研的投入，加快建立以政府为主导、社会力量广泛参与的多元化农业科研投入体系，形成稳定的投入增长机制。要不断提高国家科技投入用于农业科研的比重，有关重大科技项目和攻关计划要较大幅度增加农业科研投资的规模。深化农业科研体制改革，抓紧建立国家农业科技创新体系。加强国家基地的创新能力建设，搞好农业基础研究和关键技术的研究开发，加快生物技术和信息技术等高新技术的研究。根据全国农业综合区划，在整合现有资源基础上，依托具有明显优势的省级农业科研单位和高等学校，建设区域性的农业

科研中心，负责推进区域农业科技创新，开展重大应用技术攻关和试验研究。加强农业领域的国家实验室、改良中心、工程中心和重点实验室建设，改善农业科研机构设施条件和装备水平，加快建设国家农业科研高级人才培养基地。

（十一）加大良种良法的推广力度。继续实施“种子工程”、“畜禽水产良种工程”，搞好大宗农作物、畜禽良种繁育基地建设和扩繁推广。从2005年起，国家设立超级稻推广项目。扩大重大农业技术推广项目专项补贴规模，优先扶持优质高产、节本增效的组装集成与配套技术开发。加强农作物重大病虫害防治。认真组织实施“科技入户工程”，扶持科技示范户，提高他们的辐射带动能力。继续安排农业科技成果转化资金和国外先进农业技术引进资金。

（十二）加快改革农业技术推广体系。要按照强化公益性职能、放活经营性服务的要求，加大农业技术推广体系的改革力度。国家的公益性农技推广机构主要承担关键技术的引进、试验、示范，农作物病虫害、动物疫病及农业灾害的监测、预报、防治和处置，农产品生产过程中的质量安全检测、监测和强制性检验，农业资源、农业生态环境和农业投入品使用监测，水资源管理和防汛抗旱，农业公共信息和培训教育服务等职能。对公益性技术推广工作，各级财政要在经费上予以保证。同时，积极稳妥地将一般性技术推广和经营性服务分离出去，按照市场化方式运作。发挥农业院校在农业技术推广中的作用。积极培育农民专业技术协会和农业科技型企业。探索农业技术推广的新机制和新办法，对农技推广项目实行招投标制度，鼓励各类农技推广组织、人员及有关企业公平参与申报。在总结试点经验基础上，有关部门要抓紧提出加强农业技术推广体系建设的指导意见。

五、加强农村基础设施建设，改善农业发展环境

（十三）加大农村小型基础设施建设力度。要继续增加农村“六小工程”的投资规模，扩大建设范围，提高工程质量。在巩固人畜饮水解困成果的基础上，高度重视农村饮水安全，解决好高氟水、高砷水、苦咸水、血吸虫病等地区的饮水安全问题，有关部门要抓紧制定规划。调整公路建设投资结构，加大农村公路建设力度，统筹考虑农村公路建设的技术标准、质量管理和养护等问题，合理确定农村公路投资补助标准。加快农村能源建设步伐，继续推进农村沼气建设，积极发展太阳能、风能等新型洁净能源和可再生能源。扩大“小水电代燃料”工程建设规模和实施范围，搞好农村电网改造工程的后续建设和经营管理。增加扶贫开发投入，加强贫困地区农村基础设施建设，引导农民治水改土修路，实施整村推进扶贫规划，完善扶贫开发机制，加快脱贫致富步伐。

（十四）加快农产品流通和检验检测设施建设。在继续搞好集贸市场和批发市场建设的同时，注重发挥期货市场的引导作用，鼓励发展现代物流、连锁经营、电子商务等新型业态和流通方式。改造现有农产品批发市场，发展经纪人代理、农产品拍卖、网上交易等方式，增强交易功能。加快建设以冷藏和低温仓储运输为主的农产品冷链系统，对农产品仓储设施建设用地按工业用地对待。重视发挥供销合作社在农产品流通和生产资料供应等方面的作用。鼓励邮政系统开展直接为农民生产生活服务的连锁配送业务。加强农业信息化建设。气象工作要加强对农业的服务。各省、自治区、直辖市要加快开通整车运输鲜活农产品的绿色通道，抓紧落实降低或免交车辆通行费的有关规定，并尽快实现省际互通。积极推进农业标准化。要加强农产品检验检测基础设施建设，提高进出境检验检疫装备和检测技术水平，增强防范和处理外来有害生物入侵的能力。加强农产品质量安全工作，实施农产品认证认可，禁止生产、销售和使用高毒、高残留农药，加快农产品质量安全立法。

（十五）加强农业发展的综合配套体系建设。搞好种养业良种体系、农业科技创新与应用体系、动植物保护体系、农产品质量安全体系、农产品市场信息体系、农业资源与生态保护体系、农业社会化服务与管理体系等“七大体系”建设。有关部门要抓紧制定建设规划，加强政策引导，明确职责分工，多渠道增加投入，加快建设步伐。

六、继续推进农业和农村经济结构调整，提高农业竞争力

（十六）进一步抓好粮食生产。要坚持立足国内实现粮食基本自给的方针，以市场需求为导向，改善品种结构，优化区域布局，着力提高单产，努力保持粮食供求总量大体平衡。稳定和增加粮食播种面积，改革种植制度，提高复种指数。实施优质粮食产业工程，建设商品粮生产基地，推进优质粮食产业带建设。加强粮食生产技术、农机、信息和产销等服务，搞好良种培育和供应，促进粮食生产节本增效。完善和落实粮食省长负责制，粮食主销区和产销平衡区也要认真抓好粮食生产，保证必要的粮食储备，维护粮食市场的稳定。

（十七）大力发展特色农业。要发挥区域比较优势，建设农产品产业带，发展特色农业。各地要立足资源优势，选择具有地域特色和市场前景的品种作为开发重点，尽快形成有竞争力的产业体系。各地和有关部门要专门制定规划，明确相关政策，加快发展特色农业。建设特色农业标准化示范基地，筛选、繁育优良品种，把传统生产方式与现代技术结合起来，提升特色农产品的品质和生产水平。加大对特色农产品的保护力度，加快推行原产地等标识制度，维护原产地生产经营者的合法权益。整合特色农产品品牌，支持做大做强名牌产品。提高农产品国际竞争力，促进优势农产品出口，扩大农业对外开放。

（十八）加快发展畜牧业。增强农业综合生产能力必须培育发达的畜牧业。牧区要加快推行围栏放牧、轮牧休牧等生产方式，搞好饲草料地建设，改良牲畜品种，进一步减轻草场过牧的压力。农区要充分发挥作物秸秆和劳动力资源丰富的优势，积极发展节粮型畜牧业，提高规模化、集约化饲养水平。通过小额信贷、财政贴息等方式，引导有条件的地方发展养殖小区。要增加投入，支持养殖小区建设畜禽粪便和污水无害化处理设施。从2005年起，实施奶牛良种繁育项目补贴。加快建立安全优质高效的饲料生产体系。搞好动物防疫是确保畜牧业稳定发展的根本保障，事关人民群众的身体健康和社会公共安全，要下决心增加投入，加强建设，完善制度，健全体系。要抓紧制定动物防疫体系建设规划，加快建设重大动物疫病监测预警、动物疫病预防控制、动物防疫检疫监督、兽药质量监察和残留监控、动物防疫技术支撑、动物防疫物质保障等系统。加快重点兽用生物制品生产企业的技术改造。尽快建立健全动物疫病防治队伍，动物检疫监督机构的人员经费和工作经费全额纳入各级财政预算。

（十九）重点支持粮食主产区发展农产品加工业。大力扶持食品加工业特别是粮食主产区以粮食为主要原料的加工业。粮食主产区要立足本地优势，以发展农产品加工业为突破口，走新型工业化道路，促进农业增效、农民增收和地区经济发展。采取财政贴息等方式，支持粮食主产区农产品加工企业进行技术引进和技术改造，建设仓储设施。尽快完善农产品加工业增值税政策。按照增值税转型改革的统一部署，加快食品等农产品加工业增值税转型的步伐。

（二十）发展农业产业化经营。继续加大对多种所有制、多种经营形式的农业产业化龙头企业的支持力度。鼓励龙头企业以多种利益联结方式，带动基地和农户发展。农业银行和其他国有商业银行要按照有关规定，加快改进对龙头企业的信贷服务，切实解决龙头企业收购资金紧张的问题。农业发展银行对符合条件的以粮棉油生产、流通或加工转化为主业的龙头企业，可以提供贷款。积极探索龙头企业和专业合作组织为农户承贷承还、提供贷款担保等有效办法。支持农民专业合作组织发展，对专业合作组织及其所办加工、流通实体适当减免有关税费。集体经济组织要增强实力，搞好服务，同其他专业合作组织一起发挥联结龙头企业和农户的桥梁和纽带作用。乡镇企业要加快结构调整、技术进步和体制创新，积极参与农业产业化经营。

七、改革和完善农村投融资体制，健全农业投入机制

（二十一）完善农业投资管理体制。进一步放宽农业和农村基础设施投资领域，采取贴息、补助、税收等措施，发挥国家农业资金投入的导向作用，鼓励社会资本积极投资开发农业和建设农村基础设施。逐步降低中西部地区对涉农固定资产投资的资金配套比例，不得采取加重农民负担的方式进行资金配套。继续加大国家农业资金投入的整合力度，鼓励以县为单位，通过规划引导、统筹安排、明确职责、项目带动等方式整合投资，提高资金使用效率。对国家投资和补助的乡村建设项目，要加快实行公示制度，通过招投标、资金跟踪监督和项目后评估等办法，确保管好用好资金，保证项目质量。

（二十二）加快农村小型基础设施产权制度改革。要在总结经验的基础上，加大改革力度，明晰产权，明确责任，充分调动各方面投资建设和管好农村小型基础设施的积极性。农户自建或自用为主的小微型工程，产权归个人所有，由乡镇人民政府核发产权证。对受益户较多的工程，可组建合作管理组织，国家补助形成的资产归合作组织所有。对经营性的工程，可组建法人实体，实行企业化运作，也可拍卖给个人经营。对业主开发建设的农村基础设施，地方人民政府要给予扶持，并规范其收费标准和服务行为。加快小型农村水利工程管理体制改革步伐。推进农村小型基础设施产权制度改革，要充分尊重农民意愿，维护工程原受益者的合法权益。

（二十三）推进农村金融改革和创新。要针对农村金融需求的特点，加快构建功能完善、分工合理、产权明晰、监管有力的农村金融体系。抓紧研究制定农村金融总体改革方案。继续深化农村信用社改革，要在完善治理结构、强化约束机制、增强支农服务能力等方面取得成效，进一步发挥其农村金融的主力军作用。抓紧制定县域内各金融机构承担支持"三农"义务的政策措施，明确金融机构在县及县以下机构、网点新增存款用于支持当地农业和农村经济发展的比例。采取有效办法，引导县及县以下吸收的邮政储蓄资金回流农村。加大政策性金融支农力度，增加支持农业和农村发展的中长期贷款，在完善运行机制基础上强化农业发展银行的支农作用，拓宽业务范围。农业银行要继续发挥支持农业、服务农村的作用。培育竞争性的农村金融市场，有关部门要抓紧制定农村新办多种所有制金融机构的准入条件和监管办法，在有效防范金融风险的前提下，尽快启动试点工作。有条件的地方，可以探索建立更加贴近农民和农村需要、由自然人或企业发起的小额信贷组织。加快落实对农户和农村中小企业实行多种抵押担保形式的有关规定。扩大农业政策性保险的试点范围，鼓励商业性保险机构开展农业保险业务。

八、提高农村劳动者素质，促进农民和农村社会全面发展

（二十四）全面开展农民职业技能培训工作。要结合农业结构调整、发展特色农业和生产实际的需要，开展针对性强、务实有效、通俗易懂的农业科技培训。农村中学也要加强农业先进实用技术教育。适应产业结构升级和提高竞争力的需要，进一步搞好农民转业转岗培训工作，扩大"农村劳动力转移培训阳光工程"实施规模，加快农村劳动力转移。各级财政要大幅度增加农民职业技能培训投入，采取补助、培训券、报账制等方式，努力提高培训的实用性和资金的使用效率。广泛调动社会各方面力量参与农民职业技能培训的积极性。

（二十五）进一步发展农村教育、卫生、文化等社会事业。要落实新增教育、卫生、文

化、计划生育等事业经费主要用于农村的规定，用于县以下的比例不低于70%。到2007年，争取全国农村义务教育阶段贫困家庭学生都能享受到免书本费、免杂费、补助寄宿生生活费，国家扶贫开发工作重点县要加快实施步伐。坚持以农村为重点的卫生工作方针，积极稳妥推进新型农村合作医疗试点和农村医疗救助工作，实施农村医疗卫生基础设施建设规划，加快农村医疗卫生人才培养，提高农村医疗服务水平和应对突发公共卫生事件的能力。加强艾滋病、血吸虫病等重点疾病的防治工作，推动改水改厕等农村环境卫生综合治理。搞好农村计划生育，对农村部分计划生育家庭实行奖励扶助制度，抓好“少生快富扶贫工程”试点。有条件的地方可以探索建立农村社会保障制度。加大农村重大文化建设项目实施力度，完善农村公共文化服务体系，鼓励社会力量参与农村文化建设。巩固农村宣传文化阵地，加强农村文化市场管理。切实提高农村广播电视“村村通”水平，做好送书下乡、电影放映、文化信息资源共享等工作。

九、加强和改善党对农村工作的领导

（二十六）坚持把解决好“三农”问题作为全党工作的重中之重。这是推进工业化、城镇化和现代化历史进程中必须长期坚持的一个重大方针。全党同志特别是各级领导干部要深刻认识“三农”工作的长期性、复杂性和艰巨性。在当前粮食增产、农民增收的好形势下，要始终保持清醒认识，对农业和农村工作不能有丝毫松懈。要适应我国工业化发展阶段和政策趋向的变化，按照工业反哺农业、城市支持农村的要求，切实把农业和农村经济发展放到国民经济全局中统筹安排，更加自觉地调整国民收入分配结构，更加主动地加强农业基础地位，进一步加大农村改革力度，加大对农业的支持力度，加大对“三农”工作的领导力度。

（二十七）进一步加强农村党建工作。要认真贯彻党的十六届四中全会精神，按照开展保持共产党员先进性教育活动的要求，深入开展农村党的建设“三级联创”活动，增强农村基层党组织的创造力、凝聚力和战斗力，充分发挥农村基层党组织的领导核心作用，进一步巩固党在农村的执政基础。加大农村党员干部的教育培训力度，扩大农村党员干部远程教育试点，增强他们为民服务、廉洁自律的意识，转变作风，提高执行政策、依法办事、发展经济、维护稳定的能力，树立基层干部的良好形象。要关心农村基层干部，帮助他们解决工作和生活上的困难。扩大农村基层民主，完善村务公开、政务公开和民主管理，建立健全村党组织领导的充满活力的村民自治机制，切实维护农民的民主权利。推进农村法制建设，加强农村普法教育，搞好农业综合执法。做好新形势下的农村群众工作，妥善处理各种社会矛盾，关心农村困难群众生产生活，营造和谐的社会氛围。搞好农村社会治安综合治理，依法打击各种犯罪活动。深入推进群众性精神文明创建活动，引导广大农民群众艰苦奋斗、自强不息，加快全面建设小康社会的步伐。

进一步加强农村工作，提高农业综合生产能力，实现粮食增产、农业增效、农民增收，意义重大，任务艰巨。我们要紧密团结在以胡锦涛同志为总书记的党中央周围，高举邓小平理论和“三个代表”重要思想伟大旗帜，坚定信心，奋力开拓，扎实工作，为全面完成农业和农村工作各项任务而努力奋斗。

国务院关于推进资本市场改革开放和稳定发展的若干意见

2004年1月31日　国发［2004］3号

各省、自治区、直辖市人民政府，国务院各部委、各直属机构：

《国务院关于进一步加强证券市场宏观管理的通知》（国发［1992］68号）下发以来，我国资本市场发展迅速，取得了举世瞩目的成就。资本市场初具规模，市场基础设施不断改善，法律法规体系逐步健全，市场规范化程度进一步提高，已经成为社会主义市场经济体系的重要组成部分，为国有企业、金融市场改革和发展，优化资源配置，促进经济结构调整和经济发展，作出了重要贡献。为贯彻落实党的十六大和十六届三中全会精神，围绕全面建设小康社会的战略目标，积极推进资本市场改革开放和稳定发展，现提出如下意见。

一、充分认识大力发展资本市场的重要意义

大力发展资本市场是一项重要的战略任务，对我国实现本世纪头20年国民经济翻两番的战略目标具有重要意义。一是有利于完善社会主义市场经济体制，更大程度地发挥资本市场优化资源配置的功能，将社会资金有效转化为长期投资。二是有利于国有经济的结构调整和战略性改组，加快非国有经济发展。三是有利于提高直接融资比例，完善金融市场结构，提高金融市场效率，维护金融安全。

我国资本市场是伴随着经济体制改革的进程逐步发展起来的。由于建立初期改革不配套和制度设计上的局限，资本市场还存在一些深层次问题和结构性矛盾，制约了市场功能的有效发挥。这些问题是资本市场发展中遇到的问题，也只有在发展中逐步加以解决。党的十六大提出了全面建设小康社会的战略目标，十六届三中全会通过了《中共中央关于完善社会主义市场经济体制若干问题的决定》，对资本市场发展作出了部署，为我国资本市场改革开放和稳定发展指明了方向。要认清形势，抓住机遇，转变观念，大力发展资本市场，提高直接融资比例，创造和培育良好的投资环境，充分发挥资本市场在促进资本形成、优化资源配置、推动经济结构调整、完善公司治理结构等方面的作用，为国民经济持续快速协调健康发展和全面建设小康社会作出新的贡献。

二、推进资本市场改革开放和稳定发展的指导思想和任务

推进资本市场改革开放和稳定发展的指导思想是：以邓小平理论和“三个代表”重要思想为指导，全面落实党的十六大和十六届三中全会精神，遵循“公开、公平、公正”原则和“法制、监管、自律、规范”的方针，坚持服务于国民经济全局，实现与国民经济协调发展；坚持依法治市，保护投资者特别是社会公众投资者的合法权益；坚持资本市场改革的市场化取向，充分发挥市场机制的作用；坚持改革的力度、发展的速度与市场可承受程度的统一，处理好改革、发展、稳定的关系；坚持用发展的办法解决前进中的问题，处理好加快资本市场发展与防范市场风险的关系；坚持循序渐进，不断提高对外开放水平。

推进资本市场改革开放和稳定发展的任务是：以扩大直接融资、完善现代市场体系、更大程度地发挥市场在资源配置中的基础性作用为目标，建设透明高效、结构合理、机制健全、功能完善、运行安全的资本市场。要围绕这一目标，建立有利于各类企业筹集资金、满足多种投资需求和富有效率的资本市场体系；完善以市场为主导的产品创新机制，形成价格发现和风险管理并举、股票融资与债券融资相协调的资本市场产品结构；培育诚实守信、运作规范、治理机制健全的上市公司和市场中介群体，强化市场主体约束和优胜劣汰机制；健全职责定位明确、风险控制有效、协调配合到位的市场监管体制，切实保护投资者合法权益。

三、进一步完善相关政策，促进资本市场稳定发展

资本市场的稳定发展需要相应的政策引导和支持。各部门要进一步完善相关政策，为资本市场稳定发展营造良好环境。

完善证券发行上市核准制度。健全有利于各类优质企业平等利用资本市场的机制，提高资源配置效率。

重视资本市场的投资回报。要采取切实措施，改变部分上市公司重上市、轻转制、重筹资、轻回报的状况，提高上市公司的整体质量，为投资者提供分享经济增长成果、增加财富的机会。

鼓励合规资金入市。继续大力发展证券投资基金。支持保险资金以多种方式直接投资资本市场，逐步提高社会保障基金、企业补充养老基金、商业保险资金等投入资本市场的资金比例。要培养一批诚信、守法、专业的机构投资者，使基金管理公司和保险公司为主的机构投资者成为资本市场的主导力量。

拓宽证券公司融资渠道。继续支持符合条件的证券公司公开发行股票或发行债券筹集长期资金。完善证券公司质押贷款及进入银行间同业市场管理办法，制定证券公司收购兼并和证券承销业务贷款的审核标准，在健全风险控制机制的前提下，为证券公司使用贷款融通资金创造有利条件。稳步开展基金管理公司融资试点。

积极稳妥解决股权分置问题。规范上市公司非流通股份的转让行为，防止国有资产流失。稳步解决目前上市公司股份中尚不能上市流通股份的流通问题。在解决这一问题时要尊重市场规律，有利于市场的稳定和发展，切实保护投资者特别是公众投资者的合法权益。

完善资本市场税收政策。研究制定鼓励社会公众投资的税收政策，完善证券、期货公司的流转税和所得税征收管理办法，对具备条件的证券、期货公司实行所得税集中征管。

四、健全资本市场体系，丰富证券投资品种

建立多层次股票市场体系。在统筹考虑资本市场合理布局和功能定位的基础上，逐步建立满足不同类型企业融资需求的多层次资本市场体系，研究提出相应的证券发行上市条件并建立配套的公司选择机制。继续规范和发展主板市场，逐步改善主板市场上市公司结构。分步推进创业板市场建设，完善风险投资机制，拓展中小企业融资渠道。积极探索和完善统一监管下的股份转让制度。

积极稳妥发展债券市场。在严格控制风险的基础上，鼓励符合条件的企业通过发行公司债券筹集资金，改变债券融资发展相对滞后的状况，丰富债券市场品种，促进资本市场协调发展。制定和完善公司债券发行、交易、信息披露、信用评级等规章制度，建立健全资产抵押、信用担保等偿债保障机制。逐步建立集中监管、统一互联的债券市场。

稳步发展期货市场。在严格控制风险的前提下，逐步推出为大宗商品生产者和消费者提供发现价格和套期保值功能的商品期货品种。

建立以市场为主导的品种创新机制。研究开发与股票和债券相关的新品种及其衍生产品。加大风险较低的固定收益类证券产品的开发力度，为投资者提供储蓄替代型证券投资品种。积极探索并开发资产证券化品种。

五、进一步提高上市公司质量，推进上市公司规范运作

提高上市公司质量。上市公司的质量是证券市场投资价值的源泉。上市公司董事和高级管理人员要把股东利益最大化和不断提高盈利水平作为工作的出发点和落脚点。要进一步完善股票发行管理体制，推行证券发行上市保荐制度，支持竞争力强、运作规范、效益良好的公司发行上市，从源头上提高上市公司质量。鼓励已上市公司进行以市场为主导的、有利于公司持续发展的并购重组。进一步完善再融资政策，支持优质上市公司利用资本市场加快发展，做优做强。

规范上市公司运作。完善上市公司法人治理结构，按照现代企业制度要求，真正形成权力机构、决策机构、监督机构和经营管理者之间的制衡机制。强化董事和高管人员的诚信责任，进一步完善独立董事制度。规范控股股东行为，对损害上市公司和中小股东利益的控股股东进行责任追究。强化上市公司及其他信息披露义务人的责任，切实保证信息披露的真实性、准确性、完整性和及时性。建立健全上市公司高管人员的激励约束机制。

完善市场退出机制。要采取有效措施，结合多层次市场体系建设，进一步完善市场退出机制。在实现上市公司优胜劣汰的同时，建立对退市公司高管人员失职的责任追究机制，切实保护投资者的合法权益。

六、促进资本市场中介服务机构规范发展，提高执业水平

把证券、期货公司建设成为具有竞争力的现代金融企业。根据审慎监管原则，健全证券、期货公司的市场准入制度。督促证券、期货公司完善治理结构，规范其股东行为，强化董事会和经理人员的诚信责任。改革证券、期货客户交易结算资金管理制度，研究健全客户交易结算资金存管机制。严禁挪用客户资产，切实维护投资者合法权益。证券、期货公司要完善内控机制，加强对分支机构的集中统一管理。完善以净资本为核心的风险监控指标体系，督促证券、期货公司实施稳健的财务政策。鼓励证券、期货公司通过兼并重组、优化整合做优做强。建立健全证券、期货公司市场退出机制。

加强对其他中介服务机构的管理。规范发展证券期货投资咨询机构、证券资信评级机构，加强对会计师事务所、律师事务所和资产评估机构的管理，提高中介机构的专业化服务水平。

七、加强法制和诚信建设，提高资本市场监管水平

健全资本市场法规体系，加强诚信建设。按照大力发展资本市场的总体部署，健全有利于资本市场稳定发展和投资者权益保护的法规体系。要清理阻碍市场发展的行政法规、地方性法规、部门规章以及政策性文件，为大力发展资本市场创建良好的法制环境。要按照健全现代市场经济社会信用体系的要求，制定资本市场诚信准则，维护诚信秩序，对严重违法违规、严重失信的机构和个人坚决实施市场禁入措施。

推进依法行政，加强资本市场监管。按照深化行政审批制度改革和贯彻实施《行政许可法》的要求，提高执法人员的自身素质和执法水平。树立与时俱进的监管理念，建立健全与资本市场发展阶段相适应的监管方式，完善监管手段，提高监管效率。进一步充实监管力量，整合监管资源，培养一支政治素质和专业素质过硬的监管队伍。通过实施有效的市场监管，努力提高市场的公正性、透明度和效率，降低市场系统风险，保障市场参与者的合法权益。

发挥行业自律和舆论监督作用。要发挥证券期货交易所、登记结算公司、证券期货业协会、律师、会计师、资产评估等行业协会的自律管理作用。要引导和加强新闻媒体对证券期货市场的宣传和监督。

八、加强协调配合，防范和化解市场风险

营造良好的资本市场发展环境。资本市场的风险防范关系到国家的金融安全和国民经济的健康发展。各地区、各部门都要关心和支持资本市场的规范发展，在出台涉及资本市场的政策措施时，要充分考虑资本市场的敏感性、复杂性和特殊性，并建立信息共享、沟通便捷、职责明确的协调配合机制，为市场稳定发展创造良好的环境和条件。

共同防范和化解市场风险。各地区、各部门要切实履行《公司法》等有关法律法规规定的职责，采取有效措施防止和及时纠正发起人虚假出资、大股东或实际控制人侵占上市公司资产的行为；各地区和有关主管部门要依法加强对退市公司的管理，确保退市工作平稳顺利。对有重大经营风险必须退出资本市场或采取其他行政处置措施的证券、期货公司，地方人民政府、金融监管部门以及公安、司法等部门，要加强协调配合，按照法律法规和有关政策规定，采取积极有效措施做好风险处置工作。各地区、各部门必须建立应对资本市场突发事件的快速反应机制和防范化解风险的长效机制。

严厉打击证券期货市场违法活动。各地区要贯彻落实国务院关于整顿和规范市场经济秩序的有关精神，严格禁止本地区非法发行证券、非法设立证券期货经营机构、非法代理证券期货买卖、非法或变相设立证券期货交易场所及其他证券期货违法活动。财政、公安、审计、工商等政府部门和国有资产监督管理机构要加强协调配合，加大打击力度，维护资本市场秩序。

九、认真总结经验，积极稳妥地推进对外开放

严格履行我国加入世贸组织关于证券服务业对外开放的承诺。鼓励具备条件的境外证券机构参股证券公司和基金管理公司，继续试行合格的境外机构投资者制度。

积极利用境外资本市场。遵循市场规律和国际惯例，支持符合条件的内地企业到境外发行证券并上市。支持符合条件的内地机构和人员到境外从事与资本市场投资相关的服务业务和期货套期保值业务。认真研究合格的境内机构投资者制度。

加强交流与合作。落实与香港、澳门更紧密经贸合作安排。进一步加强与相关国际组织及境外证券监管机构的联系与合作。

大力发展资本市场是党中央、国务院从全局和战略出发作出的重要决策，各地区、各部门务必高度重视，树立全局观念，充分认识发展资本市场的重要性，坚定信心、抓住机遇、开拓创新，共同为资本市场发展创造条件，积极推动我国资本市场的改革开放和稳定发展，为实现全面建设小康社会的宏伟目标作出贡献。

国务院关于进一步推进西部大开发的若干意见

2004年3月21日 国发［2004］6号

各省、自治区、直辖市人民政府，国务院各部委、各直属机构：

实施西部大开发，是关系国家经济社会发展大局，关系民族团结和边疆稳定的重大战略部署。四年来，在党中央、国务院的正确领导下，以邓小平理论和“三个代表”重要思想为指导，各地区、各部门特别是西部地区广大干部群众奋发努力，西部大开发取得重要进展。基础设施建设迈出实质性步伐，生态建设和环境保护明显加强，科技教育加快发展，人才开发力度加大，特色产业发展步伐加快，改革开放取得新的突破，推动了西部地区经济社会发展和精神文明建设。对扩大国内需求，调整经济结构，促进东西互动，保持国民经济持续快速健康增长，巩固全国改革发展稳定的大局，作出了重要贡献。实践充分证明，党中央、国务院关于实施西部大开发的战略决策是完全正确的，关于西部大开发的政策措施和重点任务是符合实际的。

实施西部大开发是一项长期艰巨的历史任务。进一步推进西部大开发还面临许多矛盾和问题。基础设施落后仍然是制约西部地区发展的薄弱环节，生态环境局部有所改善、总体恶化的趋势尚未扭转，水资源短缺矛盾突出，教育、卫生等社会事业严重滞后，人才不足、流失严重等。解决这些矛盾和问题，既要有紧迫感，又要做好长期艰苦奋斗的准备，进行持续不懈的努力。

党的十六大和十六届三中全会明确指出，积极推进西部大开发，有效发挥中部地区综合优势，支持中西部地区加快改革发展，振兴东北地区等老工业基地，鼓励东部有条件地区率先基本实现现代化，促进区域经济协调发展，是全面建设小康社会和完善社会主义市场经济体制的重大举措。统筹区域发展，加快西部地区发展至关重要。没有西部地区的小康，就没有全国的小康。没有西部地区的现代化，就不能说实现了全国的现代化。因此，要进一步提高对西部大开发重大战略意义的认识，认真研究并深刻把握西部开发工作的规律性，把实施西部大开发作为一项重大任务列入重要议事日程，不断改进和加强对西部大开发的领导，充分调动各方面积极性，开创西部大开发的新局面。

继续推进西部大开发，要以邓小平理论和“三个代表”重要思想为指导，全面贯彻党的十六大和十六届三中全会精神，认真落实党中央、国务院关于实施西部大开发的战略部署、方针政策和重点任务。坚持解放思想，实事求是，与时俱进，按照完善社会主义市场经济的改革方向，不断探索西部大开发的新路子。坚持以人为本，树立全面、协调、可持续的发展观，按照“五个统筹”的要求，使经济发展与环境保护、社会进步协调推进，促进西部地区经济社会和人的全面发展。坚持一切从实际出发，积极进取，量力而行，有重点、有步骤地解决关系西部开发全局的重大问题。坚持把西部地区自力更生、艰苦奋斗与国家政策支持结合起来，更大程度地发挥市场配置资源的基础性作用，不断增强西部地区的自我发展能力。

以更大的决心、更有力的措施、更扎实的工作，推动西部地区经济持续快速协调健康发展和社会全面进步。

进一步推进西部大开发，要总结经验，完善政策措施，抓好以下重点工作。

一、扎实推进生态建设和环境保护，实现生态改善和农民增收

生态建设和环境保护是西部大开发的重要任务和切入点。加强西部地区生态建设和环境保护，关系农民当前生计和长远利益，关系全国能否实现可持续发展。要以统筹实现生态改善、农民增收和地区经济发展为目标，认真搞好退耕还林、退牧还草、天然林保护、京津风沙源治理和已垦草原退耕还草等生态建设工程。

退耕还林要搞好规划，完善政策，突出重点，加强协调，稳步推进，近期要重点做好巩固成果的工作。优先治理25度以上的陡坡耕地和严重沙化耕地，特别是江河源头及两岸、湖泊水库周围的陡坡耕地。重点放在北方干旱半干旱土地沙化区、黄土高原水土流失严重区、南方岩溶石漠化集中区、长江中上游大江大湖周边区、青藏高原江河源头区和京津风沙源区等区域。要加强天然草原的恢复、治理和基本草场建设，把退牧还草工程和逐步转变牧民的生产生活方式结合起来。完善配套措施，创造条件，逐步从放牧、游牧转为舍饲和轮牧相结合，大力开发后续加工产业，不断提高广大牧民的生活水平和质量。已垦草原要加快实施退耕还草。继续推进天然林保护等工程，恢复生态系统的自我修复能力。

认真搞好“五个结合”，即把退耕还林、退牧还草与加强基本农田建设、农村能源建设、生态移民、后续产业发展、封山禁牧舍饲等配套保障措施结合起来。保持和提高粮食综合生产能力，保证国家粮食安全。继续坚持省级人民政府负总责，统筹安排各项任务，确保各项政策措施真正落实到位，切实解决农民增收和长远生计问题，保证退得下、还得上、能致富、不反弹。建立生态建设和环境保护补偿机制，鼓励各类投资主体投入生态建设和环境保护。

要从规划入手加强环境保护工作，坚持预防为主、保护优先，落实重要生态功能区的保护任务，加强重大建设项目的环境监管，加强工业污染防治，加强城市污水、垃圾、大气等环境综合整治，加大矿区环境保护与整治的力度。

二、继续加快基础设施重点工程建设，为西部地区加快发展打好基础

基础设施建设事关西部开发全局。要从战略高度着眼，注重科学布局。加强重大项目前期工作，条件成熟一批，开工一批。加大投入力度，保证工程质量，重大工程要干一项，成一项。继续集中力量建设好青藏铁路、西气东输、西电东送、水利枢纽、交通干线等重大项目。

坚持把水资源的合理开发利用和节约保护放在首要位置，加快推行节水技术和节水措施，加强各类节水设施建设。推进重点流域综合治理、水资源科学调配、水源涵养地保护。因地制宜地建设大中小型水利工程。有效防治水污染，促进污水资源化，加强地下水资源勘查和监测。以水资源的承受能力为前提，合理规划产业布局，禁止在缺水地区上高耗水项目。大力发展节水型产业，积极建设节水型社会。继续做好南水北调西线工程前期工作。加强综合交通运输网络建设，发挥综合效益。5年内建成“五纵七横”国道主干线西部路段，到2010年建成西部开发八条公路干线。加快跨区域铁路通道建设。逐步完善以干线机场为中心、干线机场与支线机场相协调的航空网络。加强内河航运基础设施建设，改善内河通航条件。加强综合能源体系建设，发挥西部地区作为全国石油天然气生产和加工基地的作用，建设一批大型高产、高效、低排污煤炭生产基地。大力开发水电，合理配置火电，建立合理的西电东送电价机制，对水电的实际税赋进行合理调整，支持西部地区水电发展。加强信息基础网络建设。加快建立电信普遍服务基金和邮政普遍服务补偿机制，支持西部地区和其他地区农村普及电信和邮政服务。继续实施“西新”工程，进一步扩大广播电视覆盖率。加强城市交通、供电、通信、给排水、环保、消防等基础设施建设。加强工程管理，建立重大项目的后评估制度。

三、进一步加强农业和农村基础设施建设，加快改善农民生产生活条件

加强西部地区农业和农村基础设施建设，改善农民生产生活条件，是促进农村经济社会发展，加快实现小康的重大举措。要以增加农民收入为中心，加快农业结构调整，大力发展特色农业、旱作节水农业和生态农业。发挥西部地区气候多样化和生物多样性的优势，积极发展棉花、糖料、水果、肉类、奶类、毛绒类、花卉、中药材等特色农产品及其深加工。建立健全农产品市场体系。支持一批龙头企业、生产基地、农产品加工中心和市场流通基础设施建设，推进农业产业化经营。

建成通县油路，推进县际公路建设，逐步建设县乡公路。在国家给予适当资金补助的基础上，广泛动员农民和其他社会力量参与节水灌溉、人畜饮水、农村道路、农村沼气、农村水电、草场围栏等小型公共工程建设。拓宽农民参与公共工程建设、外出打工等增收渠道。继续减轻农民税费负担。办好乡镇企业，大力发展县域经济，加快城镇化进程，促进农村富余劳动力转移就业。对一些经济发展明显落后、少数民族人口较多、国防或生态位置重要的贫困地区，国家给予重点支持，进行集中连片开发。继续开展“兴边富民”行动。

四、大力调整产业结构，积极发展有特色的优势产业

调整和优化产业结构，大力发展特色经济，促进资源优势向产业优势、经济优势转化，是增强西部地区自我发展能力、扩大社会就业、改善人民生活的根本大计。要密切结合西部地区资源特点和产业优势，以市场为导向，积极发展能源、矿业、机械、旅游、特色农业、中药材加工等优势产业。促进西部地区传统优势产业参与国内外竞争，充分发挥国防科技工业优势，推广应用信息技术，在有条件的地方发展高新技术产业，探索一条适合西部地区的新型工业化道路。把发展优势产业和调整改造西部老工业基地结合起来，提高老工业城市的经济实力和竞争能力。加强西部地区矿产资源勘探，增加公益性调查评价的资金投入。严格整顿矿业秩序，对重要矿产资源实行强制性保护，提高资源综合利用率，有序推进矿业市场改革和开放，逐步将西部地区建设成为全国能源、矿产资源主要接替区。

发展特色优势产业要因地制宜，以企业为主体、市场为导向、效益为中心、先进适用技术为支撑、保护环境为前提，切实防止盲目投资和低水平重复建设，严格控制被淘汰的生产工艺、设备转移到西部地区。合理调整全国产业分工格局，支持西部地区具备基本条件的地方发展资源深加工项目，由国家投资或需要国家批准的重点项目，只要西部地区有优势资源、有市场，优先安排在西部地区。根据不同地区的特色和比较优势，加强跨省区的经济合作与协调。

五、积极推进重点地带开发，加快培育区域经济增长极

贯彻以线串点、以点带面的区域发展指导方针，依托水陆交通干线，重点发展一批中心城市，形成新的经济增长极。积极培育并形成西陇海兰新线经济带、长江上游经济带和南贵昆经济区等重点经济区域。制订区域规划，加大交通、通信、市政等基础设施的建设力度，逐步建成通江达海的骨干交通网络、快速便捷的通信网络和生产要素集聚的城镇体系。支持重点地带优势产业及企业加快发展，在项目布局、市场体系建设、信贷投入、利用国内外资金等方面给予扶持和帮助。发挥中心城市的辐射带动作用，形成区域性的经济、交通、物流、金融、信息、技术和人才中心，带动周围地区和广大农村发展。对西部地区经济技术开发区、国家级高新技术产业开发区的园区内基础设施建设贷款，继续提供财政贴息支持。

六、大力加强科技教育卫生文化等社会事业，促进经济和社会协调发展

加强科技、教育、卫生、文化等社会事业，提高劳动者素质，促进经济社会协调发展，是进一步推进西部大开发的重要任务。要加强科普工作，加大推广先进适用技术力度。加强西部地区科技能力及重点科研基地建设，提高西部开发重点任务的技术支撑水平。要把优先发展教育作为基础性、战略性任务来抓，到2007年，西部地区普及九年义务教育人口覆盖率达到85%以上，青壮年文盲率降到5%以下。要完善教育经费保障机制，加大中央财政和省级财政对农村义务教育的支持，新增财政收入用于支持农村教育发展的部分向西部地区农村倾斜，支持中小学校建设的中央财政专项资金继续向西部地区倾斜。逐步对义务教育阶段家庭经济困难学生免除杂费、书本费，对寄宿生补助生活费。继续加强教育对口支援工作。国家继续在资金投入和政策措施上给予倾斜，支持西部地区高等教育发展。

大力支持西部地区卫生事业发展，加强公共卫生设施建设，完善疾病预防控制体系和医疗救治体系。逐步建立和完善新型合作医疗制度、贫困农民家庭医疗救助制度，建立健全县、乡、村三级卫生服务网络，重点支持以乡镇卫生院为主体的农村医疗设施建设。加强重大传染病和地方病的防治。加强人口和计划生育工作，采取经济措施建立农村部分计划生育家庭奖励扶助制度，鼓励贫困地区农民家庭“少生快富”，降低出生率，提高人口素质。继续加强西部地区文化艺术、广播影视、新闻出版和农村基层公共文化服务网络和文化设施建设，加强西部地区民族民间传统文化的保护工作。

七、深化经济体制改革，为西部地区发展创造良好环境

大力改善投资环境，充分发挥市场机制作用，吸引国内外资金、技术和人才投入西部开发，是西部地区加快发展的根本性措施。要增强紧迫感，进一步解放思想，转变观念，以深化行政审批制度改革为突破口，切实把政府经济管理职能转变到主要为市场主体服务和创造良好发展环境上来。大力加强公务员队伍建设，依法规范行政和执法行为，强化服务意识，提高行政效率。完善市场体系，规范市场秩序，打击假冒伪劣等经济欺诈行为，依法保护知识产权。积极推行公有制特别是国有制的多种有效实现形式，加快调整国有经济布局和结构，积极鼓励、支持和引导个体、私营等非公有制经济发展。努力扩大社会就业，健全社会保障体系。进一步放宽非公有制经济投资准入领域，鼓励社会资本参与基础设施和生态环境建设、优势产业发展，参股、兼并和重组国有企业。支持国有企业改革、改组、改造的各项政策措施向西部地区倾斜。落实社会治安综合治理各项措施，维护安定团结的社会局面。

加强西部与东部、中部地区之间的经济交流与合作，建立市场化的跨地区企业协作机制，把东部、中部地区的资金、技术和人才优势与西部地区的资源、市场和劳动力优势结合起来，实现优势互补、互惠互利，共同发展。加大东部地区和中央单位对口支援西部地区的工作力度。深化涉外经济体制改革，进一步扩大对外开放，更好地利用外资加快发展。建立以企业为主体的对外招商引资新机制，提高招商外资实效，依托优势产业、重点工程、重点地带，吸引外来投资。逐步放宽西部地区保险、旅游、运输等服务领域的外资准入限制条件。采取有力措施推动西部地区发展对外贸易和经济技术合作，全方位、多形式地扩大与周边国家和地区的经济合作和技术交流，努力开拓国际贸易和边境贸易。

八、拓宽资金渠道，为西部大开发提供资金保障

建立长期稳定的西部开发资金渠道，是持续推进西部大开发的重要保障。要继续保持用长期建设国债等中央建设性资金支持西部开发的投资力度，采取多种方式筹集西部开发专项资金。中央财政性建设资金、其他专项建设资金继续向西部地区基础设施建设倾斜。创新重大基础设施建设投入机制，采取多种方式鼓励和引导社会资金和境外资金参与基础设施建设。进一步加大中央财政对西部地区的转移支付力度。拓宽西部开发间接和直接融资渠道。鼓励各金融机构采取银团贷款、混合贷款、委托理财、融资租赁、股权信托等多种方式，加大对西部地区的金融支持。加快商业银行对西部地区国债配套贷款项目的评估审贷速度，提高贷款审核效率。支持国家政策性银行扩大贷款规模，延长贷款期限，支持西部地区基础设施建设、进出口贸易。进一步推进西部地区农村金融体系建设，加大农村信用社改革力度，继续扩大农户小额贷款和农户联保贷款，支持有生产能力、守信用的贫困农户尽快脱贫致富。加强扶贫贴息贷款管理，增加对西部地区信贷投入。积极支持西部地区符合条件的企业优先发行企业债券，支持西部地区符合条件的企业发行股票。修改、完善并适时出台产业投资基金管理暂行办法，优先在西部地区组织试点，支持西部地区以股权投资方式吸引内外资。提高西部地区利用国际组织和外国政府赠款及国外优惠贷款的比例。

九、加强西部地区人才队伍建设，为西部大开发提供有力的人才保障

西部大开发，关键在人才，特别是领导干部和高层次专业人才。要贯彻人才强国战略，认真实施《西部地区人才开发十年规划》。落实干部交流和人才培训任务，促进西部地区党政人才队伍、专业技术人才队伍和企业经营管理人才队伍协调发展。加大干部的交流力度，通过调动任职、挂职锻炼、对口支援等多种方式，每年选派相当数量和相应级别的干部到西部地区县级以上领导班子中工作，适当延长西部地区县级以上干部到东部地区、中央和国家机关单位挂职锻炼期限。逐步完善艰苦边远地区津贴制度。建立科技、教育、卫生、文化等专业人才定期到西部地区农村支援工作的制度。加快研究制定有利于西部地区留住人才、吸引人才、用好人才的政策措施，鼓励各类人才及大中专毕业生到西部地区发展、创业。把组织选派与发挥人才市场的作用结合起来，尽快建立起人才开发新机制。以就业和再就业为导向，依托西部地区现有职业教育培训资源，充分利用东部地区职业教育资源，加强西部地区各类适用人才和劳务输出人员的职业技能培训和创业培训，加强少数民族干部和人才培养。组织和协调各地区各部门多渠道地为西部大开发提供智力服务和人才支持。对于西部地区人才培训给予资金补助，加强西部地区人才开发的国际合作。

十、加快法制建设步伐，加强对西部开发工作的组织领导

加强西部大开发的法制建设和组织领导，是进一步推进西部大开发的基本保障。要借鉴世界发达国家开发欠发达地区的经验，结合我国西部开发的实践，本着注重实效、突出重点、逐步完善的原则，加快西部开发法制建设步伐，为西部大开发提供法律保障。抓紧起草《西部开发促进法》和《西部开发生态环境保护监督条例》等法律法规，逐步建立和完善西部开发法律法规体系。西部地区各级人民政府公务人员要提高法制意识，确保法律法规的有效实施，树立诚信政府形象，为推进西部大开发打造良好的法制环境。

加强对西部开发工作的组织领导和综合协调。要建立专家咨询制度，提高科学、民主决策水平。各地区、各部门要加强和稳定西部开发工作机构和人员。要进一步增强责任感和使命感，加强对西部开发工作的领导，把实施西

部大开发纳入重要议事日程，放在突出位置，加大贯彻实施西部大开发战略的工作力度，研究制定推进西部开发的具体政策措施。西部地区要认真落实中央关于西部大开发的战略决策、指导方针和各项重点任务，发扬自力更生、艰苦奋斗精神，创造性地开展工作。东部和中部地区要继续积极支持和参与西部大开发。国务院西部地区开发领导小组办公室要加强与各地区、各部门的联系和沟通，健全西部开发工作机制，加强调查研究、综合协调和督促检查，对重大问题提出政策建议，协调解决西部开发中遇到的各种问题。各方面要共同努力，团结奋斗，坚持不懈地把西部大开发扎实向前推进。

国务院关于印发全面推进依法行政实施纲要的通知

2004 年 3 月 22 日　国发［2004］10 号

各省、自治区、直辖市人民政府，国务院各部委、各直属机构：

现将《全面推进依法行政实施纲要》印发给你们，请结合本地区、本部门实际，认真贯彻执行。

为适应全面建设小康社会的新形势和依法治国的进程，《全面推进依法行政实施纲要》(以下简称《纲要》) 确立了建设法治政府的目标，明确规定了今后十年全面推进依法行政的指导思想和具体目标、基本原则和要求、主要任务和措施，是进一步推进我国社会主义政治文明建设的重要政策文件。地方各级人民政府和各部门都要从立党为公、执政为民的高度，充分认识《纲要》的重大意义，切实抓紧做好《纲要》的贯彻执行工作。一是认真学习、大力宣传《纲要》的基本精神、主要内容。二是认真组织制订落实《纲要》的具体办法和配套措施，确定不同阶段的重点，做到五年有规划、年度有安排，确保《纲要》得到全面正确执行。三是地方各级人民政府和各部门的主要负责同志要加强领导，切实担负起贯彻执行《纲要》、全面推进依法行政第一责任人的责任，一级抓一级，逐级抓落实。四是加强对贯彻执行《纲要》的监督检查，对贯彻执行不力的，要严肃纪律，追究责任。五是地方各级人民政府和各部门的法制机构要以高度的责任感和使命感，认真做好综合协调、督促指导、政策研究和情况交流工作，为本级政府和本部门贯彻执行《纲要》、全面推进依法行政，充分发挥参谋、助手和法律顾问的作用。

地方各级人民政府和各部门要及时总结贯彻执行《纲要》、推进依法行政的经验、做法，贯彻执行中的有关情况和问题要及时向国务院报告。

附件：

全面推进依法行政实施纲要

为贯彻落实依法治国基本方略和党的十六大、十六届三中全会精神，坚持执政为民，全面推进依法行政，建设法治政府，根据宪法和有关法律、行政法规，制定本实施纲要。

一、全面推进依法行政的重要性和紧迫性

1. 全面推进依法行政的重要性和紧迫性。党的十一届三中全会以来，我国社会主义民主与法制建设取得了显著成绩。党的十五大确立依法治国、建设社会主义法治国家的基本方略，1999年九届全国人大二次会议将其载入宪法。作为依法治国的重要组成部分，依法行政也取得了明显进展。1999年11月，国务院发布了《国务院关于全面推进依法行政的决定》（国发［1999］23号），各级政府及其工作部门加强制度建设，严格行政执法，强化行政执法监督，依法办事的能力和水平不断提高。党的十六大把发展社会主义民主政治，建设社会主义政治文明，作为全面建设小康社会的重要目标之一，并明确提出“加强对执法活动的监督，推进依法行政”。与完善社会主义市场经济体制、建设社会主义政治文明以及依法治国的客观要求相比，依法行政还存在不少差距，主要是：行政管理体制与发展社会主义市场经济的要求还不适应，依法行政面临诸多体制性障碍；制度建设反映客观规律不够，难以全面、有效解决实际问题；行政决策程序和机制不够完善；有法不依、执法不严、违法不究现象时有发生，人民群众反映比较强烈；对行政行为的监督制约机制不够健全，一些违法或者不当的行政行为得不到及时、有效的制止或者纠正，行政管理相对人的合法权益受到损害得不到及时救济；一些行政机关工作人员依法行政的观念还比较淡薄，依法行政的能力和水平有待进一步提高。这些问题在一定程度上损害了人民群众的利益和政府的形象，妨碍了经济社会的全面发展。解决这些问题，适应全面建设小康社会的新形势和依法治国的进程，必须全面推进依法行政，建设法治政府。

二、全面推进依法行政的指导思想和目标

2. 全面推进依法行政的指导思想。全面推进依法行政，必须以邓小平理论和“三个代表”重要思想为指导，坚持党的领导，坚持执政为民，忠实履行宪法和法律赋予的职责，保护公民、法人和其他组织的合法权益，提高行政管理效能，降低管理成本，创新管理方式，增强管理透明度，推进社会主义物质文明、政治文明和精神文明协调发展，全面建设小康社会。

3. 全面推进依法行政的目标。全面推进依法行政，经过十年左右坚持不懈的努力，基本实现建设法治政府的目标：

——政企分开、政事分开，政府与市场、政府与社会的关系基本理顺，政府的经济调节、市场监管、社会管理和公共服务职能基本到位。中央政府和地方政府之间、政府各部门之间的职能和权限比较明确。行为规范、运转协调、公正透明、廉洁高效的行政管理体制基本形成。权责明确、行为规范、监督有效、保障有力的行政执法体制基本建立。

——提出法律议案、地方性法规草案，制定行政法规、规章、规范性文件等制度建设符合宪法和法律规定的权限和程序，充分反映客

观规律和最广大人民的根本利益，为社会主义物质文明、政治文明和精神文明协调发展提供制度保障。

——法律、法规、规章得到全面、正确实施，法制统一，政令畅通，公民、法人和其他组织合法的权利和利益得到切实保护，违法行为得到及时纠正、制裁，经济社会秩序得到有效维护。政府应对突发事件和风险的能力明显增强。

——科学化、民主化、规范化的行政决策机制和制度基本形成，人民群众的要求、意愿得到及时反映。政府提供的信息全面、准确、及时，制定的政策、发布的决定相对稳定，行政管理做到公开、公平、公正、便民、高效、诚信。

——高效、便捷、成本低廉的防范、化解社会矛盾的机制基本形成，社会矛盾得到有效防范和化解。

——行政权力与责任紧密挂钩、与行政权力主体利益彻底脱钩。行政监督制度和机制基本完善，政府的层级监督和专门监督明显加强，行政监督效能显著提高。

——行政机关工作人员特别是各级领导干部依法行政的观念明显提高，尊重法律、崇尚法律、遵守法律的氛围基本形成；依法行政的能力明显增强，善于运用法律手段管理经济、文化和社会事务，能够依法妥善处理各种社会矛盾。

三、依法行政的基本原则和基本要求

4. 依法行政的基本原则。依法行政必须坚持党的领导、人民当家作主和依法治国三者的有机统一；必须把维护最广大人民的根本利益作为政府工作的出发点；必须维护宪法权威，确保法制统一和政令畅通；必须把发展作为执政兴国的第一要务，坚持以人为本和全面、协调、可持续的发展观，促进经济社会和人的全面发展；必须把依法治国和以德治国有机结合起来，大力推进社会主义政治文明、精神文明建设；必须把推进依法行政与深化行政管理体制改革、转变政府职能有机结合起来，坚持开拓创新与循序渐进的统一，既要体现改革和创新的精神，又要有计划、有步骤地分类推进；必须把坚持依法行政与提高行政效率统一起来，做到既严格依法办事，又积极履行职责。

5. 依法行政的基本要求。

——合法行政。行政机关实施行政管理，应当依照法律、法规、规章的规定进行；没有法律、法规、规章的规定，行政机关不得作出影响公民、法人和其他组织合法权益或者增加公民、法人和其他组织义务的决定。

——合理行政。行政机关实施行政管理，应当遵循公平、公正的原则。要平等对待行政管理相对人，不偏私、不歧视。行使自由裁量权应当符合法律目的，排除不相关因素的干扰；所采取的措施和手段应当必要、适当；行政机关实施行政管理可以采用多种方式实现行政目的的，应当避免采用损害当事人权益的方式。

——程序正当。行政机关实施行政管理，除涉及国家秘密和依法受到保护的商业秘密、个人隐私的外，应当公开，注意听取公民、法人和其他组织的意见；要严格遵循法定程序，依法保障行政管理相对人、利害关系人的知情权、参与权和救济权。行政机关工作人员履行职责，与行政管理相对人存在利害关系时，应当回避。

——高效便民。行政机关实施行政管理，应当遵守法定时限，积极履行法定职责，提高办事效率，提供优质服务，方便公民、法人和其他组织。

——诚实守信。行政机关公布的信息应当全面、准确、真实。非因法定事由并经法定程序，行政机关不得撤销、变更已经生效的行政决定；因国家利益、公共利益或者其他法定事由需要撤回或者变更行政决定的，应当依照法定权限和程序进行，并对行政管理相对人因此而受到的财产损失依法予以补偿。

——权责统一。行政机关依法履行经济、

社会和文化事务管理职责，要由法律、法规赋予其相应的执法手段。行政机关违法或者不当行使职权，应当依法承担法律责任，实现权力和责任的统一。依法做到执法有保障、有权必有责、用权受监督、违法受追究、侵权须赔偿。

四、转变政府职能，深化行政管理体制改革

6. 依法界定和规范经济调节、市场监管、社会管理和公共服务的职能。推进政企分开、政事分开，实行政府公共管理职能与政府履行出资人职能分开，充分发挥市场在资源配置中的基础性作用。凡是公民、法人和其他组织能够自主解决的，市场竞争机制能够调节的，行业组织或者中介机构通过自律能够解决的事项，除法律另有规定的外，行政机关不要通过行政管理去解决。要加强对行业组织和中介机构的引导和规范。行政机关应当根据经济发展的需要，主要运用经济和法律手段管理经济，依法履行市场监管职能，保证市场监管的公正性和有效性，打破部门保护、地区封锁和行业垄断，建设统一、开放、竞争、有序的现代市场体系。要进一步转变经济调节和市场监管的方式，切实把政府经济管理职能转到主要为市场主体服务和创造良好发展环境上来。在继续加强经济调节和市场监管职能的同时，完善政府的社会管理和公共服务职能。建立健全各种预警和应急机制，提高政府应对突发事件和风险的能力，妥善处理各种突发事件，维持正常的社会秩序，保护国家、集体和个人利益不受侵犯；完善劳动、就业和社会保障制度；强化公共服务职能和公共服务意识，简化公共服务程序，降低公共服务成本，逐步建立统一、公开、公平、公正的现代公共服务体制。

7. 合理划分和依法规范各级行政机关的职能和权限。科学合理设置政府机构，核定人员编制，实现政府职责、机构和编制的法定化。加强政府对所属部门职能争议的协调。

8. 完善依法行政的财政保障机制。完善集中统一的公共财政体制，逐步实现规范的部门预算，统筹安排和规范使用财政资金，提高财政资金使用效益；清理和规范行政事业性收费等政府非税收入；完善和规范行政机关工作人员工资和津补贴制度，逐步解决同一地区不同行政机关相同职级工作人员收入差距较大的矛盾；行政机关不得设立任何形式的“小金库”；严格执行“收支两条线”制度，行政事业性收费和罚没收入必须全部上缴财政，严禁以各种形式返还；行政经费统一由财政纳入预算予以保障，并实行国库集中支付。

9. 改革行政管理方式。要认真贯彻实施行政许可法，减少行政许可项目，规范行政许可行为，改革行政许可方式。要充分运用间接管理、动态管理和事后监督管理等手段对经济和社会事务实施管理；充分发挥行政规划、行政指导、行政合同等方式的作用；加快电子政务建设，推进政府上网工程的建设和运用，扩大政府网上办公的范围；政府部门之间应当尽快做到信息互通和资源共享，提高政府办事效率，降低管理成本，创新管理方式，方便人民群众。

10. 推进政府信息公开。除涉及国家秘密和依法受到保护的商业秘密、个人隐私的事项外，行政机关应当公开政府信息。对公开的政府信息，公众有权查阅。行政机关应当为公众查阅政府信息提供便利条件。

五、建立健全科学民主决策机制

11. 健全行政决策机制。科学、合理界定各级政府、政府各部门的行政决策权，完善政府内部决策规则。建立健全公众参与、专家论证和政府决定相结合的行政决策机制。实行依法决策、科学决策、民主决策。

12. 完善行政决策程序。除依法应当保密的外，决策事项、依据和结果要公开，公众有权查阅。涉及全国或者地区经济社会发展的重大决策事项以及专业性较强的决策事项，应当事先组织专家进行必要性和可行性论证。社会涉及面广、与人民群众利益密切相关的决策事项，应当向社会公布，或者通过举行座谈会、听证会、论证会等形式广泛听取意见。重大行政决策在决策过程中要进行合法性论证。

13. 建立健全决策跟踪反馈和责任追究制度。行政机关应当确定机构和人员，定期对决策的执行情况进行跟踪与反馈，并适时调整和完善有关决策。要加强对决策活动的监督，完善行政决策的监督制度和机制，明确监督主体、监督内容、监督对象、监督程序和监督方式。要按照“谁决策、谁负责”的原则，建立健全决策责任追究制度，实现决策权和决策责任相统一。

六、提高制度建设质量

14. 制度建设的基本要求。提出法律议案和地方性法规草案，制定行政法规、规章以及规范性文件等制度建设，重在提高质量。要遵循并反映经济和社会发展规律，紧紧围绕全面建设小康社会的奋斗目标，紧密结合改革发展稳定的重大决策，体现、推动和保障发展这个执政兴国的第一要务，发挥公民、法人和其他组织的积极性、主动性和创造性，为在经济发展的基础上实现社会全面发展，促进人的全面发展，促进经济、社会和生态环境的协调发展，提供法律保障；要根据宪法和立法法的规定，严格按照法定权限和法定程序进行。法律、法规、规章和规范性文件的内容要具体、明确，具有可操作性，能够切实解决问题；内在逻辑要严密，语言要规范、简洁、准确。

15. 按照条件成熟、突出重点、统筹兼顾的原则，科学合理制定政府立法工作计划。要进一步加强政府立法工作，统筹考虑城乡、区域、经济与社会、人与自然以及国内和对外开放等各项事业的发展，在继续加强有关经济调节、市场监管方面的立法的同时，更加重视有关社会管理、公共服务方面的立法。要把握立法规律和立法时机，正确处理好政府立法与改革的关系，做到立法决策与改革决策相统一，立法进程与改革进程相适应。

16. 改进政府立法工作方法，扩大政府立法工作的公众参与程度。实行立法工作者、实际工作者和专家学者三结合，建立健全专家咨询论证制度。起草法律、法规、规章和作为行政管理依据的规范性文件草案，要采取多种形式广泛听取意见。重大或者关系人民群众切身利益的草案，要采取听证会、论证会、座谈会或者向社会公布草案等方式向社会听取意见，尊重多数人的意愿，充分反映最广大人民的根本利益。要积极探索建立对听取和采纳意见情况的说明制度。行政法规、规章和作为行政管理依据的规范性文件通过后，应当在政府公报、普遍发行的报刊和政府网站上公布。政府公报应当便于公民、法人和其他组织获取。

17. 积极探索对政府立法项目尤其是经济立法项目的成本效益分析制度。政府立法不仅要考虑立法过程成本，还要研究其实施后的执法成本和社会成本。

18. 建立和完善行政法规、规章修改、废止的工作制度和规章、规范性文件的定期清理制度。要适应完善社会主义市场经济体制、扩大对外开放和社会全面进步的需要，适时对现行行政法规、规章进行修改或者废止，切实解决法律规范之间的矛盾和冲突。规章、规范性文件施行后，制定机关、实施机关应当定期对其实施情况进行评估。实施机关应当将评估意见报告制定机关；制定机关要定期对规章、规范性文件进行清理。

七、理顺行政执法体制，加快行政程序建设，规范行政执法行为

19. 深化行政执法体制改革。加快建立权责明确、行为规范、监督有效、保障有力的行政执法体制。继续开展相对集中行政处罚权工作，积极探索相对集中行政许可权，推进综合执法试点。要减少行政执法层次，适当下移执法重心；对与人民群众日常生活、生产直接相关的行政执法活动，主要由市、县两级行政执法机关实施。要完善行政执法机关的内部监督制约机制。

20. 严格按照法定程序行使权力、履行职

责。行政机关作出对行政管理相对人、利害关系人不利的行政决定之前，应当告知行政管理相对人、利害关系人，并给予其陈述和申辩的机会；作出行政决定后，应当告知行政管理相对人依法享有申请行政复议或者提起行政诉讼的权利。对重大事项，行政管理相对人、利害关系人依法要求听证的，行政机关应当组织听证。行政机关行使自由裁量权的，应当在行政决定中说明理由。要切实解决行政机关违法行使权力侵犯人民群众切身利益的问题。

21. 健全行政执法案卷评查制度。行政机关应当建立有关行政处罚、行政许可、行政强制等行政执法的案卷。对公民、法人和其他组织的有关监督检查记录、证据材料、执法文书应当立卷归档。

22. 建立健全行政执法主体资格制度。行政执法由行政机关在其法定职权范围内实施，非行政机关的组织未经法律、法规授权或者行政机关的合法委托，不得行使行政执法权；要清理、确认并向社会公告行政执法主体；实行行政执法人员资格制度，没有取得执法资格的不得从事行政执法工作。

23. 推行行政执法责任制。依法界定执法职责，科学设定执法岗位，规范执法程序。要建立公开、公平、公正的评议考核制和执法过错或者错案责任追究制，评议考核应当听取公众的意见。要积极探索行政执法绩效评估和奖惩办法。

八、积极探索高效、便捷和成本低廉的防范、化解社会矛盾的机制

24. 积极探索预防和解决社会矛盾的新路子。要大力开展矛盾纠纷排查调处工作，建立健全相应的制度。对矛盾纠纷要依法妥善解决。对依法应当由行政机关调处的民事纠纷，行政机关要依照法定权限和程序，遵循公开、公平、公正的原则及时予以处理。要积极探索解决民事纠纷的新机制。

25. 充分发挥调解在解决社会矛盾中的作用。对民事纠纷，经行政机关调解达成协议的，行政机关应当制作调解书；调解不能达成协议的，行政机关应当及时告知当事人救济权利和渠道。要完善人民调解制度，积极支持居民委员会和村民委员会等基层组织的人民调解工作。

26. 切实解决人民群众通过信访举报反映的问题。要完善信访制度，及时办理信访事项，切实保障信访人、举报人的权利和人身安全。任何行政机关和个人不得以任何理由或者借口压制、限制人民群众信访和举报，不得打击报复信访和举报人员，不得将信访、举报材料及有关情况透露或者转送给被举报人。对可以通过复议、诉讼等法律程序解决的信访事项，行政机关应当告知信访人、举报人申请复议、提起诉讼的权利，积极引导当事人通过法律途径解决。

九、完善行政监督制度和机制，强化对行政行为的监督

27. 自觉接受人大监督和政协的民主监督。各级人民政府应当自觉接受同级人大及其常委会的监督，向其报告工作、接受质询，依法向有关人大常委会备案行政法规、规章；自觉接受政协的民主监督，虚心听取其对政府工作的意见和建议。

28. 接受人民法院依照行政诉讼法的规定对行政机关实施的监督。对人民法院受理的行政案件，行政机关应当积极出庭应诉、答辩。对人民法院依法作出的生效的行政判决和裁定，行政机关应当自觉履行。

29. 加强对规章和规范性文件的监督。规章和规范性文件应当依法报送备案。对报送备案的规章和规范性文件，政府法制机构应当依法严格审查，做到有件必备、有备必审、有错必纠。公民、法人和其他组织对规章和规范性文件提出异议的，制定机关或者实施机关应当依法及时研究处理。

30. 认真贯彻行政复议法，加强行政复议工作。对符合法律规定的行政复议申请，必须依法受理；审理行政复议案件，要重依据、重证据、重程序，公正作出行政复议决定，坚决纠正违法、明显不当的行政行为，保护公民、法人和其他组织的合法权益。要完善行政复议工作制度，积极探索提高行政复议工作质量的新方式、新举措。对事实清楚、争议不大的行政复议案件，要探索建立简易程序解决行政争议。加强行政复议机构的队伍建设，提高行政复议工作人员的素质。完善行政复议责任追究制度，对依法应当受理而不受理行政复议申请，应当撤销、变更或者确认具体行政行为违法而不撤销、变更或者确认具体行政行为违法，不在法定期限内作出行政复议决定以及违反行政复议法的其他规定的，应当依法追究其法律责任。

31. 完善并严格执行行政赔偿和补偿制度。要按照国家赔偿法实施行政赔偿。严格执行《国家赔偿费用管理办法》关于赔偿费用核拨的规定，依法从财政支取赔偿费用，保障公民、法人和其他组织依法获得赔偿。要探索在行政赔偿程序中引入听证、协商和和解制度。建立健全行政补偿制度。

32. 创新层级监督新机制，强化上级行政机关对下级行政机关的监督。上级行政机关要建立健全经常性的监督制度，探索层级监督的新方式，加强对下级行政机关具体行政行为的监督。

33. 加强专门监督。各级行政机关要积极配合监察、审计等专门监督机关的工作，自觉接受监察、审计等专门监督机关的监督决定。拒不履行监督决定的，要依法追究有关机关和责任人员的法律责任。监察、审计等专门监督机关要切实履行职责，依法独立开展专门监督。监察、审计等专门监督机关要与检察机关密切配合，及时通报情况，形成监督合力。

34. 强化社会监督。各级人民政府及其工作部门要依法保护公民、法人和其他组织对行政行为实施监督的权利，拓宽监督渠道，完善监督机制，为公民、法人和其他组织实施监督创造条件。要完善群众举报违法行为的制度。要高度重视新闻舆论监督，对新闻媒体反映的问题要认真调查、核实，并依法及时作出处理。

十、不断提高行政机关工作人员依法行政的观念和能力

35. 提高领导干部依法行政的能力和水平。各级人民政府及其工作部门的领导干部要带头学习和掌握宪法、法律和法规的规定，不断增强法律意识，提高法律素养，提高依法行政的能力和水平，把依法行政贯穿于行政管理的各个环节，列入各级人民政府经济社会发展的考核内容。要实行领导干部的学法制度，定期或者不定期对领导干部进行依法行政知识培训。积极探索对领导干部任职前实行法律知识考试的制度。

36. 建立行政机关工作人员学法制度，增强法律意识，提高法律素质，强化依法行政知识培训。要采取自学与集中培训相结合、以自学为主的方式，组织行政机关工作人员学习通用法律知识以及与本职工作有关的专门法律知识。

37. 建立和完善行政机关工作人员依法行政情况考核制度。要把依法行政情况作为考核行政机关工作人员的重要内容，完善考核制度，制定具体的措施和办法。

38. 积极营造全社会遵法守法、依法维权的良好环境。要采取各种形式，加强普法和法制宣传，增强全社会尊重法律、遵守法律的观念和意识，积极引导公民、法人和其他组织依法维护自身权益，逐步形成与建设法治政府相适应的良好社会氛围。

十一、提高认识，明确责任，切实加强对推进依法行政工作的领导

39. 提高认识，加强领导。各级人民政府和政府各部门要从“立党为公、执政为民”的高度，充分认识全面推进依法行政的必要性和紧迫性，真正把依法行政作为政府运作的基本准则。各地方、各部门的行政首长作为本地方、本部门推进依法行政工作的第一责任人，

要加强对推进依法行政工作的领导，一级抓一级，逐级抓落实。

40. 明确责任，严肃纪律。各级人民政府和政府各部门要结合本地方、本部门经济和社会发展的实际，制定落实本纲要的具体办法和配套措施，确定不同阶段的重点，有计划、分步骤地推进依法行政，做到五年有规划、年度有安排，将本纲要的规定落到实处。上级行政机关应当加强对下级行政机关贯彻本纲要情况的监督检查。对贯彻落实本纲要不力的，要严肃纪律，予以通报，并追究有关人员相应的责任。

41. 定期报告推进依法行政工作情况。地方各级人民政府应当定期向本级人大及其常委会和上一级人民政府报告推进依法行政的情况；国务院各部门、地方各级人民政府工作部门要定期向本级人民政府报告推进依法行政的情况。

42. 各级人民政府和政府各部门要充分发挥政府法制机构在依法行政方面的参谋、助手和法律顾问作用。全面推进依法行政、建设法治政府，涉及面广、难度大、要求高，需要一支政治强、作风硬、业务精的政府法制工作队伍，协助各级人民政府和政府各部门领导做好全面推进依法行政的各项工作。各级人民政府和政府各部门要切实加强政府法制机构和队伍建设，充分发挥政府法制机构在依法行政方面的参谋、助手和法律顾问的作用，并为他们开展工作创造必要的条件。

国务院关于进一步深化粮食流通体制改革的意见

2004年5月23日　国发［2004］17号

各省、自治区、直辖市人民政府，国务院各部委、各直属机构：

1998年以来，各地区、各部门按照党中央、国务院的部署，积极稳妥地推进以市场为取向的粮食流通体制改革，保护广大农民利益，促进农业生产结构调整和粮食生产与流通。随着国民经济市场化程度的提高，粮食流通体制改革的深入和农村税费改革的全面实行，当前进一步推进粮食购销市场化改革的条件已经基本具备。按照党的十六届三中全会精神，国务院决定，在总结经验、完善政策的基础上，2004年全面放开粮食收购市场，积极稳妥推进粮食流通体制改革。粮食流通体制改革，必须有利于粮食生产、有利于种粮农民增收、有利于粮食市场稳定、有利于国家粮食安全，这是实践“三个代表”重要思想的具体体现，各地区、各部门必须充分认识改革的艰巨性和复杂性，统一思想，高度重视，切实把改革的各项政策措施落实到位，确保改革的顺利实施。

一、改革的总体目标、基本思路和实施步骤

（一）深化粮食流通体制改革的总体目标是：在国家宏观调控下，充分发挥市场机制在配置粮食资源中的基础性作用，实现粮食购销市场化和市场主体多元化；建立对种粮农民直接补贴的机制，保护粮食主产区和种粮农民的

利益，加强粮食综合生产能力建设；深化国有粮食购销企业改革，切实转换经营机制，发挥国有粮食购销企业的主渠道作用；加强粮食市场管理，维护粮食正常流通秩序；加强粮食工作省长负责制，建立健全适应社会主义市场经济发展要求和符合我国国情的粮食流通体制，确保国家粮食安全。

（二）深化粮食流通体制改革的基本思路是：放开购销市场，直接补贴粮农，转换企业机制，维护市场秩序，加强宏观调控。

（三）深化粮食流通体制改革的步骤和要求是：全面规划，分步实施，因地制宜，分别决策，加强领导，落实责任。

二、放开粮食收购和价格，健全粮食市场体系

（四）积极稳妥地放开粮食主产区的粮食收购市场和粮食收购价格，继续发挥国有粮食购销企业主渠道作用，发展和规范多种市场主体从事粮食收购和经营活动。

（五）转换粮食价格形成机制。一般情况下，粮食收购价格由市场供求形成，国家在充分发挥市场机制的基础上实行宏观调控。要充分发挥价格的导向作用，当粮食供求发生重大变化时，为保证市场供应、保护农民利益，必要时可由国务院决定对短缺的重点粮食品种，在粮食主产区实行最低收购价格。

（六）建立统一、开放、竞争、有序的粮食市场体系。继续办好农村集市贸易。加强粮食批发市场建设，提升市场服务功能，引导企业入市交易。稳步发展粮食期货市场，规范粮食期货交易行为。取消粮食运输凭证制度和粮食准运证制度，严禁各种形式的粮食区域性封锁，形成公平竞争、规范有序、全国统一的粮食市场。

三、建立直接补贴机制，保护种粮农民利益

（七）结合农村税费改革，2004年起，全面实行对种粮农民的直接补贴。粮食主产省、自治区实行直接补贴的粮食数量，原则上不低于前三年平均商品量的70%。其他省、自治区、直辖市也要比照粮食主产省、自治区的做法，对粮食主产县（市）的种粮农民实行直接补贴。

（八）尽快建立和完善对种粮农民直接补贴的机制。直接补贴的标准，按照能够补偿粮食生产成本并使种粮农民获得适当收益，有利于调动农民种粮积极性、促进粮食生产的原则确定。直接补贴的对象是主产区种粮农民（包括农垦企业、农场的粮食生产者）。直接补贴办法可以按农业计税面积补贴，可以按计税常产补贴，可以按粮食种植面积补贴，可以同种粮农民出售的商品粮数量挂钩。直接补贴资金要真正补到种粮农户，确实起到促进粮食生产和增加种粮农民收入的作用。由财政部会同发展改革委、粮食局等有关部门制定完善直补办法的指导性意见，各省、自治区、直辖市人民政府根据国家的指导性意见，结合本地实际确定具体办法。

（九）粮食风险基金优先用于对种粮农民的直接补贴。2004年，粮食主产省、自治区从粮食风险基金中安排100亿元（占主产区粮食风险基金规模的40%）对种粮农民补贴，以后年度对种粮农民的直接补贴资金要逐年有所增加，经过三年，将现有粮食风险基金的一半用于对种粮农民直接补贴。部分粮食主产省、自治区粮食风险基金用于直接补贴农民不足的，经省级人民政府申请，由中央财政根据粮食风险基金的缺口情况给予借款；仍有缺口的，报经国务院批准，向中国农业发展银行借款，以确保对种粮农民直接补贴资金的落实。其他地方对种粮农民直接补贴的资金，从现有包干的粮食风险基金中安排，粮食风险基金不足的，由省级人民政府自筹资金解决。

（十）要按照公开、公平、公正的原则，认真做好直接补贴的组织和落实工作，保证种粮农民得到实惠。补贴款的兑付可以采取农业税征收和对农民直接发放“征补两条线”，可以直接抵扣农业税，也可以直接补给农民。不论采取哪种方式，都要把对种粮农民直接补贴的计算依据、补贴标准、补贴金额逐级落实到每个农户，并张榜公布，接受农民监督。各地和有关部门要加强对补贴资金的监管，严禁截留、挪用。

四、转换企业经营机制，加快推进国有粮食购销企业改革

（十一）国有粮食购销企业改革的总体要求是：实行政企分开，推进兼并重组，消化历史包袱，分流富余人员，建立健全法人治理结构，使企业真正成为自主经营、自负盈亏的市场主体，提高市场竞争能力，更好地发挥主渠道作用。

（十二）加快国有粮食购销企业产权制度改革，因地制宜实行企业重组和组织结构创新。以现有仓储设施为依托，改造和重组国有独资或国有控股的粮食购销企业，作为政府实行粮食宏观调控的重要载体。承担中央、地方储备粮经营管理和军粮供应任务的粮食企业，原则上实行国有独资、国有控股为主的产权制度。小型国有粮食购销企业，可以根据当地的实际情况进行改组改造和兼并，或租赁、出售、转制。要充分利用和整合企业现有的粮食仓储、加工、运输设施等资源，发展社会化粮食储运体系、粮油精深加工和粮食产业化经营，推进粮食连锁经营、物流配送等现代流通方式。在全国逐步形成若干个具有竞争力的国有大型粮食企业集团，在粮食经营和宏观调控中发挥重要作用。

（十三）改革国有粮食购销企业内部人事、劳动和分配制度。对企业职工全面实行劳动合同制，企业与职工通过平等协商签订劳动合同，确定劳动关系。在内部岗位管理上，实行聘任制，公开选聘，竞争上岗，经营管理者能上能下，人员能进能出。坚持实行按劳分配原则，建立以岗位为基础，与企业经济效益和个人贡献相联系的激励工资制度；职工工资水平，由企业根据当地社会平均工资和本企业经济效益决定；适当拉开收入差距，允许和鼓励资本、技术等生产要素参与收入分配。改革企业经营者的收入分配办法，根据业绩考核和贡献确定经营者的劳动报酬，建立有效的激励和约束机制。

（十四）地方各级人民政府要将国有粮食企业职工和分流人员统一纳入当地社会保障体系和再就业规划，保护职工合法权益，维护社会稳定。积极扶持国有粮食企业下岗失业人员自谋职业和自主创业。有关部门要积极支持和指导国有粮食企业充分利用各种资源，采取多种方式增加就业岗位，妥善分流安置企业富余人员。国有粮食购销企业分流安置职工、依法解除劳动关系等所需资金，由省级人民政府统筹考虑，采取多渠道解决。黑龙江、吉林省可以与其他省同步改革，也可以先结合社会保障改革试点，切实解决国有粮食购销企业富余人员分流安置问题，为全面实行粮食购销市场化改革创造条件。

（十五）对现有库存中以往按保护价（含定购价）收购的粮食，实行“新老划断、分步销售”。首先用于充实地方粮食储备和政策性供应粮源，其余部分按国务院有关部门安排，用三年时间分批销售，以防止集中销售冲击市场粮价。对尚未销售的库存粮食，继续给予利息和必须的保管费用。这部分粮食按计划销售发生的价差亏损，原则上由粮食风险基金弥补；对部分粮食主产省确因库存粮食数量较多、价差亏损较大，难以用粮食风险基金弥补的，经国务院有关部门批准后，价差亏损实行挂账，利息从粮食风险基金中列支，本金逐步归还。粮食、财政、农业发展银行等有关部门要加强对粮食销售计划执行情况和价差亏损挂账的监管。

对库存的陈化粮食，经国务院批准后按计划统一组织定向销售，严禁倒卖和流入口粮市场。陈化粮价差亏损仍按现行办法解决。

（十六）对 1992 年 3 月 31 日以前经清理认定的粮食财务挂账，按有关规定继续消化。对 1992 年 4 月 1 日至 1998 年 5 月 31 日期间所发生的、经清理认定的粮食财务挂账，财力较好的省、自治区、直辖市，有条件开始消化本金的，可以与财政部单独签订责任书，消化政策按有关规定执行，即由地方消化本金，中央财政全额负担利息。对财力确有困难的省、自治区、直辖市，过渡期再延长5年（2004年至2008年），5年内新增粮食财务挂账利息，中央和地方各负担一半。中央和地方负担的利息仍由中央财政和地方财政预算分别单独安排，不得挤占粮食风险基金。对1998年6月1日到放开收购价格和市场，实行市场化改革之前新发生的亏损，由各省级人民政府组织清理、审计，按照“分清责任、分类处理”的原则解决。经审计的各项政策性亏损，利息从粮食风险基金中列支，本金实行挂账，由各省、自治区、直辖市统筹资金限期消化。企业经营性亏损，由企业自行偿还。

五、改革粮食收购资金供应办法，完善信贷资金管理措施

（十七）农业发展银行要保证国家粮食储备和政府调控粮食的信贷资金需要。对中央储备粮和省级储备粮所需资金，要按计划保证供应。对地方政府为调控当地粮食市场供求所需资金，在落实有关费用、利息及价差补贴的前提下，要及时、足额提供贷款。对在农业发展银行开户的国有粮食购销企业，包括改制后落实原有贷款债务、具备贷款条件、继续从事粮食经营的企业，要按企业的风险承受能力确定发放收购资金贷款。同时，对具备粮食收储资格的粮食产业化龙头企业，以及其他粮食企业，农业发展银行可以根据企业风险承受能力提供贷款支持。农业发展银行要加快信贷资金管理方式改革，建立以贷款风险控制为核心的信贷资金管理办法。

（十八）各商业银行也要积极支持粮食生产和经营，对符合贷款条件的各类粮食企业和经营者，应给予贷款支持。

六、加强粮食市场管理，维护粮食正常流通秩序

（十九）继续发挥国有粮食购销企业的主渠道作用，增强政府对粮食市场的调控能力。国有粮食购销企业要积极做好粮食收购和销售工作，带头执行国家粮食政策，尽可能多地掌握粮源，增加市场供应，绝不允许逆向操作。对国有粮食购销企业经营粮食购销业务所需的资金，农业发展银行要积极给予贷款支持。

（二十）严格市场准入制度，既要坚持多渠道经营，又要严格资质标准。凡从事粮食收购的企业，须经县级或县级以上粮食行政管理部门审核入市资格，并在工商行政管理部门注册登记后，方可从事粮食收购和经营活动。省级人民政府要规定粮食收购企业在经营资金、仓储设施、经营规模、检验储存技术等方面应具备的条件，并规定其在遵守法律法规和粮食收购方面应承担的义务。粮食行政管理部门要切实加强对粮食市场的指导和监督，对取得粮食收购资格的企业要进行定期审核。

（二十一）加强对非国有粮食购销企业的服务和监管。地方各级人民政府要依法保障非国有粮食企业的权益，充分发挥其搞活流通、保证市场供应的积极作用，同时也要依法严格规范其经营活动，引导他们合法经营，维护市场正常流通秩序。

（二十二）强化粮食批发、零售市场的管理。从事粮食批发和零售的企业要承担保证市场供应、稳定市场粮价的义务。省级人民政府可以根据粮食供求状况，规定本行政区域内粮食批发商、成品粮加工企业、连锁超市等粮食经营企业在正常情况下的最高库存或最低库存数量。在市场粮价出现不合理上涨时，各地要采取控制批发企业的进销差率和零售企业的批零差率等措施，稳定粮食市场价格。

（二十三）加大对粮食市场的监管和调控力度。所有粮食经营企业，包括收购、批发、零售企业都要建立粮食经营台账制度，定期如实向粮食行政管理部门报告粮食收购、销售和库存数量。所有的粮食经营者都必须服从政府对市场的调控，不得囤积居奇、牟取暴利、哄抬物价、扰乱市场，也不得压级压价。工商行政管理部门要加强对粮食市场的管理，依法取缔违法经营，严格查处掺杂使假、合同欺诈、囤积居奇、哄抬粮价等各种违法、违规行为，维护正常的粮食流通秩序。质检、卫生部门要加强对粮食加工和销售的质量、卫生检验监督，保护粮食消费者合法权益。

七、加强和改善粮食宏观调控，确保国家粮食安全

（二十四）要严格执行《中华人民共和国土地管理法》和《基本农田保护条例》，实行最严格的耕地保护制度。不得擅自将耕地改为非农业用地，严禁违法违规占用、毁坏农田。土地管理部门和农业部门要依法加强对农用地和农村承包土地的管理。要稳定基本农田面积，加强基本农田建设和保护，确保基本农田保护区落实到村组、农户和地块。严禁在基本农田种树、挖鱼塘，禁止将基本农田用于非农业种植用途。要加大对粮食主产区的扶持力度，扩大粮食播种面积，保护和提高粮食综合生产能力。实施优质粮食产业工程，优化粮食区域布局。增强粮食生产科技储备，改善粮食生产和流通条件。

（二十五）按照中央和省级政府粮食事权划分，健全和完善中央和省级粮食储备制度和调控机制。当局部地区出现粮食供给短缺或农民“卖粮难”时，主要通过销售或收购地方储备粮等方式进行调节；当较大范围出现粮食供不应求或农民“卖粮难”时，通过销售或收购中央储备粮等方式进行调控。

继续完善中央储备粮垂直管理体系，健全中央储备粮的调控功能，做到严格制度、严格管理、严格责任，按粮食储藏年限和库存粮食品质状况实行定期轮换，确保库存粮食数量真实、质量良好。进一步加强中央储备粮的财务管理、库存管理等监督检查，切实做到账实相符。各省级人民政府必须按照“产区保持3个月销量、销区保持6个月销量”的要求，建立地方粮食储备，没有达到国家规定规模的，要逐步充实和补充。中央和地方储备粮的收购、销售、轮换原则上通过规范的批发市场公开交易。

（二十六）继续实行2001年中央对地方粮食风险基金包干的政策，中央补助的资金不减少，地方应配套的资金由省级财政确保及时足额到位。对不能按规定及时足额到位的，报经国务院批准，向中国农业发展银行借款解决；对不申请借款的，由中央财政继续执行扣款强制到位政策。包干的粮食风险基金由地方按照国家规定的用途统筹安排使用，不得用于国家规定用途之外的其他开支。

（二十七）按照立足国内、进出口适当调剂的原则，灵活运用国际市场调剂国内粮食品种和余缺。

（二十八）建立中长期粮食供求总量平衡机制和市场监测预警机制。要分级制定粮食应急保障预案，确定粮食预警调控指标。要加强对粮食市场供求情况的监测分析，实行粮食生产、消费、库存、价格等信息的定期发布制度。完善粮食质量标准体系，改进检测技术和手段，加强对粮食产品的检验检测，保证粮食产品的质量安全。建立、健全和实施无公害、绿色、有机等优质粮食产品的认证和转基因粮油产品标识制度。

（二十九）加快有关法律、法规建设，逐步实现依法管粮。严格执行《中央储备粮管理条例》，完善有关配套规章，认真贯彻《粮食流通管理条例》，依法规范粮食市场。

八、加强组织领导，确保粮食流通体制改革稳步实施

（三十）切实加强对粮食流通体制改革的领导。各地区、各有关部门要按照党中央、国务院的部署，统一思想认识，加强组织领导。各省级人民政府要在国家宏观调控下，按照粮食省长负责制的要求，对本地区粮食生产、流通和安全全面负责。

（三十一）完善粮食省长负责制。省长（主席、市长）在粮食工作方面的责任：一是发展粮食生产，提高粮食综合生产能力。粮食主产区要稳定并逐步增加粮食生产，保障国家

粮食安全；主销区要保证粮食播种面积，保证必要的粮食自给率；产销平衡地区要继续稳定粮食产需平衡的局面。二是建立对种粮农民直接补贴机制。确保地方应配套的粮食风险基金足额到位，合理确定对农民直接补贴的标准，做好对种粮农民的直接补贴工作。三是搞好粮食总量平衡。粮食主销区和主产区要按照互利互惠的原则，在市场机制的基础上形成长期稳定的购销合作机制，主销区要积极支持主产区发展粮食生产，使产区调出的粮食有可靠的市场销路，销区调入的粮食有稳定的粮源保障。产区和销区都要做好本区域内粮食供求总量的平衡，保证市场供应。四是管好地方粮食储备。保证地方储备的粮食达到国家要求的规模；保证地方储备粮食适销对路，品质优良；保证地方储备的粮食在需要时调得动，用得上。五是规范粮食市场秩序。禁止地区封锁和地方保护，发挥国有粮食企业的主渠道作用，规范粮食经营者的行为。六是推进国有粮食购销企业改革。切实转换国有粮食购销企业的机制，健全法人治理结构，妥善解决历史包袱，化解各种矛盾，维护社会安定。各省长（主席、市长）应当切实负起责任，由于工作不力造成本地区粮食供求不平衡，引起市场和社会动荡，要追究领导责任。

（三十二）各地区、各有关部门要认真抓好国有粮食购销企业改革。劳动保障部门要指导企业做好职工分流安置、再就业和社会保障工作。对粮食企业依法出售自有产权公房、建筑物收入，以及处置企业使用的划拨土地的收入，应优先留给企业用于缴纳社会保险费和安置职工。对有困难的国有粮食购销企业的生产经营性用房和土地，应减征或免征三年的房产税和城镇土地使用税。对国有粮食购销企业的历史财务挂账，经审计认定后，政策性挂账全部从企业剥离，由县以上（含县级）粮食行政部门集中管理。对企业已经剥离政策性挂账相应占用的农业发展银行的贷款，已办理资产抵押的，应当及时解除抵押关系，帮助企业恢复生存和发展能力。要妥善落实银行贷款债务，防止国有资产流失。

（三十三）稳定和加强粮食行政管理部门机构和人员，切实履行对全社会粮食流通监管的职责，做好国有粮食购销企业改革的协调、监督、检查和指导工作。继续做好军粮、退耕（牧）还林（草）用粮和贫困地区、水库移民、灾民口粮等的供应工作，确保供应及时，质量合格。

（三十四）国务院有关部门要密切配合，切实落实粮食购销市场化改革的各项配套政策措施。粮食行政管理部门要加强对粮食流通体制改革整体方案的组织实施。财政部门要做好粮食风险基金的足额到位和使用监管。工商、质检、卫生、商务等部门要按职能分工，加强粮食市场的监督管理。

（三十五）各粮食主产省、自治区人民政府要按照本意见，制定周密的粮食流通体制改革方案，报国务院备案。各地区、各有关部门要周密部署，精心组织这项改革，及时总结经验，不断完善相关政策，确保粮食流通体制改革的顺利推进。

（三十六）本意见自发布之日起执行。凡此前发布的有关文件、规定与本意见不符的，均以本意见的规定为准。

国务院关于投资体制改革的决定

2004年7月16日 国发［2004］20号

各省、自治区、直辖市人民政府，国务院各部委、各直属机构：

改革开放以来，国家对原有的投资体制进行了一系列改革，打破了传统计划经济体制下高度集中的投资管理模式，初步形成了投资主体多元化、资金来源多渠道、投资方式多样化、项目建设市场化的新格局。但是，现行的投资体制还存在不少问题，特别是企业的投资决策权没有完全落实，市场配置资源的基础性作用尚未得到充分发挥，政府投资决策的科学化、民主化水平需要进一步提高，投资宏观调控和监管的有效性需要增强。为此，国务院决定进一步深化投资体制改革。

一、深化投资体制改革的指导思想和目标

（一）深化投资体制改革的指导思想是：按照完善社会主义市场经济体制的要求，在国家宏观调控下充分发挥市场配置资源的基础性作用，确立企业在投资活动中的主体地位，规范政府投资行为，保护投资者的合法权益，营造有利于各类投资主体公平、有序竞争的市场环境，促进生产要素的合理流动和有效配置，优化投资结构，提高投资效益，推动经济协调发展和社会全面进步。

（二）深化投资体制改革的目标是：改革政府对企业投资的管理制度，按照“谁投资、谁决策、谁收益、谁承担风险”的原则，落实企业投资自主权；合理界定政府投资职能，提高投资决策的科学化、民主化水平，建立投资决策责任追究制度；进一步拓宽项目融资渠道，发展多种融资方式；培育规范的投资中介服务组织，加强行业自律，促进公平竞争；健全投资宏观调控体系，改进调控方式，完善调控手段；加快投资领域的立法进程；加强投资监管，维护规范的投资和建设市场秩序。通过深化改革和扩大开放，最终建立起市场引导投资、企业自主决策、银行独立审贷、融资方式多样、中介服务规范、宏观调控有效的新型投资体制。

二、转变政府管理职能，确立企业的投资主体地位

（一）改革项目审批制度，落实企业投资自主权。彻底改革现行不分投资主体、不分资金来源、不分项目性质，一律按投资规模大小分别由各级政府及有关部门审批的企业投资管理办法。对于企业不使用政府投资建设的项目，一律不再实行审批制，区别不同情况实行核准制和备案制。其中，政府仅对重大项目和限制类项目从维护社会公共利益角度进行核准，其他项目无论规模大小，均改为备案制，项目的市场前景、经济效益、资金来源和产品技术方案等均由企业自主决策、自担风险，并依法办理环境保护、土地使用、资源利用、安全生产、城市规划等许可手续和减免税确认手续。对于企业使用政府补助、转贷、贴息投资建设的项目，政府只审批资金申请报告。各地区、各部门要相应改进管理办法，规范管理行为，不得以任何名义截留下放给企业的投资决策权利。

（二）规范政府核准制。要严格限定实行政府核准制的范围，并根据变化的情况适时调

整。《政府核准的投资项目目录》（以下简称《目录》）由国务院投资主管部门会同有关部门研究提出，报国务院批准后实施。未经国务院批准，各地区、各部门不得擅自增减《目录》规定的范围。

企业投资建设实行核准制的项目，仅需向政府提交项目申请报告，不再经过批准项目建议书、可行性研究报告和开工报告的程序。政府对企业提交的项目申请报告，主要从维护经济安全、合理开发利用资源、保护生态环境、优化重大布局、保障公共利益、防止出现垄断等方面进行核准。对于外商投资项目，政府还要从市场准入、资本项目管理等方面进行核准。政府有关部门要制定严格规范的核准制度，明确核准的范围、内容、申报程序和办理时限，并向社会公布，提高办事效率，增强透明度。

（三）健全备案制。对于《目录》以外的企业投资项目，实行备案制，除国家另有规定外，由企业按照属地原则向地方政府投资主管部门备案。备案制的具体实施办法由省级人民政府自行制定。国务院投资主管部门要对备案工作加强指导和监督，防止以备案的名义变相审批。

（四）扩大大型企业集团的投资决策权。基本建立现代企业制度的特大型企业集团，投资建设《目录》内的项目，可以按项目单独申报核准，也可编制中长期发展建设规划，规划经国务院或国务院投资主管部门批准后，规划中属于《目录》内的项目不再另行申报核准，只须办理备案手续。企业集团要及时向国务院有关部门报告规划执行和项目建设情况。

（五）鼓励社会投资。放宽社会资本的投资领域，允许社会资本进入法律法规未禁入的基础设施、公用事业及其他行业和领域。逐步理顺公共产品价格，通过注入资本金、贷款贴息、税收优惠等措施，鼓励和引导社会资本以独资、合资、合作、联营、项目融资等方式，参与经营性的公益事业、基础设施项目建设。对于涉及国家垄断资源开发利用、需要统一规划布局的项目，政府在确定建设规划后，可向社会公开招标选定项目业主。鼓励和支持有条件的各种所有制企业进行境外投资。

（六）进一步拓宽企业投资项目的融资渠道。允许各类企业以股权融资方式筹集投资资金，逐步建立起多种募集方式相互补充的多层次资本市场。经国务院投资主管部门和证券监管机构批准，选择一些收益稳定的基础设施项目进行试点，通过公开发行股票、可转换债券等方式筹集建设资金。在严格防范风险的前提下，改革企业债券发行管理制度，扩大企业债券发行规模，增加企业债券品种。按照市场化原则改进和完善银行的固定资产贷款审批和相应的风险管理制度，运用银团贷款、融资租赁、项目融资、财务顾问等多种业务方式，支持项目建设。允许各种所有制企业按照有关规定申请使用国外贷款。制定相关法规，组织建立中小企业融资和信用担保体系，鼓励银行和各类合格担保机构对项目融资的担保方式进行研究创新，采取多种形式增强担保机构资本实力，推动设立中小企业投资公司，建立和完善创业投资机制。规范发展各类投资基金。鼓励和促进保险资金间接投资基础设施和重点建设工程项目。

（七）规范企业投资行为。各类企业都应严格遵守国土资源、环境保护、安全生产、城市规划等法律法规，严格执行产业政策和行业准入标准，不得投资建设国家禁止发展的项目；应诚信守法，维护公共利益，确保工程质量，提高投资效益。国有和国有控股企业应按照国有资产管理体制改革和现代企业制度的要求，建立和完善国有资产出资人制度、投资风险约束机制、科学民主的投资决策制度和重大投资责任追究制度。严格执行投资项目的法人责任制、资本金制、招标投标制、工程监理制和合同管理制。

三、完善政府投资体制，规范政府投资行为

（一）合理界定政府投资范围。政府投资主要用于关系国家安全和市场不能有效配置资

源的经济和社会领域，包括加强公益性和公共基础设施建设，保护和改善生态环境，促进欠发达地区的经济和社会发展，推进科技进步和高新技术产业化。能够由社会投资建设的项目，尽可能利用社会资金建设。合理划分中央政府与地方政府的投资事权。中央政府投资除本级政权等建设外，主要安排跨地区、跨流域以及对经济和社会发展全局有重大影响的项目。

（二）健全政府投资项目决策机制。进一步完善和坚持科学的决策规则和程序，提高政府投资项目决策的科学化、民主化水平；政府投资项目一般都要经过符合资质要求的咨询中介机构的评估论证，咨询评估要引入竞争机制，并制定合理的竞争规则；特别重大的项目还应实行专家评议制度；逐步实行政府投资项目公示制度，广泛听取各方面的意见和建议。

（三）规范政府投资资金管理。编制政府投资的中长期规划和年度计划，统筹安排、合理使用各类政府投资资金，包括预算内投资、各类专项建设基金、统借国外贷款等。政府投资资金按项目安排，根据资金来源、项目性质和调控需要，可分别采取直接投资、资本金注入、投资补助、转贷和贷款贴息等方式。以资本金注入方式投入的，要确定出资人代表。要针对不同的资金类型和资金运用方式，确定相应的管理办法，逐步实现政府投资的决策程序和资金管理的科学化、制度化和规范化。

（四）简化和规范政府投资项目审批程序，合理划分审批权限。按照项目性质、资金来源和事权划分，合理确定中央政府与地方政府之间、国务院投资主管部门与有关部门之间的项目审批权限。对于政府投资项目，采用直接投资和资本金注入方式的，从投资决策角度只审批项目建议书和可行性研究报告，除特殊情况外不再审批开工报告，同时应严格政府投资项目的初步设计、概算审批工作；采用投资补助、转贷和贷款贴息方式的，只审批资金申请报告。具体的权限划分和审批程序由国务院投资主管部门会同有关方面研究制定，报国务院批准后颁布实施。

（五）加强政府投资项目管理，改进建设实施方式。规范政府投资项目的建设标准，并根据情况变化及时修订完善。按项目建设进度下达投资资金计划。加强政府投资项目的中介服务管理，对咨询评估、招标代理等中介机构实行资质管理，提高中介服务质量。对非经营性政府投资项目加快推行“代建制”，即通过招标等方式，选择专业化的项目管理单位负责建设实施，严格控制项目投资、质量和工期，竣工验收后移交给使用单位。增强投资风险意识，建立和完善政府投资项目的风险管理机制。

（六）引入市场机制，充分发挥政府投资的效益。各级政府要创造条件，利用特许经营、投资补助等多种方式，吸引社会资本参与有合理回报和一定投资回收能力的公益事业和公共基础设施项目建设。对于具有垄断性的项目，试行特许经营，通过业主招标制度，开展公平竞争，保护公众利益。已经建成的政府投资项目，具备条件的经过批准可以依法转让产权或经营权，以回收的资金滚动投资于社会公益等各类基础设施建设。

四、加强和改善投资的宏观调控

（一）完善投资宏观调控体系。国家发展和改革委员会要在国务院领导下会同有关部门，按照职责分工，密切配合、相互协作、有效运转、依法监督，调控全社会的投资活动，保持合理投资规模，优化投资结构，提高投资效益，促进国民经济持续快速协调健康发展和社会全面进步。

（二）改进投资宏观调控方式。综合运用经济的、法律的和必要的行政手段，对全社会投资进行以间接调控方式为主的有效调控。国务院有关部门要依据国民经济和社会发展中长期规划，编制教育、科技、卫生、交通、能源、农业、林业、水利、生态建设、环境保护、战略资源开发等重要领域的发展建设规划，包括必要的专项发展建设规划，明确发展的指导思想、战略目标、总体布局和主要建设项目等。按照规定程序批准的发展建设规划是投资决策的重要依据。各级政府及其有关部门要努力提高政府投资效益，引导社会投资。制定并适时调整国家固定资产投资指导目录、外商投资产业指导目录，明确国家鼓励、限制和禁止投资的项目。建立投资信息发布制度，及时发布政府对投资的调控目标、主要调控政策、重点行业投资状况和发展趋势等信息，引导全社会投资活动。建立科学的行业准入制度，规范重点行业的环保标准、安全标准、能耗水耗标准和产品技术、质量标准，防止低水平重复建设。

（三）协调投资宏观调控手段。根据国民经济和社会发展要求以及宏观调控需要，合理确定政府投资规模，保持国家对全社会投资的积极引导和有效调控。灵活运用投资补助、贴息、价格、利率、税收等多种手段，引导社会投资，优化投资的产业结构和地区结构。适时制定和调整信贷政策，引导中长期贷款的总量和投向。严格和规范土地使用制度，充分发挥土地供应对社会投资的调控和引导作用。

（四）加强和改进投资信息、统计工作。加强投资统计工作，改革和完善投资统计制度，进一步及时、准确、全面地反映全社会固定资产存量和投资的运行态势，并建立各类信息共享机制，为投资宏观调控提供科学依据。建立投资风险预警和防范体系，加强对宏观经济和投资运行的监测分析。

五、加强和改进投资的监督管理

（一）建立和完善政府投资监管体系。建立政府投资责任追究制度，工程咨询、投资项目决策、设计、施工、监理等部门和单位，都应有相应的责任约束，对不遵守法律法规给国家造成重大损失的，要依法追究有关责任人的行政和法律责任。完善政府投资制衡机制，投资主管部门、财政主管部门以及有关部门，要依据职能分工，对政府投资的管理进行相互监督。审计机关要依法全面履行职责，进一步加强对政府投资项目的审计监督，提高政府投资管理水平和投资效益。完善重大项目稽察制度，建立政府投资项目后评价制度，对政府投资项目进行全过程监管。建立政府投资项目的社会监督机制，鼓励公众和新闻媒体对政府投资项目进行监督。

（二）建立健全协同配合的企业投资监管体系。国土资源、环境保护、城市规划、质量监督、银行监管、证券监管、外汇管理、工商管理、安全生产监管等部门，要依法加强对企业投资活动的监管，凡不符合法律法规和国家政策规定的，不得办理相关许可手续。在建设过程中不遵守有关法律法规的，有关部门要责令其及时改正，并依法严肃处理。各级政府投资主管部门要加强对企业投资项目的事中和事后监督检查，对于不符合产业政策和行业准入标准的项目，以及不按规定履行相应核准或许可手续而擅自开工建设的项目，要责令其停止建设，并依法追究有关企业和人员的责任。审计机关依法对国有企业的投资进行审计监督，促进国有资产保值增值。建立企业投资诚信制度，对于在项目申报和建设过程中提供虚假信息、违反法律法规的，要予以惩处，并公开披露，在一定时间内限制其投资建设活动。

（三）加强对投资中介服务机构的监管。各类投资中介服务机构均须与政府部门脱钩，坚持诚信原则，加强自我约束，为投资者提供高质量、多样化的中介服务。鼓励各种投资中介服务机构采取合伙制、股份制等多种形式改组改造。健全和完善投资中介服务机构的行业协会，确立法律规范、政府监督、行业自律的行业管理体制。打破地区封锁和行业垄断，建立公开、公平、公正的投资中介服务市场，强化投资中介服务机构的法律责任。

（四）完善法律法规，依法监督管理。建立健全与投资有关的法律法规，依法保护投资者的合法权益，维护投资主体公平、有序竞争，投资要素合理流动、市场发挥配置资源的基础性作用的市场环境，规范各类投资主体的投资行为和政府的投资管理活动。认真贯彻实施有关法律法规，严格财经纪律，堵塞管理漏洞，降低建设成本，提高投资效益。加强执法检查，培育和维护规范的建设市场秩序。

附件：

政府核准的投资项目目录（2004年本）

简要说明：

（一）本目录所列项目，是指企业不使用政府性资金投资建设的重大和限制类固定资产投资项目。

（二）企业不使用政府性资金投资建设本目录以外的项目，除国家法律法规和国务院专门规定禁止投资的项目以外，实行备案管理。

（三）国家法律法规和国务院有专门规定的项目的审批或核准，按有关规定执行。

（四）本目录对政府核准权限作出了规定。其中：

1. 目录规定“由国务院投资主管部门核准”的项目，由国务院投资主管部门会同行业主管部门核准，其中重要项目报国务院核准。

2. 目录规定“由地方政府投资主管部门核准”的项目，由地方政府投资主管部门会同同级行业主管部门核准。省级政府可根据当地情况和项目性质，具体划分各级地方政府投资主管部门的核准权限，但目录明确规定“由省级政府投资主管部门核准”的，其核准权限不得下放。

3. 根据促进经济发展的需要和不同行业的实际情况，可对特大型企业的投资决策权限特别授权。

（五）本目录为2004年本。根据情况变化，将适时调整。

一、农林水利

农业：涉及开荒的项目由省级政府投资主管部门核准。

水库：国际河流和跨省（区、市）河流上的水库项目由国务院投资主管部门核准，其余项目由地方政府投资主管部门核准。

其他水事工程：需中央政府协调的国际河流、涉及跨省（区、市）水资源配置调整的项目由国务院投资主管部门核准，其余项目由地方政府投资主管部门核准。

二、能源

（一）电力。

水电站：在主要河流上建设的项目和总装机容量25万千瓦及以上项目由国务院投资主管部门核准，其余项目由地方政府投资主管部门核准。

抽水蓄能电站：由国务院投资主管部门核准。

火电站：由国务院投资主管部门核准。

热电站：燃煤项目由国务院投资主管部门核准，其余项目由地方政府投资主管部门核准。

风电站：总装机容量5万千瓦及以上项目由国务院投资主管部门核准，其余项目由地方政府投资主管部门核准。

核电站：由国务院核准。

电网工程：330千伏及以上电压等级的电网工程由国务院投资主管部门核准，其余项目由地方政府投资主管部门核准。

（二）煤炭。

煤矿：国家规划矿区内的煤炭开发项目由国务院投资主管部门核准，其余一般煤炭开发项目由地方政府投资主管部门核准。

煤炭液化：年产50万吨及以上项目由国务院投资主管部门核准，其他项目由地方政府投资主管部门核准。

（三）石油、天然气。

原油：年产100万吨及以上的新油田开发项目由国务院投资主管部门核准，其他项目由具有石油开采权的企业自行决定，报国务院投资主管部门备案。

天然气：年产20亿立方米及以上新气田开发项目由国务院投资主管部门核准，其他项目由具有天然气开采权的企业自行决定，报国务院投资主管部门备案。

液化石油气接收、存储设施（不含油气田、炼油厂的配套项目）：由省级政府投资主管部门核准。

进口液化天然气接收、储运设施：由国务院投资主管部门核准。

国家原油存储设施：由国务院投资主管部门核准。

输油管网（不含油田集输管网）：跨省（区、市）干线管网项目由国务院投资主管部门核准。

输气管网（不含油气田集输管网）：跨省（区、市）或年输气能力5亿立方米及以上项目由国务院投资主管部门核准，其余项目由省级政府投资主管部门核准。

三、交通运输

（一）铁道。

新建（含增建）铁路：跨省（区、市）或100公里及以上项目由国务院投资主管部门核准，其余项目按隶属关系分别由国务院行业主管部门或省级政府投资主管部门核准。

（二）公路。

公路：国道主干线、西部开发公路干线、国家高速公路网、跨省（区、市）的项目由国务院投资主管部门核准，其余项目由地方政府投资主管部门核准。

独立公路桥梁、隧道：跨境、跨海湾、跨大江大河（通航段）的项目由国务院投资主管部门核准，其余项目由地方政府投资主管部门核准。

（三）水运。

煤炭、矿石、油气专用泊位：新建港区和年吞吐能力200万吨及以上项目由国务院投资主管部门核准，其余项目由省级政府投资主管部门核准。

集装箱专用码头：由国务院投资主管部门核准。

内河航运：千吨级以上通航建筑物项目由国务院投资主管部门核准，其余项目由地方政府投资主管部门核准。

（四）民航。

新建机场：由国务院核准。

扩建机场：总投资10亿元及以上项目由国务院投资主管部门核准，其余项目按隶属关系由国务院行业主管部门或地方政府投资主管部门核准。

扩建军民合用机场：由国务院投资主管部门会同军队有关部门核准。

四、信息产业

电信：国内干线传输网（含广播电视网）、国际电信传输电路、国际关口站、专用电信网的国际通信设施及其他涉及信息安全的电信基础设施项目由国务院投资主管部门核准。

邮政：国际关口站及其他涉及信息安全的邮政基础设施项目由国务院投资主管部门核准。

电子信息产品制造：卫星电视接收机及关键件、国家特殊规定的移动通信系统及终端等生产项目由国务院投资主管部门核准。

五、原材料

钢铁：已探明工业储量5000万吨及以上规模的铁矿开发项目和新增生产能力的炼铁、炼钢、轧钢项目由国务院投资主管部门核准，其他铁矿开发项目由省级政府投资主管部门核准。

有色：新增生产能力的电解铝项目、新建氧化铝项目和总投资5亿元及以上的矿山开发项目由国务院投资主管部门核准，其他矿山开发项目由省级政府投资主管部门核准。

石化：新建炼油及扩建一次炼油项目、新建乙烯及改扩建新增能力超过年产20万吨乙烯项目，由国务院投资主管部门核准。

化工原料：新建PTA、PX、MDI、TDI项目，以及PTA、PX改造能力超过年产10万吨的项目，由国务院投资主管部门核准。

化肥：年产50万吨及以上钾矿肥项目由国务院投资主管部门核准，其他磷、钾矿肥项目由地方政府投资主管部门核准。

水泥：除禁止类项目外，由省级政府投资主管部门核准。

稀土：矿山开发、冶炼分离和总投资1亿元及以上稀土深加工项目由国务院投资主管部门核准，其余稀土深加工项目由省级政府投资主管部门核准。

黄金：日采选矿石500吨及以上项目由国务院投资主管部门核准，其他采选矿项目由省级政府投资主管部门核准。

六、机械制造

汽车：按照国务院批准的专项规定执行。

船舶：新建10万吨级以上造船设施（船台、船坞）和民用船舶中、低速柴油机生产项目由国务院投资主管部门核准。

城市轨道交通：城市轨道交通车辆、信号系统和牵引传动控制系统制造项目由国务院投资主管部门核准。

七、轻工烟草

纸浆：年产10万吨及以上纸浆项目由国务院投资主管部门核准，年产3.4（含）万吨——10（不含）万吨纸浆项目由省级政府投资主管部门核准，其他纸浆项目禁止建设。

变性燃料乙醇：由国务院投资主管部门核准。

聚酯：日产300吨及以上项目由国务院投资主管部门核准。

制盐：由国务院投资主管部门核准。

糖：日处理糖料1500吨及以上项目由省级政府投资主管部门核准，其他糖料项目禁止建设。

烟草：卷烟、烟用二醋酸纤维素及丝束项目由国务院投资主管部门核准。

八、高新技术

民用航空航天：民用飞机（含直升机）制造、民用卫星制造、民用遥感卫星地面站建设项目由国务院投资主管部门核准。

九、城建

城市快速轨道交通：由国务院核准。

城市供水：跨省（区、市）日调水50万吨及以上项目由国务院投资主管部门核准，其他城市供水项目由地方政府投资主管部门核准。

城市道路桥梁：跨越大江大河（通航段）、重要海湾的桥梁、隧道项目由国务院投资主管部门核准。

其他城建项目：由地方政府投资主管部门核准。

十、社会事业

教育、卫生、文化、广播电影电视：大学城、医学城及其他园区性建设项目由国务院投资主管部门核准。

旅游：国家重点风景名胜区、国家自然保护区、国家重点文物保护单位区域内总投资5000万元及以上旅游开发和资源保护设施，世界自然、文化遗产保护区内总投资3000万元及以上项目由国务院投资主管部门核准。

体育：F1赛车场由国务院投资主管部门核准。

娱乐：大型主题公园由国务院核准。

其他社会事业项目：按隶属关系由国务院

行业主管部门或地方政府投资主管部门核准。

十一、金融

印钞、造币、钞票纸项目由国务院投资主管部门核准。

十二、外商投资

《外商投资产业指导目录》中总投资（包括增资）1亿美元及以上鼓励类、允许类项目由国家发展和改革委员会核准。

《外商投资产业指导目录》中总投资（包括增资）5000万美元及以上限制类项目由国家发展和改革委员会核准。

国家规定的限额以上、限制投资和涉及配额、许可证管理的外商投资企业的设立及其变更事项；大型外商投资项目的合同、章程及法律特别规定的重大变更（增资减资、转股、合并）事项，由商务部核准。

上述项目之外的外商投资项目由地方政府按照有关法规办理核准。

十三、境外投资

中方投资3000万美元及以上资源开发类境外投资项目由国家发展和改革委员会核准。

中方投资用汇额1000万美元及以上的非资源类境外投资项目由国家发展和改革委员会核准。

上述项目之外的境外投资项目，中央管理企业投资的项目报国家发展和改革委员会、商务部备案；其他企业投资的项目由地方政府按照有关法规办理核准。

国内企业对外投资开办企业（金融企业除外）由商务部核准。

国务院关于做好2004年深化农村税费改革试点工作的通知

2004年7月21日　国发［2004］21号

各省、自治区、直辖市人民政府，国务院各部委、各直属机构：

农村税费改革是党中央、国务院为解决“三农”问题作出的一项重大决策。2000年以来，地方各级党委和政府高度重视，广大干部群众积极参与，农村税费改革试点由点到面稳步推进，2003年在全国范围内展开，取得了重要阶段性成效，基本实现了“减轻、规范、稳定”的预期目标，有力地促进了农村各项改革和经济社会事业发展。但是，农村税费改革试点中存在的问题还没有完全解决，农民负担仍然较重，相关配套改革滞后，农民减负的基础还不牢固。必须通过深化改革试点，进一步从源头上减轻农民负担，从制度上防止农民负担反弹。今年中央决定加大农村税费改革力度，试点工作进入了一个新阶段。这是前一阶段改革的延续、拓展和深化，涉及农村政治、经济和社会生活各个领域，对于进一步解放和发展农村生产力，加快全面建设小康社会步伐，具有十分重要的意义。为了做好2004年深化农村税费改革试点工作，现就有关问题通知如下：

一、深化农村税费改革试点工作总的要求和原则

深化农村税费改革试点工作总的要求是：以“三个代表”重要思想为指导，全面贯彻落实科学发展观，继续坚持“多予、少取、放活”的方针，认真落实今年减免农业税改革政策，注意妥善处理好农村税费改革与其他农村相关改革的关系，进一步减轻农民负担，稳步推进各项配套改革，切实防止农民负担反弹，改善农村生产生活条件，促进城乡经济社会协调发展。

按照上述要求，深化农村税费改革试点工作应当坚持以下原则：

（一）统一认识，加强领导。各地区、各有关部门要站在全局高度，按照中央部署和要求，加强领导，密切配合，共同推进。

（二）因地制宜，分类指导。在中央政策的指导下，各地从实际出发，大胆探索，进行全面部署，实行分类指导。

（三）统筹兼顾，配套推进。税费改革和配套改革要统筹规划，合理安排，突出重点，相互衔接，有组织、有步骤地实施。

（四）积极探索，循序渐进。要及时了解新情况和新问题，积极探索化解矛盾的有效措施，不断总结经验，逐步完善政策。

（五）狠抓落实，规范操作。各地区、各有关部门要明确责任，规范程序，不折不扣地把各项政策落实到基层和农户。

二、全面落实2004年农业税减免政策，加强对试点工作的分类指导

按照五年内取消农业税的总体部署，2004年在黑龙江、吉林两省进行免征农业税改革试点，河北、内蒙古、辽宁、江苏、安徽、江西、山东、河南、湖北、湖南、四川等11个粮食主产省（区）的农业税税率降低3个百分点，其余省份农业税税率降低1个百分点。农业税附加随正税同步降低或取消。一些地方可根据本地的财力状况，自主决定多降税率或进行免征农业税改革试点。征收牧业税的地区，要按照本省（区）减免农业税的步骤和要求同步减免牧业税。

各地区、各有关部门要切实做好今年农业税减免试点工作，周密安排部署，精心组织实施，加强分类指导，搞好政策宣传和干部培训，规范操作，确保减免农业税政策全面落实到位。国务院确定免征农业税改革试点的省份和地方自主决定免征农业税的省份，要认真制定实施方案，明确配套改革的目标、步骤及措施，积极探索和积累经验，及时完善改革政策。降低农业税税率的省份，要按照计税面积、常年产量和降低后的税率，如实核定农民应缴纳的农业税及其附加额，落实到户，并得到农民认可。要注意做好政策解释工作，避免毗邻地区因农业税负担不均衡引发新的矛盾。要切实把取消国有农（牧）场农业特产税和降低农业税税率的好处，全部落实给承包土地的农场职工和农民。

要全面落实取消除烟叶外的农业特产税政策。农业税计税土地上生产的农业特产品，统一按调整后的农业税税率征收农业税，实施免征农业税试点的地区不再改征农业税；非农业税计税土地上生产的农业特产品，不再征收农业特产税，也不改征农业税。具体实施办法由财政部、税务总局制定。

各地区要明确减免农业税后“三个确保”的经费保障措施。中央财政对地方取消农业特产税、免征农业税改革试点和降低农业税税率减少的收入给予适当补助，并重点向粮食主产省（区）和中西部地区倾斜。经济较发达的非粮食主产省份减少的收入，由地方财政自行消化。具体补助方案由财政部报国务院批准后实施。省级财政和有条件的市、县也要安排一定资金用于改革。

三、推进各项配套改革，巩固农民减负基础

各地区、各有关部门要按照社会主义市场经济发展要求，适应减免农业税的新形势，进一步推进乡镇机构改革。要加快乡镇政府职能转变，加强乡镇政府社会管理和公共服务功能。要精简乡镇机构和人员，严格核定和控制乡镇行政和事业编制，由省一级实行总量管理，五年内不得突破。乡镇事业编制总量的调整，由县级机构编制部门报上一级机构编制部门审核，省级机构编制部门审批。按照将事业单位公益性职能和经营性职能分开的原则，整合乡镇事业站所。乡镇政府不再新设自收自支事业单位。要清退机关、事业单位超编、借调、临时聘用人员。严格控制领导职数。妥善安置分流人员，切实维护社会稳定。有条件的地方，要继续做好撤并乡镇和村组工作。任何地方和部门不得违反法规干预乡镇机构设置和人员配备。要把乡镇编制管理工作列为对县级主要领导干部的考核内容，对不按规定设置机构、超职数配备领导干部、超编制招聘人员的，要严肃处理。

要全面贯彻落实《国务院关于进一步加强农村教育工作的决定》（国发［2003］19号）精神，加快实施农村义务教育管理体制改革。继续巩固和完善“在国务院领导下，由地方政府负责、分级管理、以县为主”的农村义务教育管理体制。强化县级政府对本地区农村义务教育工作的统筹管理，各地区要在今年年底前完成撤销乡镇教育办公室的工作。进一步做好学校布局的合理调整，抓紧进行各县（市、区）农村中小学校教职工编制核定工作，统筹配备县域内城乡中小学校教职工。要依法全面实施教师资格准入制度，严格新聘教师录用条件，分流安置不合格教师，妥善做好农村中小学教职工定岗、定员和超编教职工分流工作。调整和优化政府教育支出结构，切实贯彻中央关于新增教育投入主要用于农村的要求，确保农村中小学教职工工资按国家规定标准及时足额发放，确保学校公用经费的正常需要，确保危房改造资金的必要投入。进一步规范农村义务教育收费管理，全面推行“一费制”收费办法。加强农村教育经费、财产管理，提高资金使用效益。

要改革和完善省级以上财政管理体制，合理划分省级以下各级政府支出责任。凡属于省、市级需承担的支出，同级财政要全额保障经费，不得以任何形式向下转嫁，省、市委托县乡承办的事务，要足额安排专项经费，不留缺口。具备条件的地区，在财政管理体制上可以进行“省直管县”的改革试点。积极稳妥地推行“乡财县管乡用”等管理方式。经济欠发达、财政收入规模较小的乡镇，财政支出可由县级财政统筹安排。要进一步明确县乡财政职能和支出范围，优化支出结构，将农村义务教育、计划生育、优抚和乡级道路建设等农村公益事业经费，列入县乡财政支出范围，增加农村教育、卫生、文化、水利、农村技术推广等投入。村级组织因减免农业税减少的附加收入，乡镇以上财政要给予必要补助，保证农村五保户供养、村干部报酬和办公经费的正常开支需要。

四、清理化解乡村债务，妥善处理税费尾欠

各地区、各有关部门要按照“制止新债、摸清底数、明确责任、分类处理、逐步化解”的要求，从2004年开始在全国开展乡村债务清理工作，并结合当地实际，制定分阶段化解乡村债务的目标和步骤，选择少数县（市）进行试点。要抓好村务公开各项制度的落实，严格乡级财政和村级财务管理，加强审计监督。对农村税费改革试点前发生的农村税费尾欠，要登记造册，暂缓清收，以后再作处理。对改革后新发生的农业税尾欠，不符合减免条件的要制定还款计划，依法逐步清收。

五、建立健全农民负担监督管理机制，防止农民负担反弹

各地区、各有关部门要坚持和完善减轻农民负担党政主要领导亲自抓、负总责的工作制度和专项治理的部门责任制。抓紧制定减轻农民负担工作考核办法，切实把减轻农民负担工作作为考核和任用地方各级党政干部特别是县

乡党政干部的一项重要依据。对违反农村税费改革政策、损害农民利益的行为，要严肃查处，决不姑息。各级农民负担监督管理机构要切实履行职责，健全农民负担监测、信访举报、监督检查、案件查处等监督管理制度。及时做好修订农民负担有关法律法规的工作。

要继续开展农民负担专项治理工作。重点整治农村教育、订阅报刊、用水用电、修建道路、计划生育、农民建房、农民务工经商等方面的乱收费。继续抓好涉农税收价格收费“公示制”、农村订阅报刊费用“限额制”、农村义务教育收费“一费制”和涉及农民负担案（事）件“责任追究制”四项制度的落实。加强对涉及农民负担的行政事业性收费项目和标准的审核、监督，防止以经营服务性收费为名变相加重农民负担。

要完善村内“一事一议”筹资筹劳管理办法。取消农村义务工和劳动积累工后，涉及村内筹劳的，要严格执行村内“一事一议”的议事程序、议事范围和筹资筹劳的上限标准；涉及跨村使用劳动力的，应坚持实行有偿用工。在注重实效、控制上限、严格规范的前提下，可引导农民自愿投工投劳，改善生产生活条件。杜绝强行以资代劳。

六、加强组织领导，确保深化农村税费改革试点工作顺利进行

深化农村税费改革试点涉及农村政治、经济和社会各个领域，关系整个农村稳定的大局。各地区、各有关部门要从实践“三个代表”重要思想、贯彻落实科学发展观的政治高度，充分认识深化农村税费改革试点工作的长期性、艰巨性和复杂性，妥善处理好农村税费改革与促进粮食生产和农民增收的关系、与基层政权建设和农村稳定的关系、与农村义务教育等农村社会事业发展的关系、与公共财政建设和其他相关改革的关系，切实加强领导，扎实推进改革。地方各级人民政府要层层落实农村税费改革工作领导负责制，明确目标任务，强化督促检查，及时了解新情况，解决新问题；要建立健全农村税费改革领导及办事机构，完善工作机制，为改革提供必要的组织保证。中央各有关部门要按照职责分工，各负其责，相互配合，积极推动改革。要抓紧制定乡镇机构改革、农村义务教育管理体制改革、县乡财政管理体制改革、农民负担监督管理、清理化解乡村债务、国有农垦企业体制改革的指导意见。适时调整农业税征管体制，转变农业税征收管理机制、职能和工作重点。要加强调查研究和分类指导，及时总结经验，完善政策，确保深化农村税费改革试点工作顺利进行。

各省、自治区、直辖市要在今年年底前将本地区今年深化农村税费改革试点情况向国务院报告。

国务院关于进一步加强食品安全工作的决定

2004年9月1日 国发［2004］23号

各省、自治区、直辖市人民政府，国务院各部委、各直属机构：

食品安全关系到广大人民群众的身体健康和生命安全，关系到经济健康发展和社会稳定，关系到政府和国家的形象。党中央、国务院历来高度重视食品安全，近几年一直把打击制售假冒伪劣食品等违法犯罪活动作为整顿和规范市场经济秩序的重点，采取了一系列措施加强食品安全工作。各地区、各部门做了大量工作，取得一定成效。总的看，生产销售假冒伪劣食品案件多发的势头有所遏制，食品安全形势趋于好转。但是食品安全问题仍然比较严重，种植养殖、生产加工、市场流通、餐饮消费等方面存在的问题还很突出，食品安全监管体制、法制、标准等方面存在缺陷，地方保护、有法不依、执法不严、监管不力的现象时有发生。为恢复和提高我国食品信誉，确保人民身体健康和生命安全，国务院决定采取切实有效措施，进一步加强食品安全工作。

一、指导思想、工作原则和工作目标

（一）指导思想和工作原则。坚持以邓小平理论和“三个代表”重要思想为指导，认真贯彻党的十六大精神，牢固树立以人为本、执政为民的思想，全面履行人民政府的职责，切实把食品安全工作放在突出位置抓紧抓好。继续坚持“全国统一领导、地方政府负责、部门指导协调、各方联合行动”的食品安全工作机制，加强协调配合，落实责任，加大执法力度；坚持集中整治与制度建设、严格执法与科学管理、打假治劣与扶优扶强相结合，突出重点，在注重抓好专项整治的同时，强化日常监管；建立食品安全信用体系和失信惩戒机制，引导企业诚信守法；强化舆论监督，加大正面宣传力度，加强社会监督，保障人民群众的饮食安全和身体健康。

（二）工作目标。通过艰苦细致的工作，使食品生产经营秩序得到明显好转，生产、销售假冒伪劣和有毒有害食品的违法犯罪活动得到有效遏制，大案要案得到及时查处，食品安全事故大幅度下降，人民群众食品消费安全感增强，我国食品信誉得到恢复和提高。在此基础上，经过不懈努力，使食品安全法律法规和监管体制更加完善，标准体系、检验检测体系、信用体系更加科学有效，行业协会和中介组织的作用充分发挥，企业的安全责任和意识进一步增强，食品产业持续健康快速发展，人民群众日益增长的食品安全和健康需求不断得到满足。

二、近期工作重点

（一）大力整顿食品生产加工业，切实提高食品工业水平。按照食品专项整治确定的重点食品，严厉查处无卫生许可证、无营业执照、无生产许可证的生产经营行为，不具备生产条件的要坚决予以取缔；严格实施食品质量安全市场准入制度，严格审查企业生产条件，严格按标准组织生产，严格产品出厂检验，今年基本完成肉制品、乳制品、饮料、调味品、冷冻饮品、方便面、饼干、罐头、速冻米面食品、膨化食品等10类产品实施食品质量安全市场准入工作，启动其余13类食品市场准入工作；加强食品生产加工企业监管，实行生产企业巡查、回访、年审、监督抽查等监管制度；强化企业法人作为食品安全第一责任人的责任；强化新资源食品、食品添加剂和食品包装材料等的安全性评价，严厉打击滥用添加剂、使用非食品原料生产加工食品、保健食品添加违禁药物等违法行为。

食品生产加工业的整顿由地方政府统一组织实施。通过整顿，扶持一批名优企业，关闭一批不具备产品质量安全条件的食品生产加工企业，严厉惩处一批制售假冒劣质食品的违法犯罪分子。

（二）加大农业投入品专项整治力度，从源头上防止农产品污染。继续推进"无公害食品行动计划"，深入开展农药残留、禽畜产品违禁药物滥用、水产品药物残留专项整治，向农民普及安全使用化肥、农药、兽药、饲料添加剂和动植物生长激素等知识，推广使用低残高效农药、兽药和无污染添加剂，规范种植、养殖行为；建立统一规范的农产品质量安全标准体系，建立农产品质量安全例行监测制度和农产品质量安全追溯制度，开展农产品产地环境、农业投入品和农产品质量安全状况的检测；推进无公害农产品标准化生产综合示范区、养殖小区、示范农场、无规定动物疫病区和出口产品生产基地的建设，积极开展农产品和食品认证工作，推广"公司+基地"模式，加快对高毒、高残留农业投入品禁用、限用和淘汰进程。

（三）狠抓薄弱环节，进一步加强食品流通、消费领域的监管。深入实施以"提倡绿色消费、培育绿色市场、开辟绿色通道"为主要内容的"三绿工程"，倡导现代流通组织方式和经营方式，大力发展连锁经营和物流配送；积极推进经销企业落实进货检查验收、索证索票、购销台账和质量承诺制度，以及市场开办者质量责任制，继续推行"厂场挂钩"、"场地挂钩"等有效办法；全面落实市场巡查制度，完善监督抽查和食品卫生例行监测制度，严格实行不合格食品的退市、召回、销毁、公布制度；推进餐饮业、食堂全面实施食品卫生监督量化分级管理制度，完善和加强食品污染物监测和食源性疾病监测体系建设；加强畜禽屠宰行业管理，打破地方封锁，鼓励质量优、信誉好、品牌知名度高的食品在全国流通；健全社区食品加工流通服务体系。强化食品安全标识和包装管理，集中力量整治食品假包装、假标识、假商标印制品。

（四）把儿童及农村食品市场整治作为重中之重，切实维护未成年人、农民和低收入者的利益。采取综合措施，有效遏制制售假冒伪劣儿童食品行为。将监管的重点和工作重心下移，加强农村市场监管，加大对分散在社区、城乡结合部和村镇的各类食品批发市场、集贸市场、个体商贩、小加工作坊、小食品店、小餐馆的监管力度，强化对餐饮业、学校食堂和建筑工地食堂的检查监督。

（五）依法彻查大案要案，震慑违法犯罪分子。集中力量及时查处食品安全大案要案，依法严惩违法犯罪团伙和首恶分子。对发案率高、重大案件久拖不结的地区和单位，上级政府和有关行政执法、司法部门要组织力量直接查办，严肃追究有关人员责任。重大典型案件查处结果及时向社会公布。

（六）搞好食品安全宣传，服务发展大局。大力宣传党中央、国务院有关加强食品安全工作的精神，充分报道各地区、各有关部门加强食品安全所做的工作，宣传法律法规和食品安全知识，继续揭露、曝光食品安全方面的违法犯罪行为，及时跟踪报道采取的措施及效果；报道重视质量、讲求信誉的典型，大力宣传优质食品、优良品牌和优秀企业，增强群众消费信心，提高我国食品信誉；对外积极宣传介绍我国食品监管工作及其取得的实效。适时组织编写《中国食品安全状况》白皮书。

各地区、各有关部门要狠抓落实，明确任务和责任，实行"首问负责制"，确保各项重点工作有序开展。食品药品监管部门要进一步强化食品安全管理的综合监督、组织协调和组织开展对重大事故查处的职能，努力提高食品安全综合监管工作水平。

三、几项重要措施

加强食品安全管理是一项长期艰巨的任务，必须立足当前，规划长远，标本兼治，着力治本，建立健全监管制度和长效机制。

（一）进一步理顺有关监管部门的职责。按照一个监管环节由一个部门监管的原则，采取分段监管为主、品种监管为辅的方式，进一步理顺食品安全监管职能，明确责任。农业部门负责初级农产品生产环节的监管；质检部门负责食品生产加工环节的监管，将现由卫生部门承担的食品生产加工环节的卫生监管职责划归质检部门；工商部门负责食品流通环节的监管；卫生部门负责餐饮业和食堂等消费环节的监管；食品药品监管部门负责对食品安全的综合监督、组织协调和依法组织查处重大事故。按照责权一致的原则，建立食品安全监管责任制和责任追究制。具体由中央编办会同有关部门组织落实。这次职责调整任务繁重，各有关部门要从大局出发，认真细致地做好各项准备工作，确保2005年1月1日顺利实施。

农业、发展改革和商务等部门按照各自职责，做好种植养殖、食品加工、流通、消费环节的行业管理工作。进一步发挥行业协会和中介组织的作用。

（二）强化地方政府对食品安全监管的责任。地方各级人民政府对当地食品安全负总责，统一领导、协调本地区的食品安全监管和整治工作。建立健全食品安全组织协调机制，统一组织开展食品安全专项整治和全面整顿食品生产加工业；进一步搞好与有关监管执法部门的协调和配合，加强综合执法、联合执法和日常监管，尤其要解决执法监督中的不作为和乱作为问题；切实落实责任制和责任追究制，明确直接责任人和有关负责人的责任，一级抓一级，层层抓落实，责任到人；坚决克服地方保护主义，增强大局意识，不得以任何形式阻碍监管执法，决不能充当不法企业和不法分子的“保护伞”。

（三）加强基层执法队伍建设。基层食品安全监管是基础和重点，直接关系着食品安全监管的法律法规和各项工作部署能否落到实处。要加强基层执法队伍的思想建设、业务建设和作风建设，强化法律法规培训，提高队伍整体素质和依法行政的能力，做到严格执法、公正执法、文明执法；充实基层执法人员力量，严把人员“入口”，畅通“出口”，加强监督，严肃法纪；地方政府要切实改善执法装备和检验监测技术条件，保证办公办案和监督抽查等经费。

（四）完善食品安全法律法规和部门规章。国务院法制办要抓紧组织修订《食品卫生法》和《工业产品生产许可证管理条例》，加快《农产品质量安全法（送审稿）》的审查工作。商务部要研究修订《生猪屠宰管理条例》。农业部、商务部、卫生部、工商总局、质检总局等部门要根据职责调整，尽快清理、修订涉及食品安全方面的部门规章，力争2004年年底前完成。

（五）建立健全食品安全标准和检验检测体系。尽快清理与食品安全有关的产品和卫生标准，构建食品安全标准体系，由质检总局会同发展改革委、农业部、卫生部、商务部、食品药品监管局等部门，提出制定和修订意见并抓紧实施。充分发挥农业、质检、卫生、商务等部门检测机构的作用，完善检验检测体系，严格资质审核，逐步面向社会，实现资源共享，不搞重复建设；实现检测信息共享，避免不必要的重复检测。食品检验检测体系建设由质检总局会同农业部、卫生部、商务部、工商总局等部门研究提出具体意见。

（六）加快食品安全信用体系和信息化建设。以加强食品生产经营企业信用建设为核心，通过政府监管、行业自律和社会监督，加大失信惩戒力度，综合抓好食品安全制度规范、管理服务系统与运行机制建设。继续抓好厦门、辽源、大庆、常德、银川5个城市，肉类、粮食、儿童食品3个行业的食品安全信用建设试点，建立健全食品生产、经营企业质量档案和食品安全监管信用档案，强化食品生产经营者的责任意识。力争用5年左右时间，逐步建立起我国食品安全信用体系的基本框架和运行机制。

加强食品安全信息管理和综合利用，构建部门间信息沟通平台，实现互联互通和资源共享。农业部门发布有关初级农产品农药残留、兽药残留等检测信息。质检、工商、卫生和食品药品监管4个部门联合发布市场食品质量监督检查信息。食品药品监管局负责收集汇总、及时传递、分析整理，定期向社会发布食品安全综合信息。建立畅通的信息监测和通报网络体系，逐步形成统一、科学的食品安全信息评估和预警指标体系，及时研究分析食品安全形势，对食品安全问题做到早发现、早预防、早整治、早解决。食品药品监管局要会同有关部门，拟定《食品安全监管信息发布暂行管理办法》，选择奶制品和蔬菜两个品种作为规范信息发布的试点。

国务院责成食品药品监管局会同有关部门抓好本决定的落实工作，并于2005年春节前组织开展一次食品安全工作综合检查，适时将检查情况向国务院汇报。

国务院关于深化改革严格土地管理的决定

2004年10月21日　国发［2004］28号

各省、自治区、直辖市人民政府，国务院各部委、各直属机构：

实行最严格的土地管理制度，是由我国人多地少的国情决定的，也是贯彻落实科学发展观，保证经济社会可持续发展的必然要求。去年以来，各地区、各部门认真贯彻党中央、国务院部署，全面清理各类开发区，切实落实暂停审批农用地转用的决定，土地市场治理整顿取得了积极进展，有力地促进了宏观调控政策的落实。但是，土地市场治理整顿的成效还是初步的、阶段性的，盲目投资、低水平重复建设，圈占土地、乱占滥用耕地等问题尚未根本解决。因此，必须正确处理保障经济社会发展与保护土地资源的关系，严格控制建设用地增量，努力盘活土地存量，强化节约利用土地，深化改革，健全法制，统筹兼顾，标本兼治，进一步完善符合我国国情的最严格的土地管理制度。现决定如下：

一、严格执行土地管理法律法规

（一）牢固树立遵守土地法律法规的意识。各地区、各有关部门要深入持久地开展土地法律法规的学习教育活动，深刻认识我国国情和保护耕地的极端重要性，本着对人民、对历史负责的精神，严格依法管理土地，积极推进经济增长方式的转变，实现土地利用方式的转变，走符合中国国情的新型工业化、城市化道路。进一步提高依法管地用地的意识，要在法律法规允许的范围内合理用地。对违反法律法规批地、占地的，必须承担法律责任。

（二）严格依照法定权限审批土地。农用地转用和土地征收的审批权在国务院和省、自治区、直辖市人民政府，各省、自治区、直辖市人民政府不得违反法律和行政法规的规定下放土地审批权。严禁规避法定审批权限，将单个建设项目用地拆分审批。

（三）严格执行占用耕地补偿制度。各类非农业建设经批准占用耕地的，建设单位必须补充数量、质量相当的耕地，补充耕地的数量、质量实行按等级折算，防止占多补少、占优补劣。不能自行补充的，必须按照各省、自治区、直辖市的规定缴纳耕地开垦费。耕地开垦费要列入专户管理，不得减免和挪作他用。政府投资的建设项目也必须将补充耕地费用列入工程概算。

（四）禁止非法压低地价招商。省、自治区、直辖市人民政府要依照基准地价制定并公布协议出让土地最低价标准。协议出让土地除必须严格执行规定程序外，出让价格不得低于最低价标准。违反规定出让土地造成国有土地资产流失的，要依法追究责任；情节严重的，依照《中华人民共和国刑法》的规定，以非法低价出让国有土地使用权罪追究刑事责任。

（五）严格依法查处违反土地管理法律法规的行为。当前要着重解决有法不依、执法不严、违法不究和滥用行政权力侵犯农民合法权益的问题。要加大土地管理执法力度，严肃查处非法批地、占地等违法案件。建立国土资源与监察等部门联合办案和案件移送制度，既查处土地违法行为，又查处违法责任人。典型案件，要公开处理。对非法批准占用土地、征收土地和非法低价出让国有土地使用权的国家机关工作人员，依照《监察部国土资源部关于违反土地管理规定行为行政处分暂行办法》给予行政处分；构成犯罪的，依照《中华人民共和国刑法》、《中华人民共和国土地管理法》、《最高人民法院关于审理破坏土地资源刑事案件具体应用法律若干问题的解释》和最高人民检察院关于渎职犯罪案件立案标准的规定，追究刑事责任。对非法批准征收、使用土地，给当事人造成损失的，还必须依法承担赔偿责任。

二、加强土地利用总体规划、城市总体规划、村庄和集镇规划实施管理

（六）严格土地利用总体规划、城市总体规划、村庄和集镇规划修改的管理。在土地利用总体规划和城市总体规划确定的建设用地范围外，不得设立各类开发区（园区）和城市新区（小区）。对清理后拟保留的开发区，必须依据土地利用总体规划和城市总体规划，按照布局集中、用地集约和产业集聚的原则严格审核。严格土地利用总体规划的修改，凡涉及改变土地利用方向、规模、重大布局等原则性修改，必须报原批准机关批准。城市总体规划、村庄和集镇规划也不得擅自修改。

（七）加强土地利用计划管理。农用地转用的年度计划实行指令性管理，跨年度结转使用计划指标必须严格规范。改进农用地转用年度计划下达和考核办法，对国家批准的能源、交通、水利、矿山、军事设施等重点建设项目用地和城、镇、村的建设用地实行分类下达，并按照定额指标、利用效益等分别考核。

（八）从严从紧控制农用地转为建设用地的总量和速度。加强农用地转用审批的规划和计划审查，强化土地利用总体规划和土地利用年度计划对农用地转用的控制和引导，凡不符合规划、没有农用地转用年度计划指标的，不得批准用地。为巩固土地市场治理整顿成果，2004年农用地转用计划指标不再追加；对过去拖欠农民的征地补偿安置费在2004年年底前不能足额偿还的地方，暂缓下达该地区2005年农用地转用计划。

（九）加强建设项目用地预审管理。凡不符合土地利用总体规划、没有农用地转用计划指标的建设项目，不得通过项目用地预审。发展改革等部门要通过适当方式告知项目单位开展前期工作，项目单位提出用地预审申请后，国土资源部门要依法对建设项目用地进行审查。项目建设单位向发展改革等部门申报核准或审批建设项目时，必须附国土资源部门预审意见；没有预审意见或预审未通过的，不得核

准或批准建设项目。

（十）加强村镇建设用地的管理。要按照控制总量、合理布局、节约用地、保护耕地的原则，编制乡（镇）土地利用总体规划、村庄和集镇规划，明确小城镇和农村居民点的数量、布局和规模。鼓励农村建设用地整理，城镇建设用地增加要与农村建设用地减少相挂钩。农村集体建设用地，必须符合土地利用总体规划、村庄和集镇规划，并纳入土地利用年度计划，凡占用农用地的必须依法办理审批手续。禁止擅自通过“村改居”等方式将农民集体所有土地转为国有土地。禁止农村集体经济组织非法出让、出租集体土地用于非农业建设。改革和完善宅基地审批制度，加强农村宅基地管理，禁止城镇居民在农村购置宅基地。引导新办乡村工业向建制镇和规划确定的小城镇集中。在符合规划的前提下，村庄、集镇、建制镇中的农民集体所有建设用地使用权可以依法流转。

（十一）严格保护基本农田。基本农田是确保国家粮食安全的基础。土地利用总体规划修编，必须保证现有基本农田总量不减少，质量不降低。基本农田要落实到地块和农户，并在土地所有权证书和农村土地承包经营权证书中注明。基本农田保护图件备案工作，应在新一轮土地利用总体规划修编后三个月内完成。基本农田一经划定，任何单位和个人不得擅自占用，或者擅自改变用途，这是不可逾越的“红线”。符合法定条件，确需改变和占用基本农田的，必须报国务院批准；经批准占用基本农田的，征地补偿按法定最高标准执行，对以缴纳耕地开垦费方式补充耕地的，缴纳标准按当地最高标准执行。禁止占用基本农田挖鱼塘、种树和其他破坏耕作层的活动，禁止以建设“现代农业园区”或者“设施农业”等任何名义，占用基本农田变相从事房地产开发。

三、完善征地补偿和安置制度

（十二）完善征地补偿办法。县级以上地方人民政府要采取切实措施，使被征地农民生活水平不因征地而降低。要保证依法足额和及时支付土地补偿费、安置补助费以及地上附着物和青苗补偿费。依照现行法律规定支付土地补偿费和安置补助费，尚不能使被征地农民保持原有生活水平的，不足以支付因征地而导致无地农民社会保障费用的，省、自治区、直辖市人民政府应当批准增加安置补助费。土地补偿费和安置补助费的总和达到法定上限，尚不足以使被征地农民保持原有生活水平的，当地人民政府可以用国有土地有偿使用收入予以补偿。省、自治区、直辖市人民政府要制订并公布各市县征地的统一年产值标准或区片综合地价，征地补偿做到同地同价，国家重点建设项目必须将征地费用足额列入概算。大中型水利、水电工程建设征地的补偿费标准和移民安置办法，由国务院另行规定。

（十三）妥善安置被征地农民。县级以上地方人民政府应当制定具体办法，使被征地农民的长远生计有保障。对有稳定收益的项目，农民可以经依法批准的建设用地土地使用权入股。在城市规划区内，当地人民政府应当将因征地而导致无地的农民，纳入城镇就业体系，并建立社会保障制度；在城市规划区外，征收农民集体所有土地时，当地人民政府要在本行政区域内为被征地农民留有必要的耕作土地或安排相应的工作岗位；对不具备基本生产生活条件的无地农民，应当异地移民安置。劳动和社会保障部门要会同有关部门尽快提出建立被征地农民的就业培训和社会保障制度的指导性意见。

（十四）健全征地程序。在征地过程中，要维护农民集体土地所有权和农民土地承包经营权的权益。在征地依法报批前，要将拟征地的用途、位置、补偿标准、安置途径告知被征地农民；对拟征土地现状的调查结果须经被征地农村集体经济组织和农户确认；确有必要的，国土资源部门应当依照有关规定组织听证。要将被征地农民知情、确认的有关材料作为征地报批的必备材料。要加快建立和完善征地补偿安置争议的协调和裁决机制，维护被征地农民和用地者的合法权益。经批准的征地事项，除特殊情况外，应予以公示。

（十五）加强对征地实施过程监管。征地补偿安置不落实的，不得强行使用被征土地。省、自治区、直辖市人民政府应当根据土地补偿费主要用于被征地农户的原则，制订土地补偿费在农村集体经济组织内部的分配办法。被征地的农村集体经济组织应当将征地补偿费用的收支和分配情况，向本集体经济组织成员公布，接受监督。农业、民政等部门要加强对农村集体经济组织内部征地补偿费用分配和使用的监督。

四、健全土地节约利用和收益分配机制

（十六）实行强化节约和集约用地政策。建设用地要严格控制增量，积极盘活存量，把节约用地放在首位，重点在盘活存量上下功夫。新上建设项目首先要利用现有建设用地，严格控制建设占用耕地、林地、草原和湿地。开展对存量建设用地资源的普查，研究制定鼓励盘活存量的政策措施。各地区、各有关部门要按照集约用地的原则，调整有关厂区绿化率的规定，不得圈占土地搞“花园式工厂”。在开发区（园区）推广多层标准厂房。对工业用地在符合规划、不改变原用途的前提下，提高土地利用率和增加容积率的，原则上不再收取或调整土地有偿使用费。基础设施和公益性建设项目，也要节约合理用地。今后，供地时要将土地用途、容积率等使用条件的约定写入土地使用合同。对工业项目用地必须有投资强度、开发进度等控制性要求。土地使用权人不按照约定条件使用土地的，要承担相应的违约责任。在加强耕地占用税、城镇土地使用税、土地增值税征收管理的同时，进一步调整和完善相关税制，加大对建设用地取得和保有环节的税收调节力度。

（十七）推进土地资源的市场化配置。严格控制划拨用地范围，经营性基础设施用地要逐步实行有偿使用。运用价格机制抑制多占、滥占和浪费土地。除按现行规定必须实行招标、拍卖、挂牌出让的用地外，工业用地也要创造条件逐步实行招标、拍卖、挂牌出让。经依法批准利用原有划拨土地进行经营性开发建设的，应当按照市场价补缴土地出让金。经依法批准转让原划拨土地使用权的，应当在土地有形市场公开交易，按照市场价补缴土地出让金；低于市场价交易的，政府应当行使优先购买权。

（十八）制订和实施新的土地使用标准。依照国家产业政策，国土资源部门对淘汰类、限制类项目分别实行禁止和限制用地，并会同有关部门制订工程项目建设用地定额标准，省、自治区、直辖市人民政府可以根据实际情况制订具体实施办法。继续停止高档别墅类房地产、高尔夫球场等用地的审批。

（十九）严禁闲置土地。农用地转用批准后，满两年未实施具体征地或用地行为的，批准文件自动失效；已实施征地，满两年未供地的，在下达下一年度的农用地转用计划时扣减相应指标，对具备耕作条件的土地，应当交原土地使用者继续耕种，也可以由当地人民政府组织耕种。对用地单位闲置的土地，严格依照《中华人民共和国土地管理法》的有关规定处理。

（二十）完善新增建设用地土地有偿使用费收缴办法。新增建设用地土地有偿使用费实行先缴后分，按规定的标准就地全额缴入国库，不得减免，并由国库按规定的比例就地分成划缴。审计部门要加强对新增建设用地土地有偿使用费征收和使用的监督检查。对减免和欠缴的，要依法追缴。财政部、国土资源部要适时调整新增建设用地土地有偿使用费收取标准。新增建设用地土地有偿使用费要严格按法定用途使用，由中央支配的部分，要向粮食主产区倾斜。探索建立国有土地收益基金，遏制片面追求土地收益的短期行为。

五、建立完善耕地保护和土地管理的责任制度

（二十一）明确土地管理的权力和责任。调控新增建设用地总量的权力和责任在中央，

盘活存量建设用地的权力和利益在地方，保护和合理利用土地的责任在地方各级人民政府，省、自治区、直辖市人民政府应负主要责任。在确保严格实施土地利用总体规划，不突破土地利用年度计划的前提下，省、自治区、直辖市人民政府可以统筹本行政区域内的用地安排，依照法定权限对农用地转用和土地征收进行审批，按规定用途决定新增建设用地土地有偿使用费地方分成部分的分配和使用，组织本行政区域内耕地占补平衡，并对土地管理法律法规执行情况进行监督检查。地方各级人民政府要对土地利用总体规划确定的本行政区域内的耕地保有量和基本农田保护面积负责，政府主要领导是第一责任人。地方各级人民政府都要建立相应的工作制度，采取多种形式，确保耕地保护目标落实到基层。

（二十二）建立耕地保护责任的考核体系。国务院定期向各省、自治区、直辖市下达耕地保护责任考核目标。各省、自治区、直辖市人民政府每年要向国务院报告耕地保护责任目标的履行情况。实行耕地保护责任考核的动态监测和预警制度。国土资源部会同农业部、监察部、审计署、统计局等部门定期对各省、自治区、直辖市耕地保护责任目标履行情况进行检查和考核，并向国务院报告。对认真履行责任目标，成效突出的，要给予表彰，并在安排中央支配的新增建设用地土地有偿使用费时予以倾斜。对没有达到责任目标的，要在全国通报，并责令限期补充耕地和补划基本农田。对土地开发整理补充耕地的情况也要定期考核。

（二十三）严格土地管理责任追究制。对违反法律规定擅自修改土地利用总体规划的、发生非法占用基本农田的、未完成耕地保护责任考核目标的、征地侵害农民合法权益引发群体性事件且未能及时解决的、减免和欠缴新增建设用地土地有偿使用费的、未按期完成基本农田图件备案工作的，要严肃追究责任，对有关责任人员由上级主管部门或监察机关依法定权限给予行政处分。同时，上级政府要责令限期整改，整改期间暂停农用地转用和征地审批。具体办法由国土资源部会同有关部门另行制订。实行补充耕地监督的责任追究制，国土资源部门和农业部门负责对补充耕地的数量和质量进行验收，并对验收结果承担责任。省、自治区、直辖市国土资源部门和农业部门要加强监督检查。

（二十四）强化对土地执法行为的监督。建立公开的土地违法立案标准。对有案不查、执法不严的，上级国土资源部门要责令其作出行政处罚决定或直接给予行政处罚。坚决纠正违法用地只通过罚款就补办合法手续的行为。对违法用地及其建筑物和其他设施，按法律规定应当拆除或没收的，不得以罚款、补办手续取代；确需补办手续的，依法处罚后，从新从高进行征地补偿和收取土地出让金及有关规费。完善土地执法监察体制，建立国家土地督察制度，设立国家土地总督察，向地方派驻土地督察专员，监督土地执法行为。

（二十五）加强土地管理行政能力建设。2004年年底以前要完成省级以下国土资源管理体制改革，理顺领导干部管理体制、工作机制和加强基层队伍建设。市、县人民政府要保证基层国土资源管理所机构、编制、经费到位，切实发挥基层国土资源管理所在土地管理执法中的作用。国土资源部要会同有关部门抓紧建立和完善统一的土地分类、调查、登记和统计制度，启动新一轮土地调查，保证土地数据的真实性。组织实施“金土工程”。充分利用现代高新技术加强土地利用动态监测，建立土地利用总体规划实施、耕地保护、土地市场的动态监测网络。

各地区、各有关部门要以“三个代表”重要思想为指导，牢固树立科学发展观和正确的政绩观，把落实好最严格的土地管理制度作为对执政能力和依法行政能力的检验。高度重视土地的保护和合理利用，认真总结经验，积极推进土地管理体制改革，不断完善土地法制，建立严格、科学、有效的土地管理制度，维护好广大人民群众的根本利益，确保经济社会的可持续发展。

中共中央办公厅　国务院办公厅
关于健全和完善村务公开和民主管理制度的意见

2004年6月22日　中办发［2004］17号

《中共中央办公厅、国务院办公厅关于在农村普遍实行村务公开和民主管理制度的通知》（中办发［1998］9号）下发和《中华人民共和国村民委员会组织法》施行以来，全国农村普遍实行了村务公开和民主管理制度，为促进农村改革、发展和稳定发挥了重要作用。为认真贯彻落实党的十六大提出的“健全基层自治组织和民主管理制度，完善公开办事制度，保证人民群众依法直接行使民主权利，管理基层公共事务和公益事业，对干部实行民主监督”的要求，适应农村发展的新形势，进一步推进农村社会主义物质文明、政治文明、精神文明协调发展，经党中央、国务院同意，现就健全和完善村务公开和民主管理制度提出如下意见。

一、充分认识进一步做好村务公开和民主管理工作的重大意义

当前，我国正处在全面建设小康社会、加快推进社会主义现代化的新的发展阶段，农村改革、发展和稳定的任务十分繁重。实行村务公开和民主管理，是实践“三个代表”重要思想，维护农民群众根本利益的具体体现；是完善村民自治，发展社会主义民主的重要内容；是顺利推进农村改革和发展，加快农村全面建设小康社会进程的必然要求；是促进农村党风廉政建设，密切党群干群关系的有效途径。近年来，全国各地推行村务公开和民主管理取得了积极成果，但我们也应清醒地看到，一些地方在村务公开和民主管理中还存在着重形式、轻实效，制度不健全、决策不民主等问题。这与农村改革发展稳定的新形势新任务不相适应，在一定程度上影响了农村经济和社会的发展。为了把党在农村的各项政策落到实处，切实解决好“三农”问题，必须进一步健全和完善村务公开和民主管理制度，扎实推进村务公开和民主管理工作。各级党委和政府要以邓小平理论和“三个代表”重要思想为指导，增强推进村务公开和民主管理的自觉性和紧迫感，真正把这一关系亿万农民切身利益的大事抓紧抓好、抓出成效，实现好、维护好、发展好广大农民群众的根本利益。

二、进一步健全村务公开制度，保障农民群众的知情权

（一）完善村务公开的内容。国家有关法律法规和政策明确要求公开的事项，如计划生育政策落实、救灾救济款物发放、宅基地使用、村集体经济所得收益使用、村干部报酬等，应继续坚持公开。要继续把财务公开作为村务公开的重点，所有收支必须逐项逐笔公布明细账目，让群众了解、监督村集体资产和财务收支情况。同时，要根据农村改革发展的新形势、新情况，及时丰富和拓展村务公开内容。当前，要将土地征用补偿及分配、农村机动地和“四荒地”发包、村集体债权债务、税费改革和农业税减免政策、村内“一事一议”筹资筹劳、新型农村合作医疗、种粮直接补

贴、退耕还林还草款物兑现，以及国家其他补贴农民、资助村集体的政策落实情况，及时纳入村务公开的内容。农民群众要求公开的其他事项，也应公开。

（二）规范村务公开的形式、时间和基本程序。各地农村应坚持实际、实用、实效的原则，在便于群众观看的地方设立固定的村务公开栏，同时还可以通过广播、电视、网络、“明白纸”、民主听证会等其他有效形式公开。一般的村务事项至少每季度公开一次，涉及农民利益的重大问题以及群众关心的事项要及时公开。集体财务往来较多的村，财务收支情况应每月公布一次。要推进村务事项从办理结果的公开，向事前、事中、事后全过程公开延伸。要充分利用现代科学技术，不断创新村务公开的有效形式和手段。村务公开的基本程序是：村民委员会根据本村的实际情况，依照法规和政策的有关要求提出公开的具体方案；村务公开监督小组对方案进行审查、补充、完善后，提交村党组织和村民委员会联席会议讨论确定；村民委员会通过村务公开栏等形式及时公布。

（三）设立村务公开监督小组。村务公开监督小组成员经村民会议或村民代表会议在村民代表中推选产生，负责监督村务公开制度的落实。村干部及其配偶、直系亲属不得担任村务公开监督小组成员。村务公开监督小组及其成员应当热爱集体，公道正派，有一定的议事能力，其中应有具备财会知识的成员。村务公开监督小组要依法履行职责，认真审查村务公开各项内容是否全面、真实，公开时间是否及时，公开形式是否科学，公开程序是否规范，并及时向村民会议或村民代表会议报告监督情况。对不履行职责的成员，村民会议或村民代表会议有权罢免其资格。

（四）听取和处理群众意见。群众对公布的内容有疑问的，可以口头或书面形式向村务公开监督小组投诉，村务公开监督小组对群众反映的问题应当及时进行调查，确有内容遗漏或者不真实的，应督促村民委员会重新公布；也可以直接向村党组织、村民委员会询问，村民委员会应在10日内予以解释和答复。村民委员会要对村务公开资料进行整理归档并妥善保管。

三、进一步规范民主决策机制，保障农民群众的决策权

（一）推进村级事务民主决策。凡是与农民群众切身利益密切相关的事项，如村集体的土地承包和租赁、集体企业改制、集体举债、集体资产处置、村干部报酬、村公益事业的经费筹集方案和建设承包方案等，都要实行民主决策，不能由个人或少数人决定。村民委员会的设立、撤并、范围调整，由乡级人民政府提出意见后，必须经村民会议讨论同意，并报县级人民政府批准。集体经济已实行股份制或股份合作制改革的村，要按照改革后的有关要求进行民主决策和民主监督。村级民主决策的事项要符合党的方针政策和国家法律法规，不得有侵犯村民人身权利、民主权利和合法财产权利的内容。

（二）明确村级民主决策的形式。村级民主决策的基本组织形式是村民会议和村民代表会议。召开村民会议，应当有本村18周岁以上村民的过半数参加，或者有本村三分之二以上的户的代表参加，所作决定应当经到会人员的过半数通过。涉及农村土地承包、调整等重大事项，应依照《中华人民共和国农村土地承包法》等相关法律法规进行民主决策。村民代表会议讨论决定村民会议授权的事项。村民代表由村民依法推选产生，妇女代表要占一定比例。要完善村民会议和村民代表会议议事规则，建立健全村民代表联系户制度，确保村民代表真正代表民意。认真研究和探索村庄撤并、外出务工经商人员不断增多情况下村级民主决策的有效形式。

（三）规范村级民主决策的程序。涉及村民利益的事项，原则上要遵循以下决策程序：由村党组织、村民委员会、村集体经济组织、十分之一以上村民联名或五分之一以上村民代表联名提出议案；由村党组织统一受理议案，并召集村党组织和村民委员会联席会议，研究提出具体意见或建议；由村民委员会召集村民会议或村民代表会议讨论决定；由村党组织、村民委员会组织实施村民民主决策事项的办理。对提交村民会议或村民代表会议讨论决定的事项，会前要向村民或村民代表公告，广泛征求意见；会后要及时公布表决结果；对决定事项的实施情况，要及时公布，自觉接受群众监督。涉及村民利益的重大事项，必须按照决策程序提请村民会议或村民代表会议讨论决定。

（四）建立决策责任追究制度。除发生自然灾害等紧急情况外，村民会议或村民代表会议依法形成的决议不得随意更改，如因情况发生变化确需更改的，要通过村民会议或村民代表会议讨论决定。村民会议或村民代表会议讨论决定的事项，要形成书面记录并妥善保存。未经村民会议或村民代表会议讨论决定，任何组织或个人擅自以集体名义借贷，变更与处置村集体的土地、企业、设备、设施等，均为无效，村民有权拒绝，造成的损失由责任人承担，构成违纪的给予党纪政纪处分，涉嫌犯罪的移交司法机关依法处理。

四、进一步完善民主管理制度，保障农民群众的参与权

（一）推进村级事务民主管理。村党组织、村民委员会要依据党的方针政策和国家的法律法规，组织全体村民结合实际讨论制定和完善村民自治章程、村规民约、村民会议和村民代表会议议事规则、财务管理制度等，明确规定村干部的职责、村民的权利和义务，村级各类组织的职责、工作程序及相互关系，明确提出对经济管理、社会治安、移风易俗、计划生育等方面的要求。用制度规范村干部和村民行为，增强村民自我管理、自我教育、自我服务的能力，增强干部群众的法制观念和依法办事能力。

（二）建立村民委员会换届后的工作移交制度。村民委员会换届工作结束后，原村民委员会应将公章、办公场所、办公用具、集体财务账目、固定资产、工作档案、债权债务及其他遗留问题等，及时移交给新一届村民委员会。移交工作由乡级人民政府负责主持。对拒绝移交或无故拖延移交的，村党组织、乡级党委和政府应给予批评教育，督促其加以改正。移交过程中发现有重大问题的，村干部和村民可以向乡级人民政府或者纪检监察机关、人民法院、人民检察院等有关机关反映，受理单位应及时依法处理。

（三）加强村民民主理财制度建设。村民民主理财由村民民主理财小组代表村民进行，民主理财小组成员由村民会议或村民代表会议从村务公开监督小组成员中推选产生。民主理财小组向村民会议或村民代表会议负责并报告工作。民主理财小组负责对本村集体财务活动进行民主监督，参与制定本村集体的财务计划和各项财务管理制度，有权检查、审核财务账目及相关的经济活动事项，有权否决不合理开支。当事人对否决有异议的，可提交村民会议或村民代表会议讨论决定。村民有权对本村集体的财务账目提出质疑，有权委托民主理财小组查阅、审核财务账目，有权要求有关当事人对财务问题作出解释。对群众反映财务问题较多的村，县、乡党委和政府及有关部门要帮助其搞好财务清理整顿工作，解决存在的问题，建立健全财务管理和民主理财制度。制定和完善集体资产监管办法，防止集体资产流失，确保村集体资产保值、增值。

（四）规范农村集体财务收支审批程序。财务事项发生时，经手人必须取得有效的原始凭证，注明用途并签字（盖章），交民主理财小组集体审核。审核同意后，由民主理财小组组长签字（盖章），报经村党组织、村民委员会负责人审批同意并签字（盖章），由会计人员审核记账。经民主理财小组审核确定为不合理财务开支的事项，有关支出由责任人承担。财务流程完成后，要按照财务公开程序进行公开，接受群众监督。乡级人民政府及业务主管部门要对村级财务活动加强指导和监督。

五、进一步强化村务管理的监督制约机制，保障农民群众的监督权

（一）加强对农村集体财务的审计监督。县、乡两级农村集体资产和财务管理指导部门，要切实组织好对农村集体财务的审计监督工作。审计内容主要包括：集体资产的管理使用、财务预决算、财务收支、生产经营和建设项目的发包管理、集体的债权债务、上级划拨或接受社会捐赠的资金、物资使用等情况，以及群众要求审计的其他事项。当前，要加大对集体土地征用、集体企业改制、“村改居”和并村过程中集体资产的处置、村内“一事一议”筹资筹劳、新型农村合作医疗、政府发放到村到户的各项补贴资金和物资等事项的审计力度，并将审计结果及时公布。村干部任期届满或离任时必须审计。在审计中查出侵占集体资产和资金、多吃多占、铺张浪费的，要责令其如数退赔；涉及国家工作人员及村干部违法违纪的，需要给予党纪政纪处分的，移交纪检监察机关处理；构成犯罪的，移交司法机关依法追究当事人的法律责任。农村集体经济组织、村民小组、农（畜）产品行业协会和农民专业合作组织所有的资产，也要实行财务公开，加强管理与监督。

（二）推行民主评议村干部工作制度。民主评议对象为村党组织班子成员、村民委员会班子成员、村集体经济组织班子成员、村民小组长以及享受由村民或集体承担误工补贴（工资）的其他村务管理人员。民主评议由乡级党委、政府具体组织，通过村民会议、村民代表会议或与村民座谈等形式进行。民主评议一般每年进行一次，要把群众满意与否作为衡量村干部是否合格的标准，评议结果要与村干部的使用和补贴（工资）标准直接挂钩。对连续两次被评为不合格的村干部，是村党组织成员的，按党内有关规定处理；是村民委员会班子成员或村集体经济组织班子成员的，应责令其辞职，不辞职的应启动罢免程序；其他村务管理人员，由村民委员会召开村民会议或村民代表会议作出处理决定。

（三）建立和完善村干部的激励约束制度。要大力宣传、鼓励和表彰积极推行村务公开和民主管理的干部，切实维护和保障村干部的合法权益。对在村级重大事务决策和管理中违反程序，独断专行，以及因工作失误造成重大损失，或村务公开不及时、不全面、弄虚作假、侵犯农民民主权利的干部，村民会议或村民代表会议有权提出批评并要求限期改正；对拒不改正的，是村党组织班子成员的，按党内有关规定给予相应的党纪处分，是村民委员会班子成员的，依法予以罢免。

六、进一步加强对村务公开和民主管理工作的领导

（一）加强组织领导。各级党委和政府要以求真务实的精神，把推进村务公开和民主管理作为关系农村改革、发展和稳定的一件大事来抓，并与增加农民收入、加强农村社会主义精神文明建设和党的建设等各项工作紧密结合起来，使之相互促进、共同提高。各省（自治区、直辖市）党委和政府要及时研究分析村务公开和民主管理工作情况，提出指导性意见。县（市）党委和政府要制定具体的实施意见，常抓不懈。要把推进村务公开和民主管理作为考核评比民主法治示范村、“五个好”村党组织、“五个好”乡镇党委和农村基层组织建设先进县（市）的一项重要内容，通过严格考核，促进村务公开和民主管理制度的进一步落实。

（二）健全领导体制和工作机制。各地要建立健全党委和政府统一领导、有关部门共同参与、民政部门组织协调的领导体制和工作机制，并保证开展工作的必要人员和经费。各有关部门要在各自职责范围内支持和引导村党组织、村民委员会、村集体经济组织做好村务公开和民主管理方面的工作。共青团、妇联和计划生育协会要动员农村青年、妇女、计划生育协会会员积极参与村务公开和民主管理活动。

村务公开协调机构要及时掌握工作动态，加强沟通和协调。新闻媒体要加强舆论引导和监督。要通过培育典型、示范引导、专项检查等多种形式，积极探索推进村务公开和民主管理的有效途径。

（三）明确县乡党委和政府的责任。健全和完善村务公开和民主管理制度，县、乡党委和政府是关键。要建立党政领导责任制，把村务公开和民主管理作为基层干部政绩考核的重要内容，并不断完善考核评价办法。要加大督促检查力度，及时受理群众来信、来访和申诉，及时化解社会矛盾，维护农村稳定。要加大培训力度，加强对新任村组干部、农村财会人员、民主理财小组成员和村民代表的培训，提高他们的政策水平和依法办事能力，使他们善于用说服的方法、示范的方法、服务的方法推动农村工作。要切实加强农村精神文明建设和思想政治工作。积极引导农民群众参与村务公开和民主管理的实践活动，在实践中学会正确行使民主权利。坚决制止利用宗教、宗族、家族势力干预基层经济社会事务管理的行为。

（四）充分发挥农村基层党组织的领导核心作用。要健全村党组织领导的充满活力的村民自治机制，把坚持党的领导、充分发扬民主、切实依法办事有机统一于农村社会主义民主实践之中。村党组织要领导和支持农民群众依法参与村级事务管理，监督村务公开和民主管理制度的落实，及时听取群众的意见，不断完善制度、改进工作。农村党员特别是党员干部要发挥先锋模范作用，尊重农民群众的民主权利，带头执行村务公开和民主管理制度。村民委员会、村集体经济组织和其他村级组织要在村党组织领导下，团结广大农民群众，齐心协力做好村务公开和民主管理工作，促进农村各项事业全面发展。

国务院办公厅关于转发教育部等部门《国家西部地区“两基”攻坚计划（2004年—2007年）》的通知

2004年2月16日　国办发［2004］20号

各省、自治区、直辖市人民政府，国务院各部委、各直属机构：

教育部、发展改革委、财政部和国务院西部开发办《国家西部地区“两基”攻坚计划（2004年—2007年）》已经国务院同意，现转发给你们，请认真贯彻执行。

附件：

国家西部地区“两基”攻坚计划（2004年—2007年）

2004年2月6日

为贯彻《国务院关于进一步加强农村教育工作的决定》（国发［2003］19号），进一步推进西部大开发，实现西部地区基本普及九年义务教育、基本扫除青壮年文盲（以下简称“两基”）目标，特制订《国家西部地区“两基”攻坚计划（2004年—2007年）》。

一、西部地区“两基”攻坚的形势和挑战

实施西部地区“两基”攻坚计划是贯彻党的十六大和十六届三中全会精神，着眼于最广大人民群众的根本利益，从根本上解决西部地区农业、农村和农民问题的重大战略举措，是国家西部大开发战略的重要组成部分，对维护民族团结、边疆稳定和实现国家的长治久安具有重要意义。实施西部地区“两基”攻坚计划，将有力地推动西部地区教育的发展，普遍提高劳动者素质，促进区域之间、城乡之间和经济社会协调发展，为全面建设小康社会和实现西部大开发战略目标奠定坚实的基础。

西部地区“两基”攻坚关系到我国全面普及九年义务教育、全面扫除青壮年文盲目标的实现。2000年，在全国范围内实现了“两基”目标；到2002年底，“两基”人口覆盖率达到91%。近年来，经过西部地区各级政府的不懈努力，西部教育发展迅速，成效显著，但教育发展的总体水平仍然偏低，发展很不平衡。西部地区人均受教育年限仅有6.7年，比全国平均水平低1.3年；“两基”人口覆盖率仅77%，低于全国14个百分点；15岁以上文盲、半文盲人口占总人口的比重为9.02%，高于全国2.3个百分点。截至2002年，西部地区仍有372个县（市、区）以及新疆生产建设兵团的38个团场，共410个县级行政单位尚未实现“两基”，涉及345万平方公里国土和8300多万人口。西部地区“两基”攻坚已经成为提高整个中华民族素质的当务之急，是必须做好的一项重要工作。

实现西部地区“两基”攻坚目标，是一项十分艰巨、复杂的任务，面临着严峻的挑战。

西部地区经济社会发展落后，地方财政困难，教育投入严重不足，教育基础薄弱，义务教育远远落后于全国平均水平。到2002年，西部地区未实现“两基”的372个县（市、区）中有国家扶贫开发工作重点县215个，占58%；农村中小学的办学条件普遍简陋，必备的学生寄宿条件严重不足；现有教师不适应及合格师资短缺的矛盾日益凸现；在少数地区还保留着较为原始的生产和生活方式，教育得不到应有的重视。

人民群众贫困面大、贫困程度深，适龄少年儿童就学面临困难，普及义务教育任务艰巨。全国尚未脱贫的3000万人中，绝大部分生活在西部，农村人均纯收入约为全国平均水平的70%左右。一些地区刚刚解决温饱，相当一部分地区尚未完全脱贫，加之西部农村家庭大多都有两个或更多的子女，人民群众难以承担基本的教育支出。据2002年统计，西部地区小学适龄儿童入学率、小学五年保留率、小学毕业生升学率等指标，大都低于全国平均水平。即使是已通过“两基”验收的县，其普及程度也是低水平、不稳定的，一些地方初中辍学率高达10%以上。

西部大部分地区为少数民族聚居地，少数民族教育成为“两基”攻坚的难点。截至2002年，西部372个未实现“两基”的县（市、区）中少数民族聚居县占83%。西部农村地区一些习俗和宗教观念在一定程度上影响了学生家长送子女上学的积极性；双语教学的环境对教师的数量和质量提出了更高的要求。加快少数民族义务教育的普及已经成为各民族共同发展的紧迫要求。

西部地区特殊的地理环境和办学形式使教育成本居高不下，低水平的教育投入难以保证基本的办学条件和教育质量。西部地区地广人稀，有一师一校点约9万个，占全国校点的80%以上；人口分布极不均衡，在一些高山、高原、高寒及牧区、半农半牧区和荒漠地区，80%左右的初中生、50%左右的小学生需要寄宿；特殊的办学形式使得学校布局分散、校舍建设成本普遍较高，原本短缺的教育经费难以满足基本的教育需求，适龄少年儿童“进不来、留不住”成为“两基”攻坚的难点。此外，全国127个边境县中，有106个在西部，这些边境地区的学校建设代表着国家的形象。

各地区、各有关部门要充分认识西部地区“两基”攻坚在发展教育、振兴西部和全面建设小康社会中的极端重要性和紧迫性，以最大的决心和最有力的措施推进西部地区“两基”攻坚计划，坚持发扬“领导苦抓、部门苦帮、群众苦干”的扶贫攻坚精神，夺取西部“两基”攻坚战的胜利。

二、西部地区“两基”攻坚的目标和任务

（一）主要目标。

1. 到2007年，西部地区整体上实现“两基”目标，“两基”人口覆盖率达到85%以上，初中毛入学率达到90%以上，扫除600万文盲，青壮年文盲率下降到5%以下。

2. 到2007年，西部各省（自治区、直辖市）及新疆生产建设兵团要分别实现各自的“两基”目标，切实巩固提高现有的“两基”成果，完成攻坚任务，有条件的省（自治区、直辖市）通过国家的“两基”评估验收。

3. 截至2002年尚未实现“两基”的372个县（市、区）以及新疆生产建设兵团的38个团场，到2007年，除特别困难的达到国家“普六”验收标准外，其余的要达到国家“两基”验收标准。

（二）主要任务。

1. 新建、改扩建一批以农村初中为主的寄宿制学校，保障“两基”攻坚县扩大义务教育规模的需要，安排好西部地区新增130万初中生和20万小学生的学习和生活条件；加大对西部地区现有学校的改造力度，使确需寄宿的山区、牧区、高原和边远地区学生能进入具备基本办学条件的寄宿制学校学习。

2. 西部各省（自治区、直辖市）要制订本地区的“两基”规划。结合中央已经安排的专项资金，调整省级财政支出结构，增加对“两基”攻坚的投入，基本消除现有中小学危房，保证办学条件基本达到规定标准，保障学校正常运转所需的公用经费，切实降低辍学率，提高教育质量。

3. 建立较完善的义务教育阶段家庭贫困学生资助制度，切实保障农村家庭经济困难的学生接受义务教育的权利。中央和地方通过“两免一补”（免杂费、免书本费、补助寄宿生活费）等方式加大资助力度，到2007年，力争使中西部农村家庭经济困难学生普遍得到资助。

4. 西部地区各级人民政府要切实保障“两基”攻坚县的教职工（包括按国家编制标准新增教师）的工资发放，建立中央财政用于教师工资转移支付的监管机制。做好对西部地区农村教师的培养、培训工作，加大少数民族地区双语教师队伍的建设，到2007年，小学教师和初中教师学历合格率分别达到95%和90%以上。

5. 稳步推进农村中小学现代远程教育，到2007年，使西部地区农村初中基本具备计算机教室，小学基本具备卫星教学收视设备和教学光盘播放设备及成套教学光盘，小学教学

点具备教学光盘播放设备和成套教学光盘。

三、西部地区“两基”攻坚的主要措施

（一）加快农村寄宿制学校建设。

1. 在继续实施“国家贫困地区义务教育工程（二期）”和“中小学危房改造工程”的基础上，中央和省级人民政府共同实施“农村寄宿制学校建设工程”。中央重点补助“两基”攻坚县农村寄宿制学校建设，帮助新建和改扩建一批寄宿制初中和小学。

2. 西部各省（自治区、直辖市）人民政府要统筹使用好中央下达的各项资金，在合理布局、科学规划的前提下，加快当地农村现有初中学校的改扩建步伐，改善基本的办学条件，满足更多确需寄宿的农村学生的要求，切实巩固义务教育的普及成果。对确有困难的地区，中央适当予以补助。

3. 农村寄宿制学校的设置要同农村中小学布局结构调整和城镇化建设结合起来。在实施“农村寄宿制学校建设工程”中，要统筹考虑学校基础设施建设、教师队伍建设、教育信息化、开展勤工助学、扶持家庭经济困难学生和学校运转经费的保障。

4. 整合各种教育项目，有效配置教育资源。“农村寄宿制学校建设工程”要与“国家贫困地区义务教育工程（二期）”和“中小学危房改造工程”综合考虑、统筹规划、合理安排，兼顾西部农村地区的“两基”攻坚和巩固提高工作，最大限度地保证资金的使用效益。

5. 中西部地区要根据义务教育合理布局的需要，进一步改善现有农村中小学校办学条件，保障基本的教学和生活需要。中央将视各地工作情况给予适当的奖励支持。

（二）扶持西部农村地区家庭经济困难学生就学。

1. 中央财政将逐年扩大向义务教育阶段家庭经济困难学生免费提供教科书的范围，逐步使西部农村地区家庭经济困难的中小学生享受免费教科书。地方各级财政设立专项资金帮助学校减免困难学生杂费，并为必须寄宿的家庭经济困难学生提供必要的生活补助。西部地区各级人民政府要制定政策，因地制宜地为学校开展勤工俭学活动提供条件，帮助改善学生生活。

2. 国家继续对西藏自治区的农牧区义务教育阶段的学生实行“三包”（包吃、包住、包学习费用）的政策；继续对新疆维吾尔自治区56个边境县和特殊困难县义务教育阶段学生免费提供教科书。

3. 落实对捐资助学单位和个人的税收优惠政策，纳税人通过非营利社会团体和国家机关向农村义务教育提供的捐赠，在应纳税所得额中全额扣除。

（三）实施农村中小学现代远程教育。

1. 在2003年试点工作的基础上，争取用5年左右的时间，逐步实施“农村中小学现代远程教育工程”，在农村小学教学点基本配备教学光盘播放系统，在农村小学基本建设卫星教学收视点，在农村初中建设计算机教室，不断推进义务教育的均衡发展，缓解农村地区教育资源短缺和师资不足的矛盾。

2. 中央资金将主要支持西部农村地区中小学校现代远程教育工程建设。各地在规划布局时要做到科学、合理，并注意与新实施的西部地区农村寄宿制学校建设工程相结合。

3. 地方各级人民政府负责工程的组织实施，制定相应的配套政策，积极探索建立教育信息化设施的日常运行和维护机制，保证必要的运行经费。大力开发适应西部地区经济社会文化特点的远程教育资源，支持开发适应少数民族特点和双语教学的远程教育资源。

（四）大力加强西部农村地区教师队伍建设。

1. 西部各省（自治区、直辖市）要根据西部农村地区地域广阔、人口居住分散、学校规模小等实际情况，科学、合理地核定中小学教师编制。要按照“两基”攻坚要求，制定教师队伍建设规划，调整、配备、补充合格教师。严格教师资格准入制度，严把进人关。

2. 各地区、各有关部门要制定优惠政策，

鼓励大中专毕业生到西部"两基"攻坚县任教，认真落实城镇中小学教师到乡村服务期制度，继续组织好"教育对口支援"和"西部大学生志愿者计划"，满足西部地区普及义务教育对合格师资的需求。

3. 要注意为新建、改扩建寄宿制学校配备和补充合格教师，选派符合任职条件的校长，切实加强教师队伍建设。加大对农村中小学教师的培训，在"教师网络教育联盟"中设立专门针对西部农村中小学教师的远程培训项目。

4. 开展少数民族地区"双语"教师特别是汉语教师的培养培训工作，提高教师"双语"教学能力。

（五）深化教学改革，提高教育质量。

1. 积极推进农村中小学课程和教学改革，因地制宜地实施素质教育。地方各级人民政府要逐步加强对贫困地区初中实验室、图书室的建设，保证实验课的开课率，开展劳动技术教育。要结合当地的实际开展体育和艺术教育，民族地区要与本民族的传统文化结合起来。

2. 要根据西部多民族聚居、边境线长的特点，开展生动活泼的爱国主义教育、民族团结教育和国防教育。积极动员各民族爱国人士支持本民族教育的发展。坚持宗教与教育相分离的原则，切实防范境内外非法宗教势力的渗透。

3. 充分发挥农村学校的综合功能，加强新形势下的基础教育、职业教育和成人教育的统筹，在实现国家规定的基础教育基本要求时，在农村初中适当增加职业教育内容。努力把农村学校建设成为农村党员培训的基地，农民文化、科技和教育活动的基地。

（六）加大教育对口支援力度。

1. 继续实施"东部地区学校对口支援西部贫困地区学校工程"和"西部大中城市学校对口支援本省贫困地区学校工程"，每年选派一定数量的优秀教育工作者赴西部"两基"攻坚县任教、挂职，并帮助培训西部"两基"攻坚县中小学校长、教师。

2. 建立东部地区经济发达县（市、区）、本地大中城市对口支援"两基"攻坚县的制度，有重点地选择若干项目进行援助，从资金、物资、人员等方面支持"两基"攻坚工作。

3. 进一步完善中央国家机关和省级党政机关与西部贫困地区的对口帮扶制度，着力帮助解决好西部贫困地区义务教育阶段家庭经济困难学生就学问题。

（七）明确地方各级人民政府在"两基"攻坚中的责任。

1. 完善农村义务教育管理体制。西部各省级人民政府及新疆生产建设兵团负有"两基"攻坚的主要责任，县级政府负有对本地教育发展规划、经费安排使用、校长和教师人事方面进行统筹管理的责任。

2. 地方各级人民政府新增教育经费主要用于农村。中央财政将加大支持力度，并视各地贯彻落实《国务院关于进一步加强农村教育工作的决定》（国发［2003］19号）和实施本计划的情况，实行"奖补结合"的方式，在经费分配上给予支持。省级人民政府要均衡本行政区域内各县财力，逐县核定并加大对财政困难县的转移支付。在推进农村税费改革过程中，要保证西部地区农村义务教育经费不低于改革前的水平并力争有所提高。

3. 西部地区各级人民政府要努力做到本级财政预算内教育经费支出的"三个增长"；确保中央和上一级政府用于教育的转移支付不被挪用和截留；确保教师工资及时足额发放，完善教师工资发放的省长（主席、市长）负责制；确保校舍安全，加大农村初中、小学危房的改造力度；确保"两基"攻坚县中小学的公用经费，补足实行"一费制"后农村学校的公用经费缺口；确保"两基"攻坚各项工程配套资金的到位和工程建设的质量。

4. 县级人民政府每年要向同级人民代表大会报告有关教育经费预算的执行情况并接受监督。乡（镇）人民政府要大力支持"两基"攻坚，以多种形式支持当地义务教育的发展。

四、西部地区“两基”攻坚的组织领导和监督检查

（一）在国务院的统一领导下，国家西部地区“两基”攻坚领导小组负责本计划的组织实施。

1．教育部要切实把西部地区“两基”攻坚摆在教育工作重要位置，会同发展改革委、财政部等有关部门做好西部地区“两基”攻坚的规划工作，加强组织和领导，加强教师队伍建设，努力提高教育质量和办学效益。

2．发展改革委要把西部地区“两基”攻坚纳入国民经济和社会发展规划，安排必要的建设资金用于攻坚工作，按建设程序加强项目管理。

3．财政部要充分发挥公共财政的保障职能，安排好专项资金用于攻坚工作，按照要求加强监督管理，提高资金使用效益。

4．国务院西部开发办在研究西部开发年度建设任务时，要充分考虑“两基”攻坚的需要，将“两基”攻坚作为西部大开发的一项重要任务，摆在与基础设施建设和生态环境建设同等重要的位置。

（二）实行地方政府领导责任制。

1．西部各省（自治区、直辖市）要把“两基”攻坚列入重要日程，确保保障经费和各项政策措施落实到位，制订具体的组织实施计划。省长（主席、市长）亲自抓，负总责。各有关部门要明确责任，精心组织实施。

2．西部地区“两基”攻坚县实行政府一把手负责制，在完成攻坚任务之前，不准使用政府资金购买小汽车、兴建宾馆和新盖办公楼。

3．严格实行“两基”攻坚工程项目招标制、项目管理制和工程监理制。工程规划和建设情况要适时公开，接受新闻媒体和群众的监督。

（三）加强对西部地区“两基”攻坚的监督检查。

1．国家每年组织专项督察和检查，对履行“两基”目标责任、实施西部地区“两基”攻坚各项工程、专项资金的管理使用等情况作出评估。对未能切实履行有关责任的地方，要限期纠正，必要时将暂停中央专项经费的拨付。

2．建立责任追究制度，加强对西部地区“两基”攻坚各项工程建设的监督检查。对于挪用、侵占专项经费，提供虚假材料骗取专项经费以及由于规划失误和工程质量问题造成损失的，要及时予以查处。

3．国家教育督导部门要将西部地区“两基”攻坚计划的实施和“两基”攻坚县的督导验收作为今后一段时期督导工作的重点，进一步加大工作力度。省级教育督导部门要按照国家的评估验收办法，组织对攻坚县的评估验收。评估验收要坚持标准，严格程序，严禁弄虚作假。

国务院办公厅关于加强三峡工程建设期三峡水库管理的通知

2004 年 4 月 10 日　国办发［2004］32 号

各省、自治区、直辖市人民政府，国务院各部委、各直属机构：

2003 年 6 月，长江三峡工程已蓄水至坝前水位 135 米，三峡水库初步形成，并开始发挥效益。为保证三峡工程的顺利建设、安全运行和充分发挥综合效益，合理保护、开发、利用和节约资源，保障库区人民群众的身体健康和生命安全，保护水库的生态、环境安全，促进库区国民经济和社会的可持续发展，在三峡工程建设期间，必须加强三峡水库的管理。经国务院同意，现将有关问题通知如下：

一、三峡水库的综合管理与协调

（一）在三峡工程建设期间，三峡水库管理实行“中央统一领导，国务院有关部门监督指导，湖北省、重庆市具体负责”的体制。

（二）国务院三峡工程建设委员会（以下简称三峡建委）对三峡水库建设期管理实施统一领导，重大问题报国务院批准。三峡办承担日常工作，主要是研究提出三峡水库管理的有关政策和制度，协调三峡工程建设期三峡水库运行的管理工作，组织协调三峡水库水、土（含消落区）、岸线等资源的可持续利用工作，开展对三峡水库资源开发利用和保护治理情况的综合监督检查，指导和组织协调与三峡水库相关的科研工作。

（三）国务院有关部门要按照职责分工，依法加强对三峡水库的行政管理，并进行监督和指导，必要时可以依据有关法律制定适用于三峡水库管理的规章制度。

（四）湖北省、重庆市人民政府分别负责本行政区域有关三峡水库的管理工作，并落实综合管理部门，进行三峡水库的日常具体管理。

（五）三峡总公司按照三峡建委批准的调度规程，负责三峡水利枢纽和电站的具体调度工作，并配合湖北省、重庆市人民政府做好水库管理的有关工作。

二、三峡水库的调度

（六）三峡水利枢纽围堰发电期内，国家防汛抗旱总指挥部、水利部、交通部、国家电力调度通信中心、三峡总公司应按《三峡（围堰发电期）~葛洲坝水利枢纽梯级调度规程》、《三峡工程围堰发电期通航管理办法》、《长江三峡水利枢纽水上交通管制区域通航安全管理办法》的规定和相关的法律、法规，分别对三峡水利枢纽进行防洪、发电、航运调度和水上交通安全管理。发电调度与航运调度应相互协调，当与防洪调度发生矛盾时应服从防洪调度。

建设期内、围堰发电期后的水库调度规程另行制定。

（七）三峡水利枢纽的防洪调度，在正常情况下由三峡总公司负责。在非常情况下，由长江防汛总指挥部提出调度方案报经国家防汛抗旱总指挥部批准后实施，三峡总公司必须严格遵照国家防汛抗旱总指挥部下达的指令，实行统一调度。启动三峡水库防洪预案时，决策部门和执行单位应该及时向有关部门、地方人民政府和社会通报情况。上、下游地区有关地方人民政府应当做好相关工作，把灾害损失减少到最小程度。

三、三峡水库水环境管理

（八）水利和环境保护等有关行政主管部门要依据法律、法规和职能分工，充分考虑三峡水库蓄水进度要求，做好三峡水库水域区划的基础性工作。

（九）三峡水库的污染物排放实行总量控制。环保总局会同有关部门和地方人民政府编制三峡库区及其上游水污染排放总量控制方案，报国务院批准后，由地方人民政府组织实施，环保总局负责监督。

湖北省、重庆市人民政府要在所辖的三峡库区落实污染物排放总量控制方案，并对所辖库区内环境质量负责。污染物排放总量控制指标应当从生产、生活和城乡建设各个环节，分解、落实到江段和河段、城市和乡镇以及企事业单位。要大力发展循环经济，积极引导企业实施清洁生产，合理调整产业结构，对浪费资源、污染环境又无法治理的企业坚决依法关闭、停业或转产；禁止技术含量低且污染严重的产业和企业进入库区，新建、改建、扩建项目要严格落实环境保护设施与主体生产设施同时设计、同时施工、同时投产的制度（以下简称“三同时”制度），防止新的污染。各有关部门都要按规定加强对排污口设置等方面的管理。

建设部要督促指导地方政府根据三峡库区移民迁建与未来发展的要求，编制相应的城镇体系规划，加强对移民迁建城镇规划实施的监管。控制水库周边城镇发展规模，对不能完成污染物总量控制计划、未达到水环境质量标准的城镇，要严格控制其发展规模。

（十）环保总局应加强对三峡库区及长江上游地区生态环境保护的监督管理，并会同发展改革委监督《三峡库区及其上游水污染防治规划》中污染治理项目的实施和正常运行。建设部应加强对城镇污水处理厂（含配套管网）、垃圾处理场建设和运行的指导和监督。各级地方人民政府要加强污水、垃圾处理收费等管理工作，确保污水、垃圾处理设施的正常运转。

（十一）水库沿岸各区、县的固体废弃物和其他污染物的收集、运输、堆放、存贮和处理，必须严格遵守国家有关规定。环保总局牵头组织、监督、管理漂浮物的治理工作。各地区、各有关单位要严格按照《国务院批转环保总局关于三峡库区水面漂浮物清理方案的通知》（国函［2003］137号）的要求，各负其责，抓好落实。

（十二）农业部门要加强对库区及长江上游地区畜禽养殖场粪污处理、合理施用农药和化肥等的指导和监督，采取切实措施，促进畜禽养殖场粪污达标排放，逐渐降低化肥、农药的施用量，减轻农业面源污染。环境保护部门要会同有关部门尽快制定控制面源污染的有关规章和标准并监督实施。

库区及其上游地区各级人民政府要采取有效措施，在本行政区域内限制或禁止销售、使用含磷洗涤用品，有关部门要加强管理和执法监督。

（十三）交通海事、环境保护部门要加强对船舶生活污水、垃圾、油类及洗仓水等防污处理的监督，禁止船舶向水体超标排放污染物；船舶上污水经处理后仍达不到排放标准的，不允许向水库排放，必须上岸处理。港口行政管理机构根据规划和需要，建设船舶垃圾和污水的接收、转运设施，并加强对港口危险品装卸、储存的管理。建设部门要配合做好船舶污染物最终处置的指导和监督工作。

四、三峡水库生态保护和建设

（十四）加大库区水土流失综合治理力度，加强水土保持监督管理，实施水土保持监测，实行水土保持目标管理和开发建设单位水土流失防治工作行政领导责任制，切实控制库区水土流失。湖北省、重庆市人民政府负责行政区域内库区水土保持生态建设，要加强领导，加大投入力度，落实各项水土保持生态建设任务，加强对各类开发建设项目水土保持工作的监督检查。水利部要全面加强对库区水土保持工作的指导、监督和检查。国务院有关部门要积极支持库区水土保持生态建设，加大对三峡库区水土保持的投入。要以三峡水库周边为重点，加大以小流域治理为重点的长江上游水土保持工程项目的实施力度，加快三峡库区水土流失治理工作的步伐。各级水行政主管部门要加强水土流失动态监测和水土保持监督管理，严格按照国家法律法规的规定，认真执行开发建设项目水土保持方案编报制度和“三同时”制度，对违法违规行为要依法查处。省级水行政主管部门应将有关情况汇总上报水利部和三峡办。

（十五）湖北省、重庆市人民政府要加强对三峡电站投产后缴纳税款依法留给地方部分的管理，支持三峡库区建设和生态环境保护。

（十六）发展改革委要会同林业局等有关部门，以三峡水库周边为重点，做好水库周边防护林带的规划、建设和保护工作，全面推进三峡库区及长江上游地区生态环境建设。林业局要积极组织实施好天然林保护、退耕还林和长江流域防护林体系建设等林业重点工程，林业重点工程要向三峡库区倾斜，要按照《中华人民共和国森林法》有关规定严格林地审批管理，禁止乱占林地，保护好现有森林植被和珍稀野生动植物资源，严禁一切破坏森林资源的行为。建设部要加强对库区城镇绿化建设的指导，加强绿地建设，促进三峡库区城镇绿化和生态环境建设。

（十七）国土资源部要加强对三峡库区地质灾害防治工作的指导、监督和检查，推进库区地质灾害防治工作，保障库区人民生命和财产安全。环保总局要加强对三峡水库周边地区生态保护的综合协调和监督。农业部要加强对库区高效生态农业建设的扶持、指导和监督，推进农业清洁生产。

五、三峡水库消落区土地使用管理

（十八）三峡水库消落区的土地属于国家所有，由三峡水利枢纽管理单位负责管理。建设期清库高程线以下至水面的区域已划拨给水库使用的土地，以及在划拨范围内新增的淤积陆地，均按消落区的土地进行管理。

（十九）三峡办要会同有关部门组织制定建设期三峡水库消落区土地使用管理办法。湖北省、重庆市人民政府要制定消落区土地使用的实施细则，并报三峡建委备案。

（二十）在建设期三峡水库消落区土地使用管理办法公布以前，消落区的土地暂按以下规定管理：

在不影响水库安全、防洪、发电和生态环境保护的前提下，消落区的土地可以通过当地县级人民政府优先安排给就近后靠的农村移民使用。消落区为化肥、农药的禁施区。消落区内严禁建设除交通基础设施及灾害治理之外的永久性工程。除通过当地人民政府安排给就近后靠的农村移民使用外，其他开发利用活动应经省级水库综合管理部门和三峡总公司同意，签订协议，约定权利义务，并按程序和权限向国土资源部门办理临时用地手续。消落区土地使用者必须承担保护环境、恢复生态、防治污染、防治地质灾害及保护文物的责任。

因蓄水给使用该土地的移民造成损失的，国家和三峡水利枢纽管理单位不予补偿。水库消落区土地的使用仍以原省、市、县、乡的行政区划为界。

六、三峡水库资源开发利用和管理

（二十一）各级水行政主管部门应当进一步加强库区河道管理。建设临库的港口、码头、桥梁、取水、排水等工程设施，应当符合防洪标准、岸线规划、航运要求和其他技术要求，不得危害库岸安全，不得影响行洪排涝和航运安全，其可行性研究报告按照项目基本建设程序及有关法律法规办理，并报三峡建委备案。涉及水上水下施工作业的，应依法经交通海事管理机构批准。必要时，交通海事部门应组织通航环境影响评价和技术论证。

未经有管辖权的水库综合管理机构同意和水行政主管部门批准，禁止在有效库容范围内的干、支流筑坝拦汊、分割水面、兴建小水库和围垦，以及向水库弃土、弃渣、弃物和填埋物体等一切减少水库库容的行为。建设期库区城镇建设涉及可能会影响水库库容的开发活动，应报三峡建委批准。

交通部门要加强对三峡库区沿岸港口及航运设施建设和港航设施岸线资源的管理。港口岸线的使用和构筑水上设施应严格按《中华人民共和国港口法》及相关规定报相应的主管部门审批，并报同级地方水库综合管理部门备案。

（二十二）对三峡水库水产资源的开发利用，要以保证水库水质、生态安全和船舶航行安全作为前提。各级渔业行政主管部门要依法加强管理，根据养殖容量，从严控制养殖证和渔业捕捞许可证的发放，并将发放情况抄送同级水库综合管理部门。要加强对珍稀特有水生野生动植物的保护以及对名优水产品的开发利用，科学地开展增殖放流工作；严格控制在三峡水库采用污染水体的养殖方式，并由省级渔业行政主管部门进行监督管理；要加强对水生动植物物种引进的监管工作，禁止将可能危害水库生态安全的外来物种引入三峡水库，引进外来物种必须按规定论证，报经农业部批准，并向三峡办通报。环境保护部门要会同有关部门进一步加强三峡库区生物遗传资源的管理。

（二十三）进一步加强三峡库区旅游开发的管理，防止污染和破坏旅游资源。利用水库资源开发旅游项目，应符合经批准的长江三峡风景名胜区总体规划，所有建设项目应按程序报经批准，并抄送同级水库综合管理部门备案。

建设部要加强对三峡库区风景名胜区资源保护和利用的指导与监督，协调督促湖北省、重庆市组织对长江风景名胜区新形成的资源状况进行调查和论证，研究编制新的长江三峡风景名胜区总体规划，并按程序报批。

（二十四）环境保护部门要会同有关部门加强对三峡库区资源开发规划及建设项目的环境影响评价和执法监督，促进资源开发利用与生态环境保护相协调。

（二十五）直接从三峡水库取用水资源，要按照国家取水许可制度和水资源有偿使用制度的规定，向有管辖权的水行政主管部门或者流域管理机构申请办理取水许可证，并缴纳水资源费（家庭生活和零星散养、圈养畜禽饮用等少量取水的除外）。批准单位应当将有关情况向三峡办通报。

（二十六）三峡办要组织湖北省、重庆市人民政府和有关部门编制三峡水库可持续综合利用规划，制定相应的资源管理办法，并报三峡建委批准。

七、三峡工程生态、环境监测和科学研究

（二十七）三峡办要做好综合监测体系建设、运行和重大科研课题的统筹协调工作，组织对水库蓄水后的水文水质、人群健康、地质灾害、生物多样性、水土流失状况、泥沙淤积等进行长期跟踪监测，加强库区及影响区生态环境问题的科学研究，及时对工程引起的生态环境问题提出对策措施。

有关部门应当根据职责，加强对三峡库区的生态环境例行监测工作和执法监督，将监测结果和有关情况及时向三峡办通报；要加强对水库省界、入（出）库断面的水质监测；要实行水库省界断面水质责任制，湖北省、重庆市对县界、主要支流也要逐步实行这一制度。

八、及时妥善处置突发事件

（二十八）库区各级地方人民政府和有关部门应对有毒有害危险品、油污染造成水库水体污染、重大的水上交通事故、水上人命救助、地质灾害、公共卫生等突发事件制订预案，提高应急处置能力，建立突发事件报告制度。一旦出现突发事件，各有关部门必须及时采取措施妥善处置。负责监测和处置的部门除按规定上报外，还要加强沟通和联系，及时向相关部门通报，以便相关部门采取防范措施。

（二十九）交通海事部门要组织制订防止船舶撞击三峡枢纽建筑物的应急预案，监督有关方面配备必要的设备、设施。

（三十）库区各级地方人民政府要建立三峡水库污染事故应急反应系统和人群健康影响预警系统，确保水库生态安全，防止诱发疾病流行。

国务院办公厅关于印发2004年振兴东北地区等老工业基地工作要点的通知

2004年4月26日　国办发［2004］39号

各省、自治区、直辖市人民政府，国务院各部委、各直属机构：

《2004年振兴东北地区等老工业基地工作要点》已经国务院同意，现印发给你们，请认真贯彻执行。

附件：

2004年振兴东北地区等老工业基地工作要点

实施东北地区等老工业基地振兴战略，是党中央从全面建设小康社会全局考虑作出的重大战略决策。2004年振兴东北地区等老工业基地工作要坚持以邓小平理论和“三个代表”重要思想为指导，全面贯彻十六大和十六届三中全会精神，树立和落实科学发展观，按照《中共中央国务院关于实施东北地区等老工业基地振兴战略的若干意见》（中发［2003］11号）要求，统筹规划，分步实施，打好基础，扎实推进。要突出体制机制创新，着力深化国有资产管理体制和国有企业改革，推动经济结构调整和技术进步；加快基础设施建设，扩大对内对外开放；抓好就业和社会保障体系建设，大力发展科技教育文化事业，促进经济社会全面、协调、可持续发展。振兴老工业基地是一项长期而艰巨的任务，当前的重点是做好东北地区老工业基地的调整改造工作，力争起好步，开好局，确保老工业基地振兴战略实施工作有一个良好开端。

一、加快体制创新和机制创新

（一）进一步解放思想，转变观念。要深入开展解放思想、转变观念的教育和宣传，引导老工业基地广大干部职工牢固树立主要靠改革开放、靠市场机制、靠自力更生、艰苦奋斗实现振兴的思想，牢固树立全面、协调、可持续的科学发展观，振奋广大干部群众的进取精神和创造精神，以新的思想观念指导老工业基地振兴战略的实施。

（二）加快推进国有经济战略性调整。要深化国有资产管理体制和国有企业改革，增强经济活力，推动国有资本向关系国民经济命脉的重要行业、关键领域和优势产业集中。加快国有企业股份制改造，积极推行投资主体多元化，大力发展混合所有制经济，培育和完善东北地区产权交易市场。认真做好分离企业办社会职能的试点工作。把符合条件的企业列入全国兼并、破产企业工作计划，适时稳妥地退出市场。加快供水、供气等市政公用事业的改革进度。

（三）稳妥推进集体企业改革。研究提出符合集体经济特点的改革配套政策，支持集体企业采取产权出售、公司制、合资合作、兼并重组等多种方式改革改制，发展多种形式的集体经济。

（四）努力为民营经济发展营造良好的创业和成长环境。督促落实已出台的鼓励民营经济发展的政策，使非公有制企业在投融资、股票上市和发行债券等方面与其他企业享受同样待遇。鼓励和引导民营资本积极参与东北地区国有经济的战略性调整。保护非公有制企业的合法权益。

（五）进一步转变政府职能，切实实行政企分开，减少行政审批事项。在继续搞好经济调节、加强市场监管的同时，更加注重履行社会管理和公共服务职能。真正把政府经济管理职能的着力点转到主要为各类市场主体服务和建立健全与市场经济相适应的体制、政策、法律环境上来。

二、大力推进产业结构调整和优化升级

（六）要采取有力措施，切实提高东北地区粮食综合生产能力。发展现代农业，巩固东北作为全国商品粮基地的战略地位。认真组织实施在黑龙江、吉林实行减免农业税政策的试点工作，扩大良种补贴范围和规模，完善补贴政策和管理办法，确保东北为全国粮食增产多做贡献。要加强良种繁育等支农基础工作，增加农业基础设施投入，实施“沃土工程”，推进保护性耕作等技术性措施，提高黑土区耕地质量，建设优质粮食产业基地。引导农民适应市场需求的变化，发展绿色食品和特色农产品，加快发展农产品深加工产业，扶持农业产业化龙头企业。加快农产品市场与信息体系建设，提高农产品市场化水平。实施天然草原恢复与建设项目，保护草原生态环境。

（七）按照走新型工业化道路的要求，以市场为导向，引导装备制造业等重点行业、重点骨干企业以提高国际国内竞争力为目标，在搞好企业改革的基础上加快调整改造和技术进步，发展新型产业集群。推动钢铁、汽车、石化和装备制造等重点优势行业的战略性重组。积极发展高新技术产业，加快利用信息技术改造传统产业，大力推进老工业基地企业信息化，加快工业结构优化升级，增强自主开发能力。

（八）在继续实施好重点国有林区天保工程的同时，将东北部分地区的部分重点防护林和特种用途林纳入森林生态效益补偿基金实施范围。合理确定东北国有林区的木材采伐量，提出减产后相应的国家扶持政策和解决办法。研究提出国有林区和森林工业改革改制指导意见。

（九）要扭转东北地区服务业长期滞后的局面，增加服务业在经济结构中的比重。适应老工业基地优势产业发展和城市功能转换的需要，鼓励和支持社会力量发展服务业，增加就业岗位。在发展传统服务业的基础上，积极推广电子商务、连锁经营、物流配送等现代流通方式，加快发展银行、证券、保险等金融服务、信息服务、中介服务等现代服务业，继续加强旅游基础设施建设，大力发展旅游业。

（十）在继续做好辽宁阜新市经济转型试点工作的基础上，在东北地区选择不同类型的资源枯竭型城市进行试点。研究提出支持资源枯竭型城市经济转型和发展接续产业，帮助资源非枯竭型城市适度开发资源和发展资源深加工产业的政策措施。研究建立资源开发补偿机制和衰退产业的援助机制，继续抓好采煤沉陷区治理，促进资源型城市经济转型和可持续发展。

（十一）要高度重视生态环境保护和水资源可持续利用工作。要做好工业企业污染防治，抓好松花江环境污染治理工作，加强饮用水源地、流域生态环境和湿地保护。要加快环保基础设施建设，切实做好工矿废弃土地复垦

和矿山生态环境治理工作。

三、加快基础设施建设

（十二）加紧完善国道主干线，加强农村公路改造和建设，加快沿海港口疏港公路、铁路建设，以及口岸公路、桥梁、场站设施建设，改善松花江航道通航条件。加大对东北地区老工业基地城镇市政公用设施建设和改造的支持力度。根据东北地区经济社会发展和资源开发的需要，适时规划建设区域内和东北地区通往华北、边境口岸等其他地区的铁路、公路、水路运输通道。

（十三）加快东北电网电源项目的规划和建设工作，加强东北电网与华北电网、内蒙古东部电网的联网建设，以适应经济发展对电力需求增长的需要。做好石油、煤炭等其他能源开发工作的研究规划工作。

（十四）继续抓好东北地区大江大河治理、农业灌区建设、黑土区水土保持，以及大伙房输水工程等在建大中型水利工程建设。在做好规划的基础上，加快东北地区大型水利枢纽的前期工作，条件具备后尽快开工建设，以逐步改善城市供水、农村人畜饮水条件。

四、扩大对内对外开放

（十五）研究提出东北地区老工业基地扩大对外开放水平的政策措施。继续扩大东北地区金融、保险、商贸、旅游等服务领域的对外开放。充分发挥东北地区的地缘优势，扩大与俄罗斯、朝鲜、韩国和日本等周边国家和地区的经贸合作，积极吸引外资参与老工业基地的改革改制和调整改造。加快实施“走出去”战略，建立海外能源、原材料基地。

（十六）彻底清理阻碍市场开放、影响生产流通的地方法规和部门规章，打破地区封锁和市场分割，鼓励国内有实力的民营企业和国有大中型企业到东北地区老工业基地进行兼并和资产重组，积极吸引国内其他地区的各类生产要素进入东北市场。围绕建立内地与香港、澳门更紧密经贸关系的安排，有针对性地开展工作。

五、切实做好就业和社会保障工作

（十七）全面贯彻落实党中央、国务院关于就业再就业的方针和政策措施；进一步做好国有大中型企业主辅分离、辅业改制和分流安置富余人员工作；重点做好资源枯竭型城市和独立工矿区，以及军工、煤炭、冶金、森工等行业下岗失业人员的再就业工作。

（十八）在总结完善辽宁省城镇社会保障体系试点经验的基础上，启动吉林、黑龙江两省完善城镇社会保障体系试点工作。继续做好“两个确保”和城市“低保”工作，做好“三条保障线”衔接，积极帮助城市低收入群体解决基本生活问题。

六、大力发展科技教育文化事业

（十九）充分发挥东北地区老工业基地高等院校集中、科技力量雄厚的优势，加强“产学研”联合，支持重点企业建设技术开发中心。加快科技进步，努力在支柱产业和重点企业培育自主开发能力，形成一批具有自主知识产权的关键技术和名牌产品。

（二十）调整优化高、中等专业院校学科专业结构，大力发展以就业为导向的职业教育、继续教育和多种形式的职业培训，加快培养适应东北地区老工业基地产业结构优化升级的复合型人才和实用型人才，全面提高劳动者素质与技能。

（二十一）在积极引进资金、技术的同时，要更加重视开发人力资源。创造让优秀人才脱颖而出的体制和环境，留住人才，引进国内外优秀人才，以人兴企，助人创业。推进事业单位改革，鼓励专业技术人员进入经济建设主战场。

七、抓紧出台各项相关政策措施

（二十二）发展改革委要按照投资体制改革精神，研究提出简化东北地区老工业基地调整改造项目审批程序；研究制定鼓励企业使用先进适用的国产装备进行技术改造的政策措施。

（二十三）财政部、税务总局要按照增值税改革的方向，研究提出对东北地区老工业基地的优势产业和支柱产业，允许新购进机器设备所含增值税税金予以抵扣的实施方案；按照所得税改革的方向，研究提出减轻企业税负有关政策的实施办法；研究提出对历史形成确实难以归还的欠税予以豁免，以及对资源开采衰竭期矿山和低丰度油田开发降低资源税税额标准的实施办法。

（二十四）财政部、人民银行、银监会要研究提出商业银行处置东北三省银行不良资产的指导意见，并确定减免贷款企业表外欠息的基本原则；四家国有独资商业银行和三家政策性银行依照该原则制订具体办法和实施细则。

（二十五）国资委、财政部要研究提出中央企业分离办社会职能实施办法，以及妥善解决厂办“大集体”和混岗集体工问题的政策措施，并选择部分老工业基地城市进行分离企业办社会职能试点。

（二十六）教育部、财政部、人事部和外专局要制订切实可行的措施，加大人才交流力度，培养和引进国内外人才。

八、加强组织领导和协调配合

（二十七）东北三省人民政府要加强对组织实施东北地区老工业基地振兴战略工作的领导，提出工作目标，明确任务和责任，狠抓贯彻和落实。要处理好东北地区老工业基地的振兴与经济平稳较快发展的关系，实施各项政策措施，都要服从和服务于全国经济发展的大局。坚持高起点，走新路子，切实转变经济增长方式，坚决杜绝盲目投资和低水平重复建设，妥善解决经济运行中的突出矛盾和涉及人民群众利益的问题，处理好改革、发展和稳定的关系，把振兴老工业基地的积极性保护好、引导好、发挥好。

（二十八）东北三省要根据党中央、国务院的部署和要求，抓紧编制本地区调整改造和振兴的总体规划和专项规划。国务院振兴东北地区等老工业基地领导小组办公室要加强对东北地区老工业基地调整改造和振兴规划的指导、论证和衔接，加强对东北地区重大项目的协调。结合编制“十一五”规划，协调东北地区老工业基地石化、钢铁、船舶、军工、装备制造以及基础设施建设、林业生态建设、科技、教育和人才等重点规划。各有关方面要增强振兴老工业基地的使命感和责任感，明确责任，健全制度，密切配合，加强调查研究，及时反映问题和建议。要认真研究振兴战略的重大政策及实施方案，重大问题报国务院决定。

国务院办公厅关于印发2004年全国整顿和规范市场经济秩序工作要点的通知

2004年5月17日　国办发［2004］42号

各省、自治区、直辖市人民政府，国务院各部委、各直属机构：

《2004年全国整顿和规范市场经济秩序工作要点》已经国务院同意，现印发给你们，请认真贯彻执行。

附件：

2004年全国整顿和规范市场经济秩序工作要点

2004年全国整顿和规范市场经济秩序工作总的要求是：坚持以邓小平理论和“三个代表”重要思想为指导，全面贯彻党的十六大、十六届三中全会和中央经济工作会议精神，牢固树立科学的发展观和正确的政绩观，坚持标本兼治、着力治本方针，继续紧紧抓住关系人民群众身体健康、生产安全和切身利益的突出问题，以深入开展食品安全专项整治、非法采供血和单采血浆专项整治，以及加大知识产权保护力度为重点，扎扎实实地推进整顿和规范市场经济秩序工作，为完善社会主义市场经济体制，促进国民经济持续快速协调健康发展提供有力保障。

一、深入开展食品安全专项整治

（一）狠抓重点品种和薄弱环节。食品安全专项整治要紧紧抓住粮、肉、蔬菜、水果、奶制品、豆制品、水产品七个品种，切实抓好种植养殖、生产加工、批发零售和消费四个环节，抓住假包装、假标识、假商标三种印刷品，注重从源头抓起，严把市场准入关，做到环环相扣，全方位监管。

（二）将监管重点和工作重心下移。对分散于社区、城乡结合部、村镇的各类食品批发市场、集贸市场、小加工作坊、小食品店、小餐馆，要加大监管力度，做到查源头、查窝点、查销售渠道，查包装查源，重点加强对农村市场的监管，坚决防止假冒伪劣和有毒有害食品流向农村。

（三）整合监管力量，加大执法力度。积极推进行政执法部门之间食品安全监管信息的互联互通，建立食品安全联防机制。组织开展多种形式的食品安全联合执法行动，发挥执法部门的协同整治作用。建立健全食品安全执法责任制和执法责任追究制。推行跨地区食品安全联合执法，增强执法整治效果。

（四）运用信用惩戒机制，严厉查处食品安全大案要案。建立健全食品生产经营企业的信用档案，把制售假冒伪劣和有毒有害食品企业列入“黑名单”，并及时向社会公开，加大其违法经营的成本。严格执行国务院《行政执法机关移送涉嫌犯罪案件的规定》，切实解决以罚代刑问题。增强食品安全执法力量，加大办案力度，依法严厉查处一批食品安全大案要案，形成强大的威慑力。

（五）加强宣传和社会监督。加强《食品卫生法》、《产品质量法》等法律法规和食品安全科学知识的宣传。选择一批优质食品品牌和经营管理比较规范的企业，加大正面宣传力度。对假冒伪劣和有毒有害食品和违法违规生产经营企业要及时公开曝光。正确引导和把握舆论导向，防止恶意炒作。发动广大群众积极参与，鼓励通过电话、网络等多种途径举报和投诉。充分发挥食品商会、行业协会等组织的作用，教育、监督和约束企业自觉遵守法律法规和行业规范。

二、非法采供血液和单采血浆专项整治

（六）依法严厉打击非法采集血液、原料

血浆的犯罪行为，集中整治组织他人卖血（浆）或以各种方式胁迫他人卖血（浆）的“血头”、“血霸”，严肃查处单采血浆站手工采集、跨区域采集、超量频繁采集行为和采集无《供血浆证》者血浆的行为，切实保证人民群众临床用血和血液制品的安全。

（七）加强对血液制品的监管，依法严肃查处血液制品生产单位违法收购原料血浆的行为。加大对非法制造和回收一次性无菌医疗器械行为的打击力度，加强对采供血（浆）所用的一次性医疗器械的采购、使用、回收、处置的管理，切断非法采供血行为和“血头”、“血霸”的工具来源。严肃查处无偿献血中的冒名顶替等违法违规行为。进一步规范采供血液（浆）机构的管理。建立原料血浆采集、血液制品生产年度审核报告制度，加强对原料血浆的采集、收购和血液制品生产的监管。

（八）抓好对采供血、单采血浆各个环节的日常检查，加强对重点地区、重点环节的检查，把日常监管和专项整治结合起来，形成长效监管机制。充分利用各种媒体，大力宣传《献血法》、《血液制品管理条例》等规范采供血（浆）行为的法律法规和规章制度，增强采供血机构和医疗卫生机构自觉守法意识。对非法采供血（浆）行为要鼓励举报、投诉，并予以曝光，形成社会监督氛围。

三、加大保护知识产权力度，创造良好投资环境

（九）全国整顿和规范市场经济秩序领导小组成立由吴仪副总理任组长，公安部、商务部、工商总局、新闻出版总署（版权局）、海关总署、知识产权局、法制办等部门和高法院、高检院组成的保护知识产权工作组。推动加快知识产权保护方面的法律法规建设，建立跨部门的知识产权执法协作机制，搞好行政执法和刑事司法衔接，联合督办重大侵犯知识产权案件。

（十）继续组织开展“保护知识产权宣传周”活动。召开新闻发布会和研讨会，开展主题征文和知识竞赛，举办知识产权知识讲座，普及知识产权保护常识，提高全民知识产权保护意识。宣传我国在保护知识产权方面所做的工作和取得的成果，公布侵犯知识产权的典型案例及其查处情况，营造良好的保护知识产权的社会环境。

（十一）与外商投资企业建立健全知识产权保护的沟通机制，定期沟通情况，了解外商投资企业在打击假冒伪劣商品、保护知识产权等方面的意见和建议，并会同有关部门及时加以解决，努力改善投资环境。

四、打破地区封锁，促进全国统一市场的形成

（十二）全面清理相关法规、规章和规范性文件，坚决废止妨碍公平竞争、设置行政壁垒、排斥外地产品和服务的各种分割市场的规定。对群众和企业反映比较强烈的建筑工程招投标以及酒类、肉类等商品，开展打破地区封锁的专项斗争。大力发展商品市场和要素市场，积极培育市场中介组织，提高市场组织化程度，促进全国市场的统一开放和有序竞争。

（十三）地方各级人民政府对本行政区域内的各种地区封锁行为，要依法予以查处和纠正。对纵容、包庇地区封锁的，或者阻挠、干预查处地区封锁行为的地方政府，要公开曝光，按有关规定进行查处，并追究直接责任人的责任，构成犯罪的，依法追究刑事责任。监察机关要依照行政监察法的规定，对行政机关及其工作人员的地区封锁行为实施监察。

五、加强法制建设，深入开展社会诚信宣传教育活动

（十四）加强法制调研，及时提出有关法律法规的制定、修改和废止建议，建立和完善市场经济秩序方面的法律法规，着力研究解决重罚轻刑、以罚代刑的措施，为整顿和规范市场经济秩序提供强有力的法制保障。

（十五）继续抓好综合行政执法试点和相对集中行政处罚权试点工作，重点在城市管理、文化市场管理、商品市场管理等领域，继续积极探索和推行综合行政执法试点。农业、建设、卫生等部门行政执法队伍也要相对集中，并加强执法队伍培训，不断提高执法队伍素质，解决多头执法、重复执法、执法扰民等问题。

（十六）继续组织各种形式的诚信宣传教育活动和信用知识培训，提高全民的诚信观念，倡导遵纪守法，提高职业道德水平。继续推进信用等级分类管理，开展行业和企业诚信建设试点，建立和完善信用惩戒机制。

六、加强整顿和规范市场经济秩序的基础建设

（十七）各地区、各部门都要结合各自实际，抓紧制定整顿和规范市场经济秩序工作中长期规划和年度工作方案，研究提出市场经济秩序评价指标和动态预警体系，加强市场经济秩序理论研究和调研工作。

（十八）加强整规队伍和机构建设，完善工作制度。进一步明确专项整治牵头部门与配合部门的工作职责，整合各职能部门的力量。建立和完善各部门间沟通协调机制和联合督查制、目标责任制、回访制等工作制度。

国务院办公厅关于印发食品安全专项整治工作方案的通知

2004年5月17日　国办发［2004］43号

各省、自治区、直辖市人民政府，国务院各部委、各直属机构：

《食品安全专项整治工作方案》已经国务院同意，现印发给你们，请结合实际，认真贯彻执行。

附件：

食品安全专项整治工作方案

近期，安徽省阜阳市发生的劣质奶粉事件震惊全国，教训深刻，暴露了当前我国食品安全监管工作还存在一些薄弱环节，也充分说明食品安全整治任务重、难度大。为此，国务院决定，在继续实施食品药品放心工程的基础上，针对当前食品安全工作中的突出问题，在全国范围内深入开展食品安全专项整治。

一、指导思想与工作重点

（一）指导思想：以邓小平理论和“三个代表”重要思想为指导，认真贯彻党的十六大和十六届三中全会精神，树立科学的发展观和正确的政绩观，紧紧围绕群众反映强烈、社会危害严重的食品安全问题，深入开展食品安全专项整治，把整治与建设、打劣与扶优结合起来，努力提高我国食品安全的保障水平。

（二）工作重点：以粮、肉、蔬菜、水果、奶制品、豆制品、水产品为重点品种，以广大农村为重点区域，重点抓好食品源头污染治理、生产加工、流通以及消费四个环节，严厉打击生产、销售假冒伪劣和有毒有害食品的违法犯罪行为。

二、工作原则与主要目标

继续按照“全国统一领导，地方政府负责，部门指导协调，各方联合行动”的工作格局和“标本兼治，着力治本”的方针，突出重点，带动全面，因地制宜，分类指导，整合执法力量，下移监管重心，强化地方政府责任，加大打击力度，努力使全国食品安全状况有明显改观。

通过食品安全专项整治，使生产、销售假冒伪劣和有毒有害食品的违法犯罪活动得到有效遏制，大案要案得到及时查处，市场经营秩序有所好转，监管水平有所提高，人民群众食品消费安全感增强。具体目标为：37 个城市蔬菜农药残留平均超标率下降 3—5 个百分点；16 个城市畜产品“瘦肉精”平均检出率下降 1 个百分点；10 大类大中型食品生产企业获生产许可证的力争达到 90%；500 个食品商场（超市）的散装食品经营行为得到规范；市（地级）以上大型市场、超市进货索票索证率达 90%以上；省会城市和计划单列市至少建立 1 个食品绿色市场；大中城市基本实现 5 类食品安全准入上市；37 个城市学校食堂、餐饮业量化分级达到 90%以上；注水肉和病害肉现象得到全面遏制；面粉、肉类、儿童食品加工企业基本消除滥用食品添加剂行为；稳步推进食品安全信用体系建设试点工作。

三、主要任务与具体措施

（一）整治食品源头污染。加强农业投入品的监管，开展农业生产资料打假，加大对种植业产品农药残留超标、畜产品违禁药物滥用和兽药残留超标、水产品药物残留超标的整治。定期发布全国大中城市蔬菜农药残留例行监测结果。对例行监测不合格率较高的城市和所在省的农产品安全进行跟踪督导。加大对滥用食品添加剂和使用非食品原料加工食品行为的整治。

（二）整治食品生产加工环节。加强农产品标准化生产示范区、无公害农产品生产示范基地、养殖小区、示范农场、出口产品生产基地的建设，推进产地环境污染监控工作。严格审查和发放许可证，加强食品生产加工环节监管。以查处食品生产过程中使用非食用原料、病死畜禽、回收的过期食品等违法行为为重点，加强对调味品、米面制品、食用油、肉及肉制品、乳制品、保健食品等食品生产企业的监管，并强化食品生产环节的日常监督和检查。清理整顿已获得卫生许可证的食品生产企业，对不符合卫生条件的企业要吊销或收回卫生许可证。审查肉制品、乳制品、饮料、调味品、冷冻饮品、方便面、饼干、罐头、速冻米面食品、膨化食品 10 类企业生产条件，不具备条件的企业不发给食品生产许可证。对生产集中地和产品质量不稳定的企业要加大监督抽查力度。对不合格的产品要坚决曝光，问题严重的要立即责令停止产销，多次抽查不合格、不具备生产条件的要吊销相关证照，退出市场。加强生猪屠宰管理，整顿和规范肉品流通秩序，积极推进牛、羊、家禽的定点集中屠宰工作，严厉查处和打击私屠滥宰、加工注水肉和病害肉的违法行为。

（三）整治食品流通环节。督促经营企业落实食品进货查验制度，把好市场准入关。强化对重点食品定期质量监督抽查和强制检验。组织、协调并逐步整合检验检测资源，发挥各类检验检测机构作用。对在市场抽查和检验中发现的影响或危及人体健康的不合格食品，在坚决清除出市场的同时，要查清其生产源头、进货渠道和销售场所，追根溯源，一查到底。

强化食品进出口的监管力度，进一步加强对入境动植物及食品的检验检疫。要教育和督促企业对已销售的不安全食品主动召回，及时消除隐患。督促和指导食品经营企业建立健全质量追溯、封存报告、依法销毁和重要大宗食品安全购销档案等制度，积极探索农产品产地编码和标签追溯的质量监控模式，推广食品产销场厂挂钩、场地挂钩、连锁经营和物流配送等有效经营方式。鼓励各类市场主办者与其承包、租赁摊位、柜台经营者之间以及食品批发商和经销商之间签订食品安全保障协议。

（四）整治食品消费环节。强化对学校食堂、餐饮业及建筑工地食堂，特别是小餐馆、个体门店的检查和监督。全面实施食品卫生监督量化分级管理制度。

（五）突出整治儿童食品。对全国儿童食品的生产、加工、销售企业进行一次全面普查，加大清仓查库力度，摸清底数；对未经批准生产儿童食品的加工点要坚决取缔，对不法分子依法从严从重从快惩处；要进一步完善儿童食品的准入条件，建立健全既能确保食品安全、又有利于经济发展的儿童食品企业的管理规范，实行严格的市场准入，对不符合条件的要坚决清除出市场。

（六）整治食品包装、标识印制业。对合法的包装标识印制企业要加大其承印验证、承印登记的检查力度。对擅自设立印刷点从事印刷活动的，要坚决取缔，进一步规范印刷行业管理。

（七）积极推进食品安全信用体系建设。进一步发挥行业协会作用，加强行业自律和行规行风建设，引导、监督企业模范遵守法律法规，生产经营安全食品。按照政府推动、部门联动、市场化运作、全社会广泛参与的原则，积极开展食品安全信用体系建设试点工作，运用信用惩戒机制，使生产、销售假冒伪劣和有毒有害食品的违法犯罪分子寸步难行。

（八）认真抓好农村食品安全监管和销售网络建设。行政执法部门要加强对基层食品流通的监管，建立食品安全义务信息员队伍，形成严密的食品安全监管网络，保证农村食品安全。积极探索农村食品销售网络建设，鼓励大型食品经营企业到农村建立网点，形成食品供应的主渠道。

（九）依法及时查处大案要案。行政执法部门要严格执行国务院《行政执法机关移送涉嫌犯罪案件的规定》，及时移送涉嫌食品犯罪案件，切实解决以罚代刑的问题。对应当移交而不移交的，要严肃处理。为确保办案效率，防止涉嫌犯罪人员逃匿，对涉嫌犯罪的食品案件，行政执法部门应当及时与公安部门取得联系。当前要紧紧抓住阜阳劣质奶粉事件和玉环县私屠滥宰人员暴力抗法事件，举一反三，查源头，端窝点，堵漏洞，重拳出击，依法从严从重从快处理一批大案要案，狠狠打击犯罪分子的嚣张气焰，形成强大的震慑力。

四、工作要求与保障措施

（一）强化地方政府的责任。地方各级人民政府要从立党为公、执政为民的高度出发，将食品安全专项整治作为当前整顿和规范市场经济秩序工作的重中之重，结合近年来群众反映强烈、社会危害严重的突出问题，对食品安全专项整治进行全面部署，狠抓薄弱环节，落实监管重心下移，强化农村市场监管。建立食品安全专项整治责任制，明确一名分管领导，强化主要负责人的责任。发生食品安全事故，给当地人民群众身体健康和生命安全造成重大损害的，要依法依纪追究地方政府和行政主管部门负责人的责任。

（二）建立健全食品安全协调机制。食品安全专项整治涉及多个监管部门，需要各方面协同配合，应加快食品安全方面法律法规的制定和修订工作，尽快理顺食品安全监管体制。建立有效的食品安全协调机制，整合执法力量，推进综合执法和联合执法。食品安全监管部门在各司其职的同时，应加强沟通与协作，切实解决各自为政、多头执法、重复执法问题。地方各级人民政府要统筹协调各执法部门对食品市场的监管，做到共认或者互认抽查结果。食品安全专项整治牵头部门，要切实发挥好组织协调作用，通过综合监督资源，综合监督力量，将分散的监管力量集中起来，将具体的监管内容统一起来，形成统一、协调、权威、高效的食品监管机制。

（三）强化行政执法部门监管责任。严格行政执法责任制，不能简单地以文件贯彻文件，以会议落实会议。严惩行政执法中滥用职权、玩忽职守、徇私舞弊等违法犯罪行为以及地方保护主义和各种形式的保护伞，扭转有法不依、执法不严、违法不究以及重审批、轻监管，甚至乱审批、不监管的局面。

（四）加强食品安全的社会监督。切实加强对食品安全的舆论监督和群众监督，努力营造人人关注食品安全、人人重视食品安全的社会氛围。新闻媒体对生产、销售假冒伪劣和有毒有害食品的违法犯罪行为要给予曝光，揭露丑恶，警示违规；同时要大力宣传食品放心工程实施情况和开展食品专项整治所取得的成绩，加强正面引导。普及食品安全知识，提高广大人民群众的自我保护能力。

（五）开展食品安全专项整治工作综合评价。为确保食品安全专项整治工作抓细、抓实，食品药品监管局要会同有关部门对专项整治工作开展综合评价，并对先进单位给予表彰。

五、工作步骤与时间安排

食品安全专项整治分为三个阶段：第一阶段（2004 年 5 月至 6 月）为动员部署阶段。各地要认真做好专项整治的动员部署工作，对整治工作做出周密安排。第二阶段（2004 年 7 月至 12 月）为组织实施阶段。各地要针对突出问题和薄弱环节，采取坚决果断的措施，全面开展整治工作。国务院有关部门要切实加强对整治工作的指导；各省级食品放心工程牵头单位组织有关部门采取明查暗访等方式进行抽查；食品药品监管局会同有关部门组成督查组进行督查。重要情况及时报告全国整顿和规范市场经济秩序领导小组办公室。第三阶段（2004 年年底至 2005 年春节前）为总结验收阶段。各省级食品放心工程牵头单位要认真做好专项整治工作总结，并报国家食品药品监管局。国家食品药品监管局汇总后报国务院。

食品安全专项整治任务艰巨、责任重大。各地区和有关部门一定要以“三个代表”重要思想为指导，从全面建设小康社会、维护广大人民群众根本利益出发，齐心协力，扎实工作，确保食品专项整治工作取得明显成效。

国务院办公厅关于进一步规范招投标活动的若干意见

2004 年 7 月 12 日　国办发［2004］56 号

各省、自治区、直辖市人民政府，国务院各部委、各直属机构：

2000 年 1 月《中华人民共和国招标招标法》（以下简称《招标投标法》）实施以来，我国招投标市场发展总体是好的，招投标活动日趋普及，招投标领域不断扩大，已经成为经济生活的重要内容。但是，招投标活动中仍然存在一些不容忽视的问题，妨碍了《招标投标法》的实施，扰乱了市场经济秩序，滋生了腐败现象。为深入贯彻党的十六届三中全会精神，整顿和规范市场经济秩序，创造公开、公平、公正的市场经济环境，推动反腐败工作的深入开展，必须加强和改进招投标行政监督，进一步规范招投标活动。经国务院同意，现就有关工作提出以下意见：

一、充分认识进一步规范招投标活动的重要意义

进一步规范招投标活动，是完善社会主义市场经济体制的重要措施。当前，招投标活动中存在着严重问题，一些部门和地方违反《招标投标法》，实行行业垄断、地区封锁；少数项目业主逃避招标、虚假招标，不按照法定程序开标、评标和定标；有的投标人串通投标，以弄虚作假和其他不正当手段骗取中标，在中标后擅自转包和违法分包；有关行政监督部门对违法行为查处不力；工程建设招投标活动中存在行贿受贿、贪污腐败现象，一些政府部门和领导干部直接介入或非法干预招投标活动。这些问题需要通过健全制度、完善机制、强化监督、规范行为来切实加以解决。

进一步规范招投标活动，是维护公平竞争的市场经济秩序，促进全国统一市场形成的内在要求。规范的招投标活动有利于鼓励竞争，打破地区封锁和行业保护，促进生产要素在不同地区、部门、企业之间自由流动和组合，为招标人选择符合要求的供货商、承包商和服务商提供机会。

进一步规范招投标活动，是深化投资体制改革，提高国有资产使用效益的有效手段。在政府投资领域引入竞争机制，严格执行招投标制度，有助于提高投资决策的科学化和民主化水平，促使企业增强市场意识，改善经营管理，这对于保障国有资金有效使用，提高投资效益具有重要意义。

进一步规范招投标活动，是加强工程质量管理，预防和遏制腐败的重要环节。工程质量是百年大计，直接关系建设项目的成败和广大人民群众的生命、财产安全。我国这些年来发生的重大工程质量事故和重大腐败案件，大多与招投标制度执行不力，搞内幕交易、虚假招标有关。认真贯彻《招标投标法》，严格规范招投标程序，将招投标活动的各个环节置于公开透明的环境，能够有效地约束招投标当事人的行为，从源头上预防和治理腐败，保证项目建设质量。

二、打破行业垄断和地区封锁，促进全国市场统一

招投标制度必须保持统一和协调。各地区、各部门要加快招投标规章和规范性文件的清理工作，修改或废止与《招标投标法》和《行政许可法》相抵触的规定和要求，并向社会公布。坚决纠正行业垄断和地区封锁行为，不得制定限制性条件阻碍或者排斥其他地区、其他系统投标人进入本地区、本系统市场；取消非法的投标许可、资质验证、注册登记等手续；禁止以获得本地区、本系统奖项等歧视性要求作为评标加分条件或者中标条件；不得要挟、暗示投标人在中标后分包部分工程给本地区、本系统的承包商、供货商。鼓励推行合理低价中标和无标底招标。

三、实行公告制度，提高招投标活动透明度

为保证投标人及时、便捷地获得招标信息，依法必须招标的工程建设项目的招标公告，必须严格按照《招标投标法》规定在国家或省、自治区、直辖市人民政府指定的媒介发布，在招标人自愿的前提下，可以同时在其他媒介发布。任何单位和个人不得违法指定或者限制招标公告的发布地点和发布范围。除国家另有规定外，在指定媒介发布依法必须招标项目的招标公告，不得收取费用。对非法干预招标公告发布活动的，依法追究领导和直接责任人责任。

加快招投标信息公开的步伐，提高政府监管和公共服务能力。要公布招标事项核准、招标公告、中标候选人、中标结果、招标代理机构代理活动等信息，及时公告对违规招投标行为的处理结果、招投标活动当事人不良行为记录等相关信息，以利于社会监督。

四、完善专家评审制度，提高评标活动公正性

加强对评标专家和评标活动的管理和监督，保证招投标活动的客观公正。为切实保证评标专家独立、公正地履行职责，要逐步对现有分散的部门专家库进行整合，吸纳一定比例的跨部门、跨地区的专家组建评标专家库，专家的抽取和管理按照《招标投标法》执行。

建立健全评标专家管理制度，严格评标专家资格认定，加强对评标专家的培训、考核、评价和档案管理，根据实际需要和专家考核情况及时对评标专家进行更换或者补充，实行评标专家的动态管理。严格执行回避制度，项目主管部门和行政监督部门的工作人员，不得作为专家和评标委员会成员参与评标。严明评标纪律，对评标专家在评标活动中的违法违规行为，要严肃严处，视情节依法给予警告、没收收受的财物、罚款等处罚；情节严重的，取消其评标委员会成员资格，并不得参加任何依法必须进行招标项目的评标；同时建议主管单位给予相应的政纪处分，构成犯罪的，要依法追究刑事责任。

五、规范代理行为，建立招投标行业自律机制

依法整顿和规范招标代理活动。招标代理机构必须与行政主管部门脱钩，并不得存在任何隶属关系或者其他利益关系。凡违反《招标投标法》和《行政许可法》规定设立和认定招标代理机构资格的行为，一律无效。建立健全招标代理市场准入和退出制度。招标代理机构应当依法经营，平等竞争，对严重违法违规的招标代理机构，要取消招标代理资格。招标代理机构可以依法跨区域开展业务，任何地方和部门均不得以登记备案等方式变相加以限制。

建立和完善招投标行业自律机制，推动组建跨行业、跨地区的招标投标协会。由协会制定行业技术规范和行为准则，通过行业自律，维护招投标活动的秩序。

六、积极引入竞争，进一步拓宽招投标领域

按照深化投资体制改革的要求，逐步探索通过招投标引入竞争机制，改进项目的建设和管理。对经营性的、有合理回报和一定投资回收能力的公益事业、公共基础设施项目建设，以及具有垄断性的项目，可逐步推行项目法人招法制。进一步探索采用招标等竞争性方式选择工程咨询、招标代理等投资服务中介机构的办法。对政府投资的公益项目，可以通过招标选择项目管理单位对项目建设进行专业化管理。

大力推行和规范政府采购、科研课题、特许经营权、土地使用权出让、药品采购、物业管理等领域的招投标活动。

七、依法实施管理，完善招投标行政监督机制

有关行政监督部门应当严格按照《招标投标法》和国务院规定的职责分工，各司其职，密切配合，加强管理，改进招投标行政监督工作。

发展改革委要加强对招投标工作的指导和协调，加强对重大建设项目建设过程中工程招投标的监督检查和工业项目招投标活动的监督执法。水利、交通、铁道、民航、信息产业、建设、商务部门，应当依照有关法律、法规，加强对相关领域招投标过程中泄露保密资料、泄露标底、串通招标、串通投标、歧视和排斥投标等违法活动的监督执法。加大对转包、违法分包行为的查处力度，对将中标项目全部转让、分别转让，或者违法将中标项目的部分主体、关键性工作层层分包，以及挂靠有资质或高资质单位并以其名义投标，或者从其他单位租借资质证书等行为，有关行政监督部门必须依法给予罚款、没收违法所得、责令停业整顿等处罚，情节严重的，由工商行政管理机关吊销其营业执照。同时，对接受转包、违法分包的单位，要及时清退。

有关行政监督部门不得违反法律法规设立审批、核准、登记等涉及招投标的行政许可事项；已经设定的一律予以取消。加快职能转变，改变重事前审批、轻事后监管的倾向，加强对招投标全过程的监督执法。项目审批部门对不依照核准事项进行招标的行为，要及时依法实施处罚。建立和完善公正、高效的招投标投诉处理机制，及时受理投诉并查处违法行为。任何政府部门和个人，特别是各级领导干部，不得以权谋私，采取暗示、授意、打招呼、递条子、指定、强令等方式，干预和插手具体的招投标活动。各级行政监察部门要加强对招投标执法活动的监督，严厉查处招投标活动中的腐败和不正之风。地方各级人民政府应当依据《行政许可法》的要求，规范招投标行政监督部门的工作，加强招投标监督管理队伍建设，提高依法行政水平。

各省、自治区、直辖市人民政府和国务院各有关部门要加强对招投标工作的领导，及时总结经验，不断完善政策，协调、处理好招投标工作中的新矛盾、新问题。

国家发展和改革委员会关于印发三峡库区经济社会发展规划的通知

2004 年 9 月 21 日　发改地区［2004］2039 号

各省、自治区、直辖市人民政府，国务院有关部门：

《三峡库区经济社会发展规划》已经国务院批准，现印发你们，请认真贯彻执行。

促进三峡库区经济社会发展是一项长期的经济任务，又是一项重要的政治任务，按照国务院的要求，国务院各有关部门，湖北省、重庆市及库区各级政府要统一思想、提高认识、精心安排、明确分工、落实责任，充分发挥各方的积极性，动员全社会力量，齐心协力推进三峡库区经济社会持续、快速、健康发展。

附：三峡库区经济社会发展规划

附：

三峡库区经济社会发展规划

三峡库区是长江上游经济带的重要组成部分，是长江中下游地区的生态环境屏障和西部生态环境建设的重点，是我国重要的电力供应基地和内河航运干线地区，在促进长江沿江地区的经济发展、东西部地区经济交流和西部大开发中具有十分重要的战略地位。目前，三峡工程建设已经实现初期蓄水、永久船闸通航、首批机组发电三大目标，三峡库区已经完成二期移民任务。但是，三峡库区经济社会发展特别是产业发展面临新的矛盾和问题。编制《三峡库区经济社会发展规划》，对于进一步改善库区投资环境，加快产业培育，增加就业机会，实现库区百万移民的安稳致富和经济社会的持续发展，具有十分重要的意义。

本规划的范围包括湖北省宜昌市的夷陵区、秭归县、兴山县，恩施自治州的巴东县；重庆市的巫山县、巫溪县、奉节县、云阳县、万州区、开县、忠县、石柱县、丰都县、涪陵区、武隆县、长寿区、渝北区、巴南区、江津市，共计19个县、市、区，总面积5.6万平方公里，总人口1589.6万人，其中三峡库区移民规划安置人口113万人。

本规划的期限到2020年，重点放在2010年前。

一、发展现状和主要问题

（一）发展现状

三峡工程开工以来，在党中央、国务院的正确领导和全国人民的大力支持下，库区经济社会发展明显加快，产业结构不断优化，人民生活水平显著提高。2002年实现国内生产总值800亿元，财政收入58.2亿元，按当年价计算，分别比1993年三峡工程开工时增长3.4倍和3.3倍；三次产业结构由1993年的39:35:26调整为2002年的22:44:34；2002年城镇居民人均可支配收入和农民人均纯收入分别比1993年提高了2.0倍和2.1倍。截止2003年底，共搬迁移民84.65万人，完成规划移民总数的74.9%。迁建城镇面貌发生了根本性变化，移民的居住环境明显改善。

进入新的发展阶段，加快三峡库区经济社会发展具有许多有利条件和机遇。一是库区具有丰富的水能、特色农业、旅游、天然气、磷矿、岩盐等资源，有利于发展特色产业。二是库区劳动力充足，成本低廉，有利于发展劳动密集型产业。三是对外交通条件的不断改善，有利于库区进一步接受发达地区的产业辐射和转移。四是国家、各省市对库区发展的扶持和支援力度进一步加大，有利于增强三峡库区经济社会的发展能力。

（二）面临的主要问题

三峡库区具有人口密集、经济基础薄弱、生态环境脆弱等突出特点，经济社会发展长期落后于全国平均水平。近10年来，三峡库区经济快速发展主要得益于国家对三峡工程、移民搬迁、基础设施、生态建设、库区水环境和地质灾害治理等项目的投资拉动。随着国家对移民安置投入高峰期已过，靠高投入拉动经济较快增长的局面难以持续。三峡库区经济社会发展特别是产业发展面临的矛盾和问题突出地表现在以下几个方面：

1.经济发展水平低。2002年，三峡库区人均国内生产总值为5033元，仅相当于全国平均水平的62%，也低于西部地区的平均水平。三峡库区是全国重点集中连片贫困地区之一，19个县、市、区中有12个是国家扶贫开发工作重点县，多数县财政困难，自我发展能力弱。

2.工业基础薄弱。库区大多数企业由于规模小，技术水平低，环境污染严重，市场竞争能力弱，实施了关停并破，而新企业成长又相对缓慢，工业支撑经济发展的能力明显不足。

3.移民就业和生计问题突出。后靠农村移民因人均耕地面积减少，形成了大量剩余劳动力；搬迁企业实行“关停并破”及效益不佳造成下岗失业人员增加；城镇建设占地形成的失地移民，多数缺乏技能，就业和生计问题趋于突出。

4.基础设施条件差。县乡公路密度低、断头路多。农村电网设施落后，部分农村人畜饮水困难。电话普及率低，广播电视尚未完全覆盖。三峡工程蓄水后，受淹没的基础设施复建按“三原”标准补偿，标准普遍较低。

5.社会事业发展落后。基础教育水平低，部分县尚未实现“两基”达标，乡镇中小学校舍条件差。专业技术教育尤其是针对库区移民的劳动技能培训能力不足。县乡医疗卫生设施简陋、设备不全、人员不足。人才总量不足，结构不合理，专业技术人员短缺。

6.生态环境形势严峻。滑坡、崩塌、边坡失稳等地质灾害隐患多，森林覆盖率低，水土流失严重，三峡工程蓄水后，局部支流水域水质恶化，漂浮物增多，水污染防治任务繁重。

上述矛盾和问题，有些是受自然条件和发展水平的制约，需要通过长期不懈的努力和经济的持续发展来解决，有些是在新的历史条件下出现的新问题，需要采取有针对性的措施加以解决。

二、经济社会发展的基本思路与目标

（一）指导思想

加快三峡库区的经济社会发展，必须全面贯彻党的十六大和十六届三中全会精神，坚持以人为本，树立和落实全面、协调、可持续的科学发展观，统筹经济发展与移民稳定安置、生态环境保护、社会进步的关系。坚持从实际出发，在国家的指导、扶持和社会各方的支援下，发挥市场配置资源的基础性作用，依托比较优势，发展特色产业，自力更生、艰苦创业，加快全面建设小康社会的进程。

（二）基本原则

——处理好经济发展与移民稳定安置的关系，加快改善投资环境和培育特色产业，拓展移民就业空间；

——处理好经济发展与生态环境保护的关系，经济发展要考虑当地资源和环境的承载能力，合理适度开发利用当地资源，切实保护库区生态环境特别是水环境；

——处理好经济发展与社会全面进步的关系，加强基础教育、公共卫生、社会保障等投入，促进社会进步和人的全面发展；

——处理好发挥市场机制作用与政府扶持的关系，充分发挥市场配置资源的基础性作用，政府扶持重点放在基础设施、生态环境和创造产业发展环境上来；

——处理好重点布局与城乡、区域协调发展的关系，促进城乡互动发展和库首、库腹、库尾地区协调发展，带动产业结构、地区结构调整，使全体城乡居民受益。

（三）规划目标

从现在起，经过长期不懈的努力，建设比较完善的基础设施平台、有竞争力的特色产业体系和长江流域重要的生态环境屏障，逐步形成经济稳定发展、社会全面进步、人与自然和谐的新局面，努力把三峡库区建成一个经济发展、社会进步、生活安定、环境优美的地区。

其中，2010年的目标是：

——人均生产总值达到西部地区平均水平，城乡居民人均收入接近全国平均水平，国家扶贫工作重点县和其他贫困地区基本消除贫困；

——就业率力争高于西部地区平均水平，实现移民的稳定安置，建立比较完善的社会保障体系；

——基础设施和投资环境得到明显改善，初步形成有市场竞争力的特色产业体系；

——建立健全比较完善的基础教育、科学研究和公共卫生体系，完成“双基”教育目标，科学研究和医疗卫生设施达到全国平均水平；

——生态环境建设取得显著进展，建设青山绿水秀美库区，森林覆盖率达到40%以上；城镇污水处理率达到95%；城镇垃圾无害化处理率达到98%。移民搬迁区内地质灾害和受蓄水影响的崩塌、滑坡、塌陷等地质灾害得到有效防治和监控。

（四）主要任务

三峡库区经济社会发展的主要任务是：加大社会公共事业的投入力度，优化投资环境，改善库区人民的生产生活条件；发挥市场机制作用，调动各方力量，发展劳动密集型特色产业，增加就业机会，从根本上解决库区稳定发展问题；把移民安置放在突出位置，基本实现移民“稳得住、逐步能致富”的目标，完善社会保障体系，保证库区社会稳定；加大教育和培训投入，提高库区劳动力职业技能和就业能力，鼓励劳动力向有就业岗位的地区转移；进一步强化对库区生态环境的保护力度，确保库区生态环境安全；结合产业空间布局和移民安置，推进库区城镇化进程，提高库区城镇化水平。

三、基础设施建设

以打通对外通道、保障电力供给、提高通信设施水平为重点，继续加大投入力度，有效缓解“瓶颈”制约，进一步改善投资环境和城乡生产生活条件，构建能够满足库区经济社会发展需要的基础设施平台。

（一）交通设施

统筹规划各种运输方式的合理布局，加快三峡库区对外通道的建设，促进三峡库区周边地区的经济联系与交流。到 2010 年基本形成以高速公路、铁路、水运和机场为骨架的综合交通运输体系。

加快完善库区公路网络。加快建设万宜高速公路，加快重庆至长沙公路改造。加强库区通往南部和西南地区公路的前期工作。积极建设各县与高速公路的连接线，扩大公路覆盖面和通达度，提高县乡公路等级。加快乡村公路通达工程建设，加快完成与移民生产生活密切相关的公路桥梁及乡村道路的复建工程。

加快沿江铁路主通道建设。2005 年建成渝怀铁路，形成横贯三峡库区的南通道。2010 年前建成万州至宜昌、南川至涪陵铁路。远期规划实施达万铁路电气化改造和涪陵至利川铁路建设。做好三峡库区通往西北、中南地区对外铁路通道的规划前期工作。

继续加快库区水运基础设施建设。充分利用三峡库区航道条件改善的有利时机，逐步形成以长江为主干，以嘉陵江、乌江等支流为补充的与长江中下游地区相贯通的航道体系，适应集装箱和滚装运输发展需要，重点建设重庆（主城区）、万州、涪陵、宜昌港，相应建设其他港口码头，形成大、中、小港口布局合理、设施配套的港口体系。继续加强水运设施淹没复建工程的后续工程建设。建立三峡库区水上搜救和安全监管体系。

继续加强机场建设。建设完善重庆江北、万州、宜昌三峡机场的配套设施，提高客货运输能力。根据社会经济发展的实际要求，适时建设支线机场。

（二）水利设施

要坚持全面规划、统筹兼顾、综合治理、合理安排，协调生产、生活和生态用水，完善水资源供给与防洪减灾工程体系和水资源安全管理体系，加强水资源的节约和保护，以水资源的可持续利用保障库区经济社会的可持续发展。

建设水资源保障工程。加大人畜饮水工程的建设力度，建设重点骨干水源工程，提高城市供水能力。在缺水地区建设蓄、引、提等中小微型水利工程，兴建农村移民水利设施配套工程，提高供水保障率，加强堤防及河道整治，增强防洪能力。

加强农业水利建设。加快小流域综合治理，做好水土保持工作。大力发展节水灌溉，兴建节水灌溉工程，对灌区骨干工程设施进行以节水为中心的更新改造和续建配套。在长江、嘉陵江、乌江沿江更新改造一批电力提灌站。

（三）电力基础设施

加强对三峡库区电网系统的统一规划和管理，防止重复建设，提高运营效率。

建设安全可靠的供电网络。提高库区输电网络的覆盖面，建设三峡库区 500 千伏和 220 千伏骨干网架，加强与华中电网三至四回 500 千伏线路的强联络，实现 220 千伏输电网络覆盖三峡库区各区县。

结合区域电网的规划，加强库区输电电网建设。在完成农村电网建设与改造工程的基础上，加大以县城电网建设与改造工程为重点的配电网建设力度，提高三峡库区电力供应的质量和可靠性；加强重庆天然气发电厂、乌江 11 级梯级电站等重大电源项目建设；在具备条件的地方，结合生产、生活需要，因地制宜发展农村小水电。通过加强库区电力基础设施建设，不断满足库区用电需要，促进库区经济和社会的更快发展。

（四）邮电通信设施

加快发展通信信息业务网。继续发展固定电话网特别是农村固定电话网，实施程控交换扩容工程。加快发展移动电话，逐步发展数据和多媒体通信网。

加快建设基础传输网。建设和完善沿江宽带传输网、城域光纤骨干传输网和宽带综合接入网体系。

加快邮政网络建设。建设相对快速、高效的邮政服务网络，改造城镇邮运网设施。实现邮政金融网、邮政综合计算机网、自办汽车邮政运输网和邮政自办局所营业电子化、办公系统自动化以及邮件投递到户等，提高城乡邮件传递速度和服务水平。

四、产业发展

把培育产业作为推进三峡库区经济社会发展的中心任务。立足库区优势，利用市场机制，调动各种资源，壮大民营经济，创造就业机会。按照有利于发挥比较优势、有利于增加就业和收入、有利于保护生态环境的原则，根据市场需求大力发展劳动密集型特色产业，把农业做优、工业做强、服务业做活。创造良好的投资环境，积极引进区外企业的资本、技术、人才；利用全国各地对口支援三峡库区的有利条件，把企业搬迁与结构调整结合起来，实现三峡库区产业的重组与优化，逐步构建一个结构优化、布局合理、有较强竞争力、适合库区特点的产业体系。

（一）农业

进一步夯实农业基础地位。按照区域化布局、专业化生产、标准化管理、产业化经营和社会化服务的要求，扶持特色农产品基地建设和农产品加工业。

加快农业产业化进程。利用三峡库区特有的农业资源优势，以优势产品开发为重点，实施农业产业化工程，发展“优质、高产、高效、生态、安全”的特色农产品种植业和加工业。发挥龙头企业带动作用，加快农产品种养殖基地建设，促进农村产业结构调整和布局优化。重点发展适应市场需求的以柑橘为主的林果业、草食牲畜业、中药材、蔬菜等特色产品。以保证库区水质为前提，适度发展库区水产养殖。加强农业社会化服务体系建设，积极开展农业技术培训与推广。

大力开展以水利为重点的农业基础设施建设。根据当地农业生产和农村经济发展要求，结合移民和城镇搬迁，在规划基础上，多渠道筹集资金，加强对现有水利设施的配套、挖潜和改造，兴建一些中小型防洪、灌溉及农村人畜饮水工程。实施坡改梯工程，加大中低产田改造，推进标准农田建设。

（二）旅游业

库区旅游业的发展，要紧密依托库区资源优势，突出“新三峡”，立足“大三峡”，整体推进库区旅游业发展。以自然生态观光和人文揽胜为基础，以休闲度假和民俗体验为主体，将库区建设成以新三峡为品牌，具有国际影响力、竞争力和可持续发展的世界级旅游目的地。建立健全库区旅游资源开发、旅游服务、旅游商品生产经营、旅游休闲娱乐等相配套的旅游产业体系。加强库区旅游分工与协作，在产品开发、线路组织、宣传促销等方面加强区域协调。

加快旅游基础设施建设。进一步加强三峡库区航空口岸建设，把重庆、宜昌建设为国家一类航空口岸，增开库区主要航空口岸与我国主要入境旅游目的地的国际航线和国际航班，扩大库区与国内主要客源城市的航线和航班，加强长江三峡区域内部航线建设。提升三峡库区旅游航道体系，把重庆、宜昌、万州建设成为三峡库区对外枢纽旅游码头，把秭归、巴东、涪陵建设成为区域性枢纽旅游码头，加强香溪河口、巫山、奉节、云阳、张飞庙、石宝寨、西沱、丰都等地旅游码头建设，完善旅游码头功能体系。加快三峡库区旅游公路和水上快速交通设施建设，完善库区内部旅游交通体系，提升库区与周边地区的通达能力。

进一步完善旅游产品结构。以市场需求为导向，提升改造传统旅游产品，规划建设旅游新品，构建游船旅游、移民旅游、历史文化旅游、自然生态旅游、都市旅游、节事会展旅游、三峡工程旅游，以及观光农业、休闲渔业、采摘林业等旅游产品，形成多样化旅游产品体系。

加快库区特色旅游商品开发。突出开发对移民就业带动性强、具有三峡文化特色的漆器、竹编、牛角雕等特色的旅游商品，加强旅游商品设计、包装和宣传推广。

（三）工业

发展劳动密集型为主的加工和制造业，改造提升传统产业。加快发展绿色食品加工业、现代中药及生物医药加工业、丝麻纺织加工业、天然气化工及盐化工及机械制造业等特色工业。

加快发展绿色食品加工业。与特色农产品种养基地建设相配套，加快培育农产品加工龙头企业，重点发展果加工业、畜肉制品加工业、特色茶叶加工业等，把三峡库区建成国内重要的绿色食品加工基地。

发展现代中药及生物医药加工业。充分利用三峡库区黄连、贝母、党参、青蒿、杜仲、丹皮、佛手、红豆杉等中药材资源，依托企业集团，加快新产品开发和市场拓展。

大力发展麻纺、丝绸及服装加工业。充分利用三峡库区较为丰富的苎麻、桑蚕等资源，发展麻纺、丝绸及服装加工，继续加大技术改造力度，提高装备水平，提升产品档次，延长产业链条，形成具有地方特色的拳头产品。

适度发展天然气化工及盐化工。严格按照环保要求，依托现有基础，拓展产品链，发展精细化工，引进国内外先进技术和设备，提高基础化学原料及中间体的加工深度，形成一批有竞争力的系列产品和重点企业。

培育发展机械制造业。结合企业资产重组，加快摩托车、内燃机和汽车零配件生产企业技术改造，加快发展食品包装机械、工程建筑机械零部件和小型机具、小型水轮发电机等。

对现有中型水泥、新型墙体材料和室内外装饰材料等建材企业，要加强技术改造，淘汰质量差、消耗高、污染严重、技术设备落后的企业。

（四）服务业

以旅游业为先导，带动交通运输、餐饮服务、商业贸易、邮电通信，促进房地产、文化娱乐、信息服务等其他服务业的发展。

加快建设区域物流中心。充分利用长江水位升高、航运条件改善的新优势，加快三峡库区港口、码头建设，与高速公路、铁路等进行多式联运，形成西部地区的东向出海大通道。在主要交通干线节点发展物流配送中心，大力发展第三方物流，培植一批大型物流企业。

以县城和中心镇为重点建设批发市场和各类专业商业网点，建设以综合性服务为主的社区商业网络，建设面向农村市场的小城镇商业群，发展省际边界贸易市场。

依托重庆、宜昌、万州、涪陵等中心城市发展金融、保险、咨询、会计、审计、法律、广告设计、代理、中介等服务业。结合城镇建设，发展房地产业。

五、环境治理与生态建设

以保护三峡水库水质和人民生命财产安全为重点，开展库区环境保护、生态建设和地质灾害防治工作。将库区环境容量作为硬约束，控制三峡库区人口增长及库区周边城镇发展规模。

（一）水环境治理

按《三峡库区及其上游水污染防治规划》，全面推进库区城镇生活污水处理厂和垃圾处理场的建设，提高库区城镇污水处理达标排放率和垃圾无害化处理率。重点做好工业污染源和船舶污染防治工作。

在2004年全部实现工业废水达标排放的基础上，在库区全面实施污染物排放总量控制制度。在库区工业企业和工业园区两个层面广泛推行清洁生产，继续采取关破、技改等有效措施，降低单位产值、产品的污染物排放量。

建立专门机构和专门队伍负责清理坝区漂浮物，逐步根除库区周边地区的白色污染源。尽快建成针对重点污染源、污染水域、饮用水源地的库区污染事故监控和应急反应系统，增强应对突发性水污染事故的能力。

（二）绿色航运

通过集中回收、统一处理，逐步实现库区船舶污染物零排放，解决流动污染源问题。2008年以前，所有库区航行的船舶都要配备专门的固体垃圾收集、分类和初步处置设施。2008年以前，建成宜昌、万州、重庆等重点港口的船舶废弃物接收处理设施。库区航行船舶逐步配套生活污水集污治理系统。

加强船舶排污监督管理。严格实行危险货物船舶运输申报制度。建立库区及主要支流危险货物运输全程跟踪监控机制。尽快形成应对危险货物运输污染事故的应急反应体系，逐步建成各类船舶污染事故的监视监测系统，增强船舶污染事故的应急反应以及处置清理能力。

（三）农业面源污染治理

大力推行高效生态农业和能源生态建设。加大生态家园富民工程的实施力度，重点建设以农户为基本单元的“一池三改”（沼气池与改厨、改厕、改圈相结合），并配套发展太阳灶、节能炉灶等能源措施。

积极实施“沃土工程”。在库区全面推广配方施肥和化肥深施技术，提高化肥利用率和有机肥料资源利用率。推广高效、低残留农药和病虫害综合防治技术，加快培育和建设一批无公害农产品生产基地。

（四）生态屏障建设

继续实施库区天然林保护、退耕还林、退牧还草、防护林体系建设等工程。配合三峡工程建设移民安置，积极开展土地整理和复垦。积极开展小流域治理减少水土流失，恢复和保护地表植被。

按照规划实施三峡水库周边绿化带建设工程。采取退耕还林还草、荒山造林、封山育林和基本农田建设等工程措施，减少水土流失，阻滞泥沙，提升库区生态环境形象，保障三峡工程的可靠、安全运行。重视水库消落带、库湾和次级河流的综合治理。

全面实施矿业开发生态环境恢复治理工程，开展矿山复垦，保证到2010年矿山生态环境恢复治理率达到80%以上。

（五）地质灾害防治

进一步加强沿江城市、重要交通干线和重要经济区、居民集聚区崩塌、滑坡、泥石流等地质灾害和高切坡整治，以及沿江城市、重要江段库岸塌岸治理力度。

在完成库区二期地质灾害防治任务后，继续抓紧三期地质灾害防治工作，重点对受蓄水影响，以及危及三四期移民搬迁、专业设施复建、移民城镇安全的崩滑体、塌岸、高切坡等采取工程治理、搬迁避让、监测预警等综合防治措施，科学有效地防治各类地质灾害。

六、社会事业发展

按照全面建设小康社会的要求，坚持以人为本，经济与社会协调发展的原则，加快发展三峡库区社会事业。争取在3—5年内解决库区移民上学难、就医难等问题。

（一）人口与计划生育

严格执行国家计划生育有关政策规定，提高计划生育率，降低农村及少数民族妇女的生育水平，确保三峡库区低生育水平。加强农村流动人口的计划生育管理。严格各种控制出生人口性别的违法行为。加快计划生育服务站点建设，提高计划生育服务水平和服务质量。

（二）科技教育

加大科技投入，优化库区科技资源配置。建立健全农业科技推广体系，加强产学研结合，发展科技型中小企业，鼓励库区企业成为技术进步和创新的主体，提高技术进步对经济社会发展的贡献率。

对未实现九年义务教育的地区给予重点扶持，2010年人均受教育年限达到或超过全国平均水平，初中毛入学率达到90%以上。加快发展高中教育，扩大高中招收人数，2010

年高中入学率达到70%。

大力发展针对库区移民的职业技能培训，发展多层次、多类型、专业化职业技术教育，增强库区移民的就业与自主创业能力。以职业教育为重点，统筹库区普通教育和职业教育，在库区农村初中和高中阶段增加职业教育的内容。在有条件和有基础的地区创办高等专科学校，为库区经济发展培养合格的专门人才。

近期要有组织地抓紧抓好下岗失业人员的再就业培训和农村移民的劳务输出工作。在库区建立移民技能培训中心和劳务输出中心，制定移民培训专项规划，增加移民培训经费，建立劳务输出通道，扩大移民就业途径。

加快完成库区淹没学校的迁建恢复工作以及中小学危房改造工程。建设图书馆、实验楼等教育基础设施，为库区移民提供更好的受教育机会。

（三）医疗卫生

深化医疗卫生体制改革，加大政府卫生经费投入，加快农村卫生事业发展。实施三峡库区淹没卫生设施迁建、农村基层医疗卫生保障、疾病防治、食品安全保障、卫生信息网络建设等工程。建立健全突发公共卫生事件应急处理系统，构建医疗卫生保障服务体系，提高疾病治疗与防御能力。大力推行农村合作医疗，防止农村因病致贫、因病返贫人数的大量增加。加强县城医院及乡镇卫生院、妇幼保健站、卫生防疫站、社区医疗、农村合作医疗等服务设施建设，扩大农村医疗卫生服务覆盖面。加强农村卫生设施建设，全面推进农村改水改厕工作。加强农村地方病的预防与治疗。

（四）文化体育、广播电视

加强文化体育基础设施建设。实施淹没区文化设施迁建工程，建设农村三级文化服务网络工程和文化信息资源共享工程。加大广播电视的覆盖率以及有线电视的入户率，到2010年，广播覆盖率达到95%，电视覆盖率达到97%，有线电视入户率达到60%。建设体育场馆等群众健身场地。兴建地方文化馆、科技馆、图书馆、博物馆等文化设施，提升群众的文化活动品位。抢救、保护和合理利用三峡库区文物，实施历史文化名镇保护工程。

（五）弱势群体社会保障

努力安排好城乡困难群众的基本生活，切实做好“三条保障线”的衔接，推进多层次的社会保障体系建设，加强农村敬老院、社会福利院、残疾人服务设施等建设，改善社会弱势群体和困难群众的基本生活条件。

七、城乡统筹发展

按照三峡库区的区域特点和基础条件，发挥好宜昌、万州、涪陵和重庆主城区的中心功能，带动库首、库腹、库尾地区的经济社会发展，形成“四点带三片”的空间格局。突出重点，强化功能，建设有产业支撑的特色城镇。加强乡村建设，改善农民的生产、生活条件。

（一）中心城市功能

宜昌、万州、涪陵和重庆主城区四个中心城市，要加快经济结构调整，强化中心城市功能，优化发展环境，充分发挥对外联系和交往的便利条件，利用好现有产业基础，服务和带动三峡库区的经济社会发展。

进一步加强中心城市的交通、能源、信息、供排水、防灾减灾等城市基础设施建设，改善城市生产和生活环境。加强城市主要干道、桥梁的建设，优化路网结构。完善电网建设和加快变电站建设。改造城市供水管网，提高城市供排水能力。加强市区供气管网建设。推进现代信息基础设施建设，积极发展公用信息平台。加快城市污水、工业园区污水、垃圾处理设施建设。

宜昌要利用紧邻三峡大坝的区位优势，发挥人口、物资集散中心功能，发展旅游和物流及其相关产业，进一步提升水电产业、食品工业和医药工业发展水平，适度扩大城市规模，形成区域中心城市和新的经济增长点，带动库首片区的发展。

万州要发挥库区腹地综合运输枢纽的作用，加快物流业和旅游业发展，促进各类专业市场的建设。利用资源优势和已有产业基础，发展绿色食品加工、天然气、盐化工、医药及机械制造等产业。

涪陵要充分利用紧邻重庆主城区的区位优势，促进产业集聚。进一步加快食品加工业、建材、中药及生物医药、船舶制造等产业。积极发展旅游、交通运输、餐饮服务、商业贸易等服务业。

重庆主城区要大力发展金融、贸易、信息、科技、教育和文化产业，提升综合服务功能，增强对库尾和库腹地区的辐射作用。积极发展光电、生物医药、电子、软件开发等的高新技术产业，促进传统原材料和加工工业向周边地区的转移和扩散。

（二）城镇发展

库区城镇要根据不同的区位条件和产业基础，扩展规模，集聚产业和人口。以完善功能、健全设施、强化特色为目标，加强与中心城市的配套，强化为库区农村经济发展的服务功能，增加对农村经济发展的辐射带动作用。

库区县城要发挥各自的比较优势，不断完善综合服务功能，发挥县域经济中心的作用，将其建设成为本地区产业和人口的重要集聚地。从本地的资源优势和区位条件出发，以市场为导向，发展有竞争能力的特色产业，提高经济实力。进一步加大对县城基础设施和公共服务设施的投资力度，逐步完善道路、能源、给排水、垃圾处理、电信等设施。近期重点加强污水处理厂、垃圾处理厂、客货运中心等市政基础设施和商品交易市场的建设。

发挥小城镇带动农村经济发展的作用，加强农副产品和工业产品集散地的地位，培育和完善面向农村市场的集镇、农贸市场，加强科技基础设施建设，支持乡镇科技站建设。加快乡镇文化基础设施建设，加强乡镇医院、妇幼保健、防疫、社区医疗等公共服务设施建设。

（三）乡村建设

库区县（市）要认真开展乡村建设规划，科学引导农村搞好生产、生活环境整治和村容村貌治理。统筹考虑、分步解决好通村道路、饮水、供电、通讯和通广播电视等基础设施建设，因地制宜、合理布局乡村房屋建设与发展，配套完善家禽圈养和沼气建设，扶持农村医疗点、图书室等农民社区公共服务设施的建设，进一步改善库区农民生产生活条件。

八、政策措施

在充分发挥市场机制作用的基础上，国务院各有关部门和湖北省、重庆市要从三峡库区的实际出发，按照政府职能的要求，制定必要的政策措施，支持三峡库区经济社会发展。

（一）加强库区移民社会保障

在大力扶持库区产业发展、扩大就业门路的同时，对于转为城市户口的失地农民和未实现再就业的搬迁关破企业下岗失业人员，应积极促进其就业和再就业，对其中符合低保条件的，由当地人民政府依据《城市居民最低生活保障条例》规定予以最低生活保障。对三峡库区的低保补助资金缺口，可在中央财政对重庆市和湖北省专项转移支付中统筹考虑。

（二）拓宽移民就业渠道

把沿海省市吸纳库区劳动力就业作为对口支援的重点，国家要对援助方提出接收库区移民外出务工的具体目标和任务，加强组织协调。湖北省和重庆市要加强对库区移民外出务工的岗位培训，提高工作技能，扩大移民外出务工规模。适当增加军队在库区的征兵数量，减轻当地就业压力。

（三）加大产业发展的资金支持力度

国家自 2004—2009 年每年从三峡工程建设基金中提取 5 亿元，总额 30 亿元，建立三峡库区产业发展基金，与三峡库区移民后期扶持基金统筹使用。资金使用上要与安排移民就业挂钩，主要是对农副产品加工和种植基地、旅游业及相关服务业、劳动密集型特色产业的有关项目，以贴息和投资补助的方式予以支持。湖北省、重庆市要积极做好相关项目的研究论证，按照建设程序组织实施。

国家商业银行和政策性银行要加大对库区产业发展的信贷支持。对于符合库区产业发展方向、有市场前景的项目，需要银行信贷支持的，要优先安排。要加大对库区中小企业和民营企业的信贷支持力度。

（四）继续加强基础设施建设

电力、公路、铁路、机场、大的工业等项目要按照建设程序认真做好前期工作，按国家有关专项规划组织实施。

支持三峡库区农村基础设施建设和社会事业发展。在加快国家有关规划已确定的重大基础设施建设的同时，加大中央财政对库区人畜饮水、农村道路、农村沼气、农村水电、灌区配套改造和微小型水利等“六小”工程，以及农村电网、中小学危房改造、农村公共卫生设施等方面的投入力度，湖北省和重庆市要做好有关规划和项目前期工作，国家按现有的资金渠道对上述项目的资金安排继续给予倾斜。

（五）继续加强环境治理和生态建设

认真落实国务院批准的《三峡库区及其上游水污染防治规划》和《三峡水库周边绿化带建设规划》。国家继续对三峡库区城镇污水、垃圾处理设施及管网建设给予资金安排。鉴于库区的实际情况，国家对三峡库区的工业污水治理给予适当的资金补助。实施三峡水库周边绿化带建设工程，国家将给予资金补助。国务院有关部门要本着“以人为本、突出重点、预防为主、合理避让”的原则抓紧制定《三峡库区三期地质灾害防治规划》，经国务院批准后由湖北省、重庆市组织实施。

（六）加强对口支援工作

进一步加大对口支援力度。围绕三峡库区特色优势产业发展和产业结构调整，以引进项目、资金、技术、管理、人才为重点，全方位、多形式、宽领域开展对口支援工作。国务院有关部门和有关省、自治区、直辖市按照“优势互补，互惠互利，长期合作，共同发展”的原则，采取多种形式鼓励名优企业到三峡库区投资建厂，并从教育、文化、科技、人才、管理、信息、资金、物质等方面对口支援三峡库区移民。

（七）进一步落实已有政策措施

认真贯彻落实《国务院关于实施西部大开发若干政策措施的通知》（国发［2000］33号）、《国务院办公厅转发国务院西部开发办关于西部大开发若干政策措施实施意见的通知》（国办发［2001］73号）、《国务院关于进一步推进西部大开发的若干意见》（国发［2004］6号）和《长江三峡工程建设移民条例》（2001年3月1日起实施），以及国务院有关部门支持三峡库区的移民安置和经济社会发展的政策措施。

（八）明确责任，加强领导，保证规划顺利实施

有关部门要做好行业规划与本规划的衔接工作，将本规划的内容纳入国家和湖北省、重庆市的“十一五”规划中，并在项目审批和年度计划中予以重点支持，逐步实施。特别是农业、公路、旅游、水利、科技、教育、卫生、以及生态建设、环境保护等方面的项目，国务院有关部门要根据各自职能集中部分资金，优先安排落实。

三峡库区各级政府要加快行政审批制度改革步伐，简化程序，减少环节，提高政府工作效率，提高为企业服务的水平。推行政务公开，坚持依法行政，规范行政执法行为，加强对行政执法的监督。加快政府、企业、个人信用体系建设，营造诚实守信的发展环境。

国家民委　财政部
关于继续推进兴边富民行动的意见

2004年1月18日　民委发［2004］1号

各省、自治区、直辖市民（宗）委（厅、局）、财政厅（局），新疆生产建设兵团民宗委、财务局：

为贯彻落实十届全国人大一次会议精神和国务院关于继续推进兴边富民行动的部署，促进边境民族地区加快经济社会发展，现就继续推进兴边富民行动提出以下意见：

一、进一步提高对继续推进兴边富民行动重要意义的认识

按照1999年中央民族工作会议关于大力推进兴边富民行动、加快边境地区发展的部署，国家民委、财政部本着“试点先行、总结经验、逐步推进”的原则于2000年在9个边疆省、自治区确定了9个全国兴边富民行动试点县（旗、市、市辖区），2001年扩大到17个。几年来，试点工作进展顺利，取得了明显成效，为全面推进兴边富民行动积累了丰富的经验。实践表明，实施兴边富民行动是促进边疆少数民族地区发展、全面建设小康社会的好形式，是边疆少数民族地区贯彻落实西部大开发战略的重要载体，是顺民心、合民意的德政工程。但也要看到，各地区不同程度地存在着对开展兴边富民行动重视不够、资金不能足额到位、配套措施不完善等问题，切实完成富民、兴边、强国、睦邻的任务仍相当艰巨。因此，我们要按照党的十六大提出的全面建设小康社会的奋斗目标和总体要求，充分认识推进兴边富民行动的重大意义，深刻把握开展兴边富民行动与落实党的民族政策、加强民族团结、实现共同发展的一致性，与实施西部大开发战略、实现全面建设小康社会奋斗目标的一致性，进一步加大工作力度，不断推进兴边富民行动向纵深发展。

二、进一步明确继续推进兴边富民行动的指导思想和目标任务

今后一段时期，继续推进兴边富民行动的指导思想是：以邓小平理论和党的十六大精神为指导，贯彻落实“三个代表”重要思想，抓住实施西部大开发和东北地区等老工业基地振兴战略的历史机遇，以加快发展、全面建设小康社会为主题，坚持以人为本，树立科学的发展观，加大政策扶持和资金投入力度，加强基础设施建设，加快特色经济发展和优势资源开发，加大教育、文化、卫生等领域的公益性项目建设力度，促进边境贸易发展和对外经贸合作，促进边境民族地区经济社会发展再上新台阶。

继续推进兴边富民行动的目标任务是：用10年左右的时间，按照“重点突破，逐步推进”原则，大力实施兴边富民行动，力争使边境少数民族地区的基础设施条件明显改善，脱贫致富的步伐明显加快，各族人民群众生活水平显著提高，教育、文化、卫生等社会事业全面进步，为边境地区全面建设小康社会奠定基础，为一些基础较好的边境地区率先实现小康社会创造条件，为实现富民、兴边、强国、睦邻做出贡献。

三、在总结试点经验的基础上确定全国兴边富民行动重点县

国家民委、财政部在对试点工作进行总结验收的基础上，从2004年开始确定全国兴边富民行动重点县，并在资金、政策上给予适当倾斜。全国兴边富民行动重点县共37个，占边境县总数的27.4%。在具体分配各省区重点县名额（另行通知）时，将按照分类指导、多寡有别的原则，重点考虑以下几个因素：边境县数量；边境国家扶贫工作重点县数量；人口较少民族分布数量；边境民族自治地方数量。全国兴边富民行动重点县，由各省区根据分配名额和要求先行确定，报国家民委和财政部核准。对全国兴边富民行动重点县，今后要实行动态管理，对一些积极性不高、措施不得力、资金使用效益差的将及时进行调整，以确保兴边富民行动达到预期目的。各省区可根据实际情况自行确定省（区）级兴边富民行动重点县。

四、加大对兴边富民行动重点县的政策和资金支持力度

实施兴边富民行动是贯彻落实西部大开发战略的重大举措。国务院在《关于实施西部大开发若干政策措施的通知》（国发［2000］33号）中强调要“继续推进兴边富民行动”。国务院办公厅在《关于转发〈国务院西部开发办关于西部大开发若干政策措施实施意见〉的通知》（国办发［2001］73号）中要求“有组织地推进兴边富民行动，重点支持民族地区和贫困地区的边境县，抓好试点，把帮扶措施落实到基层”。因此，继续推进兴边富民行动，一定要贯彻落实好国家实施西部大开发的一系列政策措施。兴边富民行动重点县要结合当地实际将西部大开发的各项政策用好用足。中央财政继续在“少数民族发展资金”中设立兴边富民行动资金，重点用于支持全国兴边富民行动重点县加快经济社会发展。地方财政也应根据需要和财力情况安排资金，积极加大对兴边富民行动的投入力度。

五、进一步协调落实好兴边富民行动建设项目

继续推进兴边富民行动要以项目建设为重点，抓好项目的筹划、立项和实施。兴边富民行动重点县要继续围绕基础设施建设、生态环境保护、特色县域经济、发展科技教育、对外经贸合作等方面组织好兴边富民行动建设项目，建立项目库。要积极抓好协调落实，争取使一些重点项目列入国家和地区的发展规划之中，早日开工建设，早日发挥效益。通过几年的努力，争取在边境民族地区建成一批能为各族群众带来实惠的、并能增强县域经济自我发展能力的好项目，带动其经济社会发展逐步跟上全国的步伐。

六、加强兴边富民行动重点县的人才培养工作

培养各级各类人才，提高劳动者素质是加快民族地区发展的关键举措，是开展兴边富民行动的一项战略任务。继续推进兴边富民行动一定要高度重视人才培养工作。要优先发展教育事业，继续加大教育投入，并适当向边境一线的中小学校倾斜。要认真执行国家的人才政策，将中央财政负担的边远地区津贴制度及其他各项优惠政策落到实处，为吸引和凝聚各类人才营造良好的环境。要采取多种形式，进一步加大兴边富民行动重点县人才培训力度。国家民委等部门要继续办好全国边境县党政干部经济管理研讨班，在组织民族地区党政干部到中央国家机关和东部发达地区挂职锻炼的名额分配上适当向兴边富民行动重点县倾斜。

七、加强对兴边富民行动资金的管理

中央财政为支持全国兴边富民行动重点县发展而设立兴边富民行动资金，体现了党的民族政策，体现了国家对边境民族地区关心和照顾。各级民委和财政部门应加强对这项资金的管理。一是要保证足额按时到位，不得截留挪

用。对截留挪用的，一经发现相应扣减该地区下一年度的资金额度。二是要专款专用，采取每年为边境少数民族群众办几件实事的办法，重点用于建设一些与群众利益密切相关的公益性项目，比如乡村公路、通电通讯、人畜饮水、教育、文化、医疗卫生等小型基础设施建设项目等。此类项目建设要量力而行，注重效益。具体项目立项审批由各省区民委和财政厅负责，报国家民委和财政部备案。三是建立健全兴边富民行动资金管理制度，加强跟踪审计和监督检查，严格财经纪律，规范运作程序，提高资金使用效益，确保将好事办好，实事办实。有关部门可根据实际情况采取日常检查与重点检查、定期检查与随机抽查、明查与暗访相结合的方式，加大督促检查力度。

八、进一步加强兴边富民行动的舆论宣传工作

兴边富民行动是新时期民族工作的一项重要内容，是一项利国利民的民心工程，需要得到全社会的关心和支持。今后要进一步加强舆论宣传工作，继续组织动员境内外各新闻媒体，宣传兴边富民行动的重大意义，宣传兴边富民行动的先进典型，宣传兴边富民行动带来的变化，使兴边富民行动在海内外产生更强大的反响，在边境民族地区更加深入人心。兴边富民行动重点县要通过扎扎实实的工作和进一步的舆论宣传，争取方方面面的理解和支持，调动方方面面的积极性，形成合力，为富民、兴边、强国、睦邻做出更大贡献。

九、进一步加强对兴边富民行动的领导

继续推进兴边富民行动是一项涉及领域宽、时间跨度大、包含内容广、工作难点多的社会化系统工程。各地应进一步加强对这项工作的领导。一是要切实发挥兴边富民行动领导小组的领导协调作用，逐步建立和完善“中央统一领导，分省区负责，以县为基础”的组织领导体制，并积极改善推进兴边富民行动的工作条件。二是各重点县要将推进兴边富民行动列入重要议事日程，分析情况，及时协调解决问题。三是各重点县要将兴边富民行动项目建设纳入本地国民经济和社会发展总体规划，层层落实推进兴边富民行动的目标和责任，并认真进行检查和考核。四是各级民委和财政部门要积极主动开展工作，建立行之有效的工作机制和协调服务机制，为社会各界参与兴边富民行动创造良好的氛围和条件。

以上意见，请结合本地区、本部门的实际情况，认真贯彻执行。

综 合 篇

2004年中西部地区经济与社会发展综述

【经济增长】 2004年，中西部各地区以科学发展观为指导，认真贯彻落实党中央、国务院关于进一步加强和改善宏观调控的重大决策，努力抑制经济运行中的不稳定、不健康因素，国民经济实现了平稳较快发展。中西部地区按照中央的统一部署，根据自身客观条件，采取有力措施加快发展，经济增长速度普遍快于上年，并在经济结构、地区结构、城乡结构调整方面取得新成效。

2004年，东、中、西部地区GDP分别达到98625.85亿元、43061.59亿元和21552.92亿元，按可比价计算，三大地带分别增长了14%、12.9%和12.1%，东部地区仍保持了增速领先的超强态势，西部与东部地区增速差距有所缩小，由上年相差2.1个百分点减少到相差1.9个百分点。与上年同期相比，2004年三大地带GDP增幅均有较大幅度的增长，东、中、西部地区增幅分别为1、2和1.2个百分点，经济增长速度都创造了1998年以来的新高，中部地区的增幅在三大地带中位居首位，西部地区增幅也高于东部地区0.2个百分点。

2004年，绝大多数省份的地区GDP增长速度快于上年，全国31个省份的地区GDP增长率均超过10%，其中有27个省份的GDP增长速度快于上年。中部地区的内蒙古以19.4%增速继续占据榜首，增速排进全国前十名的中西部省份还包括山西14.1%、河南13.7%，分别列第七、第八位。排在后五名的依次是湖北11.3%、新疆11.1%、宁夏11.0%、甘肃10.9%和海南10.4%，除海南外均为中西部省份。与上年同期相比，中西部地区除宁夏（增速回落1.2个百分点）外，其他省份的经济增速均有不同程度的提升，提升幅度最大的是安徽，提高了3.3个百分点；其中提高幅度在2个百分点以上的有河南和云南（均2.9）、内蒙古（2.6）、湖南（2.4）、吉林和陕西（2）6个省份，河南省经济总量重回全国第五的位置。

【产业结构调整】 2004年，我国国民经济产业结构不断调整与优化。全年GDP跃上13万亿元新台阶，达到1368765.9亿元，按可比价格计算，第一产业增加值20768.1亿元，增长6.3%；第二产业增加值72387.2亿元，增长11.1%；第三产业增加值43720.6亿元，增长8.3%。三次产业比重为15.2:52.9:31.9，与上年相比，第一产业比重上升了0.8个百分点，第二产业比重提高了0.7个百分点，第三产业比重下降了1.5个百分点。

中部地区第一产业增长速度最快，中央重农政策初见成效。2004年，中、西部地区第一产业的比重分别提高了0.65和0.09个百分点（东部地区第一产业的比重同比下降了0.1个百分点）。全国（不含西藏）有12个省份第一产业比重提高，有18个省份第一产业比重降低。下降幅度在1个百分点以上的有西部地区的贵州和新疆2省区，分别降低了1.01和1.78个百分点，其他省份降低幅度在0.1～0.88个百分点之间。中部地区主要农业大省河南、湖北、湖南和安徽4省第一产业比重分别上升了1.1、1.39、1.48和0.93个百分点；西部地区的重庆提高了1.24个百分点。贵州省已经连续4年第一产业比重下降幅度超过1个百分点。

2004年，东、中、西部地区第一产业增加值分别增长了5.7%、9.3%和5.95%；与上年同期相比，三大地带增幅均有明显提高，东、中、西部地区分别提高了1.66、7.14和0.47个百分点，中部地区增幅最大；中部地区第一产业增加值总量比重提高了1.37个百分点，西部地区比重则下降了0.45个百分点。中部地区8个、西部地区2个省份第一产业增加值增长高于全国6.3%的发展速度，增速排在全国前10名的中西部省份依次是河南12.8%、黑龙江12.2%、内蒙古11.7%、陕西9.8%、安徽8.6%、吉林及江西为8%、湖南7.4%。2004年，中央着力巩固和加强农业的基础地位，调动农民种粮的积极性，确保国家的粮食安全和农民增收，国务院先后相继出台了严格保护耕地和基本农田、减轻农民税费负担、启动对种粮农民直接补贴和良种补贴、制定主要粮食品种的最低收购价格、稳定农业生产资料价格、加大农业和农村基础设施建设投入力度、支持农村社会事业发展、深化农村改革等一系列直接有力的政策措施，粮食生产出现重要转机，扭转了1999年以来连续5年的下滑势头。2004年，粮食总产量9389亿斤，比上年增产775亿斤，增长9%，其总产和增产量均创造历史最高水平。农业优质化、区域化、产业化、标准化程度继续提高。全国优质专用小麦面积比重达到46%，比上年提高6个百分点；优质稻种植面积超过50%，“双低”油菜籽占油菜籽总面积的74.3%。

2004年，东、中、西部地区第二产业比重同比分别上升了1.68、1.28和1.29个百分点。中西部地区除湖北、四川2省第二产业比重下降外，其他省份的第二产业比重均有不同程度的提高。其中上升幅度超过2个百分点的有内蒙古（3.84）、新疆（3.47）、山西（2.94）、黑龙江（2.33）、江西（2.28）、宁夏（2.18）、贵州（2.18）、甘肃（2.06）8个省份，江西省第二产业比重连续4年提高幅度在1个百分点以上。

2004年，三大地带第二产业增加值分别增长了17.04%、15.99%和15.86%，与上年同期相比，增幅分别提高了0.39、0.84和1.33个百分点，中西部地区均高于东部地区。2004年各地区工业生产快速发展，并出现了个别行业投资过热的趋势，国家对此实施了“有保有压”的宏观调控政策，全国有30个省份第二产业增速超过全国11.1%的发展速度，进入前十名的中西部省份包括：内蒙古27.5%、江西18.6%、四川17.7%、广西17.1%、山西和陕西均16.8%，第二产业增速上升幅度在2个百分点以上的包括云南（4.5）、湖南（3.8）、湖北（3.7）、广西（2.5）、新疆（2.2）、陕西（2）6个省份。

2004年，三大地带工业增加值分别增长了22.99%、22.96%和21.11%，与上年同期相比，中西部地区增幅分别提高了4.14和5.23个百分点。与上半年相比，中部地区工业增幅继续呈现下降趋势，回落了0.19个百分点；而西部地区保持逐季上升的势头，全年工业增速比一季度提高了0.67个百分点，比上半年高0.66个百分点，并创造工业增长的新高。中西部地区各省份的工业增加值增长速度均超过14%，其中中部地区除黑龙江，西部地区除云南、西藏、甘肃和新疆外的其他省份的工业增加值增长速度均高于全国16.7%的速度。内蒙古增速全国领先的局势未变，增速达到了38.5%；增速较快的中西部省份还包括：江西26.1%、四川和宁夏均为25.8%、安徽25.1%、青海24.8%、湖南24.1%、河南23.6%、重庆23.5%。

中部地区工业产品产销率仍居三大地带之首。2004年，东、中、西部地区工业产品销售率分别达到了98%、98.53%和97.85%。与上年同期相比，东、中部地区工业产品销售率分别提高了0.19和0.25个百分点，西部地区产销率下降了0.21个百分点。西部地区4个省份、中部地区5个省份的工业品产销率高于全国98.08%的销售水平，依次是湖南99.79%、吉林99.24%、安徽98.94%、江西98.8%、云南98.65%、河南98.53%、四川98.48%、青海98.43%、河北98.39%和重庆

98.24%；西藏的工业品产销率最低，为91.56%。

2004年，东、中、西部地区第三产业比重同比回落了1.58、1.93和1.37个百分点。降低幅度超过2个百分点的中西部地区省份依次是内蒙古（2.96）、江西（2.86）、山西（2.51）、湖南（2.26）、陕西（2.23）、重庆（2.13）、青海（2.12）和黑龙江（2.11）。甘肃、河南、宁夏、新疆、安徽、贵州、湖北和云南8个省份第三产业比重降低幅度在1.06～1.97个百分点之间。

三大地带第三产业增加值均保持了10%以上的增长速度。2004年，东、中、西部地区第三产业增加值分别提高了12.1%、10.77%和10.61%，与上年同期相比，增速分别提高了1.23、0.83和1.12个百分点。全国有23个省份第三产业增加值增长速度超过10%，进入前十名的中西部省份包括：内蒙古13.4%、安徽13%、山西12.7%和贵州12%。中西部地区第三产业增加值增长速度提高2个百分点以上的省份有吉林（3.4）、云南（2.4）和江西（2.2）3个省份。

2003年～2004年三大地带三次产业结构变动和增长速度情况，见下表。

2003年～2004年三大地带产业结构变动情况（%）

对比指标	第一产业占GDP比重			第二产业占GDP比重			第三产业占GDP比重		
	2004年	2003年	增减	2004年	2003年	增减	2004年	2003年	增减
东部	9.60	9.70	-0.10	52.39	50.71	1.68	38.01	39.59	-1.58
中部	17.13	16.47	0.65	49.16	47.88	1.28	33.72	35.65	-1.93
西部	18.78	18.69	0.09	44.76	43.47	1.29	36.46	37.84	-1.37

【固定资产投资】　2004年，全国全社会固定资产投资实现70072.7亿元，首次突破7万亿元，同比增长25.8%，增速比上年回落了1.9个百分点。其中，城镇投资增长27.6%，农村投资增长17.4%，城镇固定资产投资增长依然强劲。针对年初部分行业投资过热的状况，国家出台了一系列有针对性的宏观调控政策，大多数省份投资增速明显回落，固定资产投资增长过快的势头得到初步控制。从投资构成看，三大地带均表现出“设备工器具购置投资增长快于建筑安装工程投资增长”的总体态势。在建筑安装工程投资和设备工器具购置投资领域，中部地区增速均居于首位。

2004年，三大地带固定资产投资分别增长了26.39%、35.22%和24.77%，中部地区投资增速全年保持第一；与上年同期相比，中部地区投资增速提高了2.12个百分点，西部地区投资增速则回落了1.63个百分点。中部地区6个、西部地区2个省份的固定资产投资增速高于27.6%的全国增长速度。中西部省份中内蒙古以55.6%的速度继续保持全国第一，其后依次是河南45.2%、湖南36%、安徽35.6%、江西35.4%、重庆34.6%、山西31.7%；投资增长较慢的省份在15%～20%之间，依次是宁夏19.5%、甘肃19.3%、新疆16.3%、贵州和青海均为16.2%。与上年同期相比，投资增速提高超过10个百分点的有湖北（11.4）和黑龙江（11.2）两个省份，投资增速下降10个百分点以上的有江西（24.1）、宁夏（22.5）和内蒙古（14.6）3个省份。

2004年，三大地带建筑安装工程投资分别增长28.56%、35.14%和22.5%，中部地区建筑安装工程投资增速分别比东、西部地区快6.58和12.64个百分点。与上半年相比，中西部地区三大地带建筑安装工程投资增速继续回落，分别下降了3.52和5.17个百分点。中部地区建筑安装工程投资占地区合计比重提高1.17个百分点，西部地区则下降了0.93个百分点。中部地区有7个省份、西部地区两个省份的建筑安装工程投资增速高于28.5%的全国增长速度，建筑安装工程投资增长在32%以上的中西部省份包括：内蒙古59.6%、河南45.8%、湖北35.6%、湖南34.2%、安徽33.4%、山西33.1%、西藏33%、云南32.8%和江西32.5%。排在后五位的省份是宁夏7.1%、青海7.2%、吉林11.8%、贵州14.5%和新疆15.1%。

三大地带设备工器具购置投资增速依然强劲，比前三季度增速减缓，中部地区增速第一，比重增加；西部地区投资增速年内变化很大。2004年，三大地带设备工器具购置投资分别增长31.83%、40.93%和32.73%，中部比东、西部地区快9.1和8.3个百分点，投资增速领先格局未变。与上半年相比，中、西部地区投资增速分别下降了1.81和18.57个百分点。中部地区投资占地区合计比重提高了1.27个百分点，西部地区比重则下降了0.17个百分点。中西部地区除西藏设备工器具购置投资增长下降47.4%外，其他省份的设备工器具购置投资增长均超过20%，其中有10个省份（中、西部地区各5个）设备工器具购置投资增长速度高于33.2%的全国增长速度，依次是：宁夏68.4%、内蒙古63.6%、重庆59.2%、吉林58.2%、河南56.1%、青海54.2%、湖南47%、四川44.5%、陕西43%和江西42.9%。全国设备工器具购置投资增长不足10%的仅有海南（2.8%）和甘肃（8.4%）两省。

【市场与消费】　2004年，我国全社会消费品零售总额达到53950.1亿元，比上年增长13.3%，扣除物价上涨因素，实际增长10.2%，比上年增速提高了1个百分点。全年各地区消费市场稳中见旺，三大地带社会消费品零售总额增长加快，增长速度呈现两位数的水平，中部地区消费增长领先。

三大地带社会消费品零售总额保持13.6%以上的增速，消费增速格局改变，中部地区跃居首位。2004年，三大地带社会消费品零售总额分别增长14.3%、14.87%和13.63%，三大地带全年消费增长均保持在两位数运行，中、西部地区再创1998年以来消费增长的新高。1999年以来从东向西消费增速依次减速的发展格局发生变化。

从中西部各省来看，中、西部地区各5个省份消费增长速度快于（或等于）全国13.3%的发展速度。内蒙古以22.7%的消费增速高居全国榜首，增速高于14%的中西部省份还包括：山西21.3%、河南15.7%、江西14.8%、新疆14.5%、重庆14.3%、宁夏14.1%、湖南和四川均为14%。与上年同期相比，山西提高幅度最大，为7.6个百分点；其次是河南（4.9）、重庆（4.8）。

从全国来看，消费市场稳中趋旺取决于两大因素，一是政策环境趋好，居民收入稳步增长。二是消费结构不断升级。

从政策环境来看：2004年，国家出台的多项鼓励消费政策及一系列治理市场的举措使消费环境得以改善。一是国家全面取消了除烟叶以外的农业特产税，全年各地累计减免农业税233亿元，减免特产税68亿元。国家对29个省份实行种粮农民直接补贴，总金额达116亿元，其中13个粮食主产省份安排直补资金103亿元，并对主产区重点粮食品种实行最低收购价政策等等。二是九大部委取消了对农民工的歧视性规定和不合理收费，建设部严肃清理农民工工资问题。劳动和社会保障部修订颁布了《最低工资规定》，并要求最低工资标准每两年至少调整一次。三是城乡居民最低生活保障制度建设步伐加快。城镇最低生活标准依物价情况进行了调整；1206个县（市）建立了农村低保制度。四是部分地区大幅度调整公务员工资水平，部分地区提高个人所得税起征点。上述措施，使城乡居民收入稳定增长。2004年农民人均纯收入达到了2936元，实际增长6.8%，是1997年以来增长最快的一年；城镇居民人均可支配收入9422元，实际增长7.7%；城乡居民收入增长差距有所缩小。

从消费机构升级来看：近两年，我国居民消费已经由以吃和穿为主的温饱型消费结构转变到以住和行为主的发展和享受型的消费结构。一是汽车和住房作为新一轮居民消费结构升级的主导产品，双双保持高速增长。发达地区和大中城市汽车销售经历了“井喷式”增长之后，2004年汽车销售平稳增长，私人轿车拥有量继续上升，2004年底达600万辆，我国已经成为全球私人轿车增长最快的市场。2004年住房消费继续保持快速增长。全年房地产开发行业在宏观调控和政府采取的一系列抑制快速增长等政策下，投资增速较上年放缓。全国完成房地产开发投资13158亿元，比上年增长28.1%，虽略低于上年增长30.3%的水平，但仍然保持着较快增长的势头。东、中、西三大地区房地产开发投资分别增长30.15%、36.77%和18.79%，东部地区同比增幅提高了2.15个百分点，中、西部地区下降了3.4和13.7个百分点。二是餐饮、旅游等服务型消费快速增长。我国已成为世界上最大规模的国内旅游市场，2004年国内旅游人数超过9亿人次，入境旅游人数达到1.09亿人次，全年旅游总收入首次突破6000亿元，达到6840亿元。其中国内旅游收入已占到了旅游业总收入的70%，仅2004年3个黄金周就实现旅游收入1000多亿元人民币。2004年我国餐饮业零售额21.6%，占社会消费品零售总额的比例达到13.88%，对社会消费品零售总额的增长贡献率为21%。旅游消费和餐饮消费互为促进，表明我国居民消费正由以实物消费为主转向实物消费和服务消费并重的发展阶段。三是不少地区农村消费明显加快。如内蒙古城镇居民人均消费性支出6219元，增长14.8%，扣除价格因素实际增长11.9%。农牧民人均生活消费支出2083元，增长17.6%，扣除价格因素实际增长13.2%。农村牧区居民家庭恩格尔系数为41.3%，城乡居民每百户主要耐用品拥有量有不同程度增长。

【对外贸易】 2004年，我国进出口总额实现11547.9亿美元，首次突破1万亿美元，同比增长了37.1%。其中，出口总额5933.7亿美元，增长35.4%；进口总额5614.2亿美元，增长36%。各地区进出口贸易继续保持“大进大出”的快速增长发展势头，东部地区进出口增长全国领先。从进出口构成来看，东、西部地区表现出进口贸易增长速度快于出口增长速度，中部地区出口贸易增长速度快于进口增长速度的发展态势。

2004年，东、中、西三大地带出口贸易增长速度分别为36.68%、35.73%和29.25%，增长格局改变为东部地区领先，中部地区快于西部地区的新局面。与上年同期相比，中部地区出口增幅提高了2.87个百分点，西部地区则下降了14.51个百分点。中、西部地区各7个省份出口贸易增速超过20%，增速快于全国35.4%发展速度快的省份包括：山西77.6%、青海66%、贵州47.4%、湖南44.3%、河南40.2%和陕西38.2%。与上年同期相比，中西部有5个省份出口幅度上升在10个百分点以上，依次是山西（41.2）、湖南（24.8）、云南（16.2）、贵州（14.3）和陕西（12.1）。

2004年，东部地区实现出口总额5491.44亿美元，占全国出口比重为92.55%，同比提高0.29个百分点；中、西部地区出口总额分别为273.75亿美元和168.52亿美元，分别占全国比重的4.61%和2.84%，比重分别下降了0.14和0.15个百分点，东部地区仍是我国出口贸易的主要区域。

东部地区是我国高新技术产品出口的基地，西部地区高新技术产品出口规模仍大于中部地区，但中部地区增长速度明显加快。2004年，全国实现机电产品出口贸易3234.02亿美元，同比增长42.3%，占出口比重的54.5%，同比提高了2.61个百分点。其中高新技术产品贸易1655.39亿美元，同比增长50.2%，所占出口比重27.8%，同比上升2.77个百分点，比2000年提高了13个百分点。2004年西部地区高新技术产品出口总量比中部地区多3.26亿美元，占全国出口比重为0.71%，比中部地区高0.17个百分点，但中部地区增长速度明显加快，达到30.27%，比西部地区快24个百分点，比东部地区慢22个百分点。

【基础设施建设与投资环境】 经过近6年的大规模开发与建设，西部地区的基础设施建设迈出实质性步伐，生产、生活条件明显改善。

2004年，西部地区累计开工86个重点单项工程，总投资4167.2亿元。到2004年底累计完成投资2737.2亿元，占总投资的

65.7%。2004年西部在建重点单项工程42个，总投资2972.6亿元。

水利：四川紫坪铺、宁夏沙坡头、广西百色、内蒙古尼尔基、塔里木河、黑河流域综合治理等水利在建重点单项工程6个，总投资293.9亿元。2004年完成投资57.9亿元，累计完成投资182亿元，占总投资的61.9%。内蒙古嫩江尼尔基水利枢纽，因气候寒冷于2004年12月进入全面冬歇期。2004年完成投资11.8亿元，累计完成投资39.4亿元，占总投资的78.2%。广西百色水利枢纽，2004年完成投资9.2亿元，累计完成投资25.1亿元，占总投资的53.3%。塔里木河流域综合治理，从2000年开始至2004年8月，成功向下游实施了6次应急输水，塔里木河下游生态面貌得到改善。

公路：西昌至攀枝花高速公路、黄陵至延安高速公路等在建重点单项工程8个，总投资418.9亿元。2004年完成投资101.5亿元，累计完成投资247.9亿元，占总投资的59.2%。广西水任至南宁公路，2004年9月28日正式通车，目前正在进行交通安全设施、管道、房建和道路绿化等工程建设。2004年完成投资9亿元，累计完成投资43.1亿元，占总投资的96.9%。

铁路：青藏线、宁西线、渝怀线、遂渝线、宜万线、兰武复线等在建重点单项工程6个，总投资966亿元。2004年完成投资182.5亿元，累计完成投资684.9亿元，占总投资的70.9%。其中渝怀线2004年计划投资22亿元，已全部完成。全线重点控制工程均按设计全部完成，2004年正线铺轨189.8公里，累计正线铺轨569.8公里，其中东段正线铺轨已通过长潭沟站，西段正线铺轨已到达黔江站。青藏铁路2004年完成投资68亿元，正线铺轨460公里。累计完成投资198亿元，正线铺轨777公里。全线累计完成特、大中桥3.19万折合米，电力线路620.2公里，通信线路1148公里。其他各项工作进展顺利。

西气东输：新疆塔里木至上海输气管道工程，2004年12月30日全线建成并正式投入商业运营。管道工程规划投资总额为435亿元，累计完成投资252.9亿元，目前，地下储气库及与陕京二线的连接线等配套工程仍在建设。涩北气田开发和忠县至武汉输气管道等在建重点单项工程2个，总投资78.7亿元。2004年完成投资13亿元，累计完成投资32亿元，占总投资的40.7%。忠县至武汉输气管道工程忠县—武汉干线、荆州—襄樊支线、武汉—黄石支线等，2004年底实现商业供气。

西电东送：贵州乌江洪家渡水电站、内蒙古托克托电厂二期、广西柳州经贺州至广东罗洞第二回500千伏交流输变电工程等在建重点单项工程18个，总投资1146.8亿元。2004年完成投资169.6亿元，累计完成投资519亿元，占总投资的45.3%。天生桥至广东第四回500千伏输变电工程，2004年完成投资12亿元，累计完成投资12.4亿元，作为关键性工程之一的百色开关站扩建主变工程部分于2004年12月建成投产。

城市基础设施：重庆市高架轻轨交通、三峡库区水环境污染治理一期等在建重点单项工程2个，总投资68.3亿元。2004年完成投资14.6亿元，累计完成投资59亿元，占总投资的86.4%。

航空：2004年12月，完工重庆江北国际机场航站区及配套设施扩建、兰州至海石湾高速公路和贵州乌江渡发电厂扩机等单项工程3个。重庆江北国际机场航站区及配套设施扩建工程，计划投资总额为16.1亿元，由于原材料涨价等原因，实际完成投资达19.5亿元。

农村基础设施：西部大开发实施五年来，国家共安排资金71亿元用于改善农村基础设施。累计解决了3200万人饮水问题。国家投入46亿，将居住在生态环境脆弱、不具备基本生存条件地区的102万贫困人口实行了生态移民。安排10亿元，用于农村96万户沼气池建设。解决了969个无电乡通电问题，使6.8万个行政村通了广播电视。

【生态环境保护与建设】 2004年，中央继续加大对林业生态工程的投入。中央对西部地区林业生态建设投资218亿元。其中：中央基建投资42亿元，中央财政专项176亿元；天保工程33.3亿元，退耕还林148.9亿元，京津风沙源17亿元，三北防护林2.4亿元，野生动植物保护0.9亿元，森林生态效益补偿基金9.1亿元。各项生态工程建设取得重要成绩。天然林保护工程完成营造林1741万亩，资源管护不断加强，木材产量进一步调减。退耕还林工程，退耕地还林1000万亩，荒山荒地造林4800多万亩。京津风沙源完成治理任务1700多万亩，其中林业建设1100多万亩。三北长江防护林工程完成营造林近1500万亩。

【科技教育与社会发展】 2004年，中央政府进一步加大对西部地区科技、文化、教育、卫生等领域的支持力度，广大西部地区的公共基础设施条件明显改善。与此同时，中央国家机关和东部省市与西部地区的干部、人才交流力度进一步加大。

科技：在安排科技计划时继续向西部地区倾斜。2004年，结合西部资源特点和优势开展组织实施科技攻关计划，主要针对特色农业、中药、水资源安全等在“西部开发科技专项”设立了37个重大项目，总投资4.3亿元，其中国家拨款和经费5000万元。与此同时，加大对西部科研基地方面建设的投入力度，西部科研基地基本形成各具特色的发展模式和运行机制。

教育：2004年下达“农村寄宿制学校建设工程”资金控制额度30亿元；继续实施第二期“国家贫困地区义务教育工程”、“农村中小学危房改造工程”和“农村中小学现代远程教育工程”。继续对部分农村地区家庭经济困难的中小学生免费提供教科书，中央财政免费提供教科书专项资金，从2004年春季的3亿元增加到秋季的8.7亿元。对西部高校在招生数量、农村中学师资培养等方面予以支持。

卫生：积极推进新型农村合作医疗试点。西部地区已有新型农村合作医疗146个试点县(市)，利用各种渠道共筹集资金6.1亿元，覆盖农业人口2473万人，实际参加试点人口1686万人。启动农村卫生服务体系建设，共安排西部地区国债资金5.8亿元。安排国债资金2亿元，用于中西部地区农村基层计划生育服务设施项目（县级计划生育服务站和西部地区中心乡镇）建设。

文化：支持基层文化设施建设。中央财政对西部12省区市县级图书馆、文化馆建设的193个项目给予补助8920万元。中央财政支持在西部地区建成100个文化信息资源共享工程基层示范点，在县宣传文化中心建成100个共享工程基层中心。

人才培养与交流：继续实施西部地区人才培养特别项目。2004年录取各类留学人员437人，派出170人。继续组织实施教育对口支援。实施对口支援西部地区高等学校计划，支援学校派到受援学校任教的教师460多人次。组织留学人员赴西部有关地区开展服务活动和合作研究，已组织13位留学人员到西部省份挂职服务。中组部会同中央和国家机关有关部委，面向西部地区党政领导干部举办各类研究班和人才培养项目40个，培训西部地区干部4000余人。加强干部交流，从西部地区选派457名干部到中央、国家机关和经济相对发达地区挂职锻炼。选派中央国家机关、中央企业和东部7省市147名博士到西部地区挂职锻炼；选派第四批812名援藏干部进藏工作。继续实施大学生志愿服务西部计划，新招募志愿者6212人，使在西部地区基层从事志愿服务的高校毕业生达到10193人。

【政策措施】 2004年，温总理在《政府工作报告》中正式提出了促进中部地区崛起的重要战略构想。温家宝总理在政府工作报告中指出，促进区域协调发展，是我国现代化建设中的一个重大战略问题。要坚持推进西部大开发，振兴东北地区等老工业基地，促进中部地区崛起，鼓励东部地区加快发展，形成东中西互动、优势互补、相互促进、共同发展的新格局。以此为标志，中部崛起战略进入研究启动阶段。

根据党中央、国务院的指示，国家发展改革委等有关部门开展了对中部六省发展问题的调查研究，并着手起草促进中部地区崛起的若干意见。2005年政府工作报告指出，中部地区要充分发挥自身独特的区位优势和综合经济优势，加强现代农业特别是粮食主产区建设；加强综合交通运输体系和能源、重要原材料基地建设；加快发展有竞争力的制造业和高新技术产业；开拓中部地区大市场，发展大流通。国家要从政策、资金、重大建设布局等方面给予支持，中部地区将有望获得巨大的发展机遇。

为鼓励中西部地区特色优势产业的发展，国务院有关部门修订了《中西部地区外商投资优势目录》，增加了106条鼓励类产业、产品目录，为中西部地区优势产业和特色经济发展拓宽了空间。

2004年，各部门为配合西部大开发战略的深入推进，按照《国务院关于进一步推进西部大开发的若干意见》的精神，相继出台了一系列政策措施。如建设部印发了《建设部关于贯彻落实〈国务院关于进一步推进西部大开发的若干意见〉的意见》。国家林业局先后印发了《关于进一步完善退耕还林工程人工造林初植密度标准的通知》、《关于进一步做好退耕还林成果巩固工作的通知》和《关于做好退耕还林工程效益监测工作的通知》等文件，对于指导全地区工作发挥了重要作用。国家林业局同时协调有关部门落实政策。如明确了重点国有林区木材采伐企业债务免除额，明确了划入“天保”工程区已到期世行贷款债务全部免除或由中央财政统还等政策措施。农业部印发实施休牧禁牧等9个技术规程（试行）。教育部研究制定了《2004年～2010年西部地区教育事业发展规划》、《国家西部地区“两基”攻坚计划》、《关于大力培养少数民族高层次骨干人才的意见》、《教育部办公厅〈关于做好2004年“博士服务团”人员选派工作〉的通知》和《关于加强西部地区“两基”攻坚督导评估工作的意见》等。上述部门出台的相关政策意见，对进一步完善西部大开发政策框架，规范西部大开发行为发挥了积极的作用。

（国家发展和改革委员会地区经济司 杨荫凯执笔）

2004年西部大开发进展及2005年重点任务

【2004年西部大开发进展】　2004年，是实行西部大开发的第五个年头，国务院召开了西部开发工作会议，印发了《国务院关于进一步推进西部大开发的若干意见》，明确提出了今后一段时期西部大开发的重点任务及政策措施。国务院主要领导多次到西部省区考察调研，召开座谈会，指导工作。国家继续在建设资金和财政转移支付方面向西部地区倾斜。全年中央建设资金约1000亿元投向西部地区重点基础设施、生态环境建设，投向农村基础设施和教育卫生建设；中央财政对西部地区转移支付和专项补助1300多亿元，其中，一般性转移支付和民族地区转移支付348亿元，比上年增长50%以上。

在党中央、国务院的正确指导和国家政策支持下，各地区、各部门，特别是西部地区广大干部群众，认真落实党中央、国务院加强和改善宏观调控的方针政策，积极抑制经济运行中不健康的因素，淘汰高耗能、高污染项目，遏制乱征滥占耕地的现象，认真贯彻西部大开发的战略部署，努力完成各项重点任务，使西部地区经济社会继续呈现加快发展的良好势头，西部大开发取得新的进展。2004年西部地区GDP完成27585亿元，同比增长12.7%，高于2003年11.3%的增长水平，达到西部开发以来最高的增长速度。全社会固定资产投资完成13749亿元，比上年增长26.8%。工业增加值、进出口贸易继续保持较快增长，分别增长22.8%、32.5%，地方财政收入增幅也在20%以上，西部地区经济实力进一步加强，西部地区经济社会发展步伐没有放慢。

一批基础设施重点工程相继建成，基础设施进一步加强。全年西部地区新开工了10项重点工程，投资总规模800亿元。主要包括：西部干线公路、洛湛铁路南段和大理至丽江铁路、西部支线机场建设工程、陕京二线输气管道工程、西电东送工程、西部重点煤矿工程、西部地区农村基础设施建设、西部特色产业发展项目、西部地区"两基"攻坚、西部地区农村卫生设施建设。已开工建设工程进展顺利，有些已建成投产发挥效益。水利建设，5项在建水利枢纽工程累计完成投资近70%，新安排300座水库除险加固；交通建设，2004年新增公路通车里程1.62万公里，其中高速公路1000公里，青藏铁路铺轨460公里，建成投产铁路新线1030公里，3个干线机场、5个支线机场建成投入运营；西气东输管道工程已提前实现全线商业通气；西电东送全年新开工装机总容量800万千瓦，建成输变电线路2400公里；累计安排的338个西部城市环保设施项目大部分建成。这些基础设施为西部地区发展奠定了坚实的物质基础。

推进"五个结合"，局部地区生态环境明显改善，工程区农牧民增收。2004年，继续实施了退耕还林、退牧还草、天然林保护、风沙源治理和三峡库区水污染治理等生态建设和环境保护工程。安排退耕地还林1000万亩，荒山荒地造林5000万亩，退牧还草9000万亩。同时，积极推进退耕还林与农村基本农田、农村能源建设、生态移民、后续产业发展和禁牧舍饲的"五个结合"，巩固退耕还林成果，解决农民吃饭、烧柴、增收等长远生计问题。进一步完善了退耕还林粮食补助办法，充分尊重农民的意愿，原则上将退耕还林农户的粮食补助改为现金补助。退耕还林工程区林草覆盖率平均增加2个百分点，内蒙古一些荒漠化草原植被盖度增加20%以上，宁夏实行全区禁牧、青海实施以草定畜取得初步成效，京津周边地区土地沙化趋势得到初步遏制。累计约9700多万退耕农民、近百万牧民因国家补助政策而直接受益。

特色优势产业有了发展，资源工业发展得到加强。2004年，国务院有关部门修订了《中西部地区外商投资优势产业目录》，增加了鼓励类产业、产品目录，为西部地区特色产业发展，拓宽了政策空间。西部一些地区紧紧抓住市场需求，吸引各类社会资本特别是东部地区资金开发西部地区优势资源，促进了资源优势向产业优势转化。2004年西部地区吸引东中部地区资金1200亿元以上，其中，四川省320亿元，新疆310亿元。国家加大西部地区石油、天然气资源勘探力度，投入资金近100亿元。贵州、内蒙古等地一批电站开工建设，陕西、宁夏等地大型煤矿改扩建和新建，陕京二线输气管道、独山子至兰州原油成品油管道工程开工，广西、贵州氧化铝扩建等，大大加强了西部地区能源、有色金属资源的开发力度。新疆、甘肃石油深加工项目的推进，改变了西部地区向外输出资源初级产品的状况。四川、陕西、云南、西藏等地旅游资源在全国占有一定地位，贵州、宁夏等旅游"小"省，2004年旅游业发展的速度呈现成倍增长势头。新疆以棉花为主的特色经济作物已占到种植面积一半以上，四川的牧业、油料作物，陕西、广西的水果产量不仅在西部，在全国也位居前列。特色经济的发展，使西部地区经济结构开始发生变化。

农村基础设施得到重视，农民生活条件有所改善。2004年，安排1.6万公里县际公路建设，至此，4.6万公里县际公路全部开工建设。继续实施农村人畜饮水工程，安排国债资金13.9亿元，使580万人的饮水困难和饮水不安全问题得到解决。安排国债资金15亿元，用于西部部分地区农村电网建设与改造完善工程。生态移民工程安排12亿元，有28.2万人离开了恶劣的生存环境，住上了新房。农村沼气工程安排5.25亿元，又有49万农户用上了清洁能源，农村环境卫生大为改观。中央安排西部地区农村义务教育、危房改造、两基攻坚等教育资金70多亿元。继续安排突发性公共卫生医疗救治体系建设，启动西部地区农村卫生服务体系建设，计划生育及其农村基本医疗保健服务能力得到提高。加快建设县级图书馆、文化馆等项目建设，50户以上已通电自然村和新通电行政村通广播电视“村村通”工程、“西新工程”三期二阶段建设开始实施，丰富了农村文化生活。

人才开发得到加强，法制建设加快推进。2004年，国家有关部门实施人才开发项目40个，培训西部地区领导干部4000多人。“西部之光”访问学者人才培养计划，选派了257名拔尖青年科技人才到中央国家机关、国有重要骨干企业、重点高校和国家重点实验室学习进修，选派457名民族地区干部到中央国家机关和经济相对发达地区挂职锻炼。组织了“博士服务团”到西部地区挂职锻炼服务。继续实施青年志愿者活动，6100多名青年志愿去西部地区支农、支医、支教。根据《国务院2004年立法工作计划》，成立了起草领导小组和起草工作小组，通过多次调研、专家研讨、工作会议，听取各个方面意见，形成了《西部开发促进法》初步形成送审稿。

【2005年西部大开发重点任务】　2005年，是全面完成“十五”规划的最后一年，也是为“十一五”良好开局打基础的关键一年。要坚持以邓小平理论和“三个代表”重要思想为指导，用科学发展观统领西部大开发的各项工作，认真学习贯彻胡锦涛总书记对西部大开发工作的重要指示和2005年3月5日温家宝总理所做的《政府工作报告》中关于西部开发的工作内容，进一步转变观念，着力深化体制改革，积极调整经济结构，转变经济增长方式，加快基础设施和生态环境建设，加大解决“三农”问题的工作力度，加快发展特色优势产业，更加注重发展社会事业，紧紧依靠西部地区广大干部群众，同心同德，奋发图强，坚定不移地把西部大开发继续推向前进。2005年西部开发主要有以下十项重点任务：

一是继续抓好重大基础设施建设。突出交通、水利、能源等领域重大基础设施项目建设，进一步扎实打好西部开发基础。加快青藏铁路、西电东送、水利枢纽、交通干线以及重点城市市政基础设施等重大在建工程建设进度，确保有一批单项工程投产发挥效益。争取新开工建设甘肃引洮供水、新疆恰甫其海二期南岸干渠工程、喀拉塑克等水利枢纽工程，嘉陵江梯级开发航运建设工程，国道主干线连云港至霍尔果斯公路宝鸡至天水段，西部开发8条省际公路通道兰州至磨憨公路雅安至泸沽段等公路建设工程，郑州至西安客运专线、襄渝铁路安康至重庆段和达成铁路改扩建等铁路工程，乌鲁木齐机场扩建，陕西榆林等支线机场新建，西部原油成品油管道工程，内蒙古伊敏电厂等西电东送电源项目。进一步优化和完善西部地区邮政和电信网络基础设施配套建设。统筹安排一批重点城市和城镇的交通、供水、供气、环保等市政建设项目。加快南水北调西线一期工程等重点项目的前期论证。结合研究“十一五”重大问题抓紧开展西部地区重大基础设施项目的前期工作，做好重大项目储备。

二是继续推进生态恢复与保护。进一步总结经验，完善政策，巩固生态建设成果。退耕还林工程要加强协调和监督检查，把工作重点放在认真落实“五结合”配套保障措施上，切实解决好农民吃饭、烧柴、增收等长远生计问题。抓紧制定退耕还林规划及后续政策措施。2005年计划安排退耕还林任务1667万亩，荒山荒地造林2000万亩，封山育林2000万亩。加快退牧还草步伐，落实好国务院西部开发办、国家发展改革委、财政部、农业部、国家粮食局联合下发的《关于进一步完善退牧还草的政策措施的若干意见》，进一步加大工程监督检查和建设指导力度。2005年退牧还草任务先下达1亿亩，检查验收合格后，在2亿亩总规模指标内再适当追加任务。要抓紧落实配套资金，以中央投入带动地方和个人投入；加快工程进度；搞好检查验收工程。继续推进天然林保护、京津风沙源治理等工程，加强三江源地区生态环境综合治理和保护，继续抓好塔里木河生态建设和综合治理，争取2005年完成黑河流域近期治理任务，开展渭河流域综合治理。继续搞好重点城市、三峡库区和重点矿区的污染治理和国土整治。加强西部重点地区地质灾害监测与防治工作。严格监管建设项目，防止产生新的环境破坏。抓紧研究制定西部地区生态环境保护补偿办法。

三是加大解决“三农”问题工作力度。必须坚持以农业为基础，把加快改善农村生产生活条件和增加农民收入列为各级政府的主要议事日程。继续搞好农村小型公共设施和农田水利建设，安排建设人畜饮水、节水灌溉、乡村道路、农村沼气、农村电网、草场围栏、水土保持、小流域治理以及生态移民（易地扶贫搬迁）等工程，基本完成县际公路建设，全面推进农村县乡公路建设。严格保护基本农田，加强中低产田改造，稳定和提高农业综合生产能力。进一步发挥西部特色农牧业发展综合优势，制定和实施西部地区特色农牧业发展规划，加快推进乳制品、水果、肉类、棉花、中药材等特色农产品产业化进程，帮助和扶持重点龙头企业发展，支持建设一批生产基地、加工中心、农村市场体系和流通基础设施，大力提高农业综合效益。继续加强动物防疫基础设施建设，加快农牧产品流通和检验检测设施建设，加大农业技术推广工作力度。认真落实中央关于农民增收、减负的各项政策，继续拓宽农民外出务工等增收渠道，完善扶贫开发机制，巩固扶贫成果，促进西部地区新农村建设。

四是加快培育和发展特色优势产业。加快调整和优化西部地区产业结构，争取特色经济和优势产业发展取得显著进展。加强重要能源、矿产资源集中区勘查。利用好、发挥好西部地区能源、矿产、旅游、农牧业等资源优势，从各地实际出发，发挥比较优势，搞好农牧产品深加工、矿产开发及加工，加快推进新型工业化进程。培育和发展具有西部特色和市场竞争力的骨干企业，以龙头企业为依托，做大、做强一批具有全国意义的能源、石化、煤化工、矿产加工等优势产业（产品）生产加工基地。加快西部地区军工企业的改革、调整和提高步伐，建设军民结合型产业基地，做好资源型老工业城市的调整、发展和振兴工作。加强特色旅游资源的综合开发和合理保护，推动跨地区实现资源整合，有计划地推动重点红色旅游项目建设。保障少数民族地区肉类、边销茶等商品供应。积极发展循环经济，促进资源节约，加强环境保护，提高企业效益。既要充分发挥市场配置资源的基础作用，政府也要加强规划指导、创造良好的发展环境，要抓紧研究西部地区特色优势产业指导意见和有关政策措施。

五是着力加强社会发展薄弱环节。更加注重发展社会事业，优先发展科技教育卫生事业。围绕国家重大工程建设和重点产业发展，遴选一批关键共性科技问题和产业化项目，以科研基地、重点实验室和工程技术研究中心为依托，加大特色优势产业的技术支撑力度。要集中力量重点加强义务教育特别是农村义务教育，扎实抓好西部地区“两基”攻坚计划实施，确保到2007年如期实现目标。有序推进西部地区农村寄宿制学校建设工程、农村中小学现代远程教育工程等建设。确保向农村义务教育阶段贫困家庭学生免费提供教科书、免除杂费和补助寄宿生生活费资助政策落到实处。积极发展职业技术教育，加强农民工技能培训。加强重点传染病、地方病防治，重点支持农村卫生基础设施和农村基层计划生育服务体系建设，积极稳妥地扩大新型农村合作医疗的试点，建立和完善农村贫困家庭医疗救助制度。进一步做好部分计划生育家庭奖励扶助制度和“少生快富”扶贫工程试点工作，逐步增加专项资金支持。继续推进“西新工程”、“村村通广播电视”工程和电影“2131”工程，积极探索建立农村广播影视公共服务体系。扶持西部农村文化基础设施建设。深入推进“全国文化信息资源共享”工程、民族民间文化保护工程和送书下乡工程，做好西部地区文物和历史遗迹等保护工作。加快推进西部地区社会保障事业发展。

六是有效推动重点区域发展和加强东西合作。统筹区域协调发展，以促进企业集中布局、土地集约利用、资源节约使用、污染集中处理、培育优势产业和企业为目标，发展有特色、竞争力强的西部区域经济增长极。要把促进条件较好的重点区域、重点地带加大开发力度与合理限制自然生态脆弱地区盲目发展有效结合起来，把促进中心城市与所在区域特别是农村地区发展协调起来，加强对革命老区、民族地区、边疆地区和贫困地区的政策支持，加快改变落后面貌。加大对人口较少民族的支持力度，继续实施“兴边富民”行动。加强西部与东中部地区之间的经济交流与合作，努力探索市场经济条件下新型区域合作机制和东中西地区良性互动机制。东部地区要认真落实对口支援西部地区的任务。

七是加快法制建设步伐。推进依法行政，把西部大开发工作纳入法制化轨道。抓紧制定《西部开发促进法》和《西部开发生态环境保护和建设监督条例》等法律法规。继续搞好“四五”普法教育，改善西部地区法制环境，加强严格执法，切实保护好各类投资者的合法权益和保障人民群众根本利益。

八是进一步落实人才强国战略。加强人才队伍建设，为西部开发提供各类人才保障。要以着力提高西部地区人才开发能力为基础，以高层次人才队伍建设为重点，进一步研究完善和落实西部地区人才工作的政策措施，认真实施《西部地区人才开发十年规划》。抓紧研究出台进一步吸引人才、留住人才、培养人才的西部开发人才政策措施的意见。继续抓好西部地区领导班子、专业技术队伍和技能人才队伍建设，加大干部交流和人才培训力度，进一步加强对西藏、新疆等少数民族干部的培养，做好干部援疆、援藏工作。继续实施“博士服务团”、“西部之光”、东西部公务员对口培训和西部引智工程等多种形式的智力援助计划，组织实施大中城市专业技术人员到西部地区基层支援工作的“援西工程”。加强人才市场建设，健全人才流动机制，鼓励人才以多种形式为西部地区服务。

九是扎实推进改革开放。进一步解放思想、实事求是，加快体制创新和机制创新，发挥市场机制对资源配置的基础性作用，注重用改革的办法来加快解决西部大开发面临的困难和问题。积极推进西部地区国有经济布局和结构调整，深化国有企业改革，大力发展非公有制经济。研究改革资源税、加快建立电信普遍服务基金、完善中央财政对地方的转移支付制度等政策措施。转变政府职能，深化行政管理体制改革，切实落实国家重点支持西部大开发的政策措施，促进有关部门抓紧制定《国务院关于进一步推进西部大开发的若干意见》（国发［2004］6号）中政策措施的实施细则。要以建立财政资金、信贷资金和社会其他资金共同支持西部开发的长效机制为主要目标，抓紧建立西部开发长期稳定的专项资金渠道。努力创建良好的发展环境，进一步扩大西部地区对内对外开放。鼓励外商投资西部地区优势产业和基础设施建设，推动东部地区外商投资企业到西部地区再投资。采取有效措施，促进西部地区特色产品出口。简化通关程序，加强边境口岸和跨境基础设施建设，大力支持与周边国家开展经贸合作和技术交流，加快发展边境贸易。把“引进来”与“走出去”相结合，加强与周边国家和地区在能源、科技、基础设施和人力资源等领域开展经济合作。

十是做好“十一五”西部开发总体规划编制工作。加强科学论证，在认真总结“十五”西部开发总体规划实施情况的基础上，以科学发展观为指导，深入研究西部地区“十一五”

及更长远发展的重大问题，广泛征求社会各界意见，编制出一个“管用”的“十一五”西部开发总体规划。研究制定有关专项规划，加强对西部大开发的重点任务、特色优势产业、重点经济地区、重点工程项目的研究工作。

（国务院西部地区开发领导小组综合规划组）

2004年全国扶贫开发工作概况

【综述】 2004年，是我国实施《中国农村扶贫开发纲要》以来形势最好的一年。592个国家扶贫开发工作重点县农民人均纯收入达到1582元，比上年增加7.3%，高出全国平均水平0.5个百分点。全国农村人均668元以下没有解决温饱的绝对贫困人口减少290万，下降10%；人均924元以下的低收入人口减少了640万，下降11.4%；两者都是近五年来减少幅度最大的一年。取得这些成绩的主要原因是：第一，党中央、国务院高度重视扶贫工作。中央确立以人为本的科学发展观和加强宏观调控的正确决策，为加快贫困地区发展创造了十分有利的条件。胡锦涛、吴邦国、温家宝、贾庆林和回良玉等中央领导同志深入贫困地区实地考察、访贫问苦，多次做出重要指示和批示，不仅对扶贫开发工作有很强的指导作用，而且对广大扶贫战线的同志和贫困地区干部群众是一个极大的鼓励。第二，支持“三农”的氛围明显升温。去年党中央和国务院出台了一系列支持“三农”的重大举措，对扶贫开发起到了重要促进作用。第三，从中央到地方普遍加大扶贫投入。去年中央财政扶贫资金达到了122亿元，比上年增加了8亿元。各地安排的配套扶贫资金超过了30亿元。发改委、财政、交通、农业、水利、科技、教育、卫生等部门发挥自身优势，在安排行业资金中向贫困地区重点倾斜，增加对贫困地区的投入。比如，交通部安排贫困地区车购税资金58.14亿元，涉及项目总里程8.4万公里。教育经费中用于资助贫困学生的规模达到11.7亿元，为中西部地区农村义务教育阶段2400多万贫困家庭学生免费提供教科书。水利部在国债投入中安排13亿元资金，解决中西部地区679万人的饮水困难。第四，扶贫工作更加扎实。各有关部门及扶贫系统的同志从贫困地区的实际出发，求真务实、积极探索，进一步明确目标，突出重点，扎实工作，提高了扶贫开发的成效。特别值得指出的是，在新阶段扶贫开发难度加大的情况下，取得这样的成绩来之不易，不仅向实现“纲要”确定的战略目标前进了重要一步，而且坚定了广大扶贫战线同志和贫困地区广大干部群众战胜贫困、如期实现“纲要”目标的信心。

【政策措施】 2004年也是扶贫工作很不平凡的一年。由于上年全国农村贫困人口不减反增，引起了国内外社会的广泛关注。总体上对我国扶贫开发工作是肯定的，但也出现了对扶贫形势的判断和对开发式扶贫方针的质疑或不同看法。针对这些问题，一年来，在扶贫开发领导小组的直接领导下，各级党委政府、扶贫部门和各有关部门坚持开发式扶贫方针不动摇，始终瞄准贫困群体，突出工作重点，改进作风，改革机制，积极主动地开展了大量富有成效的工作。

第一，加强扶贫政策调研。为了进一步统一认识，理清思路，明确重点，上年扶贫部门开展了大量、深入的调查研究。一是对上年贫困人口反弹较多的河南、陕西、黑龙江、内蒙古等省区，进行了重点调研，查找返贫原因，研究巩固温饱成果的对策。二是对市场经济条件下创新扶贫工作机制组织了专题调研，集中研究了整村推进、产业化扶贫、建立担保基金、改革贴息方式等重大问题。三是对中央有关政策在贫困地区实施后的收益进行了分析和调研。如对免除农业税和扶持粮食生产政策在贫困地区的效益进行调查研究，提出了建议。

第二，大力组织实施“整村推进”扶贫开发规划。在黑龙江省召开现场会，组织592个重点县扶贫办主任实地考察，交流经验，推动“整村推进”扶贫开发规划的组织实施。经过各地、各部门的努力，这项工作取得了显著的成效。全年共完成1.1万个贫困村扶贫开发规划的实施，新增基本农田147.2万亩、新增改扩建道路15.9万公里，新增及改良人工草场面积421.8万亩，新增教育、卫生用房199.6万平方米，解决553.7万人、589.8万头牲畜饮水困难。上述各项指标都创造了新阶段扶贫开发以来的最高水平。

第三，进一步改革和规范扶贫资金项目的管理。一是加快资金拨付速度。针对各地反映资金下拨速度缓慢的问题，扶贫办和财政部联合下发了“做好扶贫资金项目计划工作的通知”，要求各地项目提前准备，实行中央财政扶贫资金存量部分年初先行拨付、增量部分人代会后再拨的办法。二是改革“三西”建设资金项目的审批管理方式。“三西”建设资金项目由原来国务院扶贫办、财政部、发改委直接审批具体项目，改为审核备案制，进一步贯彻了国务院下放管理权限的精神。三是积极推进信贷扶贫工作。针对当前扶贫贷款到户难的实际情况，扶贫办与财政部、中国农业银行联合印发了《关于认真做好扶贫贴息贷款工作的通知》，对扶贫贴息贷款使用投向、项目认定、贴息期限和利率等方面做出了规定。同时，经国务院批准，扶贫办和财政部在全国11个省各选择3个县，组织开展了扶贫到户贷款贴息方式改革的试点。目前，试点工作进展顺利，效果良好。四是进一步完善了公告公示制度。以领导小组的名义下发了“建立和推行扶贫资金项目公告公示制”的有关规定，进一步规范了扶贫资金管理办法，增强了透明度。五是加强检查、审计工作。去年年初扶贫办会同财政部、发改委等六部委，组织开展了全国扶贫资金使用情况的联合检查。同时扶贫办和审计署、发改委、财政部等单位还联合下发了《关于进一步做好扶贫资金审计、监督工作的意见》，扩大了扶贫资金的审计面，加大了上审下的力度。

第四，加强扶贫培训工作。全年共举办市、县、乡三级党政干部和扶贫业务干部培训班13期，培训学员2420人，圆满完成《贫困地区党政干部培训规划》确定的年度任务。去年国务院扶贫办在全国认定了11个贫困地区劳动力转移培训示范基地，各省区市扶贫办也认定了一批培训基地，积极开展对贫困农民的培训。全年扶贫系统共培训贫困地区劳动力45万人，就业率达到80%以上，成为贫困农户增收脱贫的重要渠道。

第五，广泛动员社会力量参与扶贫和开展国际交往。去年社会扶贫工作力度加大，国际交往成效显著。5月，上海全球扶贫大会的成功举办和与联合国开发计划署共同筹建中国国际扶贫中心协议的签订，进一步扩大了我国扶贫开发的国际影响。9月，在联合国“消除贫困与饥饿”峰会上，国务院扶贫办代表中国政府阐述了对消除贫困和饥饿的主张，再次得到了国际社会的好评。7月，回良玉副总理在中央国家机关单位定点扶贫工作会议上，对定点扶贫工作进行再动员、再部署。10月，在国际消除贫困日纪念大会上，回良玉副总理发表了重要讲话，并颁发了首届“消除贫困奖”，扶贫办与全国工商联签署了全面合作协议，进一步引导非公有制经济参与扶贫开发，在社会上引起了强烈反响。11月全国扶贫开发工作会议上，首次以国务院名义对东西扶贫先进单位和个人进行了表彰。上述会议和表彰宣传活动，收到了良好的效果，全国范围形成了扶贫济困的浓厚氛围。据不完全统计，全年中央国家机关单位有5296人次深入定点帮扶县考察（其中参加调研的副部级以上领导254名），选派挂职蹲点干部564名，直接投入帮扶资金6.5亿元、物资折款5600万元，引进资金18亿元，帮助劳务输出2万多人。同时，各部门在工作安排上高度重视向贫困地区、贫困群体倾斜。各省区市党政机关共向定点帮扶地区选派挂职蹲点干部9268名，直接投入帮扶资金21亿元、物资折款3.8亿元，引进资金36亿元。东部沿海发达省市向对口支援的西部省区共选派挂职干部1120名，支持各类援助资金5.9亿元，企业协作投资59.9亿元。上述各级党政机关单位和东部沿海发达地区向贫困地区投入、引进的各类资金总量达到了150亿元，超过了中央财政扶贫资金的规模。同时，去年国家明确，对于向中国扶贫基金会捐款的纳税人，实行税前全额扣除的优惠政策，这为进一步动员各种经济组织、经济实体参与扶贫开发开辟了更加广阔的空间。

各领导小组成员单位充分发挥自身优势，深入贫困地区调查研究，积极开展工作。去年，财政部就贫困县财政体制改革、加强扶贫资金监管等问题进行了多次调研，并与扶贫办等有关部门合作在河北、江西、新疆三省区开展了“财政扶贫资金管理信息系统”的试运行工作。农业银行积极支持扶贫龙头企业认定，正着手制定有关优惠政策。国家民委大力推进“人口较少民族贫困地区扶贫开发规划”的制定工作。国土资源部和扶贫办联合开展了地质灾害频发贫困地区的扶贫调研。共青团中央推出“农村青年转移就业促进计划”。全国妇联积极组织贫困妇女技能培训，等等。各领导小组成员单位卓有成效的工作，为推动全国的扶贫开发发挥了重要作用。

2004年扶贫开发工作取得了很大成绩，有主观的努力，同时，年景较好、灾害不重也是重要原因，因此对扶贫开发的形势不可估价过高。进入新阶段扶贫难度加大，巩固温饱的任务繁重，弱势群体的弱势地位更为突出的基本格局并未改变，投入力度和工作力度与完成“纲要”任务尚有差距，一些地方追求表面政绩，放松扶贫开发工作的现象依然存在。

（国务院扶贫开发领导小组办公室　谢鸿浔）

2004年扶贫工作及2005年扶贫工作重点和政策措施

【2004年扶贫开发工作情况】 2004年，各地区、各部门认真贯彻落实中央关于做好扶贫开发工作的各项要求，以科学发展观为指导，不断完善扶贫开发机制，加大投入，明确重点，扶贫开发工作取得了明显成效。

按照十六届三中全会的精神，结合新的扶贫形势和任务，2004年国家有关方面明确提出，扶贫开发要按照“五个统筹”、“五个坚持”的要求，树立科学的发展观，把“发展”作为解决贫困地区所有问题的关键，把扶贫开发融入到县域经济发展、农村经济发展中统筹考虑，依据国民经济和社会发展计划的目标和要求，确定贫困地区的发展目标、相关政策和主要任务。

按照加强规划编制工作和规范建设项目审批管理的要求，结合“十一五”有关专项规划编制工作，并考虑到扶贫工作涉及面广，工作量大，2004年提前开展了《国家“十一五”以工代赈建设规划》编制工作。在编制过程中，进一步摸清家底，掌握基础资料，并注重明确目标和任务，突出重点，增强规划的科学性和可操作性。使以工代赈建设规划在融入国民经济和社会发展规划的基础上，积极与其他农村经济发展专项规划有机衔接，更好地服务于当地经济发展、结构调整和农民增收。

2004年，中央专项扶贫资金共安排307亿元，比上年增加8亿元。其中：财政扶贫资金82亿元，以工代赈40亿元，扶贫贷款185亿元。在此基础上，还安排了24亿元国债资金专项用于以工代赈。财政扶贫资金和以工代赈资金集中用于国家扶贫开发工作重点县。中央扶贫资金对于改善贫困地区的生产生活条件，增强自我积累和提高自我发展的能力，促进贫困农民增收发挥了重要的作用。与此同时，中央对贫困地区的其他资金和政策支持力度也进一步加大，国债资金重点安排乡村道路、人畜饮水、退牧还草等农村中小型基础设施建设，为提升贫困地区基础设施水平，改善生态环境，促进贫困地区全面发展打下了良好的基础。

2004年，国家继续加强教育、卫生、文化等社会事业建设，并积极向贫困地区倾斜，有力地促进了贫困地区社会事业的发展。教育方面，重点加强农村义务教育，全面启动实施了西部地区“两基”攻坚计划，安排国债资金建设农村寄宿制学校880多所，帮助1570万中小学生实现了现代远程教育，支持280多所县级以上优质普通高中改善教学实验设施；卫生方面，加强农村公共卫生体系建设，1300多个县级疾病预防控制中心基本建成，近3800个乡镇卫生院的医疗条件得到了改善，集中采购和配备农村巡回医疗车1700多辆；文化方面，建设县级文化馆、图书馆305个，支持广播电视“村村通”项目43000个，同时还安排了“西新工程”三期第二阶段建设项目、旅游景区基础设施建设项目及农村电影放映“2131”工程建设。

2004年，国债中安排易地扶贫搬迁试点资金12亿元，计划搬迁贫困人口28.4万人。在前三年试点的基础上，2004年的易地扶贫搬迁试点资金仍全部安排到西部地区，重点搬迁国家扶贫开发工作重点县中生活在自然条件差、不具备生存条件地区的农村贫困群众，并兼顾受地质灾害严重威胁的农村贫困群众，及生态工程建设需要搬迁的贫困农牧民。有关省区在组织实施过程中，把易地扶贫搬迁进一步与退耕还林、退牧还草、天然林保护等生态工程相结合，并把促进搬迁群众长远发展作为着力点，妥善处理好眼前利益和长远利益的关系。

根据党中央、国务院关于进一步解决好困难群众生产生活问题的指示，2004年扶贫开发工作进一步瞄准贫困群众，着重解决他们生产生活中的实际困难和问题。一是以工代赈等中央扶贫资金进一步向老少边穷地区和受灾严重的贫困地区倾斜，帮助灾后重建，尽快恢复生产；二是将受地质灾害严重威胁的农村贫困群众列入易地扶贫搬迁试点范围，予以优先考虑，切实保障其生命财产安全；三是国家专项救济救助资金进一步向灾区和特困群众倾斜，稳定困难群众的生产生活。

在国务院扶贫开发领导小组的统一部署下，中央国家机关以及有关团体定点扶贫工作进展顺利，挂职干部充分发挥自身的优势，帮助定点帮扶县做好工作，谋思路，提建议，干实事，促进了当地经济社会各项事业的发展。挂职干部在基层工作中也受到教育和锻炼，深入了解了基层的实际情况，提高了政治素质和工作能力。同时，通过干部交流、企业合作、劳务输出等形式，东西扶贫协作成效明显，为西部地区办了大量好事、实事，为贫困群众解决了许多生产生活中的实际困难。

在以往工作的基础上，2004年利用日元贷款在贵州省组织开展了武陵山区扶贫贷款项目，贷款规模为110亿日元（折合人民币90390万元），重点进行交通、供水、医疗卫生、中小学教育等项目建设，涉及12个县449万人。同时，在广西、四川、云南等地实施世行贷款西南扶贫项目，贷款规模为1亿美元。

2004年扶贫开发工作成效明显，年底全国农村共有贫困人口2610万人，比上年底减少290万人。同时，扶贫开发工作也面临不少困难和问题，特别是继续推进扶贫开发工作的难度加大，返贫问题突出，扶贫开发的长效机制尚待完善。

【2005年扶贫开发工作重点和政策措施】 2004年11月，国务院召开全国扶贫开发工作会议，对今后几年扶贫开发工作进行安排部署。2005年，要切实贯彻会议精神，围绕欠发达地区的经济社会发展、贫困农民增收、完善扶贫开发机制等问题，坚持开发式扶贫方针，坚持解决温饱和巩固温饱同时推进，进一步做好扶贫开发工作。

根据中央关于"加大对老少边穷等欠发达地区和困难地区的支持力度"的要求，2005年要进一步完善扶持贫困地区发展的有关政策措施。一是进一步完善财政转移支付制度，增加中央对西部贫困地区的一般性转移支付和专项补助资金；二是进一步做好对口支援工作，鼓励先富帮后富；三是在落实好中央有关支农政策的基础上，在592个国家扶贫开发工作重点县开展免征农业税试点工作；四是在资金投入和重大建设项目安排等方面对贫困地区给予更多的扶持。

根据中央关于制定国民经济和社会发展"十一五"规划，及编制专项规划的有关要求，抓紧做好"十一五"以工代赈建设规划、"十一五"易地扶贫搬迁工程建设规划的编制工作，并与其他相关建设规划相衔接。通过建设规划，一方面，增强项目建设的规范性，做到按规划安排项目，按项目安排资金；另一方面，促使扶贫资金与贫困地区其他相关建设资金有机结合，集中解决突出问题，避免重复建设，提高资金使用效益。

国家安排的退耕还林、天然林保护、以工代赈、乡村公路等农村中小型基础设施建设项目，要进一步向老少边穷等欠发达地区倾斜，并做到适当集中。特别是要集中建设对当地经济发展带动作用强，与农民增收关系密切的中低产田改造、小型水利、乡村公路等工程。在建设过程中要妥善处理好开发与生态环境的保护、恢复和改善的关系。为发挥贫困地区的劳动力优势，增加贫困农民收入，要积极动员和组织贫困群众对其直接受益的农村小型基础设施建设投工投劳，国家通过直接补助、"以工代赈"或者"以奖代补"等方式给予鼓励。积极探索贫困地区产业化扶贫的有效途径，通过扶持龙头企业等方式，带动贫困地区调整产业结构，增加群众收入。

结合《农村社会事业发展规划》的编制，提出"加强农村社会事业基础设施建设的若干意见"的建议，明确投入政策和机制、增加政府投入并扩展投入渠道，指导和规范农村社会事业设施建设。教育方面，全面贯彻《国务院关于进一步加强农村教育工作的决定》，切实加强农村教育，大力开展贫困地区劳动力培训和转移，增强人力资源对贫困地区经济社会可持续发展的支撑作用；卫生方面，进一步加强农村卫生基础设施建设，加快和完善公共卫生体系建设，努力提高贫困地区居民医疗保障水平；文化方面，努力抓好县级文化馆和图书馆建设，着力实施"西新工程"，继续推进"村村通"工程，切实抓好农村电影"2131工程"，完成《农村公共文化体系建设规划》的编制。此外，坚持计划生育基本国策，稳定低生育水平，提高出生人口素质，继续搞好贫困地区"少生快富"试点工作。

以工代赈作为扶贫开发中一项特殊的投资政策，在修建工程的同时，还能促进就业，增加群众收入。针对目前贫困地区生产生活条件差、剩余劳动力多、收入水平低的问题，要进一步发挥好以工代赈的作用。一是根据中央有关要求，争取扩大以工代赈规模；二是以老少边穷等欠发达地区和贫困人口相对集中的地区为主战场，着力改善经济发展环境和群众生产生活条件；三是进一步动员和组织广大贫困群众参加工程建设，完善以工代赈劳务报酬政策。

继续安排好专项资金，因地制宜地做好易

地扶贫搬迁工作。一是在摸清土地、水利等资源承载条件的基础上，稳步推进这项工作，防止一哄而起；二是要求各地结合当地实际和特点，因地制宜地确定搬迁人口、安置方式、补助标准和建设内容，明确有关配套政策；三是按照“搬得出、稳得住、能致富”的原则，高度重视搬迁后的长远发展问题，进一步拓宽搬迁群众的增收渠道；四是针对住房补助、土地调整等政策性强的问题，加强调查研究，因地制宜地制定解决问题的办法。

根据国务院关于加强扶贫资金管理、提高资金使用效益的有关要求，2005 年国家扶贫专项资金要集中用于国家扶贫开发工作重点县，并向贫困人口多、基础设施薄弱、贫困程度深的地区倾斜。同时，各项扶贫资金和农村建设的其他资金要按照农村发展规划做到明确分工、互相结合，发挥资金的整体效益。地方政府要千方百计筹措资金，不断增加扶贫投入。此外，各级有关部门应加强对计划执行、项目审批、资金安排和使用情况的监督检查，并建立由计划、项目、资金、稽查、审计、纪检等部门共同参加的监管体系，定期检查，并积极推行公示制，切实发挥人民群众和社会舆论的监督作用。加大扶贫信贷资金到户工作力度，开展扶贫信贷资金到户试点工作。

积极开展扶贫领域的国际交流与合作，既有利于通过利用外资加快我国贫困地区脱贫致富的步伐，又有助于借鉴国际扶贫经验，完善我国的扶贫开发机制。2005 年要在改善贫困地区投资环境的基础上，争取更多国际组织和外国政府贷款用于扶贫开发，并努力降低利用外资的成本，减轻贫困地区利用外资的负担。继续做好世行与英国政府混合贷款西南扶贫项目，及日本协力银行贷款武陵山区扶贫项目。同时，积极参加世行、亚行等国际组织和政府机构的交流与研讨，积极探讨消除国际贫困问题的途径，为全球减贫事业作出应有的贡献。

（国家发展和改革委员会地区经济司）

2004 年民族地区经济运行情况分析与 2005 年经济发展展望

【2004 年民族地区经济运行情况分析】 2004 年是实现“十五”计划的关键一年，民族地区积极落实科学发展观和中央宏观调控的一系列政策措施，千方百计加快经济发展，在工业、投资和消费的强力拉动下，经济保持了快速发展的势头，呈现出速度快和效益好的良好局面。同时，随着民族地区煤、电、油、气等资源的逐步开发，对于缓解我国能源紧张也做出了贡献，促进了民族地区资源优势向经济优势的逐步转换，带动了民族地区经济快速增长。

2004 年，民族地区（指 5 个自治区和贵州、云南、青海 3 个多民族省，下同）国民经济保持了快速健康协调发展势头，呈现经济持续快速发展，质量和效益持续提高，结构进一步优化的良好势头。初步测算，2004 年民族地区 GDP 为 13922 亿元，按可比价格计算，比上年增长 13%；地方财政一般预算收入 1069 亿元，比上年增长 21.1%；规模以上工业企业盈亏相抵后实现利润总额 781 亿元，比上年增长 80.3%；全社会固定资产投资完成 7300 亿元，比上年增长 30.8%；社会消费品零售总额 4067 亿元，比上年增长 15.2%；城镇居民人均可支配收入达到 7965 元，农牧民人均纯收入 2100 元。

民族地区 GDP 同上一年相比增量达到 2399 亿元，创历史新高。经济总量从 2002 年的10037亿元到2004年的13922亿元只用了两年时间，期间增量近4000亿元，实现了过去需要6年才能实现的增加4000亿元的目标。人均GDP达到7582元，超过800美元大关，标志着民族地区经济发展进入一个关键阶段。

在8个民族省区中，广西和新疆GDP分别突破3000亿元和2000亿元大关。与上年相比，内蒙古、广西和云南GDP增量均超过500亿元，广西达到587亿元。

2000年民族地区经济运行步出谷底，从而拉开了新一轮经济周期的序幕。2000至2004年GDP增长分别为8.1%、8.3%、9.8%、11.3%和13%。增幅创1986年以来新高，增长轨迹表明民族地区经济运行正处在新经济周期的上升阶段。全社会固定资产投资增长30.8%，增幅创1994年以来新高；社会消费品零售总额增长15.2%，增幅创1996年以来新高。

在民族八省区中，内蒙古生产总值增长速度达到19.4%，连续两年保持全国第一。

产业结构进一步优化，第二产业贡献突出。2004年，民族地区第一、二、三次产业增加值占GDP的比重分别为20.6%、44.7%和34.7%。其中第二产业比重比去年提高2.7个百分点。第二产业成为经济增长的第一推动力。

重点行业、重点地区和优势产业保持较快增长，有力地支撑了民族地区工业经济加快发展。传统优势产业得到进一步改造提升，新的优势产业加快培育发展，工业主导地位进一步强化。煤炭开采和洗选业、食品制造业、交通运输设备制造业、有色金属冶炼及压延加工业、农副食品加工业、黑色金属冶炼及压延加工业、烟草制品业、专用设备制造业、化学制品制造业和电力热力生产及供应等行业增长明显，成为拉动民族地区工业较快增长的主要动力。内蒙古、广西、云南和新疆四省区工业增加值的新增额占民族地区新增额的79.1%。2004年，民族地区重工业实现增加值2429亿元，增长25.3%，轻工业实现增加值1175亿元，增长17.3%，重工业总量和增长速度均高于轻工业。

2004年，民族地区能源产量得到较大幅度提高，对东部地区经济贡献逐步增大。2004年，民族地区原煤产量达到3.4亿多吨，比上年增长32.9%，占全国原煤产量比重比上年提高5.9个百分点；民族地区发电量3062亿千瓦时，比上年增长13.6%，比全国增幅高2.1个百分点。“西电东送”是我国西部大开发的标志性工程之一，也是变西部地区资源优势为经济优势、促进东西部地区经济共同发展的重要措施。在“西电东送”的8个主要送电省区中，民族地区有贵州、云南、广西、内蒙古等4个，四川的水电项目也多在民族自治地方，成为我国“西电东送”的南北两大基地。2004年全国电力供应出现紧张状况，为确保“西电东送”大局，民族地区在用电趋紧的情况下，克服困难完成了外送电量目标。贵州省2004年送省外电量比上年增长51.9%，其中送“两广”电量增长57%。云南1~9月向广东送电50多亿千瓦时，内蒙古送北京的电量占北京用电量的1/5。

2004年，民族地区农业的基础地位得到进一步巩固。由于民族地区加大对农业的投入和扶持力度，农业生产实现较快增长，农业的基础地位得到进一步巩固。民族地区粮食生产呈现恢复性增长。云南全年粮食总产量突破1500万吨大关，再创粮食生产历史最高纪录；内蒙古粮食产量创1999年来新高，达到1500万吨；贵州粮食产量达到1150万吨，是历史上第二个高产年；宁夏将达到300万吨左右；新疆将达到840万吨。

畜牧业生产成为拉动农林牧渔业增长的稳定因素。2004年，内蒙古肉类产量比上年增长16.8%，牛奶产量增长59%；广西畜牧业生产拉动农林牧渔业总产值增长3个百分点，肉类总产量同比增长7.4%，牛奶产量增长22.3%；云南肉类产量增长9.3%，牛奶产量增长30.5%；新疆肉类产量增长11.3%，牛奶产量增长17.7%。

2004年，民族地区农牧业产业化发展势头强劲。内蒙古投资1亿元以上的重点项目有38个，投资规模达到75亿元。一批新的重点项目的实施，为内蒙古农牧业产业化的发展注入强劲动力。内蒙古现有销售收入超过500万元的农畜产品加工流通企业有280家，超亿元的有38家，超10亿元的有5家。2004年，伊利、蒙牛的销售收入均有望突破百亿元。内蒙古现有重点龙头企业58家，销售收入占全区的农畜产品加工流通企业总销售收入的75.6%，带动了近百万农户走上了致富之路。

2004年，民族地区第三产业发展态势持续良好。传统的批发零售贸易和餐饮业继续得到加强，运输邮电仓储业快速发展，现代物流成为第三产业的支柱产业；新兴的房地产业和旅游业做大做强；新兴的信息咨询业、会展业、卫生体育保健业、科技服务业和社区服务业等发展势头强劲。全年第三产业增长11.2%，比上年提高1.4个百分点。

投资对经济增长的贡献仍然很高。由于落实国家宏观调控政策措施得当，加上非国有投资和重大项目的强力推动，全社会固定资产投资依然保持较快的增长态势。初步测算，全社会固定资产投资完成7300多亿元，增长30.8%。全社会固定资产投资成为推动经济持续快速增长的强大动力。投资结构进一步优化，工业技改投资继续保持高速增长；基础性行业投资继续加强；农林牧渔业投资增长加快，电气机械及器材制造业、交通运输设备制造业等高技术产业投资高速增长，电力、煤气及水的生产供应业、交通运输仓储和邮电业、水利环境和公共设施管理业和教育完成投资持续稳定增长。国家宏观调控的重点领域如房地产业、钢铁行业、水泥行业和铝业投资增幅继续回落。

2004年，民族地区消费市场持续旺盛。强劲的投资需求转化为有效旺盛的消费需求，市场消费逐季加快。城市消费保持强劲增势，农村消费逐渐加快，个体经济、私营经济、外商投资经济和股份制经济等非公有制经济消费品零售额快速增长。全年社会消费品零售总额突破4000亿元，达到4067亿元，比上年增长15.3%。汽车类、家具类、建筑装潢材料类、数码相机和摄像机、通讯器材类、体育娱乐用品、化妆品和金银珠宝等商品继续旺销，消费结构不断升级。

2004年，民族地区外贸出口成效显著，对外开放进入新阶段。在民族地区经济快速增长和国际市场需求的拉动下，进出口额创历年最高记录。初步测算，2004年，民族地区完成外贸进出口总额突破200亿美元，达到206亿美元，比上年增长32%。增量达到近50亿美元，也创历史新高。

2004年，民族地区规模以上工业企业实现产品销售收入9309亿元，比上年增长32.3%，比全国平均水平高近1个百分点。工业企业实现利润总额达到781亿元，比上年增长80.3%，比全国增幅高42.1个百分点。亏损企业亏损额119亿元，比上年增长2.7%，比全国增幅低8.5个百分点，其中国有及国有控股亏损企业亏损额比上年下降1.5个百分点。云南、西藏和新疆工业总资产贡献率均高出全国平均水平，云南达到19.4%，比全国高7.14个百分点，居全国第二，新疆达到16.73%，居全国第三。

2004年，民族地区财政收入突破1000亿元大关，达到1069亿元。广西、云南的财政收入均超过200亿元，内蒙古接近200亿元。3个省区的财政收入占民族地区的65.2%。内蒙古财政收入增长速度达到41.5%，居全国第一。

2004年，民族地区城乡居民收入不断提高。全年民族地区城镇居民人均可支配收入达到7965元，比上年增加703元。农牧民人均纯收入大幅度增加，全年民族地区农民人均纯收入2100元左右，比上年增加219元。

【2004年民族地区经济运行中存在的主要问题】　2004年，民族地区宏观经济呈现出速度和效益同步提高的良好态势，但经济运行中也存在一些问题。其中的一些是全国的共性问

题，如煤电油运要素制约，国家宏观调控所引起的建设项目资金筹措困难、市场物价继续上涨压力较大等，还有一些是民族地区所面临的特殊问题。

近年来，尽管民族地区与全国经济发展速度的差距在缩小，但经济发展水平的差距仍在拉大。2004 年民族地区经济增长速度比东部地区的 14.0%低 1 个百分点。民族地区 GDP 占全国的比重从 1992 年的 10.2%下降到 2004 年的 8.5%。与全国相比，人均生产总值的绝对差距由 1992 年的 625 元扩大到 2004 年的 5343 元。

全国 592 个国家扶贫工作重点县中，民族自治地方县有 267 个，占 45.1%。人均纯收入低于 637 元的少数民族地区绝对贫困人口有占同期全国绝对贫困人口的比重为 45%左右；据调查分析，少数民族贫困县整体贫困问题得到明显缓解的同时，局部地区的贫困问题仍很严重。特别是内蒙古、滇、黔、湘、桂、川、渝、青、新、陇、宁等 11 个省、区中，还有 77 个少数民族贫困县，属于特困少数民族地区。涉及到 20 个民族、390 万人。这些特困少数民族地区贫困面大，贫困发生率高，大多呈整体贫困状态，自然条件恶劣，生产生活条件差，教育卫生落后，地方病、传染病发病率高，是扶贫工作的难中之难。

2003 年，民族地区农村全面小康实现程度除内蒙古和广西外，其余 6 个省区全面小康实现程度均为负值。内蒙古实现程度排在全国第 20 位，其他民族省区排在后 8 位。

受宏观调控影响，2004 年民族地区投资增速回落幅度大于东部地区。与 1～4 月相比，1～11 月民族地区投资增速回落 19.6 个百分点，而东部地区投资增速回落 12.9 个百分点。

前三季度，民族地区金融机构新增贷款量比上年同期减少 253 亿元。新疆国内贷款下降 16.6%，债券下降 38.9%，利用外资下降 13.9%。云南金融机构新增贷款量比上年同期减少 86.33 亿元，仅为上年同期的 78.8%，贷款投放严重不足，企业流动资金紧张。

2004 年，民族地区气候异常，各种自然灾害不仅频繁发生，而且种类多、覆盖面广、持续时间长。洪水、风雹、泥石流、山体滑坡、地震等灾害的严重程度历年少见。

【2005 年民族地区经济发展展望】 展望 2005 年，民族地区经济在三次产业持续加快发展和内外需求强劲拉动下，特别是在推动工业化进程、加强基础设施建设和加快服务业发展等方面将会有新的突破和出现新的亮点，产业结构和消费结构优化升级步伐将进一步加快，经济发展在国家宏观调控各项措施和国民经济在各方面有利因素综合作用下，我们预测民族地区经济仍将保持较快的增长势头。上述判断主要基于：

一是经济增长的体制环境进一步改善。党的十六届三中、四中全会提出树立科学发展观的思想，有利于经济增长方式的转变，有利于国家加快各地区协调发展的步伐，有利于民族地区统筹经济社会协调发展和统筹城乡协调发展。同时也会有利于改善非公有制经济和中小企业发展环境，进一步放宽市场准入，刺激市场力量和民营经济的加快发展，都将有利于保持民族地区经济的持续稳定健康发展。

二是民族地区经济发展的政策环境进一步完善。2005 年我国第三次中央民族工作会议前后，先后出台了《中共中央、国务院关于进一步加强民族工作、加快少数民族和民族地区经济社会发展的决定》、《国务院实施〈中华人民共和国民族区域自治法〉若干规定》。进一步将《民族区域自治法》涉及促进少数民族和民族自治地方加快发展的经济社会法律条款具体化，为民族地区加快发展创造有利的法制和政策环境。

三是国际经济环境进一步趋好，世界经济复苏迹象明朗，国际环境向好。国际货币基金组织预测 2004 年全球经济将增长 4.6%，其中美国、日本、欧盟均呈现加快的态势。同时我国周边的俄罗斯、印度、东南亚以及中国香港地区经济增长也在加快。全球制造业正加速向中国转移，为我国和民族地区出口的较快增长创造有利的外部条件。

四是市场活力对经济发展的推动将会进一步增强。目前，民族地区经济增长已经从过去的政府主导型发展阶段，逐渐转入了市场配置资源增强与政府调节更加积极有效共同推动增长的新阶段，而且随着时间的推移，市场活力成份有加大的趋势。同时，随着投资环境的改善、投融资体制改革的稳步推进以及行政管理体制改革步伐的加快，民间投资增长速度会进一步加快，社会稳定和经济增长都将会吸引更多的外商前来投资。

五是从产业发展看，预计工业对经济增长的贡献率仍较高，成为拉动经济增长的主导力量，三次产业在2004年共同拉动的基础上，2005年将会继续起到共同拉动整体经济增长的作用。第一产业由于2004年农牧业生产获得丰收，将会影响到2005年。在国家取消牧业税、五个民族省区从2005年起免征农业税、三个省区降低农业税率等加强农业生产的各项政策的作用下，以及农产品价格上涨的导向作用，农牧业产业化进程加快，结构调整的稳步推进，粮食生产能力继续保持稳定，畜牧生产将呈现较快增长，畜牧业比重会继续上升，农业生产形势明显趋好。第二产业仍是今后一段时期支撑民族地区经济快速增长的主要力量。第三产业加快发展的因素较多。第三产业的发展环境会得到不断优化；一大批基础设施项目陆续建成投入使用，交通运输能力、邮电通信能力、城市综合服务功能和小城镇带动作用将进一步提高。

六是从需求角度看，投资受国家宏观调控政策的影响增速有所减缓，但由于国家产业政策对包括煤炭、电力、石油、交通等基础产业支持的力度进一步加大，同时，2005年“十五”计划内一批重点建设项目进入收尾阶段。另外，近几年来，民族地区经济的自主增长的机制正在形成，民族地区建设资金来源中自筹资金占全部到位资金的比重越来越高。因此，投资需求仍是拉动经济增长的主要动力。随着城乡居民收入的增加，住房、汽车、家庭装饰和旅游等的消费需求不断升温，表现为2004年民族地区第三产业增长速度明显加快，是自1992年以来增长最快的一年，预示着消费需求有可能进入新一轮的扩张期，对经济增长的拉动作用不容忽视。

当然我们也注意到，民族地区的发展正处在一个关键时期。在充分估计2005年经济社会发展有利条件的同时，还要清醒地看到面临的困难和问题。如贫困问题严重、“三农”问题依然突出、煤电运紧张状况依然存在、信贷规模扩大的压力增大、结构性矛盾、经济增长方式粗放等问题仍较突出等。另外，国家在宏观调控中虽然采取在区别对待、有保有压的原则，但没有把促进区域经济协调发展作为金融宏观调控和结构调整的重要任务。

通过对2005年民族地区经济增长的各种条件和环境分析，我们预测经济仍将保持较快的增长势头。主要经济指标预测如下：生产总值预计增长12%以上。全社会固定资产投资总额增长27%以上；社会消费品零售总额增长13%以上；外贸进出口总额增长23%左右；财政总收入增长20%左右；城镇居民人均可支配收入增长10%左右；农牧民人均纯收入增长7%左右。

2005年是民族地区全面完成“十五”计划的最后一年，争取全年经济保持一个较快的增长速度有着重要的意义。民族地区要针对当前经济运行中存在的主要困难和问题，应切实贯彻落实国家宏观调控的各项政策措施，认真处理好地区发展与保持全国平稳较快发展的关系，我们提出以下调控建议：

一是“十一五”期间继续加大对少数民族和民族地区的扶持力度。我国少数民族和民族地区经济社会的发展，离不开党和国家的各项扶持政策和特殊关怀。认真落实科学发展观，建议国家把加快民族地区发展作为“十一五”规划的重要内容。继续加大对少数民族和民族地区的扶持力度，继续保持对民族地区较高的投资水平，逐步缩小民族地区经济增长速度与全国平均水平的差距。继续加大对民族地区财政转移支付的力度。继续执行“十五”期间国家对民族贸易和民族特需用品生产企业的优惠政策。进一步加大解决特困少数民族地区脱贫问题的力度。加强对人口较少民族和少数民族边境地区的扶持。

二是正确处理好宏观调控与促进区域协调发展、宏观调控与适度经济增长的关系，力争保持民族地区经济良好的发展势头。第一，宏观调控要充分体现区别对待、有保有压的原则。国家不仅在企业和项目上体现区别对待、有保有压，还应把促进区域经济协调发展作为金融宏观调控和结构调整的重要任务。特别应把促进西部大开发作为货币信贷结构调整的重点，采用财政政策和货币政策相结合，市场手段和行政手段相结合，给予政策和资金上的扶持。把全局的总量调控同局部的区域调控结合起来，扩大货币政策的实施效果。第二，民族地区要把握好国家宏观调控的重点和关键，保护好、发挥好各族干部群众加快发展的积极性。近年来民族地区紧紧抓住国家实施西部大开发战略的难得历史机遇，特别是近年来，民族地区上下迸发出前所未有加快发展的积极性和主动性。尽管当前宏观经济形势发生了一些变化，国家针对部分行业过热、投资需求过旺、信贷投放过快等问题，及时果断地采取了一系列宏观调控措施。这些措施的实施，有利于促进民族地区经济增长方式的转变和运行质量的提高，保持经济平稳较快增长。第三，民族地区要注意用足、用好、用活国家有关民族地区的政策，切实抓住机遇，真正使政策发挥作用。

三是正确处理好速度与效益的关系，切实转变经济增长方式。贯彻落实科学发展观，首先坚持抓好发展这个党执政兴国的第一要务，把发展作为解决民族地区一切问题的关键。只有加快发展步伐，增强经济活力，才能有效地解决目前民族地区经济生活中出现的各种矛盾和问题。当前应以宏观调控作为转变经济增长方式的机遇，以改革开放为动力，注重依靠科技进步和提高劳动者素质，加快推进经济结构战略性调整，把发展的重点放到既有市场效益又符合国家产业政策的行业及项目上来，发展特色优势产业。依靠科技进步，加大技术改造力度，不断增强综合竞争力和市场占有率，提高经济增长的质量和效益。

四是加快工业化进程，增强民族地区经济实力。民族地区经济总量还不够大，财政收入、城乡居民收入水平还比较低，其根本原因就在于民族地区工业化进程缓慢，而投入不足又是民族地区工业化进程相对滞后的重要因素。合理加大工业投资力度，符合民族地区经济发展战略要求。第一，要加快重点项目建设，用足国家信贷政策，保证符合国家产业政策、符合市场准入条件、有竞争力、经济效益看好的工业项目建设资金需求。第二，要依靠大开放来引进大企业，加快民族地区重点工业项目建设和重点行业的技术改造，使其尽快建成投产发挥效益。第三，要发挥民族地区资源优势和区位优势，积极推进资源优势向经济优势的转变。

（国家民族事务委员会经济发展司）

中部地区篇

【经济与社会发展】 2004年，山西省经济持续快速增长，综合经济实力明显增强。全省GDP达到3042.4亿元，同比增长14.1%。财政总收入完成533.5亿元，增长41.2%。全社会固定资产投资完成1458亿元，增长30.6%。完成社会消费品零售总额884.8亿元，增长21.3%。完成外贸进出口总额53.8亿美元，同比增长74.2%。其中：出口完成40.3亿美元，增长77.6%。

在政策好、人努力、天帮忙等因素共同作用下，粮食总产量达到106.2亿公斤，增长10.7%，是山西省历史上第三个超百亿公斤的高产年。

全省规模以上工业企业完成增加值1243亿元，增长21.5%，经济效益综合指数大幅提高。以建设新型能源和工业基地为目标，经济结构调整继续扎实推进。全省紧紧扭住结构调整这条主线不放松，坚持整体推进、重点突破、科学运作。在三年初见成效基础上，省委、省政府进一步提出了建设新型能源和工业基地的战略决策，为实现2005年明显见效的阶段性目标奠定了坚实的基础。

突出焦化行业专项清理整顿，落实宏观调控政策措施取得阶段性成效。按照中央的统一部署，结合山西实际，着力从三个方面加强和改善宏观调控。一是抓住突出问题，把遏制焦炭行业过度扩张作为控制固定资产投资过快增长和整顿焦化产业过度扩张的重中之重。省政府成立了焦化行业专项清理整顿工作领导组，出台了《关于对焦化行业实施专项清理整顿的决定》，严格落实责任，彻底取缔土焦和改良焦生产，关闭违规违法建设的所有机焦炉，取缔违规违法在建的机焦项目。同时，结合整顿固定资产投资项目，重点对不达产业规模和污染排放不达标的钢铁、电解铝、铁合金、水泥等在建项目进行了认真清理。二是严控建设用地，把实行最严格的耕地保护、确保耕地占补平衡作为宏观调控的重要手段。三是把突破能源、基础设施"瓶颈"制约，缓解全国能源紧张状况，确保重点工程建设和重点基础设施建设作为宏观调控的重要内容。总的看，全省宏观调控取得了明显的成效。新开工项目数比上年减少4.5%；固定资产投资扩张势头得到有效控制，增幅从一季度的42.3%回落至全年的30.6%；普钢、生铁、成品钢材产量增幅回落，主要能源原材料价格涨幅趋缓，工业经济增速趋于合理；全省环境质量进一步好转，11个城市二级以上良好天数累计比上年增加368天，其中太原市空气质量二级以上天数达到224天，比上年增加43天。

统筹经济与社会的协调，科教文卫等各项社会事业继续加快发展。全省82项国家级自然科学基金通过评审，在30家中小企业实施推广了制造业信息化工程，同时，结合产业结构调整的迫切需要，加大了对产业、环保等应用技术研究开发的支持力度。农村中小学危房改造工程、高校基础设施重点工程建设进展顺利。普通高校招生规模继续扩大，招生人数比上年增长14.9%。全省新增2个省级重点实验室、13个省重点学科、15个省重点建设学科、7个省重点扶持学科和8个省级工程研究中心。实现“两基”目标县达到114个。对贫困家庭学生的资助工作取得实质性进展，中小学未成年人思想道德建设不断加强。全省公共卫生体系建设进程加快。市县两级疾控中心项目全部建成，多数已投入使用；医疗救治国债项目加紧建设，11个市级传染病医院主体完工；15个县的新型农村合作医疗试点工作扎实推进。人口自然增长率为6.25‰，继续稳定在低生育水平。文化体育、新闻出版、社会福利等社会事业全面进步。

维护社会稳定，劳动就业和社会保障工作继续得到加强。全省城镇新增就业岗位41.7万个；下岗失业人员再就业15.6万人，其中“4050”人员再就业5.1万人；城镇登记失业率为3.2%，低于4.5%的年度调控目标。在中心的17万国有企业下岗职工，全部按时足额领到了基本生活费。91.7万企业离退休人员基本养老金全部按时足额发放。城镇基本养老保险参保440万人，失业保险参保286万人，医疗保险参保290万人，工伤保险参保98万人。第三次提高城市居民最低生活保障标准，84.3万人得到最低生活保障。34.2万农村特困人口得到救助，35个县开展了建立农村医疗救助制度试点。城镇居民人均可支配收入7902.9元，增长12.8%。农民人均纯收入2589.6元，增长12.6%。居民消费价格总水平上涨4.1%。

【投资环境与利用外资】　2004年7月，国务院《关于深化投资体制改革的决定》出台，山西省认真学习贯彻，抓紧起草相关的改革配套文件，进一步加快投资体制改革步伐。《山西省企业投资项目备案制管理办法（试行）》、《山西省“企业投资项目核准暂行办法”实施细则》、《山西省政府核准产业目录（2004）》、《山西省外商投资项目核准办法》及《山西省境外投资项目核准办法》已完成起草工作，正在征求意见并抓紧进行修改。2004年10月以来，参照国家发展和改革委员会过渡期间的投资管理措施，山西省执行了相应的省过渡期间的项目审批、核准的项目审批工作原则，确保了改革过程中全省投资管理工作的平稳和顺利衔接。

争取国际金融组织贷款取得重大进展。落实长期优惠贷款总计6亿美元，主要项目有日元贷款太钢清洁生产项目，国际农发基金晋北农业综合开发项目，亚行晋城矿区煤层气发电及城市燃气项目，日本协力银行山西7所高校建设项目和11个市急救、疾病、防疫公共卫生设施项目等。雁门关荒沙盐碱地治理和农业综合开发项目正式列入2005年国际金融组织备选计划。同时，山西作为中国小城镇建设和煤矸石综合利用示范省，正式列入亚行优惠贷款支持序列。此外，与亚行近期正式签订了关于建立清洁能源战略合作关系备忘录，拟在未来十年亚行将提供不低于10亿美元的优惠贷款，“打捆”用于煤层气开发、焦炉煤气及煤矸石综合利用、环境治理等方面的建设。

对外经济交流合作取得新进展。2004年5月，山西省与德国北威州在太原成功举办了“发展与合作高层论坛”，签署了政府合作备忘录；12月中旬，山西省政府经贸代表团参加了在德国北威州举行的两省州友好关系20周年庆祝活动，与北威州签署了进一步加强友好合作的经贸合作备忘录，并就人才培训计划、合作开发煤层气、焦炉煤气综合利用以及采煤洗选设备制造等项目签署了一系列协议。与美国怀俄明州清洁能源合作交流有了新进展，双方在煤层气开发与利用、燃煤污染治理、旅游等方面达成了初步合作意向。同时，成功组织了中国山西跨国采购洽谈会，举办了山西投资贸易洽谈会，参加了第三届亚太经合组织的中小企业展览会和第八届厦门投资洽谈会，多方式、多渠道为企业搭建参与国际交流与合作的平台。

【重点开发项目介绍】 2004年，全省40项重点工程全年完成投资313.42亿元，为年计划的99.98%。

万家寨引黄南线工程扫尾基本结束，北干线开工准备工作进展顺利；黄河水源太原供水工程、马房沟引水工程基本建成。太钢150万吨不锈钢项目工程进展顺利。

在全省新开工建设的1000万千瓦电源项目中，供省内用电装机540万千瓦，已有漳山电厂和榆社电厂二期四台机组共120万千瓦投入运营；外送460万千瓦，已有神头二电厂二期50万千瓦和河曲电厂60万千瓦机组投入运营。新元、屯留煤矿等项目建设进展顺利；华泽铝电、中铝氧化铝等项目施工进度平稳。

长治至晋城高速公路、太原西北环高速公路已正式通车，其他高速公路项目进展顺利；运城机场建成并试航成功；省博物馆建成并进行预展，太原理工大学多学科中心开工建设。

【经济技术协作和对口支援】 积极拓展经济技术协作领域，2004年全省累计推出经济技术合作项目851项，签订经协项目132项（合同、协议、意向），项目总金额404.43亿元，其中引进资金310多亿元，引进外资48756万美元。积极参加省际间重大的经贸活动。第八届中国东西部合作与投资贸易洽谈会完成合同、协议签约项目数、签约金额、引进资金额（包括外资），在全国各代表团中名列第二，合同、协议签约项目共109项，项目总金额339.34亿元。青洽会期间，山西共签约项目23个，总金额65.09亿元，占大会总签约金额的18.51%。

【新型能源和工业基地】 2004年8月份，山西省委、省政府在深入分析当前国内外新形势，在总结近5年经济结构调整经验基础上，按照科学发展观的要求，提出了把山西省建设成为中国重要的新型能源和工业基地的战略定位。提出了从现在起到2010年，全省经济结构调整总的目标和任务，即：以科学发展观为指导，以传统产业新型化和新兴产业规模化为方向，以深化和提高为着力点，坚持走新型工业化道路，大力推进优势产业的发展，形成多元化新型支柱产业，确保在2005年明显见效的基础上，到2010年使经济结构优化升级达到全国中等或更好一些水平，努力将山西省建设成为国家的新型能源和工业化基地，建立起全面建设小康社会的产业支撑体系，实现经济社会全面、协调、可持续发展。

建设新型能源和工业基地，是发挥山西省资源优势和产业比较优势的内在要求，是经济结构调整深化和提高的必然选择，是对山西省发展思路的进一步创新和提升，是对山西在全国发展格局中产业分工的科学定位，对于增强全省经济竞争力，加快全面建设小康社会步伐，有着重要的意义和深远的影响。建设新型能源和工业基地，一方面要加快传统产业改造升级步伐，另一方面要大力推进新兴产业的发展，从而形成多元化的新型支柱产业。根据山西省实际，建设新型能源和工业基地，要重点发展七个方面的优势产业：一是加快以煤炭为基础、以电力为中心的能源产业的发展及其延伸与开发。二是发展以不锈钢和铝镁合金为主的金属材料及其制品工业。三是整合提升装备制造业。四是发展具有山西优势的化学和医药产业。五是发展新型材料产业。六是发展以特色农业为基础的家畜产品加工业。七是发展旅游文化产业和现代服务业。同时要进一步解放思想、优化环境；深化改革、扩大开放；凝聚人才、用好人才；完善机制、精心组织为经济结构调整保驾护航。

【经济与社会发展】　2004年，吉林省经济快速增长。全年GDP达到2958.21亿元，同比增长12.2%。其中：第一产业增加值560.96亿元，增长8%；第二产业增加值1379.31亿元，增长14.8%；第三产业增加值1017.94亿元，增长11.1%。完成地方财政收入166.3亿元，增长8%。财政支出507.8亿元，增长24.1%。全社会固定资产投资完成1171.64亿元，增长20.9%。

全年完成农林牧渔业总产值940.67亿元，同比增长7.9%。农业种植结构进一步优化。全年粮食作物播种面积6420万亩，增长6.6%；粮食总产量2510万吨，增长11.1%。优质玉米和水稻种植面积分别达到1050万亩和659万亩，分别增长1.4%和11.7%。畜牧养殖业发展良好。全年猪牛羊肉产量195.97万吨，增长5.9%；禽蛋产量95.01万吨，增长5.6%；牛奶产量25.32万吨，增长11.7%。绿色农产品开发步伐加快。到年底共获得全国无公害标识统一认证产品459个。无公害农产品产地认定161个，产量599万吨，产值50亿元，出口创汇600万美元。有效使用绿色食品标识产品245个。当年保持认证的有机食品67个，产量7万吨，产值7.2亿元，出口创汇4500万美元。

工业生产快速增长。规模以上工业产出规模进一步扩张，全年实现增加值994.3亿元，同比增长18.6%。工业经济总体效益水平进一步提升。规模以上工业企业产品销售率99.2%，全年综合经济效益指数为160，比上年提升11个百分点。规模以上工业全年盈亏相抵后实现利润178.7亿元，增长11.6%。规模以上工业亏损企业亏损额37.7亿元，增长9%。工业行业集聚效应明显，支柱及优势产业在全省工业经济中继续发挥主体作用。建筑业稳步发展。全年完成增加值237.23亿元，增长4.9%。

全年全社会实现消费品零售总额1252.6亿元，同比增长12.8%。市场价格有所上浮，居民消费价格总水平比上年上涨4.1%。劳动就业取得新进展。

进出口贸易保持平衡发展，全年海关进出口总额67.93亿美元，同比增长10.5%。其中：出口7.15亿美元，下降21.4%；进口50.78亿美元，增长28%。

交通运输、仓储及邮电通信业全年完成增

加值180.21亿元，同比增长15.8%。年末全省公路通车总里程47255公里，增长7.4%。全年完成货物周转量699.5亿吨公里，增长12.8%；旅客周转量256.15亿人公里，增长18.3%。全年完成邮电业务总量211.28亿元，增长33.5%。局用交换机总容量达到719.4万门。年末固定电话用户达到667.4万户；移动电话用户762.9万户，增长20.5%。全省电话普及率达到52部/百人。

旅游业发展突飞猛进。全年旅游业总收入184亿元，同比增长29.8%。其中：国内旅游收入175.9亿元，增长29.1%，旅游外汇收入9600万美元，增长44.6%。

金融机构存贷款增加较多，年末全部金融机构本外币各项存款余额3804.1亿元，同比增长10.7%；本外币各项贷款余额3564.1亿元，增长8.6%。保险事业发展较快。全年保险公司保费收入74.3亿元，增长10.1%。支付各类赔款及给付14.3亿元。

科技事业取得新的突破。全年安排了307项科技攻关计划项目和28项重点新产品计划项目，新建工程研究中心5家。全年共取得省部级以上科技成果552项。全年受理国内外专利申请3657件，授权专利2145件。全年共签订技术合同3609项，技术合同成交金额11亿元，同比增长7.8%。

教育事业保持较快发展，全省研究生教育招生1.2万人，在学研究生2.96万人，毕业生5900人。普通高等教育招生11.12万人，在校生36.22万人，毕业生6.5万人。成人高等教育招生7.18万人，在校生12.17万人，毕业生5.4万人。各类中等职业教育招生6.14万人，在校生17.42万人，毕业生4.67万人。普通高中招生16.99万人，在校生45.16万人，毕业生10.11万人。初中招生34.6万人，在校生114.8万人，毕业生36.96万人。普通小学招生24.86万人，在校生174.14万人，毕业生35.54万人。

文化事业稳步发展，全省共有艺术表演团体65个，文化馆75个，公共图书馆22个，广播电台10座，电视台10座，县级广播电视台41座。全省有线电视用户237.82万户。全省共有报纸78种，总印数6.99亿份；有期刊233种，总印数5200万册；出版图书1.33亿册（张）。

卫生工作进一步加强，全省51个疾控中心建设项目已经全部竣工，总投资23549万元。全省9个市州的医疗救治建设项目和42个县、区传染院（病区）建设项目也取得了较大进展，各建设项目所需设备正在按计划配置。全国艾染病防治综合示范区建设初见成效。全省传染病和突发公共卫生事件监测报告系统得到逐步完善，实现了传染病疫情网络直报。

体育事业取得新成绩，吉林省荣获国家2004年度全年贡献奖和第二十八届奥运会贡献奖。共获得世界大赛5项冠军，41人次获得了国家单项冠军。全民健身运动蓬勃发展，全省现有体育场地17524个，人均占有体育场地面积1.45平方米。

人口自然增长率继续保持低水平。年末全省总人口2708.5万人。人口出生率为7.39‰，自然增长率为1.76‰。

居民生活继续改善。全年全省城镇居民人均可支配收入7840.6元，增长11.9%；农村居民人均纯收入3000.4元，增长18.6%。

年末全省社会从业人员1222万人，比上年增长1.6%。全年开发城镇就业岗位50.2万个。城镇新增就业39万人，在城镇新增就业人员中，下岗失业人员实现再就业29.3万人。年末全省尚有城镇登记失业人员28.2万人，登记失业率为4.2%。全年农村外出从业人员共计241.2万人，增长5.5%。

社会保障进一步加强，全省参加基本养老保险439万人，比上年增加12.02万人。企业退休人员社会化管理率达到90%。参加失业保险282.18万人，参加医疗保险269.95万人。全年共有12.15万人领取失业保险金。全省城镇居民有137万人得到最低生活保障救济。

全省各类收养性社会福利单位床位4.7万张，收养各类人员3.4万人。城镇建立各种社区服务设施3000个。全省销售社会福利彩票4.95亿元，筹集社会福利资金近1.7亿元，直接接收社会捐赠7000万元。

全面推进生态环境建设。大力推动自然保护区、生态示范区建设及有机食品基地建设，继续实施天然林保护工程西部盐碱地治理工程退耕还林还草工程，对生态良好地区实施积极性保护。年内全省共治理盐碱化草原100万亩，退耕还林还草315万亩，治理水土流失面积170万亩，全省各级自然保护区累计已达33个，各级生态示范区已达23个，全省生态环境建设取得了新的进展。

【投资环境与利用外资】 吉林省加工制造业优势明显，2004年制造业产值占全部工业的比重为76.3%。长春一汽集团是中国汽车工业的摇篮，年产量已突破100万辆。长春客车厂是亚洲最大的轨道车辆生产基地。吉林石化集团现有乙烯生产能力53万吨，每年可提供百余种近6万吨的石油化工产品。汽车和石化是吉林省两大支柱产业。

吉林省农业基础优势突出，年粮食综合生产能力为2500万吨，人均粮食占有量、粮食商品率、粮食调出量及玉米出口量连续10多年居全国第1位，是中国重要的商品粮生产基地。

吉林省人才和科教优势明显，全省有各类高等学校65所，中国科学院和工程院院士36人。长春光机与物理所、长春应化所、长春生物制品所和吉林大学、东北师范大学等在国内外具有一定影响。

吉林省生态与资源优势突出，吉林省地处世界“黄金玉米带”；人参、鹿茸产量居全国首位；油页岩、硅藻土、矿泉水等等储量极为丰富。长白山被联合国确定为“人与生物圈”自然保留地，是天然药材宝库之一。西部向海为世界著名湿地。长春净月潭是亚洲最大的人工森林。全省森林覆盖率达到42.5%，是中国第二个生态省建设试点省。

2004年，吉林省实际利用外资570亿美元，增长12.6%。其中，对外借款1.17亿美元，下降28.5%；外商直接投资4.53亿美元，增长42.3%。全年实际引进外省资金120.98亿美元，增长30.9%。

【经济技术协作与对口支援】 2004年，吉林省坚持“走出去”和“请进来”相结合，大力开展国内经济技术交流与合作、招商引资工作。全年共签订国内经济技术合资合作项目901项，实际到位外省资金120.98亿元，同比增长30.8%，成为吉林省振兴老工业基地的重要资金来源。

2004年，吉林省的三峡对口支援工作，在巩固扩大已有的梅花鹿养殖、西洋参种植等项目的同时，积极向三峡地区输出科研技术，扩大脱毒马铃薯种植加工，新上糯玉米项目，开辟了三峡对口支援工作新路子、新渠道，同时进一步扩大了同长江中上游沿岸主要城市的合作。

【重点项目介绍】 2004年，吉林省重点建设项目共100项，其中在建项目37项，新开工项目38项，前期工作项目25项。

一汽整车扩建工程：总投资169亿元，主要建设内容是10万辆重型车改造，66万辆（新增33万辆）轿车技术改造，10万辆红旗补充型及换代产品扩建。已部分竣工投产。

一汽丰田V6发动机合资项目：总投资12亿元，建成将形成年产15万台生产能力。已基本竣工投产。

吉林石化分公司60万吨乙烯扩建：总投资27亿元，将乙烯装置由年产38万吨扩建至60万吨，下游配套新建30万吨高密度聚乙烯装置、14万吨丁二烯装置和30万吨芳烃抽提装置。

全省县网改造：总投资22亿元，主要是进行41个县城电网改造。

长春第二热电厂扩建：总投资17亿元，新增加3台200兆瓦机组。

江密峰至珲春高等级公路：总投资55亿元，建设长287公里的一级公路。

长春龙家堡机场：总投资17亿元，建设飞行区等级4D，跑道3200米，候机楼4万平方米的机场。已竣工试通航。

长春同心湖社会服务试点园区建设项目：总投资45亿元，建设总占地面积324万平方米的社会服务试点园区。

长春高新区龙腾科技园区等离子显示屏等产品研发及生产基地项目：总投资50亿元，主要建设占地10平方公里的科技园区和生产基地。

山东金罗集团九台金罗肉制品项目：总投资10亿元，建设生产能力为加工300万头猪、45万只鸡的肉制品加工生产线，已竣工投产。

长春皓月公司现代肉牛产业综合加工项目：总投资20亿元，主要建设肉牛屠宰加工50万头、羊30万只；各种低温冷却肉12万吨，熟食10万吨的生产线。

长春大成公司玉米深加工项目：总投资19亿元，新增年加工处理玉米能力60万吨，生产氨基酸、山梨醇、有机醇、纤维饮料等。

省采煤塌陷区综合治理工程：总投资32亿元，主要进行辽源、通化、珲春、舒兰矿务局和蛟河、营城煤矿等地采煤塌陷区的综合治理。

【老工业基地振兴】 振兴东北地区等老工业基地的战略决策为吉林省确定了总体发展目标是：到2010年或稍长一段时间，GDP比2002年翻一番半，预期达到4800亿元，年均增长10%左右；人均GDP预期达到1.73万元左右(2000美元以上)。城乡居民人均收入年均增长分别为10%和7%以上，累计新增就业岗位360万个；累计全社会固定资产投资超过1万亿元，滚动实施重大建设项目600个。在产业布局上，总的方向是在大力发展现代农业、积极发展服务业的基础上，全面提升和优化第二产业。

重点发展十大支柱、优势和特色产业：一是加快汽车、石化、农产品加工、现代中药与生物药、光电子信息等高新技术五大产业基地建设。二是依托资源和产业基础，大力发展能源、冶金、新型建材、纺织、旅游等五大特色产业。

在认真贯彻《中共中央、国务院关于实施东北地区等老工业基地振兴战略的若干意见》、国务院办公厅《关于促进东北老工业基地进一步扩大对外开放的实施意见》及各部委出台的相关政策的同时，吉林省结合实际，制定了关于振兴吉林老工业基地进一步扩大利用外资若干意见》、《关于鼓励域外资本、民营资本参与参与国有企业改制重组的意见》、《关于促进金融业发展支持吉林老工业基地振兴指导意见》、《外商投资企业和外国企业税收优惠政策》等系列配套政策。同时，开展建设服务型政府机关建设活动，大幅度取消了本省自行设定行政许可项目，仅保留了44项。所有行政审批及行政事业性收费正逐步纳入各级政务大厅办理，实行方便、快捷高效的“一站式”服务。2004年6月，省直各部门向所有县（市）下放了经济社会管理权限600项，占省直部门管理项目的三分之一以上。

吉林老工业基地振兴工作已取得良好开局，重点项目建设进展顺利。实施了总投资170亿元的汽车整车扩建、吉化60万吨乙烯扩建以及大成、华润两个400万吨玉米深加工等一批重大项目。79项国家老工业基地调整改造国债项目和40项高技术专项已全部开工建设，部分已建成投产。国家先后批准设立了长春光电子产业基地和长春生物产业基地。吉林省还与国家开发银行签订了650亿元开发性金融合作协议。

吉林省加大各项工作力度，经济保持了平稳较快地增长。列入全省国有工业企业改制计划的816户企业中有505户已基本完成改制，一大批国有企业生产经营出现新的生机与活力。2005年，预计GDP将超过3250亿元，增长10%以上，人均GDP达到11800元；财政收入与经济基本同步增长；固定资产投资超过1600亿元，增长40%以上；农产品加工业将继汽车工业、石化工为之后成为吉林省新的支柱产业。

黑龙江省

【经济与社会发展】　2004年，黑龙江省国民经济继续保持快速健康协调发展，全年GDP达到5303亿元，同比增长11.7%，增幅提高1.4个百分点。其中：第一产业增加值587.8亿元，增长12.2%；第二产业增加值3155.3亿元，增长12.9%；第三产业增加值1559.9亿元，增长9.3%。人均GDP达到13897元，增长11.6%。

通过全面落实惠农政策，农村经济形势喜人。实现农林牧渔业总产值1130亿元，同比增长18.5%。粮食作物播种面积和产量创下历史新高，粮食作物播种面积821.6万公顷，增长4.5%；粮食产量3135万吨，增长24.8%。亚麻、甜菜和烤烟等经济作物产量也大幅度增长。植树造林步伐加快。全年完成造林面积25.9万公顷，比上年下降15.1%，其中退耕还林面积21.4万公顷，增长44.6%。畜牧业继续保持较快的发展势头，全年实现畜牧业总产值400亿元，同比增长16.5%，占农牧渔业产值比重由上年的35.2%上升到38.2%。年末奶牛存栏141万头，增长19.9%。肉、蛋、奶产量分别增长19.9%、8.8%和24.4%。水产品产量43万吨，增长2.6%。

绿色食品认证个数、种植面积继续保持全国第一位，“打绿色牌，走特色路”战略取得显著成效。全省绿色食品认证个数787个，比上年增加177个，增长29.0%。绿色食品种植面积2380万亩，增长31.5%，AA级、A级绿色食品和有机食品种植面积分别增长1倍、59.3%和37.7%。绿色食品产业牵动农户130.1万户，增长24.4%。

工业结构调整步伐加快，速度与效益同步增长。全年实现工业增加值2814.4亿元，同比增长13%，占GDP比重53.1%。其中，国有及国有控股企业增加值1411.1亿元，增长15.2%；集体企业增加值24.7亿元，增长16.7%；股份制企业增加值1343.9亿元，增长15.1%。轻工业增加值192亿元，增长16.1%；重工业增加值1427.6亿元，增长15.2%。以装备、石化、能源、食品、医药和林木加工等六大工业基地为重点的支柱产业和优势产业建设步伐加快，共实现工业总产值3245.7亿元，增长20.9%，占规模以上工业的93.7%。全年完成新产品产值243.9亿元，增长36%。工业企业产品产销率98%，提高0.2个百分点。轮胎外胎、大米、金属切削机床、钢材、焦炭、工业锅炉等主要产品产量大幅度增长。工业企业盈利水平再创新高。规模以上工业企业实现利税1092.3亿元，同比增长25.4%，其中，实现利润760.2亿元，增长29.8%。经济效益综合指数284，提高25.5个点。建筑业稳步增长。全年完成增加值340.9亿元，增长12.1%；实现利润5.6亿元，增长14.3%。

交通运输业呈现恢复性增长。全年各种运输方式完成货物周转量1078.9亿吨公里，增长7.1%。其中：铁路856.9亿吨公里，公路168.7亿吨公里，水运18.2亿吨公里，航空4000万吨公里，管道34.7亿吨公里。完成旅客周转量420.1亿人公里，增长12.7%。其中：铁路170.9亿人公里，公路225.8亿人公里，水运2000万人公里，航空23.2亿人公里。

邮电通信业继续快速发展。全年完成邮电业务总量290.1亿元，同比增长24.2%。局用交换机总容量953万门，增长12.2%；固定电话用户1098.6万户，增长24.8%；移动电话用户1017.1万户，增长20.8%。电话普及率55.5%，比上年提高10.3个百分点。国际互联网络用户145.2万户，宽带接入户111万户，增长2倍。

对外贸易继续攀升。全年实现进出口总额67.9亿美元，同比增长27.4%。其中：出口36.8亿美元，增长28.1%；进口31.1亿美元，增长26.7%。旅游业继续保持增长。全年实现总收入250.3亿元，增长12.6%。共接待国内、外旅游者4075.3万人次，增长11.7%。国内旅游收入225.2亿元，增长11.4%；旅游外汇收入3亿美元，增长24%。

财政收入大幅增长。全年实现地方财政收入349.3亿元，同比增长22.1%；支出758.5亿元，增长20.4%。金融形势稳定。年末金融机构各项存款余额5313.9亿元，比年初增加500.8亿元。保险事业健康发展。全年保费收入127.6亿元，增长7.3%。证券业继续发展。年末共有境内外上市公司38家、上市股票39只，累计募集资金206.3亿元。

科技发展取得新成果。全年科技经费支出58.3亿元，同比增长7%，共取得重大科技成果998项。受理专利申请5000件，授权专利2809件。科技成果转化成效明显，全年共签订技术合同2485份，成交金额12.6亿元，增长3.7%。教育事业保持较快发展。全省共有普通高校59所，招生15万人，增长20%；在校生46.6万人，增长18.9%。成人高校招生7.7万人，在校生13.6万人。中等专业技术教育学校44所，在校生10.8万人。普通中学2697所，在校生241.1万人。成人中等专业学校在校生3.2万人。小学10791所，在校生231.5万人。特殊教育学校招生1000人，在校生6000人。幼儿园在园幼儿42.3万人。成人技术学校培训学员155.4万人次。

体育事业取得新成绩。全年本省运动员在世界大赛上共获33枚金牌，在国内比赛中获得191枚金牌、142.5枚银牌、150枚铜牌。全民健身运动蓬勃发展，全省共有494.9万人达到《国家体育锻炼标准》。

环境保护和生态建设步伐加快。全省共有各级环境监测站106个。建成烟尘控制区288个，面积1068.9平方公里；噪音达标区301个，面积898.9平方公里。工业废水处理率、烟尘排放达标率、固体废物综合利用率分别达到92%、90%和72%。有自然保护区163个，比上年增加12个；其中国家级自然保护区14个。自然保护区面积427.8万公顷，比上年增加42.6万公顷。

市场物价涨幅趋缓，全年居民消费价格上涨3.8%，比全国平均水平低0.1个百分点。就业规模扩大，年末全省从业人员1686.1万人。人民生活质量明显提高。全年城镇居民人均可支配收入7471元，同比增长11.9%。农村居民人均纯收入3010元，增长20%。城镇建立各种社区服务设施6207处，其中综合性社区服务中心418处。人口继续保持低速增长。年末全省总人口3816.8万人。人口出生率7.27‰，死亡率5.45‰，自然增长率1.82‰。

社会保障工作进一步加强。全省有738.1万人参加基本养老保险，有475.8万人参加失业保险，有551万人参加基本医疗保险。“两个确保”得以巩固，确保了企业离退休人员基本养老金和国有企业下岗职工基本生活费按时足额发放。全省得到最低生活保障救济157万人。

【投资环境与招商引资】 2004年，黑龙江省进一步改善投融资环境，加大招商引资力度，推进大项目战略，固定资产投资高速增长。全年完成全社会固定资产投资1515.3亿元，同比增长22.1%。地方项目完成投资1233.7亿元，增长29.8%。民间投资完成614.2亿元，增长44.5%；国有及国有控股投资871.6亿元，增长10%。工业完成投资490.2亿元，增长22.7%。其中，装备、石化、能源、食品、医药、林木加工等六大基地完成投资415.4亿元，增长19.9%，占全部工业投资的84.7%。亿元以上建设项目完成投资558.3亿元。

利用外资继续增加。全省全年实际利用外资14.5亿美元，同比增长12.2%。其中外商投资12.4亿美元，增长20.1%。

【经济技术协作】 2004年，引进浙江省在黑龙江省投资项目127项，实际到位资金16.69亿元。浙江省首次以主办单位之一的身份组团参加哈洽会，设立了224个展位，400余家企业参展参会，与黑龙江达成合作项目65个，合同总金额77.43亿元。在黑龙江—浙江合作项目推介交流会暨签约仪式上，共达成合作项目31个。其中：建立粮食基地项目5个，合作规模52万亩；粮食购销项目14个，购销数量45.6万吨；建立粮食储加销基地等项目6个；投资类项目6个，合同总金额9.39亿元。共同签署了《关于加强两省粮食与经济合作的协议》。

引进上海市在黑龙江省投资项目89项，实际到位资金47.41亿元。两省共同签订了《关于加强粮食购销长期合作协议》。

引进广东省在黑龙江省投资项目57项，实际到位资金7.55亿元。广东香江集团与哈尔滨市政府正式签署了建设哈尔滨老城、东北亚国际采购中心、光彩商贸城和收购哈商集团项目，力图打造哈尔滨市继太阳岛、中央大街之外的第三张“城市名片”。广东香江集团投资10亿元，收购西林钢铁公司90%国有股权，并以现金对西钢增资扩股；广东粤景集团投资16亿元，收购了黑龙江通河纸业公司。引进山东省在黑龙江省投资项目147项，实际到位资金16.27亿元。

举行了山东—黑龙江振兴老工业基地项目推介座谈会。引进了山东鲁能集团一期工程，投资60亿元；鲁能集团与双鸭山市宝清县合作，建设1000万吨露天煤矿、坑口电站和煤电化工项目；山东金锣集团增资1.2亿元与齐齐哈尔食品公司合作，建设生猪屠宰和肉制品加工项目；山东青岛啤酒集团投资4000万元，改造鸡西兴凯湖啤酒厂项目等。

【重点项目介绍】 2004年，黑龙江省大项目推进工作成效显著，开复工亿元以上项目346个，比上年增加72个。重点推进的200个大项目中，建成投产24个，新开工59个。同三公路哈尔滨至方正段、绥满公路尚志至阿城段、哈尔滨绕城西段等4条高速公路建成通车，通乡公路已开工建设5617公里，建成3100公里。龙头桥水库、富地营子水库、大庆乙烯扩建、黑化集团恩德炉粉煤气、浩良河化肥厂油改煤、乌苏里江佳大制药水针剂等项目建成投产。大庆炼化聚丙烯、大庆石化化肥改扩建、哈航集团HF3型5万辆乘用车、哈电站集团大型燃气轮机出口基地、佳木斯煤机大型掘进机、公共卫生“两个体系”等项目建设顺利进行。省广电中心、省图书馆、哈尔滨商业大学新区等一批社会事业大项目相继建成投入使用。大顶子山航电枢纽、哈尔滨枢纽王岗至万乐铁路联络线、哈肇公路呼兰至通河段等项目开工建设。“北电南送”战略纳入国家东北电力发展规划，213万千瓦电源项目及两条500千伏出省输变电工程开工，400万千瓦电力项目前期工作纳入国家审批或核准程序。生态省建设力度加大，采煤沉陷区治理工程全面启动，污水垃圾处理、水土流失治理、生态林建设与管护等一大批生态治理工程建设进展顺利。

【老工业基地振兴】 2004年，是国家实施老工业基地振兴战略的第一年。黑龙江省振兴老工业基地的各项工作取得积极进展，实现了良好开端。国有企业改革取得重要进展。全年确定了完成75户地方国有大中型企业的改制任务目标，实际完成79户企业的改制任务。其中，国有控股8户，占10.2%；国有参股、混合所有25户，占31.6%；国有全部退出46户，占58.2%。75户改制企业实现销售收入275.9亿元，利润12.6亿元，分别增长16%和89%。

组建了集鸡西、双鸭山、鹤岗、七台河等四大煤矿优良资产于一体的龙煤集团，与资产管理公司正式签署了77亿元的股权回购协议。龙涤集团并轨工作已经结束，煤机集团开始与新的投资商洽谈。西钢集团与广州香江集团的合作已经进入尾声，与俄罗斯最大钢铁企业欧亚控股集团合作的中厚板项目进展顺利。佳纸集团社保并轨工作进展顺利；黑龙江毛纺总厂社保并轨工作已经结束，正在积极进行招商。

分离企业办社会工作取得重要成效。石油、铁路、煤矿、煤机等系统的327所学校已经或正在向地方移交。地方大中型企业的349个辅业单位、17.9亿元资产和2万多名职工已经与主体分离。22户企业政策性破产进展顺利，落实核呆和财政补贴29亿元，安置职工6.1万人。农村劳动力转移大幅度增加。全年转移农村劳动力357万人，增长45.7%；劳务收入106亿元，增长63.1%。

结构调整的重点行业拉动作用明显。重点建设的六大基地实现销售收入3399.8亿元，利税1071.5亿元，占全部规模以上工业的94.1%和98.1%。部分困困行业出现重大转机。煤炭行业产销两旺，安全形势稳定，完成煤炭产量9368万吨，增长15.6%；销售收入133.9亿元，增长45.6%；利润3.8亿元，增长1.2倍。冶金行业实现销售收入104.3亿元，增长49.9%；利润6.1亿元，比上年多增9.5亿元。军品工业增加值增长42.3%，补贴后利润5093万元，增盈4600多万元。

骨干企业竞争力进一步提高。全省销售收入超亿元的工业企业由255户增加到287户。哈电站集团产量突破1200万千瓦，销售收入突破100亿元；哈航集团成功重组，汽车和发动机生产能力分别达到30万辆和60万台，支线飞机已经生产5架；一重集团主要产品设计制造能力居全国领先地位，部分产品达到国际先进水平；北大荒集团、九三油质、哈啤集团、雀巢集团等企业带动食品工业较快发展。

国家发改委对本省支持力度加大。全年国家发改委共安排本省预算内建设资金和国债资金72.3亿元，有力地推动了本省大项目建设。在国家暂停项目用地审批的情况下，国务院东北办积极协调，国家发改委对本省52个急需建设项目给予确认，涉及用地6476.7公顷，其中农用地转用6049.1公顷；25个老工业基地振兴项目给予确认，涉及用地485公顷，其中农用地转用418.7公顷。全年国家发改委共安排黑龙江省工业调整改造项目100个，总投资251亿元。其中，本省已向国家呈报项目可行性研究报告94项，55项得到国家批复，47个项目下达国债资金计划5.3亿元，66个项目开工建设，总计完成投资51.2亿元，其中5个项目建成投产。

在国务院东北办的帮助支持下，黑龙江（香港）活动周取得巨大成功，签订各类招商引资项目171项，总签约额52.3亿美元。

以对俄经济技术合作为重点的国际经贸合作步伐加快。全省落实外贸优惠政策，办理出口退税8亿元，增长94.5%。对俄进出口38.2亿美元，增长29.4%，占全省进出口总额的56.3%。对俄签订经济技术合作项目48项。

国有企业下岗职工基本生活保障向失业保险并轨工作取得阶段性成果。全年审核批准4537户企业共68.2万人实施并轨，共为30.26万人清偿企业拖欠的债务31.8亿元；全省已有29万人领到经济补偿金、履行了解除劳动关系手续，占已审批人数的45.4%，审批并轨人员全部实现了再就业。

基本养老保险制度改革初见成效。按照5%的规模部分实现做实了基本养老保险个人账户，实现了新老基本养老金计发办法的有效衔接和平稳过渡。

【经济与社会发展】 2004年，安徽省经济快速发展，全年GDP达到4812.7亿元，同比增长12.5%。其中，第一产业增加值932.4亿元，增长8.5%；第二产业增加值2169.8亿元，增长13.8%；第三产业增加值1710.5亿元，增长13%。

认真贯彻落实中央1号文件及一系列支持农业特别是粮食生产的政策措施，极大的调动了广大农民的生产积极性，加之粮食价格上扬，气候条件有利，农业生产出现了多年少有的好形势。2004年粮食大幅度增产，全年粮食总产量2743万吨，比上年增产528.2万吨，增长23.9%。其中，夏粮848万吨，增长19.8%；秋粮1750.7万吨，增长26.2%；全年油料产量299.6万吨，增长29.4%；棉花产量39.2万吨，增长32.9%；蔬菜产量1656.5万吨，增长9.5%；水果产量719.6万吨，增长18.1%畜牧业、渔业平稳发展。全年肉类总产量366.2万吨，增长1.4%。全年有效灌溉面积达330.24万公顷，新增2.35万公顷；新增节水灌溉面积1.43万公顷。

工业保持快速增长。全年全部工业增加值1736亿元，同比增长12.5%。其中：规模以上工业实现增加值1082.2亿元，增长25.1%，增幅比上年提高5.3个百分点。企业效益继续提高。规模以上工业经济效益综合指数达到145.4，比上年提高13.1%。全年实现销售收入3605亿元，增长33.4%；实现利税403亿元，增长22.2%，其中利润175.3亿元，增长25.5%。

固定资产投资快速增长，全年完成固定资产投资1914.2亿元，同比增长29.6%。全年共安排续建、新开工项目551项，总投资规模5088.4亿元。

交通运输和邮电通信事业继续较快增长，全年运输业实现增加值312.2亿元，同比增长17%。各种运输方式完成货物运输周转量1449.4亿吨公里，增长9.3%；完成旅客运输周转量730.5亿人公里，增长14.9%。全年邮电业务总量227.8亿元，增长28.7%。其中：电信业务总量208.5亿元，增长31.9%；邮政业务总量19.3亿元，增长2.5%。年末本地固定电话用户1191.6万户，增长19.1%；移动电话用户873.4万户，增长25.3%。电话普及率33.5%，比上年提高5.7%。

市场销售稳中趋旺。全年完成社会消费品零售总额1503.1亿元，同比增长12.9%。完成进出口总额72.1亿美元，增长21.2%。其中：出口39.4亿美元，增长28.5%；进口32.7亿美元，增长13.5%。

旅游业快速增长。全年旅游总收入265.7亿元，同比增长35.3%。其中旅游外汇收入1.9亿美元，增长68.6%；国内旅游收入250亿元，增长33.6%。全年接待海外游客50.1万人次，增长78.4%；接待国内游客4328.8万人次，增长29.7%。

科技事业取得新进展。年末全省共有各类专业技术人员111.3万人，增长3.3%。有科技机构757个，从事科技活动人员8.8万人，全年用于科技活动的经费支出为104.3亿元，比上年增长25%。共取得省部级以上重大科技成果493项。有国家实验室2个，国家重点实验室1个，省级重点实验室16个，省部级共建实验室5个，部属实验室9个。全年共签订各类技术合同4092项，成交金额9.1亿元，其中流向本省的技术1924项，金额4.4亿元。

全省共有普通高校82所，当年招生17.9万人，在校生50.1万人，毕业生8.8万人。研究生培养单位19个，当年招收7290人，在校研究生17474人，毕业生3273人。各类中等职业技术学校（不含技工学校）510所，在校生52万人。普通中学3968所，在校生459.1万人，其中高中在校生105万人，初中在校生354.1万人。普通小学21295所，在校生623.7万人。初中阶段适龄人口入学率为97.39%，小学学龄儿童入学率为99.54%；成人技术培训学校培训学员144.1万人次。全年共扫盲6.8万人。

年末全省共有艺术表演团体91个，文化馆100个，公共图书馆85个，博物馆42个。全省各级国家档案馆124个，档案馆馆藏档案资料578万卷（件、册），库馆总建筑面积13.6万平方米。广播电台15座，中波发射台和转播台23座，电视台17座。全省有线电视用户271万户。广播人口覆盖率95.55%，电视人口覆盖率94.97%。全年出版报纸95种，总印数63885万份；期刊（杂志）175种，总印数4055万册；图书4636种。总印数30590万册；电子、音像出版物1066种，出版数量1133.8万盒（张）。

年末全省共有卫生机构（含诊所、卫生所室、个体开业）9310个，比上年增加109个。其中医院、卫生院2856个，卫生防疫防治机构210个，妇幼保健院（所、站）118个。医院、卫生院床位12.1万张。专业卫生技术人员17万人，其中执业医生和执业助理医生6.5万人，注册护士4.5万人。乡村卫生院2.3万个，乡村医生和卫生员4.9万人，农村有医疗点的村占总村数的94.7%。

体育事业取得新成绩。全年安徽省运动员在国际和国内的重大比赛中，共获得46枚金牌、40枚银牌和60枚铜牌。其中，世界冠军2个，世界亚军1个。全年共举办万人以上的体育健身活动522次，参加活动人数约600万人次。残疾人运动员在国内外重大比赛中共获得14枚金牌、10枚银牌和2枚铜牌。

城乡居民生活水平继续提高，全年城镇居民人均可支配收入7511.4元，比上年增长10.8%，扣除价格因素，实际增长6.3%；农村居民人均纯收入2499.3元，增长17.5%，扣除价格因素，实际增长12.7%。城镇居民恩格尔系数为43.9%，比上年下降0.3个百分点；农村居民恩格尔系数为47.5%，上升1.5个百分点。

社会保障工作进一步加强，社会福利事业稳步发展。年末参加基本养老保险463.9万人。比上年增加24.8万人。参加失业保险372万人，领取失业保险金26.4万人，增加3万人。参加基本医疗保险362.2万人，增加44万人。国有下岗职工基本生活保障顺利完成向失业保险并轨。全年共有99万城镇居民得到政府最低生活保障救济。年末全省有各类社会福利院床位5.2万张，收养各类人员4.1万人。全省62.6%的乡镇建立了农村社会保障网络。城镇建立各种社区服务设施7397处。

全年销售社会福利彩票4.05亿元，筹集社会福利资金1.45亿元。

【投资环境与招商引资】 安徽省沿江通海，承东启西，位于中部之东、华东腹地，区位优越，对于承接沿海发达地区的产业和资本转移，具有得天独厚的条件。

安徽省资源丰富，经济要素成本低，对于外来投资具有较强的吸引力；安徽产业基础较好，加工制造业发展加快，支柱产业、骨干企业发展势头强劲。安徽科技实力雄厚，科技优势明显。随着治淮等重点工程建设的加快，安徽省的农业综合生产能力会大大提高。由于安徽省一些传统优势产品如煤炭、电力、农副产品等价格的上扬，投资利润增加，投资意愿将继续保持。

2004年，安徽省全年实际利用外资13.6亿美元，同比增长24.4%。实际到位省外资金526亿元，增长50.9%，利用境外资金和引进省外资金总额占全省固定资产投资额的三分之一以上，开放型经济对全省经济的拉动和贡献日益突出。全年33个省级以上开发区实际利用外资53771万美元，占全省的39.5%。芜湖经济技术开发区、合肥经济技术开发区、合肥高新技术产业开发区3个国家级开发区实际利用外资分别为1.28亿美元、9317万美元、7123万美元，占全省省级以上开发区的54%。安徽省属大企业实际利用外资1.8亿美元，占13%。全省新批服务贸易领域利用外资项目134个，实际到位外资18526万美元。

【重点项目介绍】 2004年，是安徽省重点项目涉及加工制造业、能源、原材料、化工、农副产品加工、高技术、旅游、文化等重点产业，和防洪保安、通达、信息、生态、信用、人才等基础工程，涵盖了经济、社会、资源、环境等方面。共775个项目，总投资10145亿元。其中：续建项目277个，总投资2583.6亿元；新开工项目189个，总投资1522.3亿元；预备开工项目85个，总投资982.6亿元；前期工作项目224个，总投资5056.6亿元。

2004年，马钢薄板、海螺3条日产万吨水泥生产线、奇瑞轿车二期、江汽重卡及商务车发动机、徽杭高速公路、安庆长江大桥等54个重大项目顺利建成，安庆石化“油改煤”、铜陵有色电解铜扩建、铜汤和合六高速公路等150个重大工程开工建设，两淮亿吨级煤炭基地建设全面展开，“皖电东送”积极推进，淮河治理进程加快，旅游、文化产业发展势头良好，“生态安徽”、“信用安徽”和“数字安徽”建设取得新成效。尤其是安徽省与科技部建立工作会商制度，省会合肥被批准为首个国家科技创新型试点市；与铁道部签署协议，合宁、合武、铜九铁路同时开工，掀开了安徽省铁路建设新的一页；总投资200多亿元的马钢500万吨薄板带项目获得国家批准，成为全省最大的工业项目。

【经济技术协作与对口支援】 2004年，安徽省共引进省外资金526亿元，全年开工建设省外引资项目6766个。

与广东省经济技术合作活动共计签约项目290个。总投资424.09亿元，引进资金374.02亿元。其中：合同项目133个，总投资170.66亿元，引进资金142.65亿元。协议项目157个，总投资253.43亿元，引进资金231.37亿元。贸易8个，交易额4.75亿元。

皖浙经济合作领域不断拓展。浙江民间资本积极参与安徽交通、能源建设、合作开发水电、煤炭、矿产等资源。横店集团东磁公司在淮北兴建铝业基地，投资建设一座年发电量为40万千瓦时的电厂、扩建年产20万吨的绿锭厂，并不断加大对淮北、霍山6家工厂的技术改造和设备投资。在铜陵、宣城市，浙江企业利用民间资本参与了矿产开发和水力发电站的建设。

2004年，安徽省对口支援工作取得了长足的进步，安凯汽车股份有限公司投资2.4亿元在重庆渝北空港经济开发区新建“凯斯鲍尔”生产基地，安徽国通新管业股份有限公司在重庆李度工业区新健年产15万吨新型管材；安徽界首通达公司投资3亿元建速丰林、中药材基地及波尔羊繁育基地。

江西省

【经济与社会发展】 2004年，江西省GDP达到3495.9亿元，同比增长13.2%。其中：第一产业增加值711.7亿元，增长8%；第二产业增加值1595.7亿元，增长18.6%；第三产业增加值1188.5亿元，增长9.6%。人均GDP 8189元，增长12.4%。三次产业比例调整为20.4∶45.6∶34，二三一产业结构得到巩固和发展。

全年农业总产值1054.9亿元，同比增长8%，增长幅度创1996年以来的新高。全省粮食总产量达360.7亿斤，增长24.3%，创历史新高。粮食播种面积、粮食产量、农民收入实现了三个“增长20%”。林业发展取得积极成效。全省实现林业产值79.1亿元，增长4.5%；全年完成造林面积58.1千公顷，森林覆盖率达59.7%。

工业生产保持快速增长，主导作用进一步增强。2004年完成全部工业增加值1110.7亿元，同比增长19.3%。其中：规模以上工业企业增加值617.8亿元，增长26.1%，实现了比2001年翻一番的目标。产销衔接状况保持良好，全年规模以上工业企业产品销售率98.8%，比上年上升0.87个百分点。重点培育的六大支柱产业发展迅速，共完成工业增加值395.1亿元，增长24.6%。其中：特色冶金和金属制品业实现增加值132.5亿元，增长39.5%，总量、增幅均居各行业之首。工业园区新引进外商投资企业515个，实际利用外资11.5亿美元，占全省的56.4%。园区完成工业增加值335.1亿元，增长51.3%；实现销售收入1013亿元，增长65.4%；利润总额61亿元，增长47.8%；实交税金52.9亿元，增长63.5%。

固定资产投资平稳较快增长。认真贯彻落实国家宏观调控政策措施，遏制了部分行业盲目投资和低水平重复建设。全年全社会固定资产投资1820亿元，同比增长31.9%。重点工程建设迈出新步伐，推动全省交通、电力、工业、城建和社会事业迈上新台阶。年末全省高速公路通车总里程达1422公里，出省主通道和省会南昌到各设区市道路全部实现了高速化。硬化农村公路突破1万公里。

对外贸易快速增长。全年外贸进出口总额35.3亿美元，其中：出口19.9亿美元，增长32.5%；进口15.4亿美元，增长50.3%。生产型企业出口首次超过外贸流通企业出口，比重达到56%以上。全省进出口企业达到1562

家，新增565家。

财政收入快速增长。全省实现财政总收入350.8亿元，同比增长22.7%，增收65亿元，实现了四年翻一番的目标，其中地方财政收入完成205.8亿元，增长22.4%。县级财政实力增强，全省县级地方财政收入增长20.9%，财政总收入超亿元的县（市、区）达72个，其中超5亿元的县（市、区）7个。全省一般预算支出454.1亿元，增长18.8%，各项重点支出和应急支出得到保障。

金融存贷款适度增长。年末全省金融机构各项存款余额3758.3亿元，比年初增加518.6亿元，增长16%；各项贷款余额2854亿元，比年初增加397.7亿元，增长15.6%。全年金融机构现金收入10297.6亿元，增长7%，金融机构现金支出10067.8亿元，增长7%。

全面推进义务教育，全省普及九年义务教育合格率达98%。实施了农村中小学危房改造、21所优质高中改扩建、南昌高校新校区二期工程，各级各类学校办学条件得到改善。高等教育加快发展。全省有博士培养点16个，硕士培养点287个，全年招收研究生3185人，在校研究生7483人；普通高等学校招收学生18.8万人，在校学生49万人，毕业生6.54万人。普通中等专业学校在校学生18.93万人，增加3.42万人；职业高中在校学生18.72万人。中学在校学生217.89万人。小学在校学生386.21万人，小学适龄儿童入学率达到99.04%。在托儿童65.81万人。成人教育取得新成绩。全年参加高等教育自学考试的人员28.08万，获得本科、大专毕业证书的分别为6392人和1.11万人。全年共扫除青壮年文盲7.9万人，文盲率降到5%以下。

在公共卫生方面，基本建成覆盖全省的三级疾病预防控制体系，已实施102个疾病预防控制中心，极大提高了全省疫病防治能力。健全了养老保险制度，对城市居民实行了最低生活保障，做到应保尽保。

体育事业取得丰硕成果。江西省在第28届雅典奥运会上，夺得了2枚金牌、1个第4名、1个第7名、1个第8名，在第12届残奥会上夺得“1银3铜”。2004年在国际和国内的重大比赛中，共获得33枚金牌、29枚银牌和26枚铜牌；成功承办了第五届全国农运会，金牌、奖牌数名列榜首。

生态保护工作继续加强。全省已批准建设国家级生态示范市3个，生态示范县22个，面积88607.7平方公里，比上年增长67.9%。建成国家级、省级自然保护区30个，增加8个，其中：国家级自然保护区5个，省级自然保护区25个。自然保护区面积8073.7平方公里，占全省国土面积的4.8%。

城乡居民生活水平不断提高。全年城镇居民人均可支配收入7560元，同比增长9.5%；农民人均纯收入2953元，增收495元，增长20.1%。城乡居民收入之比为2.6:1，是1997年以来的首次缩小。城镇居民人均生活消费支出5338元，比上年增长8.6%；农民人均生活消费支出2127元，增长11.5%。

【投资环境与招商引资】 经过多年的投资建设，开放型经济主导作用正在形成。在发展中着力营造成本低、回报快、信誉好、效率高的环境品牌，做大开放型经济平台，正在呈现对海内外资金的集聚效应。全年开放型经济所产生的GDP对全省GDP增长的贡献率为50.8%；开放型经济提供的财政收入对全省财政收入的贡献率为30.8%；招商引资到位资金对全省固定资产投资的贡献率为53.4%；开放型经济新增就业人员21万人，占全省新增就业岗位的50%。入驻江西的世界500强已有美国福特、日本铃木、日本五十铃、日本东芝、美国默克、法国罗纳、日本富士重工等20家企业。

着力培植壮大支柱产业，以规范建设工业园促进工业相对集中发展，同时加快国有企业改革和发展，使经济结构由农业为主转向以工业为主。全年六大支柱产业实现销售收入1398.4亿元，增长39.5%；对全部工业销售收入增长的贡献率达到66.1%；实现利税152.6亿元，占总量的74.9%。全省98个工业园区着力增强工业园区的产业聚集能力、就业吸纳能力、环境承载能力、要素集约能力、自主创新能力，把承接产业转移与增强自主创新能力、扩大招商引资规模与提高产业集中度、加强基础设施建设与提高集约化经营水平统一起来，推动园区创特色、创水平、创效益、增后劲、增岗位。全省工业园区实现工业增加值 335.1 亿元，增长 51.3%，相当于全省规模以上工业的 54.2%。园区工业产值增长近 80%。工业园区成为新的经济增长极和城市新区。

初步建立了快速便捷的立体交通网络，省内已形成 5 小时经济圈。南昌昌北机场被批准为国际机场，填补了江西省无国际航空港的历史空白。现已顺利开通了南昌—广州—新加坡国际航线，南昌—上海—汉城、南昌—上海—洛杉矶国际航线也已获得批准。南昌—香港、香港—台北航线还推出了“一票到底，行李直挂”快捷中转服务。海铁联运取得突破，南昌—深圳“五定班列”（定时间、定班次、定起始点、定停靠点、定价格）已进行了试运行。此外，新余、上饶、龙南等海关和检验检疫机构正在加紧建设和申报。九江出口加工区申报取得重大进展，已列入海关总署第四批增设目录范围。全省服务于开放型经济的平台不仅正在构成体系，而且为更加密切地加强与国际经济接轨创造了重要条件。

为进一步创造良好的投资环境，制定发展措施，出台了《关于进一步提高招商引资水平的指导性意见》，鼓励和吸引国外、境外投资者采取独资、合资、合作等形式，参与高速公路、国省道、电网改造等基础设施以及城市公用设施、风景名胜区的建设和经营；鼓励外商参与物流业和教育、文化、卫生、体育、社会福利等公益性事业建设；鼓励和支持外商采取收购、兼并、联合、重组等多种形式，嫁接、改造国有企业；鼓励外商参与种植、养殖及农副产品加工项目开发；鼓励外商与中方以非法人合作组织进行勘查，以探矿权换取采矿权，重点勘查紧缺矿产资源。

全面推进依法行政，为外商投资营造规范、透明的法律和政策环境。进一步修订和完善了利用外资的优惠政策和管理办法，大幅度地削减行政审批事项。全面清理我省涉外行政性收费项目，取消不合理的涉外行政性收费项目，编制统一的涉外行政性收费目录。全面推行收费许可证、收费员证和收费登记监督卡制度。简化办事程序，提高工作效率，为外商投资营造公开、公正、廉洁、高效的行政环境。各设区市进一步完善投资项目审批办证中心，坚持“一站式”办公制度。市县区都设立了统一办证服务中心，实行了一个窗口对外，一个地点办证收费，一条龙全程服务。没有实行集中办公联审的省直审批部门推行首问负责制。

强化监督制约机制，为外商投资营造统一开放、公平竞争的市场环境。省委、省政府在全省范围内开展了政务环境评议评价工作。对 49 个省政府组成部门、直属机构、具有行政管理职能，以及与经济发展密切有关的部门进行了评议打分，大力改善政务环境，做到首问负责制、一次性告知制、限时办结制，真正提高办事效率。各设区市、县（市、区）成立外商投诉举报协调机构，与省投诉中心形成网络，相互配合，形成外商投诉快速反应通道。建立投诉处理、督查制度，出台了《江西省外商投诉处理办法》。

大力实施大开放主战略，加快了“对接长珠闽，融入全球化”的步伐，开放型经济发展取得显著成效。全省实际利用外资首次突破了 20 亿美元大关，达 20.52 亿美元，同比增长 26.6%，比 2000 年增长了 8 倍。新批外商投资企业 964 个，比上年增长 27%；合同外资 31.13 亿美元，增长 32.9%。新签合同引进 1000 万美元以上的工业项目 53 个。省外引进单项投资 5000 万元以上的工业项目实际投资额 383.5 亿元，其中亿元以上的工业项目 119 个。借用国外政府贷款取得较好成绩。全年利用国外贷款 7306 万美元，增长 43%。

【经济技术协作与对口支援】 2004 年，江西省利用省外资金实现了较快增长。全省合同引进省外5000万元以上工业项目574个，合同引资605亿元，同比增长46.4%；实施工业合同项目548个，实际引进省外工业项目资金383.5亿元，同比增长147.4%。

招商引资的项目规模、质量和水平有了明显提高。全省新引进投资5000万元以上，1亿元以下项目455个，超亿元工业项目119个，内资项目的平均规模比上年提高77.7%。利用省外资金超亿元的县有70个。

工业园区健康发展，为经济技术合作搭建了平台。全省各类工业园区新引进5000万元以上内资工业项目298个，实施项目276个，开工率为82.9%，实际利用省外资金215.47亿元，占全省实际引资工业项目资金56.2%。四是开放型经济发挥了越来越大的作用。全省5000万元以上工业项目实现产值353.67亿元，上缴税金24亿元，安排就业人数26.56万人，分别增长135%、155.5%和368.9%。

三峡移民接受安置和对口支援工作有了新的进展。全年共接受安置三峡移民770户3611人，超额完成安置任务111人，分别安置在九江、景德镇、宜春、吉安、抚州5市6县。南昌、宜春、赣州、抚州四市进一步深化与新疆克州的阿图什、阿克陶、乌恰、阿合奇四个市县的经贸合作，加大了对口支援的力度，对口支援工作取得了阶段性成果。

【重点项目介绍】 2004年，江西省重点工程项目数量、投资总额以及工程进度等主要指标再创历史新高。全年计划投资208.96亿元，同比增长22.9%。全年实际完成投资212.21亿元，占年计划的101.3%，增长23.8%。

28个计划建成投产项目全部建成投产，完成投资64.97亿元。2004年9月京福高速公路温家圳至沙塘隘段和沪瑞高速公路昌傅至金鱼石段同时通车，全省“十五”新增1000公里高速公路的计划提前15个月完成。赣粤高速公路泰和至赣州、南康至龙南段、龙南至定南段、南昌至万年二级公路、景德镇市洪源至杨家岭一级公路建成通车；抱子石电站一号二号机组、景德镇电厂技改工程并网发电；三峡输变电工程江西“两站三线”项目通过验收并投入运行；井冈山机场正式通航；萍钢白源新区工程全面竣工投产；萍乡矿业集团低辐射玻璃生产线、景德镇市第四水厂、南康市第二水厂、青山湖污水处理厂（一期）工程建成投产；桃苑、万溪、京东变电站站内工程完成；南昌移动通信枢纽楼建成投入使用；南昌卷烟厂“十五”易地技术改造项目、南昌市青云水厂三期工程、赣州市第三水厂、南昌市城南排水管网改造工程、省人民医院二部二区病房楼、省人防0719一期工程、中国井冈山干部学院等项目相继建成。

24个续建项目按计划推进，完成投资135.64亿元。泰和至井冈山高速公路主线和连接线已基本建成；南昌环城高速公路乐化—温家圳段路基土石方、涵洞、通道和大、中、小桥基本完成，特大桥半幅架通；大亚木业（江西）年产20万立方米中高密度纤维板项目建成投产；赣抚大堤加固配套工程基本完成；南昌火车站邮件处理中心生产综合楼封顶；鄱阳湖二期防洪工程通过初步验收；江铜—耶兹高档电解铜箔工程厂房主体完成；新钢3500毫米中厚板轧机工程土建基本完成；浙赣铁路电气化提速改造工程（江西段）、贵溪电厂2台30万机组扩建工程、廖坊水利枢纽工程，宜春罗宾有限公司中密度纤维板生产线、九江昌河15万台K系列发动机项目及年产10万辆汽车项目、省人民医院综合病房楼、省二附院科教门诊综合楼等续建项目进展顺利。

计划新开工项目共完成投资11.6亿元。南昌生米大桥桩基与承台全部完成，累计完成投资2.5亿元；景德镇中国陶瓷博物馆四个区的主体工程全部封顶；分宜电厂20万千瓦机组工程、三峡输变电工程乐平50万伏变电站、景婺黄（常）高速公路、景德镇环城高速公路南环段工程、新余铁路二通道、黄金埠电厂、丰城电厂扩建工程、浙江大学国家大学科技园（江西）工程、景德镇西瓜洲污水处理厂、江西省疾病控制中心综合楼、星火有机硅厂扩建有机硅单体生产线工程等项目陆续开工建设。

河南省

【经济与社会发展】　2004年，国民经济快速发展，全年GDP达到8815.09亿元，同比增长13.7%。其中：第一、二、三产业增加值分别增长12.8%、16.2%和10.6%。地方财政一般预算收入达到428.6亿元，增长35.1%。

全年粮食总产量达到4260万吨，创历史最高水平；肉类总产量643万吨，牛奶产量74.5万吨，分别增长6.5%和50.2%。优质小麦种植面积比重达到36%，比上年提高4个百分点。畜牧业产值1116亿元，占农业产值的比重39%。对种粮农民直接补贴和降低农业税税率3个百分点使全省农民减负增收34.24亿元。

工业升级步伐明显加快，产业集中度、资源加工深度和企业技术装备水平明显提高。天冠年产30万吨燃料乙醇、洛玻日产700吨超薄玻璃、漯河银鸽15万吨高档包装纸、许继配电网自动化系统等113个重大结构调整项目建成投产，形成了一批新的经济增长点。全部工业增加值达到3862.18亿元，增长17%，其中高技术产业增加值增长30.3%。规模以上工业企业实现利润达到376.52亿元，增长46.9%。

基础设施建设成效突出，经济发展后劲进一步增强。全社会固定资产投资达到3099亿元，增长31.3%。全年争取国债资金41.7亿元，利用外资、资本市场融资、民间投资均大幅增长，保持了投资对经济发展的强力拉动作用。一批关系全局、有利于增强发展后劲的农林水利、交通能源、工业结构调整和社会事业等重大项目开工建设。

东引西进成效显著，利用省外资金出现了多年少有的好形势。实际利用外商直接投资8.74亿美元，增长36.7%，比预期目标高11.7个百分点；外贸出口达到41.7亿美元，增长40.1%，比预期目标高28.1个百分点。

加大了对社会事业和环保设施的投入。支持改造了农村中小学危房110万平方米。建设了一批高校新校区和优质高中，新增高等院校基础设施350万平方米；普通高校在校生达到70.28万人，比上年增加14.6万人；高等教育毛入学率达到16%，提高1.9个百分点；普通高中招生人数增长14.1%。

加强了公共卫生疾病预防控制体系、医疗救治体系建设，安排改造了204所乡镇中心卫生院，利用国家资金启动了449所乡镇卫生院的改造，全省新增病床5000张。

人民生活继续改善，人口自然增长率控制在5.2‰，低于预期目标1.8个千分点。城镇新增就业107.85万人，登记失业率为3.4%。100万农村贫困人口脱贫和解决温饱。135万城市贫困人口得到低保救助。农民人均纯收入2553.15元，增长14.2%；城镇居民人均可支配收入7704.9元，增长11.2%。社会消费品零售总额达到2808.17亿元，增长15.7%。

【投资环境与招商引资】　河南省境内已形成了三纵四横的铁路网、正线营运里程2107公里，地方铁路正线营运里程1207公里，居全国首位；郑州铁路北站是亚洲最大的货运编组站，郑州铁路东站是全国最大的零担中转站。公路交通四通八达，通车里程已达73831公里，京珠、连霍高速公路两大全国交通大动脉交汇于此。郑州、洛阳、南阳3个机场每周有500多个航班飞往全国46个主要城市。通讯方面以光缆为主、数字微波和卫星为辅的现代化通信传输网络初步建成，局用电话交换机总容量、移动电话用户和互联网用户均居全国前列。

河南省已与世界140多个国家和地区建立了经济贸易关系。开通铁路、公路、航空口岸12个，其中郑州铁路东站、郑州新郑国际机场两个国家一类口岸已通过国家验收，郑州出口加工区已封关运行。全省还有4条国际集装箱运输线分别通往天津、青岛、连云港和深圳等沿海口岸。设立各类省级以上开发区20个，其中国家级高新技术开发区2个、经济技术开发区1个、省级开发区17个。

优越的地理位置，使河南成为全国人流、物流、信息流的交汇地。全省已建成各类商品交易市场6000多个，其中年交易额超过1亿元的商品交易市场138个，大型零售市场已超过100个，超市、量贩、品牌专卖、特许经营、物流配送等新型流通业态迅速发展。巨大的市场潜力将逐步转化为现实购买力，形成对外来投资者强有力的吸引。

河南是全国重要的农产品生产基地。小麦、玉米、大豆、棉花、油料、肉类等产量稳居全国前3位，其他农畜产品产量多数居全国前列。矿产资源丰富，已发现矿产资源154种，探明储量的81种。其中，居全国首位的有钼矿、蓝晶石、铸型用砂岩、天然碱、水泥配料用粘土、珍珠岩、蓝晶铸岩等8种，居前5位的有26种。优势矿产为煤、石油、天然气、钼、金、铝、银、天然碱、盐、耐火粘土、蓝石棉、珍珠岩、石灰岩等矿产”。

河南省全面推进依法行政，为对外开放营造规范、透明的法律和政策环境。加快投资体制改革，大幅度减少审批事项，简化审批程序。全年省级行政审批项目共减少510项，市级减少13640项。开通了“政府收费查询网”，进一步提高了行政审批和政府收费的透明度。

结合行政审批制度改革，全省进一步加快了行政服务中心建设。共有49个省直单位建立了不同形式的行政服务“窗口”，全省已有17个省辖市、149个县（市、区）建立了行政服务中心，形成了“一站式办公、一条龙服务”的行政审批模式，为广大群众和企业构建了便捷、高效的行政服务通道。

河南鼓励外商在农业、农副产品加工业、畜牧养殖业、林产品加工业；能源、交通、冶金、建材等基础设施和基础性产业；高新技术产业、节约资源和改善生态环境的产业；各类工业企业；教育、科技、医疗等公益性事业；商业、保险、旅游、电信、中介服务等第三产业进行投资。外商投资企业在河南省可享受税收、土地使用、财务、信贷以及其他方面的一系列优惠政策。

2004年，河南省积极开展对外交流和招商引资活动，全省利用外资保持了平稳较快增长的良好态势。新批外商直接投资企业478家，比上年增长48%；合同利用外资20.54亿美元，增长62.86%；实际利用外商直接投资8.74亿美元，增长36.68%。世界500强中又有沃尔玛、西门子、韩国电力公司、拉法基4家落户河南，累计在豫投资500强企业达到28家。

【经济技术协作与对口支援】 2004年，河南省组织参加了在西宁召开的黄河经济协作区省区负责人第十七次会议，交流了沿黄各省区域规划、黄河治理以及农业、贸易、科技等方面的合作情况，审议通过了《加快黄河中上游生态保护建设和水资源开发利用，促进黄河经济协作区经济社会的可持续发展》的主题报告。并就《关于制定跨省区重大项目联合协作五年规划》、《关于尽快实施南水北调西线工程》等提案形成了决议。在同期举办的“第五届中国青海结构调整暨投资贸易洽谈会”上，河南省24家企业参展，签订经贸合同2.38亿元。

在“第十三届中国乌鲁木齐对外经贸洽谈会”上，河南省32家企业参展，签订经贸合同3.24亿元。

2004年，河南省在新疆代繁代制及调进玉米种子近1000万公斤，棉花种子预计繁育面积2~2.5万亩左右，调进种子量300万公斤。玉米种子生产地点大多集中在南疆的吐鲁番、哈密等；棉花种子生产地点多在喀什、库尔勒、阿克苏等地区。此外，还进行果树苗木、建园及产品开发等。南阳市金土地公司在新疆阿克苏地区投资2.38亿元，种植蓖麻10万亩，建立了蓖麻油加工厂、大型粮油批发市场和轧花厂等，其中，蓖麻油加工厂的年加工能力为4.5万吨，年效益预计2000万元左右，粮油批发市场年交易额15亿元。

旅游部门与新疆旅游局就区域合作事宜达成框架协议，具体合作内容正在商洽中。河南省义煤集团与新疆兵团六师煤业集团合作签约。义煤集团将引入先进的采掘技术和安全生产管理方式，对该师下辖大黄山煤矿和106团煤矿以及一座炼焦厂进行控股经营。

新乡市农科所与甘肃省敦煌种业公司采取双方投资入股的形式，成立了敦煌种业新乡敦煌种业有限公司，并申请办理农业部批准的3000万元种子经营资格。河南省郑州金苑面业有限公司投资4500万元与甘肃天水联合建设利用小麦提取麦芽油及方便食品等粮食深加工项目正在建设中。

2004年，河南省进一步加大对三峡库区的对口支援力度。豫渝双方多次组织高层和有关部门进行互访，座谈交流，对已经援建和将要援助的教育、卫生、交通项目进行了实地考察。修订了《河南省—重庆市巴南区2004年~2007年三峡库区移民对口支援规划》，引导河南省优势企业，参与重庆市的经济建设，积极探索走以经济技术合作为主要方式的对口支援新路子。郑州宇通集团兼并重庆客车厂项目已经投产，新车型投放市场反响很好。漯河双汇集团也与巴南区、永川区有关方面签署了投资2.5亿元建设肉类加工企业的合作协议，预计明年将陆续开工建设。驻马店晨明集团在万州区从事菇业发展，总投资3160万元，已经到位资金300万元。

河南省向新疆阿克苏地区捐赠资金、汽车、援建支边干部培训基地项目，折合人民币900万元。并促成中国农科院棉花研究所与阿克苏地区就合作建设“棉花产业化高科技示范园区”项目正式签订合作协议。为支持阿克苏地区经济社会发展，河南省先后向阿克苏地区捐赠6台东方红拖拉机、12辆郑州日产匹卡汽车、8辆帕拉丁汽车、330台电视机以及救护车、医疗设备、药品等物资和150万元救灾款，援建了6所希望小学。郑州市投资350万元在柯坪县援建的科技培训中心、安阳市投资100万元在库车县援建的第二中学实验楼、平顶山市投资100万元在拜城县援建的文化中心、新乡市投资100万元在沙雅县援建的干部培训中心、周口市投资50万元在新和县援建的教学楼等项目都已竣工，河南省委、省政府投资370万元在阿克苏援建的河南援疆干部公寓楼项目也已投入使用。省林业厅还先后接待阿克苏地区沙雅县政府林业考察团、阿克苏地区林果业考察团，接待其他单位考察学习和技术合作5批40余人。同时，帮助建立了阿克苏地区林业科研项目库，储备项目50余项，申报科研课题11项，争取地州级项目2项，提高了全地区林业科研攻关能力和科研水平。

河南省南阳黄牛科技中心种牛场、河南省纯种肉牛繁育中心与阿克苏地区拜城县人民政府签署了建立阿克苏地区优质肉牛基地的意向书。通过对项目的进一步考察，签订了《良种肉牛养殖基地建设项目洽谈备忘录》，项目已进入建设阶段。

河南省无偿援建的总投资3000多万元的“西藏自治区重点传染病控制项目”已经投入使用。

【重点项目介绍】　2004年，河南省重点项目建设继续保持快速发展。在建的169个省重点项目完成投资534亿元，同比增长1.03倍。

电力项目完成投资150.3亿元：电源项目完成投资128.1亿元。沁北、登封、永城电厂等项目建成投产，新增发电装机419万千瓦。全省发电装机达到2423万千瓦，有效缓解了全省供电紧张的局面。计划明年投产发电的鹤壁电厂二期、三门峡二期、洛阳热电厂等10个项目进展顺利。首阳山电厂三期等7个项目开工建设，全省在建规模达1120万千瓦。电网项目完成投资22.2亿元。沁北电厂500万千瓦送出工程、漯河500千伏变电站等大型输变电站工程相继建成投运，河南济西等一批大型输变电站工程开工建设。

高速公路项目完成投资215.3亿元：全省高速公路通车里程达1758公里，17个省辖市通达高速公路。2004年计划新开工的19个项目1128公里，已全面开工建设。高速公路工程质量明显提高，合格率达到100%，优良率稳定在90%以上。

煤炭项目完成投资7.7亿元：梁北煤矿、平煤十一矿建成，新增年产煤能力150万吨。平煤首山一矿、永城薛湖矿、永城新桥矿等3各项目480万吨开工建设，省重点煤炭项目在建规模660万吨。一批小型煤矿关闭、合并，全省煤炭资源进一步整合。

工业项目完成投资101.9亿元：河南天冠年产30万吨燃料乙醇、风神轮胎年产120万套子午胎、豫光金铅年10吨铅锌资源回收利用、驻马店、新乡同力日产5000吨新型干法水泥熟料生产线、中铝中州分公司2×30万吨选矿拜尔法氧化铝生产线等14个重大项目建成投产。

水利项目完成投资8.3亿元：白龟山、昭平台水库除险加固等项目基本建成，新增有效灌溉面积80万亩。白沙、陆浑水库除险加固、息县关店防洪工程、驻马店小洪治理等工程进展顺利。西霞院水库、燕山水库、沙颖河、涡河治理等工程如期开工。南水北调河南境黄河以北段前期工作基本完成，近期开工建设。

社会事业项目完成投资25.9亿元：全省新增高校基础设施面积350万平方米。郑州大学二期全面告竣。河南大学一期接近尾声。河南科技大学一期工程、河南工业大学一期首批工程完工，实现2万名师生入住。郑州航院、省电大、省教育学院、省中医学院、华北水利水电学院等新校区相继开工，建成后将新增校舍160万平方米。省妇幼保健门诊基本建成，郑大二附院病房楼、省疾控中心主体封顶，郑大一附院病房楼、洛阳正骨医院正在基础施工。大型文化市设施项目省艺术中心服务区基本完成。

城建项目完成投资17亿元：巩义污水处理厂、焦作市城市天然气管网工程等一批城市基础设施项目建成，新增日供水能力45万吨、日处理污水能力35万吨。郑州、新乡城市生活垃圾处理工程等项目正在加紧实施。洛南新区集中供热热力管网一期工程、开封东区污水处理厂及一批县市污水处理厂开工建设。这批项目建成后将新增能力日处理垃圾能力3200吨、日处理污水能力80万吨，新增供热面积546万平方米。

湖北省

【经济与社会发展】 2004年，湖北省国民经济保持较快增长。全年GDP达到6320.48亿元，同比增长11.5%其中：第一产业增加值1020.09亿元，增长6.5%；第二产业增加值2994.67亿元，增长14%；第三产业增加值2305.72亿元，增长10%。全年完成全社会固定资产投资2356.38亿元，同比增长25.1%。

农业呈现多年少有的好形势。全年农林牧渔业实现增加值（绝对数）1020.09亿元，增长6.5%。粮食种植面积371.24万公顷，比上年增加14万公顷；棉花种植面积37.2万公顷，扩大1.7万公顷；油料种植面积152.61万公顷，扩大2.01万公顷。粮食总产量2100.12万吨，增产179.1万吨，增长9.3%；棉花总产量39.54万吨，增产7.04万吨，增长21.7%；油料产量314.38万吨，增产41.66万吨，增长15.3%。林业由于国家退耕还林计划的调整，以及实施最严格的耕地保护制度，全省造林面积18.56万公顷，同比下降41.8%。成幼林抚作面积和竹木采伐量保持增长，其中成林抚作面积36.98万公顷，增长4.5%；幼林抚作面积40.38万公顷，增长13.7%；木材采伐量126.54万立方米，增长12.8%。畜牧、水产业保持稳步增长，肉类总产量325.62万吨，比上年增长5.5%；水产品产量301.94万吨，增长5.3%。

工业生产保持较快增长，全省规模以上工业企业完成增加值1664.73亿元，同比增长22.8%。高技术产业增长较快，全省规模以上工业高技术产业增加值比上年增长25.8%。光通信设备、程控交换机、微电子技术等信息通信产品产量增长较快。主要工业产品产量工业产销衔接较好，经济效益继续提高。全省工业完成销售产值4890.82亿元，增长27.9%，工业产品销售率为97.9%。工业经济效益综合指数为149.4。工业企业实现利润279.76亿元，增长40.4%；其中国有及国有控股企业实现利润204.81亿元，增长46.2%。建筑业发展步伐加快，全年建筑企业完成增加值（新计算方法）233.2亿元，增长20.5%；实现利润23.9亿元，增长25.1%；税金8.37亿元，增长16.3%。

全年实现社会消费品零售总额2667.48亿元，同比增长13.1%。市场价格总水平继续攀升。居民消费价格总指数为104.9，比上年上涨4.9%。

全年完成货物周转量1403.6亿吨公里，比上年增长13.0%；旅客周转量701.8亿人公里，增长14.9%。邮电通信业完成邮电业务总量294.6亿元，增长61.2%。长途光缆线路总长度20765公里；局用交换机达到913.6万门；固定电话用户达到1073.9万户；移动电话用户达到1129.8万户。电话普及率为36.7部/百人。数据通信用户1.8万户，计算机互联网用户155万户。

全年接待国内游客6849.22万人次，比上年增长20.5%；国内旅游收入394.22亿元，增长18.9%。接待入境游客61.19万人次，增长51%。旅游外汇收入1.92亿美元，增长41.2%。全年实现外贸进出口总额67.72亿美元，同比增长32.5%，其中：出口33.84亿美元，增长27.4%；进口33.88亿美元，增长38%。

全年完成地方一般预算收入303.69亿元，同比增长17%。财政支出641.69亿元，增长19.2%。年末全省金融机构各项存款余额7015.84亿元，比年初增加1047.05亿元。各项贷款余额5359.7亿元，比年初增加518.51亿元。全年保费收入122.54亿元，增长15.3%。支付各类赔款及给付36.43亿元，增长23.5%。

教育事业稳步发展，全年普通高等教育招生29.58万人，在校生89.2万人，毕业生14.32万人；研究生招生2.61万人，在校研究生6.64万人，毕业生1.19万人；各类中等职业教育招生19.68万人，在校生45.85万人，毕业生10.47万人；普通高中招生42.97万人，在校生119.74万人，毕业生32.29万人；普通初中在校生331.98万人，小学在校生474.95万人，幼儿园在园幼儿58.8万人。

科学研究和技术开发取得新的成果，全年共取得省部级以上科技成果750项。共签订技术合同12507项，技术合同成交额46.8亿元，比上年增长14%。全年安排62项科技公关和164项“863”计划项目，争取国家高技术产业发展项目26个，总投资12.05亿元。

文化事业健康发展，年末全省共有艺术表演团体99个，文化馆129个，公共图书馆104个，博物馆98个，电影放映管理机构93个。广播电台11座，电视台12座，有线电视用户44.85万户。全年出版全国性和省级报纸16.28亿份，各类期刊1.85亿册，图书2.2亿册（张）。全省共有卫生机构9983个，卫生技术人员20.83万人，病床床位13.59万张；卫生防疫、防治机构287个，卫生技术人员1.2万人。湖北省运动健儿在国际比赛中共获得6枚金牌、3枚银牌和5枚铜牌。在全国比赛中，有15人夺得第一名，15人夺得第二名，28人夺得第三名。

年末全省从业人员3507万人，比上年末增加31万人，其中城镇就业人员1245万人，比上年末增加34万人。全年城镇新增就业60.5万人，增加17.5万人。年末城镇登记失业率为4.2%，比上年末下降0.1个百分点。城乡居民收入继续增加，生活质量继续提高。全年城镇居民人均可支配收入8023元，同比增长9.6%；农民人均纯收入2897元，增长13%。人口出生继续保持低生育水平。全年出生人口50.6万人，死亡人口36.2万人，人口自然增长率为2.4‰。

社会保障进一步加强，年末全省参加基本养老保险778万人，比上年增加46万人；参加失业保险391.3万人，增加1.2万人；参加医疗保险466万人，增加50万人。年末全省企业参加基本养老保险离退休人员184万人，100%实现了养老金按时足额发放；全省城镇居民最低生活保障对象157.7万人，最低生活保障支出11亿元。农村居民最低生活保障9.2万人，农村定期救济对象43.5万人。年末全省各类社会福利收养床位14.4万张，收养13.1万人，城镇社区服务设施7081个。全年销售社会福利彩票12.39亿元。

【利用外资】　2004年，湖北省新批外商投资企业568个，比上年增加36个，其中总投资额在1000万美元以上的项目91个。全年外商直接投资及其他投资23.56亿美元，同比增长

20%。其中，外商实际直接投资20.71亿美元，增长33%；外商其他投资2.85亿美元，下降29.9%。对外承包劳务营业额2.74亿美元，新签合同额3.1亿美元，同比分别增长34.7%和4.2%。到年底，全省经商务部批准仍在运营或即将开业的境外非贸易型企业60家，总投资额8700万美元，其中中方投资7200万美元，占81.8%。

【重点项目介绍】 2004年，湖北省重点建设项目共62个，其中国家重点项目7个，省重点项目55个。总投资2126亿元，2004年年度投资计划394亿元。

武汉市轻轨交通一号线一期工程、襄樊至荆州高速公路、黄石山南铁路、蒲圻电厂等32个项目已建成投产运营。已建成或部分建成交付使用的重点建设项目，将产生较好的经济和社会效益。

【经济技术协作与对口支援】 2004年，湖北省经济协作取得了好成绩。全年签订经济协作项目658项，投资总额927.11亿元，其中兄弟省市向湖北省投资896.22亿元，签订的经济协作项目已开工建设426项，年底前已到位资金215.66亿元，与东部经济发达地区建立经济协作友好城市22对，引进兄弟省市企事业单位在湖北省设立办事机构100多家。

组织了湖北省—辽宁省经济协作洽谈暨名优新产品展销活动。先后组织接待了辽宁省及沈阳、大连、鞍山、抚顺、本溪、丹东、锦州、营口、阜新、辽阳、铁岭等市经济协作代表团，先后举办了8次经济协作项目洽谈会。与辽宁省签订经济协作项目及销售合同106项，协作总额78.23亿元。双方签订了《湖北省人民政府、辽宁省人民政府加强经济协作协议》。湖北省16个市州与辽宁省14个市结成了经济协作友好市州。

组织了浙江省党政代表团来湖北省考察暨湖北省—浙江省经济协作项目洽谈签约活动。先后接待了浙江省及杭州、嘉兴、湖州、绍兴、宁波、舟山、台州、温州、金华、衢州、丽水市政府经济协作代表团，组织了12次经济协作项目洽谈会，浙江1000多家企业、湖北省企事业单位2600多人次先后参会洽谈；组织、协调了武汉、十堰、荆州、宜昌、荆门、孝感、鄂州、仙桃等市和湖北省有关厅、局赴浙江省进行经济协作项目推介活动。签订经济协作项目176项，投资总额403.29亿元，其中浙江省向湖北省投资375.4亿元。双方签订了《湖北省人民政府、浙江省人民政府加强经济技术协作协议》；湖北省发展和改革委员会与浙江省签订了《经济协作项目协调会议制度的协议》。

组织了中南6省3市经济协作区的区域经济协作活动。举办了中南协作区省长、自治区主席、市长“区域协作与加快发展”座谈会、中南协作区人民政府秘书长会议、中南协作区经协办主任会议；制定了《中南协作区加强区域协作办法》、《中南协作区加强交通运输协作办法》、《中南协作区加强旅游协作办法》；完成了《中南协作区章程》的修改；组织召开了协作区交通运输专题会议，为解决协作区省际间公路断头、收费站设置不合理、“绿色通道”不畅、对过境车辆乱收费等问题，研究了一些具体解决办法；举办了协作区经济协作项目洽谈暨名优新产品博览会；举办了中南协作区经济协作项目洽谈与签约活动。大会共签订经济协作项目152项，投资总额302.2亿元；建立经济协作友好城市2对。

经与浙江省多次协调，宁波、温州、舟山、台州4个市组织经济协作洽谈代表团来湖北省进行了经济协作项目对接；天门等3个市和神农架林区分别组织了代表团赴浙江省洽谈。2004年11月中旬，湖北省与浙江省在杭州举行了经济协作项目签约大会，签订经济协作项目85项，投资总额124.65亿元，其中浙江省投资118.98亿元，湖北省投资5.67亿元。天门市和神农架林区分别与浙江省嘉兴市、舟山市结成经济协作友好城市。

继续做好了对口支援西藏工作。2004年湖北省又继续派出第四批39名援藏干部支援西藏开发建设。

湖南省

【经济与社会发展】　2004年，湖南省经济总量迈上新台阶，全省GDP达到5612.26亿元，同比增长12%，比上年提高2.4个百分点，为近8年来增速最快的一年。其中：第一产业增加值1155.85亿元，增长7.4%；第二产业增加值2214.41亿元，增长16.2%；第三产业增加值2242亿元，增长10.2%。

全年全省粮食总产量2810.26万吨，比上年增加367.53万吨，增长15%，扭转了粮食产量连续4年下滑的局面；棉花、油料等大宗农产品产量大幅增长。116家省级以上龙头企业建立各类生产基地1200万亩，带动农户490多万户。农村基础设施进一步加强，全年开工各类水利工程60.33万处，投入资金51.93亿元，全年新增农田有效灌溉面积7200公顷；新增节水灌溉面积7300公顷。扶贫工作力度加大，全年共投入扶贫专项资金12.3亿元，共有21.2万贫困人口解决温饱或越过低收入线。全省农村外出劳务人员1291.48万人，劳务总收入600.6亿元。

2004年，全省全部工业增加值1781.14亿元，同比增长15.9%。其中：规模以上工业增加值1198.14亿元，增长24.1%，其中装备制造、钢铁有色、卷烟食品、电子信息、新材料等优势产业完成增加值911.97亿元，增长26.5%；全省模以上工业企业一次能源生产总量3146.4万吨标准煤，比上年增长14.9%。规模以上工业企业经济效益综合指数为149.76%，提高19.39个百分点；盈亏相抵后实现利润总额156.51亿元；实现利税450.64亿元。

全年建筑业实现增加值433.27亿元，同比增长17.6%。具有资质等级的总承包和专业承包建筑企业实现利润17.1亿元，增长9.8%。房屋建筑施工面积11457万平方米，增长14.0%；房屋建筑竣工面积5242.2万平方米，增长5.5%。

全年完成全社会固定资产投资1981.29亿元，同比增长27.3%，其中国有经济投资846.83亿元，增长20.8%；非国有经济投资1134.66亿元，增长32.6%，占全社会固定资产投资比重达57.3%，比上年提高2.3个百分点。新增发电机组容量147.23万千瓦，新建公路1329.55公里，新增局用交换机容量57.5万门，城市自来水日供能力24.95万吨，城市污水日集中处理能力55.27万吨，城市道路新扩建126.96公里。落实宏观调控政策措施取得阶段性成效。固定资产投资增长过快的势头得到控制，钢铁、水泥和电解铝投资增幅比上年回落。

全年实现社会消费品零售总额2069.84亿元，同比增长14%，其中城市1145.59亿元，增长14.9%，占消费品零售总额的55.3%；县及县以下零售额924.25亿元，增长12.9%，占消费品零售总额的44.7%。大型商店和商品交易市场的市场份额越来越大。全年限额以上贸易企业实现消费品零售额297.27亿元，同比增长25.2%，占全省贸易企业零售额的16.9%，比上年提高1.7个百分点。

全年实现进出口总额54.38亿美元，同比增长45.5%。其中：出口30.98亿美元，增长44.3%；进口23.4亿美元，增长47.2%。一般贸易进出口额为47.21亿美元，增长43.6%；加工贸易进出口额5.5亿美元，增长64.7%。外商投资企业10.7亿美元，增长39.2%。对欧盟、日本、美国、香港、东盟等主要贸易伙伴的出口快速增长。全年新对外承包工程、劳务合作、设计咨询合同金额6.14亿美元，比上年增长57.1%；完成营业额4.62亿美元，增长19.8%；外派劳务6503人，增长29.4%。

旅游业全面恢复，成功举办2004年中国湖南旅游节等系列促销活动，全年共接待国内外旅游者6486.34万人次，旅游总收入达371.59亿元，同比增长26.4%，其中接待入境旅游者55.34万人次，实现旅游外汇收入3.13亿美元。

全年全省取得各类科技成果943项，147项科技成果获省科技进步奖，启动实施重大科技专项24个，其中“混合动力电动汽车”和“三级配混凝土泵研究与开发”等项目，均属国内首创，达到国际先进水平。“微生物冶金的基础研究”项目列入国家“973”项目。到年底，全省拥有17个国家（部）级重点实验室，有6个国家级工程技术研究中心和22个省级工程技术研究中心。

教育事业全面发展，小学教育基本实现了普及九年义务教育目标，2004年，小学适龄儿童入学率为98.45%，毕业生升学率为99.4%；初中适龄人口入学率达97.73%，全省普通高校81所，比上年增加8所，全年共招生20.68万人，在校学生63.9万人，招收研究生1.07万人，在校研究生2.61万人，其中博士4742人，硕士21341人。各类民办学校833所，在校学生63.6万人。

矿产资源勘探和地质公园建设取得新进展，全年国土资源调查及地质勘查新发现矿产地16处，新增11种矿产查明资源储量，其中铅锌9.77万吨，煤93.6万吨。张家界地质公园列入首批世界地质公园。全省人均水资源2760立方米，比上年增长2.2%；年平均降水量1425毫米，增长9.6%；耕地面积减少的势头趋缓。全年净减少耕地17263公顷。全年建设占用耕地4161.69公顷，土地整理复垦开发补充耕地5694.2公顷，建设占用耕地实现占补平衡。

环境治理取得成效，全省建成烟尘控制区180个，面积1174.4平方公里，增长4.6%；环境噪声达标区166个，面积723.1平方公里，增长3.4%。新上一批清洁燃料、污水处理和垃圾处理等城市环境基础设施项目，河、湖、空气、重点污染源的监测继续加强。城市污水处理率为38.1%，比上年提高11.1个百分点；城市生活垃圾无害化处理率为32.5%，提高8.3个百分点。

生态环境有所改善，全年共完成造林面积33.37万公顷，其中退耕还林16.2万公顷。年末全省建有自然环境保护区84个，其中国家级8个、省级34个。自然环境保护区面积104.9万公顷，增长5.4%，全省森林覆盖率为54.3%，比上年提高1.2个百分点。

人口、人民生活和社会保障，年末全省总人口为6697.7万人，比上年末增加34.9万人，其中城镇人口2377.68万人，乡村人口4320.02万人。全省人口出生率为11.89‰，比上年提高0.07个千分点；死亡率为6.8‰；自然增长率为5.09‰，提高0.14个千分点。

人民生活不断提高，全省城镇居民人均可支配收入8617.48元，比上年增加943.3元，实际增长7.9%。农村居民人均收入2838元，上年增加305元，实际增长8%，城镇居民消费结构升级加快，农村居民消费出现新变化。全省城镇居民人均消费性支出6884.61元，增长13.2%。

社会保障工作进一步加强，全年全省参加基本养老保险人数为692.6万人，比上年增长8.9%，全省就业劳动力3747.1万人，增加52.32万人，其中年内城镇新增就业56.52万人，下岗职工再就业39.82万人；城镇登记失业率为4.4%。

【投资环境与招商引资】　2004年，湖南省以精简行政审批项目，转变政府职能为重点，进行了行政审批制度改革，有效建立了行为规范、运转协调、公正透明、廉洁高效的行政管理体制。

根据国务院《关于贯彻实施〈中华人民共和国行政许可法〉的通知》精神，在前几年通过清理大幅取消行政审批事项的基础上，2004年对全省现行的地方性法规、政府规章和规范性等有关行政许可的规定和行政许可的实施主体进行全面清理。对省直部门单位和市州报送的1835项审批项目再次进行了审查和甄别，逐项核定项目名称、设定依据和审批内容，只保留继续实施的行政许可项目737项，非行政许可审批项目147项，减少行政审批事项951项。分别编制了《湖南省继续实施的行政许可项目目录》、《湖南省保留的部分非行政许可审批项目目录》和《湖南省保留的部分涉密行政审批项目目录》，并以省政府第196号令和省政府办公厅【2004】60、61号文件公布施行，有效改善了投资环境。

招商引资成效显著，内外资大幅增长。全年全省新批外资企业636家，同比增长24.95%；合同外资26.07亿美元，增长94.75%，高于全国61.4个百分点；实际使用外资14.18亿美元，同比增长39.25%，在全国排第12位。实现内联引资合作项目4014个，合同引进省外境内资金1543.4亿元，实际到位510.5亿元，同比增长52.2%。全年全省到位外资、内资在全社会固定资产投资总额中已三分天下有其一，占31.69%，有力地推动了经济增长。

【经济技术协作和对口支援】　2004年，湖南省努力扩大内外开放水平，内联引资保持强劲增长势头，区域经济协作深化拓展，对口支援工作稳步推进。据统计，全省实际到位内资510.5亿元，同比增长50%，完成年计划的111%。

对口支援方面，全年共为三峡和皂市、碗米坡库区引入对口支援资金2634万元，实施项目35个，接收三峡新增外迁移民2415人，筹集对口支援外迁移民资金800万元。同时，省直部门在资金、项目安排上给予皂市、碗米坡库区重点倾斜，促进了库区经济发展和社会稳定。湖南省本着求真务实的原则，采取灵活多样的方式，精心组织了“湘粤合作”、“湘—浙经贸交流周”、“中南协作区省区市长联席会议”和“湘洽会”四大经贸活动。“泛珠三角”、“长三角”区域合作扎实推进。

认真贯彻全国对口支持三峡库区工作座谈会精神，将支持三峡库区工作重点由无偿支持机关搬迁和基础设施建设转向依托库区资源优势，帮助库区发展特色产业，推进引导企业到三峡库区开展经济合作，提高库区经济可持续发展能力。在库区兴山县共收集参考项目42个，并敲定了第一批对口支援项目4个。

【重点项目介绍】　2004年，湖南省48个105项在建重点建设项目共完成投资423亿元，增长29.4%。一批重点项目建成投产：

长丰汽车制造股份有限公司在长沙新建的年产5万辆轻型越野汽车生产基地已竣工投产。加该公司在湖南永州的3万辆生产能力，长丰汽车已建成我国目前最大的轻型越野车生产基地。

安徽海螺集团在湖南双峰投资5.6亿元建

设的日产5000吨干法水泥生产线已建成投产。双峰海螺是湖南乃至江南最大的干法水泥生产线，对改变湖南省水泥生产结构具有重要意义。

由世界著名的玻壳生产企业韩国电气硝子株式会社斥资1.65亿美元创办的外商独资企业湖南HEG电子玻璃有限公司一期工程正式竣工投产。这个项目的竣工，不仅一举抢占了国内电子玻壳行业的制高点，还将与湖南LG飞利浦曙光电子形成牢固的产业链。湖南HEG产品输出率和质量指数均超过韩国母公司现有水平。2004年湖南HEG玻壳生产能力达到200万只，完成销售额2000多万美元，产品约有60%供应LG飞利浦曙光。2005年公司产量将扩大至600万只。

特变电工衡变公司投资4亿元实施的国家重点国债项目的第二期技术改造，从工程的设计、施工、设备的引进和安装调试只用了近一年的时间就竣工投产，此次技术改造建成了中国变压器行业一次投资规划最大、建设速度最快、档次最高的一流的超高压厂房。它的建成，使特变电工具备了“双百万”即单台1000兆伏安容量、超高压电力变压器和可控并联电抗器的制造能力，年生产能力达15000兆伏安。

大唐耒阳电厂二期工程两台30万千瓦火力发电机组全面竣工投产发电。大唐耒阳电厂二期工程于2001年破土动工，总投资23亿元，其中利用世界银行贷款2亿美元，经过3年时间的建设，两台机组均提前建成投产发电。至此，耒阳电厂成为湖南第一个装机达百万千瓦的火力发电厂。耒阳电厂三期建设前期准备工作也在抓紧进行。

位于酉水中游保靖县境内的碗米坡电站第三台机组已竣工发电。至此，总投资20亿元的湘西自治州有史以来投资规模最大的省重点建设项目顺利竣工。碗米坡电站共装机3台，总装机容量24万千瓦，年发电量7.92亿千瓦时。碗米坡电站的竣工，对于缓解湘西的电力供需矛盾，改善酉水通航条件，推进经济增长，带动相关产业，促进湘西贫困地区经济和社会全面发展具有十分重要的意义。

西部地区篇

【经济与社会发展】 2004年，内蒙古自治区（以下简称自治区）国民经济继续保持快速健康协调发展，全年GDP达到2712.1亿元，同比增长19.4%。其中：第一产业增加值506.1亿元，增长11.7%；第二产业增加值1332.5亿元，增长27.5%；第三产业增加值873.5亿元，增长13.4%。全年财政总收入363.1亿元，增长40.7%；城镇居民人均可支配收入8123元，实际增长13%；农牧民人均纯收入2606元，实际增长8.6%。

农牧业生产获得丰收，粮食播种面积扭转了连续5年下降的局面，粮食总产量301.8亿斤，增产29.7亿斤。全年发放粮食直补资金5.2亿元，优质农作物良种补贴和农机具补贴资金到位5800万元。牧业年度牲畜存栏9274万头（只），比上年增加1287万头（只），畜牧业占第一产业增加值的比重达到43%。主要畜产品产量大幅增长，肉类总产量201.9万吨，增长24.1%；牛奶产量490万吨，增长59%。有6个盟市取消农业税，全区农牧民人均税收负担降低60%以上。农牧业产业化步伐加快，全区销售收入超亿元的龙头企业达到38户。农村牧区基础设施建设得到加强，新增通公路的行政村（嘎查）822个，通电行政村（嘎查）51个，通电话行政村（嘎查）86个，解决了近70万人口的饮水困难问题。

煤电优势得到进一步发挥，全年新开工煤炭生产能力2790万吨，经国家批准新开工的电力装机420万千瓦。全年煤炭产量22329万吨，增长38.2%；发电量817亿千瓦时，增长26.1%。全年钢产量627万吨，增长8.7%；铝产量38万吨，增长50%。重化工业发展进一步加快，全年新开工甲醇生产能力120万吨，聚氯乙烯生产能力50万吨。蒙牛四期、草原伊盛等一批农畜产品加工项目建成投产，鲜奶加工能力达到400万吨，肉类加工能力120万吨。全年工业增加值增长29.8%，其中规模以上工业企业增加值增长38%。工业经济效益明显提高，规模以上工业企业经济效益综合指数达到160，比上年提高26个点。

服务业增长加快。商业零售繁荣活跃，物流配送、连锁经营、电子商务等新型业态加快发展，引进了王府井百货、香格里拉酒店等大型商业零售和餐饮企业，全年实现社会消费品零售总额892亿元，同比增长22.7%。交通运输、旅游业大幅回升，货运量达到5.9亿吨，增长18%；旅游收入147亿元，增长50%。信息服务业发展进一步加快，电话用户总数突破1100万户，新增191万户，实现邮电业务收入81亿元，增长15%。

金融业取得新突破，年末金融机构人民币各项存款余额2576.4亿元，比年初增长23.2%；各项贷款余额2240亿元，增长18.1%。保险业发展取得新进展，全年实现保费收入55.2亿元，增长30.5%。

认真贯彻落实国家的宏观调控政策，加强了固定资产投资的管理。全年全社会固定资产投资总额1809.26亿元，同比增长49.6%。投资自主机制作用明显增强，企业、地方自筹和民间投资比重显著提高。

就业和社会保障工作得到加强。全年城镇新就业24.53万人，其中实现再就业下岗失业人员13.92万人，安置“4050”人员3.9万人，城镇登记失业率控制在4.6%左右。“两个确保”和“三条保障线”政策得到有效落实。全区参加基本养老保险职工236.8万人，参加基本医疗保险273.31万人，增加20.82万人；参加失业保险222.3万人，增加7200人；73.62万人得到最低生活保障救济。

科技创新和推广体系进一步完善，启动纳米稀土氧化物、利用粉煤灰生产水泥熟料等44个科技项目。基础教育加快发展，对农村牧区义务教育阶段家庭经济困难学生实施了“两免一补（免杂费、免课本费、补助寄宿生生活费）”政策，新增普及九年制义务教育旗县5个，以旗县为单位人口覆盖率达到80.8%，比上年提高4.2个百分点。高中阶段教育快速发展，高中阶段教育毛入学率达到49.6%，提高6.9个百分点。高等教育办学规模进一步扩大，全年普通高校招生7万人，比上年增长16.9%，普通高校在校生19.9万人。

医疗卫生事业得到加强。加强了疾病预防控制机构和医疗救治机构建设，全区有43个疾控中心和21个医疗救治机构建成投入使用，突发公共卫生事件应对机制和重大疾病预防控制及医疗救治体系初步建立。农村牧区新型合作医疗试点工作进展顺利，7个试点旗县已有76.5万农牧民参加了合作医疗。地方病、结核病和艾滋病防治工作进一步落实。人口和计划生育工作进一步加强，人口自然增长率控制在3.6‰以内。

文化事业繁荣发展，民族文化大区建设进展顺利，实施的36个旗县图书馆、文化馆专项建设，“村村通”广播电视工程取得显著成效。广播电视、体育、民政、新闻出版等各项社会事业稳步发展。

【对外开放】　“走出去”战略取得新进展。共批准境外投资企业10家，投资总额809.8万美元。庆华集团、鹿王集团、内蒙古大兴安岭森工集团等在境外投资建设的项目，都取得了较好的效益。利用外资大幅度增长，外商直接投资实际到位6.27亿美元，增长70%。对外贸易规模进一步扩大。外贸进出口总额突破40亿美元，同比增长31.6%。其中：出口16.8亿美元，增长17.4%；进口23.7亿美元，增长41.5%。口岸建设得到进一步加强，口岸过货量达到2200万吨，增长44%。

【重点项目介绍】　2004年，自治区计划实施的重点项目840个，其中续建项目332个，新开工项目508个，年度计划投资1344亿元。当年实施项目708个，完成投资1047亿元，竣工项目347个。

生态建设工程：自1998年国家实施退耕还林、退牧还草、京津风沙源治理工程、天然林资源保护工程、水土保持、重点防护林工程、生态环境建设重点等七大工程以来，国家共投资165亿元，完成生态建设与保护任务2.3亿亩。2004年国家投资25.5亿元，下达建设任务6582万亩，当年完成5260万亩。

通辽电厂三期工程：是自治区“十五”规划中的重点电源点建设项目，是向东北输电的主要电厂之一，现装机容量80万千瓦。三期工程建设规模1×60万千瓦，建成后每年增加发电量33亿千瓦时。总投资22.2亿元。

鄂尔多斯市达拉特电厂四期工程：是国家“十五”规划的重点建设项目，是西电东送的主要电厂之一。现装机容量198万千瓦，四期工程装机容量2×60万千瓦，投产后每年可增发电量66亿千瓦时。工期从2004年至2007年。总投资46.8亿元。

霍林河露天煤矿扩建工程：霍林河露天煤矿位于通辽市境内，矿田探明储量6.82亿吨，年开采能力700万吨。扩建规模800万吨/年。工期2004年至2008年，总投资15.7亿元。

准格尔黑岱沟露天煤矿扩建工程：黑岱沟露天煤矿位于鄂尔多斯市境内，现探明储量13.87亿吨，年开采能力1200万吨。扩建规模800万吨/年，工期2004年至2005年，总投资10.4亿元。

伊利集团新工业园区工程：园区占地面积20多万平方米，安装鲜奶生产线18条，日处理鲜牛奶1500吨，是亚洲地区产能最大、自动化程度最高的液态奶生产车间，总投资3.5亿元，计划2005年投产。

内蒙古天野化工油改气联产甲醇项目：总投资5.5亿元，保持现有30万吨合成氨、52万吨尿素规模不变，把现以渣油为原料改为以天然气为原料，联产20万吨甲醇。于2004年5月开工建设，预计2005年10月建成投产。

神华集团煤直接液化一期工程：这是我国第一个直接液化商业性建设项目。一期年产油品320万吨，总投资245亿元。第一条生产线2004年开工建设，计划2007年建成。该项目对于掌握煤炭液化制油的工业化技术，保障我国能源供应安全，发挥内蒙古煤炭资源优势，加快内蒙古工业经济发展，均具有重要意义。

呼和浩特—准格尔铁路：项目建设为鄂尔多斯市煤炭外运开辟了一条新的运输通道，对加快本地区资源优势的转化步伐起到了推动作用。全长117.6公里，总投资13.4亿元。2004年投资4.4亿元。

赤峰—大板—白音华铁路：项目建设起到连接集宁市到通辽市和北京到通辽市两条铁路的作用，解决赤峰和辽西地区煤炭资源运输问题，还能够促进沿线资源的开发和转换。线路全长331公里，总投资36.5亿元。

二连市至河口国道白音察干至集宁段：建设高速公路62公里，二级公路12公里。投资14亿元，计划于2005年建成运营。

国道207线锡林浩特至乌日图塔拉段：建设一级公路43公里，一级一幅公路113公里。总投资10.76亿元。计划于2005年建成运营。

县际公路：建设项目共有51条，建设规模4547公里，覆盖全区12个盟市的80多个旗县，总投资42亿元。工程于2003年开工建设，2004年续建和开工项目49条，其中完工17条，建成公路1200公里。新开工12条，计划建设公路781公里。全年投资15.3亿元。

【经济技术协作与对口支援】 2004年，自治区创造和利用各种时机，扩大宣传，积极开展对外交流合作。进一步加大招商引资力度。组织参加了“第八届中国东西部合作与投资贸易洽谈会”、“第七届中国北京高科技产业博览会”、“内蒙古—北京经济技术合作洽谈会”、“内蒙古—天津经济技术合作洽谈会”等大型招商活动，同时围绕国家开展的东北地区等老工业基地振兴，由自治区党委储波书记率团出访东北三省进行项目组织和签约活动。2004年全区实施招商引资项目4033项，共计引进区外资金到位702.54亿元，同比增长74.7%。引进总投资额5000万元以上的大项目586项，总投资额在5亿元以上的大项目104项。

1997年以来，北京市与内蒙古结成对口帮扶友好市区，双方本着优势互补、互惠互利、共同发展的原则，在对口帮扶、经济合作、技术交流等领域，均取得明显成效。2004年，北京市以财政拨款、社会捐物等形式支援内蒙古2300万元。主要用于援建基层中小学校、乡镇卫生院、人畜饮水、乡村公路等方面的建设。继续开展了党政干部、专业技术人才的交流活动，双方交流挂职人员345人次，举办技术培训班50期，培训人员3.29万人。继续开展了双方企业间的协作，新建协作企业9个，协作项目13个。北京市帮助内蒙古输出劳务人员近1万人。

广西壮族自治区

【经济与社会发展】 2004年，广西壮族自治区（以下简称广西）社会经济保持快速增长。全年GDP达到3320.1亿元，同比增长11.8%。其中：第一产业增加值811.38亿元，增长5.4%；第二产业增加值1288.26亿元，增长17.1%；第三产业增加值1220.46亿元，增长10.6%。第一、二、三次产业对经济增长的贡献率分别为10.7%、54.5%和34.8%。第一、二、三产业增加值占GDP的比重分别为24.4%、38.8%和36.8%。全年财政收入403.68亿元，增长18.2%。其中一般预算收入237.73亿元，增长16.7%。一般预算支出504.8亿元，增长13.8%。

农业生产较快增长。全年农林牧渔业总产值1291.7亿元，同比增长6%。主要农产品产量：粮食1473.2万吨，下降0.8%；甘蔗5003.9万吨，与上年持平；蔬菜1936.9万吨，增长3.9%；水果526.4万吨，增长13.9%。畜牧业生产较快增长。全年肉类总产量383万吨，增长8.4%；牛奶产量4.8万吨，增长26.3%；蚕茧产量10.7万吨，增长22.9%。全年水产品产量274.3万吨，增长3.7%。

工业生产快速增长。全年全部工业增加值1044.8亿元，同比增长17%。其中规模以上工业企业增加值595.63亿元，增长22.8%。规模以上工业经济效益综合指数150.97，提高25.7点。规模以上工业产品销售收入1834.93亿元，增长29.8%；利税总额251.67亿元，增长45.3%，工业企业盈亏相抵后实现利润121.84亿元，增长83.6%。全年建筑业增加值243.43亿元，增长17.4%。施工单位工程27207个，增长5.3%；施工房屋建筑面积4536.31万平方米，增长19.6%。

高新技术产业快速发展。桂林、南宁、柳州和北海4个高新技术产业开发区实现总收入425.31亿元，同比增长24.9%；实现利税42.44亿元，增长17.1%；出口创汇2.67亿美元，增长29.2%。

消费市场持续旺盛。全年实现社会消费品零售总额973.41亿元，同比增长13.5%。市场物价上涨较快，居民消费价格总水平上涨4.4%。

金融机构存贷款规模稳步扩大。年末金融机构各项人民币存款余额3673.19亿元，比年初增长16.1%。贷款余额2759.65亿元，增长23.9%。

外贸出口成效显著。全年完成外贸进出口

总额42.88亿美元，同比增长34.3%。其中：进口18.93亿美元，增长54.8%；出口23.96亿美元，增长21.6%。出口市场进一步扩大，结构进一步优化。

首届中国—东盟博览会和中国—东盟商务与投资峰会成功举办，广西在中国—东盟自由贸易区中的重要地位进一步确立，在国内外的知名度显著提高。两广合作成为广西参与泛珠三角区域经济合作的重点，经贸合作项目扩大，投资额大幅增加。全年区外境内实际到位资金250亿元，实现成倍增长。

固定资产投资总量和增量均创历史最高。全年完成全社会固定资产投资1254.86亿元，比上年增加267.55亿元，增长27.1%。

全年交通运输仓储业和邮电通讯业完成增加值286.44亿元，同比增长16.8%；房地产业完成增加值95.69亿元，增长11.7%；其他服务业完成增加值395.41亿元，增长11.9%。交通运输业综合运力提高。全区铁路营运里程2751公里，公路里程5.97万公里。全年完成货运量3.68亿吨，增长11.8%；货物周转量1087.72亿吨公里，增长16.1%；全年完成客运量4.91亿人次，增长12.6%；旅客周转量547.42亿人公里，增长14.3%；港口货物吞吐量5130万吨，增长16.4%。

邮电通信业总量不断扩大。全年完成邮电业务总量268.06亿元，增长55.4%。其中，电信业务总量256.94亿元，增长58.4%；邮政业务总量11.12亿元，增长8%。

房地产业持续兴旺。全年商品房销售面积820.36万平方米，增长30.1%，商品房销售额170.85亿元，增长42.8%。

旅游业加快发展。全年国内游客达到5517.5万人次，增长21.5%。国际旅游入境游客达到112.5万人次，增长74.4%；国际旅游收入2.38亿美元，增长79.7%。

科技、教育事业持续发展。年末共有各类专业技术人员93.9万人，全年国家安排科技攻关计划项目10项，增长11.1%；共组织实施创新计划项目1496项；取得省部级以上科技成果332项；专利申请量2202件，授权专利1272件，共签订技术合同655项，技术合同成交金额9.09亿元。

教育事业健康发展。年末共有普通高等院校49所；招生9.94万人，增长25.1%；在校生27.17万人，增长22.2%。研究生培养单位9个，招收研究生3600人，增长35.8%；在校（学）研究生7800人，增长35.6%。中等职业技术教育学校409所，招生12.69万人，下降1%；在校生34.42万人，增长6.2%。普通高中205所，招生24.5万人，增长13%；在校生65.15万人，增长11.4%。初中学校2240所，招生85.33万人，下降2.6%；在校生241.05万人，下降1.6%。普通小学15759所，招生75.73万人，下降1.8%；在校生470.56万人，下降4.3%。小学学龄儿童入学率达98.4%。特殊教育学校招生2300人，在校生1.57万人。幼儿园在园幼儿88.78万人，增长5.3%。

文化、卫生事业进一步繁荣。全区有各种艺术表演团体118个，公共图书馆96个（不含乡镇部分），文化馆100个，博物馆41个，档案馆126个。全年报纸出版2.9亿份，各类杂志出版0.54亿册，图书出版2.13亿册（张）。全区共有电视台15座，广播电台12座，电视人口覆盖率91.5%，广播人口覆盖率86.7%。年末全区共有卫生机构29211个，其中医院、卫生院1772个，妇幼保健院（所、站）103个，专科疾病防治院（所、站）69个，诊所4615个，卫生所和医务室1708个，社区卫生服务站142个。医院和卫生院床位83229张。卫生技术人员121740人。全区疾病预防控制中心（防疫站）102个，卫生技术人员4865人。

体育事业取得好成绩。在国际重大比赛中，共获得世界冠军6个；在国内重大比赛中，获金牌53枚，银牌50枚，铜牌50枚。

就业和再就业工作取得新进展。年末全区就业人员2631万人，增长1.2%，其中城镇就业人员（含农村进城人员）727万人，增长

10.8%。城镇新增就业 22.52 万人，增加 5.02 万人，增长 28.7%。国有企业下岗职工再就业 9500 人。年末城镇登记失业率 4.1%。

【利用外资】 2004 年，广西利用中国—东盟博览会在南宁举办以及 CEPA 正式实施等有利因素，进一步加强招商引资工作，新批外商投资项目增长较快。全年新批合同外资额 11 亿元，同比增长 63.7%。虽然合同利用外资额有较大的增长，但是受前几年招商引资工作滞后等因素影响，实际利用外资情况不理想。全年实际利用外资 5.38 亿美元，下降 22%，其中外商直接投资额 2.96 亿美元，下降 35.2%。借用国外贷款 2.42 亿美元，增长 3.5%；签订贷款协议项目 6 项，贷款协议金额 1.94 亿美元，增长 40.9%。

对外承包工程和劳务合作取得新进展。全年新签对外承包工程和劳务合作合同金额 5588 万美元，增长 44.3%；对外承包工程和劳务合作营业额 2705 万美元，增长 23.2%。

【重点项目介绍】 2004 年，广西统筹推进的 239 项重大项目有 216 项开工；沿海基础设施建设大会战 37 个项目基本实现开工；铁路建设一揽子计划开始实施；龙滩水电站、百色水利枢纽等在建重大项目加快推进。南宁至水任、黄沙河至全州高速公路建成通车；田东电厂和合山电厂改扩建工程、桂林海螺和平南鱼峰新型水泥生产线、玉柴公司 3 万台柴油机项目建成投产；平班水电站、乐滩水电站、北海火电厂等项目实现部分投产。全年投资在亿元以上的项目共 731 个，完成投资 584.82 亿元，增长 48.6%，拉动城镇固定资产投资增长 16.4 个百分点。

钦州港 10 万吨级进港航道工程：建设 10 万吨级航道 30.7 公里，总投资 9.38 亿元，截至 2004 年底累计完成投资 1.83 亿元。防城港 20 万吨级泊位及配套航道工程：建设 20 万吨级航道 13.5 公里，形成货物吞吐能力 1100 万吨，总投资 12.98 亿元，截至 2004 年底累计完成投资 42855 万元。

广西兴业海螺水泥公司日产 4000 吨水泥项目：总投资 6.15 亿元，累计完成投资 1.5 亿元，竣工投产后将形成年产水泥 180 万吨能力。华润水泥（贵港）有限公司水泥生产线：总投资 13 亿元，累计完成投资 1.3 亿元，竣工投产后将形成年产水泥 360 万吨能力。

龙滩水电站：总装机 7×60 万千瓦，总投资 243 亿元，截至 2004 年底累计完成投资 73.53 亿元。

百色至罗村口高速公路：总长 56 公里，总投资 17.37 亿元，截至 2004 年底累计完成投资 13.2 亿元。南宁至友谊关高等级公路：总长 231 公里，其中高速 136 公里，一级 47 公里，二级 48 公里，总投资 37.15 亿元，截至 2004 年底累计完成投资 20.22 亿元。

【经济技术协作与对口支援】 2004 年，广西共签订国内经济技术合作项目 2500 项，合同金额 1100 亿元，同比增长 36%，已实施合作项目 1917 项，实际到位资金 250 亿元，同比增长 1.3 倍；引进外资合同金额 11.34 亿美元，同比增长 68.8%，实际利用外资 5.07 亿美元，同比增长 11.1%。在首届中国—东盟博览会上广西共签订涉外投资项目 96 个，总投资 42.35 亿美元，签订国内合作项目 100 个，总投资 465.4 亿元，项目涉及东盟 8 个国家、欧美、港、澳、台等 19 个国家、地区和国内 28 个省市。签订投资额在 1000 万元以上合作项目 239 个，总投资 265 亿元。广州立白集团、天津德立得集团、深圳赛格集团、广东美的集团、浙江万向集团等知名企业投资亿元以上的项目进入实施。在首届泛珠三角经贸洽淡会上广西共签约合作项目 159 项，总金额 229.66 亿元。

广西对口支援三峡库区长寿区移民工作，加大了部门间对口支援和企业间合作的力度。2004 年在支持长寿区受淹没乡镇迁建学校、卫生院、库区农村移民致富带头人培训及移民新区基础设施建设等方面实施对口支援项目 17 项，对口支援项目资金 975.8 万元。其中：无偿对口支援项目 16 项，资金 532 万元，经济合作项目 1 项，资金 443.8 万元。

【经济与社会发展】 2004年，重庆市经济快速发展。全年GDP达到2665.39亿元，同比增长12.2%。其中：第一产业增加值431.32亿元，增长4.7%；第二产业增加值1181.24亿元，增长16.2%；第三产业增加值1052.83亿元，增长10.4%。人均GDP达到9608元。

农村经济出现少有的好形势。粮食生产能力得到提高，粮食总产量1150.51万吨，增长3.8%。新建农业产业化优质商品生产基地668万亩，龙头企业超过2000家。实施百镇工程建设项目1150个，城镇化水平达到43.5%，提高1.6个百分点。百万农村劳动力转移工程顺利推进，全年培训农村劳动力20.3万人，新转移农村富余劳动力40.4万人。

工业经济速度与效益同步大幅提高，全年实现工业增加值927.51亿元，同比增长16.9%。高新技术产品产值占工业总产值比重达到21.1%，2.2个百分点。北部新区和30个区县特色工业园区开发建设步伐加快，新引进项目702个，累计达到1813个。工业经济效益进一步提升，全年规模以上工业企业实现利润113.38亿元，增长37.8%，工业经济效益综合指数达到139.4。

全年实现社会消费品零售总额955亿元，同比增长14.3%。交通运输业全年完成货物周转量609.16亿吨公里，增长36.4%；旅客周转量320.95亿人公里，增长19.8%。旅游业呈恢复性增长，全年实现旅游总收入259.77亿元，增长27.4%。其中旅游外汇收入2.03亿美元，增长79.4%。

全年完成全社会固定资产投资1609.93亿元，同比增长26.8%。完成重点建设项目投资436.65亿元。产业投资进一步增强，工业投资增长51.8%，产业发展后劲有所增强。民间投资840.48亿元。

对外开放继续扩大。全年外贸进出口总额38.57亿美元，同比增长48.7%。其中：出口20.91亿美元，增长31.9%。务实推进CEPA经贸合作，重庆代表团赴港澳签约项目43个，总投资329亿元。国内区域经济合作迈出重大步伐，与四川、贵州、浙江、上海达成合作协议，全年引进内资86.87亿元，增长51.7%。

年末金融机构本外币存款余额4105.09亿元，比年初增加592亿元，贷款余额3309.13亿元，增加514亿元。财政收支结构优化，全年地方财政收入302.39亿元，增长40.5%，其中一般预算收入200.67亿元，增长25.9%。地方财政支出487亿元，增长24.5%。

扶贫工作有序展开。全年完成搬迁安置移民12.36万人人。高度重视解决库区产业空虚问题，国家制定了三峡库区经济社会发展规划、库区周边绿化带建设工程规划，为库区创造了发展的新机遇。策划和启动了一批产业发展项目，签约62个对口支援项目。解决15.2万农村绝对贫困人口温饱和21.8万人口饮水困难问题，完成2420户高山移民迁建。

全年城镇新增就业18.67万人，下岗职工和城镇登记失业人员实现就业再就业13.52万人，城镇登记失业率控制在4.1%。城市居民人均可支配收入9221元，增长13.9%；农村居民人均纯收入2535元，增长14.5%。社会保障体系进一步完善，事业保险参保职工达到193.45万人，基本养老保险实现100%按时足额发放；基本医疗保险参保总数达206万人，增长71.7%；70余万城镇居民享受最低生活保障，在4个区初步建立了农村低保制度。

启动建设研究开发、资源共享、成果转化三大平台。全市获得专利授权数量同比增长30%。加快建设长江上游教育中心和西部教育高地、人才集聚高地。“两基”人口覆盖率保持在95.3%。完成改造农村中小学危房52万平方米，全面实施“人才强市”战略，人才队伍建设得到加强。开展农村部分计划生育家庭奖励扶助制度和“少生快富”扶贫工程试点，进一步稳定了低生育水平。群众性体育活动蓬勃开展，奥林匹克体育中心投入使用，成功举办“亚洲杯”足球赛重庆赛区赛事。

积极推进退耕还林、天然林保护和水土流失综合治理，森林覆盖率达到27.1%。主城区空气质量达到二级及以上天数占全年的66.4%。建成投用15座污水处理厂、7座垃圾处理场，启动部分县级以上城市生活水源地保护工作。三峡库区干流水质总体保持稳定，库区地质灾害治理二期工程通过国家验收。

【投资环境与利用外资】　2004年，重庆市积极推进投资软、硬环境建设，基础设施进一步完备，开放程度进一步提高，法制政策环境进一步改善。全市公路总里程达到3.23万公里，“两环八射”高速公路网络逐步形成；横贯东西和纵穿南北的五条铁路干线交汇重庆，已开通直抵香港九龙的集装箱专列；内河通航里程4222公里，万吨级船队直达重庆港；江北国际机场是中国的干线机场之一，开辟了连接国内外主要城市的110余航线，万州和黔江机场（在建）直达国内部分区域性中心城市。

城市基础设施建设加快，竣工大坪循环道、石坪桥立交等12个重点工程项目；轻轨二号线一期工程实现试运行，三号线部分重要节点工程开工建设。全年新建、改造城镇道路525.3公里，新建广场23个，新增公园13个，增加公共绿地面积1083.48万平方米。

深化行政管理体制改革，开展综合行政执法试点。认真贯彻落实《行政许可法》，实施了规范性文件审查登记、行政决策听证、行政首长问责、政务信息公开四个政府规章和行政审批违法违规行为责任追究规定。清理现行政府规章145件，取消调整行政许可项目18项，取消市级行政收费项目14项。建设政府信用体系，实行政府新闻发言人制度，政府办事效率和工作透明度进一步提高。

投资环境的进一步改善，促进了重庆市对外开放和招商引资。到年底，重庆累计批准外商投资企业3748家，实际使用外资36.86亿美元，吸引了包括美国福特、伟世通、百事可乐、英国石油、瑞士ABB、日本三菱瓦斯、法国达能、家乐福、瑞典爱立信等世界500强企业来渝投资；全年实际利用内资242亿元，如意三峡库区纺织基地建设、宇通客车生产基地、福耀浮法玻璃和美的家电制造基地等一大批项目相继落户重庆。全年直接利用外资4.05亿美元，同比增长30.2%。

【经济技术合作与对口支援】　2004年，重庆市共实施100万元以上国内经济合作项目731个（续建项目175个），合同总额548亿元，其中市外资金460.3亿元，实际到位资金

77.7亿元。合作项目吸纳从业人员4.3万人，其中重庆市人员3.6万人。

全面推动了川渝黔合作，签订了川渝“1+6”、渝黔“1+16”合作协议；加强渝浙合作，签署两省市合作框架协议和部门合作协议，签订企业合作项目103个，合同总额达138亿元；与湖北省签约渝鄂长江三峡区域旅游经济合作“1+3”协议，共建“长江三峡世界级旅游目的地”。同时，通过举办大型活动搭建合作平台。先后举办了“2004中国500强企业重庆论坛”、第九届重庆投资洽谈暨全球采购会、第六届重庆高新技术成果交易会及汽车展、摩托车展和三峡国际旅游节等会展活动，推进了与国内各省市和企业的洽谈合作。

先后参加西南六省区经济协调会第19次会议和长江沿岸经济协调会第12次会议，共同探讨“联合开放、科学发展、协调推进”主题。通过“长三角”、重庆经济区、武汉经济区、南京经济区等区域多边合作方式，加强了与长江流域地区的项目合作。

2004年7月，国务院在重庆召开了三峡库区经济发展暨对口支援工作会议，三峡建委办公室、重庆市政府、中国光彩事业促进会组织召开了重庆市三峡库区对口支援暨经贸洽谈会，在对口支援领域拓展、模式创新、成效显著等方面实现较大突破。全年重庆库区实施对口支援经贸合作项目183个，到位资金22.4亿元，比上年增长47%。移民劳务输出2.1万人，培训农村移民致富带头人808人，干部挂职、培训342人。

【重点项目介绍】 2004年，重庆市安排重点建设项目共计100项，总投资2622亿元，年度投资资金计划445亿元。到年底完工投用了30个项目，开工32个项目。累计完成投资436亿元，到位资金418.5亿元。

国道主干线重庆至湛江高速公路雷神店至崇溪河段：全长47公里，批准概算27亿元，工期4年，2004年底全线建成通车。

重庆至邻水高速公路：是重庆公路网的六条放射状高速公路之一。全长53公里，总投资19亿元，2004年9月建成通车。

綦江至万盛高等级公路：全长32公里，总投资10.4亿元，2004年11月建成通车。

重庆江北机场扩建工程：国家“十五”重点建设项目。候机大楼占地面积10万平方米，停机坪面积38万平方米，停机位增加到45个，跑道和平行滑行道的长度延长至3200米，旅客年吞吐量可达到1500万人次。总投资16.1亿元，2004年底竣工。

重庆奥林匹克体育中心体育场工程：为容纳观众6万名的大型体育场，场内有高端电视转播设备，总投资4.1亿元，已于2004年7月竣工，并成功承办了2004年亚洲杯足球赛。

高架轻轨较场口至新山村线路一期工程：是国家西部大开发的十大重点工程之一。全长14.35公里，总投资35.51亿元，建成后可吸引全市客流量的21%，减少线路区域地面客流量的50%。于2004年6月建成通车。

同兴垃圾处理厂：采用逆推式倾斜焚烧技术，两台焚烧炉日处理城市生活垃圾1200吨，发电机装机容量2×1.2万千瓦，总投资3亿元，已建成投入使用。

杭州至兰州高速公路万州至云阳段：全长78公里，总投资62亿元。2004年底开工建设，2008年建成投运。

合川草街航电枢纽工程：总投资50亿元，是以航运为主，航电结合，兼顾灌溉、旅游、养殖等综合利用的航电枢纽工程，可通行2×1000吨级船队，年通过能力1050万吨，水电机装机容量50万千瓦，年平均发电量20.62亿千瓦时。于2004年开工，工期6年，建成后将成为嘉陵江上规模最大的航电枢纽。

石堤电站：装机容量40万千瓦，总投资30亿元。是集发电、防洪、航运、养殖等功能于一体水电站。2004年底开工，2008年建成发电。

主城排水三期工程：包括李家沱、大渡口、井口、中梁山、北碚5个污水处理工程，总投资约6.5亿元，建设规模为近期日处理污水14.5万立方米。

【经济与社会发展】 2004年，四川省认真贯彻落实科学发展观，坚持在发展中搞好调控，在调控中促进发展，深入实施“三个转变”，着力推进结构调整、体制改革和经济增长方式的转变，宏观调控初见成效，经济运行中的突出矛盾有所缓解，薄弱环节有所加强，经济运行质量和效益有所提升，保持了经济持续快速增长的势头。全年GDP突破6000亿元大关，达到6556亿元，同比增长12.7%，比计划目标高3.7个百分点，提前一年实现了“十五”计划的主要经济目标。增长速度比上年提高0.9个百分点，是11年来的最好水平。产业结构得到优化，第一产业增加值1394.2亿元，增长5.9%；第二产业增加值2690亿元，增长17.7%；第三产业增加值2471.8亿元，增长10.9%。三次产业对经济增长的贡献率分别为9.5%、57.9%和32.6%。

从需求的角度看，投资、消费、净出口“三驾马车”同向拉动经济快速增长。其中：总投资增长14.9%，最终消费增长11.1%，净出口增长3.8%，总投资对经济增长的贡献率为49.1%，总消费的贡献率为50.9%。经济效益明显提高，地方财政一般预算收入完成384.1亿元，同口径增长20.9%，比计划目标高9.9个百分点。

粮食生产出现重要转机，农业综合生产能力进一步增强。认真落实“粮食直补”政策，降低农业税税率3个百分点，对57个民族县（含民族待遇县）实行免征农牧业税及附加，5.22亿元粮食直补资金及时兑现到农户。鲜活农产品绿色通道进一步延伸。提高了农民种粮积极性。实行最严格的耕地保护政策，提高了粮食生产能力。粮食播种面积扭转连续5年下降的局面，达到9500万亩，增加368.3万亩，粮食总产量3326.5万吨，增产143.2万吨。农产品结构进一步优化，全省国标三级以上优质水稻面积比重达到57.8%，优质专用玉米面积比重达到38.3%，“双低”油菜面积比重达到68.1%；新认定无公害农产品生产基地418个，认证无公害农产品572个；肉类总产量863.5万吨，增长8.6%；水产品产量85万吨，增长11.3%。农业投入增加，争取国家投入资金16.6亿元，省财政投入“三农”资金34.2亿元，增长29.1%，基本农田建设、病险水库治理、农村电网改造、广播电视通讯网络建设、农民新村建设的力度加大，一批重大农业项目顺利实施，新增有效灌溉面积1.9万公顷，改善灌溉面积20.7万公顷，农业综合生产能力得到进一步增强。

坚持走新型工业化道路，工业呈现良好发展势头。以信息化带动工业化，培育壮大支柱产业和优势产业，积极支持企业技改，加强工业基地和园区建设，搞好运行调节，工业速度、质量、效益同步提高。全部工业增加值达2165.2亿元，增长18%。其中，规模以上工业增加值1546.5亿元，增长25.8%；实现净利润200亿元，增长31.2%，创历史最好水平。工业对经济增长的贡献率由上年的45.2%提高到48.2%。

投资结构得到优化，薄弱环节进一步加强。2004年全社会固定资产投资完成2648.5亿元，增长22.7%，比计划目标高12.4个百分点。其中，城镇投资2377.8亿元，增长27.5%。从管理渠道看，基本建设投资1289.1亿元，增长31.6%；更新改造投资528.5亿元，增长43.2%；房地产开发投资510.1亿元，增长13.1%。城镇非国有投资1352亿元，占城镇投资的比重由上年的51.9%提高到56.9%，增长39.8%。

按照“区别对待、有保有压”的宏观调控原则，优化投资结构，保持了投资适度快速增长。控制行业得到有效抑制，钢铁、水泥、电解铝等国家重点调控行业投资增速比年初回落52.6个百分点。薄弱环节建设得到加强，农副食品加工业投资增长88.6%，卫生、社会保障和社会福利业投资增长42.3%。“瓶颈”制约得到一定缓解，加大了对电源点、县城电网改造、“送电到乡”工程、天然气开发和重点煤矿的建设力度，电力投资增长90.6%，煤炭工业投资增长1.1倍，石油工业投资增长96.5%。全省县城电网建设与改造工程完成投资31.2亿元。交通基础设施建设加快，交通建设完成投资169亿元。城镇基础设施条件得到改善，城市基础设施建设完成投资320亿元，增长19.6%，城镇化率提高了1个百分点，达到31.1%。重大项目建设进展顺利，全省竣工投产和加快建设的80个重点项目，完成投资433.5亿元，增长21.4%。

消费需求趋旺，对经济增长的拉动作用进一步加大。抓住消费结构升级的机遇，改善消费环境，调整消费政策，提高了消费对经济增长的贡献率。实现社会消费品零售总额2384亿元，增长14%，比计划目标高5个百分点，总消费对经济增长的贡献率达到50.9%。消费热点趋旺，餐饮业零售额增长24.9%，限额以上通讯器材零售额增长39%。旅游业发展迅猛，各项指标创历史新高，实现旅游总收入566.2亿元，增长34.6%，比计划目标高20.3个百分点，其中入境旅游人数达到96.6万人次，增长114.3%，实现旅游外汇收入2.9亿美元，增长93.1%；国内旅游人数达到1.1亿人次，增长36%，实现国内旅游收入542.3亿元，增长32.8%。

人民生活进一步改善，社会事业全面进步。2004年，城乡居民收入实现较快增长，城镇居民人均可支配收入7709.9元，增长9.5%，比计划目标高2.5个百分点；农民人均纯收入2580.3元，增加350.4元，比计划目标高250.4元。

2004年，四川省制定和落实对农业的各项扶持政策，切实抓好城镇居民就业和社会保障工作，有力地促进了城乡居民生活水平的提高。城镇新增就业人数50.9万人，比计划目标高8.9万人，城镇登记失业率4.4%，低于5%的控制目标。城镇职工基本养老保险、基本医疗保险、失业保险的覆盖面进一步扩大。已有151.5万城镇居民享受最低生活保障，有19.5万失去土地的农民进入低保，有条件的地方开始探索建立农村最低生活保障制度。全年投入各类扶贫资金26.8亿元，解决了20万绝对贫困人口的温饱问题。为川东北地区“9·3”特大洪灾落实国家补助重建资金6.5亿元、项目746个。

教育事业得到加强，基础教育不断巩固提高，“两基”攻坚战略有序推进，全省“普九”人口覆盖率达到96.4%。高等教育稳步发展，高校招生录取率达到70%。科技创新体系建设扎实推进，高新技术产业快速发展，绵阳科技城、成都高新区建设步伐加快。文化事业发展步伐加快，积极推进四川博物馆、四川广电中心等一批重大项目建设，继续实施“县级图书馆、文化馆”、“农村电影放映”、“农村乡镇文化站”、“村村通广播电视”等工程。公共卫生体系进一步健全，疾病预防控制和医疗救治体系基础设施建设进展顺利，完成了县级传染病医院（病区）和紧急救援中心建设项目80个、乡镇卫生院改扩建项目501个。体育事业取得新进展，建成了一批体育基础设施项目。计划生育工作成效显著，人口自然增长率2.78‰。

【投资环境与招商引资】　2004年，四川省坚持深化改革，扩大开放，体制性障碍不断破除，发展空间不断拓宽，经济发展焕发新的活力。国有大中型企业改革深入推进，民营经济加快发展，投资体制改革全面启动，积极推行政府投资项目招投标制和“代建制”。行政管理体制改革稳步推进，省政府分两批取消了175项省级行政审批项目。流通体制改革取得新进展，连锁经营、物流配送、电子商务等现代流通方式加快发展。

大力加强基础设施建设，能源、交通、通信等基础产业发展较快，投资环境进一步改善。到2004年底，全省发电总装机容量达到2038万千瓦，公路通车里程已达11.3万公里，其中一、二级公路1.1万公里，高速公路通车里程达到1758公里；建成8个支线机场，以双流国际机场为中心的航空网络基本形成；铁路建设得到加强，通车里程达2867公里；以公路、铁路、港口、机场等为载体的四通八达的综合交通运输体系已初具规模。邮电通信业持续快速发展，通信容量和普及水平成倍增长，新增光缆2万皮长公里，光缆长度达到17.4万皮长公里；新增长途业务电路25万路，达到52.6万路；新增本地电话网程控交换机容量646万门，达到3401万门。全省电话普及率达到33.7%。其中固定电话普及率达到17.7%。广播电视网基本覆盖全川。

对内对外开放继续扩大，全年组织了赴美国、新西兰、韩国和欧洲的考察暨招商引资活动，全年实际利用外资10亿美元，增长8.1%，其中吸收外商投资完成7.4亿美元；借用国外贷款完成2.6亿美元。全年海关进出口总额达到68.7亿美元，增长22%。其中：出口39.8亿美元，增长24.2%，比计划目标高16.2个百分点。外国驻川领事机构增加2家。

【经济技术协作】　2004年，四川省经济协作工作向纵深发展，省际间招商引资实现了新突破。大力培育出川主体队伍和商品基地，积极拓展川产商品国内外市场。成功举办了川渝、川澳、川京、川浙和西博会、花博会等重大经贸活动，积极参与长三角、泛珠三角区域经济技术合作，区域经济合作与交流更加紧密。签署了泛珠三角区域合作框架协议，加强了与北京、浙江、重庆等省市的经贸技术合作。

全年共签订国内合作协议项目12517个，履约项目12531个，其中省外履约项目5405个，比上年增长42.6%；省内履约项目7126个，比上年增长36.4%。全年实际到位国内资金951.42亿元，比上年增长43.1%。其中引进国内省外资金再创新高，达到480亿元，比上年增长57.4%。

【重点项目介绍】　四川省2004年确定的140个重点项目的建设，工程进展顺利，完成投资情况很好，其中纳入目标考核的80个竣工投产和加快建设项目，完成投资433.5亿元，增长21.4%，为全省经济增长做出了贡献。

加强了农业的基础地位。随着全省一大批大中型水利工程和天保工程、退耕还林工程等重点项目的实施，全年新增有效灌面28万亩，改善灌面310万亩，人工造林159.8万亩，飞播造林196.7万亩，封山育林122.3万亩，退耕还林45万亩，荒山造林110万亩，改善了全省农村的生产生活条件。

瓶颈的制约因素得到缓解。随着阿坝福堂水电站、天龙湖水电站、广安电厂二期工程等重点项目的先后建成发电和大竹至重庆界高速公路、南充至广安高速公路、成都至温江至邛崃高速公路、成都至彭州高速公路、金筠铁路等重点项目的先后建成通车，加快了全省人流、物流、资金流和信息流，促进了城乡经济繁荣。

支柱产业的支撑作用增强。攀钢集团冷轧厂增建2号镀锌铝生产线、泸天化集团公司合成氨节能增产和尿素扩能技改项目、四川美丰尿素项目、四川和邦纯碱工程、韩国汇维仕公司涤纶短纤项目和台玻（成都）玻璃有限公司浮法玻璃生产线等一批重点建设项目在2004年先后竣工投产并发挥投资效益，省内支柱产业的支撑作用大大增强。

城市的承载能力逐步提高。随着成都市中心城区畅通工程等重点项目的先后建成通车和成都沙河综合整治工程、邛崃城区基础设施建设项目以及攀枝花、自贡、南充、广元、内江、乐山等一大批污水处理项目的先后建成投入使用，全省城市化率比上年提高1个百分点。

【生态建设和环境保护】 2004年，四川省生态建设和环境保护取得新成效，全年完成成片造林42.5万公顷，退耕还林3万公顷（累计退耕还林80.56万公顷），封山育林8.1万公顷，退牧还草73.3万公顷，森林覆盖率达到27.94%，水土流失严重状况得到有效遏制。

城市环境综合治理和工业污染防治广泛开展，日污水处理能力达到136万吨，垃圾无害化日处理能力达到7400吨。沱江两次污染事故相关责任单位和个人受到严厉查处。岷江、沱江、嘉陵江流域整治工作初见成效，限期整治的564户重点污染企业有528户完成整治，其余36户正停产整顿。

【民族地区经济社会发展】 2004年，四川省民族自治地区经济持续快速发展，民族团结和睦，人民生活继续改善。阿坝藏族羌族自治州、甘孜藏族自治州、凉山彝族自治州和北川羌族自治县、峨边彝族自治县、马边彝族自治县年末人口644.9万人，占全省总人口7.4%；辖区面积30.5万平方公里，占全省土地面积62.9%。初步核算，全年民族自治地区GDP达到379.2亿元，同比增长14.1%。其中：第一产业增加值114.8亿元，增长5.2%，对经济增长的贡献率由上年的13%下降到11.2%；第二产业增加值141.1亿元，增长23.2%，对经济增长的贡献率由上年的55.1%提高到58.9%；第三产业增加值123.3亿元，增长12.5%，对经济增长的贡献率由上年的31.9%降到29.9%。三次产业结构由上年的30∶35∶35调整为30∶37∶33。

农业稳步发展，畜牧业较快增长。全年粮食总产量227.2万吨，增长2.3%。猪牛羊肉产量62.4万吨，增长8.6%。年末大牲畜存栏714.6万头，增长1.5%；生猪存栏523.8万头，增长2%；羊存栏830.2万只，增长3.8%。

工业快速增长。全部工业实现增加值94.2亿元，增长25.3%，工业对经济增长的贡献率为43.3%。其中，国有及年销售收入500万元以上非国有工业企业增加值68.5亿元，增长37.1%。

投资规模继续扩大，邮电通讯业快速增长，旅游业发展迅猛。全社会固定资产投资221.4亿元，增长34.5%；年末公路通车里程3.4万公里，比上年末新增465公里。实现邮电业务收入11亿元，增长16.8%；公网电话用户达70.9万户，增长16.9%，移动电话用户新增11.8万户，达到63.4万户，增长22.8%；全年接待游客997.5万人次，增长69.7%；实现旅游总收入62.8亿元，增长89.4%，其中旅游外汇收入达到1.1亿美元，增长2.9倍。

消费品零售市场快速增长，人民生活继续改善。全年社会消费品零售总额110.7亿元，增长21.2%；城乡居民储蓄存款余额202.4亿元，增长15.2%；在岗职工平均工资15163元，增长10.9%；农牧民人均纯收入1948元，比上年增加304元，增长18.5%。

贵州省

【经济与社会发展】　2004年，贵州省经济增长速度明显加快，运行质量和效益稳步提高。全年GDP完成1591.9亿元，同比增长11.4%。其中：第一、二、三产业分别增长5.3%、14.2%和12%。完成全社会固定资产投资867.16亿元，比上年增长15%。社会消费品零售总额517.56亿元，增长12.8%。完成进出口总额15.14亿美元，增长53.8%。实现财政总收入296.49亿元，增长25.3%。其中：地方财政收入149.04亿元，增长19.7%。年末金融机构各项存款余额2322.26亿元，各项贷款余额2020.02亿元，分别比年初增长22.3%和19.7%。旅游总收入167.6亿元，增长43.5%。

主要农产品全面增产，粮食在上年增产6.8%的基础上，又增产4.1%，达到1150万吨；烤烟收购量28.3万吨，增长9.5%；油菜籽产量增长15.6%，达到74万吨，创历史最高水平；肉类总产量171万吨，增长9%。畜牧业增加值占农业增加值的比重比上年提高1.3个百分点，优质品种和经济作物产量的增长带动农业增加值上升1.6个百分点。农村剩余劳动力转移人数增长12%以上。

工业结构调整取得新进展。规模以上工业企业增加值增长20.1%，实现利润总额60亿元，增长81.1%。电力、烟草、煤炭、饮料、化工五大行业对工业增长的贡献率达68.6%。能源工业成为第一大支柱产业。轻工业增长22.1%，比重工业高2.9个百分点。以微硬盘、新材料和机电一体化为核心的高新技术产业加快发展。

交通、通信等经济发展的“瓶颈”制约得到进一步缓解。全年铁路、公路、水运货物周转量570.08亿吨公里，比上年增长10%；民航货邮吞吐量4.16万吨，增长26.4%。铁路、公路、水运旅客周转量273.14亿人公里，增长12.7%。全年邮电业务总量为133.9亿元，同比增长31.9%。固定电话用户达到388.7万户，增长16.9%；移动电话用户435万户，增长31.4%；互联网用户96万户，增长46.8%。

就业再就业和社会保障等工作取得新的成效，人民生活水平进一步提高。全省从业人员2186万人，比上年增长1.9%。基本养老、基本医疗、失业和工伤保险覆盖面进一步扩大。又有40万贫困人口越过温饱线，4万人实现易地扶贫搬迁。全年农民人均纯收入1721.55元，比上年增加156.89元，实际增长5.6%；城镇居民人均可支配收入7322.04元，实际增长7.7%。

各项社会事业全面进步，经济社会发展的协调性得到增强。有16个县通过“两基（基本普及九年义务教育和基本扫除青壮年文盲）”验收，“普九（普及九年义务教育）”人口覆盖率提高到82.4%；初中、高中阶段和高等教育毛入学率分别达到98.69%、26.36%和10%以上。组建了新的贵州大学，并实现省部共建，启动了贵州大学“211工程”建设。疾病预防控制体系和医疗救助体系建设进展顺利，在8个县开展了新型农村合作医疗试点。

【投资环境与招商引资】 以交通、通讯为重点的投资硬环境得以进一步改善。以交通为重点的基础设施建设取得突破，“一横一纵四连线”高等级公路主骨架正在形成，实现了县县通油路、乡乡通公路、82%的行政村通公路或通机动车。全省公路通车总里程已达46118公里，其中高速公路413公里，二级以上公路3125公里，等级公路36347公里。

2004年9月《贵州省外来投资者权益保障条例》经贵州省人大常委会审议通过，将于2005年1月起正式实施。通过省级立法，保障外来投资者合法权益。同时继续改善社会法制环境、服务环境、信用环境和市场环境，进一步增强吸引利用外来投资的综合竞争力。

全省各地加强了招商引资机构的建设，县级以上政府和省级、国家级开发区普遍设立了招商引资局，强化了投资服务功能。贵阳、遵义、毕节、铜仁等市、州、地和有条件的县市建立了外商投资“一站式”服务工作机构或政务中心，服务内容更加丰富，服务方式更加规范便捷，招商引资工作取得了实质性成效。美国旗盛公司投资3亿元在六盘水建设的煤焦化项目进展顺利，设计能力90万吨，一期工程已经投产；香港易威集团贵州凯晟铝业有限公司以拍卖方式收购了贵州凯里氧化铝厂；中韩合资的中国第一家具有国际先进水平的氧化锑高科技生产企业贵州祥运化工材料有限公司在贵阳市落户；世界500强零售企业美国沃尔玛在贵州的投资项目于2004年5月正式开业，已有日本京瓷、韩国日星、法国达能、美国百胜等8家世界500强企业相继在贵州省落户。全年新增外商投资企业53家，合同利用外资1.15亿美元，实际到位外商直接投资6466万美元，同比增长16.12%。

【重点项目介绍】 2004年，贵州省在建重点项目104个，总投资为950亿元，至年底共累计到位资金432亿元，完成投资462亿元，占全部总投资的49%。其中2004年共到位资金155亿元，完成投资170亿元。

完成营造林任务431万亩，其中退耕还林和荒山造林280万亩；继续实施“滋黔”一期工程，病险水库除险加固、农村饮水解困、灌区改造、节水灌溉、水土保持等工程建设加快。独南灌区一期工程——谭尧水库工程截流完成；总库容1880万立方米的毕节倒天河水库加高扩建工程大坝右肩已加高到设计标高8.57米；镇宁王二河水库工程于2004年11月正式下闸蓄水；遵义灌区一期工程水泊渡水库大坝金属结构制作基本完成，进入安装阶段；贞丰水车田水库完成大坝基础土石方开挖25万立方米，大坝浇筑完成3.65万立方米；息烽鱼简河水库大坝填筑高度65米（高程1046米），完成坝体碾压混凝土浇筑8.5万立方米，左右坝肩及坝基开挖完成；桐梓县城区防洪工程——天门河水库溢洪道基本完工，完成1000米以下块石护坡；黔西南州优质玉米基地70万亩地块基础设施已完成工程的83%。

黔西南兴义机场、安顺黄果树机场分别于2004年7月和9月正式通航；按照4C级规划，3C级建设的荔波机场，总投资36336万元，土石方工程基本完成；总投资22537万元的黎平机场土石方工程、飞行区道面、航站区工程和场外工程基本完成，正进行设备安装调试。

渝怀铁路（贵州段）隧道、桥梁、站房、

铺轨全部完成，电气化工程完成74%。清镇至镇宁高速公路基本完工，于2004年9月通车试运行；镇宁至胜境关公路按照高速公路标准建设，全长188公里，总投资123.68亿元，已完成路基、隧道及大中桥施工图设计；贵阳市乌当区云锦庄至开阳公路路基工程完成39%；三穗至凯里公路路基土石方完成1747万立方米，各大桥基础完成，下部结构完成95%，完成涵洞9671米/242道；三穗至玉屏公路路基土石方完成981万立方米，桥梁工程进入上部结构施工，完成涵洞6732米/176道；遵义至崇溪河公路路基土石方完成3698万立方米，涵洞工程完成98%，各桥梁基础及下部构造基本完成，18座隧道有9座已贯通；总投资10.58亿元的19条县际公路改造工程基本完工，完成了5000公里公路改造和8000公里通村公路建设。

西南水运出海通道中线起步工程贵州段竣工；赤水河（岔角—合江）航运工程岔角—香炉滩135.8公里航道整治完成，航道养护疏浚船建造、赤水东门码头、航道养护基地楼及赤水航务楼已完工，香炉滩—合江23公里航道整治、鲢鱼溪码头正在建设。

以“西电东送”为重点的能源建设进展较快，首批电源项目基本建成，第二批电源项目全面启动。全年电力投资186.86亿元，同比增长28.7%；电网新增装机206万千瓦，总装机容量突破1000万千瓦，新增11万伏及以上变电设备能力247.85万千伏安；贵州至广东500千伏“两交一直”输电工程全部建成投运。构皮滩水电站总装机容量300万千瓦，2003年开工，将于2010年建成，总投资138.42亿元，于2004年11月截流；索风营水电站装机容量60万千瓦，总投资31.25亿元，2002年开工，将于2007年建成；盘南电厂一期在进行主厂房、冷却塔土建施工和锅炉安装；纳雍二厂在进行主厂房施工和锅炉安装；鸭溪电厂在进行主厂房施工及锅炉安装；黔西电厂在进行主厂房、冷却塔土建施工及锅炉安装。

煤炭开采和洗选业投资19.81亿元，同比增长52.1%；青龙、比德、玉舍等大型煤矿首采面投产。盘南响水煤矿一期四通一平工作基本完成；中岭矿井中岭井巷工程已全部完成；坪山井井巷工程完成11629米；林华矿井完成井巷挖掘2097米、土建278718平方米，设备安装2001台件。大洞口煤矿二期工程完成井巷挖掘2848米，土建1650平方米。

设计能力为日处理污水6万吨的都匀市污水处理厂，总投资11837万元，已开工建设；兴义市污水处理工程完成330米沟渠改造；贵阳市白云污水处理工程初步设计已批复，完成污水管网22.4公里。遵义市垃圾无害化处理工程已基本完工；铜仁市垃圾无害化处理工程填埋场主体完工，焚烧车间土建完成，绿化工程完成70%，调节池完成60%；兴义市城市生活垃圾无害化处理工程主体工程完成95%；都匀市剑江河治理工程完成清淤9.08万立方米，防洪堤3860米，道路1540米，排污渠5673米，绿化2.2公顷，翻板坝三座。

贵阳市传染病医院已开工建设；黎平侗乡风景区旅游基础设施项目完成总工程量的38%；赤水市风景区旅游基础设施旅游公路路基完成70%；西秀区屯堡文化旅游基础设施已完工；荔波茂兰保护区旅游公路路基工程完成；黄果树风景区旅游基础设施完成人工造林550公顷，新城主干道2.17公里，景区公路14.1公里，游览步道4公里。

贵州华泰绿色食品有限公司1.7万吨/年山药系列产品加工及2万亩山药种植基地建设项目已完成山药基地建设5500亩，厂房、库房基础施工完成；遵义金旭公司1.2万吨/年方竹笋加工保鲜及10万亩方竹笋基地建设项目已完成改造方竹林14万亩，新建方竹林4.5万亩，主厂房主体完工，食品加工生产线主要设备制作完成；遵义康康公司2万吨/年特色玉米系列食品加工项目原料基地已建立，生产厂房主体结构安装完成，设备安装80%；黔北20万吨/年竹浆林纸工程完成平基土石方291万立方米，占总量的96%，种植基地种竹

280万株。

【经济技术协作】 2004年，贵州省经济协作工作取得了较大发展，全年利用省外到位资金达到130亿元人民币，同比增长25%；省内协作资金75亿元，增长21%。

与东部发达地区、“西南六省区市”、“川黔渝”、“泛珠三角”的经济合作向更深入更广泛方向发展。依托大连、青岛、宁波、深圳四个对口帮扶城市，以长三角、珠三角、环渤海三大经济圈为主攻目标，采取走出去、请进来的方式进行项目对接洽谈，与广东、深圳、湖北、重庆等地企业签订合作协议58项，涉及航空航天、信息产业、生物制药、食品等多个领域，累计合作金额30亿多元。

立足本省资源优势，吸引国内优强企业通过参股、控股、收购等方式参与本省国有企业改制重组和本省西部大开发重点项目建设。四川蓝箭集团出资1.6亿元整体收购了贵州瀑布啤酒集团。铜仁大兴奶牛场、武陵山茶场、印江梵净山茶场、德江星星油脂厂等10多家国有企业，采取兼并、租赁、拍卖等方式，通过吸引外来资本推进企业改制，盘活国有资产存量，安置下岗职工2000多人，改变了企业长期亏损的面貌。

积极把握国际经济区域合作的发展机遇，进一步扩大直接利用外资的规模。随着内地与香港、澳门更紧密经贸关系的形成，东盟自由贸易区的建立等国际经济区域合作的日益加强，贵州省积极把握发展机遇，以企业为主体赴境外进行招商引资活动，促成了一批外资项目的实施。铜仁地区组团赴港澳招商引资，直接向120余位港澳知名企业家推介当地优势资源和招商项目，签订引资项目11个，协议总投资10.88亿元，项目涉及农产品、旅游、化工、城建、能源等领域。

云南省

【经济与社会发展】　2004年，云南省经济增长实现速度和质量的较好统一。全年GDP达到2959.48亿元，同比增长11.5%。提前一年实现人均生产总值800美元的阶段性目标；完成全社会固定资产投资1331亿元，增长30.3%，实现地方财政一般预算收入263.3亿元，增长15%；社会消费品零售总额884亿元，增长13%；城镇居民人均可支配收入8800元，实际增长8.6%；农民人均纯收入1870元，实际增长6%。

坚持围绕增收调结构，既不放松粮食生产，又从市场需求出发，大力发展畜牧业，增加蔬菜、花卉等经济作物种植面积，搞好冬季农业开发。对部分产粮大县的种粮农民采取直接补贴和良种补贴等12条措施，促进了粮食增产。全年粮食总产量达到301.9亿斤，创历史新高。大力发展农业产业化经营，40%以上的龙头企业与农户建立了产销合同关系。乡镇企业平稳较快增长。新增转移农村富余劳动力60多万人。以水利为重点的农业基础设施得到加强。加大扶贫攻坚力度，安居温饱村建设、茅草房和杈杈房改造、异地搬迁扶贫任务顺利完成。全力抓好抗灾救灾和恢复重建，灾区群众的生产生活得到妥善安排。全年农业增加值增长5.6%，农产品加工业产值增幅超过15%。

农村税费改革第一步试点工作顺利完成，取消了除烟叶外的农业特产税，农业税率降低1个百分点，共减轻农民和涉农企业税费负担22.6亿元，全省农民减负率达67%。

积极实施新型工业化战略，加快了行业和资源整合、大企业培育、重点工业园区建设以及对传统产业的技术改造步伐，工业经济呈现速度快、质量好、结构逐步优化的良好发展态势。全年工业增加值完成1053.36亿元，增长13.9%；规模以上工业实现利润增长60%。工业经济效益综合指数提高30个百分点。建筑业实现增加值260.83亿元，增长19.9%。

出台了进一步加快旅游产业发展若干意见，积极实施旅游发展倍增计划。全年接待海内外游客6120万人次，完成总收入369亿元，分别增长16.2%和20.4%。

金融、信息、交通运输、现代物流、房地产、餐饮和娱乐等服务业快速发展。全年第三产业增加值增长10.7%。

大力发展城市连锁经营、物流配送等现代

营销方式，积极开拓农村市场，农村消费品市场发展到 3300 多个。加强市场监管，落实粮食最低收购价和差别电价政策，开展食品、药品、教育、医疗以及涉农价格和收费的专项检查，严厉打击各种扰乱市场秩序的违法违规行为，消费环境得到改善。

进出口贸易和对外经济合作快速发展。企业集团、民营企业进出口增势强劲，高附加值和高新技术产品出口持续增长。全年完成进出口总额 37.5 亿美元，同比增长 40.4%。其中：出口 22.4 亿美元，增长 33.6%；进口 15.1 亿美元，增长 52.1%。完成对外承包工程项目合同金额 3.1 亿美元，对外直接投资 2400 万美元；引进外来投资到位资金 140 亿元。

切实加强税收征管和非税收入管理，财税改革取得明显成效。全年财政总收入完成 666.3 亿元，比上年净增 112 亿元，增长 20.2%；地方财政一般预算支出 661.8 亿元，增长 12.7%。金融机构人民币存款比年初增加 630 亿元，贷款增加 450 亿元。

采取特殊扶持措施，加大资金、技术和人才的支持力度，民族自治地方 GDP 和固定资产投资等指标的增幅高于全省平均水平，促进了各民族共同繁荣。

以国民经济信息化、高新技术产业化、新型工业化、农业产业化为重点，组织实施了一批重点科技创新和推广项目。自主开发了 12 项拥有知识产权的新技术，推广应用了 449 项科技成果，全年申请专利 2000 余件。全年获国家科技奖励 5 项。新增国家重点高新技术企业 3 家。

教育事业有了新发展，新增 4 个“普九”县，“普九”人口覆盖率达到 81.3%；新增 6 个“扫盲”县，青壮年文盲率下降至 6% 以下。高中阶段教育规模继续扩大，办学质量进一步提高。高等教育稳步发展，毛入学率达到 11.2%，新增一批职业技术院校和博士、硕士授予点。民办教育、远程教育蓬勃发展。

文化发展成果丰硕，千里边疆文化长廊工程、艺术精品工程继续推进，文化下乡和社区文化活动广泛开展，基层文化建设进一步加强。以《云南映象》为代表的一批艺术精品在全国连获大奖，在北京、上海以及南美、俄罗斯等地举行的宣传和演出活动受到广泛赞誉。

卫生体育工作取得实效，颁布《云南省艾滋病防治办法》，实施六项防治工程，防治工作取得了新进展。新型农村合作医疗试点成效明显，全省有 648.6 万人参加。疾病预防控制体系、医疗救治体系、卫生和食品药品执法监督体系、重大疫情信息网络体系建设加快，应对公共卫生突发事件的能力进一步增强。

全民健身运动蓬勃开展。云南运动员在第 28 届奥运会上摘金夺银，实现金牌“零”的突破，残奥会上也创造了历史最好成绩。

社会保障体系逐步完善。继续巩固“两个确保”成果，加快社会保险全省统筹步伐，养老、失业、医疗、生育、工伤五项社会保险费征缴制度改革取得明显成效，社保覆盖面不断扩大。提高了企业退休人员养老保险金、最低工资、失业保险金、失业人员医疗补助金和城市居民最低生活保障标准，以城市低保和农村特困人口社会救助机制为基础的新型社会救助体系逐步健全。城镇登记失业率 4.3%。

人口资源环境工作取得新成绩。全面推广农业人口计划生育“奖优免补”政策，人口自然增长率为 9‰。

土地、矿产资源市场治理整顿成效明显，新增耕地 19 万亩。生态环境保持良好水平，污染物排放总量基本得到控制。以九大高原湖泊为重点的水环境污染防治工作得到加强，多数湖泊水质达到清洁或较清洁。昆明等 7 个重点监测城市环境质量得到改善。天保工程、退耕还林完成计划，植树造林 534 万亩。治理水土流失 2412.7 平方公里，实施保护面积 5000 平方公里。

政府决策科学化、民主化进程加快。全年共办理人大代表建议 739 件，政协提案 774 件，办复率 100%。加强与工会、共青团、妇联组织和各群众团体的联系，充分听取各方面对政府工作的意见和建议。政府决策制度继续完善，在关系群众切身利益的重大决策出台前，坚持实行听证制。

2004年初省政府向全省人民承诺的10件实事基本完成：建设了500个安居温饱村，10万特困农户告别茅草房、杈杈房，住进了安居房；全部兑付了重点工程拖欠农民的征地补偿费14.97亿元；改造了89.8万平方米中小学危房；义务教育“三免费”使40.8万学生受助；改造、建设了355所乡镇卫生院和500个边疆民族贫困村卫生所；新建24.6万户沼气池、山区农村改灶8.2万户，解决了农村101万人口的饮水困难；修建了247个村委会通村公路、建设里程3000多公里；新增就业岗位22.7万个；筹集资金5.62亿元，65万城市贫困人口纳入最低生活保障，实现了应保尽保；安排大姚、鲁甸地震灾区恢复重建资金5.17亿元，恢复重建工作进展顺利，房屋倒塌和重损的群众在今年春节前基本可搬入新居。

【投资环境与招商引资】 2004年，云南省各相关部门密切配合，通过狠抓现有优惠政策的落实、保护投资者权益、实行一条龙服务体系等措施，使全省的投资环境不断得到改善。

依法行政得到加强。提请省人大常委会审议地方性法规7件，修改和废止地方性法规22件。发布政府规章10件。坚持依法治省，广泛开展“四五”普法，积极拓展和规范法律服务，法律援助工作深入实施。行政执法责任制度不断完善，相对集中行政处罚权和城市综合行政执法试点工作进程加快。

认真贯彻行政许可法，积极推进行政审批制度改革，取消省级行政审批事项129项，改变管理方式61项，修改、废止政府规章和文件49项。广泛开展行风评议，大力推行政务公开，稳步推进电子政务，政府办事效率和工作透明度得到提高。

到云南省寻求投资合作的省市区已达28个，与全国各省市区开展各种形式的投资合作977个。其中：投资额在10亿元以上的项目40项，投资额在20亿元以上的达22项。大项目在整个合作项目中的比重增长了22.2%，到位资金超亿元的项目增长48.4%。

到2004年底，全省共批准成立的外商投资企业2600多家，利用外资迈出新步，合同利用外资达40.6亿美元，实际到位资金15.4亿美元。全年外商投资企业共完成进出口总额3.2亿美元，同比增长18.3%。全省鲜切花出口年逾5.5亿枝。全省外商投资企业在国内市场还完成了工业销售收入146亿元，同比增长25.9%，缴纳各种税金近10亿元，增长18.4%，直接安排就业近6万人，为全省经济社会发展做出了重要贡献。

【经济技术协作】 抓住我国加强对发展中国家经济外交工作带来的机遇，加快以东南亚、南亚为重点，面向世界的对外开放。在参与中国—东盟自由贸易区建设和大湄公河次区域经济合作中，建立了云南—老北合作机制，与越南北部五省市签署了经济合作协议。孟中印缅地区经济合作论坛第五次会议形成了《昆明合作声明》，与南亚国家的合作向更高层次和更宽领域拓展。出台了实施“走出去”战略的若干意见及配套政策措施。加强地方外事、侨务和外宣工作，与港澳台侨的联系和交往活跃。全面加强西南六省区市、滇沪、滇浙合作和省院省校合作，积极参与“泛珠三角”区域合作，对国内的开放继续扩大。

【重点项目介绍】 以大项目促进大建设，保持投资对经济增长的拉动作用。“双百”重点建设项目进展顺利，小湾电站、滇东电厂等一批能源项目加快推进；大丽铁路、沾昆铁路复线、昆明集装箱中心站开工建设，昆明铁路客运站提前竣工；安楚、思小和平锁公路等重点项目建设继续推进，水麻等10段高速公路开工建设；冶金、有色、化工等一批重大产业项目建设加快。“双百”重点前期工作稳步开展，滇中调水、昆明新机场建设等重大项目前期工作进展良好。

【经济与社会发展】　2004年，西藏自治区经济保持了跨越式发展的良好势头，全年GDP达到211.54亿元，同比增长12.2%。完成地方财政一般预算收入10亿元，增长22.9%，财政一般预算支出133.8亿元，增长17.3%。金融机构年末各项存款余额363.3亿元，贷款余额168.5亿元。

农林牧副渔业稳步发展，结构调整有新的突破，全年农林牧副渔业总产值62.7亿元，同比增长4.1%。种植业结构调整取得新的成效，在保护和提高粮食综合生产能力的基础上，继续调整种植结构，扩大高附加值的农作物种植面积。全年粮食总产量96万吨，比上年减少0.6%；油菜籽5.4万吨，增长9.1%，蔬菜30万吨，增长6.4%；畜牧业生产稳步发展，年末牲畜存栏2509万头只，增加58万头只，猪牛羊肉类产量20.8万吨，增长9.5%，奶类产量26.2万吨，增长4.3%，家禽和水产品养殖发展迅速，产品供应市场数量不断增加；绿化造林取得进展，全年完成造林面积38.14万亩，增长2%，新增苗圃1506亩。

积极调整投资方向，加大了对农牧区的投入力度。全年共安排涉农资金32亿元，主要用于草场建设、中小水电站开发、乡村公路、乡完小、乡卫生院、人畜饮水、游牧民定居、修复水毁水利设施和建设防洪应急工程等，同时积极引导援藏资金重点投向农牧区、农牧业和产业建设，极大地改善了农牧区的生产生活条件。全年新修乡村公路2231公里，新建小水电站60多座，解决了22.4万人的饮水困难。

加快乡镇企业、多种经营发展步伐，积极拓展农牧民增收渠道。以培植农业产业化龙头企业和扶持农畜特色产品加工为突破口，加快了乡镇企业结构调整步伐。全年乡镇企业完成总产值15亿元，同比增长20%；多种经营收入21亿元，增长18%。

加大了以工代赈的投资力度，加快了贫困农牧区脱贫步伐，全年完成以工代赈资金1.3亿元。同时，重点清理整顿了涉农（牧）价格和收费，实行了涉农（牧）价格收费公示制度，切实减轻了农牧民负担。认真落实主产区粮食收购保护价和优质价政策，维护了农牧民的切身利益。

农牧业科技推广应用成效显著。全区共建立农作物良种繁育基地17万亩，良种推广面积达247万亩，占经济作物播种面积的77%。

农牧业科技培训进一步加强，全年共培训农牧民26.5万人次，参与科技承包活动的农牧业科技人员达645人。

工业生产快速增长，经济效益不断提高。全年全部工业企业实现增加值15.4亿元，同比增长15.6%。乡及乡以上工业企业实现产值25.7亿元，增长13.2%。国有及国有控股企业实现产值21亿元，增长9.2%。规模以上工业企业实现利润总额3亿元，增长31.3%。乡及乡以上工业企业产品销售率91.6%。

旅游业全年接待国内外游客122.3万人次，比上年增长31.7%。其中：国内游客112.7万人次，增长28.5%；海外游客9.6万人次，增长87.5%。实现旅游总收入15.3亿元。

全年实现社会消费品零售总额63.7亿元，同比增长9.3%。受粮食和石油价格上涨等影响，居民消费价格总水平上涨2.7%。

全年实现进出口总额22355万美元，同比增长38.7%。其中：出口13009万美元，增长6.9%；进口9346万美元，增长1.4倍。

2004年，全区又有8个县实现“普六”，14个县实现“普九”，9个县完成“扫盲”，到2004年底，全区通过“普九”的县已达31个，完成“扫盲”的县已达49个。适龄儿童入学率达到94.7%，初中入学率达到70.7%，高中阶段入学率和高等教育入学率分别达到27.5%和11.4%。改造了51所中学的部分基础设施和100所小学的基础设施，新增校舍面积近30万平方米，改造校舍面积7万平方米。

公共卫生服务体系建设取得进展。加强了疾病预防控制体系、医疗救治体系建设，新建了36个乡镇卫生院，建设了拉萨市和43个县的疾病控制中心。同时，安排农村医疗巡回车72辆，有效改善了农牧区的卫生基础设施条件。以免费医疗为基础的农牧区医疗制度已覆盖全区所有农牧民。

加大了就业工作力度，补充和完善了职业培训补贴、职业介绍补贴、小额贷款、减免税费等12个方面配套政策。全年城镇新增就业1.5万人，城镇登记失业率控制在4.3%。国有企业下岗职工全部实现了再就业，大中专毕业生和复转军人得到妥善安置。全年城镇有1.5万人实现了就业。社会保障工作扎实推进。切实加强社会保险金的征缴、管理和发放。全年基本养老保险基金征缴达93%，社会化发放率达到98.8%；失业保险费征缴率92.5%。提高了国有企业离退休人员养老金和城市居民最低生活保障标准。全区共有4.3万人的城镇居民得到政策最低生活保障救济。城镇职工基本医疗保险制度改革试点平衡运行。年末全区各类收养性社会福利单位床位3322张，收养各类人员1944人次。

人民生活水平继续提高。全区城镇居民人均实现可支配收入8200元，同比增长1.8%；农牧民人均纯收入1861元，增长10.1%。

【投资环境与利用外资】 2004年，在自治区党委、政府的高度重视和领导下，西藏多方筹措资金进一步加强了基础设施建设，改善了投资硬环境，同时，还积极完善相关政策，进一步优化投资软环境。

加强调查研究，进一步完善招商引资优惠政策。西藏自治区对现行招商引资优惠政策执行情况进行了总结，根据调研情况，对有关招商引资政策措施进行了梳理，并对一些政策进行了具体可行的修改，从而进一步完善了全区招商引资政策，将推动西藏招商引资工作向规范有序的方向发展。

制定了进一步鼓励、支持和引导非公有制经济健康发展的政策措施以及扶持中小企业发展的优惠政策，完善了中小企业社会化服务体系和经营环境。

以贯彻《中华人民共和国行政许可法》为契机，全面推进依法行政，深化行政审批制度改革，取消了156个行政审批项目。全年“一站式”审批服务中心共受理审批事项3680件，办结率84%。

为便于招商引资组建了“西藏招商网”，为进一步完善网站版面设计和栏目内容，规范网站管理，提高网站运行速度、信息实效性和服务功能，更好地对外宣传、介绍西藏投资环境和各项优惠政策，及时发布各类招商信息，充分发挥网络准确、快捷、高效的作用，吸引更多的投资者访问“西藏招商网”。

全年共批准设立了外商投资项目10个，合同利用外资2858.03万美元，同比增长2.29倍，实际到位资金2687.6万美元，增长4.76倍。全年共签署和批准国际多双边无偿援助项目3个，援助总额为10554.2万元。其中：澳大利亚政府无偿援助项目西藏卫生支持项目1750万澳元、德国政府援助西藏危房改造项目40万元人民币、新西兰使馆援助西藏江孜医疗人员培训项目14.2万元。同时，通过组团参加春秋两季广交会、昆交会、日本和韩国投资贸易洽谈会、西部国际博览会、青海藏毯国际博览会和中国－东盟博览会，与国内外客商共签订了8307万元的合同。

【重点项目介绍】 2004年，西藏自治区重点项目建设进展顺利。中央第四次西藏工作座谈会确定的117个建设项目，计划总投资312亿元，到2004年底，已建成（或销号）83个，在建32个。累计完成投资257.53亿元。

西藏确定的72个重点工程项目，全年完成101.7亿元。青藏铁路完成了三分之二的重点、难点工程，全线正线铺轨743公里（其中西藏段正线铺轨354公里）。青藏公路全线改造基本完成，川藏公路分段整治、拉萨至贡嘎机场“两桥一隧”主体工程完工。全区公路通车里程达4.2万公里，其中黑色路面3000公里以上。金河电站投入运营，狮泉河电站、柳吾大桥、拉萨金珠西路、318国道曲水至大竹卡段和日喀则至拉孜段、林芝机场、西藏大学改扩建等重点工程开工建设。新藏公路、阿里机场、工布（林芝机场周边）自然保护区、巴河水电开发、昌都玉龙铜矿、农牧业特色产业等前期工作和40周年大庆项目筹备工作进展顺利。区内拉萨至日喀则、拉萨至林芝的铁路选线工作正式启动。

【经济技术协作与对口支援】 2004年，西藏自治区积极实施“内引外联”，加强与全国各兄弟省、市及国内外各类经济组织的交往与协作，积极吸引、落实各类招商引资项目。全区各地（市）立足本地资源优势，积极拓宽招商引资渠道，由政府主要领导带队，组织党政及工商界代表团赴内地举办大型招商引资推介会和项目洽谈活动，取得显著成效。全年共签订招商引资项目313项，协议金额47.2亿元，实际到位资金15.66亿元，合作项目涉及农牧业开发、生态建设、旅游服务行业、藏医药、矿产、房地产开发等领域；区外企业在藏设立办事处或分支机构10家，区内企业到区外设立分支机构3家。

抓住举办六省区市七方经济协调会第19次会议的契机，紧紧围绕“联合开放、科学发展、协调推进”的主题和《充分利用中国—东盟自由贸易区的机遇，联合加强与东盟经贸合作》、《加强生态建设和环境保护，共同建设山川秀美的大西南》专题进行了深入研讨，达成了共识，并形成了向党中央、国务院的专题请示和第19次会议的情况报告。

组团参加了由四川省政府主持召开的第三届“川、滇、藏中国香格里拉生态旅游区”协调会，并参观了四川省香格里拉建设成果。本次协调会为建立区域联动、资源共享、优势互补、加快发展、实现川滇藏三省区共同确定的“中国香格里拉生态旅游区”的发展目标起到了有力的促进作用。会上，三省区共同发表了《旅游合作宣言》。并正式对外公布。《旅游合作宣言》必将有力地推动三省区香格里拉建设步伐。同时，西藏还加强了同国际社会的经济技术交流与合作。

中央第四次西藏工作座谈会从战略的高度，确定了新时期西藏工作的指导方针，援藏工作向纵深发展，18个对口援藏省市、15家国有重要骨干企业和中央国家机关有关部委，在援藏项目规划和资金投向上，逐步向农牧区倾斜，向增加农牧民群众收入得到了更多实惠。2004年进一步加强了与实施援藏任务的国家部委、省市和中央企业的项目协调与衔接，共落实了第四批援藏项目219个，资金4.7亿元。

【经济与社会发展】　2004年，陕西省国民经济快速增长。全年GDP达到2883.51亿元，同比增长12.9%。其中：第一产业增加值394.98亿元，增长9.8%，占GDP的比重为13.7%；第二产业增加值1416.82亿元，增长16.8%，占GDP的比重为49.1%；第三产业增加值1071.71亿元，增长9.5%，占GDP的比重为37.2%。人均GDP 7757元，增长12.4%。

2004年，陕西省农业结构调整步伐加快，粮食生产出现重要转机。认真贯彻中央一号文件精神，采取减免农业税、粮食生产直补、地膜玉米补贴、农机补贴等四项措施，扭转了粮食生产多年徘徊的局面，总产量达到1160.4万吨（232亿斤），比上年增长19.8%。建成了全国最大的绿色果品生产基地，果品产量达到735.6万吨，出口创汇1.4亿美元。畜牧业生产规模扩大，效益提高，奶类总产增长17.2%。乡镇企业完成增加值619亿元，增长13.6%。全省实现农林牧渔业总产值661.5亿元（现价，含农民家庭兼营工业），比上年增长9.8%。

工业生产继续快速增长，经济效益大幅提高。规模以上工业完成增加值870.7亿元，同比增长22.9%。全省八大工业支柱产业完成工业总产值2362.83亿元，占全省规模以上工业企业的97.4%，同比增长31.2%，高于全省平均增速，对全省贡献较大。其中装备制造工业增长31.1%，食品工业增长18.4%，有色冶金工业增长57.8%，通信设备计算机及其他电子设备制造业增长5.4%，医药制造业增长13.9%，能源化工工业增长38.6%，非金属矿物制品业增长26%，纺织服装工业增长7.9%。全省规模以上工业企业综合经济效益水平大幅度提高。工业企业经济效益综合指数165.46%，提高24.4个百分点。

财政收入稳步增长，金融运行基本平稳。全年财政总收入415.5亿元，同比增长27.1%，其中地方财政收入214.8亿元，增长21.2%；财政支出510.2亿元，增长17.1%。支出结构进一步优化，“两个确保”、“两个保证”和“低保”资金得到保障，农业、教育、科技、卫生支出分别增长51.8%、11.5%、6%、7.4%。年末全省金融机构各项存款余额5380.3亿元，比年初增长17.1%；各项贷款余额3829.6亿元，增长11.7%。外贸进出口大幅度增长。全年进出口总额36.43亿美元，同比增长30.9%，创外贸进出口历史最高水平。

人民生活水平稳步提高，各项社会事业全面发展。全省城镇居民人均可支配收入7492.5元，比上年增长10.1%；人均消费支出6233元，增长10%。城镇居民人均住房使用面积17.9平方米，居住设施不断完善。农村居民人均纯收入1867元，比上年增长11.4%；人均生活消费支出1618.1元，增长11.2%。城镇新增就业25.4万人，再就业10.3万人。扶贫开发力度加大，40万人口解决温饱问题，61.7万低收入人口实现脱贫。全年社会消费品零售总额966.49亿元，比上年增长13.3%，全省居民消费价格上涨3.1%。教育事业取得新的成绩，"普及九年义务教育"人口覆盖率达到93.5%。文化艺术、广播影视、新闻出版和哲学社会科学全面发展。城乡公共卫生设施和医疗条件得到改善。人口自然增长率为4.26‰，年末全省常住人口为3705.2万人。

【重点项目介绍】 2004年，陕西省确定重点项目170个，其中投产项目35个，续建项目52个，新开工和争取新开工项目83个。总投资为499.6亿元。

西安至延安铁路扩能改造：西安至延安铁路扩能改造项目北起延安北站，南至新丰镇，全长332公里，建设规模为延安至钟家村段增开9个车站，钟家村至新丰镇50公里增建二线。输送能力2600万吨/年。总投资11.7亿元，2004年开工，计划2006年建成。

蓝田至商州高速公路：蓝田至商州高速公路是西部开发省际通道西安至合肥线在陕西省境内的一段，也是陕西省"米"字型公路主骨架的重要组成部分。公路全长92.8公里，起于西蓝高速公路K21+960处的邓家村，止于商州区西涧村。全线按四车道高速公路标准建设，计算行车速度采用80~100公里/小时，路基宽度24.5~26米，全线特大桥7座，特长隧道2座，互通式立交7处。工程估算总投资49.1亿元，工程于2004年开工，工期4年，计划2006年建成。

榆林至陕蒙界高速公路二期工程：这是西部开发省际公路通道阿荣旗至北海线在陕境内最北的一段，也是陕西省"米"字型公路主骨架的组成部分。路线起自榆林至靖边高速公路孙家湾互通式立交，止于陕蒙交界（蟒盖兔河），全长约88.64公里，按四车道高速公路标准设计。计算行车速度采用100公里/小时，路基宽度整体采用29米，分离式采用13米，特大桥一座，互通式立交桥6座。项目估算总投资8.23亿元，工程2004年开工建设，2006年建成。

府谷清水川电厂—冯家塔煤矿一体化一期工程：府谷清水川电厂位于府谷县城东北20公里的清水川河东岸，规划容量为180千瓦，一期建设2×30万千瓦的空冷燃煤发电机组，同步建设烟气脱硫装置，一期电厂工程静态投资23.18亿元，供电厂用的煤矿（600万吨/年）投资9.68亿元。工程于2004年开工，2007年建成。

西安引乾济石调水工程：这是陕西省境内的南水北调工程之一，通过输水隧洞将柞水县乾佑河的水调入西安石砭峪水库后向西安市供水，引水线路全长21.86公里，采取自流输水，引水洞最大输水量为8立方米/秒。工程建成后95%保证率时新增城市供水量2495万吨，50%保证率时新增农灌供水量16万吨，新增生态供水量2139万吨。项目总投资2.01亿元。工程2004年开工，计划2005年完工。

西安市三环路工程：三环路全长71.02公里，其中三环路主线全长65.31公里，道路红线宽80~100米，全线新建互通式立交桥12处，分离式立交6处，跨河桥四座，涵洞或天桥174座。工程估算投资62.58亿元。计划2004年开工，2006年主线贯通，2007年全面完工。

【投资环境和利用外资】 2004年，陕西省继续努力改善投资环境，为扩大招商引资创造良好环境。以国家《行政许可法》颁布实施为契机，进一步清理和取消不合理的政策法规和行政审批事项，规范行政许可行为，并建立首问责任制、社会服务承诺制、工作限时办结制和公务员失职责任追究制，努力提高办事效率和依法行政的质量水平。

完善投资体制改革，加强外资项目管理，草拟制定了《陕西省外商投资项目核准暂行管理办法》、《陕西省境外投资项目核准暂行管理办法》和《陕西省国际金融组织和外国政府贷款投资项目管理暂行办法》，为进一步规范外资项目管理，逐步建立健全与国际接轨的法规体系。

外商在陕投资稳步增长。全年新批外商直接投资项目 271 个，比上年增长 18.3%；合同外资 10.49 亿美元，增长 25.7%；实际使用外资 5.27 亿美元，增长 13%。全省累计批准外商直接投资项目 4111 个，实际使用外资 47.8 亿美元。累计有 69 个国家和地区的客商来陕西投资，其中世界 500 强企业 29 家。

外贸进出口大幅度增长。全年进出口总值 36.43 亿美元，同比增长 30.9%，创外贸进出口历史最高水平。其中：出口 23.97 亿美元，增长 38.2%；进口 12.46 亿美元，增长 18.8%。全年贸易顺差 11.51 亿美元。外贸出口仍以一般贸易方式为主，一般贸易出口 19.23 亿美元，占全省出口总值的 80.2%，同比增长 30.1%。

国际经济合作进一步发展。全省对外承包工程和劳务合作共完成营业额 1.27 亿美元，比上年增长 10.4%；年末在外劳务人员 3370 人，增长 11.3%。全省具备对外经济合作经营资格的企业已达到 43 家，累计完成营业额 13.1 亿美元，劳务输出 3.6 万人次。

【经济技术协作与对口支援】　2004 年，苏陕扶贫协作与经济合作经过两省及各对口地市县干部群众的共同努力，在扶贫帮困、捐资助学、干部交流、劳务输出、人才培训、经贸合作等方面取得较为明显的成效，一年来两省共实施协作项目 78 项，投资 5085 万元；江苏省各级政府拨款、社会各界捐资 4432 万元，双方互派交流挂职干部 180 人次，为陕西省培训各类人员 1320 人次，援建学校 48 所，新修公路 122 公里，有组织劳务输出 3928 人，劳务收入 4290 万元，双方互派考查访问团组共 1536 人次。2004 年 11 月，国务院扶贫办在西安召开的全国扶贫工作会议上，陕西省获得“全国东西扶贫协作先进集体”2 个、“全国东西扶贫协作先进个人”称号 2 个。

第八届中国东西部合作与投资贸易洽谈会 2004 年 4 月 5 日在西安开幕。来自海内外的 10 万多名客商参加了大会。本届洽谈会是在西部大开发五年后召开的一次全面加强东西部全方位经济技术交流与合作的经贸大会。大会以东西合作、互联互动、优势互补、协调发展为主题，以项目为核心、以企业为主体，旨在进一步促进东部地区拓展发展空间，扩大中西部地区对内对外开放，推进非公有制企业参与国有企业产权重组。这次洽谈会陕西省取得的主要成果是：签订利用外资合同 73 个，总投资额 6.16 亿美元，外资额 4.89 亿美元；协议 36 个，总投资额 6.54 亿美元，外资额 5.1 亿美元。国内横向联合合同 605 个，总投资额 508.21 亿元，外地投资额 460.01 亿元；协议 156 个，总投资额 595.15 亿元，外地投资额 583.67 亿元。其中：省际联合合同 305 个，总投资额 346.35 亿元，外地投资额 304.6 亿元；协议 75 个，总投资额 510.66 亿元，外地投资额 500.32 亿元。省内联合合同 300 个，总投资额 161.86 亿元；协议 81 个，总投资额 84.49 亿元。高新技术成果交易合同 24 个，交易额 5.32 亿元；协议 6 个，交易额 9600 万元。

陕西省对口支援西藏自治区阿里地区。2004 年陕西援建项目 5 个，分别是：普兰县客运站、阿里地区行署周转房建设、阿里地区纪检监察办公楼、普兰县文化广场、噶尔县陕西会堂，总投资 1100 万元。陕西选派援藏干部 24 人，为阿里地区培训 10 名科技党政干部、5 名县处级领导在西安市 5 个区县挂职。

甘肃省

【经济与社会发展】 2004年，甘肃省国民经济持续较快发展，经济运行质量不断提高。全年GDP 1558.93达到亿元，同比增长11%。其中：第一产业增加值281.4亿元，增长6.5%；第二产业增加值758.18亿元，增长12.6%；第三产业增加值519.35亿元，增长11%。经济运行的质量和效益明显提高，全年大口径财政收入215.4亿元，增长21.57%；一般预算收入103.99亿元，增长8.63%。

农业和农村经济全面发展。全面落实中央的各项扶农政策，依法保护农民对土地的承包权和经营自主权，广大农民从政策减负、结构调整和农产品价格上涨中大幅增收。粮食面积、单产和总产均有增长，总产量达到805.8万吨。草食畜牧业发展势头强劲，区域性支柱产业逐步形成，优质专用农作物面积继续扩大，特色产业基地面积占到农作物总播种面积40%。扶持发展农产品加工运销龙头企业和新型农民合作经济组织，促进了农业产业化经营。组织开展农民工输转培训5.5万人次，劳务输出324万人次，劳务创收64亿元。继续增加扶贫投入，全面启动以工代赈易地扶贫搬迁试点。全省减少绝对贫困人口10万人、相对贫困人口40万人。

工业生产快速增长，经济运行质量显著提高。工业企业产品结构调整和技术升级步伐加快，高技术产业化、农产品加工、装备制造、黄金冶炼和地质勘探等方面近40个项目获得国债或国家专项资金支持，全年实现工业增加值576.22亿元，同比增长14.1%。规模以上工业企业增加值505.12亿元，增长15.67%。在市场需求扩大带动下，重点支柱产业呈现较快的发展势头，煤炭、电力、冶金、有色、石油开采和石油化工加工等六大支柱产业完成工业增加值比上年增长17.09%，占全省规模以上工业增加值的73.73%，成为甘肃工业发展的主要支撑力量。全年规模以上工业企业实现利润总额64.2亿元，同比增长1.11倍。

消费品市场稳步发展，对外贸易大幅增长。全年实现社会消费品零售总额535.84亿元，同比增长12.9%，自1999年以来首次实现两位数增长。全年实现外贸进出口总额为17.73亿美元，同比增长33.59%。其中：出口9.96亿美元，增长13.58%；进口7.77亿美元，增长72.61%。

全年批准外商直接投资合同项目63个，

吸收外商直接投资合同金额3.26亿美元，比上年增长29.11%；实际使用外商直接投资0.35亿美元，比上年增长51.11%。

金融机构存贷款规模继续扩大，年末全省金融机构人民币各项存款余额2482.39亿元，增长16.57%；各项贷款余额1907.35亿元，增长12.33%。年末全省共有境内股票上市公司19家，股票市价总值256.07亿元。全年保险业保费收入44.4亿元，增长8.42%。

全年国家安排科技攻关计划项目30项，比上年增加24项；“863”计划项目29项，比上年增加17项；认定国家级企业（集团）技术中心2家。农村基础教育的薄弱状况得到改善，高中阶段办学规模不断扩大，高等教育在调整结构、优化布局中稳步发展，全省普通高等教育招生6.62万人，比上年增长10.15%。

省市县三级疾病预防控制体系和突发性公共卫生事件医疗救治体系建设顺利，以乡镇卫生院为重点的农村卫生基础设施建设进一步加强。文化艺术、广播电视和新闻出版等各项事业取得新成绩，广播和电视综合人口覆盖率分别为89.82%和89.77%，分别比上年提高0.92和0.4个百分点。

人民生活水平不断提高。全年城镇居民人均可支配收入7376.74元，同比增长10.81%；农民人均纯收入1852元，增长10.7%，实现了城乡居民收入同步快速增长。

【投资环境与招商引资】 2004年，甘肃省继续积极推进西部大开发，进一步深化改革，大力推进结构调整，投资环境进一步得到改善，特别是在基础设施建设、生态环境建设和保护、经济结构调整、对外开放、社会事业发展等方面又取得新进展，有力的促进了甘肃省对外开放和招商引资工作。

进一步加强了人才吸引和开发工作。制定了《中共甘肃省委、甘肃省人民政府关于贯彻落实〈中共中央、国务院关于进一步加强人才工作的决定〉的实施意见》，以党政人才、企业经营管理人才、专业技术人才队伍建设为重点，引进高层次人才，加强高级技工人才和农村实用人才队伍建设。面向国内外引进了37名博士后到省直行政企事业单位和市（州）工作，有42名博士后以柔性流动方式与甘肃开展合作。首次面向省内外为省级工程技术中心和重点实验室选聘了10名特聘首席专家。面向全国公开选拔了10名副地厅级干部，在全省范围内开展了建立千名省管后备干部人才库工作。

对外开放和利用外资水平进一步提高。2004年，甘肃省加大招商引资力度，利用外资规模进一步扩大。中粮可口可乐饮料罐装项目在兰州建成投产，丹麦嘉士伯啤酒与兰州黄河啤酒合资企业的设立，标志着世界500强企业已进入甘肃省；酒钢、金川公司立足可持续发展，实施“走出去”战略，已在海外建立资源基地。全年全省实际利用外资总额2.59亿美元，其中吸收外商直接投资3100万美元，同比下降20%；借用国外贷款2.28亿美元，增长9.8%。甘肃省吸收外商投资已连续两年出现了下降，成为制约经济发展的重要因素。

【重点项目介绍】 疏勒河农业灌溉暨移民安置综合开发：是甘肃省利用世界银行贷款建设的大型综合扶贫开发项目。工程由昌马水库、灌排工程、移民安置，以及农、林、牧等相配套组成，总投资19.71亿元，于1996年10月开工。至2004年底，昌马水库已下闸蓄水；灌排工程的昌马、双塔、花海三个灌区骨干渠道已基本建成，新增有效灌溉面积约18万亩，安置移民近3万人。计划2007年建成。

GZ45线临泽至清水高速公路：全长98公里，总投资18.5亿元。于2002年开工，计划2005年建成。GZ25清水至嘉峪关高速公路：是国家重点规划建设的连云港至霍尔果斯国道主干线甘肃省境内的重要组成路段。全长99公里，总投资18.45亿元。于2003年开工，计划2006年建成。GZ25线刘寨柯至白银高速公路：全长110公里，总投资27.71亿元。于2002年12月开工，计划2005年底建成。GZ25嘉峪关至安西一级公路：是国家规划的“两纵两横”国道主干线连云港至霍尔果斯的重要组成部分，全长235公里，总投资26亿元。于2004年开工，计划2006年建成通车。G212线兰州至临洮高速公路：全长93公里，总投资32.6亿元。2001年10月开工，已建成通车。

兰新铁路兰州至武威南增建二线工程：总投资76.4亿元。于2003年开工，至2004年底累计完成投资27.9亿元。

白水江汉坪嘴水电站：总装机容量72万千瓦，已建成发电。黄河柴家峡水电站：是黄河龙羊峡—青铜峡梯级第十八座水电站，是一座以发电为主的中型水电站。总装机容量为9.6万千瓦，总投资8.11亿元。2004年开工，计划2006年建成。洮河海甸峡水电站：是洮河干流水电开发规划的梯级电站之一，总装机容量为5.2万千瓦，总投资4.27亿元。于2004年开工，计划2006年建成。黄河小峡水电站：总装机容量23万千瓦，总投资15亿元。于2001年开工，已建成发电。黑河龙首二级（西流水）水电站：总装机容量157万千瓦，总投资9.81亿元。于2002年6月开工，已建成发电。张掖电厂一期工程：静态投资24亿元，动态投资25亿元，于2003年10月开工，计划2006年建成。

兰州卷烟厂异地改造工程：是经国家烟草专卖局批准，于2003年2月开工。总投资9.06亿元，易地扩建年产50万箱卷烟生产线。

【经济技术协作与对口支援】 2004年，甘肃省经济技术协作取得明显成效，全年共完成合作项目863项，投资总额247.6亿元，拟引进国内外资金222亿元，当年到位79.2亿元，一批重大项目在全省各地相继建成，有力促进了社会经济的快速发展。著名企业进入甘肃省有了新的进展。科龙、上海开开、天津家世界等一批名牌企业相继在甘肃省投资建厂。

1996年以来，根据国务院的安排，天津市结合甘肃贫困人口多、贫困面大、原因复杂、任务繁重的实际，采取对口帮扶和经济技术协作相结合的方式，在资金、技术、物资、智力等方面给予甘肃无私的支援和帮扶，惠及到数百万甘肃贫困人民，脱贫致富取得了阶段性成果，已基本完成了国家“八七”扶贫攻坚计划解决贫困地区人民温饱问题的任务。

在资金扶贫方面，天津市累计向甘肃捐助财政资金9000万元，社会资金2000多万元。依托天津的资金支持，一大批贫困乡村的基础设施得到了改善。新修梯田10多万亩，新建集雨水窖1000多眼；新建希望小学61所，改造、修缮希望小学63所；改造、修缮卫生院150座，新建卫生院39所，并为部分卫生院配备了医疗器械。

在智力扶贫方面，天津市100多所中小学与甘肃定西、天水、陇南3个市14个县的100所学校结成了一帮一的对子，有220名教师和教学管理人员来甘开展了支教工作；先后来甘14名心血管、血液病方面的专家，培训医务人员119名。

在经济合作方面，9年来，天津甘肃两省市党政主要领导多次率团互访。特别是每年的津洽会和兰洽会期间，两省市都要互派代表团参会并考察帮扶合作项目。天津各界到甘肃投资项目已达471家，康师傅集团、家世界集团等知名企业已经进入甘肃市场。甘肃有关县区也先后安排100多名企业厂长（经理）和技术人员到天津对口区县学习。累计向天津输出劳务5000多人次。

2000年以来，针对新时期扶贫开发的特点和任务，两省市共同实施了综合开发整村推进战略，先后选择定西市安定区凤翔镇柏林村等8个村作为示范点，进行整村推进示范。各示范点中，天津重点支持的项目已使当地人均获得收益1000元，占被帮扶农民人均纯收入的71%，成为天津甘肃对口帮扶协作工作中新的亮点。另外，天津市每年开展献爱心送温暖活动，为甘肃特困群众送去了大量的衣物等生活物资和用品，解决了他们的一些实际困难。

青海省

【经济与社会发展】　2004年，青海省国民经济持续快速发展。全年GDP达到465.73亿元，同比增长12.3%。其中：第一产业增加值57.81亿元，增长3.8%；第二产业增加值227.06亿元，增长16.4%；第三产业增加值180.86亿元，增长10.2%。全年完成财政一般预算收入51.2亿元，增长17.2%，其中地方一般预算收入26.9亿元，增长11.9%。财政一般预算支出137.33亿元，增长12.5%。金融运行总体平稳，金融机构年末存、贷款余额分别比年初增加63.18亿元和64亿元。固定资产投资继续保持较快增长，完成全社会固定资产投资318.1亿元，增长11.6%。

种植业获得好收成。农作物种植结构进一步向销路好、收益高的特色品种调整优化，总产量和亩产量均有所提高。粮食种植面积24.47万公顷，比上年减少1.3%；总产量88.47万吨，增产1.9%。油料、马铃薯、蚕豆、药材、花卉、蔬菜等特色经济作物种植比重上升。全年完成订单农业面积3.3万公顷，新增设施面积333公顷。无公害农产品示范区、标准化基地建设规模扩大，制种面积发展到2.1万公顷。全年草食牲畜出栏率达29.94%、商品率为24.49%，年末草食牲畜存栏总数2216.54万头（只）；肉类产量24.8万吨，增长4.8%。羊毛产量1.77万吨、牛奶产量22.75万吨。渔业资源合理保护工作加强。全年水产品产量1100万吨。

全年完成工业增加值158.6亿元，同比增长22.1%；实现利润35亿元，增长1.2倍。规模以上工业增加值132.45亿元，增长24.8%，其中国有及国有控股企业完成110.46亿元，增长24.8%。全年四大支柱产业创造增加值70.75亿元，增长34.9%。经济效益大幅度提高。规模以上工业企业经济效益综合指数为170.51，比上年上升49.87点；全年实现利润35亿元，增长1.96倍；亏损企业减亏额2.03亿元，扭亏增盈取得显著成效。全年建筑业增加值68.42亿元，同比增长4.4%。全省具有资质等级的建筑企业418个，增长12.7%。其中，二级及以上企业113个。房屋建筑施工面积447.09万平方米，其中实行投标承包面积366.48万平方米，占82%。

全力打造“夏都”品牌，成功举办第三届“环青海湖国际公路自行车赛”、“民族文化旅游节”等活动。全年接待国内旅游者509.23万人次，比上年增长29.1%；国内旅游收入19.49亿元，增长36.9%。接待境外游客2.89万人次，增长63.3%。旅游外汇收入912万美元，增长93.2%。

消费品市场繁荣活跃。全年社会消费品零售总额达115.6亿元，同比增长12.6%。居民消费价格上涨3.2%，其中，城市居民消费价格上升2.1%，农村居民消费价格上升5.5%。城乡居民生活继续改善。全年城镇居民人均可支配收入7319.67元，增长8.7%；农牧民人均纯收入2004.59元，增长10.3%。城乡居民恩格尔系数分别由上年的36.8%、49.1%下降为35.7%、48.5%，生活质量进一步提高。在39个县的179个贫困村整体推进扶贫开发，11.5万贫困人口的温饱问题得到解决。

社会保障力度全面加大。年末参加养老保险58.5万人，比上年增长3.5%，参加失业保险33.1万人，领取失业保险金2.1万人。参加医疗保险60.1万人，增长7.7%，城镇居民得到政府最低生活保障的20.1万人。启动实施工伤保险，参保16万人。全年投入救灾救济资金1.25亿元，对102万灾民进行了救济。建立农村牧区特困人口救助制度，对20.75万特困人口实施了基本生活和大病救助。

科技创新能力进一步增强。全年研究与实验发展经费支出5758万元，同比增长49.5%；组织实施了223项科技项目；全省取得省部级以上科技成果122项；全年专利申请124件；授权专利70件；签订技术合同327项，成交金额1.28亿元。全省共有产品检测实验室94个，法定计量技术机构12个，天气雷达观测站点4个，卫星云图接收站点10个，地震台站15个，地震遥测台网4个。

教育事业稳步发展。全省有研究生培训单位6个，招生320人，在学研究生618人，毕业生84人；普通高等教育院校9所，招生9500人，在校生2.95万人；中等职业教育学校51所，招生7200人，在校生1.87万人；普通高中143所，招生3.48万人，在校生9.21万人；初中364所，招生7.71万人，在校生22.32万人；普通小学2995所，招生9.91万人，在校生51.26万人；特殊教育学校招生338人，在校生2383人。幼儿园在园幼儿7.7万人。全省普及九年义务教育覆盖率达83%，比上年提高3个百分点；扫盲工作获国际扫盲奖“世宗国王奖”。

文化事业日益繁荣。全省共有艺术表演团体14个；文化馆43个，公共图书馆38个，博物馆16个，档案馆56个；广播电台4座，中短波广播发射台和转播台8座，广播综合人口覆盖率上升为86.4%；电视台8座，电视综合人口覆盖率提高到92%，有线电视用户27.4万户。全年报纸出版量3220万份；期刊（杂志）出版量105万册，图书出版量968万册（张）。

卫生事业发展加快。省、州、县三级突发公共卫生事件应急体系基本建立，疾病预防控制体系和医疗救治体系建设积极推进，重大传染病疫情得到有效控制。农牧区新型合作医疗制度试点工作已覆盖农牧民200万人。年末全省拥有各类卫生机构5677个，床位1.65万张。卫生技术人员2万多人。

多巴国家高原体育训练基地和“环青海湖民族体育圈”基础设施建设进展顺利，全年共有246人次参加了国内外比赛，17人次获第一名，16人次获第二名，22人次获第三名，平世界记录1项。体育对外交流继续扩大，接待来青登山、探险、考察等人次增加。城乡群众性体育健身、体育竞赛活动广泛开展。

【投资环境与招商引资】 近年来，青海省的投资硬环境有了明显改善。西宁至兰州高速公路全线贯通，西宁至大通、西宁至塔尔寺高速公路等重点工程相继建成，公伯峡水电站两台机组并网发电。西宁南北过境公路、拉西瓦水电站、玉树通电工程、西宁机场航站区扩建及一批煤炭、电力、交通、城镇基础设施项目进展顺利。全省新增公路通车里程3682公里，通车总里程达到 28059 公里。新增电源装机容量 69.13 万千瓦。广播、电视综合人口覆盖率分别上升为 86.4%、92%。

招商引资工作，坚持“政府推动、企业为主、内外并举、全方位开放”的方针，以东部为重点，项目为依托，展会为平台，采取“走出去招商、请进来招商、以商招商”等多种形式，举办的“青洽会”、“郁金香节”、“藏毯展览会”等招商引资活动富有成效，全年青洽会到位资金累计超过 80 亿元。

全年外商直接投资合同项目 52 个，其中：农、林、牧、渔业 6 个，采矿业 6 个、制造业 16 个，电力、燃气及水的生产和供应业 5 个，交通运输、仓储和邮政业 3 个，房地产业 9 个，居民服务和其他服务业 3 个。外商直接投资合同金额 3.53 亿美元，外商直接投资实际使用金额 2.25 亿美元，增长 33%。引进省外资金到位 73.75 亿元，增长 30.8%。

【经济技术协作与对口支援】　2004 年，青海省共签订内联合作项目 588 个，总投资额 290 亿元，协议引资额 277 亿元；全年实际利用省外资金 73.75 亿元，同比增长 30.8%；引进利用国外、境外资金 2.25 亿美元，增长 33%。

通过学习考察、推介项目，深化了与长江经济带、长江三角洲、泛珠江三角洲、环渤海地区、西南经济协作区的经济交流。特别是与黄河经济协作区的横向经济联合得到了较快发展，成功主持召开了协作区省区负责人第十七次会议，并且协作区形成了联合实施大项目、积极推进黄河源头生态保护、加快实施南水北调西线工程等合作思路。山东、河南、山西、陕西、甘肃、宁夏 6 省区，与青海省达成各类合作项目 54 项，实现合作金额 113 亿元。其中：山东 27 亿元，山西 65 亿元，甘肃 18 亿元，宁夏 2.6 亿元。12 月青海省组织经贸代表团到西藏考察洽谈，共同探讨建立“青藏经济协作带”的构想和框架，各有关地区和部门与西藏方面达成人才交流、劳务合作、旅游开发、建立友好关系等方面的 5 项协议，为携手共建具有青藏高原地域优势的经济体系迈出了第一步。

2004 年，为了更好地贯彻东西协作“长期坚持，继续扩大，不断提高”的方针，按照“优势互补，互惠互利，共同发展”的经济技术协作原则。辽宁省委、省政府及所属 13 个市、1 个大型企业紧紧围绕《青海省扶贫开发规划》的总体目标，结合青海省扶贫开发整村推进工作，以提高贫困人口自我发展能力，解决农村牧区贫困人口的温饱为中心，把增加农牧民收入，改善贫困地区基本生产生活条件和发展教育、卫生等社会事业作为帮扶重点，开展东西扶贫协作，做了扎实有效的工作，帮扶成效显著。辽宁省党政机关和 14 个对口帮扶单位先后派出帮扶工作组共 56 人（次），到青海进行考察。全年辽宁省帮扶青海资金、物资折价总量 2644 万元。其中省本级资金 1500 万元，13 个市、1 个大型企业资金 1144 万元（含物资折价）。这些资金物资的投入，促进了贫困地区农牧业产业结合的调整，有效地改善了贫困地区的基础设施条件，增加了贫困人口收入，为解决贫困人口的温饱发挥了重要作用。

青海省省直单位定点扶贫工作，由于领导重视，措施得力，帮扶工作在新阶段的扶贫开发中发挥了重要作用。全年各帮扶单位派出厅、处级及以下干部 191 人次。赴定点县考察的人员为 396 人次。省直各帮扶单位累计投入资金 575.32 万元（含物资），帮助引进项目 40 项，引进资金 1784 万元。主要进行物资捐赠（电脑及办公设备、粮食、衣物、药品、书刊等），实施援建小学、人畜饮水、乡村道路建设、暖棚建设、种养业、农牧业实用技术培训、贫困生资助等项目。举办培训班 89 期，培训农牧民 18487 人次，劳务输出 7130 人次。经过帮扶单位的艰苦努力，促进了帮扶地区经济和社会的发展，也积累了一些成功经验。

【重点项目介绍】　2004 年，青海省政府确定全省重点建设项目共 27 项，其中续建 16 项，新开工 11 项，总投资 651.7 亿元，2004 年计划投资100.05亿元，全年累计完成投资82.08亿元，大部分项目进展顺利。

退耕还林、退牧还草工程：由退耕还林工程、退牧还草工程两个单项工程组成。退耕还林工程2000年开始实施，2004年完成投资8700万元，完成退耕地还林20万亩，荒山造林90万亩；退牧还草工程，工期从2003年~2007年，2004年完成投资3.15亿元，禁牧休牧1704万亩。

人畜饮水工程：工期从1998年~2004年，主要建设引水管道、打井及集雨利用工程，解决73万人、663万头（只）牲畜饮水困难，到2003年底累计完成投资4亿元。2004年完成投资9900万元，解决了30万人，100万头（只）牲畜饮水问题。

省主干线公路建设：省主干线公路6条，包括高速公路一条44公里，一级公路1条29公里，二级公路4条590公里，总投资45.1亿元。到2004年底累计完成投资7.7亿元，其中，西宁至塔尔寺高速公路年底之前已竣工通车，其余各项目完成当年工作计划。

西部公路通道：西部公路通道公路4条，包括西宁至大通高速公路31公里、大通至扁都口、冷湖至花土沟和当金山至冷湖3条二级公路604公里，总投资24.8亿元，到2004年底累计完成投资14.71亿元，其中，西宁至大通高速公路年底完工，冷湖至花土沟、当金山至冷湖、大通至扁都口公路正常施工。

西宁机场航站区改扩建工程：工程设计年旅客吞吐量86万人次，货邮吞吐量9500吨。扩建候机楼5200平方米，增加2个C类停机位，扩建站坪1万平方米，新建停车场及配套设施改造。总投资1.43亿元。2003年4月开工，计划2005年10月正式投入使用。

公伯峡电站：总装机容量150万千瓦，年平均发电量51.4亿千瓦时，总投资63亿元，工期从2001年~2006年。到2004年底累计完成投资49亿元，2台机组分别于2004年8月、10月发电。

拉西瓦水电站：水库坝址位于龙羊峡谷出口段，装机容量420万千瓦（6×70万千瓦），年发电量102亿度，总投资145亿元，工期从2004年~2010年，2004年完成投资16.4亿元。

青海铝电联营项目：总投资18.9亿元，工期2003年~2004年。累计完成投资16.8亿元，已全部建成投产，形成15万吨/年电解铝，12万吨/年预焙阳极生产能力。

青海碱业公司纯碱项目一期工程：青海碱业有限公司在海西德令哈市工业园区建设年产90万吨低盐重质碱，总投资16亿元，工期从2003年~2005年，2004年完成投资9亿元。

西台吉乃尔盐湖钾锂硼综合开发项目（一期工程）：由青海中信国安科技发展有限公司承建。总投资10亿元，工期从2003年~2005年。2004年完成投资3.7亿元。预计形成年产1万吨碳酸锂、30万吨硫酸钾、1万吨硼酸生产能力。

引大济湟调水总干渠工程：项目年调水量7.5亿立方米。总投资10亿元，工期从2004年~2008年，建设下铁迈引水枢纽及大板山隧洞。2004年完成投资6000万元。

西宁市南北过境公路：项目打通西宁市南北过境快速通道，公路全长3.07公里，总投资5.86亿元，工期从2004年~2005年，2004年完成投资2.8亿元。

玉树州通电工程：新建3座电站，装机容量11320千瓦；改造3座电站，新增装机容量360千瓦，10千伏线路72公里，35千伏线路245公里。省水利水电公司负责实施。总投资4.8亿元，工期从2004年~2006年，2004年完成投资7400万元。

西宁市第七水源工程：为解决西宁市饮水日益增加的需求，缓解西宁地区地下水逐年下降的问题，新建日供水能力30万吨水厂一座。总投资4.6亿元，工期从2004年~2005年，2004年完成投资6000万元。

桥电2×30万千瓦机组：机组装机容量60万千瓦，年发电量33亿千瓦时。总投资23.2亿元，工期从2004年~2006年，2004年完成投资6.7亿元。

【经济与社会发展】　2004年，宁夏回族自治区（以下简称自治区）GDP达到460.3亿元，同比增长11%。其中：第一产业增加值65.1亿元，增长3.8%；第二产业增加值239.4亿元，增长14.1%。第三产业增加值155.8亿元，增长9.8%。完成财政一般预算总收入66.9亿元，增长32.1%，其中地方财政一般预算收入37.4亿元，增长24.8%。地方财政支出122.9亿元，增长16.2%。全年完成全社会固定资产投资379.7亿元，同比增长19.3%。

农业生产稳步发展。全年完成农业总产值125.5亿元，同比增长8.4%。全年粮食作物种植面积1187.5万亩，调减1.6%。粮食总产量290.49万吨，增长7.53%。农业结构调整步伐加快，优势特色农产品基地规模扩大，产业化水平提高。肉、奶、水产品产量分别达到24.4万吨、46.1万吨和5.65万吨，分别增长4.1%、19.4%和12.2%。枸杞产量4000万公斤，增长1.7倍。全年完成造林面积16.3万公顷，其中退耕地造林8.7万公顷。封山禁牧成果进一步巩固。全年完成草场围栏590万亩，草场植被覆盖率由30%提高到80%。农林水利工程建设进展顺利，全年新增有效灌溉面积11万亩，扩大节水灌溉面积30万亩，改造中低产田32万亩，新增旱作基本农田35万亩，治理水土流失面积1000平方公里。解决了21万人、5.6万头牲畜和24.8万只羊的饮水困难。

全年完成工业增加值186.3亿元，同比增长18.1%。规模以上工业实现增加值163.1亿元，增长24%，增幅比上年提高6.7个百分点。建筑业生产运行平稳。全年建筑业实现增加值53.1亿元，增长1.9%；完成总产值109.4亿元，增长4.8%。房屋建筑施工面积1150.8万平方米，增长7.7%，房屋建筑竣工面积553.2万平方米，增长3.4%。

全年实现社会消费品零售总额137.8亿元，同比增长14.1%。扣除价格因素增长11%。对外贸易强劲增长。全年进出口总额达到9.1亿美元，增长39.1%。其中：出口6.5亿美元，增长26.3%；进口2.6亿美元，增长85.4%。全年接待海内外游客404万人次，实现旅游收入15.1亿元，分别增长47%和4.5倍。

金融、保险和证券运行平稳。全年金融保

险业实现增加值17亿元，同比增长3.6%。年末金融机构各项贷款余额770.6亿元，比年初增长93.1亿元。各项存款余额851亿元，增长14%。金融机构现金收入2344.1亿元，现金支出2368.3亿元，收支相抵净投放现金24.2亿元。年末有上市公司11家。全年证券交易额244.4亿元，下降31.6%。全年保费收入13.8亿元，同比增长29%。共支付各项赔款和给付3.3亿元，增长37.5%。

全年交通运输、仓储和邮电通信业完成增加值29.9亿元，增长7%。公路通车里程达到12456公里，比上年净增540公里。全年完成货物周转量：公路64.6亿吨公里，增长2.4%，铁路186.4亿吨公里，下降5.3%；航空347.3万吨公里，增长96.7%。完成旅客周转量：公路38.2亿人公里，增长13.9%；铁路23.2亿人公里，增长18.4%；航空3.8亿人公里，增长80.2%。

全年完成邮政业务总量2.3亿元，同比增长9.4%。局用交换机容量达到115.6万门，增长10.5%。本地电话用户达到119.6万户，增长19.2%。电话普及率48部/百人，移动电话用户达到158.6万户，增长28.4%。互联网络注册户数32.1万户，增长44.3%。移动电话普及率27.3部/百人。全年邮电业务总量39.2亿元，增长35.9%。

人民生活继续改善。全年在岗职工工资总额88.6亿元，同比增长9.7%；在岗职工平均工资14709元，增长12.7%。城镇居民人均可支配收入7217.9元，增长10.5%；人均消费性支出5821.4元，增长9.24%。城镇恩格尔系数36%。农民人均纯收入2320元，增长13.5%。农民人均生活消费支出1926.8元，增长17.7%，恩格尔系数42%。

社会保障体系进一步健全，全年纳入统计制度的城乡就业人员298.8万人，比上年增长2.5%。全年已登记失业人员中通过疏导实现就业和再就业的失业人员4.9万人，增长8.9%。年末城镇登记失业人数4.1万人，登记失业率4.5%。加大了农民工培训力度，农村劳务输出58万次。坚持开发式扶贫，继续实施千村扶贫工程，累计完成生态移民搬迁6.5万人，脱贫人口5万人。保险事业快速发展。养老保险实现省级统筹运行，参保人数62万人。基本医疗保险覆盖面进一步扩大，参保人数53.2万。

新批准成立3家区级工程技术研究中心，在16个县市区开展科技特派员创业行动。全年申请技术专利399件，专利授权293件。全区拥有各类科学研究开发机构53个，其中自然科学研究机构19个，人文社会科学研究机构6个，科研情报与文献机构4个，已转制的科研机构24个，自治区级重点实验室4个。

继续调整和完善高等教育体系。全年研究生培养单位招生513人，在校研究生974人。全区有普通高校13所，招生13581人，在校生41448人；中等职业技术学校41所，中等职业教育招生20332人，在校生48757人；普通中学425所，普通高中招生41618人，在校生118009人。普通初中招生92568人，普通初中适龄人口入学率73.49%，在校生269277人；小学2630所，招生123379人，学龄儿童入学率98.5%，在校生677738人；特殊学校6所，特殊教育招生150人，在校生1560人。幼儿园212所，在园幼儿108625人。在各级各类学校中，教职工75586人。其中专任教师64636人。以县为单位的“普及九年义务教育”人口覆盖率达到59.57%。

文化、新闻、出版和广播影视业蓬勃发展，全区有艺术表演团体14个，公共图书馆21个，文化馆23个，博物馆5个。广播电视“村村通”工程顺利进行，积极推进和完善有线电视入户。全区有广播电台3座，广播综合人口覆盖率91.42%；电视台6座，电视综合人口覆盖率89.30%。全年出版报纸18种，出版量7785万份；出版杂志35种，出版量126万册；出版图书600种1316万册。

控制预防疾病工作取得较好成效。新建成4个地市级紧急救援中心，10个传染病区(院)、22个疾控中心。全区有卫生机构1485

个，床位1.68万张；卫生技术人员22846人。卫生防疫、防治机构37个，妇幼保健机构25个，农村卫生医院266个。继续实施“少生快富”工程，人口出生率15.97‰，比上年上升0.29个千分点；人口自然增长率11.18‰。

开展全民健身运动，加强体育设施的建设。全区共有全民健身路径工程154个，面积达到26.8万平方米，总投资达2051万元。全区拥有体育场地6943个，其中标准体育场地4547个，全天为民开放的体育场地有767个，部分时间开放的体育场地498个，开放率达27.8%。宁夏运动员参加全国比赛获金牌8枚，银牌17枚，铜牌14枚。

【投资环境与招商引资】 2004年，宁夏投资环境得到进一步改善。全区高速公路通车里程达到549公里。新建、改建县乡村公路1000公里。中卫、候桥330千伏输变电工程建成，县城电网改造基本完成。加快完善城市基础设施建设。全年有5座污水处理厂投入运行；5个中心城市实施了旧城区供水改造工程，改造供水管网145公里；新增集中供热面积近500万平方米；新建成城市道路近100公里。加强综合环境整治工作，城市市容不断改善。全年完成环境污染限期治理项目353个，投资14142万元，完成绿色工程项目3项，投资40221万元，增长2.7倍。

投资环境逐步优化。制定出台了《宁夏招商引资若干政策规定》、《宁夏鼓励投资产业目录》，根据区位、资源和产业优势，相关部门和市县充实完善项目库，加强信息交流，利用多种方式招商引资。银川市成功举办了“中国光彩事业银川行”活动，共签订投资项目28个，合同协议引资额35.9亿元。自治区举办了宁夏投资贸易洽谈会，共签订合作项目150个，总金额440亿元，其中合同项目82个，总金额161亿元。

利用外资呈现规模上升、结构改善的良好趋势，对外开放和招商引资跨入了一个新的发展阶段。全年实际利用外资1.25亿美元，同比增长74.5%。全年新批准外商投资项目41个，增长36.7%；合同外资额2.8亿美元，增长7.5倍。实际直接利用外资6735万美元，增长1.11倍。注册登记外商投资企业累计达到454家。

【经济技术协作与对口支援】 2004年，宁夏共签订东西经济技术协作项目979项，协议资金472亿元；实施各类经济技术协作项目618项，实际到位资金70.6亿元；全年批准外商投资项目36个，实际到位资金6700万美元。

闽宁对口帮扶成效显著，全年福建省无偿援助宁夏资金2911万元。其中：省级财政无偿援助1800万元，对口帮扶县市无偿援助639万元，社会各界捐资捐物折合472万元。有效地改善了贫困地区群众的生产生活条件。

闽宁对口扶贫协作第八次联席会议签订了部门对口帮扶5项协议。决定福建援助宁夏的1800万元资金，主要用于扶持万户菌草产业工程、万名劳务输出人员培训工程、万名失学儿童救助工程、种草养畜工程、坡改梯工程、特色种养业、农业新技术培训（含市场营销人员培训）、示范和推广、村卫生室建设等项目。2004年，扶持发展新菇农1575户，建棚4473栋，举办三期宁夏菌草技术人员培训班，培训人员136名，宁夏有组织地输入福建劳务人员5964名，在千村扶贫开发工程重点村建设了32个示范园区，集中扶持贫困户发展养牛、养羊、养鸡、种菜、种枣、种瓜等项目，项目覆盖35个村、1600农户，有近万人得到直接扶持。救助失学儿童1万名。

【重点项目介绍】 2004年，宁夏安排重点建设项目25个，其中重点预备开工项目为13个，全年完成投资76.88亿元。

沙坡头水利枢纽续建工程：总装机12.15万千瓦，灌溉面积100万亩，总投资11.97万元，2000年开工。2003年大坝建成蓄水，2004年枢纽工程1#机组运行正常，2#机组并网发电成功，3#、4#机水轮发电机组安装调试工作进展顺利。宁夏扶贫扬黄灌溉工程：开发土地130万亩，安置移民67.5万人，总投资29.66亿元，是国家重点建设项目。灌区续建配套及节水改造工程：对现有626万亩灌区进行节水改造。总投资48.86亿元。农村饮水解困二期工程：总投资2.91亿元，解决57万人的饮水困难问题。隆德桃山引水工程：2002年至2005年发展灌溉面积2.5万亩，总投资3020万元。宁夏国家易地扶贫搬迁试点工程：2001年至2005年计划易地安置生态移民11万人。

退耕还林还草工程：2000年至2008年计划退耕还林还草512万亩，荒山造林915万亩。退牧还草工程：禁牧治理草原3665万亩，围栏2000万亩。重点风沙生态环境综合治理工程：2002年至2007年计划综合治理沙漠化土地5.76万公顷。

石嘴山电厂扩建工程：装机容量4×33万千瓦，总投资45.49亿元，2004年扩建工程建成，全年累计发电87.8亿千瓦时，超计划发电21.8亿千瓦时，有效缓解了宁夏电力供需紧张的矛盾。中宁电厂扩建工程：装机2×33万千瓦，总投资22.58亿元。

GZ35号银川至青岛高速公路银川至古窑子路段：全长73公里，总投资15.7亿元。西部干线同心至沿川子高速公路：全长185公里，总投资53.99亿元。中宁至孟家湾高速公路：全长63公里，总投资15.8亿元。银川绕城西北段高速公路：全长35.7公里，总投资14亿元。

陶乐黄河大桥：桥长1776米，二级公路15.7公里，总投资15384万元。银川市北二环公路城市主干道：全长12.5公里，总投资51759万元。同沿高速公路固原连接线城市主干道：全长12.3公里，总投资7600万元。同沿高速公路固原辅道二级公路：全长59.5公里，总投资1.5亿元。石营公路中卫东西出口城市主干道：全长21公里，总投资3.5亿元。银川绕城西北段高速公路连接线城市主干道：全长20公里，总投资3亿元。

陕甘宁气田至银川天然气管道复线工程：全长275公里，年输气量14亿立方米，总投资53136万元。羊场完湾煤矿：年产原煤300万吨，总投资10亿元。宁夏捷美丰友公司大颗粒尿素项目：年产合成氨42万吨，大颗粒尿素70万吨，总投资14.2亿元。青铜峡铝业集团一二期改造工程：年新增电解铝8.3万吨，总投资84640万元。

银川佳通轮胎有限公司全钢子午胎项目：年产全钢子午胎90万套，总投资9亿元。宁夏恒力集团冶轧系统改造：年产钢材65万吨，总投资4亿元。宁夏西部聚氯乙稀公司氯碱项目：年产烧碱10万吨、聚氯乙稀12万吨自备电厂装机2×15万千瓦，总投资19.36亿元。美利纸业林纸一体化项目：建设纸浆速生原料林20万亩，年产6.8万吨杨木化机浆，总投资3.61亿元。

银川市新市区南部集污及处理工程：日处理污水5万吨，集污管道63公里，总投资3.2亿元。平罗县城市集污及处理工程：一期日处理污水1.5万吨，集污主管道6公里，总投资5300万元。中宁县城市集污及处理工程：一期日处理污水1.5万吨，集污主管道6公里，总投资5100万元。银川市金凤区城市集污及处理工程：一期日处理污水4万吨，集污主管道22公里，总投资1.84亿元。石嘴山市城市垃圾无害化处理工程：日处理垃圾490吨，总库容400万立方米，总投资6950万元。灵武市城市垃圾无害化处理工程：日处理垃圾210吨，总库容130万立方米，总投资3080万元。青铜峡市城市垃圾无害化处理工程：日处理垃圾210吨，总库容120万立方米，总投资2950万元。中卫市垃圾无害化处理工程：日处理垃圾200吨，总库容130万立方米，总投资3900万元。

宁夏迎宾馆：建设规模5万平方米，总投资2亿元。自治区地级市5所示范性普通高中建设项目，总投资4.77亿元。自治区传染病医院：规模1.4万平方米，总投资2990万元。

新疆维吾尔自治区

【经济与社会发展】 2004年，新疆维吾尔自治区（以下简称新疆）GDP达到2200.15亿元，同比增长11.1%。其中：第一产业增加值444.7亿元，增长5.1%；第二产业增加值1010.07亿元，增长14.3%，第三产业增加值745.38亿元，增长10.4%。三次产业比例由上年的22∶42.4∶35.6调整为20.2∶45.9∶33.9。全年完成地方财政收入完成191.28亿元，增长21.3%。实现社会消费品零售总额563.65亿元，增长14.5%。完成全社会固定资产投资1161.52亿元，增长15.9%。

全年实现农林牧渔业总产值750.68亿元，同比增长6.4%。粮食产量828.53万吨，增长3.4%；棉花产量175.25万吨，增长9.5%；油料产量44.54万吨，下降11.2%；甜菜产量344.21万吨，下降9.8%；蔬菜、水果在扩大优质品种的基础上平稳增长。年末牲畜存栏头数5206.37万头（只），比上年增长3.6%；肉类总产量128.13万吨，增长11.4%；绵羊毛产量8.49万吨，增长8.3%；牛奶产量133.32万吨，增长18%；新增农田有效灌溉面积10.08万公顷，新增节水灌溉面积13.71万公顷。

积极推动煤炭、钢铁、有色、建材、纺织、食品等行业的兼并重组，加快优势资源开发利用步伐，特色工业实力增强，石油石化、煤炭、电力、钢铁、有色金属、建材、农产品加工等行业增长较快。全年实现工业增加值745亿元，同比增长14.5%。原油加工量增长7.6%，原煤增长7.7%，天然气增长14.3%，发电量增长13.5%，粗钢增长22.1%，钢材增长17.4%，规模以上工业企业产品出口交货值31.65亿元，增长1.6%。工业企业实现利润208.49亿元，增长49.2%。

全年实现进出口总额56.36亿美元，同比增长18.2%。其中：出口总额30.47亿美元，增长19.9%；进口总额25.89亿美元，增长16.1%。全年签订对外承包工程和劳务合作合同金额3456万美元，下降77.52%；完成营业额6538万美元，增长6.48%。

到年末，新疆铁路营运里程2999公里；公路通车里程8.68万公里；民航通航里程11.18万公里。全年各种交通工具完成货物周转量947.24亿吨公里，增长13.2%。完成旅客周转量423.8亿人公里，增长23.9%，完成邮电业务总量153.18亿元，增长33.8%。

固定电话用户516.7万户，普及率26.3%；移动电话用户489.7万户，普及率24.9%；互联网用户78.05万户，增长28.4%。

年末金融机构各项存款余额2959.78亿元，比年初增加293.69亿元，城乡居民储蓄存款余额1534.67亿元，增加162.85亿元。各项贷款余额2214.66亿元，比年初增加134.66亿元。全区有上市公司27家，总股本83.62亿股，总市值403.21亿元，累计募集资金107.43亿元。全年保费收入68.13亿元，增长9.6%。

生物技术、新材料、新能源和信息等11个高新技术产业化项目正在顺利实施，先进适用技术推广和科技成果转化加快。积极推进国家贫困地区义务教育工程、两基（基本普及九年义务教育和基本扫除青壮年文盲）攻坚、中小学危房改造、民汉合校、区内初中班、现代远程教育、高中扩招、高校基础设施改造等工程建设，教育基础设施条件进一步改善，教育事业稳步发展。普通高等学校28所，本专科招生5.32万人，比上年增长18.9%；扫除青壮年文盲4.79万人。

公共卫生基础设施建设得到加强，全区共有卫生机构9087个，其中医院、卫生院1525个，妇幼保健机构85个；安排科技攻关计划项目50项，增长19%。共受理专利1492件，授权专利792件。签订技术合同1619项，增长6.8%；成交金额13.34亿元，增长10.8%。全区广播人口覆盖率92.9%，电视人口覆盖率92.5%，新增广播电视覆盖人口100万人。文化、新闻出版、体育等各项事业不断发展。进一步加强计划生育工作，年末总人口1963.11万人，人口自然增长率10.9‰。

人民生活稳步提高，全年城镇居民人均可支配收入7503元，扣除价格因素，实际增长4.9%；农村居民人均纯收入2245元，实际增长3.1%，解决低收入贫困人口40万。有138.58万职工参加失业保险，增长2.6%；有173.76万人参加基本养老保险，增长9.9%，各种城镇社区综合服务中心150个。城市居民得到最低生活保障救济58.84万人，国家抚恤、补助各类优抚对象3.58万人。

全年投入国土资源调查和地质勘查资金83.76亿元，其中石油天然气勘查79.89亿元，国土资源调查和非油气矿产地质勘查3.87亿元。开展地质勘查工作矿种30多个，主要为煤、石油、天然气、铀、铁、铜、镍、铅、锌、金、银、红柱石、钾盐、菱镁矿、膨润土、地下水等。矿产地质勘查工作取得积极成果，新发现石油天然气区块3个，天然气田1处；新发现有进一步工作价值的矿产地10处，其中铜矿2处，铅锌矿1处，钨矿2处，金矿3处，膨润土矿1处，地下水源地1处。在若羌县发现的白干湖钨锡矿，是新疆预测钨资源量最大的一处钨矿产地。

进一步加大了生态建设和环境保护力度，资源节约和综合利用工作得到加强，在监测的16个城市建成区中，有4个城市空气质量达到二级标准；有5个城市达到三级标准。已建成各类自然保护区26个，其中国家级自然保护区7个。自然保护区总面积20.42万平方公里，占全区面积的12.3%；已批准国家级生态示范区8个，生态示范区总面积11.06万平方公里；国家级生态功能保护区试点1个。

【投资环境与招商引资】 2004年，新疆努力营造良好的发展环境，对外开放水平迈上新台阶。清理、废止了一批与西部大开发不相适应的地方性法规、规章和规范性文件，完善了促进新疆大开发的政策法规体系。进一步简化办事程序，减少审批事项，强化提高各级政府部门依法行政的意识和服务能力。积极借鉴和创新招商引资服务管理模式，各地普遍建立和完善了招商引资考核奖励制度，重大项目领导负责制，实行“一站式”服务和“一厅式”办公，建立无收费工业园区，设立投资环境投诉电话，落实招商引资优惠政策，实行办文办事限时制，各级政府为社会提供公共服务水平逐步增强，投资环境进一步优化。

2004年，新疆招商引资工作以产业发展规划为指导，围绕新疆的经济特色和资源优势，将厦门投资贸易洽谈会、西洽会、乌洽会作为引资的重要平台，引资工作成效显著，全年引进区外资金321.74亿元（不含兵团），实际利用外资20690万美元。其中：外商直接投资4586万美元，借用国外贷款16104万美元。招商引资水平取得新的突破，乌鲁木齐市引进世界500强韩国SK集团的手机项目，塔城地区引进投资5900万元的徐矿集团，引进投资7000万元的广东新广国际集团等。

2004年，新疆积极实施“走出去”战略，先后批准在哈萨克斯坦、乌兹别克斯坦、俄罗斯联邦 、吉尔吉斯斯坦、巴基斯坦、阿尔及利亚兴办项目20个，协议总投资额1259.7万美元，其中中方协议投资额1114.2万美元。

【经济技术协作与对口支援】 2004年，新疆经济技术合作取得重要成果，引进了一批先进技术和管理，加快了企业的技术改造，促进了国企改革，提高了企业产品档次。浙江绿城、北京国投公司、香港中旅集团、四川嘉华等一批国内外知名实力企业来新疆投资，加快了当地优势资源的开发，促进了特色产业崛起。乌鲁木齐市共签订各种重点经济技术合作项目178个，成为新疆吸引外资重点区域之一，有力地推动了绿色食品、纺织产业的发展。

组团参加了西安第八届中国东西部合作与投资贸易洽谈会，厦门第八届中国投资贸易洽谈会，2004年东京论坛——中国创业投资环境，日中科学技术经济贸易交流会等国内、国际重大经贸洽谈活动，在第八届中国东西部合作与投资贸易洽谈会上，新疆参展名优特新产品100多个种类，组织综合展位44个，签订各类项目合同98个，项目总金额约56.66亿元，其中签订国内联合项目合同92个，签订各类项目协议58个，项目分布在农牧业、轻工、化工及石油化工，建筑材料，纺织机械电子、旅游，基础设施建设等。成功举办了第13届乌鲁木齐对外经济贸易洽谈会，共有928家国内外企业参会，对外贸易成交19.19亿美元，内联内贸成交额507.47亿元。

2004年，新疆加大了对口援疆干部工作宣传力度，积极配合新华社、新疆日报社等媒体对援疆干部先进事迹进行了宣传报道。加强了援疆干部任县市委书记试点县市的沟通与联系，伊犁州和哈密地区分别组织学习考察团进行了相互考察和交流。通过援疆干部的牵线搭桥，新疆与内地共签订各类合作协议180个，实际引进项目资金3.96亿元。无偿援助资金、物资2.5亿元。通过与南疆四地州和兵团反复协商，并与中组部和内地有关省市多次沟通，研究制定了内地8省市、15户国有骨干企业与南疆四地州、兵团在南疆的单位对口支援关系建议方案。同时制定了内地教育、卫生医疗机构与新疆高校、卫生医疗机构对口支援关系建议方案。制定并出台了《援疆干部职级调整及表彰奖励暂行办法》，加强了援疆干部管理工作。

【重点项目介绍】 2004年，新疆重点建设项目进展顺利，全年完成投资312.16亿元。

塔里木农业灌排和环保二期工程、昌吉硫磺沟矿区3号井田开发工程、西气东输工程（新疆段）、阿舍勒铜矿采选工程、国道314线托克逊至和硕段等5个项目建成投产，新疆体育中心的体育馆已交付使用，克拉玛依机场迁建工程由于地质情况发生变化，跑道地基处理增加了工作量，年内未能建成投产。

12个单项和部分投产项目基本完成单项和部分投产任务。其中：新疆优质棉基地建设完成节水灌溉6.67万公顷，新建高新示范区3.33万公顷，完成5个种子基地建设目标；塔里木河近期综合治理工程4个节水灌溉示范区已完工，3个干流枢纽工程已建成，堤防和生态闸堰已完工；新疆节水灌溉工程完成渠道防渗144公里，更新改造井207眼，完成节水灌溉7500公顷；新疆电网联网工程已架设220千伏线路320公里，形成变电容量30万千伏安，库车至阿克苏线全线完工；县城电网建设与改造工程乌鲁木齐东山110千伏变电所已投运，形成变电容量20万千伏安，已架设110千伏线路400公里；新疆“光明工程”完成25瓦光伏发电系统1万套，50瓦光伏发电系统5.5万套；县际公路库车县至拜城线、策勒县至于田县、北屯至布尔津线等5条公路已建成通车；新疆油田勘探开发、塔里木油田勘探开发、吐哈油田勘探开发及中石化西北公司油气勘探开发进展较快，已新增原油产能296万吨；库车俄霍布拉克矿区2号井田开发工程首采工作面已具备生产条件，形成60万吨生产能力。

其他11个续建项目中除昌吉热电厂二期扩建工程由于设备供货时间推迟，调缓了工程进度外，其余10个项目基本完成年度建设计划。其中：库车电厂完成投资20632万元，吐鲁番火电厂完成投资1亿元，奎屯至赛里木湖高等级公路完成投资8亿元，国道314线和硕至库尔勒段完成投资44.5亿元，国道314线托克逊至和硕段完成投资3.4亿元，库尔勒机场迁建工程完成投资1.5亿元，那拉提机场完成投资3000万元，阿克苏华锦化肥有限责任公司年产30万吨合成氨、52万吨尿素项目完成投资2.14亿元。

12个重点新开工项目中已有6项开工建设，预备重点项目有10项开工建设。其中：新开工项目克拉玛依—独山子—乌鲁木齐成品油管道工程已基本建成，“500”水库西延干渠工程完成投资1.5亿元，新疆农产品市场建设项目完成投资6000万元，精伊霍铁路、G312线哈密至吐鲁番段等也实现开工建设目标。预备重点项目世行贷款新疆畜牧发展项目、乌鲁木齐天然气二期工程、乌鲁木齐市南区热网工程、八钢集团公司100万吨焦化厂、新疆联合化工有限责任公司库车4万吨/年聚甲醛项目、天山纺织工业园区建设、新疆国际煤焦化公司百万吨煤焦化出口创汇基地等10个项目已开工建设。

新疆生产建设兵团

【经济与社会发展】　2004年，新疆生产建设兵团（以下简称兵团）国民经济继续保持较快发展。全年GDP达到302.15亿元，同比增长12.2%，其中：第一产业增加值115.13亿元，增长10%；第二产业增加值79.65亿元，增长8.9%；第三产业增加值107.37亿元，增长17%。三次产业对经济增长的贡献率分别为31.1%、20.1%、48.8%。三次产业比重为38.1∶26.4∶35.5。人均GDP为11835元，增长10.8%。

农业实现丰产丰收，棉、果、畜等主要产品产量再创历史新高。全年实现农业总产值239.45亿元，同比增长11.2%。粮食总产量122.2万吨，增长16.4%；棉花产量87.78万吨，增长8.1%；油料产量13.39万吨，下降22.2%；甜菜产量118.41万吨，下降0.6%；蔬菜产量340.43万吨，增长28.5%；水果产量39.03万吨，增长21.6%。全年完成人工造林面积3.8万公顷，下降54.6%，其中退耕还林1.7万公顷，下降65.5%。年末牲畜存栏709.94万头（只），增长14%；肉类产量20.01万吨，增长14.1%；牛奶产量18.18万吨，增长36.3%。农业产业化步伐加快，龙头企业带动作用进一步增强。兵团已有8家全国农业产业化重点龙头企业、21家兵团级农业产业化龙头企业，产业化基地种植面积达1000余万亩，形成了以新农开发、中基、新天、冠农、天康等龙头企业带动下的棉花、番茄、畜产品、香梨等区域化种植、规模化生产、标准化管理、产业化运行的格局，农产品适应市场能力不断提高。

工业发展呈现良好势头。全年实现工业增加值48.86亿元，同比增长9.3%。天业10万吨PVC、青松建化库车日处理1000吨新型干法水泥、冠农果茸果蔬加工4条生产线等一批重大工业项目的建成投产，优化了工业结构。兵团控股涉及工业的10家上市公司，借助资本市场优势，利用兵团和自治区内外资源，已成为或正在成为工业发展的主力军：天业集团已成为全国最大的节水器材生产厂家和兵团聚氯乙烯树脂行业的龙头企业；中基番茄股份公司已成为国内规模最大的番茄制品加工企业；青松建化和伊力特集团已成为新疆水泥行业的重点企业，新农开发、冠农果茸和伊力特集团在发挥自身优势的同时，将生产经营范围拓展到乳制品加工、果蔬汁加工及中药材加工业；新天国际葡萄酒生产规模和葡萄种植规模在国内葡萄酒行业名列前5名；天富电力在发展壮大主业的同时，正筹划涉足煤化工行业；伊力特集团于2003年开始整合兵团糖业，拟发展成为全疆最大的糖业集团；新赛股份正着手整合兵团油脂业；天宏纸业进军棉纺织行业。

建筑业发展较快。全年实现建筑业增加值30.79亿元，同比增长8.3%。完成建筑业总产值93.79亿元，增长13.2%。房屋建筑施工面积873.66万平方米，增长12.9%。

服务业运行情况良好。全年实现社会消费品零售总额81.38亿元，同比增长12.4%，扣除物价因素，实际增长11.6%。金融业实现了较好经营业绩，年末金融机构各项本币存款余额314.8亿元，同比增长17.3%。保险业快速发展，经营区域不断扩大，中华联合财产保险公司业务经营遍及全国22个省、市、自治区，全年保险业务收入65.5亿元，增长1.22倍，总规模居全国财险第4位。

对外贸易增势强劲，全年实现进出口总额19.7亿美元，占自治区的35%，同比增长24.8%。其中：进口11.37亿美元，增长55.9%。旅游业取得突破性进展，保持了快速、有序、健康发展，年内新增国内旅行社22家，年末拥有旅行社59家，全年旅游总收入12.64亿元，增长33%，外汇收入8300万美元，增长17.5%。

固定资产投资规模适度扩大，投资结构进一步改善。全年完成固定资产投资128.99亿元，同比增长6.4%。农业、水利、基础设施、基础产业、生态环境和社会事业继续得到加强。

各项社会事业全面发展，团场面貌和职工群众的生产生活条件得到明显改善。教育事业保持较快发展，又有18个团场通过了“两基”验收，“两基”人口覆盖率达到98%，石河子大学顺利通过国家普通高校基本办学条件评估验收；科研基础设施得到加强，全年投入科技经费总额3391.5万元，同比增长13.1%，卫生事业稳步发展，兵团和14个师疾病控制中心建设项目全部竣工，提高了疾病预防控制、医疗救治和应急处置能力；广电覆盖率和收视质量进一步提高，广播人口覆盖率达到90.8%，电视人口覆盖率达到94.6%，有线电视入户率60%。

【投资环境与利用外资】 兵团制定和发布了《关于进一步加快兵团利用外资，大力开展招商引资工作的意见》，为开展招商引资提供了政策依据。根据《国务院关于投资体制改革的决定》，外商投资项目由审批制改为核准制，环节减少、程序简化，提高了效率。依托石河子经济技术开发区和阿拉尔、图木舒克、五家渠3个城市，积极开展各种招商引资和项目推介活动，加大了对兵团和所属企业的宣传力度，进一步加深了外界对兵团的了解。西部大开发战略的实施，国家加大了西部地区的投资力度，兵团4个城市及小城镇的交通、能源、供水、供热、道路等基础设施逐步改善，招商引资的环境不断优化。行政职能由单纯管理型向服务管理型转变，服务体系已趋向市场化、规范化。软硬环境的改善为外商投资提供了较为和谐宽松的条件。

利用外资规模扩大，效果明显。全年新批外资项目9个，合同外资5039.26万美元，实际利用外资4221.27万美元，同比增长36%。三资企业进出口突破800万美元，创历史新高。农七师与新加坡银桥国际集团合资建设的乳品加工项目已竣工投产。一批投资额较大的项目正在建设，如农八师148团新疆西域股份公司与美国第一国际投资集团合资肉牛项目、新天公司与古巴合资建设的酒店项目、台商在阿拉尔市独资建设的棉纺项目、旺旺集团在石河子开发区独资建设的鲜奶加工项目等。

【重点项目介绍】 塔里木河流域近期综合治理项目：总投资11亿元，本期工程完成投资5.07亿元。共改造干支渠100.2公里，新打井5眼，新建滴灌面积3.4万亩。

青松水泥有限公司新型干法60万吨水泥熟料生产线项目：总投资7400万元，采用V

型选粉机＋辊压机＋球磨机（单磨）半终粉磨圈流系统，年生产水泥60万吨。

天业10万吨聚氯乙烯、8万吨离子膜烧碱生产项目：总体规划为年产20万吨聚氯乙烯树脂，20万吨离子膜烧碱。本期工程总投资3.97亿元，建设年产10万吨聚氯乙烯树脂装置及配套8万吨离子膜烧碱装置。年产各型号高抗冲聚氯乙烯树脂10万吨，离子膜烧碱8万吨。

冠农果蔬加工项目：引总投资1.32亿元，进4条果蔬加工生产线及PET瓶和利乐包生产线各1条，年产PET瓶库尔勒香梨汁饮料3.6万吨，利乐包香梨汁饮料7500吨，浓缩果汁1万吨，果浆4.1万吨，果酱1.9万吨，配套年产生物饲料1.85万吨。

农牧团场农牧工危旧住房改造项目：本期工程共投资11.7亿元，改造农牧职工危旧住房3.4万户，其中边境团场1.28万户。改造面积226.7万平方米。

边境团场连队道路工程：总投资4.4亿元，修建58个边境团场780个连队的道路2340公里。

【经济技术协作与招商引资】　继续实施“走出去”、“引进来”战略，鼓励企业到境外投资建设、承包工程、开展加工贸易等，不断扩大引进外资的力度，对外经济技术合作取得较大成效。承担境外工程项目6个，合同总金额6739万美元。实现境外施工营业额2030万美元。完成国家援外任务5项，援外总金额6050万元人民币。设立驻国外办事机构和公司13家。

招商引资取得新进展，兵地融合经济继续保持良好发展势头。全年兵团与近20个省（区、市）、港台及11个国家和地区开展了经济技术合作，共执行兵团以外合作项目合同515个，投资总规模158.3亿元。其中：当年新签订实施项目424个，投资规模97.1亿元，续建项目91个，投资规模61.2亿元。引进兵团以外项目到位资金52.12亿元。其中：兵地融合项目313个，到位资金16.57亿元；与外省（区、市）合作项目152个，到位资金15.67亿元；与外资及港台合作项目24个，到位资3.52亿元。非国有经济投资活跃，投资总规模达143.2亿元，占经济技术协作项目总投资的90.4%。客方到位资金44.9亿元，占客方到位资金总额的86.2%。

【新疆生产建设兵团农三师】　新疆生产建设兵团农三师（以下简称农三师）师部驻地喀什市，现辖1个县级市—图木舒克市，18个农牧团场，13个工交建商企业和34个行政事业单位。总人口19.4万人，其中少数民族人口9.7万人，占总人口的50%，分布在新疆喀什地区与克孜勒苏柯尔克孜自治州的14个县（市）境内，东西相距408公里，南北相间444公里，全师面积8040平方公里，所在地区北接天山，西连帕米尔高原，南依喀喇昆仑山脉，东临浩瀚的塔克拉玛干沙漠。西南部与吉尔吉斯斯坦、塔吉克斯坦、阿富汗、巴基斯坦、印度等国家接壤。

农三师由小海子垦区、前进垦区、喀什垦区三部分组成，水、土地和野生资源丰富，辖区有可用于生态环境保护的优质荒地667.1万亩，野生甘草30万亩，野生罗布麻15万亩，人工造林12万亩。建有大小水库5座，总库容达8.44亿立方米，可开发利用水面12万亩，可控制灌溉面积150万亩。辖区光热资源条件得天独厚，非常适宜农作物的生长，形成了本地区独特的农产品资源优势，特别适宜于棉花、瓜果蔬菜和甘草的种植。

2004年，全师GDP达到16.11亿元，同比增长15.6%。其中：第一产业增加值9.68亿元，增长11.3%；第二产业增加值2.32亿元，增长4.7%；第三产业增加值4.11亿元，增长31.8%。固定资产投资完成7.2亿元，社会消费品零销总额3.58亿元，进出口总额2228万美元。全师拥有耕地面积114万亩，播种面积121.67万亩。其中：粮食面积18.51万亩，总产6万吨，棉花面积72万亩，总产9.6万吨。经济林木8.5万亩，水果总产5.4万吨，牲畜存栏78.28万头，肉产量1.65

万吨，养殖水面 11.5 万亩，总捕捞量 1011 吨。工业主要产品产量为：供电量 9283 万度，面粉 1.34 万吨，植物油 1.3 万吨，皮棉加工 9.1 万吨，水泥 4.24 万吨。全师个体商业网点 1619 个。

图木舒克市于 2002 年 9 月经国务院批准设立为新疆维吾尔自治区县级直辖市，2003 年 1 月正式挂牌。图木舒克市位于新疆维吾尔自治区西南，天山南麓塔里木盆地西北边缘城镇密集区内，市域东接阿克苏，西联喀什，所在地区有吐尔尕特口岸、红其拉甫口岸、喀什国际航空口岸、卡拉苏口岸、伊尔克什坦口岸等 5 个一类对外开放口岸，是古丝绸之路必经要道。城市东西长 100 公里，南北宽 54 公里，市域面积为 1901 平方公里。辖区内居住着维吾尔族、汉族、回族等 13 个民族，总人口 14 万人，少数民族人口占 62%。

图木舒克市地处欧亚大陆腹地，属温带极端干旱的荒漠气候，光照充足、热量丰沛、干燥少雨、无霜期长、昼夜温差较大。辖区主导产业为农业，是国家优质商品棉种植基地。辖区独特的气候条件极适宜长绒棉生长，所产长绒棉单产高，品质好，是精纺高支纱的必需原料。此外，还盛产各类优质特色瓜果。

图木舒克市辖区旅游资源非常丰富。有 4 座古城和古屯田遗址等多处历史文化景点，有西北地区最大平原水库——小海子水库，库容 7 亿立方米。位于小海子水库东岸的“西海湾”是天然的淡水浴场，已建起占地 6000 余亩的人工种植园，使游区锦上添花，叶尔羌河两岸的原始胡杨林四季如画，绿洲东缘浩瀚无垠的塔克拉玛干大沙漠回响着远古驼铃的遗韵。

图木舒克市 2004 年 GDP 完成 9.25 亿元，同比增长 11.2%。其中：第一产业增加值 6.45 亿元，增长 10.7%，第二产业增加值 1.62 亿元，增长 6.6%。第三产业增加值 1.18 亿元，增长 21.4%。主要农产品为棉花和小麦，特色农产品有贡梨、葡萄、杏干、雪蟹等，主要工业品有棉纱、水泥、塑料制品、食用植物油和甘草膏等。

【新疆生产建设兵团农十三师】 新疆生产建设兵团农十三师（以下简称农十三师）地处哈密地区境内，原为哈密农场管理局，2001 年 1 月，经中央批准升格为农业建设第十三师，师部设在哈密市，现辖 11 个农牧团场，20 家独立核算的国有独资、控股企业和 20 多个事业单位。现有总人口 7.8 万人，其中少数民族人口占 21%，职工 2.1 万人。全师规划土地总面积 1497 万亩，可开发面积 167 万亩，已开发面积 50 多万亩。

农十三师南北宽 270 公里，东西长 297 公里。兰新铁路、国道 312 线横贯东西，是连接全国和亚欧大陆的重要枢纽，地域、资源、交通是发展经济的三大优势，具有得天独厚的发展一、二、三产业的条件，投资环境良好。

哈密地区位于亚欧大陆腹心，属典型的大陆性气候，夏季高温少雨，冬季寒冷干燥，蒸发量大，春季冷暖多变，秋季降温迅速，昼夜温差大，光照时间长，天山南北气温差鲜明。由于地理及地貌特点，使它成为亚洲最干旱的地区之一。农十三师可分为 3 个气候区：哈密盆地温和干旱气候区、巴里坤山间盆地冷凉干旱区、淖毛湖戈壁平原温暖带干旱区。哈密垦区全年降水量在 200 毫米以上。

农十三师具有发展特色经济得天独厚的优势和基础，兵团党委把该师定位为兵团的特色经济区。按照建成“特色园林师”、“特色矿产师”的要求，加快实施“北畜粮、南园棉”和重点发展矿业的调整战略。全师园艺总面积已达 12.5 万亩。其中葡萄面积 8 万多亩，哈密大枣 4 万多亩。以棉花、葡萄、大枣、晚熟哈密瓜为特色的大农业格局已初步形成。

农十三师矿产资源丰富，已查明的矿产资源有铜、镍、铁、锌、金、钼、煤、硅、石材等 20 多种，其中铜镍矿、铁矿、煤矿已具备做大做强的基础，其他矿产正待开发。经过几年的努力，农十三师工业基本形成了“金属矿业、煤炭工业、化工工业、支农工业、建材工业和农副产品加工业”六大产业为支撑的“六条龙”工业体系。

省会城市篇

太　原　市

【经济与社会发展】　2004年，太原市经济平稳增长，全年GDP达到643.09亿元，同比增长15.7%。其中：第一产业增加值增长1.4%，第二产业增加值增长19.8%，第三产业增加值增长12.4%。呈现为第二产业领先、第三产业较快增长的经济运行格局。

工业经济持续增长，薄弱环节得到加强。全市规模以上工业增加值完成230.11亿元，同比增长24%，增幅回落5.4个百分点。全市35个工业行业大类中有28个行业增长，占80%，增速最快的是通信设备和计算机制造业，达到1.38倍。产品创新能力进一步提高，新产品产值达116.56亿元，增长56.1%。工业经济效益综合指数突破100，达到131.63；盈亏相抵后实现利润33.19亿元，增长128.2%；利税总额83.45亿元，增长70%。改造提升传统产业，更新改造投资增长50.3%，占固定资产投资的比重达到33.6%。放手发展新兴产业，不锈钢加工、电子信息、生物制药、新材料、精细化工等五大新兴产业增加值增长43.8%，高于全市19.8个百分点。高新区、经济区、民营区工业增加值分别增长51.2%、93.1%和112%。个体私营企业纳税增长56%，民营经济占全市生产总值的比重提高，达到38.9%。县区民营经济比重上升到80%以上，6户民营企业进入全国民营企业500强。

全年完成全社会固定资产投资335.12亿元，同比增长63.9%。其中：基本建设投资119.06亿元，增长59.6%；更新改造投资100.48亿元，增长50.3%；房地产开发投资62.84亿元，增长47.5%；其他投资52.74亿元，增长158.5%。

全市深入开展焦化行业专项清理整顿，推平土焦坑2715个，清理已投产和在建项目57个，关闭小机焦12个，压缩生产规模123万吨。淘汰落后生产能力，取缔关闭小企业和落后生产设施447个。

内外贸易保持增长，旅游市场明显回升。在消费需求不断回升的带动下，消费品零售市场保持了快速增长的趋势。全年实现社会消费品零售总额226.34亿元，同比增长22.1%，增速提高4.3个百分点。城市消费品零售总额增长23%，县及县以下零售额分别增长32.1%和1.3%。全年外贸进出口总额（海关口径）增长69.3%。其中：出口增长73.3%，进口增长56.9%。全年接待海内外游客增长45.3%。其中：国内游客增长45%；海外游客增长147.8%。全年旅游总收入增长55.7%。其中：国内旅游收入增长53.3%；旅游外汇收入增长115.6%。

财政收入大幅增长，重点支出得到有效保证。全年财政收入规模扩大，县域财政发展迅速，财政平衡能力显著提高，各级财政强化公共财政重点支出保障力度，促进了各项事业发展。全市财政总收入突破百亿元大关，达到120.17亿元，一般预算收入完成42.64亿元。县级财政总收入增速高于市级29.1个百分点，成为推动全市财政增收的重要动力。全市一般预算支出执行57.19亿元，增长33.7%。

【投资环境与利用外资】　2004年，全市利用外资工作紧紧围绕率先发展第一要务和调整产业结构这条主线，采取有效措施，开展多层次、多形式的招商引资活动，加大利用外国政府和国际金融组织贷款力度，积极引导外资投向，进一步扩大外商投资领域，努力提高利用外资的质量和效益，为全市的经济发展和社会进步做出了应有的贡献。

全年新批外商投资企业 27 户，其中合资 12 户，合作 4 户，独资 11 户；投资总额 3.74 亿美元，同比增长 42.7%；合同利用外资 1.6 亿美元，增长 17.3%；实际利用外资 1.43 亿美元，增长 20%。累计批准外商投资企业 1075 户，投资总额为 50.19 亿美元，合同外资 18.42 亿美元。组织企业参加了“第八届中国东西部（西安）合作与投资贸易洽谈会”、“第十五届中国哈尔滨经济贸易洽谈会”、“第八届中国投资贸易洽谈会”、“第六届中国国际高新技术成果交易会”和“2004 年山西投资贸易洽谈会”，共签约外资项目 36 个，签约引进合同外资 4.11 亿美元，协议外资 2.61 亿美元，意向外资 2000 万美元。

全市列入国家备选和对外谈判的主要项目有：太原市热力公司利用加拿大政府贷款建设城南区域供热工程，总投资 1.36 亿元。其中借用外资 498 万美元，已签订正式贷款协议。太原市公安局消防支队利用奥地利政府贷款购置消防设备项目，总投资 1743 万元。其中借用外资 198 万美元，已签订正式贷款协议，设备招投标工作已完成。利用亚洲开发银行建设太原城市煤气工程项目，总投资 11.18 亿元，其中借用外资 6940 万美元，全部工程已竣工。

已上报国家和山西省待批的项目主要有：利用日元贷款建设太原公共卫生基础设施项目和清徐县人民医院借用国外贷款引进医疗设备项目，总投资 1.06 亿元。其中借用外资 1240 万美元。

正在上报的项目主要有：太原市中心医院利用西班牙政府贷款购置医疗设备和山西韦仑装饰材料有限公司利用北欧投资银行贷款建设年产 52 万立方米新型实木复合地板项目，总投资 9100 万元。其中借用外资 873 万美元。

正在积极开展前期工作的主要有：利用世界银行贷款建设太原城市基础设施项目，总投资 26.92 亿元。其中借用外资 1.5 亿美元。借用国外贷款实际到位资金 5565 万美元。

2004 年全市利用外资的主要特点：

外商投资项目增资明显。原批准的外商投资企业增资数额较大。原批准企业外商追加投资 4130.13 万美元，占合同利用外资额的 38.8%。台湾富士康集团生产新型合金材料项目增资 2380 万美元；太原东大房地产开发有限公司合资方香港东大国际贸易公司增资 1036.8 万美元；英国泽西矿产加工有限公司增资 376.7 万美元。

外商投资项目范围广泛，重大项目势头不减。全市加大了调整产业结构的步伐，注重对外商投资领域的引导，使利用外资的范围与规模有了较大幅度的扩大。外商投资项目涉及农业、制造业、交通运输业、餐饮业、制药业、科学研究和综合技术服务业七大行业。新批外商企业总投资在 1000 万美元以上的项目有 6 户，占项目总数的 28.6%；合同利用外资 4809.7 万美元，占全市合同利用外资的 45.1%。其中最大的项目是台湾富士康集团在经济区富士康工业园继续投资新设立的“富晋康精密工业（太原）有限公司”，总投资 2980 万美元，合同外资 1200 万美元。

投资的国家和地区进一步增加。2004 年，来太原投资的外商主要来自澳门、美国、英国、巴西、德国、马来西亚、匈牙利、加拿大、巴哈马共同体、维尔京群岛、等 12 个国家和地区。其中巴西与迎泽区金子电器经销部合资兴办的“太原市美拉餐饮有限公司”巴西烧烤项目，是近年来在太原成立的第二个南美地区投资项目，全市的对外宣传初见成效，知名度进一步提高。

外商投资国家鼓励类项目和高新技术项目占主导地位。在新批的 27 户企业中，符合国家《外商投资产业指导目录》的鼓励类项目和高新技术项目有 17 户，占到项目总数的 62.9%，项目涉及计算机软件及网络防火墙的研发，电气仪表自动化及网络组件生产项目，水果、蔬菜保鲜项目，新型合金材料生产项目，高能射线辐射技术推广应用项目等。表明外商投资战略逐步与我国的产业政策相融合，投资领域由过去的劳动密集型向技术密集型转变，对全市产业结构调整具有重要的意义。

利用国外贷款领域扩大。随着全市经济发展水平的提高，利用国外贷款的重点已逐步由生产型企业向基础设施、环境保护、公共卫生建设方面转移。年内所申报和签约的利用国外贷款项目，全部属于这些领域。在积极利用国外贷款的同时，大胆探索新的融资领域，一些市政项目正在探讨采取 BOT 方式进行建设。同时，积极争取外国政府对改善生态环境、防止大气污染项目的赠款，与意大利环境和国土部达成初步意向，争取意大利政府赠款 250 万欧元用于能源结构优化和交通污染治理项目的研究，这些项目的实施必将对进一步提高人民的生活质量、改善城市基础设施、提高医疗装备和水平，促进社会的进步发挥重要的作用。

【重点项目介绍】 国家、省属重点项目。黄河水源太原城市供水工程、太原西北环高速公路、山西博物馆已基本建成。古交发电厂 2 万千瓦煤矸石机组、太钢 40 万吨不锈钢冷轧薄板工程、太钢集团 150 万吨不锈钢扩建工程和太原卷烟厂扩产改造项目进展顺利。

市属重点项目。按原定计划已完工或基本完工 12 项，分别是：滨河东路北延工程、新城大街迎新南三巷、北涧河治理动物园段、新兰路、学府街道路工程、动物园一期完善、玉门河综合治理工程、城南热源厂一期工程、北沙河治理美化续建工程、儿童公 园综合改造工程、兴华街道路工程、西北环连接线罗城段、神堂沟段、冶峪段、南寒段已完工通车。

呼和浩特市

【经济与社会发展】 2004 年，呼和浩特市（以下简称呼市）经济持续快速发展，综合经济实力大幅度跃升，全年 GDP 突破 600 亿元，同比增长 40%；规模以上工业实现增加值 120.1 亿元，增长 38.2%；完成城镇以上固定资产投资 285 亿元，增长 58.2%；实现社会消费品零售额 156.5 亿元，增长 27.2%；完成财政总收入 60.9 亿元，增长 50.4%；城市居民人均可支配收入达到 10166 元，增长 23.5%；农民人均纯收入达到 4005 元，增长 26.4%。

呼市经济发展正处于快速增长期的上升阶段。2001 年至 2004 年，呼市经济增长速度连续 4 年位居全国 27 个省会城市第一，年均递增 31%，呈现出工业化中期经济加速度发展的显著特征。4 年中，累计创造了 1500 多亿元的经济总量，是“九五”期间全市经济总量的 2.2 倍；累计实现财政收入 154.6 亿元，是“九五”期间全市财政收入的 1.8 倍；城镇以上固定资产投资累计完成 678.6 亿元，是建国到 2001 年 50 多年投资总量的 1.8 倍。

经过几年的培育发展，乳业、电力、IT 业、生物制药、冶金化工等具有呼市特色、核心竞争优势较强的支柱产业初步形成。乳业：以伊利、蒙牛两大龙头企业为依托，带动了奶牛养殖业的快速发展。2004 年，全市奶牛存栏突破 50 万头，鲜奶产量达到 159 万吨，基本建成了全国最大的乳业基地”。电力：以大唐托电为重点的电力建设快速发展，已经建成和正在建设的电力项目总装机容量接近 720 万千瓦，加上 2005 年新开工项目，到 2007 年，全市电力总装机容量可达到 1000 万千瓦，将成为全国地级市中最大的火力发电基地。IT 业：已经引进了 TCL、汉鼎光电、创维、斯维特等一批大企业集团，初步形成了IT制造业在呼市的聚集效应。生物制药：一批投资强度大、技术含量高的生物制药项目相继建成，石家庄制药集团年产1万吨青霉素项目已经投产，第二条万吨青霉素生产线2005年也将建成投产，产量占全世界的1/3；华蒙金河的饲用金霉素产量已占全世界的70%。经过几年的努力，呼市将成为我国北方地区重要的生物发酵制药基地。冶金化工：托克托县和武川县的150万吨不锈钢项目和高铝粉煤灰项目已启动建设；炼油厂和化工厂的扩产、改造正在分期推进；一批以煤化工为重点的重化工项目，正在开展前期工作。

呼市坚持统筹经济社会发展，不断加大投入力度，促进了教育、科技、文化、卫生等各项社会事业的全面发展，社会保障体系建设进一步加强，各项保险覆盖面不断扩大，“两个确保”得到切实巩固。全年用于农村、社会保障、教育的财政支出比上年分别增长51.4%、100.9%和25.4%，占财政总支出的比重达到20%。

【投资环境与招商引资】 呼市地理位置优越，东距首都北京490公里，北距二连浩特内陆口岸490公里，西至草原钢城包头150公里，西南100多公里是煤炭和天然气基地鄂尔多斯。呼市是北方重要的商贸中心和向北开放的前沿阵地，是我国陆上、空中通往蒙古国、俄罗斯及东欧诸国的重要桥梁。京兰铁路、京兰高速公路、110国道、209国道横贯全市，成为沟通北京，通往大西北的主要通道。同时，还是内蒙古中西部地区幅射冀、晋、陕部分地区面向全国和世界市场的重要商业流通中心。

呼市集中了众多大中专院校和科研院所，各类人才聚集。现有各类科研院所124所，高校8所，中专34所。专业涉及农牧林水、化工、电力、冶金、电子信息以及社会科学等各个领域。全市有各类专业科技人员9万余名，每千名职工中拥有自然科技人员117.6人。

呼市地域辽阔，山川河湖兼具，矿产资源及物产资源丰富。主要矿产有石灰岩、大理石、高岭土、陶土、煤、石墨、黄金、铁、铜、锌、镁等上百种。农业盛产小麦、玉米、胡麻、燕麦、荞麦、小杂粮、马铃薯等，皮毛、肉、乳、药材等农畜土特产资源也极为丰富，传统种植药材有党参、枸杞、黄芪、甘草等。此外，呼市土地资源和电力资源丰富，亚洲最大的火力发电厂—装机容量达1080万千瓦的托克托电厂被誉为“北方火电三峡”，为高载能企业的发展提供了充裕的电力。

呼市现有10个各具特色的开发区和工业园区。其中，呼和浩特经济技术开发区和呼和浩特出口加工区为国家级开发区。开发区内完善的基础设施以及优质的管理和服务，为各类企业的入驻和发展提供了保障。

作为少数民族首府城市和沿边开放的城市，呼市享有中央赋予的特殊优惠政策。近年来，市人民政府相继出台了《呼和浩特实施西部大开发战略优惠政策》、《呼市引进高层次优秀人才的若干规定》等多项优惠政策。此外，市政府还在维护市场秩序，提高办事效率，扶持“三资”企业、横联企业发展壮大方面制定了一系列政策措施。

2004年，呼市招商引资工作取得了前所未有的丰硕成果。全年签订利用国外资金项目50个，比上年增长8.7%，合同外资总额2.86亿美元，增长1.25倍，外方资金实际到位2.39亿美元，同比增长1.27倍。落实内资招商引资项目479项，引进国内资金152.41亿元，增长46%。其中引进区外项目169项，到位资金85.78亿元，增长27.57%。在区外招商项目中，投资总额5000万元以上的项目达到34项，到位资金30.57亿元。2004年的招商引资额是2001年的5倍，4年累计引资超过366.3亿元，占同一时期全社会固定资产投资的49%。招商引资的强有力推动有效缓解了呼市经济发展的资金制约，培植了一批新的经济增长点，促进了经济的快速发展和社会的全面进步，为呼市经济改革、发展和稳定做出了重要贡献。

农业以产业化为主线，着力发展乳业、专

用玉米、马铃薯、蔬菜、肉类、牧草六大主导产业。引进了总投资5800万元的西部奶牛良种繁育中心项目；总投资8亿元的奶牛养殖产业化经营项目；总投资6500万元的占地3000亩、年产2万吨的菊芋种植项目；总投资3000万元的占地5000亩生物科技园区项目；总投资6500万元的内蒙古立凯农业种植场项目。

工业以培育壮大乳业、电子信息、电力、生物制药、冶金化工五大产业集群为基础，经过一年的实践，引资针对性和目的性明显增强，五大支柱产业的产业链进一步拓展，产业集群效果正在形成。最具代表性的是引进了投资在5000万元的年处理鲜奶70万吨的工业园区；引进了投资6亿元的锂电池生产和液晶显示器生产线项目以及投资超过3亿元的台湾汉鼎光电项目；引进了总投资10亿元的北方药都项目、总投资8.56亿元的青霉素生产项目；引进了总投资1.2亿元、年产1万两黄金生产线项目以及投资27亿元的特种钢生产项目等。

服务业重点发展现代物流、信息服务、商业贸易和会展旅游等产业，拥有首府区位优势的新城区引进了年到位资金3500万元、总投资2.2亿元的家世界购物广场；年到位资金5000万元、总投资11亿元的兴盛鼎都市帝苑项目。老城区回民区以中山路为轴心建设的首府商业中心日趋完善，总投资2.5亿元、年到位资金1亿元的巴黎广场项目，总投资4.5亿元、年到位资金2.2亿元的首府广场等一系列项目的建设、建成，最终形成从东至西的城市商业拓展轴。这些项目的引进和建设使呼市产业结构日趋合理，投资环境彰显独特魅力。

【重点项目介绍】 2004年，呼市城市建设取得新进展，城市面貌进一步改善。共拓宽改造道路16条，新增道路面积203万平方米。综合整治小街巷70多条，其中新建小街巷27条。

退耕还林工程：建设规模为80万亩，总投资11.06亿元，已完成投资4.16亿。哈拉沁水库：库容6800万立方米，总投资1.46亿元，已完成投资5100万元。牧草园区：投资2亿元，建设牧草园区50个。

内蒙古师范大学和林分校一期工程：总投资3亿元，建筑面积6.6万平方米，已基本完成。内蒙古医学院附属医院病房楼：总投资2.6亿元，已基本完成。

土默特左旗白石头沟生态旅游项目：占地28平方公里，计划投资1.2亿元，2004年开工，当年完成投资1000万元。大青山太伟休闲渡假村项目：项目占地3065亩，计划投资5亿元，已完成投资2.2亿元。

机场路项目：高速公路11公里、二级公路13.6公里，计划投资4.34亿元，已完成投资3.45亿元。国道209清水河至偏关段：51公里一级一幅公路，计划投资3.1亿元，已完成投资1.77亿元。省道103呼市至蒲滩拐段：高速公路64公里、一级公路11公里，计划投资16亿元，已完成投资1亿元。

长 春 市

【经济与社会发展】 2004年，长春市经济快速发展，全年GDP达到1535亿元，同比增长13.5%。其中：第一产业增加值169亿元，增长8%；第二产业增加值742亿元，增长15.5%；第三产业增加值625亿元，增长13%。全年完成一般预算全口径财政收入

149.8亿元，增长11.1%。市本级全口径财政收入75.8亿元，增长20.5%。地方财政支出100.8亿元，增长17.4%。市本级财政支出47亿元，增长13.2%。全年完成固定资产投资总额46亿元，同比增长18%。全年建成投产基本建设、更新改造投资项目232个，新增固定资产270.5亿元。

全年完成农林牧渔业总产值281.5亿元，同比增长8.4%。种植业结构进一步调整，全年粮食作物播种面积101.2万公顷，比上年增加10.1%。经济作物播种面积减少28.2%，优质专用玉米、大豆、水稻播种面积95.1万公顷，占粮食作物播种面积的94%。菜田面积发展到10.3万公顷，保护地面积1.2万公顷。全年粮食总产量801.1万吨，比上年增加130万吨。畜禽产品产量全面增长，全年畜牧业产值152.2亿元，肉类总产量157.8万吨，增长6.4%。猪、牛、鸡良种覆盖率分别为75%、62%和98%。全市完成造林面积5254公顷。完成新育苗面积951公顷。农业产业化龙头项目建设进展顺利，全市新建续建投资规模亿元以上农产品加工业重点项目10个，计划总投资70.6亿元。

工业经济整体素质和市场竞争能力进一步增强。工业生产运行继续保持良好的增长态势。全年完成工业增加值635亿元，同比增长14.7%。其中：规模以上工业企业完成增加值508.1亿元，增长15.5%。工业经济效益综合指数176.8。规模以上工业企业盈亏相抵后实现利润72.2亿元。工业经济结构进一步优化，重点行业和重点企业的支撑作用不断增强。汽车及零部件、食品、光电子信息、生物与医药四个主导行业完成工业总产值1526.5亿元，增长11.2%。新产品开发能力不断增强。全年完成新产品产值913.6亿元，增长13.1%，新产品产值率达到53.4%。全年建筑业完成增加值107亿元，同比增长20%。完成总产值224.8亿元，增长18.1%，实现利税6.3亿元，上升37.9%。

全年实现社会消费品零售总额495.3亿元，同比增长13%。居民消费价格总指数为104.1%，比上年上升4.1%。市场建设步伐加快。各类商品交易市场已发展到163个。大型市场的主导地位越来越明显，40个亿元市场全年实现交易额245.4亿元，占批零贸易业商品销售总额的34%。

全年实现进出口总额53.2亿美元，同比增长2.4%。其中：进口44.9亿美元，增长24%；出口8.3亿美元，下降47.5%。对外承包工程与劳务合作继续展开。全年新签对外承包和劳务合作合同金额2.5亿美元，完成营业额1.5亿美元，外派劳务人员1.4万人。

全年接待旅游者1108万人次。其中：入境游客8.3万人次，增长26%；国内游客1100万人次，增长6.6%。实现旅游总收入96.7亿元，增长16.5%。旅游外汇收入4295万美元，增长17%。

全年铁路及公路完成货物周转量432.8亿吨公里，比上年增长18.7%。完成旅客周转量为132亿人公里，增长24.5%。民航完成货邮吞吐量3.2万吨，增长6.2%；完成旅客吞吐量210.3万人，增长18.8%。

邮电通信事业持续快速发展，现代化通信能力迅速提高。全年完成邮电业务收入36.6亿元，同比增长8.5%。全市电话交换机容量达224万门，增长15.8%；有市话用户145.9万户，增长24.8%；农话用户33.1万户，增长24%；移动电话用户349.1万户，增长24.8%；互联网用户16.1万户，增长52.1%。

年末全市金融机构本外币各项存款余额1834.6亿元，比年初增长8.4%。各项贷款余额1889.8亿元，增长15.3%。金融机构现金累计收入4774.4亿元，增长13.1%；现金支出4701.7亿元，增长13%；现金净回笼72.7亿元。全年保险业承保总额2679.4亿元，增长8.6%。全年赔付5.8亿元，增长3.1%。

全年列入市级以上各类科技发展计划637项。其中国家级计划项目120项，省级计划项目227项。专利授权量大幅增长，全年专利授权1277件，增长63%。全年通过鉴定、验收和认定的科技成果234项，获得市以上科技进步奖励成果102项。其中获国家级奖励1项，省级奖励101项。

教育整体水平得到进一步提升，全市有普通全日制高等院校27所，共招收本、专科生7.8万人，在校生26.1万人；有各类成人高等学校10所，共招收本、专科学生5万人，在校生8.1万人；有中等职业技术学校53所。在校生5.3万人；有普通中学377所，在校生46.6万人；有小学1772所，在校生50.5万人，小学适龄儿童入学率达99.9%。

全市有电影事业机构374个，文体事业机构194个，公共图书馆11个，群众文化事业机构140个，文化市场管理机构11个，其他文化事业机构14个；文物事业机构7个；国家档案馆12个。长春电影制片厂全年共生产故事片14部，译制片8部，科教片7部。全市有广播电台5座，节目8套，中波发射台2座，广播人口覆盖率为100%；电视台6座，节目10套，电视人口覆盖率为100%。

全市卫生医疗机构已发展到1642个，拥有医疗、疗养床位2.3万张，卫生技术人员为3.4万人。农村设村卫生室1926个，乡村医生和卫生员3992人，私营诊所发展到1045个。每千人拥有执业医师或执业助理医师2.1人。已建立社区卫生服务站166个，社区服务覆盖人口达到90%以上，建立家庭病床1383张。

体育事业蓬勃发展，群众体育取得新进展。全市行政区域内共有体育设施1772个。竞技体育成绩优异。在全国年度比赛中，长春运动员获得金牌54枚、银牌60枚、铜牌56枚。

全年开发各类用工岗位9.9万个，安置下岗失业人员实现再就业6.5万人，再就业政策扶持到位率达到100%。共有12735名“4050”人员实现再就业，城镇登记失业率为3.96%。全市从业人员376.1万人，在岗职工平均货币工资15722元，同比增长13.4%。

人民生活继续改善。城市居民人均可支配收入8900元，增长12.6%，人均消费性支出7539元，增长12.1%。农村居民人均纯收入3906元，增长14.5%。城乡居民消费结构发生较大变化，城市恩格尔系数为37.3%，农村恩格尔系数为46.1%。

【投资环境与招商引资】 长春市是东北地区重要的交通和通讯枢纽，铁路贯通东西南北，公路四通八达。长春机场是国际航空港，已开通国内外航线40条。邮政通讯设施完善，信息网络出口带宽达到20G。长春城市环境优美，城市绿化覆盖率达到38.7%，居全国前列。在世界银行组织的2003年全球投资环境评价中，长春市被评为中国大陆投资环境最好的城市之一。

长春是东北老工业基地调整改造的重要中心城市。现已形成以汽车及零部件、食品、光电信息、生物与医药4个主导行业为支撑的工业体系。在高新技术产业发展方面也具有一定的比较优势，围绕光电子、微电子、软件及信息服务、现代医药、玉米深加工、绿色食品、汽车、新材料等8个重点行业，培育了一批具有较强竞争能力的高新技术企业。

长春市有独立科研与技术开发机构98个，国家重点科研开放实验室19个，中国科学院和工程院士26名，各类科研技术人员41万人。在光学、精密仪器、生物制品、汽车等方面的研究居国内领先地位。拥有著名的中国科学院长春应用化学研究所、长春光机与物理研究所、长春地理研究所、卫生部长春生物制品研究所和吉林大学等27所大学。

长春市已基本形成了以开发区为龙头，全方位、多层次、宽领域的对外开放格局，拥有高新技术产业开发区和经济技术开发区两个国家级开发区；拥有长春净月潭森林旅游开发区、长春汽车经济贸易开发区、长江路电脑科技产品经营开发区、长春工业经济开发区等11个省级开发区，分别享受国家和省级开发区优惠政策。

2004年，长春市招商引资成效显著。全

年新批三资项目132个，其中投资总额超千万美元项目46个。全年实际利用外资9亿美元，同比增长20.1%。其中，直接利用外资3亿美元，增长74.4%。

【重点项目介绍】 2004年，长春市重点基本建设项目共计55项，总投资353.21亿元，当年完成投资63.71亿元。续建项目、新开工项目和预备项目分别为26项、23项和6项。

吉林省伪满皇宫博物院伪满皇宫恢复保护工程：占地面积15.8公顷，建筑面积30819.94平方米，总投资24124万元。

长春一汽四环汽车制品有限公司转向泵项目：年产6万只汽车消声器，10万辆份悬浮式锁止机构，25万台中重型车转向泵技术改造，总投资1.12亿元。

吉林大学通源生物工程有限公司干细胞工程技术研究中心一期工程：年产干细胞系列产品50万人份，总投资21750万元；中国生物技术集团公司长春生物制品研究所CHO乙肝基因工程疫苗产业化项目：年产3000万人份CHO乙肝疫苗，总投资1.8亿元；长春长生生物科技股份有限公司流行性感冒病毒灭活裂解疫苗产业化项目：年产2000万支流行性感冒灭活裂解疫苗，总投资2亿元。

【老工业基地振兴】 长春市于2004年2月出台了《长春市老工业基地调整和改造规划纲要》，明确了未来8年长春市老工业基地振兴的总体思路、目标和主要任务。

总体思路：以全面建设小康社会为总目标，以工业振兴为龙头，以体制改革、结构调整、科技创新为动力，集中力量建设现代制造业中心、区域性物流中心和科教文化中心“三大中心”，发展汽车、食品、光电子信息、生物与医药“四大主导行业”，实施依法治市、科教兴市、开发带动、县域突破和可持续发展“五大战略”，经过5至10年的不懈努力，把长春建设成技术先进、结构合理、功能完善、特色鲜明、竞争力强的新型产业基地。到2010年，基本完成长春老工业基地调整和改造的历史性任务，使长春成为吉林乃至东北地区的重要增长极。

主要任务：即“改制、开放、放开、环境、协调”。“改制”，就是改革现有的国有企业，甩掉包袱，轻装前进。“开放”，就是要扩大对内对外开放，引进一批有实力的外资或民营企业，形成全方位的开放格局。“放开”，就是放开民营经济加快发展的手脚，使民营经济的比例稳步提高，最后成为振兴老工业基地的主力军。“环境”，要通过政府职能转变，把政府经济工作的着力点，转到营造创业、发展的良好环境上来。“协调”，就是坚持以人为本，人与自然要协调发展，经济社会要协调发展，城市农村也要协调发展。

围绕振兴的总体思路和目标，长春把国企业改革和项目建设作为振兴老工业基地的突出任务。国企改革迈出了实质性步伐，到年末，全市已经有375户国有企业完成了各种形式的改革，盘活有效资产120.5亿元，妥善安置职工15.5万人。全年有91户国企基本完成改制，1.9万名职工理顺了劳动关系。

振兴老工业基地必须以项目为载体，2004年全市新建续建3000万元以上投资项目308个，其中超过10亿元的21个。一批骨干项目部分或全部建成投产，汽车、农产品等重点产业生产和加工能力大幅度提高。争取国债项目取得明显成效，21个工业项目和18个高技术项目列入国家计划，总投资128.7亿元。

积极打造新的项目载体，长春光电子国家产业基地正式得到批准，国家汽车零部件出口基地和长春生物医药国家高技术产业基地申报工作进展顺利。

科技创新体系步伐加快，加强了应用研究，积极实施“振兴长春老工业基地科技攻关”等政府引导计划，重点扶持了68个高技术项目。中俄暨独联体科技合作基地正式通过国家审批。

哈尔滨市

【经济与社会发展】 2004年，哈尔滨市经济快速发展，全年GDP达到1680.5亿元，同比增长14.7%。其中：第一产业增加值275.6亿元，增长10.5%；第二产业增加值630亿元，增长19.9%；第三产业增加值761.9亿元，增长12.1%。全口径财政一般预算收入完成161.4亿元，增长19.3%。

农业和农村经济发展加快，农业与养殖业生产实现“主辅换位”。全年完成农林牧渔业总产值399.8亿元，同比增长11.5%。种植业结构有所变化，优质农作物播种面积继续扩大。农作物优质品种覆盖率已达96%；优质水稻种植面积占其播种面积的98%，优质大豆种植面积占其播种面积的90%；绿色食品种植面积274.3万亩，无公害、绿色食品、有机食品认证达231个。粮食生产创历史最高产量，畜产品产量继续增加。全年粮食总产量88.15亿公斤，增长27.3%。奶牛存栏31.7万头，增长23.7%。肉类总产量65.1万吨，增长11.1%；奶类产量89.2万吨，增长22.7%；禽蛋产量30.3万吨，增长0.1%。水产品产量8.5万吨，增长3%。

工业结构调整成效显著，整体素质进一步改善，保持快速发展势头，工业在国民经济中的主导地位进一步加强。全部工业实现增加值516.6亿元，同比增长20.2%。其中规模以上工业企业实现增加值287亿元，增长24.8%。新产品开发力度加大。全年规模以上工业企业实现新产品产值212.5亿元，增长33.8%。工业经济效益显著提高。规模以上工业经济效益综合指数为115.1，比上年提高10.9个百分点；实现利润24.9亿元，增长25.8%；实现税金55.9亿元，增长12.6%。规模以上工业企业产品销售率为97%，与上年持平。建筑业工程质量不断提高。全年建筑企业实现增加值126.4亿元，同比增长18.5%。实现利润4.6亿元，增长24.3%；税金总额9.0亿元，增长7.1%。

固定资产投资保持较快增长，全年完成全社会固定资产投资532.6亿元，同比增长22.2%。民间投资高速增长。全年民间固定资产投资完成270.2亿元，增长33.1%。全市固定资产新开工项目863个，施工项目1149个，竣工项目767个，新增固定资产246.8亿元。

消费品市场继续保持繁荣活跃，批发零售贸易餐饮业全年实现增加值256.4亿元，同比增长11.9%。完成社会消费品零售总额707.4亿元，增长13.3%。全市拥有各类商品交易市场386个。年成交额超10亿元的市场3个，超亿元的25个。

交通运输邮电业保持稳定增长，全年实现增加值142亿元，同比增长11.1%。交通网络进一步完善，综合运输能力不断提高。全年共完成货物运输总量12265万吨，增长12.9%。全年共完成旅客运输总量7318万人次，增长9.4%。哈尔滨太平国际机场（国际、国内）全年共起降航班26540架次，增长20.2%，进出港旅客272.6万人次，增长26.9%。邮电通信业发展迅速，互联网用户增势强劲。全市完成邮政业务总量6.03亿元，增长9.6%。

金融保险服务功能进一步强化，全年金融保险业实现增加值61.3亿元，同比增长9%。金融业稳健协调运行，金融机构各项存款余额2260.7亿元，当年新增269亿元；金融机构各项贷款余额2113.4亿元，新增213.1亿元。保险事业快速发展。年末全市拥有各类保险机构8家。全年保费收入38.1亿元，增长7.9%。

房地产业持续稳定发展。全年房地产业实现增加值78亿元，同比增长8.9%。全年房地产业完成投资占全市固定资产投资的比重为22.5%。全年商品房施工面积1204.6万平方米，竣工面积510.1万平方米。旅游产业蓬勃发展。全市星级宾馆已达79家，旅行社183家。全市共接待国内外旅游人数1533.4万人次，比上年增长12.8%。对外贸易保持平稳增长态势。全年实现进出口总额21亿美元，同比增长10%。其中：进口12.2亿美元，增长22.4%；出口8.8亿美元，下降3.2%。

实施“科教兴市”战略，以科技进步和创新推动科技事业全面发展。全市现有县以上国有独立研究机构131个，累计建成8家国家级企业技术中心和19家省级企业技术中心。各类教育事业全面发展。全市共有普通高等院校33所（含职业高校），成人高校17所。全年普通高等院校共招收本科、专科学生9.7万人，比上年增长17%；在校学生30.4万人，增长15%。招收研究生1.1万人，毕业研究生5000人。继续加快中小学标准化建设。市区97%的中小学达到了规范化学校标准。全市共有小学2626所，在校学生55.3万人，比上年减少4万人，全市九年义务教育入学率达到97%。普通高中152所，在校学生13.4万人，初中532所，在校学生43.7万人，初中毕业升入高中阶段的比例为42.5%。

文化事业繁荣发展，全市共有专业艺术表演团体（市属，下同）18个，各类电影放映单位55个，文化馆20个，公共图书馆19个，博物馆8个，档案馆21个。

医疗卫生事业稳步发展，城乡医疗卫生条件继续改善。全市共有各类卫生机构1460个，其中医院、卫生院414个，门诊部（所）929所（含个体诊所），疾病预防控制中心（卫生防疫站）23所，妇幼保健机构21所。共有卫生床位3.5万张，卫生技术人员4.1万人。新型农村合作医疗覆盖率达5.2%。

全市共有各类收养性单位256家，床位1.4万张，收养孤、老、残、幼1.2万人。城市居民最低生活保障实现应保尽保，有25.9万人享受城镇最低生活保障。全市2.8万重点优抚对象得到了国家定期抚恤补助。计划生育工作成效显著，人口继续保持低速增长。年末户籍总人口970.23万人，比上年增加15.92万人。

劳动就业人员稳定增加，职工工资增长较快。全市城镇就业人数228.2万人，比上年增长1.2%。全年共发放城镇在岗职工工资229.3亿元，增长12.9%。安置城镇下岗职工和失业人员12.95万人。年末全市登记失业人数9.1万人，减少1.5万人，城镇登记失业率3.8%。

城乡居民收入稳定增长，生活水平进一步提高。城市居民家庭年人均可支配收入8940元，比上年增长13.1%；人均消费支出6896元，增长10.7%。农村居民收入受国家政策影响大幅提高，年人均纯收入3623元，增长23.1%；人均生活费支出2130元，增长5.2%。市区居民恩格尔系数38.9%，上升0.1个百分点；农村居民各项消费支出同比例增长，恩格尔系数48.9%，与上年持平。城乡居民居住条件继续改善。市区人均住房使用面积达15.94平方米，比上年增加0.44平方米；农村居民人均居住面积20.36平方米，增加0.73平方米。

全年市区市政基础设施完成投资36.9亿元。市区路网建设日趋完善，完成了道外十四道街、哈东路、东化工路、革新街、理治街、民益街、河松周边道路等新建、改造工程。实施了中央大街三期、果戈里大街二期、会展中心周边、犹太会堂、松花江风景长廊等环境综合整治项目653个，新建和提档升级街路绿地195条。实施危房棚户改造项目62个，拆迁危房棚户47片，拆迁面积120.8万平方米，3万余户居民住房条件得到改善。

城市公共交通网络和设施不断完善。全市市内公交线路达120条，比上年增加7条。公交车运营车辆3959辆，其中空调大巴320辆。全年更新公交车辆523辆。全年市内公共交通客运量6亿人次，增长7.1%。

生态型园林城市建设步伐加快，城市生态环境不断改善。全年市区新建公共绿地面积311.4万平方米，新增景观绿地285.2万平方米。全年植树152.7万株，栽花铺草145.3万平方米。建成区绿地面积达6847.9万平方米。

环境保护取得显著成效，环境质量稳步提高。全市共有环境监测站19个。市区空气质量好于和达到二级的天数为295天。集中式饮用水水源地水质达标率95.3%。治理超标噪声源989个。建成烟尘控制区225平方公里，环境噪声达标区181平方公里。城市污水集中处理率、城市生活垃圾无害化处理率分别达到32.5%和40%。

【投资环境与招商引资】 有5条国际、国内铁路干线在哈尔滨交汇，7条公路呈放射状从哈尔滨通往全国各地。国际、国内空中航线58条，可办理100多个国家和地区、200多个机场配运业务。哈尔滨港位于松花江水系中心位置，与俄罗斯4个城市直接通航。经江海联运通向日本、朝鲜半岛及东南亚各港口的松花江黄金水道，是目前国内内陆一类开放口岸。

谋划中的“中国黑龙江哈大齐工业走廊哈尔滨段”建设将全面向国际、国内开放。2005年启动，规划辖4块土地，分别确定为江北工业新区、开发区平房工业新区、群力新区和太平空港经济区，总面积192.28平方公里。分为近期、中期、远期三个阶段。近期到2010年，开发建设面积103.48平方公里，其中2005年和2006年两年启动开发53.1平方公里。中期到2015年，开发建设面积达到172.88平方公里。远期到2020年，基本完成“工业走廊”的开发建设任务。重点发展以高新技术为主导的汽车工业、航空航天、机电工业、现代医药工业、环保产业、信息产业、绿色食品工业和现代物流业，着力打造一个新体制、高科技、外向型的新兴工业园区。

利用外资稳步发展，引资渠道进一步拓宽。全年实际利用外资4.05亿美元，其中哈尔滨啤酒有限公司引资1.2亿美元。外商直接投资2.57亿美元，增长13.7%。全年新批外商投资企业118个，总投资15.4亿美元，协议外资金额8.9亿美元，增长1.77倍。至年末，有18家世界500强的跨国公司在哈市投资了19个项目。

【重点项目介绍】 2004年，哈尔滨市重点推进重大项目93项，总投资724亿元。磨盘山水库供水一期工程、沿江生活污水截流及处理工程、太平污水处理厂、供水管网改造工程、三环路工程、江湾分区基础设施工程、向阳生活垃圾处理工程、西南部集中供热工程、哈飞HF3乘用车、涡扇支线飞机、大型燃气轮机、联合循环余热锅炉、阿继交流超高压输变电继电保护设备改造、煤矿安全节能自动化系统、哈空调600兆瓦直冷系统及大型核电空调机组、哈药集团生物工程基地改造、市疾病预防控制中心等项目相继建成。

城市快速轨道交通一期工程、何家沟综合整治工程、松花江越江隧道、道外二十道街跨江大桥及江北联络道路工程、哈轴集团开发生产航空、航天轴承等项目前期工作已经完成。

【老工业基地振兴】 哈尔滨是国家重要的老工业基地城市，在老工业基地振兴中处于重要的战略支撑地位。2004年，规划、储备、申报590项市场潜力大、技术水平高、经济效益好的重点项目，这些项目涉及机械制造业、医药工业、食品工业、高技术产业、石油化工业等9大行业，总投资1240亿元。国家发改委下达的东北老工业基地调整改造第一批国债项目计划中，哈市列入17项，总投资52.56亿元。哈动股份、万宇科技、阿继股份等14个项目开工建设，累计完成投资8.4亿元。国家发改委下达的东北老工业基地调整改造第二批国债项目计划中，列入29个项目，总投资74.8亿元，涉及装备制造、汽车零部件、农产品深加工、医药、化工、冶金、稀土建材等7个行业和企业信息化专项。拟报国家第三批老工业基地调整改造项目，共筛选汇总项目84个，总投资157亿元。

合 肥 市

【经济与社会发展】 2004年，合肥市GDP达到589.7亿元，增长16.2%。其中：第一产业增加值54亿元，增长16.6%；第二产业增加值297.2亿元，增长17.5%；第三产业增加值238.5亿元，增长14.5%。实现财政收入105.4亿元，增长24.9%，其中地方财政收入44.93亿元，增长25.3%。全年完成全社会固定资产投资361.48亿元，同比增长41.7%。城镇居民人均可支配收入8610元，增长10.6%；农民人均纯收入2889元，增长21.2%。

2004年，合肥市认真贯彻落实中央1号文件及一系列支持农业特别是粮食生产的政策措施，极大地调动了广大农民的生产积极性，加之粮食价格上扬、气候条件有利，农业生产出现了多年少有的好形势。种植业生产全面丰收。粮食总产量166.55万吨，同比增长73.1%。其中夏粮15.95万吨，增长59.4%，早稻4.11万吨，增长1.2%，秋粮146.49万吨，增长78.4%。油料产量35.24万吨，增长48.8%；棉花产量1.62万吨，增长35.6%。蔬菜产量69.97万吨，增长15.3%。养殖业稳步增长，全年肉类产量29.68万吨，增长13.4%。水产品产量11.21万吨，增长7.4%。

全年全部工业实现增加值229.41亿元，同比增长16.8%。其中：规模以上工业实现增加值198.46亿元，增长31.5%。优势行业带动作用明显，在全市34个工业行业大类中，有21个行业的增加值实现了增长。工业经济效益继续保持高位运行，规模以上工业企业综合经济效益指数为167.4。产品销售收入627.6亿元，增长24.1%。实现利税58.18亿元，增长3.9%。工业品产销衔接情况良好，全年工业产品销售率为99.2%。建筑业保持快速发展，全年建筑行业实现增加值67.79亿元，增长20.3%，对全市经济增长的贡献率为12.8%。

全年服务业实现增加值238.5亿元，同比增长14.5%。消费市场稳定增长，流通现代化步伐进一步加快。全年实现社会消费品零售总额239.77亿元，增长15.6%。金融保险、旅游等新兴服务业发展迅速，对服务业的带动力加大。年末金融机构人民币存款余额1295.96亿元，比上年增加235.7亿元，贷款余额1210.67亿元，增加217.54亿元。旅游业增长较快，全年完成旅游总收入45.11亿元，增长15.9%。全年接待国内外游客621.28万人次，增长12%。

交通和邮电业稳定增长，全年完成交通货运量5767.32万吨，增长24.3%，完成旅客运输量6772.19万人，增长12.2%。邮电通信业发展步伐继续加快。全年邮电部门完成邮电业务收入33.34亿元，增长22.3%。

2004年，合肥市获得“全国科技进步示范市”称号，并被国家科技部批准为全国第一个“国家科技创新型试点市”。全年新培育认定高新技术企业36家、新产品22个，完成高新技术产业技工贸收入341亿元，增长29.8%；成功举办第四届中国·合肥高新技术项目－资本对接会，共签约合作项目85个，总投资85.9亿元，其中引进境内外客商资金46.8亿元，签约项目总投资和引进资金均比上届有较大幅度的增加；进一步推进专利实施战略，全年专利授权量668件，共资助专利申请304项，资助费用35.32万元。

教育事业长足发展，全市有普通高校36所，当年招生7.6万人，在校生20.62万人。中科院合肥分院及高等院校当年共招收博士生、硕士生5885人，在校博士生、硕士生14565人。有各类普通中等专业学校23所，在校生4.72万人；职业中学49所，在校生5.96万人；普通中学261所，在校生31.43万人；小学1178所，在校生38.33万人。初中入学率100%，小学入学率99.5%。成人中等专业学校在校生7758人。

文化事业日益繁荣，举办了“2004年合肥文化项目推介会”；为振兴庐剧，精心组织、演出大型庐剧《李清照》，该剧在安徽省第七届艺术节表演中获得多个奖项；作为全国有线电视试点城市之一，合肥市数字有线电视试点工作有序进行，有线数字电视节目已达83套；全年新建300个行政村甲级广播室，行政村广播通播率达99%，开通了面向农村的电视13频道。

体育事业取得新成绩。成功举办了合肥市第八届运动会，参会运动员7000多人；在首届全省体育大会上合肥市代表团获得金牌、总分两项第一。全民健身运动蓬勃发展，先后举办了合肥市44届元旦越野赛、首届“百大杯”家庭健身运动赛等多项群众喜闻乐见的体育活动，全市中学生体育达标率为90%。

卫生事业不断进步，全市共有卫生机构650个。其中医院、卫生院215个，卫生防疫防治机构10个，妇幼保健院（所、站）9个。医院、卫生院共有床位1.28万张。有专业卫生技术人员1.73万人，其中执业医师和助理医师7215人，注册护士5699人。每千人拥有医生1.64人、拥有医院床位2.9张。

贯彻积极的就业政策，落实各项再就业优惠政策，减免税收和行政性收费2000多万元。加强社会保障体系建设，养老、失业、医疗、工伤、生育保险基金的征缴率均达到90%以上。对关闭破产企业退休人员等困难群体实施基本医疗保障。稳步推进企业退休人员社会化管理，直接纳入社区管理服务率达到61%。启动农村低保试点，实施城区征地转户农民“土地换保障”制度。

积极开展对口帮扶、农村特困户生活救助和“送温暖”活动，3.24万人次得到帮扶和救助，1.4万人实现了脱贫。坚决纠正土地征用、拆迁安置、企业改制重组过程中侵害群众利益的突出问题。

加大污染治理力度，深入开展工业废水专项整治和噪声、烟尘污染防治工作。朱砖井污水处理厂一期工程开始试运行，中水回用工程建成通水。龙泉山生活垃圾处理场正式投入运行。

【投资环境与利用外资】 合肥市投资环境良好，拥有丰富的科技资源和众多的科教人才，现有各类科研单位190多个，各类高等学校53所。有4个国家重点实验室，33个省部级重点实验室。有两院院士27人，各类专业技术人员51万人。

合肥的通讯发达，已开通与世界200多个国家与地区的直通电话，新建住宅小区IP宽带网的普及率已达90%。合肥是全国铁路、公路、航空综合性交通枢纽。淮南铁路、合九铁路、京九铁路、宁西铁路与正在建设的合宁、合武全国第一条城际高速铁路在此交汇，使合肥成为全国重要的铁路交通枢纽。206国道、312国道和合宁、合芜、合徐高速公路等数十条公路干线将合肥造就成安徽及全国公路交通中心。合肥骆岗机场是国际航空备降机场，也是全国主要机场之一，有直达北京、上海、广州、深圳等20余条国内航线，并有直通香港的定期航班。

合肥市高度重视政府自身建设，行政环境

得到进一步改善。深入贯彻《全面推进依法行政实施纲要》和《行政许可法》，取消行政许可项目33项，修改、废止行政规章和规范性文件29件，审批程序进一步简化。快速推进电子政务建设，编制出台全市政务信息处理平台和电子政务专网规划建设方案。

利用外资取得新进展，全年新批外商投资企业101户，实际利用外资3.15亿美元，同比增长21.5%，其中直接利用外资1.83亿美元，增长91%。引进省外资金76亿元，增长43%。开发区和工业园区建设取得可喜成绩，高新、经济、新站3个开发区全年实现GDP177.64亿元，增长28.6%，利用外资和引进省外资金分别占全市总量的63.1%和35.3%。

【重点项目介绍】 2004年，合肥市共安排市重点建设项目44项，全年完成投资51.61亿元。其中重点基本建设项目30项，完成投资42.71亿元；技术改造项目14个，完成投资8.91亿元。在44个重点建设项目中，安徽国际购物中心、国风集团多功能农用薄膜及聚丙稀薄膜、朱砖井污水处理厂一期工程等项目已竣工投产。

重点建设了江淮重卡、昌河轿车、日立建机、国风薄膜塑管、联合利华日化基地、美菱重组扩建等一批支撑性项目。完成了国家科技创新型试点市实施方案等编制工作，启动了科技创新型试点市首批4个项目的建设。

围绕解决老城区行路难、环境差等难点问题，着力推进老城区改造，完成111条小街巷修建整治，改造了4个旧小区、6片危旧房。竣工和在建市区道路21条，开工建设合叶（六安叶集）、合阜（阜阳）高速公路和合宁（南京）、合武（武汉）高速铁路。

增强城市配套服务功能，完成了公交、供水、电力、燃气、供热、邮政、电信等一批设施建设。加快实施园林景观工程，城区新建园林绿地超过1万亩。如期完成逍遥津公园、环城公园、杏花公园二期改造工程，野生动物园猛兽区、生态公园对外开放，三国遗址公园开工建设。

南 昌 市

【经济与社会发展】 2004年，南昌市经济和社会各项事业呈现出全面跃升的喜人形势。全年GDP达到770.46亿元（现价），比上年增长16.5%。其中，第一产业增加值59.4亿元，增长7.1%；第二产业增加值404.1亿元，增长20.5%；第三产业增加值307亿元，增长14.5%。三次产业结构的比例为7.7:52.4:39.9。

农业生产在惠农政策推动下有较快增长。全年完成农业总产值99.1亿元，同比增长7.1%。粮食补贴直接到农户等一系列政策的全面落实，极大地调动了农民的种粮积极性，全年粮食作物播种面积32.8万公顷，比上年增长20.7%；粮食总产量188.9万吨，增长39.4%。种植结构不断调整。全年油料产量7.3万吨，增长6.4%。苗木、果树等经济林发展加快，全年水果产量1.3万吨，增长25.3%，茶叶产量82.2万公斤，增长8.4%。畜牧、水产业生产稳定增长，全年肉类总产量23万吨，增长0.4%；水产品产量27.3万吨，增长5.7%。农业现代化和农村基础设施建设进一步改善。年末全市农业机械化总动力

174.4万千瓦，增长21.3%，全年治理水土流失面积5千公顷，加固病险水库63座，兴建“小山塘”、“小门塘”1000座，完成退田还湖工程43座。年末有效灌溉面积19万公顷，占耕地面积91.4%。

在全力打造现代制造业重要基地政策措施的推动下，工业经济继续保持了强劲的增长势头，全年工业对经济增长的贡献率达42.7%，拉动经济增长7.1个百分点。全年规模以上工业企业完成增加值178.2亿元，同比增长29.6%；实现销售收入566.2亿元，增长35.6%；工业企业经济效益大幅提高。全市规模以上工业企业产品销售率达99.9%。工业企业经济效益综合指数为161%，比上年提高16.3个百分点。工业结构得到进一步改善。规模以上工业企业实现新产品产值79.3亿元，增长7.8%，占工业总产值的比重达到14.6%。建筑业飞速发展，全年建筑企业完成施工产值179.3亿元，增长51.8%；施工面积1859万平方米，增长6%；竣工面积785万平方米，增长49.7%。建筑企业效益继续提高，按施工产值计算的全员劳动生产率达到人均9万元，比上年增高12%。

投资需求高速增长，经济发展后劲增强。全年完成全社会固定资产投资350亿元，同比增长48.9%。投资结构继续得到改善。在城镇以上固定资产投资完成额中，建设和改造投资237.5亿元，增长60.7%；房地产投资85.2，增长41.9%。

消费品流通市场繁荣活跃，全年实现社会消费品零售总额234.9亿元，同比增长16.8%。商品市场集聚能力增强，全市共有商品交易市场288个，其中超亿元市场27家，实现成交额255.8亿元，增长9.5%。10亿元以上市场5家，实现成交额199.6亿元，增长10.5%，著名的洪城大市场是全国九大日用品中心批发市场之一。

经济的发展促进了旅游业的发展，全年接待国内外旅游者592.6万人次，增长15.4%，实现旅游总收入39.2亿元，增长14.3%。外贸出口增长迅速。全年海关实现进出口总额16.6亿美元，同比增长23.7%，其中：出口10.8亿美元，增长7%，进口5.8亿美元，增长73.4%。

交通运输业不断扩大，全年完成货物运输总量4195.5万吨，同比增长6.9%。完成旅客运输4945.7万人次，增长9.4%。昌北机场全年共起降航班2万架次，增长13.2%；进出港旅客达163.38万人次，增长39.4%。全年港口货物吞吐量593.6万吨，增长13.3%。港口集装箱吞吐量7000国际标准箱，增长12.1%。

科技创新能力不断提高。南昌市成功加入了世界科技城市同盟（WTA），成为全国第10个加入该组织的城市；“国家半导体照明工程产业化基地”顺利落户南昌；全省首家高新技术投资风险公司—“南昌创投”挂牌运作。全年共取得省部级以上科技成果16项，专利申请量1284件，增长5.5%。技术市场更加活跃，全年技术交易签订合同877项，技术交易额3.7亿元。

【投资环境与招商引资】 南昌是惟一与长江三角洲、珠江三角洲和闽东南经济区相毗邻的省会城市，承东启西，纵贯南北。京九、浙赣、皖赣三条铁路线交汇于此。105、320、316国道纵贯南昌；昌北国际机场可达全国各大城市；水运经赣江入长江出东海。南昌已成为国际和东部沿海发达地区产业梯度转移的理想地区。作为中部地区城市，南昌具有比沿海发达地区低得多的成本优势，用水、用电、劳动力和工业用地等价格均大大低于周边城市。随着打出南昌市“四最”品牌（投资成本最低、效率最高、回报最快、信誉最好），投资环境的进一步改善，逐步建成完善的一系列外商对政府部门监督制度，也让南昌的信誉在国内外投资者心中得到了肯定，被经济学界定义为城市拥有良好的发展前景、优越的投资空间，具有经济全球化的商业完善体系，成为资本人才聚合的最佳领地。

招商引资规模继续扩大，全市开放型经济

持续高速发展，全年新批外资企业195家，同比增长13.4%，累计已有599家境外企业在南昌落户。全年协议合同引资10.5亿美元，增长42.4%；实际利用引资7.3亿美元，增长25.2%。实际利用内资185.4亿元，增长37.5%。

【重点项目介绍】 2004年，南昌市重大重点项目及政府投融资项目投资计划总计340.6亿元，项目139个。

江西晨鸣纸业：总投资4.87亿美元，一期建设设计年产40万吨轻量涂布纸。是国家财政贴息贷款技改项目，技术装备达到国际先进水平。为了提高企业的可持续发展能力，公司投资近2亿元用在节能和环保上，全套引进国际上最先进的厌氧和好氧双强化处理工艺，使废水排放指标达到世界先进水平。

东元工业园区：由世界第三大电机制造商东元集团投资兴建，总面积20.4万平方米，总投资2500万万美元，设计年产能力为60万套，年产值1.2亿元。东元集团在园区内成立了实力雄厚的研发部，建立从空调产品开始的一系列白色家电的设计、研发、制造、国内外销售、服务全套体系。

青山湖污水处理厂：总规模为日处理污水100万吨，一期工程（厂区）总投资约4.6亿元，建设规模为日处理污水33万吨。防水处理厂服务范围87平方公里，服务人口130万人。污水处理厂污水收集管网长约8公里，一期工程已完工投入运行。

生米镇藠头生产、加工项目：新建县生米镇是全国著名的藠头之乡，最大的生产基地。当地种植藠头历史悠久，产量高，质量好。种植面积3万余亩，亩产1500公斤以上，总产量5000万公斤。为了更好地发挥当地的产业优势，南昌积极引进香港和省外客商投资1.5亿元，扩大产量，大力发展产品深加工，以满足国内外消费者的需求。

【城市建设与发展】 2004年，南昌市城市基础设施不断完善，全市完成国道、省道改造77公里，基本建成市至所辖县半小时经济圈公路网络。为了美化居民社区，大力整治小街巷路，完成了城区第二轮百路大会战，改造道路112条。启动了东西外环绕城高速公路建设。新建横跨赣江的生米大桥，已完成工程设计量的50%；青云水厂三期工程竣工，牛行水厂一期工程开工建设；新建昌东、罗家增压泵站，新建改造城市输配水干管100余公里，初步形成南至莲塘、东至罗家、西至湾里、北至乐化的城市供水体系；完成了投资3个亿的青山湖污水处理厂一期工程，启动了红谷滩新区4个污水泵站项目建设，桃花河、玉带河已经畅通无阻，象湖、青山湖、艾溪湖、梅湖也已互相沟通。开通了南昌—深圳、南昌—厦门海铁联运；与上海、宁波共建无水港，新建国际集装箱码头；启动了铁路西站建设。

城市交通体系继续改善。全年全市新辟公交线路4条，调整19条。至年末，全市有公交线路79条，新增公交线路营运里程213.45公里；新增高速客运班线8条，延长营运里程3050公里；徐坊一级长途汽车车站竣工投运。全市有公交运营运车辆1742辆。全年客运量3.32亿人次。

城市综合服务能力进一步提高。全年全市自来水日供水能力134万立方米，自来水供水量2.4亿立方米。全年用电量61.5亿千瓦时，其中城乡居民生活用电9亿千瓦时。全年煤气供应总量达3397万立方米，煤气用户12万户，用气人口46万人。

城市环境综合整治工作加强。全年全市完成治理项目19个，工业废水排放达标率95.4%，二氧化硫去除率13.5%，烟尘去除率95%，固体废物综合利用率88.7%。

城市绿化步伐加快，全年新增绿地284公顷，新栽乔木42.2万株，灌木1260万株，铺草213.3万平方米，城市园林绿地面积达4968.8公顷，公共绿地面积达1379.6公顷，城市绿化覆盖率达36.9%，人均绿地7.2平方米。

郑州市

【经济与社会发展】 2004年，郑州市GDP达到1375亿元，同比增长15.5%。其中：第一产业增加值61亿元，增长5.7%；第二产业增加值738亿元，增长18.5%；第三产业增加值576亿元，增长14%。完成财政收入114.8亿元，增长32.7%。年末金融机构各项存款余额2724.8亿元，增长11.9%；贷款余额2231.3亿元，增长11.5%。

农村经济全面发展，农民收入大幅增长。全年农业完成增加值61亿元。粮食产量148.3万吨，增产3.2%。畜牧业完成增加值23.4亿元，肉类、禽蛋和奶类产量分别增长11.4%、17.8%和26.3%。休闲观光农业发展势头良好，金鹭鸵鸟园、万山农家游等一批农业观光园区迅速成长。农业产业化进程步伐加快，全市市级以上农业重点龙头企业达到82家，比上年增加28家。农村基础设施投入力度加大，丁店水库除险加固工程全面完工并通过省级验收，新增有效灌溉面积5.85万亩、旱涝保收田5.82万亩，发展节水灌溉面积10.5万亩，解决人畜饮水困难6万人，建成集雨水窖1.01万个。积极推进农村税费体制改革，全年转移农村剩余劳动力13.2万人，巩固和解决温饱贫困人口1.5万人。

工业结构调整力度加大，经济效益不断提高。全年工业完成增加值591.6亿元，同比增长19.4%，其中规模以上工业企业增加值402.7亿元，增长23.7%。百项重点技改工程完成111.7亿元。宇通汽车零部件产业园、恒星公司年产2万吨钢帘线、顺源铝业年产5万吨金属彩钢瓦等一批项目开工建设，威科姆公司VDSL宽带网络接入系统、竹林众生中药标准提取物石杉碱甲、中牧公司禽流感灭活疫苗等一批结构调整项目竣工投产，为工业发展增添了活力和后劲。规模以上工业企业销售收入1189.6亿元，同比增长35%；实现利润74.5亿元，增长38.7%；工业经济综合效益指数达到160.2%，提高16.5个百分点。

商贸城建设取得新成效，服务业发展势头强劲。实现全社会消费品零售总额558.7亿元，同比增长16.4%。香江现代物流商贸园区、商业步行街二期工程等一批项目开工建设，易初莲花紫荆山店、世纪联华汝河路店等一批大型零售商场相继开业。居民消费价格水平上涨5.5%。全年共接待国内游客1370万人次，增长36%；接待入境游客17.4万人次，增长81.3%。旅游总收入138.5亿元，增长32%。其中旅游外汇收入5570万美元，增长92.1%。房地产竣工面积272万平方米，商品房实际销售面积535万平方米，增长31.3%。

固定资产投资稳步增长，完成全社会固定资产投资650.3亿元，同比增长30%。重点项目进展顺利，全年完成投资191.1亿元。新增电力装机容量99.6万千瓦，新增公路里程140公里，新增游园绿地34个。

对外开放步伐加快，全年完成进出口总额7.8亿美元，同比增长83.8%。其中：出口4.6亿美元，增长90%；进口3.2亿美元，增长75.6%。东引西进取得新进展，全年多次赴东部地区组织市情介绍暨项目推介会，共签约项目32个，合同引进资金184亿元；大力开展节会招商，首届世界传统武术节、河南投资贸易洽谈会共签约项目49个，签约引进市外资金129亿元。

全年组织实施攻关、火炬、星火等科技项

目321项，其中国家级20项、省级205项、市级96项，科技进步贡献率达到49.1%，荣获全国科技进步先进城市。教育基础设施建设力度加大。市区4所高中开工建设；外语学校体育馆投入使用；消除农村中小学危房22.7万平方米；解决农民工子弟入学7.46万人。

生态环境质量继续改善，共完成造林面积33.7万亩；查处违法排污企业445家，其中关闭、取缔污染严重的“十五小”和“新五小”企业218家；城市生活污水集中处理率达到55.1%；城市生活垃圾无害化处理率和工业固体废物综合利用率分别达到80.3%和64.4%；城市空气质量二级以上天数达到81.4%。

疾病预防控制体系、医疗救治体系建设全面启动。郑州120紧急救援中心基本建成。市突发公共卫生事件后备医院病房楼、5个县级疾病预防控制中心开工建设，其中3个建成投入使用。新型农村合作医疗试点工作顺利推进，全年共有161.1万人次得到补助，补助资金达1702.5万元。

社会事业全面进步，可持续发展能力不断增强。就业再就业工作成效明显，全年城镇新增就业人员12.15万人，城镇登记失业率3%。“两个确保”得到了较好落实，社会保障体系进一步完善。体育、文化、新闻出版、计划生育等各项工作均取得较大进展。人民生活继续改善，市区城镇居民人均可支配收入9667元，同比增长11.8%。农民人均纯收入4183元，增长15.2%。

【投资环境与利用外资】 郑州是全国重要的枢纽城市。郑州交通、通信发达，是国家重要的铁路、公路、航空、通信、电信、邮政枢纽，贯通全国东西、南北的铁路、航空、高速公路、电力、电信主干线在此交汇，南水北调、西气东输工程在此经过。有亚洲最大的铁路编组站、全国最大的零担货物中转站和全国闻名的客运站。

郑州是全国自然资源储量丰富的城市。已探明的矿藏有煤、铝矾土、耐火粘土、油石等34种，其中煤炭探明储量50亿吨，居全省第一位；耐火粘土储量1亿吨，占全省储量的一半；铝土矿储量1亿吨，占全省储量的30%；天然油石矿质优良，是全国最大的油石基地之一。

郑州是全国优秀旅游城市。历史人文景观众多，旅游资源丰富，有以少林寺、中岳庙和嵩山国家森林公园为主的嵩山风景名胜区，以黄河风景名胜区、黄河大观和大河村原始村落遗址为主的黄河历史文化风景名胜区，有浮戏山、环翠峪、轩辕黄帝故里等名胜古迹，嵩山少林寺以佛教禅宗和少林武术闻名海内外。

郑州是极具发展活力的城市。具有较强的工业竞争力，销售收入超亿元的大型工业企业集团196户；主导产业为汽车、煤电铝、装备制造业、食品、纺织等，氧化铝产量占全国总产量的一半，拥有亚洲生产规模最大、工艺技术条件最先进的客车生产企业。郑州具有较强的科技研发优势，全市科研机构近200家，普通高校48所，是国家认定的“全国制造业信息化工程重点城市”。郑州商贸优势突出，现已形成批发与零售、期货与现货、传统经营与新型业态相结合的市场交易体系。全国性、区域性大型商贸活动不断，郑州商品交易所的粮食交易价格已成为我国粮食生产和流通的指导价格。

已有2600多家外商投资企业落户郑州。外资来源遍及五大洲40多个国家和地区，外商投资领域涉及农业、制造业、交通运输业、建筑业、商业、房地产业等10多个行业和领域。世界500强中的德国MAN、德国MV、美国杜邦、美国百事可乐、日产公司、沃尔玛、正大易初、家乐福、麦德隆、拉法基等15家落户郑州。2004年，全市新批外商投资企业116个，增长18.4%；合同外资额6.5亿美元，增长34.3%；实际利用外资2.8亿美元，增长80.1%。

世界500强企业的入驻，带动了国内资金向郑州聚集。北京、天津、上海、广东、浙江等地企业在郑州经济合作近百家，投资100多亿元，广东发展银行、上海埔东发展银行、深圳发展银行、福建发展银行、民生银行、中信实业银行、光大银行、国泰证券、黄河证券等商业金融机构、证券公司和广东香江集团、青岛澳柯玛集团、杭州锦江集团、天津绿城集团等大企业的资金纷纷进入郑州。

瞄准国际一流水准规划设计的新城区—郑东新区的建设成为郑州市发展的新亮点。按照郑州市委、市政府提出的“三年出形象，五年成规模”的要求，33 平方公里的郑东新区起步区开发建设 2 年多来，累计完成投资 115 亿元。道路基础设施、河道治理、景观建设、项目建设已经全面展开。2004 年引进 75 个项目，总投资 122.3 亿元。

【重点项目介绍】 2004 年，郑州市重点项目建设继续保持增长势头，全年完成投资 191.1 亿元，同比增长 23.4%；新开工建设 57 个项目，竣工投产 13 个项目。

107 国道辅道、东西出入市口改造、农业路下穿铁路编组站立交、文化北路、长江东路、朱屯东路、农业路拓宽改造等道路工程相继建成通车；城区积水点改造、郑花路综合整治、五龙口污水处理厂、垃圾综合处理厂、马头岗污水泵站及干管工程、公交场站建设等项目进展顺利。城市基础设施水平显著提高，交通出行条件明显改善，城市品位和形象得以提升。

华润集团 2×30 万千瓦机组、登电集团 1 台 21 万千瓦机组等能源项目建成投产，新增装机容量 86 万千瓦，能源供应紧张状况有所缓解。

教育、旅游、卫生等社会事业项目建设进展迅速，嵩山少林寺景区整治、郑州大学新校区二期和三期生活园区、市紧急救援中心等项目相继建成，市民生活质量和水平进一步提高。

商贸城建设步伐加快，百脑汇电讯广场、家世界购物广场南阳路店建成开业，香江现代物流商贸园区、正大世纪城市广场等一批大型商业项目按计划推进。

工业结构调整和高技术产业化项目进展顺利，出口加工区标准厂房、发祥电力 7 万吨铝合金生产线建成投产（投入使用），河南恒星公司钢帘线生产线、中原铝业公司铝板带箔一期按计划推进。

武 汉 市

【经济与社会发展】 2004 年，武汉市 GDP 达到 1956 亿元，同比增长 14.5%，为 7 年来最高增幅。其中：第一产业增加值 101.99 亿元，增长 5.2%；第二产业增加值 903 亿元，增长 17.8%；第三产业增加值 951.01 亿元，增长 12.7%。人均 GDP 为 24963 元，增长 14.5%。

农村经济平稳发展，农业结构逐步优化。全年农业总产值 165.65 亿元，增长 6.2%。其中：种植业 95.98 亿元，增长 7.9%；林业 1.37 亿元，下降 8.9%；牧业 40.96 亿元，增长 2.3%；渔业 26.02 亿元，增长 7.9%。全年农产品加工业实现销售收入 72 亿元，增长 12.5%。

工业生产快速增长，经济效益进一步提高。全年实现工业总产值 2402.34 亿元，同比增长 20.4%。其中规模以上工业增加值 538.89 亿元，增长 21.7%，占全市生产总值的22.4%，比上年下降3.3个百分点。全市工业企业经济效益综合指数达173.6%，比上年提高22.1个百分点。高新技术产业规模进一步壮大，总产值达到641亿元。武钢、武石化、武烟等重点企业支撑作用明显，规模以上工业企业利润增长47.4%，总产值占全市规模以上工业总产值的比重达到74.1%，比上年提高12.6个百分点。

第三产业保持高速增长，住房、汽车、通讯、教育和文化体育休闲等消费热点持续升温。全年第三产业完成增加值951.01亿元，增长12.7%。消费品市场保持活跃，全年社会消费品零售总额达到960.58亿元，增长12.5%。房地产市场产销两旺，全年房地产业实现增加值87.7亿元，增长37.6%，房地产投资233.3亿元，增长37.6%，实现房屋销售额165.59亿元，增长47.2%。旅游服务业全年接待海外游客31.45万人次，增长40.2%，国内游客2580万人次，增长22.94%，实现旅游总收入202.7亿元，增长26.9%。

财政收入快速增长。全年完成全口径财政收入288.6亿元，同比增长25%，其中地方财政收入129.21亿元，增长29.6%，财政收入占GDP的比重达到14.8%。市场价格在上年止跌回升的基础上，全年居民消费价格继续上涨1个百分点。

固定资产投资加快增长，投资结构不断优化。全年全社会固定资产投资完成822.2亿元，同比增长27.5%，比上年提高14.4个百分点，增幅为1997年以来最高水平。一、二、三产业投资之比由上年的2.3:26:71.7变为1.45:27.37:71.18。

社会保障体系进一步完善，各项社会事业取得全面发展。落实就业再就业政策，全年新增就业岗位10.8万个，帮助困难群体就业1.61万人。养老、失业、医疗保险参保人员分别新增17.89万人、6.77万人和26.03万人。确保企业离退休人员基本养老金和失业人员失业保险金按时足额发放，符合低保条件的城镇居民实现应保尽保。启动实施灵活就业人员基本医疗保险和职工工伤保险制度。新增42.3万人参加新型农村合作医疗加大血吸虫病防治力度，对垸内钉螺孳生地进行综合治理；修建52座进水涵闸的阻螺设施，基本阻断钉螺扩散途径。对晚期血吸虫病人提供免费治疗完成既往有偿供血人群艾滋病感染情况排查工作。启动农村低保工作，近5万名农村特困群众享受低保。深入推进“福星工程”，农村“五保户”集中供养率达85%。建立残疾人特殊困难救助制度，为6853户残疾人家族发放临时补助款430万元。对8660人实施法律援助，其中涉及诉讼的有2016人，通过援助胜诉率达75%。

城市面貌发生显著变化。功能性基础设施和生态环境建设投资分别达到116亿元和12.58亿元，增长32%和13%。城市功能日趋完善，城市管理不断加强。建设碧水蓝天、山青城绿滨水生态城市工作取得初步成效。

社会文化事业健康繁荣。开工和建成了一批功能性、基础性社会事业项目。文化基础设施建设投资11.6亿元，增长1.5倍。科技教育、文化体育、医疗卫生、公共保障等社会事业体系建设迈出新的步伐。

居民生活水平有较大提高。城市居民人均可支配收入达到9546元，同比增长12.2%；农村居民人均纯收入3955元，增长13.1%，增幅均创7年来最好水平。居住环境逐步改善，文体活动丰富多彩，健康水平稳步提高，市民生活质量正在发生积极变化。

【投资环境与利用外资】　2004年，武汉市积极改善投资环境，大力推进招商引资，利用外资规模加速增长。逐步完善了外资重大项目协调会、重点项目和企业跟踪服务、市长与外商对话、网上审批、网上年检等工作制度和机制，进一步优化了投资环境。强力构筑招商引资平台。全年外商投资41.51亿元，同比增长75.2%，占全市投资的5.3%。实际利用外资15.2亿美元，其中，外商直接投资11.61亿美元，增长4.4%。利用外资结构进一步优化，全年新批“三资”企业230家，引进投资过千万美元大项目45个，比上年增长2倍。沃尔玛、东风本田、美的、TCL等一批国内外知名企业纷纷进驻武汉，新增9家世界500强企业来汉投资。全年武汉市实现进出口总额42.98亿美元，增长37.1%，其中，出口19.31亿美元，增长30.4%，进口23.67亿美元，增长43.0%。对外工程承包和劳务合作保持良好势头。全年对外工程承包和劳务合作营业额1.06亿美元，增长21%。

【重点项目介绍】 2004年，武汉市重点建设项目投资完成情况总体较好，纳入市级目标管理的重点工程建设项目58项，全年完成投资额205.14亿元，为年计划目标的107.5%。

工业尤其是制造业重点项目建设加快，全年完成工业重点项目投资65.06亿元。其中武钢基建、技改和神龙汽车二期工程、青山电厂燃油锅炉改造、汉正街都市工业区等项目发挥了重要支撑作用。武钢基建、技改重点项目完成投资23.74亿元，新三号高炉和二硅钢一期工程已投产；神龙汽车二期工程已完成投资19.33亿元，神龙二期冲压车间仓库主体结构已完成；青山电厂燃油锅炉改造完工，完成投资3.49亿元；汉正街都市工业区项目完成投资3.55亿元。

全年完成农、林、水利重点项目投资7.48亿元，完成商贸业项目投资13.8亿元，完成基础设施重点项目投资109.55亿元，完成社会事业重点项目投资9.25亿元。

【区级经济发展】 2004年，武汉市区级经济继续保持快速发展态势，其主要经济指标在全市经济中的比重逐步提高。全市13个区全年全口径财政收入152.14亿元，同比增长24.9%，占全市全口径财政收入比重52.7%；地方财政收入51.18亿元，增长34%，增幅高于全市0.7个百分点。13个区规模以上工业企业总产值374.79亿元，增长25.2%，占全市的比重22.3%；规模以上工业企业实现增加值105.82亿元，占全市规模以上工业增加值的比重19.6%；13个区投资强度加大，共完成外商直接投资项目143个，占全市的50%以上。外商直接投资项目合同外资额3.11亿美元，占全市的18.7%。实际利用外商直接投资额4.17亿美元，占全市的27.5%。实现社会消费品零售总额611.79亿元，增长15.7%，高于全市平均水平3.2个百分点。

【开发区建设】 2004年，武汉东湖新技术开发区和武汉经济技术开发区两个国家级开发区整体实力进一步增强，经济快速发展。

武汉东湖新技术开发区全年完成科工贸总收入586亿元，同比增长22.1%；规模以上工业企业完成总产值251.5亿元，增长17.5%；规模以上工业企业完成增加值98亿元，增长18.9%，完成全口径财政收入15.02亿元，增长25%。

武汉经济技术开发区全年GDP达到116.86亿元，同比增长9.4%；完成工业总产值259.6亿元，增长6.3%；完成固定资产投资52.92亿元，增长33.2%；完成财政收入20.44亿元，下降10%，剔除神龙汽车有限公司份额，完成财政收入14.53亿元，增长22.6%。在国家商务部公布的全国49个国家级经济技术开发区综合环境评价体系中，武汉经济技术开发区综合指数名列第八，综合经济实力名列第六。

长沙市

【经济与社会发展】　2004年，长沙市国民经济持续快速协调发展，GDP突破1000亿元，达到1108.85亿元，同比增长14.8%。其中：第一产业增加值103.33亿元，增长7.2%；第二产业增加值492.57亿元，增长20%；第三产业增加值512.95亿元，增长11.5%。三次产业比例调整为9.3:44.4:46.3。

农业和农村经济形势喜人。粮食产量大幅增长，农民收入增幅创10年来新高。全年完成农林牧渔业总产值172.07亿元，同比增长7.3%。主要农作物种植面积大幅增加。全年粮食种植面积39.02万公顷，增长14.7%；蔬菜种植面积11.75万公顷，增长0.7%；油料种植面积1.66万公顷，增长39.7%；花卉苗木种植面积1.47万公顷，下降0.65%。牧业、渔业生产稳定增长。全年出栏肉猪756.66万头，增长10.8%；肉类总产量60.69万吨，增长11.6%；禽蛋产量4.79万吨，增长4.2%；牛奶产量1.66万吨，增长9.4%；水产品产量10.01万吨，增长6.3%。

规模工业经济增长势头不减，经济效益稳步提高，工业对总体经济增长起着决定性作用。全年完成全部工业总产值1006.06亿元，同比增长25.2%。其中规模以上工业企业完成工业总产值706.06亿元，增长28.3%。规模以上企业完成工业增加值250.03亿元，增长25.9%。

建筑业生产经营稳步增长，全年全市具有建筑业资质的独立核算企业完成建筑业增加值71.30亿元，同比增长16.8%；实现利税总额19.23亿元，增长15.3%；房屋竣工面积1847.39万平方米，增长25.4%；房屋建筑竣工率40.5%。

投资结构调整步伐进一步加快，投资活力不断增强。固定资产投资保持快速增长势头。全年完成全社会固定资产投资668.09亿元，同比增长38.9%。基本建设和更新改造投资新开工项目规模扩大，全年新开工项目971个，增长16.7%，其中500万元以上的新开工项目777个，占全部施工项目个数的54.9%。全年新增固定资产298.33亿元，增长26.9%。

交通运输业稳步发展，全年全社会运输周转量140.6亿吨公里，增长14.1%。旅客周转量97.83亿人公里，增长18.5%。邮电业发展平稳，全年完成邮电业务总量43.4亿元，同比增长9.2%。其中电信业务总量39.78亿元，增长11.5%。全市局用电话交换机总容量197.72万门，增长5.7%；电话普及率70.69%，增加11.8个百分点。

消费品市场稳步增长，全年实现社会消费品零售总额525.13亿元，增长16.2%，剔除物价因素实际增长14.7%。价格总水平涨幅增高。全年居民消费价格总指数为103.2%。商品零售价格指数为101.3%，价格增幅提升2.1个百分点。全年接待国内旅游者2300万人次，增长6.2%，国内旅游收入126.3亿元，增长9.5%。接待入境旅游者18.77万人次，旅游外汇收入1.41亿美元。

金融业保持健康运行态势，全年金融机构现金收入4693.52亿元，同比增长20.99%；现金支出4617.28亿元，增长21%；货币回笼76.24亿元。存贷款余额稳定增加，年末金融机构各项存款余额1960.23亿元，比年初增加360.65亿元；各项贷款余额1851.38亿元，增加280.21亿元。保险事业稳步发展。全年保险机构保费收入27.49亿元，增长6%。赔付费6.8亿元，增长43.4%。

科研机构实力不断加强，科研队伍保持稳定。全市拥有科学研究开发机构97个，从事研究和开发活动人员27万人，与上年基本持平。在财政支出中，科技经费支出1.63亿元，增长1.9%。全年共取得省部级以上科技成果310项；专利申请3700件，增长85.7%；授权专利1800件，增长40.4%；签订技术合同1790项，成交金额14.7亿元，增长15.2%。

教育事业不断取得新成就，全市共有普通高校39所；普通高中92所；初中学校255所；普通小学1433所。全市普通高校在校学生32.94万人，增长22.6%；在读研究生2.28万人，增长36.7%；普通高中在校学生12.99万人，增长15%。

文化、艺术、卫生、体育事业稳步发展，全市拥有艺术表演团体12个，文化馆10个，公共图书馆7个，博物馆13个，档案馆14个，已开放各类档案98.35万卷（件）。广播电视事业保持较高发展水平，全市广播综合人口覆盖率达96.8%；电视综合人口覆盖率达97.8%；有线电视用户57.27万户。医疗卫生条件不断改善。全市拥有卫生机构1439个，卫生技术人员2.93万人。卫生机构床位2.38万张。每千人拥有职业医生、职业助理医师、注册护士3.66人，每千人拥有床位3.93张。体育事业不断发展。全年举办县以上运动会28次。拥有体育运动学校61个，公共体育场馆52个，等级运动员发展人数为153人，等级裁判员发展人数为60人。

环境保护工作取得显著成效，全市城市园林绿地面积达5907公顷，人均公共绿地面积7.44平方米。森林覆盖率为53.6%。拥有生态示范区建设试点地区和单位5个，自然保护区14个，自然保护区面积1.93万公顷。建成烟尘控制区27个，烟尘控制区面积173平方公里。建成区环境噪声达标区21个，环境噪声达标区面积102.3平方公里。地表水满足Ⅲ类标准的断面比例达100%。

城乡居民生活水平继续稳步提高，全年城市居民人均可支配收入11021元，同比增加1088元，增长11%，剔除物价因素，实际增长7.6%。城市居民恩格尔系数为33.4，上升1.8个百分点。全年农民人均纯收入4315元，增长15.2%，剔除价格因素，实际增长11.2%，农村居民恩格尔系数为43.6，上升0.1个百分点。

劳动就业、社会福利、劳动保险事业健康发展。年末全市从业人员357.28万人，增长0.3%，城镇登记失业率为3.9%。全市拥有社会福利院、敬老院、养老院、光荣院等141所。各类收养性社会福利单位收养人员5000人。城镇各种社区服务设施1776处。筹集社会福利资金1600万元，同比下降2.4%；接受社会捐赠1728万元，增长1.67倍。社会保障体系进一步完善，全市参加失业保险55.54万人，增长12.3%，领取失业保险金6.01万人，增长12.6%；参加基本养老保险的职工58.94万人，增长13.8%，基本养老金社会化发放率100%；参加医疗保险77.27万人，增长24.2%。有14.04万城镇居民享受最低生活保障，下降2%。

【投资环境与利用外资】 长沙地处长江沿江开发带和华南经济圈的交汇点，属湖南“一点一线”（一点指长沙、株洲、湘潭城市群，一线指京广线）区域经济发展战略的重中之重，特别是作为长株潭经济一体化的核心城市，具有优越的区位环境优势。

长沙已基本形成了水陆空现代化交通体系，长沙黄花机场是国际航空港，已开通35条航线，可直飞北京、上海、广州、深圳、香港、曼谷等特大城市和地区，以长沙为中心的湖南省高速公路网已经形成，107、319、京珠高速等公路均交汇于市区，长沙已列为全国45个公路主要枢纽城市之一。长沙又是全国铁路交通枢纽，京广复线贯穿南北，湘黔、浙赣、石长线连接东西。长沙港口主枢纽霞凝港区正在建设之中。长沙综合通信能力居全国第3位，可与全国各地和世界180多个国家和地区进行通信联系。

长沙城市基础设施完备，全市有6个自来水厂，日供水能力132万吨，有35千伏以上变电站72座，主变容量350.58万千伏，城区交通便捷，“六桥三环”城市交通主骨架格局基本形成。城市环境综合治理成效显著，全市森林覆盖率达51%，城区绿化覆盖率为35%。

长沙已与日本、新加坡、韩国、美国等8个国家的9个城市正式结为友好城市，并加入了亚洲城市发展战略组织，对外交流活动频繁，外商投资不断增加，2004年实现进出口总额24.54亿美元，同比增长20.1%。其中：进口总额10.88亿美元，增长15%；出口总额13.66亿美元，增长24.4%。利用外资稳步取得进展。全年利用外资项目（企业）达134个，增加12个；合同外资金额9.07亿美元；实际到位外资金额5.01亿美元，增长64.3%。

未来5至10年长沙招商引资工作的重点是：围绕全力推进工业化、城市化和农业产业化进程这个中心目标，引导外资投向基础设施、高新技术产业、农业和第三产业领域，着眼于引进国际跨国公司和国内大型企业集团；实行BOT、项目融资、股权投资、企业并购、证券融资等多种投资方式；营造公平有序的投资经营环境，创造环境优势，开放功能优势和建立新机制优势；重视人才培养，真正提高招商引资队伍整体素质，提高招商引资的质量和水平。

【重点项目介绍】　2004年，长沙市安排重点工程建设项目56个，实际完成投资90亿元。年内竣工项目28项：湘江大道南段（含湘江风光带和杜甫阁）、岳麓大道、韶山路二期、远大路一期、湘府路西段、观沙路、含光路、新韶山路、人民东路桥梁工程、人民东路延长线、人民西路、人民路过桥铁道改造、韶洲路、韶洲路东段、新姚路、白沙湾路、新世纪大道、三一重工、湘计算机维用长城增资扩建二期、湖南HEG电子玻璃、长沙长丰汽车制造、农民进城务工廉租房建设、湘江东岸1350工程、福安垸防洪工程（陈家渡排渍泵站）、长善垸中心电排、100条背街小巷的提质改造、60座垃圾站厕所、长沙市新殡仪馆建设等。

南宁市

【经济与社会发展】　2004年，南宁市经济较快发展。GDP达到588.86亿元，比上年增长13.2%，是近9年来发展速度最快的一年。第一、二、三产业对经济增长的贡献率分别为9%、40.9%、50.1%，分别拉动经济增长1.2、5.4、6.6个百分点。完成全社会固定资产投资260.76亿元，同比增长36.99%。

农业和农村经济平稳发展，除因干旱等因素的影响导致粮食、甘蔗产量略有下降外，其他主要农产品产量增加。全年粮食产量170.05万吨，下降3.02%；甘蔗产量858.61万吨，下降7.47%。蔬菜产量253.42万吨，增长3.16%；水果产量67.04万吨，增长17.13%；木薯产量45.91万吨，增长29.5%。养殖业发展情况良好，肉类产量41.01万吨，增长7.26%；水产品产量15.53万吨，增长6.77%；牛奶产量2.23万吨，增长41.19%；禽蛋产量1.45万吨，增长2.26%。种植业结构进一步调整，粮食种植面积41.36万公顷，增加1.78%。无公害农作物基地面积59.63万亩。农村交通、水利、生态文明村基础设施建设成效显著，全年完成投资3.14亿元。建成乡村道路92条797.19公里，解决了120多万人的行路难问题；完成农田水利建设93项，解决了6.75万人的饮水困难，改善了13.5万亩土地的灌溉条件；建成生态文明村100个，改善了2.82万人的居住环境。

工业经济快速增长，效益明显提高。全年实现工业总产值364.97亿元，同比增长20.89%。其中规模以上工业总产值263.65亿元，增长24.55%。工业对经济增长的贡献率为26.7%。规模以上工业企业销售收入243.74亿元，增长21.49%；利税总额35.89亿元，增长35.89%；盈亏相抵后实现利润12.13亿元，增长73.1%。建筑业继续快速发展。全年实现增加值59.17亿元，增长22.2%。建筑业对经济增长的贡献率为14.2%，拉动经济增长1.9个百分点。

服务业继续较快发展。“大连万达、沃尔玛、王府井、百盛等知名商贸企业进入南宁，为商贸业快速发展增添了活力。全年完成货物运输总量6791万吨，增长15.23%；完成旅客运输总量8451万人，增长20.44%。全年银行现金收入2473.31亿元，银行现金支出2385.34亿元。保险保费收入18.77亿元，增长21.18%。全年完成邮电业务总量24.8亿元，增长29.43%。

旅游业全年接待海外旅游者6.56万人次，增长87.73%；接待国内旅游者1386.91万人次，增长21.37%；旅游总收入73.07亿元，增长17.48%。全年实现进出口总额6.37亿美元，下降3.21%。其中：进口1.12亿美元，下降23.42%；出口5.25亿美元，增长2.57%。

组织实施第二轮科技创新计划项目328个，重点培育扶持高新技术企业47家。实施农业科技项目101项，培育和发展带动千户以上的科技型农产品深加工企业11家。开展了“教育品牌创建年”和“课堂教学改革年”活动。基本普及九年制义务教育、基本扫除青壮年文盲的“两基”攻坚达标工作扎实开展，义务教育水平进一步提高。高、中等教育和职业教育稳步推进。规范学校收费管理，实行义务教育阶段学校“一费制”收费。教育基础设施建设力度加大，中小学危房改造进展顺利。

南宁市创作演出的大型歌舞《美丽壮锦》在国内外产生较大反响，邕剧《开泰新声》、小品《灯下的女孩》等获得国家级奖。群众文化活动丰富多彩，滨湖广场被评为“全国特色文化广场”。体育再创佳绩。在各类赛事中南宁市共获得金牌283枚、银牌227枚、铜牌157枚。成功举办南宁国际龙舟邀请赛以及10项全国单项锦标赛。全民健身活动广泛开展。

人口低生育水平保持稳定，全年人口出生7.29万人；计划生育率87.38%，比上年提高1.03个百分点。实行对农村部分计划生育家庭奖励扶助制度，实现计划生育利益导向机制的新突破，完成自治区下达的人口与计划生育工作任务。

环境保护工作取得新进展。全年大气环境质量优良天数占95%，邕江饮用水源地专项整治取得明显成效，水源地水质达标率98.03%，城市声环境质量达到国家考核要求，创建国家环境保护模范城市工作开始启动。

社会保障体系进一步完善。养老、失业、医疗保险参保面扩大，社会保险配套政策和社会化管理服务逐步完善。“两个确保”、“三条保障线”全面落实，企业离退休人员养老金按时足额发放。符合条件的失业人员全部享受失业保险，城市居民最低生活保障、农村“五保户”供养和特困户救济得到落实，实现了分类施保、应保尽保。参加养老保险职工31.17万人，参加失业保险职工29.92万人，参加社会统筹的离退休9.91万人。得到抚恤、补助的各类优抚对象1.02万人。享受城镇最低生活保障8.88万人。共向71.59万人次发放低保金4277.9万元。救灾救济工作扎实开展，全年发放救济粮238.19万公斤，救济灾民14.55万人。就业和再就业工作富有成效，全年新增就业岗位5.37万个，组织劳务输出5.05万人，下岗失业人员再就业1.59万人，帮助大龄就业困难人员再就业2680人。城镇登记失业率为3.8%，控制在年度目标范围内。

【投资环境与招商引资】　南宁市是连接东南沿海与西南内陆的重要枢纽，是大西南最便捷的出海通道上的枢纽。具有承东启西、连南接北的区位优势。随着西部大开发战略的实施和南（宁）贵（阳）昆（明）经济区、泛珠江三角洲经济区的构建，南宁与外界的沟通渠道必将进一步拓宽，区域综合性核心城市地位将更加突出。特别是中国—东盟博览会（以下简称南博会）每年在南宁举办，南宁已成为中国对外开放的前沿城市。

南宁拥有日趋完善、四通八达的水陆空立体交通运输网络。高速公路直达桂林、柳州、北海等地；内河航道通达广州、香港、澳门等地；民用航空已开通多条国内外航线，国内可直达各主要大城市，国际航班可直达泰国、越南、马来西亚等东南亚国家；纵横贯通的铁路网通达全国各大中城市。

南宁市投资环境不断改善，设立行政审批办证大厅，提供方便快捷的审批通道，采取灵活多样的方式，不断加大招商引资力度，有效地增强了对海内外资金的吸引力，有力地促进了全市的招商引资。外商在南宁市投资办企业可以享受少数民族地区、边境地区、沿海开放城市、西部地区优惠政策和南宁市各个开发区的优惠政策。

2004年，南宁充分利用南博会的平台，突出招商引资重点区域，强力推进招商引资工作。赴东南亚、日韩、欧美、港澳台以及浙江、福建、广东等地举办的各类招商活动影响广泛、成效显著，招商引资工作再上新台阶。南博会期间共签约项目72个，其中合同项目47个，计划总投资157.63亿元。

积极参与和推进泛珠江三角洲区域合作，与广东、香港和澳门的合作实现历史性突破，签订了广东工业园、广东商业街、香港街、澳门街项目合作协议。

积极推进与东南亚国家的合作，中国—东盟经济园开发建设取得实质性进展，引进了新加坡工业园、印度尼西亚工业园。全市内外资合同引进资金256.08亿元，同比增长1.01倍；实际到位资金122.54亿元，增长1.05倍。实际利用外资1亿美元，其中外商直接投资7800万美元。

【重点项目介绍】　2004年，南宁市新开工重大项目4项：南宁机场口岸联检业务综合楼扩建、中国—东盟经济园区（南宁华侨投资区）中心区基础设施建设、广东商贸街、中国—东盟国际商贸城；续建项目20项：广西隆安金鸡滩水利枢纽、三津水厂一期、南宁国际会展中心一期完善、南宁国际会展中心二期、南宁大桥、凌铁大桥、北大桥、桃源桥、葫芦顶大桥、邕宁仙葫大桥、竹排冲环境综合整治、琅东污水处理厂二期、江北片污水管网、朝阳溪综合治理、南宁六景工业园、邕江江北东堤堤路园、邕江江北西堤堤路园、邕江西明江堤堤路园、邕江仙葫龟山河段防洪堤、南宁仙葫经济开发区五合大学城；重点前期工作项目6项：南宁电厂、南宁南南铝箔有限责任公司高精密度铝板带生产线、玉洞物流中心、金桥国际物流园区、江南经济（物流）园区、城北物流园。

【开发区建设】　南宁市现有国家级南宁高新技术产业开发区、南宁经济技术开发区，自治区级南宁华侨投资区、南宁六景工业区等开发区，各开发区实行封闭式管理，是南宁市对外开放的重要窗口和新的经济增长点。

南宁高新技术产业开发区1992年经国务院批准成立，位于南宁城西北，规划面积18平方公里。具有市一级经济管理权限，设有一系列社会化服务机构，为入区企业提供“一门式”服务。

南宁经济技术开发区创建于1992年，2001年经国务院批准为国家级开发区，行使市一级管理权限，位于南宁城南，区位条件优越，交通便利，规划面积110平方公里，所开发的土地均已达到“五通一平”。

南宁华侨投资区（中国—东盟经济园区）位于南宁市北郊，面积179平方公里。充分利用土地、人文和区位优势，引进了新加坡工业园、印尼工业园，将成为中国与东盟经贸合作的新载体。

南宁六景工业区位于南宁市东面，桂海和南广两条高速公路、湘桂和黎钦两条铁路、邕江黄金水道交汇在这里，区位优势得天独厚。

2004年，南宁高新技术产业开发区、南宁经济技术开发区、南宁华侨投资区三个开发区规模以上工业实现总产值48.78亿元，同比增长44.43%，占全市规模以上工业总产值的18.5%；更新改造投资8亿元，增长47.2%，占全市更新改造投资的19.9 %。南宁高新技术产业开发区、南宁经济技术开发区、南宁华侨投资区全部工业总产值分别为31.81亿元、14.45亿元、2.52亿元，分别增长43.12%、49.84%、32.32%；全社会固定资产投资分别为11.28亿元、8.51亿元、3.29亿元，分别增长98.16%、74.89%、11.9%；财政收入分别为3.27亿元、7600万元、5300万元，分别增长44.59%、72.65%、38.71%。开发区已成为全市最具活力的经济增长点。

成 都 市

【经济与社会发展】 2004年，成都市国民经济保持了持续快速发展的良好势头。GDP由1999年的1190亿元增加到2004年的2185.7亿元，年均增长13.2%。人均GDP由1999年的1433美元升至2004年的2503美元。

经济结构调整取得实质性成效。一、二、三产业协调发展，农业产业化经营步伐加快，工业整体素质和竞争力不断提高，金融、旅游、会展等现代服务业和民营经济快速发展，三次产业比例由1999年的10.4∶44.7∶44.9，逐步调整为2004年的7.7∶46.8∶45.5。财政收入大幅增长，由1999年的104.8亿元增加到2004年的274.7亿元，年均增长21.2%。

全年实现工业增加值789.7亿元，占地区GDP的36.1%，已形成了以电子信息、机械(含汽车)、医药、食品四大产业为主导的工业体系，壮大了冶金和建材产业，正在积极培育发展石油化工产业。

改革开放不断取得新进展。规范化服务型政府、国企改革、农村税费改革等各项改革不断推进，政府职能转变取得实效，投融资体制改革全面推进，大幅度削减行政审批事项，累计减少758项，进一步优化了我市的投资和发展环境。

2004年，成都市固定资产投资对经济增长的贡献率保持在60%左右。其中基本建设投资503亿元，增长25.3%；技术改造投资184.8亿元，增长41.4%；房地产开发投资291.4亿元，增长18.7%。

利用外资和对外贸易快速增长，全年实际利用外资7.5亿美元，比1999年增长229.8%；进出口总额33.7亿美元，比1999年增长109.3%，其中出口18.7亿美元，比1999年增长152.7%。

全年社会消费品零售总额达875.3亿，居西部第一。德国的麦德龙、法国的家乐福、美国的普尔斯马特、日本的伊藤洋华堂等多个境外知名商家在成都落户。

城乡面貌发生了巨大变化。“五路一桥”、机场高速、绕城高速、成灌高速、成彭高速、成温邛高速、三环路、天府大道（人民南路南延线）等相继建成，全市实现县县通高速公路。旧城改造力度加大，城东、城南副中心建设正式启动，东郊工业区结构调整和沙河综合整治全面展开，府南河延伸整治、中心城区水环境整治、畅通工程、城市环境综合整治工程顺利推进。中心城建成区面积由1999年的202.3平方公里扩展到2004年的290.4平方公里，县城和重点小城镇建设日新月异。紫坪铺水利枢纽工程、城乡电网改造工程、天然气综合利用工程顺利实施，污水和垃圾处理能力明显增强。

城乡人民生活水平有了显著提高。2004年城市居民人均可支配收入10394元，比1999年增长46.4%；农民人均纯收入4072元，比1999年增长46.3%。就业和再就业工作成效显著，科技、教育、文化、社会保障等各项社会事业全面发展。

【投资环境和招商引资】 成都既是拥有8600多万人口的省会，其市场又直接辐射重庆、贵州、陕西和西藏等周边省市自治区。成都以消费理念领先而著称于全国，拥有不同层次的消费群体，市场潜力巨大。全市基本建成了以全国性市场为龙头、区域性批发市场为骨干、零售市场为基础、大中小结合、多种经济成分和多种经营方式并存、功能完善的商品市场体系，是西部地区重要的商品物资集散地。

成都是西南地区的交通通信枢纽，是全国公路网密度最大的地区之一。宝成、成渝、成昆、成达铁路在成都交汇。双流国际机场是全国七大航空港之一，年旅客吞吐量居全国第6位，国内航线70余条，国际（地区）航线7条。3条国道公路主干线交汇成都；成渝、成绵、成乐、成雅、成灌、成南等6条省内高速公路建成通车，市域内区（市）县1小时交通已成现实。市区相继建成了一环路、二环路、三环路、绕城高速公路等重要通道，形成了环状加放射状的立体交通网络。水电气供给充足，公共服务日趋完善。通信业发展迅速，是全国六大电信、邮政交换中心之一。

成都是中国西部地区重要的科技研发中心和智力资源库，全市现有各类研究机构117所，科技人员49万多人，高等院校22所，国家级重点实验室17个，博士后流动站12个，国家级重点学科17个，中国科学院、中国工程院院士26位，科技力量在全国大中城市中居于前列。在电子、生物、新材料、光学、光纤通讯、核技术、激光和航空航天等高科技领域，成都具有较强的研究开发能力。

成都是中国人民银行及四大国有商业银行大区分行、中国证监委大区证监办所在地。全市金融机构金融业务交易量、外资金融机构设立的分行或代表处居中国西部城市首位。证券业务成交量仅次于上海、深圳，列全国第3位。英国渣打银行、美国花旗银行、法国巴黎银行、香港东亚银行等10多家外资金融机构在成都设有办事处。成都市已建立中小企业担保基金、科技投资风险基金，地方商业银行初具规模，信托投资业发展良好。全市有近3000多个金融网点，能为企业和社会各界提供多元化的金融服务。成都市正在建设西部金融中心，投融资环境将进一步改善。

成都是国家重要的综合性大型工业基地，拥有含国家级开发区和省级开发区的21个工业集中发展区，在西部最先建立了出口加工贸易区，IT业和现代中医药业等高新技术产业增长迅速。成都高新技术产业开发区、成都经济技术开发区等国家级开发区狠抓基础设施建设，完善区内“一站式”服务，加快与国际惯例接轨。现在，各类开发区的水、电、气、路、通信等基础设施配套完善，管理体制健全，运行机制高效、灵活，已成为吸引外商投资的基地和“窗口”。2004年，成都高新技术产业开发区完成产业增加值120亿元，同比增长25.3%，工业增加值80亿元，实际利用外资2亿美元，出口创汇2.9亿美元，实现税收20.4亿元，主要经济指标已跃居全市第一位，在全国53家国家级高新区中，综合经济实力名列前茅。全球500强中有21家企业入驻高新区。成都农业基础条件良好，是国家重要商品粮油生产基地和蔬菜副食品供应基地，现代农业特别是农产品加工业发展前景良好。

成都拥有十分丰富的旅游资源，都江堰、青城山为世界文化遗产，武侯祠和杜甫草堂举世闻名，“古蜀文明、三国文明、成都美食、熊猫保护、天府风光”五大特色十分鲜明，以成都为枢纽的周边地区聚集了九寨沟、三星堆、峨眉山和乐山大佛等一大批世界级旅游景区景点，发展潜力巨大的旅游业正在成为新的主导产业。

近年来，成都市在不断改善硬环境的同时，积极推进投资体制改革，改进政府服务，投资软环境日趋完善。出台了《成都市人民政府关于加快成都市投资体制改革的决定》及13个配套文件，减少市场准入限制，减少审批事项，改革投资项目管理方式，清理与WTO规则不相适应的地方法规、规章和政策，全面推进规范化服务型政府建设。建立了成都市招商引资局、外商投资管理服务中心和外商投诉中心，以及外商投资企业座谈会制度和外商投诉处理工作责任制。实行“一站式”办公，“一条龙”服务。

良好的投资环境，使成都正在成为国内外客商向西部地区投资的重点城市。成都已同世界上80多个国家和地区建立了经济贸易关系，全市累计批准3157家外商投资企业，全球500强企业已有77家在成都设立企业和办事处，世界IT产业巨子英特尔公司，投资3.75亿美元在成都建设芯片封装基地，友尼森、中芯国际等知名芯片企业也纷纷落户成都。美国联合技术、康宁、摩托罗拉、日本丰田、德国西门子、法国拉法基等已到成都投资。香港一直是成都重要的经贸合作伙伴，2004年港资企业占全市外企总数的47%，港资占全部外商投资额的31%。香港著名企业长江实业、嘉里集团、华润集团等在成都设立了企业。西部大开发使成都成为国内尤其是东部企业的投资热土，一汽集团、东软集团、浙江纳爱斯、双良集团、汇源集团等相继来蓉发展。事实证明，成都投资环境已具有较强的竞争力。台湾机电电子公会最近公布的调查报告中，将成都列为全国第八、中西部惟一极力推荐投资的城市。世界银行、国际金融公司和日中经济协会的评估报告认为，以成都为核心的成都平原经济圈已成为外商投资中国内陆的首选地区，其投资环境已接近长江三角洲和珠江三角洲的水平。

【重点项目介绍】 重点项目进展顺利，全面完成年初安排的目标任务，成温邛高速公路、成彭高速公路、沙河（主河道）综合整治、宝成铁路青白江至成都段新增二线、新国际会展中心主体展馆等项目竣工建成；成都市排洪总出口延伸整治、乡村水泥（沥青）道路联网工程、老成灌路改扩建、龙威年产60万吨优质钢铁制品一期工程、金沙欧倍德商贸中心等项目进展良好；攀成钢轧管系统搬迁改造、市中西医结合医院迁建、金堂电厂、洪安危险化学品到发货市场、第六届全国花博会主场馆等项目开工建设；80万吨乙烯、铁路集装箱中心站、生活垃圾焚烧发电厂等一批重大储备项目的前期工作继续推进。

贵阳市

【经济与社会发展】 2004年，贵阳市经济活力明显增强，经济运行质量逐步提高，经济实力又迈上了新的台阶。全年GDP达到443.63亿元，同比增长13.7%。其中：第一产业增加值31.77亿元，增长7.6%，第二产业增加值233.24亿元，增长15.6%，第三产业增加值178.62亿元，增长12.3%。三次产业结构比由上年的7.6:50.4:42调整为7.2:52.6:40.2，三次产业对经济增长的贡献率分别是4.2%、60%、35.8%，产业结构继续优化。

农业正朝着都市型、观光型、休闲型方向稳步推进。全年粮食产量59.65万吨，油菜籽产量5.89万吨，蔬菜产量86.88万吨，烤烟产量达1.83万吨。全年完成造林面积9100公顷，退耕还林面积2500公顷，幼林抚育作业面积1.72万公顷，肉类总产量16.42万吨。

全年全部工业完成增加值186.38亿元，同比增长16.8%。原煤、焦碳、轮胎外胎、化肥、彩色电视机、啤酒、微硬盘等产品产值、产量大幅增长，全年原煤产量741.36万吨，轮胎外胎355.96万条，化肥64.18万吨，彩色电视机62.22万部，微硬盘76.16万片。

全年完成全社会固定资产投资292.78亿元，同比增长21.1%。其中：基本建设投资完成134.15亿元，增长25%；更新改造投资完成60.83亿元，增长13.3%；房地产开发投资完成72.45亿元，增长18.4%；其他投资完成25.35亿元，增长28.8%。金融机构存贷款增加，资金运行趋于活跃。年末金融机构各项存款余额1068.03亿元，比年初增长19.5%。其中：企业存款余额437.05亿元，增长24%；城乡居民储蓄存款余额402.36亿元，增长16.6%。

全年安排科技三项费5250万元，其中安排市级科技计划项目经费3120万元，实施科技项目127项；安排科技风险投资基金1000万元，实施风险投资、担保项目12项，成功创建国家863微硬盘研发中心、国家新材料产业化基地和国家复合改性聚合物工程技术研发中心。农业新品种、新技术推广力度加大。在积极应用现代农业技术的同时，建起了奶牛、本土特色花卉、无公害蔬菜、无公害优质水果、百宜天麻等五个核心专家大院。生产力促进中心、评估中心、中药现代化创业服务中心等中介机构服务能力进一步提高。

全市共有艺术表演团体11个、群众艺术馆2个、文化馆10个、公共图书馆9个，图书馆藏书量321万册，比上年增长2.2%。广播电台2座，电视台2座，广播人口覆盖率99.2%，电视人口覆盖率97.3%，年末有线电视用户达到48.50万户。

社会保障体系建设得到加强，养老、失业、医疗等保险制度继续推开，"两个确保"得到进一步巩固，社会保障水平不断提高。年末养老保险参保人数为31.21万人，失业保险参保人数为28.73万人，基本医疗保险参保人数为41.05万人。

在全国农运会上，贵阳市为贵州省代表团夺得了2金、5银、7铜。承办了2004年"双鱼杯"全国全民健身乒乓球邀请赛、第五届"应氏杯"世界职业围棋半决赛等赛事，组织举办了"贵阳市第三十三届全民健身跑和越野跑"等市级赛事及活动共百余项（次），极大地丰富了体育文化市场。加强体育竞技人才的选拔和培训，全年组织16个项目，609人参加全国青少年锦标赛和冠军赛，共获得奖牌555枚，获得全省竞技体育评估第一名的好成绩。组织发行即开型体育彩票555万元，为全省乃至全国的体育事业的发展做出了贡献。

深入开展城市环境综合整治工作，做好饮用水源的保护，南明河三年变清的阶段性目标如期实现。推动清洁能源工程建设，巩固清洁能源工程建设成果。城市环境质量继续改善，大气环境质量进一步好转，大气污染得到有效控制，空气质量污染指数为69，酸雨污染得到有效控制，二氧化氮年平均值为0.024毫克/立方米。地面水环境质量进一步提高，地面水水质达标率为94.4%；饮用水源保护进一步加强，饮用水源水质达标率为97.9%。城市区域环境噪声和交通干线噪声平均值进一步下降，分别为55.7分贝和69.6分贝。加强对废水、废气、废渣和噪声等污染源的治理，新增工业废水处理能力28691吨/日、工业废气处理能力13.35万标立方米/时和工业固体废物处理能力30588吨/日。

全市建成区园林绿地面积3634.92公顷，

绿化覆盖面积3747.6公顷，公共绿地面积1208.27公顷，绿地率37.1%，绿化覆盖率38.2%，人均公共绿地面积8.65平方米。

城乡居民收入显著提高，生活水平不断改善。全年农民人均纯收入2809元，比上年增长11.9%，扣除物价因素，实际增长7.4%。城市居民人均可支配收入8989元，增长12.6%，实际增长10.3%。城镇居民恩格尔系数为39.8%。

【招商引资与利用外资】 2004年，贵阳市不断提高对外开放的档次和水平，投资领域不断拓宽，从以制造业为主逐渐转向工业和服务业兼顾发展。投资结构得到进一步优化。外商投资贵阳优势产业和基础设施的项目有所增加，单项合同利用外资规模较大。全年引进内资项目1364个，合同引资金额234亿元，实际到位资金122.42亿元，同比增长35.64%；共批准外商投资企业22个，合同外资金额1924万美元，直接利用外资5237万美元，增长18%。

大项目的引进和建设进度明显加快。全年共引进1000万元以上投资规模项目150个，其中5000万元以上投资规模项目32个，1亿元以上投资规模项目12个。兰花水泥、五矿铁合金等工业制造项目的相继建成投产，有力改善了招商引资中第二产业的投资质量；浙江商城的快速建设、沃尔玛商场、北京华联超市的开业使商业投资项目的质量得到有力提升；中化集团重组水晶集团公司、四川蓝剑重组瀑布啤酒厂等大型项目顺利实施标志国有企业改制实现新的突破；息烽重钙、世华数码、山东兖矿等大型项目进展情况良好。到年底，已有沃尔玛、日本京瓷、韩国日星、法国达能、美国百胜、中国化工进出口公司、普尔斯玛特等7家世界500强投资项目落户贵阳。美国摩托罗拉、可口可乐和泰国正大集团在贵阳投资项目也正在洽谈中。在引进国内知名大企业方面也取得较大突破，青岛海信、辽宁西洋肥业、山东兖矿、中国五矿进出口公司、中国化工集团、娃哈哈集团等近10户国内500强企业投资项目落户贵阳。

由市有关部门组成的招商小团队多次赴上海、浙江、广州、福建等地就贵阳的投资环境和投资项目进行重点推介。其中4月在福建厦门、泉州举行的贵阳投资推介会取得了较大成功，签约项目总投资超过20亿元；已有深圳、广东、福建等地组织的大型经贸考察团陆续对贵阳进行了投资考察，并就基础设施、能源建设、国企改制等重点项目进行了广泛的对接与洽谈，成效显著。

市政府代表团赴泛珠三角城市招商取得了丰硕成果。共签订各类意向性协议41项，总计引进内资75亿元，协议利用外资1.01亿美元。在签约项目中，投资过亿元的项目23个，占项目总数的56%。

【重点项目介绍】 金阳新区基础设施建设在完成17平方公里“三纵五横”道路主骨架建设及相应的管网系统的基础上，2004年完成全长1479米，宽25米的十三号路90%的工程量。此外，贵阳一中新校图书馆、外教宿舍、国际部教学楼、多功能体育馆等项目进展顺利，2004年完成投资10715万元。行政中心会议中心大楼、接待中心大楼、行政中心后勤服务中心、行政中心信息控制中心均于2004年投入使用；金阳新区市级行政中心二期工程进展顺利。

中心区的东新路、友谊路、清溪路、贵筑路、解放路、南娅路改造已基本完工；贵乌南路、观水路、红岩路、扶风路、八角岩路、珠江路、营盘路改造工程正在进行中，2004年完成投资76398万元，计划2005年初建成通车。总投资近10亿元的二环城林带公益林建设2004年完成生态公益林建设9.67万亩，完成投资10249万元。

昆 明 市

【经济与社会发展】 2004年，昆明市国民经济持续快速协调发展，社会事业取得新的进步。全年GDP达到942亿元，同比增长12%。其中：第一产业增长4.3%，第二产业增长14.6%，第三产业增长10.5%；实现地方财政收入85.6亿元，增长36.1%；完成全社会固定资产投资435亿元，增长20.3%。

农业以农民增收为目标，全面发展农村经济。充分重视粮食与烟叶的生产，积极兑现对种粮农民直接补贴的政策，全年粮食总产量略有增长，中上等烟叶比例达到99.8%，收购价每斤平均提高1.32元。扶持重点龙头企业，提高产业化经营水平，建设食品安全检测系统，扩大优质蔬菜、花卉、马铃薯、洋蓟等特色品种规模，畜牧业克服禽流感影响仍平稳增长，新增造林面积9.85万亩。通过以工代赈、小额信贷发放和挂钩扶贫等方式，扶持22个温饱村建设，培训农村劳动力4万人，劳务输出3万多人。农村税费改革使农民负担减轻61%。完成呈贡横冲、晋宁双龙水库除险加固主体工程，新解决8.74万农村人口的饮水困难。

落实工业强市措施，提高工业增长的质量和效益。国企改革稳步进行，积极引进战略合作伙伴，整合企业资产；制定工业强市发展纲要，安排发展基金和争取省贴息共1.8亿元，扶持骨干企业和机械、轻工行业一批重点技术改造项目；协调解决电力供应，原材料工业增长较快，卷烟、冶金、医药产业的优势作用进一步显现，高新区和经开区工业增加值增长20%以上。全市工业增加值增长14.8%，占GDP比重提高了2.3个百分点，规模以上工业企业利税增长38.8%，为近几年最好的水平。

加强协调服务，壮大县域经济。初步形成县域经济发展规划和北部5县区发展思路调研，向云南省上报了县区村村通油路和石漠化综合治理专项规划；7个县（市）区被省政府定为首批县域经济发展试点，启动了东川再就业特区建设；对安宁、东川和4个城区下放市级管理权限；积极为4区调整区划和各县调整经济结构服务，安宁、呈贡等市县引进大项目增多，12个县（市）区GDP增长超过10%，全市非公经济占生产总值的比重提高3.5个百分点，达到45.5%。

落实科教兴市战略。实施17个科技攻关项目，电子政务建设、企业信息化示范工程取得进展。改善办学条件，扩大高中招生，提高办学水平。中小学排除危房面积2.7万平方米，新增4所民办高中，优质高中招生比例为39%。教育部已批准组建昆明学院，促进了高等职业教育资源重组。

积极发展各项社会事业。设立文化发展专项资金，发展文化产业，市文艺生产基地主体工程竣工；新建200座行政村广播电视接收站；14个县（市）区疾控中心和传染病区（科）改扩建已竣工3项；老年大学完成建设方案，全国残运会体育场馆开始征地拆迁；落实奖优免补政策，计划生育工作取得成效，人口自然增长率为6.5‰。

全年完成社会消费品零售总额370.5亿元，增长12.8%。针对部分商品价格上涨，定期监测粮食、油料、肉类等必需品和生产资料价格变动走势，及时组织专项检查，防止搭车涨价，规范市场秩序，营造诚信的消费环境。市场供给充裕，商贸业增加值增长

7.7%，全市旅游总收入为137.5亿元，增长16.1%。

围绕提高公共服务水平，协调发展各项社会事业。重视就业和社会保障工作。全市对10.7万人进行就业培训，新增城镇就业人员5.9万人；重视部分生活必需品价格上涨对弱势群体的影响，提高了最低生活保障标准，将城镇残疾人员纳入低保范围，推行农村“五保户”定补政策，努力解决特困职工生活、外来务工人员子女入学、拖欠民工工资和拆迁补偿等突出问题，促进社会稳定。全年城镇居民人均可支配收入9046元，实际增长7.2%，农民人均纯收入2909元，实际增长6.4%；城镇登记失业率控制在2%以内。居民消费价格指数上涨6.5%，超出1.5%的计划目标5个百分点。

【投资环境与利用外资】 2004年，昆明市扩大招商引资，提高对外开放水平。实行审批告知承诺和首席代表负责制，全市行政审批事项精简率达66%；落实部门责任制，建立重大项目储备库，强化服务意识，改善投资环境，支持企业开拓国内外市场，以好项目吸引资金、技术。全年新增外商投资企业104户，实际利用外资6228万美元，同比增长21%；签订国内经济合作项目467个，实际引资62亿元，增长27.7%；全年完成进出口贸易总额26.1亿美元，增长46.9%。

全面贯彻宏观调控政策，促进投资和消费需求增长。积极引导产业发展，保持投资增长。依法清理整顿土地市场，规范用地方式，盘活土地存量，完善用地手续，根据国家鼓励发展的产业，上报批准14个项目新征用地752公顷；全面清理固定资产投资，属于清理范围的305项中，停建1项，整改缓建4项。

加强财政投资监管，争取信贷支持，扩大社会投资领域，推进自来水、煤气等公用事业市场化运作，保持投资对经济增长的拉动。规范市场秩序，扩大消费需求。加强教育、医药及涉农价格收费的检查，实行义务教育“一费制”和行政事业收费公示制，当年取消行政事业收费68项。

【重点项目介绍】 2004年，昆明市围绕现代新昆明建设，实施33个重点基础设施项目，经过努力，有4项竣工，10项基本完成主体工程。

加快滇池治理步伐，完成盘龙江上段截污和东风坝退塘还湖一期工程。基本完成滇池治理“十五”计划中45个子项目的前期工作，动工22项；加强综合执法，市、县、乡（镇）分级负责，建设700个垃圾收集点和2000亩湖滨生态带，控制污染；滇池北岸水环境综合整治项目建议书已获国家批准。

制订交通整治规划，完善城市功能。改造主城区40条支路，拆除违章建筑；320国道眠山至车家壁段、民航路改造、东风路下穿等6项完工通行，三环路南段开工，昆洛公路完成总投资的44.6%。

续建项目进展顺利，掌鸠河引水工程完成总投资的86%，市消防指挥中心基本完工；配合铁路部门开展沾昆二线工程和昆南集装箱中心站征地拆迁工作；引进了云药港等产业开发项目；清水海调水规划通过评审。

拉萨市

【经济和社会发展】 2004年，拉萨市经济和各项社会事业继续呈现出良好的发展态势。全年GDP达到75.24亿元，同比增长17.2%。连续4年保持了16%以上的增长速度。其中：

第一产业增加值6.8亿元，增长6.25%；第二产业增加值18.3亿元，增长19.61%；第三产业增加值50.14亿元，增长17.98%。一、二、三产业的比重为9:24:67。财税、金融运行平稳，全年实现财政收入2.80亿元，增长14.5%。

农牧业结构调整取得新的成效，农牧区经济保持稳步发展。在稳定和保持粮食综合生产能力的前提下，因地制宜进行农牧业产业结构调整，加大了扶贫开发、农田水利、乡村道路等基础设施建设力度，农区和城郊畜牧业、蔬菜、花卉等多种经营发展加快，农牧业结构调整取得成效，质量和效益有所提高，农牧区经济保持了稳定发展。全年实现农业总产值9.5亿元，同比增长9.75%。在粮食播种面积在减少的情况下，总产量达到17.97万吨，比上年下降1.57%；油菜籽产量1.65万吨，增长16.97%。积极扶持发展特色产业。实施建设了墨竹工卡县藏鸡产业开发，城关区奶牛产业开发，林周、曲水两县农牧畜牧业综合开发等7个项目。

第三产业保持良好发展趋势。消费市场稳中趋活，价格小幅上涨。全年实现社会消费品零售总额30亿元，同比增长10.5%。充分发挥全区商贸中心和流通集散地的作用，大力发展商业特色街区、商业批发，超市连锁等商业的商业体系建设，形成了一批规模大、效益好、辐射力强的商业企业。居民的消费观念和消费结构发生很大变化，用于居住、汽车、教育、医疗保健支出的比例明显加大。

积极推进以旅游业的发展，加大旅游基础设施建设，充分发挥首府城市和历史文化名城优势，积极做好旅游线路和景点连接线的规划建设。不断扩大旅游市场，进一步改善旅游环境和服务，全力打造拉萨旅游品牌。全年共接待国内外游客51万人次，增长30.8%；实现旅游总收入6.8亿元，增长48.8%。

固定资产投资继续保持快速增长，全年完成全社会固定资产投资17.8亿元（不包括中直和区直），同比增长21.09%，有力地促进了经济持续快速增长。

随着社会经济的发展，加大了对社会各项事业投入力度，保持了经济和社会各项事业的协调发展。全年实施了67个社会基础设施建设项目，总投资2.11亿元。安排教育基本建设项目19个，投资1.62亿元。新建和改扩建校舍面积12.95万平方米，办学条件得到显著改善，在自治区率先实现了“两基”攻坚目标。适龄儿童入学率达到98.79%，比上年提高0.09个百分点；青壮年文盲人口降低到3%以下。

科技三项投入经费达1100万元，落实科技项目42项，涉及优良品种选育、旅游产品开发、地方病研究等行业和领域。《拉萨市科技产业发展现状与对策研究》等13项科研成果通过专家验收和成果鉴定。

卫生体系建设落实投资2842万元，实施建设了市区医院综合门诊楼、市疾病预防控制中心和地方病强毒室，9个乡（镇）卫生院建设。这些项目的实施，进一步提高了医疗服务水平，增强了处置突发公共卫生事件应急反应和救治。

文化、广播落实投资367万元实施建设了市群众文化培训站、达孜县综合文化活动中心，改扩建广播电视台（站）39座。电影“2131”工程和尼木、墨竹工卡、达孜县广播电视“村村通”工程通过自治区验收，广播及电视口覆盖率分别达到90.77%和92.75%。

城乡居民生活水平日益提高，收入差距进一步缩小。全年城镇居民人均支配收入9242元，增长5.45%。农牧民人均纯收入2585元，增长14.12%。城乡收入差距由上年的3.87:1缩小3.58:1。

社会福利、社会救济、优抚安置和帮助、助残等社会保障事业也得到全面发展。通过全市各级部门的共同努力，社会保障体系逐步完善，城镇职工基本医疗保险制度已全面启动，下岗职工基本生活费、离退休人员养老金按时足额发放。提高了城市居民最低生活保障标准，基本做到了应保尽保。

【投资环境与招商引资】 2004年，拉萨市紧紧抓住西部大开发和青藏铁路的建设以及对口支援的历史机遇，以市场为导向，以企业为主体，以互利为目的，以效益为中心，以政府为依托，全面推进招商引资的各项工作。

进一步通过各种媒体宣传投资较硬环境的不断改善及优惠政策，扩大对内外开放，打破地域界限，组织企业针对性参加内地有关省市组织的经贸洽谈会、物资交流会、商品博览会，为拉萨市具有民族特色产品进入内地市场创造条件；利用拉萨市地域、资源和市场潜力等优势，广泛开展东西部合作，以多种方式吸引东部地区资金、技术、信息来发展拉萨市经济；在政府和经贸委的统一部署下，继续举办了节假日商品交易会，如雪顿节经贸洽谈会、名优产品展销活动；对7县1区和市直企业申报的招商引资项目，逐一进行公布前的筛选、考察、论证，使产业结构更加合理，科技含量逐步提高。

通过进一步完善投资优惠政策，包括土地政策、财税政策、金融信贷政策、服务政策、户籍政策等，大大改善了投资环境，个体、私营等非公有制经济发展迅速，对促进经济增长、扩大就业和活跃市场等方面起到了重要作用。

按照全市招商引资工作会议精神，出台了《关于大力加强推进招商引资工作的意见》，进一步完善了招商引资的政策措施。为了加强与区内外的经济技术合作，提高招商引资成效，拉萨市组织了招商引资代表团赴江苏、四川、两省三市开展招商引资活动；利用雪顿节经贸洽谈会，积极为区内外企业和商户牵线搭桥。据不完全统计，全市共引进项目153个，签订协议金额达35亿元。

【重点项目介绍】 重点项目建设进展顺利。夺底路、纳金路、北干渠道、老城区道路及排水管网改造、堆龙河县城防洪堤二期工程、工布堂至拉萨大桥防洪堤、大桥至太阳岛防洪堤、尼木县中学、曲水县综合性老年活动和社区服务中心、尼木县塔荣灌区工程、曲水县卓布河防洪堤，林周县卡孜水库整治、林周县牛马干渠、二期人畜饮水项目、城关区次角林小流域俄隆沟治理等一批项目已竣工投入使用。同时，投资3.8亿元的柳捂大桥和投资2.3亿元的金珠西路改扩建以及污水主干管网工程开工建设，工作进展顺利。这些项目的实施建设，拉动了全市经济的快速增长，有效带动了社会投资的跟进。

基本建设管理程序进一步得到规范。凡列入市重点建设的项目，都严格按基本建设程序完成可行性研究等前期工作。在招标过程中，严格按照《招标投标法》、《西藏自治区关于规范招标活动的实施意见》的规定执行，认真坚持参加全区重点建设项目调度会，及时反映市重点建设项目实施过程中出现的问题和困难。加强重点项目管理。按照。《西藏自治区人民政府办公厅关于加强建设项目管理确保工程质量的通知》要求，严格施工过程中各个环节。积极配合自治区发改委对拉萨市部分重点项目的审批程序、招投标方式、资金使用、工程质量等方面进行了稽查。通过稽查，进一步规范了基本建设程序。

【对口支援】 在受援工作中，全市紧紧围绕稳定和发展这两大主题，进一步拓展对口支援工作思路，在坚持对口支援工作“三个为主”总体工作思路的基础上，结合拉萨实际，使对口支援工作有了新举措，特别是通过双方高层互访，进一步加深了相互了解，对口支援工作向纵深和宽领域方向发展。自2004年2月份，拉萨市分别与北京市、江苏省签订了2004年至2008年援助项目框架协议，项目投资定向为4.5亿元，援助的主要项目以人民群众密切相关的公益性和基础设施项目为主，积极拓宽招商引资渠道，扩大社会民间投资。

【“三农”工作】 结合城乡差距较大，农牧民收入水平低的实际，把改善农牧区基础设施条件和如何增加农牧民收入作为中心工作来抓。有力地促进了农牧区经济稳步发展，农牧民生产生活条件进一步改善。

一是加大对农牧区基础设施建设投入的力

度。积极调整投资方向，加大农村水利设施、乡村公路、人畜饮水、以工代赈、扶贫搬迁等基础设施建设的投入力度。全年共落实涉农资金达 4 亿元，新修乡村公路 264.14 公里，40%的乡实现了油路。新建 675 个人畜饮水点，解决了 47 个乡（镇）的 161 个村、4.7 万人和 24.16 万头（只）牲畜的饮水困难，475 户大骨节病区群众搬迁安置工作进展顺利。配合火车站建设投资 2600 万元的柳捂区 109 户群众搬迁工程已竣工，群众陆续迁入新居。对口援助的 241 个村委会办公用房全部投入使用，拉贡公路、318 国道沿线民房改造也正式启动。

二是大力推进农业和农村经济结构调整。在河谷农区通过扶持，引导等措施，努力提高经济作物种植比例，大力发展蔬菜和奶牛养殖业为主的特色经济，"粮、经、饲"比例更加合理。在农区积极建设推进牧业基地建设，引导牧民改善饲养方式，提高了出栏率和畜牧业的综合效益。

三是加强农牧民技能培训，积极促进农牧民增收。市里组织农牧经济能人赴山东、山南等地学习，通过对劳务输出的政策引导、能人带动、技术培训等措施，农牧民生产技能明显提高，增收致富的思路进一步拓展。全年劳务输出达到 10.5 万次，实现劳务收入 1.37 亿元。同时，以培植农业产业化龙头企业和扶持农畜特色产品加工为重点，加快了乡镇企业和多种经营发展步伐。乡镇企业实现产值 5.68 亿元，比上年增长 14.8%；多种经营总收入达到 4.35 亿元，增长 48.5%。

四是认真做好小康水平示范规划工作。按照自治区制定的《西藏自治区全面建设小康社会试点实施方案》，安排了部分银行贷款资金用于达孜、曲水、等 5 个小康示范县和 4 个小康示范村的规划编制工作。

西 安 市

【经济与社会发展】 2004 年，西安市经济运行保持了"增长快速、效益提高、物价平稳"的发展态势，全年 GDP 达到 1095.87 亿元，同比增长 13.5%。完成全社会固定资产投资 640.4 亿元，增长 34.0%。实现财政总收入 164.5 亿元，其中地方财政收入 86.1 亿元，增长 21.5%。

全年实现农业总产值 100.1 亿元，同比增长 8.4%。粮食生产出现恢复性增长。在粮食直补和农业税减免等政策促动下，农民种粮积极性提高，加之气候条件适宜，粮食生产出现重要转机。在播种面积与上年基本持平的情况下，扭转了自 1999 年以来总产连续 5 年下降的局面，全年粮食总产量 195.8 万吨，比上年增长 11%。完成造林面积 20.9 万亩，比上年减少 32%，零星植树 1174 万株，增长 14.6%。猪、家禽年末存栏数有所下降，牛、羊年末存栏数均有所上升，肉、奶产量均有较大增长，禽蛋产量有所下降。全年水产品 1 万吨，下降 2.5%。

全面实施工业振兴计划，加快两个开发区"二次创业"步伐，全力推进国有企业改革，加大新产品开发力度，工业经济保持了较快的增长势头。全年实现工业增加值 366 亿元，同比增长 15.1%，实现工业总产值 1264.1 亿元，增长 18.1%，其中规模以上工业企业实现总产值 789.2 亿元，增长 22.9%。工业结构继续优化。规模以上国有工业企业和股份制工业企业增势强劲。全年国有企业工业总产值 221.4 亿元，增长 25.7%；股份合作企业工业总产值6.75亿元，增长12.6%；股份制企业工业总产值425.5亿元，增长28.6%；集体企业工业总产值24.4亿元，下降4.6%；外商及港澳台商投资企业工业总产值104.9亿元，增长6.1%。工业运行质量改善，经济效益继续提高。规模以上工业企业产品销售率96.9%，比上年提高0.3个百分点。规模以上工业企业实现销售收入801.8亿元，增长23.6%；利税总额66.7亿元，其中利润总额34.5亿元，增长9.9%；工业经济效益综合指数120.5。比上年提高5.6个百分点。

在西部大开发和国家加强宏观调控的大背景下，固定资产投资继续保持较大幅度增长，但增长速度较上年有所放缓，国家宏观调控政策效应明显。全年完成全社会固定资产投资640.4亿元，同比增长34%。

全年实现社会消费品零售总额506.5亿元，同比增长15.1%。其中城镇消费品零售额456.3亿元，增长15.4%；农村消费品零售额50.2亿元，增长12.3%。批发零售贸易业零售额373.1亿元，增长14.5%；餐饮业零售额120.2亿元，增长17.2%；其他行业实现零售额13.18亿元，增长12.9%。市场物价运行呈现由降转升态势。全年居民消费价格比上年上涨2.3%。

金融支持力度加大，个人消费贷款大幅增长。年末金融机构各项存款余额3061.7亿元，比年初增长14.9%；各项贷款余额2052.3亿元，增长9.6%。金融机构现金收入5953.3亿元，增长21.3%；现金支出5681.3亿元，增长21.1%；全年现金净回笼272亿元。

旅游业增长加快。全年接待国内游客2084万人次，海外游客65万人次，分别增长29.1%和93%。实现国内旅游收入154.4亿元，旅游外汇收入3.3亿美元，分别增长45.1%和1.3倍。全市拥有年接待游客10万人以上的景区20个；国家4A级景区9个；有全市星级宾馆72家，其中五星级宾馆4家。

全市拥有各类专业技术人员36.9万人。组织实施科技计划项目353项，投入市级科研经费4851.5万元。积极争取国家支持，列入科技部各类科技计划和重大专项130项，获资金支持5540万元。实施重点科技成果转化项目40项，技术市场交易额5.8亿元。全市专利申请量2200件，专利授权量1360件。累计专利申请量18962件，专利授权量10390件。高新技术产业化进程加快，新认定高新技术企业148家，累计高新技术企业1023家。

巩固和提高义务教育成果，扩大高中教育规模，切实提高职业教育与成人教育办学水平，促进高等教育进一步发展。全市小学、初中入学率分别为99.9%和98.8%。小学、初中、普通高中、职业高中在校学生分别为63.8万人、37.5万人、19.1万人、4.6万人；普通中等专业学校在校学生5.7万人，毕业生1.4万人；普通高校在校学生44.8万人，毕业生8.5万人。社会力量办学蓬勃发展，拥有民办其他高等教育机构36所，民办普通中小学90所，民办职业学校30所。

积极推进文化体制改革试点，加强基层文化建设，丰富城乡人民生活。规范文化市场秩序，促进文化产业健康发展。广播、电视、报刊等宣传媒体围绕市委、市政府重要工作、重大活动、重点工程，开展了形式多样富有成效的新闻宣传。文化出版市场管理和文物管理工作进一步加强。全市有文艺表演团体16个，群众艺术馆2个、文化馆13个、文化站167个，公共图书馆14个。

环境保护、污染治理工作力度加大，生态保护和环境建设取得新进展。围绕创建国家环保模范城市，加强对水环境污染的综合整治，实施对污染物总量的控制，城市环境质量进一步改善。全市建立各级环境监测站14个，烟尘控制区11个，面积198.7平方公里；环境噪声达标区6个，面积81平方公里。城区环境空气质量好于国家二级标准（优良）的天数达到260天，比上年增加5天，优良天气率提高了1.2个百分点，饮用水源水质达标率100%。

大力加强公共卫生体系建设，积极推进农

村卫生改革，深化城镇医疗卫生体制改革。围绕“创建国家卫生城市”重点工作，加强食品卫生、公共场所及饮用水卫生等专项整顿工作。医疗卫生条件继续改善，服务水平进一步提高。农村新型合作医疗覆盖面达85.5%。年末全市拥有医疗卫生机构2414个，其中医院、卫生院487个，专业卫生技术人员4万人；卫生机构床位3.3万张。

社会公共事业全面发展，城乡居民收入有了明显提高。城镇居民人均可支配收入8544元，增长10.3%；农村居民人均纯收入3143元，增长10.8%。社会保障功能进一步增强。全市养老、医疗、失业、工伤保险参保人数分别为96.7万、130.5万、128万和38.1万。养老保险金社会化发放率100%，失业保险金社会化发放率98%。全年新增就业7.48万人，城镇登记失业率为4.3%，下岗失业人员实现再就业3.95万人。全年劳务输出35.43万人。

【利用外资】　2004年，西安市利用外资持续增长。全年新批外商直接投资企业159个，同比增长20%；合同外资额7.8亿美元，外商直接投资2.76亿美元，分别增长23%和8%。新批外商投资企业中合资项目50个，占新批项目总数的31%；合作项目17个，占新批项目总数的11%；独资项目92个，占新批项目总数的58%。

由于国际经济和贸易形势好转，入世积极效应进一步释放，以及外贸经营权的全部开放，外贸出口增势强劲。全年完成外贸出口总额20.35亿美元，增长45.1%。新签对外承包工程和劳务合作合同额6207万美元，完成营业额4208万美元，分别增长70%和15%。年末在外劳务人数2009人，增长16.2%。

【重点项目介绍】　2004年，西安市加大了重点建设项目协调力度，年初确定的120个重点在建项目大多进展顺利，全年完成投资224.2亿元，到年底已有34个项目交付使用。一环路改造项目朝阳门、西门已交付使用，二环增设立交桥项目朱宏路高架、太白路立交桥已建成通车，城墙东南角立交桥、城墙西南角立交桥主体、咸宁路、兴庆路立交桥、桃园路和劳动路立交桥主体等基础设施项目基本完工；西安科技投资有限公司信息技术专业孵化器孵化基地项目、陕西佳美通讯科技有限公司移动存储器生产线项目、日立永济电气设备（西安）有限公司电器控制产品生产线项目和秦始皇兵马俑博物馆馆前环境建设项目等建成投产。

【特色产业发展】　工业振兴计划顺利推进，高新技术产业、装备制造业等支柱产业支撑作用强劲，实施名牌战略取得显著成绩。经济布局日趋合理，高新区、经济开发区和曲江新区保持高速增长，产业聚集和集群效应初步显现。

大力发展高新技术产业。继续推进技术创新，实施“科技创新十大工程”，以电子信息、光机电、软件、新材料和生物工程与新医疗产业为核心，积极支持转化重点科技成果50项，继续培养科技型企业发展。在软件开发、集成电路设计等重点行业形成10项具有自主知识产权的重大高技术项目和标志性成果，全年高新技术产值突破460亿元。

高新技术开发区以“二次创业”为动力，经济发展保持较快增长。全年完成固定资产投资80.3亿元，同比增长46.7%；合同引进外资额2.9亿美元，增长6.4%；实际引进外资额1.3亿美元，增长41.5%；财政收入8.3亿元，增长21.9%。经济技术开发区以产业发展和招商引资为重点，加快园区基础设施建设，下大力气改善投资环境。全年完成固定资产投资45亿元，较上年增长80.7%；合同引进外资额2.5亿美元；实际引进外资额1.1亿美元，增长25%；财政收入2.5亿元，增长30.1%。曲江新区以“文化立区、旅游兴区”为发展思路，实施“重大项目带动”和“经营城市”战略，各项事业快速、健康、持续发展。全年完成基础设施投资6.7亿元，比上年增长142.8%；实际利用外资1514万美元。

兰州市

【经济与社会发展】 2004年，兰州市经济健康稳定发展，全年GDP达到504.65亿元，同比增长11.4%。人均GDP达到16476元，增长10.1%。全社会固定资产投资完成231.9亿元，增长10.1%。地区性财政收入84.5亿元，增长15.86%；一般预算收入24.95亿元，增长21.33%。居民消费价格上涨1.1%左右。城镇新增就业人数4.2万人，城镇登记失业率为2.5%。城镇居民人均可支配收入7683元，增长8.3%，农民人均纯收入2550元，增长6.3%。全市非公有制经济实现增加值125亿元，占GDP的比重为24.8%，增长13%。

农村经济稳步发展，全年实现农业增加值20.61亿元，同比增长3.27%。蔬菜、奶牛、肉羊等优势产业呈现良好发展势头，蔬菜产量达到14.8亿公斤，其中外销7亿公斤。订单农业达到66.22万亩。乡镇企业稳步发展，完成增加值83.3亿元，增长18%。农村人畜饮水、节水灌溉、乡村道路、农村沼气等“六小工程”建设不断推进，退耕还林（草）、天然林保护、“三北”四期和南北两山环境绿化工程如期进行，全年完成人工造林42.45万亩。扶贫工作扎实推进，整村推进力度加大，基本解决了1.1万绝对贫困人口和2.5万低收入人口的温饱问题。

工业带动作用明显增强，全年完成工业增加值214.54亿元，增长13.57%；市属工业完成增加值68.2亿元，增长8.2%。支柱产业特别是大中型企业对全市经济发展的支撑带动作用明显增强，大中型企业完成工业增加值占全市工业的70%以上。石油化工、有色金属、煤炭、烟草等重点产业增势强劲。工业产销状况良好，经济效益明显改善，全市规模以上工业企业盈亏相抵后实现利润4.64亿元。

高新技术开发区和经济技术开发区技工贸收入分别达到120亿元和35亿元，分别增长20%和38.9%。非公有制经济保持良好发展势头，完成增加值125亿元，增长13%。

商贸流通建设迈出新步伐。消费结构逐步升级，汽车、住房、通讯等新的消费热点加速形成，带动了消费的快速增长。全年实现社会消费品零售总额228亿元，同比增长12%。以中央商务区、东部商贸经济带和西部商贸经济圈建设为重点，流通结构得到更新和调整，经营服务功能趋向完善。以酒钢宏顺物流中心、东部市场二期等项目建设为标志，现代物流与配送、大型综合性超市、连锁经营、电子商务、社区服务等现代新兴服务业得到了快速发展。

旅游业发展加快，兰州市通过了国家旅游局的验收，被正式命名为“中国优秀旅游城市”。全年接待入境旅游者4.48万人次，接待国内旅游者255.4万人次，旅游业总收入达到8.81亿元。对外经济进一步发展，全年实现外贸进出口总额6.8亿美元，同比下降9.35%。其中：出口5.4亿美元，下降13.25%。

金融和保险业运行平稳，存贷款稳定增加。年末金融机构各项存款余额1239.01亿元，同比增长16.02%。各项贷款余额1087.58亿元，增长15.67%。银行现金收支相抵，净回笼68.69亿元，增长19.81%。保险业务稳步发展，全市承保总额1666.63亿元，保险业务收入17.13亿元，增长8.49%，支付赔款2.68亿元。

城市建设加快，新增城市道路长度27.3公里，新增公园绿地426公顷。黄河兰州段水污染和城区大气污染治理力度加大，空气质量三级好于三级的天数占全年总天数的95.1%，城市形象有了新的提升。

各项社会事业协调发展。"两基"成果得到巩固和提高，围绕全面实施素质教育的各项教育改革继续深入进行。农村中小学危房改造工程、引大灌区移民学校建设工程进展顺利，新建标准化初中和示范性中学14所。公共卫生服务体系建设、疾病预防控制体系和医疗救治体系不断完善，基础设施建设力度不断加大。市第一人民医院、第二人民医院、市第三人民医院及市传染病医院、县区医院传染病区、永登、安宁疾控中心等项目进展良好。乡村卫生一体化管理和农村新型合作医疗制度试点工作稳步推进。全民健身活动蓬勃开展，体育公园二期工程开工建设，体育中心建设项目前期工作进展顺利。

"文化兰州"建设再创佳绩。大型舞剧《大梦敦煌》成功入选2003年至2004年度国家舞台艺术精品工程剧目。《读者》杂志发行量达到940万册。群众文化活动丰富多彩，成功举办了首届农民艺术节等活动。由香港金海湾集团赞助的金海湾艺术节集中展演了《红梅赞》、《丝路花雨》、《大梦敦煌》等国家级舞台艺术精品剧目，提升了"文化兰州"建设的品位。

【投资环境与招商引资】　兰州市建成了市政府政务大厅，具有审批、核准、办证、登记等职能的33个部门，在政务大厅设立了服务窗口。行政审批制度改革后保留的审批、核准、审核、办证、年审、年检、登记等300项审办事项，都进入政务大厅，实行"一站式、一条龙"服务和"阳光操作"，接受公众监督。各部门给窗口首席代表授予必要的审批权限，提高即办事件的比率。充分发挥政务大厅的作用，简化审批环节。政务大厅遵循"廉洁、勤政、务实、高效、"的宗旨，实行"一事一地，充分授权，集中审批，统一收费"的运行机制，为各类经济组织和市民办理各种审批提供服务，把政务大厅建成了便民、利民的快速绿色通道。

2004年，兰州市招商方式不断创新，渠道进一步拓宽，中粮可口可乐、丹麦嘉士伯等知名品牌落户兰州，兰州众邦电线电缆公司、兰州好为尔乳业集团、北京华联集团、天津家世界集团等企业都已开始了在兰州的二次投资。新审批外商投资企业29户，合同利用外资2.03亿美元，同比增长7.28%，累计外商投资企业总数达到1448户。

2004年，兰州市的招商引资工作中工业项目明显增多。在全年签约的223个项目中，工业项目133项，占项目总数的59.6%；引资到位13.86亿元，占全部新签项目引资到位的59.2%。酒钢集团榆中钢厂工程投资20亿元，新建年产100万吨钢材、50万吨电焊条生产线项目；浙江台州三丰装饰有限公司投资8000万元，在三川口工业园区新建年产1000万平方米铝塑板材生产线项目；珠海中富集团投资6000万元在高新技术开发区建设年产2亿只聚脂瓶生产能力的聚脂吹瓶厂项目；一汽解放汽车销售有限公司与安宁经济开发区管委会合作投资5000万元，在沙井驿新建年产1万辆一汽解放中重卡汽车组装生产线等项目进展顺利。

第十二届兰洽会共接待国内外宾客154个团组。签约各类合作项目88项，合同总投资63.8亿元，引进外资4200万美元，合同引进内资50.2亿元；中国石油集团西部管道公司投资建设输油管道等一批特大项目在会期顺利签约。

【重点项目介绍】　中石油兰州石化公司60万吨乙烯改扩建工程：2004年4月开工建设，总投资62.92亿，计划于2006年底建成投产。工程建成后，将乙烯生产能力由年产24万吨扩大到年产60万吨，同时将形成20万吨全密度聚乙烯、20万吨高压聚乙烯、30万吨聚丙烯的生产能力。将满足中西部地区对聚乙烯、聚丙烯等产品的市场需求，同时将使兰州石化公司年销售收入新增58亿元、利润新增8.2亿元，提高兰州石化工业的核心竞争力。

酒泉钢铁集团榆中钢厂项目：总投资20亿元，已经建成一期100万吨钢生产线建设工程；二期总投资2.3亿元，建设50万吨型材生产线。

年产5万辆专用汽车项目：计划2005年开始建设，预计2006年投产，2008年达到年产5万辆专用出租车规模，总投资23.95亿元。项目建成投产后，预计年实现销售收入81.7亿元人民币，出口创汇3.75亿美元。

兰州至临洮高速公路：全长93公里，2004年12月通车。兰州至海石湾高速公路：全长101公里，投资30亿元，2004年11月通车。这两条高速公路的建成，使兰州市区5个出口全部实现了高速化。

安宁区污水处理厂工程：总投资3.97亿元。建设规模为日处理污水20万立方米，工程于2001年9月开工，计划2005年年底建成。

西固石化城环境综合整治工程：工程计划2006年建成，总投资6亿元。重点实施“12条道路，2座桥梁”等14项市政基础设施建设项目及公交站场、公共厕所建设。拓建整治道路总长26.5公里，新增道路10公里，彻底改善西固石化城的交通状况和环境状况。

西 宁 市

【经济与社会发展】 2004年，西宁市国民经济保持快速增长，全年GDP达到174.7亿元，同比增长14.8%。其中：第一产业增加值10.61亿元，增长5%，第二产业增加值87.52亿元，增长21.1%，第三产业增加值76.61亿元，增长9.5%。人均GDP达到8484元，增长13%。财政实现一般预算收入20.14亿元，增长15.6%。完成社会消费品零售总额71.62亿元，增长12.64%。

积极调整农业生产结构，农业经济稳定增长。全年实现农林牧渔业总产值（现价）18.57亿元，比上年增长5.8%。粮食总产量22.89万吨，下降6.93%，油料总产量9.54万吨，增长8.31%，蔬菜总产量33.44万吨，增长8.77%。肉类总产量5.63万吨，增长9.57%；牛奶产量7.29万吨，增长15.17%。大牲畜存栏头数30.16万头，增长0.53%。全年草食牲畜贩运出栏200万头（只）。积极发展订单农业和设施农业，共落实订单农业5.7万公顷，新增设施农业生产面积98.5公顷。加强产业化基地建设，确定了湟中县弘大农牧产品购销公司等42个市级农业产业化重点龙头企业。完成乡镇工业增加值13.5亿元，增长10.9%。

工业发展继续呈现速度加快，运行质量明显提高的良好势头。全年工业企业完成增加值62.88亿元，同比增长26.37%，对GDP的贡献率达到59.09%，拉动全市经济增长8.75个百分点。规模以上工业企业实现利润9.14亿元，增长67.55%。

固定资产投资规模不断扩大，重点行业投资明显增加。全年完成固定资产投资98.54亿元，同比增长15.36%。园区经济发展取得新进展，经济技术开发区、甘河工业区、生物产业园已入驻工业企业140家，投产82家。

交通运输能力进一步提高，全年货运总量2367万吨，增长16.18%，全年客运总量3178万人，增长13.95%。邮电通信业增长较快，全年完成邮电业务总量12.93亿元，增长9.94%。年末电话装机设备容量79.89万门，增长21.75%，市话用户58.30万户，增长23.58%，移动电话用户60.33万户，增长7.51%，互联网用户3.88万户，增长12.57%。

加大旅游宣传促销力度，精心打造中国夏都——西宁旅游品牌，旅游基地设施条件不断改善，总投资2800万元的塔尔寺广场已建成投入使用。全年旅游接待总人数334.35万人（次），增长21.38%，实现旅游总收入14.2亿元，增长73.14%，其中旅游外汇收入633万美元，增长1.31倍。

城市基础设施建设步伐加快，公用设施继续完善。生态环境建设取得重大进展。全年完成投资11.83亿元，增长12.29%。公路通车里程不断增加，主要干线公路等级明显提高，基本实现城市出口道路，过境公路的快速化，有效减轻了城市交通压力。3个县城镇基础设施得到改善，西山乡公路、寺寨乡公路，海子沟乡公路等7条通乡油路基本完工。全市完成造林面积6613公顷，退耕还林面积1532公顷，周边荒山造林种草面积1788公顷，零星植树268.61万株，城区新增绿地369公顷。

房地产开发及旧城改造进展顺利，全年房地产开发及住宅建设完成投资26亿元，增长19.8%，商品房施工面积376.8万平方米，增长7.52%，商品房竣工面积137.2万平方米，增长1.42%，旧城改造和新区建设使城市面貌正在发生深刻变化。

科技、教育工作不断加强，全年共完成科技项目32项，温室新优品种蔬菜种植技术示范等8个科技富民计划项目相继通过验收。教育投入不断加大，西宁三中等6所高中扩招进展顺利，21所中小学危旧房改造工程正在建设，新建学校中，城南新区学校已完工投入使用，青藏铁路花园学校中学教学楼已完工，小学部正在建设中，光明学校、南川西路中学正抓紧建设。年末全市共有普通高校9所，普通中学152所，职业高中6所，小学743所，特殊教育学校4所，幼儿园156所，学龄儿童入学率99.9%。初中升学率75%。

公共卫生体育建设不断加强，建立了突发公共卫生事件应急处理和疾病预防控制机制，西宁市疾控中心和区、县疾控中心改扩建项目建成交付使用，城南新区疾控中心正在建设中。年末全市拥有医院45个，医生3971人，卫生机构床位数8729张。体育基础设施条件进一步改善，西宁体育馆维修改造工程竣工投入使用。全民健身活动广泛开展，举办了第四届农民运动会等大型群众体育赛事活动。人口与计划生育工作继续加强，年末全市总人口206.96万人，人口自然增长率7.75‰。计划生育率98.03%，社区基础设施得到改善，服务功能进一步增强，65个社区就业服务中心投入使用。“双拥”工作深入推进，第四次获得全国双拥模范城荣誉称号。

社会保障力度继续加大，城乡人民生活水平不断提高。全年共安置城镇各类下岗失业人员2.86万人，城镇登记失业率4.14%。“两个确保”“三条保障线”得到巩固，调整了养老金和低保金发放标准，参加社会养老保险人数达30万人，参加医疗保险人数达26.2万人，参加工伤保险人数达8.5万人，符合条件的7.6万城镇居民得到最低生活保障，城镇低保工作实现了动态管理下的应保尽保。

城乡人民生活水平继续稳步提高，全年城镇居民人均可支配收入7626.31元，增长8.57%，农民人均纯收入2321.12元，增长13%。农村扶贫攻坚取得新成果，全年落实整村推进扶贫资金1881万元，组织实施了26个全村的整村推进扶贫项目，解决了3.08万农村贫困人口的温饱问题。组织“阳光工程”培训农民25万人次，农村剩余劳动力流动就业27.6万人（次）。通过降低农业税，取消特产税和给种粮农户发放直接补贴，农民人均减负29元。

【投资环境与招商引资】　2004年，西宁市认真贯彻落实《行政许可法》行政审批和行政管理体制改革进一步深化。又取消了42项行政审批事项，累计取消395项，占所有审批事项53%，对城区下放了11个方面的36项权限。

政府职能进一步转变，服务意识明显增强。

对外开放取得新成效，招商引资规模上新台阶。全年新批准设立外商投资企业24户，投资总额1.53亿美元，合同利用外资1.20亿美元，落实招商项目145项，引进省外资金18.6亿元。完成外贸进出口总额5.08亿美元，增长75.46%，其中：进口1.06亿美元，增长110.45%，出口4.02亿美元，增长68.1%。申请外国政府贷款项目有了较大突破，5万吨铝塑复合管生产线和5000吨胡萝卜浓缩生产线等申请外国政府贷款项目已落实，正在抓紧建设。通过举办“郁金香节”和“第五届青洽会”环湖自行车赛等大型活动，打响了“夏都”品牌，拉动了西宁的人气、商气。西宁市已经正式被命名为“中国优秀旅游城市”。

【重点项目介绍】 南北过境公路：总投资5.86亿元。南起西塔高速路，北至朝阳立交，全长3.07公里，工程由高架桥南绕城立交两部分组成，建设道路、排水、桥梁、照明、绿化、交通设施等，累计完成投资2.8亿元，

西宁宁湖：总投资7000万元，建设100万平方米人工湖，累计完成投资6100万元。塔尔寺广场：总投资2800万元，占地面积36亩，建设广场及配套设施，工程已全面完工并交付使用。盘道水库：总投资1.29亿元，总库容1034万立方米。2002年10月开工，累计完成投资9100万元。

湟水河城区段三期工程（新宁桥——海湖桥）：工程治理河道1.7公里，建设橡胶坝3座，廊桥1座，绿地6.8万平方米，累计完成投资191.3万元。城南新区道路及排水工程：总投资6.6亿元，建设66公里，道路排水等设施，累计完成投资1.73亿元。西宁市第七水厂供水工程：总投资4.6亿元，日供水能力30万吨，累计完成投资6000万元。西宁市第二污水处理厂一期工程：总投资1亿元，日处理污水能力4.25万吨，累计完成投资3500万元。

西宁市教育信息中心及中心学校校园网建设：总投资3.8亿元，完成40所学校校园网建设，2004年累计完成投资1800万元。西宁市6所高中扩招项目：总投资2100万元，总建筑面积2.28万平方米，主要建设6所学校综合教学楼各一幢，海湖中学教学楼、湟中田家寨中学、湟源一中教学楼已验收并交付使用。

城市锅炉“煤改气”工程：2004年5月公布第四批锅炉“煤改气”实施计划。2004年底完成，累计完成投资9.86亿元。天然气CNG项目：根据《西宁市天然气CNG项目发展规划》西宁地区天然气汽车加气站的建设规划到2005年在市区范围内建12座CNG站，天然气CNG项目自2000年下半年开始实施。到2004年底批复建设11座，已建成并投入运行的CNG加气站6座。

大通县卫生垃圾填埋场：总投资2500万元，建设垃圾填埋场及附属设施。湟源县垃圾处理场及环卫工程：总投资1200万元，建设垃圾填埋场及附属设施。西宁市尹家沟垃圾填埋场一期工程：总投资3700万元，总库容261万立方米。

银川市

【经济与社会发展】 2004年，银川市经济持续快速健康发展，全年GDP达到188.97亿元，同比增长14.9%。其中：第一产业增加值16.91亿元，增长3.6%；第二产业增加值

93.74 亿元，增长 21%；第三产业增加值 78.32 亿元，增长 11.2%。人均 GDP13956 元，三次产业结构为 9:49.6:41.4。实现地方财政收入 19.46 亿元，增长 21.2%；地方财政支出 28.49 亿元，增长 21.6%。金融机构存贷款规模继续扩大，年末金融机构各项存款余额 514.11 亿元，增长 10.7%；贷款余额 401.38 亿元，增长 7.7%。

农业保持稳定发展，产业结构进一步优化。全年实现农业总产值 31.09 亿元，同比增长 8.3%。粮食总产量 80.15 万吨，增长 17.1%；蔬菜总产量 52.69 万吨，下降 6.4%。肉类产量 5.26 万吨，下降 10.5%；禽蛋产量 1.12 万吨，下降 54.2%；牛奶产量 16.53 万吨，增长 18%；水产品产量 3.76 万吨，增长 14.6%。全年完成造林面积 1.13 万公顷，幼林抚育作业面积 3.16 万公顷，增长 1.2 倍。乡镇企业实现总产值 111.8 亿元，增长 26.4%；实现利润 7.3 亿元，增长 21.9%；上交税金 4.3 亿元，增长 19.5%。

工业发展加速，企业效益全面提升。全年实现工业总产值 225.85 亿元，同比增长 34.4%；实现工业增加值 69.44 亿元，增长 29.6%。规模以上工业企业总产值 198.04 亿元，增长 33.9%。工业经济效益显著提高，规模以上工业企业产品销售收入 157.57 亿元，增长 35.9%；实现利税 15.46 亿元，增长 74.5%；工业经济效益综合指数为 130.6%，比上年提高 20.1 个百分点。全市具有资质等级的建筑企业 273 家，实现建筑业总产值 75.37 亿元，增长 4.4%。全年房屋建筑施工面积 763.63 万平方米，增长 7.1%；房屋建筑竣工面积 370.74 万平方米，下降 1.8%。

消费品市场日趋活跃，全年实现社会消费品零售总额 70.54 亿元，同比增长 15.1%。其中：城市市场消费品零售额 63.33 亿元，增长 15%；县及县以下消费品市场消费品零售额 7.21 亿元，增长 15.2%。全市年成交额在亿元以上的商品交易市场有 11 个，年成交额 53.7 亿元。成功举办了中国光彩事业第一届西部（宁蒙陕甘）扶贫开发协作会、第五届中国银川国际汽车摩托车旅游节等大型节会。全年共接待国内外游客 304 万人次，实现旅游总收入 11.2 亿元，分别增长 23.4%和 33.3%。

固定资产投资稳定增长，全年完成全社会固定资产投资 170.97 亿元，同比增长 19.2%。其中：基本建设投资 61.67 亿元，下降 0.5%；更新改造投资 25.75 亿元，增长 37.7%；房地产开发投资 48.04 亿元，增长 22.1%。商品房施工面积 682.96 万平方米，增长 19.9%；商品房销售面积 229.04 万平方米，增长 34.5%；商品房销售额 47.39 亿元，增长 30.1%。

全年共投入科技三项费用 835 万元，实施各类科技项目 118 项，科技成果获奖 22 项。各级各类教育进一步发展，全市有高等学校 11 所，在校生 5.01 万人；中等专业学校 13 所，在校生 2.64 万人；技工学校 8 所，在校生 5379 人；普通中学 95 所，在校生 10.42 万人；小学 303 所，在校生 14.05 万人。全市共有艺术表演团体 9 个，文化馆、艺术馆 7 个，公共图书馆 6 个，博物馆 1 个；广播电台 2 座，电视台 4 座，有线电视用户 37.48 万户，广播综合人口覆盖率、电视综合人口覆盖率均为 100%。全市共有医疗卫生机构 160 个，卫生机构床位 7726 张，卫生技术人员 8751 人，已认定医疗保险定点医疗机构 28 个，定点药店 29 个。

人民生活水平不断提高，社会保障体系不断完善。城市居民人均可支配收入 7984 元，比上年增长 10.2%；农民人均纯收入 3388 元，增长 13.5%。城市居民人均住房使用面积 18.2 平方米，农村居民人均住房面积 28.91 平方米。年末全市参加基本养老保险职工 17.86 万人，增长 5.7%；参加基本医疗保险职工 25.09 万人，增长 15.4%；参加工伤保险职工 9.2 万人，增长 19.5%。全市拥有各类福利院、敬老院 21 个，共有床位 815 张，城乡享受最低生活保障人数为 9.19 万人。年末全市总人口 137.79 万人，其中回族人口

36.04万人，人口自然增长率为7.54‰。城市建成区面积89.2平方公里，比上年增加10.77平方公里。

【投资环境与利用外资】 银川市交通运输基础设施不断改善，综合运输能力进一步提高。拥有各类民用汽车5.5万辆，公路客运量2240万人次，货运量2013万吨，分别比上年增长13.5%和6.1%；全年航空客运量34.89万人次，货邮运输量0.26万吨，分别增长57%和54%。邮电通讯业快速发展，固定电话用户54.1万户，增长18.3%，电话普及率90.42部/百人，其中移动电话普及率51.16部/百人；计算机互联网用户18.15万户，增长20.8%。

全市拥有道路面积1021万平方米，比上年增长36.3%，人均拥有道路面积13.5平方米；年末公交运营线路网长度343公里，公共汽车线路28条，公交标准运营车辆641标台，出租汽车4587辆；全年供水总量1.01亿立方米，集中供热面积2528万平方米，城市人口用气普及率91%；建成区绿化覆盖率23.7%，人均公共绿地面积7.27平方米。空气质量达到二级和好于二级的天数为占全年总天数的79%，城市垃圾无害化处理率达到100%，城市污水处理率87.45%。

全年新批准外商投资企业23家，实际直接利用外资6380万美元，同比增长1.2倍。实现外贸进出口总额4.27亿美元，增长48.2%。其中：出口3.41亿美元，增长49.6%；进口8600万美元，增长42.9%。

【重点项目介绍】 新华百货夏进乳品公司10万吨液态奶生产基地：建设规模为年产10万吨液态奶生产基地及乳品科研中心，一期工程建设规模为年产3万吨，总投资1.4亿元，2004年主要建设车间、牛奶及预处理车间、研发中心楼、库房、办公楼、引进国外杯装酸奶及大包装无菌物生产线，已完成安装调试。宁夏启元药业公司2000吨红霉素系列产品：建设规模为年产2000吨红霉素系列产品，总投资56000万元，主要建设厂房、配套设施及设备等，已投入试生产。多维药业：建设规模为年产1000吨黄霉素、800吨莫能霉素、100吨阿维菌素，总投资3亿元，正在建设厂房等主体工程。

宁夏哈纳斯公司天然气热电厂：建设规模为天然气热电一厂、二厂及热网工程，一期装机容量为2×12.5兆瓦燃气机，供热面积200万平方米，总投资4.9亿元，续建热力管网开工建设，正在采购发电设备。

新市区南部集污及污水处理工程（国债项目）：建设规模为敷设集污管道60.45公里，污水处理厂按日处理污水5万吨能力建设，总投资31267万元，已敷设集污管道26.63公里，第三污水处理厂工程全部完成并投入试运行，累计完成投资19210万元。金凤区集污及污水处理工程（国债项目）：建设规模为敷设集污管道22公里，污水处理厂日处理污水10万吨，总投资1.84亿元，已敷设集污管道21.6公里，第四污水处理厂开工建设，累计完成投资11703万元。城市供水管网改造工程（国债项目）：改造旧城区55条街巷供水管道41.5公里，总投资4967万元，当年敷设管网21公里，完成投资2160万元。

亲水大街（宝湖路—贺兰山路）：全长4968米，宽60米，双向10车道，已建成通车。文萃大街改造扩建（北京路—贺兰山路）：全长1723米，宽60米，双向10车道，已建成通车。民族南街（宝湖路—六盘山路）：长780米，宽40米，已建成通车，完成投资726万元。民族北街（上海路—银新干沟）长2326米，宽50米，已敷设排水管道380米，完成投资430万元。

小城镇基础设施建设（国债项目）。掌政镇：建设5条总长4.1公里集镇道路及相应的给排水、路灯工程，总投资2000万元，其中5号路长1142米、宽22米，8号路长919米、宽22米，均已建成通车，完成投资830万元。西湖镇：建设镇区中央大道、东西北3条环路等道路及相应的给排水、路灯工程，道路总长6.5公里，总投资2500万元，其中中央大道长950米、宽24米，B2路长1729米、宽8米，已建成通车，完成投资1183万元。

贺兰山路林带建设：东起丽景街、西至兴洲路，林带长12430米，道路两侧各宽50米，完成景观水道开挖，种植各类苗木11.93万株，完成投资1400万元。东方红文化广场：占地面积1.74公顷，规划建筑面积23598平方米，总投资估算2.5亿元，已完成主体工程。

银川商城改造：建筑面积9万平方米，总投资4.5亿元，已完成主体工程。西夏建材城：占地面积3400亩，总投资11亿元，已完成10万平米会展中心、2万平米仓储和4万平米住宅配套。

银川二中迁建（国债项目）：占地164亩，总建筑面积66494平方米，60个教学班，总投资14777万元，已完成投资5707万元。银川二十二中建设：占地79亩，总建筑面积26830平米，48个教学班，总投资4480万元，已完成投资3000万元。

康居工程：总建筑面积86万平方米，全部竣工，完成投资8亿元。

乌鲁木齐市

【经济与社会发展】　2004年，乌鲁木齐市（以下简称乌市）保持了国民经济的快速增长和社会事业的健康发展。全年GDP达到484.26亿元。其中：第一产业增加值7.09亿元，第二产业增加值186.87亿元，第三产业增加值290.3亿元。实现地方财政收入53.29亿元。城镇居民人均可支配收入9729元。

农村工作以农业增效，农民增收为目标，结合本市实际，加大农业产业结构调整步伐，经济作物的播种面积进一步扩大，农牧业基础设施建设进一步加强。农牧民人均纯收入达到4493元，同比增长8.17%。以北园春、新华联、金牛生物等企业为龙头的集生产、加工、销售为一体的农业产业化体系正在形成。加快了农产品质量安全体系建设，成立了农产品质量安全检测中心，建立了18个农产品质量安全快速检测站点。实施退牧还草、禁牧工作，加大了畜牧品种改良力度，促进了畜产业快速发展。全市各类农作物播种面积67.3万亩，种植结构更趋合理。蔬菜面积25万亩，产量达到80万吨，牲畜存栏75万头，肉类产量2.67万吨，鲜奶产量5.5万吨。完成退耕地造林9500亩，荒山荒地造林1000亩。

工业发展以重点企业为支撑，以建设工业园区为重点，加快了制造业基地建设。工业经济在石油、冶金行业高速增长的带动下加速增长，工业增加值比上年增长13%以上。工业企业累计实现工业增加值138.56亿元，增长15.2%。限额以上工业企业实现工业增加值132.57亿元，增长15.5%。实现利润29.26亿元，增长72.05%。完成工业投资49.9亿元，增长28.7%，约占乌市总投资的25%。实施的59项重点技术改造项目，有力地支持了重点工业项目的建设和“小巨人”企业的发展壮大。工业经济布局趋于合理，新市区、头屯河区、东山区工业经济增长明显。开发区和工业园区建设力度加大，两区两园逐步成为全市工业经济发展的新亮点。

全年完成全社会固定资产投资175.98亿元。安排重点建设（支持）项目78项，总投资419亿元。到年底，已开工建设的项目66项，完成投资57.8亿元。

通过加大对重点联系企业服务，改善对外贸易环境，乌市进出口贸易总额大幅增长，对外招商引资成效显著。全年实现进出口总额28万美元。其中：出口总额13万美元；进口总额为15万美元。进出口总额增速30%。

第三产业全面发展，实现社会消费品零售总额200.15亿元。以商贸为主的第三产业在全市经济总量中继续保持在60%以上。特色商圈和街区的建设步伐加快，制定实施了《关于加快二道桥商圈发展的指导意见》，逐渐形成了以中山路、二道桥、火车南站、友好路等为主的八大商圈。现代流通业态对传统贸易方式的替代步伐不断加快，新增连锁店100个。广汇美居物流园、新疆赛博特汽车城等一批项目相继建成并投入使用，正在成为全疆物流配送的区域性集散中心。

会展经济蓬勃发展，旅游业的龙头作用明显增强。成功举办了丝绸之路国际服装服饰节、新亚欧大陆桥区域经济合作国际研讨会、第八届亚洲跳伞锦标赛、第十三届乌洽会等39项会展活动，提高了乌市知名度。

全年接待国内外游客459.4万人，增长17.39%。国内旅游人数447.83万人，实现旅游及购物总收入58.7亿元，增长27.43%。加强了旅游促销活动，七城市经济圈的旅游合作更加密切，亚洲大陆地理中心和博格达南麓野生动物园等重点旅游项目进展顺利。加大了旅游市场监管力度，进一步规范了市场秩序，相继成立了导游管理服务中心和游客集散中心。

科教对经济增长的贡献水平不断提高。全年共安排科技三项费2226万元，带动了社会投入3.8亿元，实施了48项科技计划项目，加快了科技成果转化。清洁能源行动计划、制造业信息化工程、重要技术标准研究、绿色食品科技行动计划等重大科技项目进展顺利。为完善卫生防疫体系及提高应对突发性事件能力，2004年新建了乌鲁木齐市疾病预防控制中心、市紧急救援中心和达坂城疾病控制中心。

加大了农牧区中小学危房改造力度。认真落实教育优先发展战略，全面推进素质教育，大力发展民办教育，进一步扩大优质教育资源，创建了6所市级示范高级中学。积极推进“双语”教学，完成24所中小学的民汉合校工作。接收了23所企业学校和幼儿园。对14所农村中小学实施了危房改造。认真落实“一费制”，加大了治理中小学乱收费工作力度。

文化、卫生、体育等各项事业不断繁荣。全年共创作各类文艺作品260多件，开展广场文化活动850余场次。图书馆、博物馆、乌鲁木齐艺术大剧院等重点文化基础设施项目建设进展顺利，艺术馆已投入使用。公共卫生应急体系得到进一步完善，社区卫生服务体系逐渐形成，构建了传染病检测预报体系，建立了应急救援队伍。

竞技体育运动水平进一步提高，在全国各类赛事中获得19枚奖牌，乌市运动员王燕红在雅典残奥会上获得了金牌。成功举办了“华凌杯”国际足球邀请赛。群众体育活动丰富多彩，全年举办大型群众性体育活动50多次。广播电视、民族宗教、计划生育、新闻出版、气象服务、老龄工作和残疾人事业等都取得了新的进步。

劳动和社会保障事业健康发展，全年共安置城镇人员就业4.74万人，其中下岗失业人员实现再就业1.92万人，再就业率达为75.68%，城镇登记失业率为3.13%。养老、失业、医疗三大社会保险覆盖率进一步扩大。基本养老保险参保34.22万人，城镇职工基本医疗保险参保40.58万人，城镇职工失业保险参保40.38万人。“两个确保”、“低保”工作得到巩固，“三条保障线”平稳衔接，下岗职工基本生活100%得到保障，离退休人员基本养老金100%按时足额发放，社会化发放率达到100%；已办理失业保险手续的失业人员100%按时足额领取了失业保险金；社会救助制度进一步健全，对困难人群和弱势群体的保障力度不断加大，城镇居民中共有33.91万人次（14.03万户）享受到最低生活保障，发放最低保障金3197.44万元。

【投资环境与招商引资】 2004年，乌市加大软、硬环境建设，改革开放的步伐不断加快，各级政府和部门的服务意识和服务质量不断提高，全社会都在着力营造良好的投资环境和创业环境，积极吸引外商、外地州投资者来乌市投资。乌市进一步简化审批程序，推行政务公开，加强电子政务，公布政府网站，增加办公透明度，出台了《关于进一步改善投资环境的意见》。认真贯彻实施行政许可法，对经过行政审批制度改革后保留的13项行政审批项目所涉及的文件（含地方性法规、规章和规范性文件）和实施主体进行了清理。《乌鲁木齐市社会性固定资产投资项目登记备案暂行办法》于4月在实施以来，将现行的对社会性固定资产投资项目的审批改为备案，缩短了投资项目审批时间，极大提高了工作效能，增强了宏观调控能力，改善了乌市投资环境。加大整顿和规范市场经济秩序力度，实行“国民待遇”，放宽市场准入限制，对外资、民营企业和国有企业一视同仁，建立和维护统一开放、公平竞争的市场秩序。投资领域和投资方式进一步放开，除国家、自治区明令禁止的以外，投资者在乌市投资的领域不受限制。鼓励投资者围绕乌市产业发展导向进行投资开发；鼓励国内大专院校、科研院所以各种形式进入各种领域进行投资开发；鼓励投资者以多种方式参与企业改制和重组。

招商引资取得显著成绩，累计引进区外投资项目102个，实际到位资金32.2亿元，2004年全年共新批外商投资企业22家，投资总额1.36亿美元，其中外商独资企业9家。外商直接投资的合同外资为8783万美元，达到近年来的最高水平。在第13届“乌洽会”上，共签约对外经济技术合作项目17项，签约利用外资额5358.79万美元，比上届增长49%。借用国外贷款保持一定额度，全年实际利用国外贷款1100万美元，包括外环路项目在内的12个项目利用国外贷款进行开发建设。

【重点项目介绍】　2004年，乌市全年确定重点建设（支持）项目78项，总投资419亿元，全年计划完成投资129亿元，实际完成投资58亿元。78项重点建设项目中工业类项目24项、城建类项目10项、农林水利类项目5项、商贸类项目21项、文化教育类项目2项、旅游类项目12项、房地产类项目4项。

已开工建设的项目66项，基本完工项目10项，即：乌鲁木齐经济技术开发区出口加工区建设、新疆夏梦雅泰年产600万平方米帷幕铝塑复合板、高压箔二期技改项目、乌苏啤酒生产项目、华世丹药业技改项目、华凌国贸广场、家乐福超市、无公害蔬菜加工基地、北京路亮化美化项目和王家沟石油物资物流中心。

2004年，全市国债、中央及自治区补助投资项目47项，共计1.67亿元，其中：国债投资1.07亿元，中央补助投资300万元，自治区补助投资5700万元。主要集中在城建项目、教育卫生项目、公安项目、社会事业项目及其他项目等领域。到2004年底，全市共完成国债项目44项，在建项目21项，在国债投资的支持和带动下，城市基础设施进一步完善，城市综合服务功能显著增强。

【城市环境建设】　2004年，乌市基础设施建设力度不断加大。外环路、蜘蛛山隧道和全疆最大的九家湾立交桥已建成通车；新建和改扩建了四平路、长春路、七道湾路等10余条道路；完成了北京路、温泉西路、珠江路、幸福路等7条道路的综合整治工程。巷道疏通工程取得重大进展，两年累计完成巷道改造758条，占巷道三年建设改造1000条任务的75.8%，其中，上年完成387条。15项城市供排水工程稳步推进，和平渠苏州路段水景改造工程全面展开。

完成了人民广场改造和129条主次干道及巷道的照明工程，对226栋建筑物和中心街区进行了亮化。开展了专项整治城市“牛皮癣”行动，进一步加大了“两拆”工作力度，共拆除各类违法（临时）建筑物80万平方米，拆除实体围墙2万米。

努力提高城市管理水平，编制完成了头屯河区和城市北扩及北新区分区规划。土地经营步伐加快，储备土地564公顷，通过“招拍挂”等方式收取土地出让金5.38亿元。房产交易渐趋活跃，完成房产交易面积1396.02万平方米，成交金额313.15亿元。

加强城市生态环境建设，启动了第二期“蓝天工程”，建立了“高污染燃料禁燃区”，加大了对城乡结合部燃煤锅炉的治理力度，拆除改造锅炉776台。天然气二期工程、南区热网工程、垃圾转运站等重点环保项目建设进展顺利，新增集中供热面积390万平方米，集中供热率达70%以上；新增天然气入户5.2万户，累计40万户。完成退耕还林、三北四期人工造林2.5万亩，启动了创建国家园林城市工程，新增绿地5033.4亩。全年空气质量达到二级和好于二级的天数为258天，占全年天数的70.5%。

民族自治州篇

吉林省

延边朝鲜族自治州

【经济与社会发展】 2004年，延边朝鲜族自治州（以下简称延边州）经济总量连续两年实现两位数增长。全年GDP达到194.3亿元，同比增长10.1%。其中：第一产业增加值28.4亿元，增长6.6%；第二产业增加值92.8亿元，增长12.3%；第三产业增加值73.1亿元，增长8.6%。人均GDP首次超过1000美元。实现财政收入24.3亿元，增长16.1%。其中地方财政收入为13.3亿元，增长14.7%。全年财政支出42.4亿元，增长18.2%。完成全社会固定资产投资82.6亿元，增长15.3%。完成社会消费品零售总额80.1亿元，增长7.4%。

全年完成农业总产值49.9亿元，同比增长11.5%。粮食总产量73.3万吨，增长85.3%；肉类总产量8万吨，增长7.6%；禽蛋类产量2.6万吨，增长15%；奶类产量1.3万吨，增长18.6%；水产品产量5208吨，增长1.9%。

全年规模以上工业企业实现增加值55.1亿元，同比增长19%。其中：国有企业实现增加值17.5亿元，增长10.9%；股份制企业24.3亿元，增长22.4%；外商及港澳台投资企业8.5亿元，增长33%。支柱和优势产业不断发展。全年食品、医药、林产和能源矿产实现增加值40.3亿元，占规模以上工业增加值的73.2%，增长19.6%。工业经济效益明显好转，利税总额大幅提升。全年规模以上工业企业盈亏相抵后实现利润总额5.6亿元，比上年翻一番，利税总额19.4亿元，增长24.3%；销售收入130.8亿元，增长24.9%。工业企业经济效益综合指数为124.8%，比上年提高16.7个百分点。产品销售率为97.7%，提高1.5个百分点。全年完成建筑业增加值16.8亿元，同比增长12.7%。建筑施工企业施工面积388万平方米，下降4.4%。

全年铁路货物发送量700万吨，增长16.1%；公路运输量2894万吨，增长5.4%；民用航空运输发送量7000吨，增长2.3倍。铁路旅客发送量441万人次，下降4.5%；公路3241万人次，增长5.1%；民用航空55.5万人次，增长两倍。延吉机场全年共起降航班5150架次，增长29.9%。全年完成邮政业务总量2.1亿元，增长7.5%。

全年实现金融业增加值4.1亿元，同比增长12.7%。年末金融机构本外币存款余额362.4亿元，当年新增37.7亿元。各项贷款余额252.2亿元，新增11亿元。全年保险机构保费收入5.8亿元，增长36.5%。

全年完成房地产开发投资额16.1亿元，同比增长17.3%；商品房施工面积207.1万平方米，增长6.7%；竣工面积84.1万平方米，下降21%；商品房销售面积57.2万平方米，下降27.7%。全年商品房销售额7.7亿元，下降14%。

外贸进出口再创新高，全年实现外贸进出口总额5.7亿美元，同比增长40.2%。其中：进口2亿美元，增长61.9%；出口3.7亿美元，增长30.4%。

年末全州有星级宾馆41家，旅行社62家，其中国际旅行社26家。全年接待国内外游客220万人次，增长6.2%；实现旅游收入15.1亿元，增长11%。其中：国内游客203万人次，增长4%；旅游收入12.4亿元，增长4%；国际游客17万人次，增长40.5%；旅游收入2.7亿元，增长40%。

全年共有2项科研成果获省科技进步二等奖，3项获三等奖。全年受理专利申请量260件，比上年增长28%，其中发明专利46件，增长21%。引进7项国家级863高新科技成果转化项目，得到国家500余万元的无偿资助。全年签订各类技术交流合同14项，合同成交额7850万元，是上年成交额的12.6倍。

全年高等院校招收研究生643人，毕业研究生308人，在校研究生1807人。全州有普通中学181所，在校学生13.5万人，其中普通高中在校生4.5万人。有中等专业学校9所，在校生7000人。小学407所，在校学生12.8万人，学龄儿童入学率达99.93%。幼儿园在园儿童34972人。盲聋哑学校在校生483人。

全州拥有文化馆8个，群众艺术馆1个，公共图书馆9个，博物馆3个。全年共制作（包括译制）电视剧9部79集，制作广播剧28部74集。全州拥有广播电台8座，电视台9座，广播人口覆盖率达99.73%，电视人口覆盖率达97.17%。全年出版报纸3061万份，各类杂志97万册，图书2662万册。

全州共有各种卫生机构222个，拥有专业卫生技术人员10480人，其中执业医师3920人，助理执业医师603人，注册护士3584人；卫生机构拥有病床8119张。平均每万人拥有卫生技术人员48人，拥有病床37张。

全州参加基本养老保险36万人，参加失业保险41万人，参加基本医疗保险29.7万人。有12.6万名离退人员享受养老保险待遇，有1.5万人享受失业保险待遇。人民生活不断提高，全年城市居民人均可支配收入9109元，增长6%；农村居民人均纯收入2458元，增长20.6%。在岗职工工资总额30.8亿元；在岗职工平均工资10746元，增长9.7%。

【投资环境与利用外资】　延边州位于中、俄、朝三国交界处，有丰富的自然资源，区位优势明显，发展潜力巨大。延边州有较为完善的基础设施。有长春至图们铁路、牡丹江至图们铁路以及通往朝鲜和俄罗斯的铁路等，连接邻近省份和广大的内地以及邻国，即将开工建设的东边道铁路开通直通大连港的通道。公路交通路网密集、纵横交错，通车里程6000多公里。横贯延边州的长春至珲春高等级公路正在建设中。延吉空港经大规模扩建，可起降大中型飞机，不久将开通至日本、俄罗斯以及更多国家和地区的航线。延边州已形成现代化的通讯网络，实现了程控化和传输数据化。

延边州城市基础设施建设得到不断完善。一批城市污水和垃圾处理、供水、供热、供气以及城市道路改造、绿化等基础设施建设项目正在建设中。行政审批制度改革简化了审批程序，提高工作效率，为投资者提供宽松的投资环境，营造了良好的经济发展软环境。

成功举办了“2004延边出口商品交易会暨延边·佛山——圣彼得堡贸易推介会”延边州共签订贸易、合作、投资项目29项，合同协议金额5248万美元。

全年批准外商直接投资合同项目99项，吸收外资合同金额1.2亿美元，同比增长16.5%；实际到位金额5029万美元，增长17.7%。全年批准制造业外资合同项目62项，吸收外资合同金额8899万美元；批零贸易餐饮业项目12项，合同金额369万美元。年末实有注册登记外商投资企业743户。全年新签对外承包工程和劳务合作合同13项，合同金额2886万美元。共派出劳务人员1.6万人次，当年外派劳务人员4573人次。

【重点项目介绍】　老工业基地项目。大唐珲春发电有限责任公司电厂2×33万千瓦发电机组扩建工程：总投资26亿元，已完成主厂房基础工程，全年完成投资4.2亿元。珲春老龙口水库工程：已经国务院批准，国家已下达5000万元投资计划。

高新技术项目。延边畜牧开发总公司黄牛良种选育与高繁、吉林敖东中药口服液工艺技术研发平台两个项目国家已下达投资计划；延边牧业开发总公司黄牛良种选育与高繁工程、延边春雷生物药业公司真菌生防制剂工程和吉林亚松实业公司木质素香兰素产业化示范工程三个项目已开工建设。

城市基础设施项目。全年共有16个项目开工建设，总投资19.2亿元。延吉、敦化、珲春集中供热项目进展顺利。延吉市污水处理一期工程已基本完成土建工程、布尔哈通河截流干管和城区排水管网。珲春市污水处理工程正在按计划建设中。图们、汪清城市供水工程已完成近一半的工程量。

交通项目。全年有敦化至延吉高等级公路、8条国省级公路和23条县乡道路开工建设，全年完成投资25.5亿元。敦化至延吉高等级公路：全长122公里，总投资24亿元。累计完成投资14.45亿元。东边道和龙至二道白河铁路：全长102.7公里，预计总投资22.66亿元。国家发改委、铁道部已委托铁道部设计三院对项目进行勘察设计，有望于2005年开工建设。

湖北省 恩施土家族苗族自治州

【经济与社会发展】 2004年，恩施土家族苗族自治州（以下简称恩施州）全年GDP达到164.19亿元，同比增长7.5%。其中：第一产业增长5.6%，第二产业增长8.5%，第三产业增长9.1%。

农业呈现多年少有的好形势。农业全面增产，农民大幅增收。在近几年坡耕地累计退耕还林74.33万亩的情况下，全年粮食总产量达到159.59万吨，比上年增长5.2%；油料产量7.25万吨，增长4.5%；生猪出栏321.69万头，比上年多出栏7.15万头。农村居民人均纯收入1593元，比上年增加95元。农田水利、农村道路、农村饮水等基础设施和农村社会事业公益设施得到进一步改善。

工业经济稳步发展。按照实施新型工业化的要求，加快了企业改革、改制和经济结构调整、支柱产业建设步伐，工业经济呈现出稳步发展的良好势头。全年全部工业增加值达到36亿元，剔除价格因素比上年增长7.6%，其中规模以上工业增加值增长11.8%。卷烟、电力、医药化工、富硒绿色食品、建材等五大支柱产业增加值占规模以上工业增加值的88.8%。水泥、原煤、精制茶、卷烟等主要工业产品产量均保持较高速度增长。

第三产业发展步伐加快，全年增加值达到49亿元。全州服务业呈现较好发展势头，尤其是旅游、商贸、饮食及通信、房地产、金融保险等新兴服务业发展加快，促进了第三产业的快速增长。全年接待游客140万人次，其中接待外宾7.2万人次，实现综合旅游收入5.33亿元，同比增长49%。全州饮食业营业额增幅达到19.6%。

固定资产投资持续增长。全年新开工50万元以上固定资产投资项目345个，比上年增加54个；施工项目485个，比上年增加91个。全年全社会固定资产投资完成额70.03亿元（不含宜万铁路、宜恩高速公路），增长20.1%。

内外贸和利用外资增长加快。随着投资规模的扩大和居民收入的增加，消费需求呈现快速增长势头。全年社会消费品零售总额42.96亿元，同比增长10.7%。外贸出口增势强劲。全年外贸出口总额达到2236万美元，创历史最高水平，增幅达49.4%。

财政金融运行趋好。全年地方一般预算收入完成7.85亿元，全地域财政收入完成13.39亿元，分别比上年增长30.4%和22.3%。年末金融机构各项存款余额123.98亿元，比年初增加21.87亿元。其中城乡居民储蓄存款余额77.35亿元，增加13.24亿元。各项贷款余额91.1亿元，增加7.23亿元。

就业再就业和社会保障工作加强。全州城镇新增就业人员21390人，帮助2814名“4050”人员和1926户双下岗家庭每户一人实现再就业；城镇登记失业率控制在4.2%以内。社会保险新增21606人。全年各项社会保险费征收总额3.13亿元，增长19.6%，其中征收企业养老保险费1.5亿元，增长12.1%。

社会事业与经济协调发展。州县（市）血站和疾病控制中心、州传染病院已经建成，县（市）传染病区和乡镇卫生院建设项目正在按计划实施，农村新型合作医疗试点稳步推进。各级各类教育事业健康发展。农村中小学危房改造、农村寄宿制学校、优质高中扩招、职业技术教育专项建设等项目实施进展顺利。全年消除农村中小学D级危房16.94万平方米。人口自然增长率控制在计划目标之内。扶贫开发工作稳步推进，农村绝对贫困人口减少2万人。

【投资环境与利用外资】 恩施州地处长江三峡腹地，由于境内地势差异大，降水丰沛，小气候发育，优势资源极为丰富，是一块待开发的沃土。

恩施州矿产资源蕴藏丰富。已经探明的金属矿产有75种，有7种金属或非金属的储量在湖北省居第一位（铁矿、煤矿、天然气矿、高岭土矿、硒矿、石膏矿、磷矿），硒矿在全世界居第一位，有“世界硒都”之说。鄂西大铁矿是全国四大铁矿之一，鹤峰的磷矿储量在全国居前，天然气储量占全省的95%，石膏矿位于全省前列。

恩施州生物资源十分丰富。恩施有“华中药库、烟草王国、鄂西林海、中华植物基因库”的美称。莼菜、薇菜、蕨菜、山野菜等特色资源斐声海内外；全州有优质茶园50万亩，宣恩县伍家台贡茶在清朝就是钦定贡品，乾隆皇帝亲赐匾额“皇恩宠赐”；恩施州有优质烟叶面积60万亩，白肋烟出口占全国的一半，白肋烟出口亚欧20多个国家和地区。全州已完成普查的中药材的品种就是2088种，比《本草纲目》多200多种，恩施州在历史上是道地药材的故乡。

恩施州水电资源十分丰富。水电资源理论蕴藏量有600万千瓦，可开发的在450万千瓦左右。

恩施州旅游资源独具特色。恩施州号称中国的“三大后花园”之一，是全国少有的“旅游休闲胜地”，有国际旅游景点——神农溪，有神州第一漂——清江闯滩，天下第一杉——谋道水杉，天下第一洞——腾龙洞，荆楚第一石林——梭布垭石林，土家第一寨——鱼木寨，土家第一城——唐崖土司皇城，苗家第一寨——宣恩苗寨，加上色彩斑斓的民族文化、良好的生态、清新的空气、宜人的气候，恩施州成为名符其实的“绿色恩施州，土（家）苗风情园”，是我国神农架、长江三峡、张家界黄金旅游带的重要组成部分。

2000年，恩施州被纳入西部大开发范围，享受西部开发政策，成为全省唯一被列入西部大开发范围的地区，加之国家新一轮扶贫开发、民族地区扶持政策等历史机遇，全州进入了一个新的发展时期。州委州政府不仅出台了《关于进一步改善和优化全州经济发展软环境的若干意见》，还制定了《关于党政机关及其工作人员损害经济发展环境行为的处理处分规定》等文件，从优化软环境入手，积极为外来投资者创造良好的投资环境，筑巢引凤，收到好的效果。各县市都相继出台了一系列可操作性强的优惠政策措施。

利用外资取得突破性进展。全年招商引资新签合同209个，实际到位资金17.73亿元，比上年增长25%。全年新批准设立恩施军神药业公司、巴东三峡酒业公司等10家外商投资企业，直接利用外资1033万美元。

【重点项目介绍】 沪蓉西高速公路：工程东起宜昌长江大桥，西至利川鱼泉口，全长320.3公里，分为宜恩段，恩利段两段建设，全线采用双向四车道山区高速公路标准建设，设计车速为80公里/小时。总投资约200亿元，其中宜恩段132.4亿元，恩利段67亿元。于2004年8月正式动工兴建。截至2004年底累计完成投资23亿元。

清江水布垭电站：位于湖北省恩施州巴东县境内，是清江干流水电三个梯级开发的龙头电站，总装机184万千瓦，设计多年平均发电量为39.2亿千瓦时，总投资106亿元。于2002年1月开工以来，工程进展顺利，截至2004年累计完成投资47.67亿元。

宣恩洞坪电站：为忠建河流域水电梯级开发中的第三级。工程总装机11万千瓦，设计多年平均发电量可达3.24亿千瓦时，总投资9.19亿元。2002年11月成功截流以来，工程进展较快，截至2004年底累计完成投资4.47亿元。

恩施机场扩建工程：建设规模为：跑道向南延长190米，向北延长150米，新建航站楼1500平方米，停机坪7000平方米以及助航灯光设施等，总投资7517万元。自2003年11月动工以来，工程进展顺利，截至2004年底累计完成投资3150万元。

湖南省 湘西土家族苗族自治州

【经济与社会发展】 2004年，湘西土家族苗族自治州（以下简称湘西州）经济增长较快。全年GDP达到98.6亿元，同比增长9.6%，是近10年来增速最快的一年。其中：第一产业增加值25.5亿元，增长4.5%；第二产业增加值37.9亿元，增长12.6%；第三产业增加值35.2亿元，增长10.6%。完成财政总收入9.7亿元，增长21.9%。财政总支出24.9亿元，增长18.4%。

大力支持农业和农村经济发展。全年粮食产量80.5万吨，水果产量30.4万吨，烟叶产量1.8万吨，肉类总产量10.3万吨。农业产业化中龙头企业带动作用增强。围绕三大支柱产业和十大特色产业项目建设，加大政策扶持力度，农业产业化进程加快。鹤盛原烟等14家龙头企业效益明显提高，全年实现利税2亿元，龙头企业对产业和农户的带动作用明显增强。农民减负力度加大，农业税综合税率下降3.6个百分点，减免农业税2543万元。劳务经济加快发展，累计输出农村劳动力40万人，实现劳务收入20亿元。扶贫开发成效显著，减少农村贫困人口4.6万人。加快通村公路建设，完成67个行政村新通公路。农村能源建设加快，新建沼气池3.88万口、两省灶2.32万个。新解决4万农村人口饮水困难。

重点企业骨干作用增强。全年完成工业增加值28.2亿元，增长16.4%。其中：规模以上工业企业增加值18.9亿元，增长25.5%。工业效益明显攀升。规模以上工业企业实现利税5.8亿元，增长64.5%。其中实现利润1.9亿元。

继续加快第三产业发展。注重改善消费环境，加快旅游、通信等第三产业发展。旅游业呈高速发展态势，全年接待旅游者431万人次，增长56.4%；实现旅游总收入6.2亿元，增长69.4%。信息产业快速增长，完成邮电业务总量7.4亿元，增长21.9%。年末固定电话用户达到26.1万户，移动电话用户26万户，互联网用户7.3万户。市场消费活跃，实现社会消费品零售总额46.8亿元，增长12.6%。

城镇化中城镇基础设施建设继续加强。吉首乾州新区开发等县市城镇扩容提质项目推进力度加大。全州城镇化率达到27.8%，比上年提高1.9个百分点。生态环境建设继续加强，完成退耕还林66万亩。

以加快对外开放为切入点，增强经济发展活力。对外贸易高速增长。外贸出口突破1亿美元大关，达到1.39亿美元，同比增长63.9%。招商引资力度加大。加强内引外联，主动承接发达地区产业转移。全年引进外资1832万美元，增长21%；内资10.55亿元，增长40.3%。

教育科技等方面投入力度加大，文化广播电视等各项社会事业均保持良好发展势头。公共卫生事业投入加大，竣工28个疾病预防、乡镇中心卫生院和传染病区建设项目。就业和社会保障工作取得新成效，全年新增城镇就业人口2.2万人，城镇登记失业率控制在4.1%；新增三项社会保险人数4.1万人，6.7万低收入人员享受了城市低保；24所乡镇敬老院改扩建工程全面竣工。城乡居民收入水平有了较大提高。全年城镇居民人均可支配收入5894元，增长12.5%。农民人均纯收入1602元，增加201元，增长14.3%。

【投资环境】 湘西州注重完善招商引资的政策措施，努力营造良好的发展环境。一是营造良好的投资环境。大力加强交通、电力、城建、信息网络等基础设施建设，为外来客商投资兴业创造良好的投资环境。二是营造良好的服务环境。全面推行重点项目审批代理制和一个窗口对外、一票制收费、一站式审批、一条龙服务，以收到申办投资企业所需全部交付资料之日起，7个工作日内办完手续。三是营造良好的政策环境。注重完善鼓励招商引资的政策环境，完善了《关于加快民营经济的优惠政策》、《招商引资优惠政策》等政策性文件。四是营造良好的法制环境。实行违反优化经济环境的举报制度和查处制度，对重点项目实行挂牌保护制度。推行行业行风民主评议和“黄牌警告”制度、“对行政执法部门和政法部门营造宽松经济发展环境民主测评”等多种行政监督制度。狠抓投资环境的专项治理，对恶意干扰投资环境的行为，做到优先立案、快速办理、切实保护外来投资者的合法权益。

【经济技术协作与东西对口支援】 2004年，湘西州经济技术协作和对口支援工作取得了明显成效。全年共引进内资项目200个，到位资金10.55亿元，同比增长40.3%；争取对口支援资金1997万元。

实施了龙山县洛塔中寨水电站等8个水电招商项目，到位资金6030万元。实施农业招商项目13个，到位资金8646万元，重点投向黄姜、烟叶、柑桔、辣椒、生猪项目的生产开发，将为农民增收、脱贫致富奔小康起到积极作用。实施旅游项目13个，到位资金6649万元，其中由张家界黄龙洞投资股份有限公司投资8.3亿元，买断凤凰古城八个景点50年经营权，解决了凤凰古城开发项目资金不足的问题。实施永顺县桃子溪铁矿等24个矿产项目，到位资金1.34亿元。

积极参加“泛珠三角经贸洽谈会”等大型招商引资活动，组织了形式多样的招商引资活动，在2004年“湘洽会”期间，湘西州组织了专题项目发布会和签约仪式。

【重点项目介绍】 2004年，湘西州加强全州重点项目建设目标管理的落实工作。做好重点项目建设的协调服务等工作，以湘西开发十大标志性工程为代表的重点项目建设进展顺利。全年安排重点续建项目42个，新开工项目41个，总投资37.35亿元。能源保障体系进一步完善，碗米坡水电站三台机组全部投产；泸溪22万伏输变电站投入运营。交通建设进入黄金时期，常德至吉首高速公路州内段全线开工；凤凰至大兴公路完成路基工程；县际公路改造完成182公里。水利建设进一步加强。永顺高家坝水库浇筑至330米高程；全州病险水库治理工程完成4座中型和80座小型水库。

全州中小学危房改造等社会事业项目进展顺利。在重点项目建设的带动下，完成全社会固定资产投资56.8亿元，增长21%。

湖南东方锰业集团扩建：东方锰业集团拥有储量近1000万吨的锰矿山一座，已形成年产锰矿石20万吨、碳酸锰粉15万吨、电解金属锰3.5万吨的生产能力。2004年实现销售收入1.9亿元，利税4600万元。公司拟投资2.5亿元建设2万吨/年无硒高纯电解金属锰、1万吨/年高纯四氧化三锰及1000吨/年高性能软磁铁氧体生产线等重大项目。投产后，可实现年销售收入5亿元，税收4200万元。

花垣竹篙滩水电站：电站装机容量4.2万千瓦，年发电量1.54亿千瓦时，总投资4.1亿元，是一个以发电为主，兼具灌溉、防洪、旅游、生态建设等综合效益的工程。竣工后，年销售收入5267万元，投资回收期10.3年。

古丈红石林风景区：风景区位于张家界—凤凰旅游黄金线的中轴线上，古丈县茄通乡断龙山境内，距古丈县城26公里，面积约20平方公里。景区内石峰星罗棋布，千姿百态，造型奇异，古朴雄奇，因石头颜色随气候变化改变而称奇，晴红雨黑，阴转褐红，晨昏有别，季变色变，变幻多端。据考证，红石林属于红色砂岩地貌，距今约有4.5亿年历史，古称扬子古海，后随地壳运动，地表形成溶丘和洼地，地面岩石形成石芽、石林等怪异形态，地下出现溶洞和暗河，最终使红石林融红、秀、峻、奇、绝、古于一身，是一处极具地质科考和旅游观光价值的地质公园。湖南省华夏科技投资公司与古丈县政府签订了红石林风景区的合作协议，将投资2.16亿元对红石林风景区进行开发。

湘西民族职业技术学院：学院开设有计算机应用技术、电子商务服装设计与制作等10多个专业，在北京、上海、珠江三角洲等地建立了稳定的就业基地。学院被农业部授予“开展科技扶贫，为农村经济建设服务先进单位”，被省教育厅授予“教学工作优秀学校”、“毕业生就业工作先进工作单位”等荣誉称号。为加快发展，计划投资2.62亿元对学院进行易地新建，力争通过5年左右的努力，建设成为技能型、应用型人才培养为主的综合性学院。

吉首至怀化高速公路：在湘西州境内约40公里，概算投资20亿元，拟于2006年开工建设。建成后可将常张高速、常吉高速、邵怀高速连接，形成环线，进一步改善湘西地区公路交通条件，有利于张家界、凤凰古城、桂林等国家级风景名胜区黄金旅游线的开发建设，有利于湘西地区的经济社会发展。花垣至张家界高速公路：是《国家高速公路网规划》中长沙至张家界高速公路向西的延伸线，湘西州境内段130公里、估算投资104亿元。建成后将进一步完善湖南省高速公路网，缩短和改善西南地区到湖南省旅游地区的交通条件。209国道吉首市绕城线：全长16.33公里，总投资1.4亿元，已开工建设，预计2007年竣工。

四川省
阿坝藏族羌族自治州

【经济与社会发展】　2004年，阿坝藏族羌族自治州（以下简称阿坝州）国民经济持续、快速、协调健康发展，全年GDP达到62.7亿元，同比增长14.3%。其中：第一产业增加值13.5亿元，增长3%；第二产业增加值26.3亿元，增长21.9%；第三产业增加值

22.9亿元，增长12.6%。三次产业增加值占GDP的比重调整为21.5、41.9、36.6。固定资产投资持续增长，消费品零售市场繁荣活跃。全年完成全社会固定资产投资65.32亿元，增长20.1%。实现社会消费品零售总额143412万元，增长21.7%。

农业结构调整步伐加快，农村经济平稳发展。坚持以生态经济为中心，大力实施农牧业战略性结构调整，推进农牧业产业化进程，努力增加农牧民收入，农业内部结构继续得到有序调整，农村经济平稳发展。全年完成农林牧渔业总产值169798万元，同比增长4.2%。全年粮食总产量15.94万吨，增长4.3%。年末大牲畜存栏216.8万头，增加2.1%；肉类总产量7.27万吨，增长2.1%；奶类总产量达到8.52万吨，增长5%。全年乡镇企业实现总产值59878万元，增长7.8%。农民人均纯收入1634元，增加212元。

工业经济快速增长，经济效益指标全面提高。工业生产坚持以追赶型、跨越式发展为主题，以增大总量为目标，结构调整为动力，以培育水电、高耗能、医药和绿色食品为重点，加快支柱产业的发展，不断深化国有企业改革，妥善解决经济运行中出现的各种矛盾和问题。全年规模以上工业实现增加值122371万元，同比增长40.7%。工业产品销售率为99.7%，工业经济运行质量得到进一步改善。

加强旅游资源的开发和利用，旅游收入增幅明显。深化了对旅游业在经济发展中的主导地位，全面提升旅游管理水平，加大了旅游资源融资力度，推进了资源向资本转变的过程。特别是九寨黄龙机场通航和九寨天堂国际会议中心建成营运，有力地推进了游客结构的改善、接待水平和档次的提高，成功承办了第二届四川旅游发展大会，九寨黄龙机场实现了重庆、西安直航，提前6年实现年吞吐量80万人次的设计要求。入境游人次呈明显恢复性增长。全年共接待海内外游客550.5万人次，同比增长70.4%，实现旅游总收入39.4亿元，增长87.6%。其中：接待入境游客33.6万人次，增长2.4倍；旅游外汇收入9640万美元，增长3.1倍。

集中资金加大扶贫力度。新村扶贫工程实施36个村、3112户，投入资金1146万元；移民扶贫工程实施281户、1086人，投入资金317万元；教育扶贫工程实施37所中、小学校建设，投入财政扶贫资金2950万元；卫生扶贫工程实施13所乡镇卫生院的建设，投入财政扶贫资金200万元；牧区扶贫工程实施“人草畜”三配套1147户，投入财政扶贫资金200万元。

劳动就业进一步加强，社会保险继续推进。全州建立劳动保障所102个，职业介绍机构16个，就业训练中心2个，劳动就业服务企业、社区就业实体和生产自救基地84户，帮助1430名失业人员和下岗职工实现了就业和再就业，城镇登记失业率为4%。全年发放国有企业下岗职工基本生活费175万元，代缴社会保险费86万元。为1.4万企业离退休人员发放基本养老金1.1亿元，按时足额发放率达到100%。征缴养老保险费1亿元，缴费率92.8%。征缴失业保险费1200万元，征缴率100%。全年发放失业保险救济金81万元。

【投资环境】　2004年，通过国家政策扶持及投资拉动，阿坝州投资的大环境空前改善。全州公路通车里程达6112公里，公路等级和通行能力大幅提高，基本实现了乡乡通公路；光纤通信、卫星电视覆盖全州的所有县城和大部分乡镇；兴建了一批大、中、小型水电站工程项目，220千伏、110千伏电压等级的骨干电网建设不断深入，牧区电网二期工程进展顺利，州级供电网络日趋完善。

制定了鼓励外商投资的优惠政策和奖励办法。凡到阿坝州投资可享受国家对少数民族地区和贫困地区经济开发方面的优惠政策，享受阿坝州依据中华人民共和国民族区域自治法而制定的有关土地、税收金融、财政价格和人才引进、企业用工等方面优惠政策。

组建了专门的招商引资机构，建立了“一站式”和“外来投资服务中心”，强化服务功能，为海内外客商创造一个比内地更优惠的宽松、高效、优质的投资环境。

【东西对口支援与招商引资】 阿坝州在积极开展与深圳、浙江、山东、成都等省、市对口支援的基础上，不断密切和扩大协作关系。主要合作开发项目一是旅游方面，其中与四川汉龙集团联合开发四姑娘山景区，与成都星宇集团和四川浦发旅游有限公司合作建设旅游服务项目已初见成效。二是能源开发方面，与四川汉龙集团合资修建天龙湖电站已建成投入运行。三是农业开发项目方面，与州外企业合作，开发生态农业、农畜产品、药业等。四是与州外企业合作，促进阿坝州工业项目建设与改造。五是引进外资投入州内教育事业。

不断加大招商引资力度，成立了州工业经济开发园区管委会和阿坝青藏高原牦牛经济园区管委会，推出了一批重点招商项目。全年招商引资协议引进项目 103 个，协议资金 297.8 亿元，其中履约执行项目 94 个，实际到位资金 33.3 亿元。引进境外协议项目 2 个，协议资金 2880 万美元，履约执行项目 1 个，实际到位资金 266 万美元。

【重点项目介绍】 九寨黄龙机场正式通航，结束了阿坝州没有航空运输的历史。以国道、省道为主骨架的公路交通不断向纵深延伸，年内实现了鹧鸪山隧道建成通车，都汶高速公路、郎川公路、金川至小金公路全面开工建设。其中国道 213 线郎木寺至川主寺公路建设完成投资 40353 万元，国道 317 线鹧鸪山公路隧道工程完成投资 11589 万元，都江堰至汶川公路完成投资 18848 万元（汶川段）。县际公路若九路、松平路进入工程扫尾。九绵遂旅游铁路、小金巴郎山隧道、汶川至马尔康公路完成预可行性研究报告等前期工作。金川、理县、马尔康、红原、阿坝、松潘等县城 1 公里主干道工程已完工，其余各县主干道建设进展顺利，年内全部建成并投入使用。

以流域规划为基础重大电源开发不断深入，骨干电网网络结构日趋完善。实现总装机 59 万千瓦的福堂、天龙湖、回龙桥电站顺利投产，其中福堂电站完成投资 19452 万元，天龙湖电站完成投资 7086 万元，狮子坪、金龙潭、二道桥、黑河塘、桑坪、姜射坝、吉鱼等一批水电站项目全面开工建设。其中：姜射坝电站完成投资 27088 万元，金龙潭电站完成投资 20473 万元，狮子坪龙头水电站完成投资 17919 万元；双江口、金川、毛尔盖、柳坪等一批骨干大型水电站项目进入勘测设计阶段，全州十三个县城电网建设全面启动，牧区电网二期工程阿坝、若尔盖 110 千伏变电站工程建成投入使用，福堂水电站送出工程基本建成。

小金县四姑娘山景区双桥沟公路国债项目已竣工，毕棚沟、神仙池景区公路建设顺利实施。甘海子景区旅游基础设施建设完成投资 30298 万元。理县桃坪羌寨基础设施建设项目总投资 5415 万元，已完成投资 300 万元。汶川三江旅游基础设施建设项目总投资 5710 万元，四川省已批复项目建议书，并已完成可行性研究报告编制工作。

新建日处理 5 万吨的 9 个污水处理厂、日处理 300 吨的 5 个垃圾处理厂和首批九环线 4 个垃圾处理厂建设进展顺利。其中：甘海子污水处理厂已建成并投入试运行，黄龙垃圾处理厂和污水处理厂、阿坝州县垃圾处理厂已完工。

加强了卫生“三项建设”、全州中小学危房改造和全州文化中心等工程建设。城市基础设施的进一步完善，促进了阿坝州城镇化水平的提高。

切实抓好生态环境建设工程，走可持续发展道路。生态建设项目区已覆盖全州 13 个县，全年完成人工造林 14323.48 公顷，森林覆盖率 22.8%。完成退耕还林 1333.33 公顷，配套荒山造林 3000 公顷。全州省级以上各类自然保护区已达 24 个，面积 243.8 万公顷，占全州总面积的 29%。

四川省 甘孜藏族自治州

【经济与社会发展】 2004年，甘孜藏族自治州（以下简称甘孜州）GDP达到42.1亿元，同比增长13.6%。其中：第一产业增加值10.46亿元，增长4.6%；第二产业增加值15.46亿元，增长23%；第三产业增加值16.19亿元，增长11.3%。第一、二、三产业比重为24.8∶36.7∶38.5。全年城镇居民可支配收入6742元，同比增长5.2%；农牧民人均纯收入1161元，增加130元，增长12.61%。

农业生产依靠科技，以产业化为载体，不断推动种植业结构调整。全年粮食总产量达17.5万吨，增长4.68%。经济作物及蔬菜产量继续保持增长。其中：油料作物产量增长4.5%，麻类作物增长8.33%，水果产量增长1.97%，蔬菜产量增长4.14%。畜牧业生产以退牧还草为基础，以提高商品率，增加效益为目的，推进产业化进程，促进了养殖业的发展。年末各类牲畜存栏508.37万头（只、匹），总增率20%；出栏121.74万头（只、匹），增长1.11%；肉类、奶类产量8.02万吨和11.21万吨，分别增长4.08%和0.27%。乡镇企业实现增加值2.65亿元，增长14.87%。实施新村扶贫工程71个、移民扶贫工程816户、教育扶贫工程32个、卫生扶贫工程18个，开展了6个县的三配套提升工程。

全年限额以上工业企业实现增加值5.11亿元，同比增长33.94%。规模以上工业企业盈亏相抵后，实现净利润1.56亿元，增长88.78%，企业亏损额较上年下降25%。新增装机10.4万千瓦，全州正式开工或开展临建工程的电站装机120万千瓦。国企改革取得突破，实现国有资产收益2.6亿元。

全年全社会消费品零售总额达到14.12亿元，同比增长21.1%。全年接待游客185万人（次），实现旅游总收入13亿元，分别增长1.55倍和1.63倍。

投资保持强劲增长，生态环境不断改善。全年累计完成全社会固定资产投资43.29亿元同比增长34.5%。投资拉动经济增长12.4个百分点。重大基础产业和基础设施项目进展顺利，投资结构进一步优化。投资集中投向了重点支柱产业和其他相关领域，全年生态能源项目投资19.03亿元，占总投资的43.96%；优势矿业项目投资1.7亿元；完成“天保”、“退耕还林”、“退牧还草”等建设投资3.98亿元，实施完成“天保”工程建设68.65万亩，封山育林13.28万亩，退耕还林6000亩，退牧还草813万亩，治理水土流失面积83.96平方公里。

财税收入较快增长，金融运行形势平稳。全年实现地方财政一般预算收入1.72亿元，同比增长34.07%；地方财政一般预算支出27.9亿元，增长31.92%。“银企”、“银政”合作进一步加强，金融支持地方经济发展的力度进一步加大。年末金融机构各项存款余额62.92亿元，较年初增加10.5亿元，增长20%；各项贷款余额24.91亿元，增加5.77亿元，增长30.17%。

各项社会事业不断进步。适龄儿童入学率达到95.7%，提高1.64个百分点；初中毛入学率47.89%，提高2.07个百分点；加强普九和扫盲工作，全州青壮年文盲下降至14.28%。建设农村乡镇卫生院58个，建设疾病控制中心16个，133个村卫生站（室）正在建设；人口与计划生育工作不断加强，人口出生率12.74‰，计划生育率97.23%，人口自然增长率6.95‰。

州歌舞团在“世界文化开发发展大会”上获得世界和平奖。广播、电视覆盖率分别达到81.82%、82.63%，提高了1.3和1个百分点。全年新增城镇就业岗位3620个，城镇登记失业率控制在5.5%以内。国企下岗职工基本生活费和离退休职工基本养老金按时足额发放。城镇职工保险覆盖面进一步扩大，参保人数达到14.32万人（次）。体育、新闻出版、气象、地震、档案、地方志等社会事业也取得新的进步。

【投资环境与招商引资】 2004年，甘孜州基础设施进一步改善。全州公路通车里程9758公里，其中等级公路5098公里。326个乡镇中有286个乡镇实现了公路通乡，公路主网框架基本形成。康定机场建设前期工作进程加快。

邮电通信网络建设继续加强，覆盖面进一步扩大，综合通讯能力进一步提高，完成了通信扶贫一期工程。开通了乡城、色达等八县的小灵通，实现了全州2.5G宽带传输扩容，完成了康东旅游环线移动通信基站以及成都—康定光缆干线网络传输系统、康定城区光缆敷埋、康定—丹巴等八条主干线及亚丁光缆建设工程，解决了75个乡的通信问题。到年底，邮电公用电话用户达到8.91万户，增长55.03%；移动电话用户数达到8.27万户，增长9.28%。全州电话普及率达到18.79%。

全年城乡建设完成投资9亿元，城镇化率达到16.21%。编制完成了18个县的城市总体规划，编制完成了《甘孜藏族自治州全面建设小康社会战略规划纲要》和《甘孜藏族自治州电网规划和与国家电网联网可研》，《甘孜州民族文化产业发展规划》、《甘孜州生态移民及异地创业致富（扶贫）工程可研究报告》、《甘孜州异地移民扶贫试点工程实施方案》、《甘孜州藏区县城道路初步设计》的可行性研究报告和初设方案也已通过专家评审。

以全面贯彻落实《行政许可法》为契机，进一步深化投融资体制改革，加大行政审批的清理力度，进一步精简行政审批事项，对外开放和招商引资环境不断改善，全年实施招商引资项目144项，协议引进资金78亿元，实际到位资金19.22亿元，增长31.08%。成功举办了“海螺沟国际狂欢节”、“第四届康巴艺术节暨首届香格里拉国际旅游节”和第三届川滇藏中国香格里拉生态旅游协调会考察活动，有力推进了区域协作。

【经济技术协作】 甘孜州在与成都、深圳、浙江、福建等省市搞好经济技术协作的同时，还与美国、韩国、日本等国家知名企业建立了经济合作关系。大唐国际公司、华电集团、中国华能集团等国家四大电力集团及西部矿业、紫金矿业、隆生集团等一批知名企业来甘孜州投资创业。2004年，浙江临亚集团与丹巴县签订了投资16亿元开发东谷河流域装机32万千瓦水能开发项目。与恩威集团、重庆中药研究所、成都雪域圣缘科技公司积极合作，引资600万元联办了高原野生药材基地、冬虫夏草示范基地和青稞深加工等项目。与四川隆生集团合作投资1800万元联办了美孜牦牛开发公司，与重庆中药研究所联合投资1000万元，建野生虫草抚育基地。中韩合资企业道孚清山农产有限责任公司，在甘孜州康定、泸定、道孚等县生产无公害优质蔬菜的韩式泡菜。桑吉卓玛酒厂通过不懈的努力与台湾亚太高新集团签订了长期的购销合同。龙头企业华康进出口有限责任公司到日本开拓市场，取得了300万美元的订单。参加了深圳“四川—深圳医药、电子、旅游、物流、服务贸易项目洽谈会”，洽谈会期间，甘孜州共推出38个招商引资项目，发放项目资料及宣传资料800余份。为促进项目的合作开发，上门拜访了部分有意向的深圳企业，并与广东核电集团、深圳市医药协会、香港恒盈利丰集团、深圳华商联合会、中国投资基金有限公司等企业进行了深入洽谈，一些项目达成了初步意向。在加强生态资源保护的同时，各相关县合理开发矿产资源，引进矿产资源开发到位资金16822万元，与鑫源公司、湖南长鑫矿业有限公司、陕西银河集团等企业联合协作，挖掘矿产资源的内在潜力，取得较好的效果。

【重点项目介绍】 二（郎山）—康（定）公路改造通过验收正式交付使用；通乡公路开工41个项目，初通路基1000公里；乡（城）—香（格里拉）公路完成路基工程，竹（巴笼）—茨（巫）公路完成53公里路基工程，二（龙桥）—得（荣）公路完成41公里路面工程；川藏线海（子山）—竹（巴笼）段改造顺利；完成了泸（定）—石（棉）路项目前期工作，康定机场、雀儿山隧道等前期工作取得新进展。

装机分别都为24万千瓦小天都电站、仁中海电站等生态能源支柱产业项目建设进度加快。全年新增装机发电10.4万千瓦，正式开工和开展临建工程的装机120万千瓦；总共装机达800多万千瓦的大渡河长河坝电站、黄金坪电站、泸定电站、猴子岩电站、巴底电站和雅砻江两河品电站正在抓紧开展项目前期工作。

天然林资源保护工程、退耕还林工程建设、退牧还草工程、五大扶贫项目、乡城县玛依河引水工程、雅砻江流域特种粮食（青稞）产业化基地建设速度加快；畜种改良工程、得荣因都坝移民工程、得荣白松、茨巫水利工程、康南干果基地建设、生态移民及易地创业致富工程等生态农业项目前期工作取得可喜进展。

白玉呷村银多金属矿、康定甲基卡锂辉矿、丹巴铂镍矿、巴塘夏塞银矿、康东硅业基地等优势矿业建设进展顺利。到年底，全州原矿生产能力达121万吨，规模以上矿产企业销售收入6.5亿元。泸定沙嘴电站建设工程等项目竣工投产。

川贝母等生态药业基地建设取得新的进展，州医药公司等3家批发企业通过GSP认证，金珠制药公司完成GMP改造。

四川省
凉山彝族自治州

【经济与社会发展】 2004年，凉山彝族自治州（以下简称凉山州）GDP达到251亿元，同比增长14.2%。其中：第一产业增加值83.4亿元，增长5.9%；第二产业增加值89亿元，增长23.2%；第三产业增加值78.2亿元，增长12.9%。全年实现财政收入23.1亿元，增长20.19%。其中地方一般财政预算收入11.5亿元，增长23.8%。年末金融机构各项存款余额216.1亿元，比年初增长19.9%；各项贷款余额101.8万元，增长15.4%。

全年实现农业增加值83.4亿元，同比增长5.9%；乡镇企业总产值141.55亿元，增长5.5%；农民人均纯收入2156元；粮食总产量35.9亿斤，烤烟131.4万担，蚕茧26.9万担；水果产量32.4万吨，肉类总产量46.2万吨。已初步形成了优质稻、荞麦、烤烟、蚕茧、甘蔗、水果、蔬菜、畜产品、林产品、水产品、花卉等十大农业生产基地。有各类农业产业化经营组织105个，其中州级以上龙头企业31家，带动农户35万户。全年劳务转移和输出27.4万人，县外劳务收入4.4亿元，增长41.7%。

全年实现工业增加值66.1亿元，比上年增长22.9%，工业对经济增长贡献率达

42.7%。已建成四川省重要的有色金属、黑色金属和稀土生产原料基地，拥有铅、锌、铜等有色金属年生产能力13.5万吨，其中锌冶炼8万吨、铜冶炼1.5万吨；铅冶炼4万吨；铁矿石采选能力350万吨/日。已形成卷烟、制糖、皮革、食品、电力、建材等优势产业。

第三产业实现总产值156.6亿元，同比增长14.2%。全年接待游客171.8万人次，增长66.6%，旅游总收入8.2亿元，增长55.6%；实现全社会消费品零售总额74.8亿元，增长21.7%。

全年完成固定资产投资总额96.9亿元，同比增长42.2%。固定资产交付使用率达54.25%。交通、能源、水利等重点基础设施建设完成投资46亿元，其中水利项目1.5亿元，交通建设10.28亿元，工业项目11.5亿元，地方电力投资22亿元，城市基础设施项目投资3亿元。

全年完成邮电业务收入60376万元，同比增长9.88%；全州电话网程控交换机容量达109万门，增长4.8%；市话用户23.35万户；农话用户13.98万户；移动电话用户39.8万户；互联网上网用户4.73万户；电话普及率达18.18%，比上年提高2.38个百分点。

全州有各类学校2544所，在校学生68.67万人，比上年增长5.3%，其中少数民族学生29.75万人，增长8.7%。小学学龄儿童入学率95.4%，比上年提高1.05个百分点，其中少数民族儿童入学率达90.5%。有州级直属科研单位6个，全年承担科研项目62个，比上年增加23个，其中州级项目46个；实施国家“星火计划”项目3个。

全州有艺术表演团体3个，全年演出138场；公共图书馆7个，文化馆18个，乡（镇）文化站115个，博物馆2个，文物保护机构8个，省级文物保护单位24处。卫星地面接收站4899座，电视人口覆盖率达92%，比上年提高1.5个百分点；县市广播电视台17个，乡镇广播站568个，村通广播率达83.7%。

全州有卫生机构858个，病床8492张，卫生技术人员9642人。成功举办了世界职业拳击金腰带拳王争霸赛。凉山籍帆板运动员殷剑在雅典奥运会上为中国队摘得一银；在四川省拳击比赛中，凉山队共获得7金、3银、3铜，取得全省甲、乙组金牌第一，团体第一的好成绩。

【投资环境与招商引资】 凉山州已探明D级以上储量的矿产60种，其中大型和特大型矿床30处，稀土、铁、铜、锌、铅、滑石等22种矿产资源储量居全省第一位；钒钛磁铁矿保有储量达10多亿吨；稀土储量达200多万吨，是全国第二大稀土矿床。水能资源富甲天下，金沙江、雅砻江、大渡河及其支流水能蕴藏量3125万千瓦。国家在金沙江、雅砻江、大渡河三大干流上规划的14座大型电站，凉山州就有9座。

州境内沿安宁河两岸地区，是四川省仅次于成都平原的第二大平原，是川西南的“粮仓”，列为国家和四川省农业开发的重点地区，区内生产水稻、玉米、小麦、荞麦、大豆等，主要经济作物有：甘蔗，烤烟，蚕桑，早市蔬菜，以及苹果，石榴、脐橙、龙眼、香蕉等水果。

凉山州基础设施建设已初具规模，投资环境进一步改善。西昌机场是我国西南跑道最长的大型全天候机场，机场可起降包括波音747在内的大型客机。成昆铁路纵贯全州5县1市，途径州内45个火车站，境内全长367公里，2000年电气化改造完成后，提高综合运输能力1倍以上；全年新建公路452公里，境内公路通车里程1.48万公里，108国道途经成都、西昌、昆明，把南北结合成整体，2004年108国道高速公路西昌黄水至冕宁泸沽段85.4公里竣工通车。省道宜（宜宾）西（西昌）公路和美（美姑县）峨（峨边县）公路、美（美姑县）马（马边县）公路从东部连接宜宾、乐山；州内通航水路里程369公里，雷波至新市镇的客货轮顺金沙江而下直抵宜宾、重庆，进而可通达长江沿线各地城市。

州境内国家电网与地方电网并存，能满足

大型工业基地建设的需要。全州有地方水电站634座1015台，装机容量达74.01万千瓦，年发电量29.95亿千瓦时，已形成以西昌为中心的供电网络。国家电网在州内穿过冕宁、喜德、西昌、德昌等县市，南与攀枝花电网相连，北与四川主网相连，其供电可靠性及电能质量能满足各种特殊用电需要。全州城市自来水厂共有19座，日供水能力达19.36万吨，州府西昌市有自来水厂3座，日供水能力达7.2万吨。

2004年，共签订招商引资项目101个，协议引资29.3亿元，实际到位20.8亿元，到位率达71%，同比增长64.4%。

【经济技术协作与对口支援】　十一届三中全会以来，凉山州先后与上海、广东、浙江、福建、云南等21个省市、33个地区建立了经济技术合作协作关系。此外，浙江省杭州市对口帮助凉山州西昌市一职中、喜德县城关小学、光明小学等三所中、小学。通过无偿捐赠电脑等教学设备和开展双方互派教师学习、指导、培训等活动。

【重点项目介绍】　凉山州是四川省攀西资源开发区的重要组成部分，在国家实施西部开发中正在进行大量的基础产业、基础设施建设。

108国道雅（安）攀（枝花）高速公路西昌黄联关至攀枝花段：全长160公里，总投资88.95亿元，2002年12月全面动工，计划2007年竣工。

溪洛渡电站：总装机1260万千瓦、年发电量571亿度，总投资636亿元，2004年完成投资21亿元，已全面完成前期工程，争取在2005年内国家批准正式开工。锦屏一、二级水电站：总装机800～840万千瓦、年发电量406～460亿度，总投资454～475亿元，2004年已完成投资11.1亿元。其中锦屏一级水电站全面完成前期工作，争取在2005年内国家批准正式开工；锦屏二级电站已进入可行性研究阶段。瀑布沟电站：总装机330～360万千瓦、年发电量145.8～160亿度，总投资199.33～217亿元，2004年完成投资6.5亿元，已正式开工建设。官地电站：总装机180～240万千瓦、年发电量87.13～111.29亿度，总投资90～120亿元，已开始优化设计工作和前期准备工作，计划2005年投资4亿元。白鹤滩电站，总装机1200万千瓦，年发电量515亿度，总投资600亿元，2004年底完成可行性研究报告，计划2005年开展对外交通建设。深溪沟电站，总装机66万千瓦，年发电量32亿度，总投资52.87亿元，计划2005年完成可行性研究报告。

退耕还林工程累计完成退耕还林还草面积284万亩；天然林资源保护工程累计完成人工造林160.23万亩，完成封山育林451.87万亩，完成飞播造林149.44万亩，对4266万亩有林地、灌木林地和未成林造林地实施了常年管护。全州森林覆盖率达32.16%。生态移民扶贫搬迁试点工程安置移民3420户、1.4万人。安宁河堤防工程、会东新华水库等工程建设进展顺利。

贵州省
黔西南布依族苗族自治州

【经济与社会发展】　2004年，黔西南布依族苗族自治州（以下简称黔西南州）GDP完成102亿元。其中：第一产业增加值32亿元，第二产业增加值37.58亿元，第三产业增加值

32.5 亿元，人均国民生产总值 3319 元。全社会固定资产投资 40 亿元。实现财政总收入 12.62 亿元，其中地方财政收入 6.68 亿元；财政支出 20 亿元。金融机构各项存款余额 103.22 亿元，各项贷款余额 60.44 亿元。

社会消费品零售总额 27.52 亿元，城乡居民收入增加，生活质量提高，2004 年全州在岗职工年人均工资 11204 元，其中国有单位在岗职工年人均工资 11892 元，城镇集体单位在岗职工年人均工资 7785 元，城镇居民人均可支配收入 7355 元，其中人均消费性支出 5136 元，农村居民人均纯收入 1646 元，全州城镇登记失业率 6%左右。

科技、教育、卫生、文化、广播电视、体育等各项社会事业稳步发展，全州有普通高校 3 所，在校学生 6558 人，毕业生 2795 人。中等专业学校 3 所，在校学生 3302 人，专任教师 229 人，毕业生 1555 人。普通中小学生 613203 人，专任教师 24480 人，毕业生 130742 万人，学龄儿童入学率 98.5%。广播电视事业快速发展，全州有电视差转台 281 个，卫生电视收转系统 4779 个，电视覆盖率 89.02%。全州共有卫生事业机构 182 个，专业卫生技术人员 5554 人，拥有医疗病床 4640 张，设置村级医疗点 1672 个。

【投资环境】 黔西南州交通便捷，南昆铁路和 324、320 国道横贯州境，州府所在地兴义市联接广西、云南、贵阳的高等级公路网络基本形成，关兴公路、兴义飞机场、西南水运出海通道工程，西南成品油管道工程已经建设，现已形成集公路、铁路、水运、航空管道运输为一体的立体交通运输网络。作为南、桂、昆经济区的中心地带，黔西南州已成为西南地区和华南地区优势互补的便捷通道和区域经济中联接各方的桥梁和纽带。兴（义）安（龙）兴（仁）一小时经济圈初步形成，并辐射和带动 7 个县城和沿南昆铁路的顶效、威舍、郑屯、德卧等一批不同功能，各具特色的小城镇。

黔西南州通讯畅通，实现了县与县交换程控化，传输光缆数字化，所有乡镇开通光缆，建成 C3 本地电话会议系统，南环和北环本地传输网，移动电话覆盖全州 9 县（市、区），通信十分方便。

黔西南州电力充足，110 千伏电网已覆盖全州 9 县（市、区），实现了乡乡通电、村通电率达 90%以上。各县（市、区）新一轮城市道路改造和其他城市配套设施正在建设中。

黔西南州对过去制定和出台的地方性政策规定进行了全面清理，对有碍西部大开发战略实施及影响了对外开放，吸引外来投资的全部予以取缔或重新进行修订。各县（市、区）结合自身实际相继出台了方便外来投资者的“一站制”项目审批模式。到 2004 年，黔西南州引进到位资金平均年增长 20%左右，建成和正在建设和外来投资 1000 万元以上的企业 35 个，上亿元的企业 6 个，大开放促进大开发的格局初步形成。

黔西南州可供开发利用的水能资源发电量达 1000 万千瓦，现已建成天生桥一、二级和鲁布革 3 个装机共 312 万千瓦和一批中小型水电站，已开工建设和即将开工建设的龙滩电站、平班电站、光照电站、鲁贡电站共装机 540 万千瓦，兴义火电厂装机 4×60 万千瓦，黔西南州将成为西南地区水火并举、水火互济、相互调峰的能源基地。天生桥至广州 50 万伏三回交流、一回直流输变电线路投入使用，每年向广东送电 128 亿度，是“西电东送”的重要电源通道和枢纽。

黔西南州已探明矿产资源有 41 种，有开发价值的 21 种，其中红铊矿储量居全国第一。黄金储量 500 吨以上，正在开发建设的有贞丰烂泥沟金矿、水银洞金矿和兴义紫木凼金矿；即将开发建设有普安泥堡金矿，建成后年黄金产量可达 50 万两。煤炭储量达 196.2 亿吨，普兴矿区（含煤面积 1600 平方公里），已列入国家大型煤炭基地规划，初步规划了大中型骨干井 8 对设计年生产能力 1350 吨。一期设计能力为 400 万吨/年，投资 10 亿，2005 年 10 月开工建设。为了提高煤炭的精深加工，走循环经济的路子，实现资源的就地升值，煤化工基地和重化工基地正在加紧建设。

【重点项目介绍】 兴仁500千伏换流站：是"西电东送"贵州至广州直流第二回输电工程的重点项目，工程输电容量为300万千瓦，总投资23亿元，建成后，将承担贵州西南部兴义火电厂、光照电站、盘南电厂、发耳电厂等大型电源的电力外送。将于2007年6月建成。

北盘江光照电站：装机容量104万千瓦，总投资52亿元，工期为2003年至2008年，电站将提前到2007年底投入运营。北盘江马马崖电站：总库容3.67亿立方，电站装机容量60万千瓦，年均发电量20.27亿度，工期5年零3个月，总投资30亿元，已经通过可行性审查。将于2006年底完成大江截流。北盘江董菁电站：装机容量84万千瓦，总库容9.72亿立方米，年发电量30.13亿度，总投资42亿元，工期55个月。2005年12月可实现大江截流。兴义火电厂：总装机240万千瓦，总投资92亿，一期工程建设120万千瓦，项目可行性研究报告已通过审查，将于2005年10月动工。

兴仁紫木凼金矿：是国家高技术产业示范项目，日处理原生金矿1000吨，年产黄金1.4吨，总投资16480万元，已完成工程量的80%，2005年可建成投产。贞丰锦丰公司烂泥沟金矿：2004年开工建设，规模为年产黄金6.25吨，总投资8.15亿元，生产工艺为微生物细菌预氧化处理原生矿选冶技术。将于2006年建成投产。贞丰水银洞金矿：一、二期工程建设规模为年产黄金3吨，生产工艺为常温强氧化提金法，总投资1.5亿元。已建成投产。

安龙重化工基地：规模为年产27万吨电石，10万吨烧碱和12万吨PVC生产能力，总投资6亿元，2005年可建成投产。兴义2030工程：规模为年产20万吨碳铵、30万吨尿素，总投资4.5亿元，将于2006年投入生产。

汕昆高速公路特大桥：是汕昆高速公路的控制性工程，初步审定为双塔斜拉桥，桥长1670米，总投资3.38亿元，将于2005年10月开工建设。

"两江一湖"（南盘江、北盘江、万峰湖）生态建设项目：这一地区生态的好坏将直接影响珠江下游地区的用水安全，2005年1月，万峰湖就承担了珠江压咸补淡任务，紧急调水5亿立方米，确保珠江下游地区的生活和生产。从1998年开始，先后启动重点生态治理工程、珠防工程、退耕还林还草工程、天然林恢复工程等，生态环境恶化的趋势得到一定的遏制。

【东西对口支援】 1996年以来，宁波市已在黔西南州实施帮扶项目360个，帮扶资金7613.32万元，已完成帮扶项目356项。经宁波市委、市政府牵线搭桥，宁波籍香港同胞陈延骅先生捐赠资金480万元帮助黔西南州部分贫困乡村改善基本生产生活条件，台湾朱英龙先生捐赠资金2500余万元帮助黔西南州修建了197所学校的教学楼、学生宿舍楼。宁波市拨款700万元，支持黔西南州建立对口帮扶基金和补助重大帮扶项目的资金缺口，促进了多普勒天气雷达项目的建设。宁波市市级财政拨出专款580余万元，帮助黔西南州建设州委党校综合教学楼、兴义一中教学楼，扩建州人民医院外科住院部大楼，改建州中医院门诊大楼和州妇幼保健院综合楼，使黔西南州的教育卫生事业得到了新的发展和壮大。

宁波市对口帮扶黔西南州6县的7个市直机关拨出专款4600余万元，帮扶6县投入基础设施建设，帮扶新建、改扩建中小学54所，解决9400名儿童入学困难，救助失学儿童3600名，新建乡镇卫生院27所，村级卫生室25所，县级人民医院12个和部分医疗器材设备；投资农村通讯项目建设1个，农村广播电视网项目建设2个；水电路和基本农田等基础设施项目29个；新修农资市场5个；青少年活动中心1个；援建了黄花梨、杨梅、乌骨鸡孵化饲养、波尔山羊、种草养鹅、仔猪等种养业基地。

宁波市为黔西南州培训县、乡（镇）各类干部300余名，村干部360名，派出近100名教学、医务人员到各县指导教学、医务工作，派出近100名干部到各县挂职扶贫。组织了20余名乡镇企业总裁和经理到各县进行投资考察和经贸洽谈，通过企业之间的交流，根据各县市劳务市场的供求和人才需求，接收各县输出劳务人员500名，大中专毕业生就业锻炼24名，领导干部互访73批/1100人。接受救灾捐赠款251万元，捐赠衣被204.56万件(床)，有129个乡镇，2081个村，16.3万农户，62.69万贫困人口得到了救助。宁波市10年来对黔西南州的对口帮扶、为黔西南州贫困地区脱贫致富、经济发展做了大量卓有成效的工作，取得了很好的经济效益和社会效益。

贵州省
黔东南苗族侗族自治州

【经济和社会发展】 2004年，黔东南苗族侗族自治州（以下简称黔东南州）国民经济持续稳定增长，综合经济实力进一步增强。全年GDP达到115.75亿元，同比增长11%。其中：第一产业增加值42.32亿元，增长6.5%，第二产业增加值36.68亿元，增长15.2%，第三产业增加值36.75亿元，增长11.8%。全年完成财政总收入11.22亿元，增长19.2%。其中地方财政收入6.59亿元，增长12.7%。财政支出30.41亿元，增长18.5%。年末金融机构各项存款余额达到141.86亿元，比年初增长23.9%；各项贷款余额106.24亿元，增长11.3%。

农村经济形势持续向好的方面发展，主要产品产量全面增产。全年粮食总产量134.76万吨，比上年增长5.3%，创历史新高。油菜籽产量5.92万吨，增长7%。烤烟收购23.23万担，增长2.8%，烟叶质量及价格同时提高。畜牧水产稳步增长，生猪存栏265.96万头，增长4.4%。牛存栏134.43万头，增长5.5%。肉类总产量19.55万吨，增长8.4%。水产品产量1.96万吨，增长10.5%。退耕还林、天然林保护等生态建设工程实施较好，共完成造林面积29.54万亩，新增封山育林25.74万亩。农村沼气池、人畜饮水、通村公路工程建设继续加强。新增农村沼气池2.12万口，新解决农村人畜饮水困难17.2万人，新增通村公路1583公里。

工业经济持续增长，整体效益明显提高。规模以上工业企业完成增加值17.82亿元，同比增长21.9%，比上年提高6.6个百分点。规模以上工业企业销售收入63.34亿元，增长33%；实现利税5.71亿元，增长42.1%；规模以上工业企业总资产贡献率为17.27%，上升2.68个百分点；资产负债率78.15%，下降0.56个百分点。

商业、餐饮、交通运输、邮电、信息、文娱服务等行业快速发展。旅游发展实现上升台阶，全年接待游客241.88万人次，比上年增长42.12%，其中海外游客3.04万人次，增长128.41%。

社会公共事业进一步协调推进。国民教育继续发展。又有黎平、雷山、台江、剑河4个县顺利通过省级“两基”评估验收，“普九”人口覆盖率上升到85.1%，初中毛入学率达到97.81%。高中办学条件改善，招生规模扩大，高中毛入学率达到25.9%。黔东南师专新校区建设取得实质进展，社会办学积极性更加高涨。农村党员现代远程教育工程全面建成。

卫生医疗条件进一步得到改善。州县疾病控制中心和医院传染病区开工建设，农村合作医疗试点全面展开，“缺医少药”现状初步改善。疾病发病率降低，人均寿命增加。人口与计划生育工作成绩显著。基层计划生育技术服务网络设施增强，人口出生率、多孩率下降，独生子女率上升。人口出生率15.19‰，比上年下降1.09个千分点；人口自然增长率为8.7‰，下降1.26个千分点。

文体广电等社会事业继续进步。以弘扬民族传统文化为代表的农村文体活动活跃，广播电视通信覆盖率继续扩大，社会主义精神文明和民主法制建设得到加强，民族团结，社会稳定。

人民生活进一步改善，全年新增城镇就业人员14356人，其中下岗失业人员再就业5613人。城镇登记失业率4.35%。农民人均纯收入1588元，增加138元。城镇居民可支配收入7063元，增加499元。全社会消费品零售总额35.26亿元，增长21.1%。居民消费品价格总水平103.9%。

固定资产投资项目建设进展较好，全年完成的全社会固定资产投资66.89亿元，同比增长16.5%。其中基本建设投资45.02亿元，技术改造投资5.1亿元，房地产投资6.36亿元，其他投资10.41亿元。

【投资环境与招商引资】 黔东南州作为贵州省的东大门，是华东和华南进入大西南的主要交通要道。湘黔电气化铁路复线、黔桂铁路及320、321国道穿境而过，连接西南出海大通道贵（阳）—新（寨）高等级公路和凯（里）—麻（江）高速公路已通车，玉（屏）—凯（里）高速公路已开工建设。州府所在地凯里距贵阳机场150公里、黎平支线机场270公里。所辖16个县市全面实现通油路，全州公路通车里程达到6766公里。

黔东南州水资源充足，水质良好。州府所在地凯里市区日供水能力为8万吨，各县城都达到1~2万吨以上，各乡镇驻地基本实现自来水。全州实现国网供电并完成农网改造，县城电网改造即将完成。全年水电、火电发电量41.41亿千瓦小时，供电量66.56亿千瓦小时。清水江最大装机100万千瓦的三板溪水电站将于2006年首台机组投产发电。

黔东南州通讯发展迅速，光纤电缆、短波和微波构成了四通八达的电信网，国际互联网、大容量长途数字传输网、程控电话网、移动电话网、会议电视电话网、数字数据网等现代信息网以及国际国内直拨电话。全州程控电话总容量达到55.4万门，每百人拥有电话9.6部，已通电话行政村占64.4%。

黔东南州气候温和，雨量充沛，冬无严寒，夏无酷暑，山清水秀，生物、动物种类繁多，资源极为丰富，森林覆盖率达50%，是长江、珠江中上游重要生态屏障。有“杉乡林海”之誉，“生物基因库”、“天然药库”之称。水质优良，水能、矿藏丰富，重晶石储量占全国60%。名胜古迹众多，自然风光优美，苗、侗、瑶民族风情浓郁，有国家森林公园二处、国家级自然保护区一处、国家级风景名胜区二处，被世界旅游组织推崇为民族文化与生态旅游的首选地。

为简化办事程序，提高办事效率，进一步改善投资环境，全州设立招商引资“一站式”服务中心，对外来投资者实行“一个窗口、一条龙”的“一站式”服务，各有关单位派员集中办公，管理和办理外来投资及企业成立前后的各有关事宜。全州还设立了外商投诉中心，受理外来投资者的投诉事宜，并进行有关政策的解答和咨询，为企业创造良好宽松的经营环境，保障投资者的权益。

黔东南州全年通过招商引资共引进项目212个，续建项目62个，实际到位资金28.94亿元，同比增长16.7%。参股组建了由五凌公司控股、在黔东南州登记注册的贵州清水江水电有限公司和贵州黔东电力有限公司。

全年宁波市对口帮扶黔东南州项目56个，投入帮扶资金1130.9万元。

【重点项目介绍】 凯里至玉屏高速公路：全长166公里，西接贵新高速、凯麻高速，东至黔湘边境玉屏县。高速公路横贯州境腹地，途经凯里、台江、剑河、三穗、镇远、岑巩6个县市。该公路作为上海至瑞丽国道主干线的组成部分，经过苗岭山地，大型桥梁、隧道众多，工程施工难度大。工程概算总投资50亿元。2002年10月开工，预计2006年全线通车。

黎平飞机场：为国家支线机场，距侗族人口聚居黎平县城11公里，距州府凯里270公里、桂林330公里。机场按4C规划3C建设，总投资2.3亿元，2000年9月开工，预计2005年9月通航。

锦屏三板溪水电站：是州境内最大水电站，位于沅江上游清水江锦屏县城西25公里处。电站以发电为主，兼有航运、防洪、灌溉、旅游等综合功能，是沅江干流15个梯级电站的第二级，也是该干流唯一具有多年调节性能的“龙头”水电站。电站蓄水库容37.5亿立方米，装机容量100万千瓦，总投资80亿元。2003年10月大江截流，预计2006年首台机组发电。

锦屏卦治水电站：电站距三板溪电站下游18公里，是沅江干流第三级水电站，装机容量15万千瓦，总投资9.4亿元，由湖南五凌公司出资于2004年12月开工。

施秉恒盛集团工业硅项目：施秉恒盛集团已建有6300千伏安工业硅冶炼炉38台，固定资产原值2.1亿元，设计工业硅年产量12万吨，年产值5.8亿元，生产规模亚洲第一，世界第三。

贵州省
黔南布依族苗族自治州

【经济与社会发展】 2004年，黔南布依族苗族自治州（以下简称黔南州）GDP达到146.55亿元（当年价，下同），比上年增长11.6%。其中：第一产业增加值42.82亿元，增长5.9%；第二产业增加值60.46亿元，增长16.6%；第三产业增加值43.27亿元，增长8%。人均GDP 3739元，增长10.7%。实现财政总收入18.01亿元，增长22.6%；其中地方财政收入8.03亿元，增长15.9%；地方财政支出28.57亿元，增长17.3%。

农村经济平稳发展，全年农林牧渔业实现总产值72.25亿元，同比增长7.81%。全年粮食总产量124.75万吨，增长4%；油菜籽产量7.89万吨，增长12.9%；收购烤烟48.49万担。畜牧业产值占农林牧渔业总产值的比重达到36.78%；大牲畜年末存栏135.58万头，增长5.28%；生猪年末存栏218.25万头，增长8.82%；肉类总产量18.71万吨，增长11.69%。实现乡镇企业总产值138.88亿元，增长17.2%；营业收入141.85亿元，增长18.8%，上交国家税收4.04亿元，增长35.1%。

工业生产保持较快增长，全年完成工业增加值49.01亿元，比上年增长18.1%。规模以上工业总产值98.84亿元，增长38.7%。其中国有及国有控股企业总产值48.05亿元，增长33.2%。工业产品销售率为95.7%。

旅游业迅速发展，全年共接待国内外游客221.8万人次，旅游总收入14.59亿元，分别增长23.2%和27.2%。城乡居民消费水平有所提高。实现社会消费品零售总额40.41亿元，增长13.4%。城镇居民人均消费性支出5012元，增长2.2%；农民人均生活费支出1272元，增长0.6%。居民消费价格总指数为

104.9%。

投资需求持续增长，全年完成全社会固定资产投资45.55亿元，比上年增长27.3%。金融运行平稳，金融机构各项存款余额131.94亿元，增长23.8%；各项贷款余额88.79亿元，增长3.8%。现金净投放6.4亿元，比上年多投2600万元，增长4.2%。

城乡居民生活水平进一步提高，社会保障体系逐步完善。全年城镇居民人均可支配收入6565元，比上年增加414元，实际增长6.7%；农村居民人均纯收入达到1675元，增加73元，实际增长4.6%；全年又有10.58万贫困人口越过温饱线。年末全州从业人员221.21万人，比上年增长1.1%。年末登记失业人数1.08万人，城镇登记失业率为3.8%。年末参加养老保险职工为16.57万人，参加失业保险职工10.16万人，参加基本医疗保险职工8.07万人。年末全州总人口393.75万人，人口出生率15.36‰，人口自增率8.8‰。

全年共获州科技进步奖19项，其中二等奖7项，三等奖12项。全州有各级各类学校3050所，在校学生107.98万人，教职工3.8万人，其中专任教师3.32万人。适龄儿童入学率98.78%；普通初中在校生20.09万人；普通高中在校生4.13万人；普通高校在校生1.11万人。全州12个县（市）已有10个县（市）通过省级“普九”评估验收，“普九”人口覆盖率85.3%。全州有线电视用户28.89万户，广播、电视覆盖率分别达到83.23%和87.8%。有卫生机构316个，病床位5396张，有卫生技术人员6499人；有卫生防疫、防治机构17个，卫生技术人员367人；有妇幼保健院、所、站9个，卫生技术人员232人；有农村乡镇卫生院234个，病床位1558张，卫生技术人员2261人。

体育事业蓬勃发展，黔南州在国际、国内重大比赛中共获金牌1枚、银牌4枚、铜牌1枚。环保事业积极推进。全州设有各级环境监测站7个；全年共完成环境污染限期治理项目21个，总投资419.8万元。年末全州固定电话用户39.87万户，比上年增长21.4%；互联网用户2.48万户，下降40.2%；移动电话用户24.92万户，增长14%。

【投资环境与招商引资】 2004年，黔南州加快行政审批制度改革，规范审批程序，健全招商引资机构和服务体系，全州12县（市）招商引资机构相继单列，州“政务中心”、县（市）“行政服务中心”服务水平提高。

2004年，黔南州通过举办“中国都匀国际摄影博览会”、平塘“玉水腾龙”水龙节、独山“花灯”艺术节、惠水“好花红”艺术节和组织到上海、南京、广州、厦门、南宁等地举办大型招商引资推介活动、派出专业小分队赴上海、南京、杭州、重庆、西安、银川、海南、温州、义乌参加各类招商引资节会等“请进来、走出去”活动，加大对外宣传及招商引资力度，全年共引进州外投资项目521项（新开工项目387项，续建项目134项），实际到位资金28.2亿元，增长73.8%，其中实际引进外资6900万元。

【重点项目介绍】 都匀市九龙湖10万吨供水工程：建设规模为10万吨/日，工程总投资8833.17万元。于1998年动工，2003年5月投入试生产运行。2004年5月，通过验收交付使用。

贵阳花溪桐木岭至惠水二级公路：全长40.5公里（贵阳段10.94公里，黔南段29.56公里），全线沿老线采用二级公里标准进行改造，设计行车速度60公里/小时，路基宽度12米，采用沥青混凝土。总投资1.84亿元，于2004年12月开工。项目建成后，将使黔南州惠水县至贵阳实现半小时经济圈。

黔桂铁路扩能改造工程：为“十五”期间全国路网“八纵八横”之一的包柳大通道南段改造工程。于2004年12月开工。黔桂线改造起于黔南州龙里县，止于广西柳州，在贵州省境内的改造全部在黔南州境内，总投资93亿元，其中贵州境内为42.3亿元，建设里程188公里。全线按一级电气化铁路建设，改造后线路里程将由现在的607.8公里缩短为

451.84公里。

【东西对口支援】 2004年，上海、深圳市继续对口帮扶黔南州。上海市主要帮助黔南州培训科技人才，全年分别在上海和黔南州两地举办了两期培训班，共培训学员169名，学员涵盖县（市）党政领导和科技、招商、工商联及农、林、水、畜牧、乡镇等部门。深圳市主要是从捐赠物品、资金方面帮扶黔南州，帮扶的重点为卫生、教育和计划生育。全年除捐赠药品、衣物、办公用品外，共捐资1000多万元援助黔南州荔波、独山、平塘、三都、长顺、罗甸等6个国家重点扶贫开发县，援助项目涉及教育、卫生、民政等方面。

【黔南州实施西部大开发战略的总体要求、总体目标和战略重点】 根据贵州省《关于加大力度实施西部大开发战略的若干意见》（以下简称《若干意见》）的精神，黔南州于2004年8月印发了《中共黔南州委　黔南州人民政府关于贯彻落实省委、省政府〈关于加大力度实施西部大开发战略的若干意见〉的意见》。明确了黔南州到2010年实施西部大开发战略的总体要求、总体目标和战略重点。并提出通过实施西部大开发，努力实现四个转变：从自给自足的种养业为主的自然经济向以市场为导向的以产业结构调整为依托的商品经济转变，从单一的传统农业向工业化、城镇化和农业产业化转变，从城乡二元结构向城乡统筹发展的新型经济结构转变，从稳定解决温饱向全面建设小康社会转变。

总体要求：以邓小平理论和“三个代表”重要思想为指导，坚持科学的发展观，全面贯彻落实党中央、国务院实施西部大开发战略部署和省委、省政府《若干意见》精神，按照黔南州“431”（敞开都匀、独山、龙里、惠水四扇大门，建设贵新南下通道经济带、瓮福磷化工经济带、蒙江—红水河流域三条经济带，培育荔波、三都民族生态旅游区）经济发展格局，夯实农业基础，建设工业新州、生态绿州、畜牧大州、文化亮州、旅游热州，实现富民兴州。突出抢抓争上，力争在基础设施建设上取得重大突破，基本形成陆、水、空立体综合交通运输体系和基本解决城乡供水安全问题；在重点产业上取得重大突破，力争磷化工、药业、畜牧业、旅游业和特色食品加工五个产业在全省居于领先或靠前位置；在创新投融资体制、加大投入上取得重大突破，向上争取项目，向外招商引资，向内激活要素、营造环境，使黔南成为投资创业的热土；在生态环境建设上取得重大突破，着力建设绿色黔南，打造西部绿洲，把生态效益转化为经济社会效益，造福全州人民；在新阶段扶贫开发上取得重大突破，率先解决现有农村贫困人口的温饱问题，完成“两基”攻坚任务，提高人口素质，并在创新中走出新路子，把我州实施西部大开发推向一个新阶段。

总体目标：力争发展速度高于全省平均水平，GDP年均递增11%左右，到2010年，达到280亿元以上，人均800美元以上，部分县（市）力争达到1000美元，总体上实现小康；财政总收入力争达到40亿元左右；城镇居民可支配收入达到1万元；农民人均纯收入每年增加100元以上，达到2500元。每年实现10万农民转移到非农产业，城镇化水平达到34%。

战略重点：一是优先抓好以交通、水利为重点的基础设施建设。二是以特扬长，以优取胜，大力发展特色经济和优势产业。三是加大新阶段扶贫开发力度，提高农村生产力水平，切实增加农民收入。四是加快“绿色黔南”建设步伐，发展生态经济，打造“西部绿洲”。五是优先发展以教育、卫生为主的社会公共事业，促进经济社会协调发展。

云南省
文山壮族苗族自治州

【经济与社会发展】 2004年，文山壮族苗族自治州（以下简称文山州）经济保持良好发展态势。全年GDP达到124.13亿元，同比增长13.1%。其中：第一产业增加值39.26亿元，增长5%；第二产业增加值37.95亿元，增长17.2%；第三产业增加值46.92亿元，增长17.1%。地方财政一般预算收入5.52亿元，同比增长15.2%；财政支出25.55亿元，增长17.3%。完成全社会固定资产投资45.71亿元，增长30.2%。年末金融机构银行存款余额110.66亿元，增长18.3%；贷款余额98.55亿元，增长17.7%。

全年粮食总产量10.59亿公斤，增长1.72%；粮食作物播种面积566.89万亩，比上年增长0.95%；经济作物播种面积157.6万亩。全州造林合格面积47.71万亩，超额完成年度计划。肉类产量21.49万吨，增长10.4%。水产品产量542万公斤，增长7.3%。

全年三七制药、烟草、矿业、电力、建材、煤炭六大行业完成产值32.32亿元，同比增长31.9%，实现税利8.07亿元，增长41.8%；建筑业增加值完成9.89亿元，增长16%。全州列入省考核的77户国有企业已完成产权制度改革72户，改制面为93.5%。重点行业和龙头企业有力地拉动了全州经济的发展。

全年接待旅游总人数236万人次，比上年增长20%；旅游总收入9.85亿元，增长47.6%。实现社会消费品零售总额44.73亿元，增长17.4%。完成外贸进出口总额2843万美元，增长59.8%；边贸进出口总额11.41亿元，增长37.8%。

组织实施科技项目45项，有33项科技成果获得省、州科技进步奖。申请专利35件，新实施专利技术27项。全年共筹集办学资金25482万元，实施了“中小学危房改造工程”、“优质高中扩招工程”、“农村寄宿制学校建设工程”等项目，改扩建中小学224所，新增校舍面积15万平方米，排除中小学危房面积5.2万平方米。全州“普九”人口覆盖率达到77.6%。普通高中在校生28650人，比上年增长43.36%，高中毛入学率为14%，比上年提高了5.5个百分点。

实施了公共卫生疾病预防控制、紧急救援两个体系和农村卫生基础设施建设，共安排资金2187万元。实施了“千里边疆文化长廊二期”和“两馆一站”项目建设。开工建设州图书馆新馆。兴建地面卫星接收站3564座，8个县城及86个乡（镇）452个自然村通了广电光缆，广播、电视覆盖率分别达到86.7%和87.59%，均比上年提高了0.5个百分点。

全年开发就业岗位7108个，帮助了3503名下岗失业人员实现再就业。有14075名离退休人员享受养老保险，有52871名职工参加了失业保险，有19862户35765人享受城镇居民最低生活保障。共投入救灾救济资金1343万元，救灾化肥3200吨，粮食450万公斤，有效保障了灾民和困难群众的基本生活及灾后恢复生产的需要。全年城镇居民人均可支配收入8295元，同比增长19%；农村居民家庭人均纯收入1247元，增长9.2%。人口自然增长率9.16‰，比上年下降了1.14个千分点。城镇登记失业率3%，城镇新增就业7108人。

【投资环境及招商引资】 文山州具有较好的区位优势，与越南的河江、老街两省山水相连，境内有国家级天保口岸1个，省级口岸3个，边民互市点24个，国境线长438公里。平远至天保公路是我国通往越南的主要通道之一，今后边境贸易将更令人瞩目。

文山州基础设施逐步完善，现有水电装机41.2万千瓦，并与云南省电网相联；323国道穿境而过，为云南省通往沿海的主要通道。全州公路通车里程1.1万公里，衡昆高速公路砚山至平远段已竣工通车，平远街至锁龙寺、罗村口至富宁段、文山民用机场公路已动工建设，邮电通信实现了交换数字化和传输光缆化，开通900兆赫全球通移动电话，网络覆盖全部乡镇和交通干线、重要旅游景区和口岸；城市化水平达20.5%，国家已批准全州8个县对外国人开放。

文山地处边疆地区，通过以法治州与以德治州，社会秩序稳定，民族团结，边疆安宁，人民安居乐业。州委、州政府为提高对外商的服务水平，2003年成立了文山州招商局以及外商投资服务中心，实行一个窗口对外，一站式审批，为外商提供高效快捷的办事效率，投资环境较为完善。

招商引资工作取得新突破。2004年，全州共签订国内合作项目129个，合同协议投资总额45.43亿元，实际到位资金16.24亿元，同比增长2.05倍，资金到位率为35.74%。全州累计审批外商投资企业49家，协议投资总额2.6亿美元，合同利用外资1.12亿美元，实际利用外资1355万美元。其中：2004年新批外商投资企业3家，合同利用外资328.54万美元，实际利用外资550.47万美元，同比增长1.04倍。投资领域涉及水电、科研、矿冶、农产品加工、城建、商贸、旅游和房地产开发等。

【重点项目介绍】 2004年，文山州纳入重点建设管理的项目80个（含纳入省级管理15个），总投资193.7亿元，2004年计划投资38.4亿元，全年完成投资22.6亿元，竣工项目7个，在建项目36个，新开工项目14个，开展前期工作23个。

对州级80个重点建设项目建立领导联系制度，定期报送信息制度，加强重点建设项目的跟踪问效，及时掌握项目建设的进展情况，协调解决存在的问题，促进了工程建设的顺利进行。文山民用机场：已完成投资1.2亿元，机场进场公路路基进行了转序验收，机场跑道、航管楼等主体工程进展顺利，计划2005年底可建成试通航。平锁高速公路：正在抓紧建设，累计完成工程投资11亿元。马鹿塘一期工程：一号机组（5万千瓦）于2004年10月建成发电，二号机组（5万千瓦）于2005年初发电。暮底河、八宝水库、3万亩三七GAP基地、文山县国债优质高中工程、全州卫生突发救治体系建设等重点建设项目进展顺利。

【经济技术协作与对口支援】 2004年，文山州对口帮扶工作实施了温饱、增收、教育、卫生、人力资源开发、经济协作等一批帮扶协作项目，上海共投入帮扶资金3150万元，地方配套及群众自筹1419万元。两地签署经济技术协作项目3个，协议投资3.3亿元。

温饱项目上海帮扶投资1531万元。其中：帮扶投资716万元用于21个脱贫奔小康示范村建设（2004年新援建18个，补助2003年续建项目3个）；帮扶投资660万元用于富宁、广南县1650户安居工程建设，改造茅草房1650间，建筑面积13万余平方米；帮扶投资30万元建设富宁“安居+温饱+社区发展”项目；投入125万元用于富宁县木央边境特困乡扶贫开发项目建设。

增收项目上海帮扶投资50万元。其中：帮扶投资17万元用于文山县引种优质西红柿、优质水蜜桃和养羊增收项目；帮扶投资25万元实施马关县亚麻良种繁育基地和塘房柑橘优质速生丰产项目建设；帮扶投资8万元援建富宁商品蔬菜基地建设项目。

教育项目上海帮扶投资477万元。其中：帮扶投资354万元建希望小学19所；帮扶投资27万元建自然实验室及中学综合实验楼各1个；帮扶投资36万元解决家庭特困生的就学问题；帮扶投资60万元为中小学赠送微机60台、教学仪器160件、援助配套课桌椅940套、学生床200张、新校服2000套。

卫生项目上海帮扶投资668万元。其中：帮扶投资125万元援建丘北县皮肤病防治中心；帮扶投资270万元建卫生室8所、乡镇卫生院综合楼1座、口岸中心卫生院1座、县级妇幼保健院1座；帮扶投资20万元安装假肢80条，实施白内障复明手术200例；帮扶投资3万元实施医疗技术援助项目；帮扶投资250万元援建州疾病预防控制中心。

人力资源项目上海帮扶投资96万元。开展党政干部和各类专业技术人员之间的交流学习、干部挂职锻炼、教师见习锻炼、开展农业技术骨干培训；上海各市、区共派出17名教师赴文山州支教，并组织讲师团到文山州进行讲学活动；帮助进行劳务输出培训及劳务输出市场化、实施白玉兰远程网教学和实施30名聋哑儿童语言训练。

其他项目：上海帮扶投资328万元。其中：捐赠价值80万元的公务用车10辆和电视机100台；帮扶投资15万元建设乡村公路3条；帮扶投资12万元实施2村的通电工程；帮扶投资50万元实施2村的人畜饮水工程；帮扶投资56万元实施沼气村建设；帮扶投资29万元实施农田水利建设；帮扶投资6万元作为文山、广南2县项目管理工作经费；帮扶投资80万元用于砚山华侨农场项目建设。

双边互访交流有效开展，上海闸北、虹口、松江、南汇4个区党政代表团64人次分别于2004年3月、4月、9月、10月、12月到文山开展调研，检查工作。同时，4个区教育、残联、工商联等代表团96人次也在不同的时间到文山开展对口帮扶经贸考察。文山州党政代表团22人到上海汇报帮扶工作情况，除砚山外的7个县党政代表团70人也分别到对口区开展互访交流。

2004年度上海援建18个脱贫奔小康示范村于3月全面启动实施。根据《文山州2004年度100个脱贫奔小康示范村项目建设实施方案》的要求，州县乡抽调54人组成扶贫工作队，带着项目、资金进驻18个贫困村开展项目建设，使1286户5663人直接受益。共投资1890万元，建茅草房及危房改造450间，建设人畜饮水管道31.46公里，厩舍改造1106间，修建进村道路31.5公里，架设输电线路7公里，建小水窖320口，节能灶61口，建沼气池680口等。

云南省
红河哈尼族彝族自治州

【经济与社会发展】　2004年，红河哈尼族彝族自治州（以下简称红河州）主要经济指标保持两位数增长。全年GDP达到250.01亿元，同比增长13.4%。其中一、二、三产业分别增长4.2%、20.1%、7.9%。实现财政总收入72.74亿元，增长19.7%，其中地方财政收入23.6亿元，增长21.8%。地方财政支出47.17亿元，增长16.5%。

农业农村经济稳步发展。全年农村经济总收入达156.61亿元，同比增长15.3%，实现农业总产值79.84亿元，增长7.7%，全年粮食总产量124.5万吨，增长1.4%。全年乡镇企业完成增加值31.12亿元，增长20.13%。10万亩以上农业产业化项目已达12个。实施一批水利建设工程，全年新增灌溉面积3.6万亩，改善灌溉面积25.3万亩，解决人畜饮水9.31万人。

工业经济实现速度和效益同步增长。全年完成工业总产值302.8亿元，同比增长10.9%。规模以上工业企业实现增加值106.17亿元，增长11.7%，实现利税总额64.68亿元，增长20.2%，工业拉动GDP增长7.5个百分点。投入技改资金15亿元，巡检司13.5万千瓦机组、开远水泥厂一期熟料、红钢炼铁高炉、金河、黄连山二级电站、开远市解化厂2万吨甲醇、个旧市圣比和800吨钴酸锂、唐人生物茶多酚、云锡2000吨甲基锡等项目实现投产。

全年第三产业增加值59.87亿元，增长7.9%。完成社会消费品零售总额57.07亿元，增长14.5%。年末金融机构各项存款余额289.73亿元，各项贷款余额493.68亿元。旅游接待国内外游客378万人次，增长14%，旅游总收入13.3亿元，增长31.8%。完成外贸进出口总额41256万美元，增长56.3%。

全年完成固定资产投资106.35亿元，增长41.6%；全年在建项目1003项，其中新开工项目679项，完成投资额1亿元以上的项目15个，1000万元以上的项目129个。投资工作实现了三个转变：一是非政府投资占总投资的76%，投资渠道由以政府投资为主体向非政府投资为主体转变；二是工业投资占总投资的45%，投资类别由以基础性、公益性项目为主向工业性、竞争性项目为主转变；三是重大项目投资占总投资的70%，投资构成由以中小项目为主向重大项目为主转变。

各项改革稳步推进，国企改革完成改制面90%以上。分离企业办社会职能的工作全面展开，实现了30所学校、14所医院的分离移交。非公经济呈现良好发展势头，经济比重占全州总量的31.8%，上缴税金5.4亿元；农村税费改革取得成效，全面落实“四取消”和农业税地区差别税率政策，降低了农业税率一个百分点，取消了除烟叶外的农业特产税，累计减轻农民税费负担1.5亿元，减负率大71.85%，人均减负46.11元；粮食流通体制改革使全州粮食购销企业摘掉了长期亏损的帽子，实现全面盈利。

城镇化建设迈出新步伐。开展了滇南中心城市发展规划、总体规划、个开蒙城市总体规划及相关详细、专业规划的编制，建成区面积已达43平方公里。全州续建、新建、改建城市基础设施建设项目94项，完成投资7.2亿元。开展了乡镇规划编制工作，投资5880万元对40个重点集镇加快建设。清理建设领域拖欠工程款2.7亿元，支付拖欠民工工资1.02亿元。全州城镇化面积已达98.5平方公里，城镇化水平达29.1%。比上年提高1.2个百分点。

对外开放步伐加快。全年新签国内合作项目93项，协议总投资114.1亿元。实际到位资金35.6亿元，其中州外资金31.3亿元，分别比上年增长1.54倍和1.91倍。实际利用外资720万美元。

人民生活进一步改善，就业和再就业工作不断推进，社会保障体系逐步健全。全年有578名下岗职工领取了基本生活费，95837人次领取了城镇最低生活保障金，企业离退休养老金实现了按时足额发放，共开发就业岗位2.7万个，帮助13372名下岗失业人员实现再就业。全年城镇居民人均可支配收入达7431元。增长13.8%；农民人均纯收入达1807元，增长10.6%；城镇登记失业率3.5%；人口自然增长率为9.8‰。推进了以安居工程、易地扶贫开发、劳务输出为重点的扶贫攻坚，7个县市可望基本消除茅草房。共投入各类扶贫资金3.22亿元，解决了6万人的温饱，巩固了7.8万不稳定人口的温饱。

可持续发展能力不断增强。坚持以退耕还林重点，全面推进造林绿化。完成营造林51.32万亩，其中人工造林38.4万亩，新建沼气池30019户，农村改灶7859户。完成水土流失综合治理面积112.7平方公里。新增耕地660公顷，实现占补平衡。

科技事业发展取得新进展。实施国家科技计划项目6项，省级项目53项，州级项目83项，一批先进实用技术得到了推广普及。新增高新技术企业4户，现代科技在社会各个领域得到广泛运用。

教育事业全面发展。北部市县7所高中扩招项目进展顺利，南部各县高中扩招建设和高初中分离办学已经启动。教育改革已列入全省试点，完成了全州教师队伍全员聘用制改革，校长公开选拔聘任、绩效分配制等改革顺利推进。

文化体育事业喜获丰收。《诺玛的十七岁》获中国电影华表奖，《花腰新娘》、《雕刻大山的民族》等影视项目正在推出。新组建的红河"奔牛"男子篮球队在全国CBA决赛中以全胜的成绩进入全国甲A行列。红河州运动员在雅典残奥会上夺得两枚金牌，实现了"零"的突破。

【投资环境】　红河州境内最高海拔3074.3米，最低海拔76.4米，形成了北热带、南亚热带、中亚热带、北亚热带、南温带等多元气候带。红河州降水充沛，光热资源充足，是多种农作物种植的最佳适宜区。州内水能资源丰富，理论蕴藏量达500万千瓦，可开发量达300万千瓦，加之可开发的火电项目，可望形成500万千瓦的装机容量；矿产资源品种多、储量达，各种矿产资源保有储量潜在价值达4000多亿元。非金属矿如大理石、石膏、霞石、陶土等储量也十分可观。

红河州旅游资源绚丽多彩，历史人文、自然风光和民族风情等旅游资源众多，素有"文献名邦"之称的建水、石屏两县古建筑民居群较多，历史悠久，文化底蕴深厚；以建水燕子洞、泸西阿庐古洞为代表的天然溶洞；建水国家历史文化名城、国家风景名胜区人文景观；绿春黄连山、元阳观音山、屏边大围山等自然保护区；哈尼族的梯田文化，河口亚热带风光等旅游资源。

红河州与越南山水相连，现有国家一类口岸2个，通往境外越南的交通十分便利，区位优势突出。滇越铁路从河口出境经越南首都河内直达海防港仅有400多公里；昆河高等级公路与越南7号公路相接，从河口到河内当日可以抵达。随着东盟自由贸易区建设的全面启动，红河州已处于开放的前沿。

交通、能源、水利、通信等基础设施不断得到加强，"瓶颈"制约进一步缓解。全州公路通车里程达1.8万多公里；建成了程控电话、长途通讯数字化，初步形成了光缆、微波、程控、无线寻呼、移动电话、图文传真等内容的现代通讯系统。

地方民族工业不断壮大。已形成有色金属、化工、建材、能源、食品为主导，具有33个门类的民族工业体系。蔗糖生产、葡萄酒、"两烟"已成为云南省的重要生产地，锡产量占世界产量的三分之一；锡冶炼达到世界领先水平。

【重点项目介绍】　红河工业园区建设工程：规划区面积65平方公里，其中蒙自十里铺规划15平方公里的生物资源加工区，鸡街至大屯片区规划20平方公里的冶金材料工业区，雨过铺规划10平方公里的出口加工工业区，大屯规划5平方公里的高新技术工业区，开远规划15平方公里的化学化工工业区。总投资16亿元。

个旧霞石正长岩综合利用项目：主要围绕个旧市储量达30亿吨的霞石资源进行开发，年产氧化铝20万吨、碳酸钾13万吨、碳酸钠6.5万吨、水泥300吨、空心砖13000万块。主要运用俄罗斯较为成熟的技术。

云南国际铁路出境通道玉溪南至蒙自段：这是国际铁路通道昆明至新加坡铁路东线方案的一部分。线路全长147.33公里，总投资43454万元。项目的可行性研究报告已完成，正尽快完成项目评审，报国家发展和改革委员会立项批准后，按确定方案开展初步设计，2005年开工建设。

【东西对口支援】　到2004年12月，上海市及其4个区帮扶资金基本就位，捐赠10辆赛宝车，10辆农友牌拖拉机，100台电视机，

1000个书包及学习用具，50台电脑及10套地面卫星接收设备等，分别在教育、卫生、农业、科技、城建、温饱生态村、奔小康工程、安居工程等方面援建了60多个项目，为红河州贫困地区脱贫致富、加快发展做出了积极的贡献。

云南省 西双版纳傣族自治州

【经济与社会发展】 2004年，西双版纳傣族自治州（以下简称西双版纳州）国民经济持续增长，综合经济实力明显增强。全年GDP达到68.79亿元，同比增长12.1%。其中：第一产业增加值23.1亿元，增长1.4%；第二产业增加值15.67亿元，增长42.2%；第三产业增加值30.01亿元，增长9.2%。三次产业的结构为33.6∶22.8∶43.6。全年地方财政收入2.96亿元，增长43.1%。地方财政支出10.94亿元，增长9.6%。金融机构运行平稳，年末各项存款余额88.78亿元，同比增长19.2%。各项贷款余额35.82亿元，增长17.1%。

农业坚持“围绕增收调结构，突出特色闯市场，依靠科技增效”的工作思路，加大农业结构调整力度，提高农业产业化水平。全年实现现价农业总产值36.58亿元，增长5.8%。全年粮食产量34.62万吨，比上年增长4.4%。畜牧业现价产值3.06亿元左右，增长3.2%左右；干橡胶产量16.75万吨，下降4.4%；甘蔗121.81万吨，下降9.6%；茶叶1.6万吨，增长7.9%；乡镇企业营业收入179338元，增长19.6%。

工业企业的改革和结构高速步伐加快，生产、销售持续增长经济效益总体水平略有好转。全年完成现价工业总产值13.25亿元，同比增长31.2%。国企改革稳步推进，工业经济效益逐步回升。国有企业改革重点向建立现代企业制度，提高经济效益，调整国有经济布局和改组国有企业的方向转移。列入改革计划的101户企业中，已完成改革的有109户。

固定资产投资平稳发展，全年完成全社会固定资产投资34.31亿元。同比增长54.4%，其中：国有单位完成投资27.45亿元，增长75.4%，集体单位完成投资6560万元，下降36.6%，城乡私人投资2.96亿元，增长14.8%。

切实加大扶贫开发工作力度，继续采取以工代赈、小额信贷、建设温饱村、易地搬迁、机关挂钩等多种形式，多方筹集资金，营造扶贫开发的攻坚合力，建设了46个温饱村，建成4000多户安居房，转移安置贫困群众5532人。全年安排边境民族贫困乡9个以工代赈项目，投资3466万元。

旅游业健康发展，全年接待海外游客3.37万人次；比上年增长41.7%。接待国内游客271.23万人次；增长9.6%。旅游综合收入24.75亿元。对外经济贸易快速增长，全年边境经济贸易总额19.94亿元，增长10.1%。进出口贸易总额15.03亿元；增长12%，其中：进口2.8亿元，增长速度8.3%，出口12.23亿元，增长12.8%。

市场消费平稳增长，个体私营经济发展较快。全年实现社会消费品零售总额18.78亿元，同比增长14.7%；全年城镇居民人均可支配收入7363元，增长7.6%；农民人均纯收入2012元，实际增长5.3%。全州个体工商户、非公企业19749户，分别增长7.1%和

18.7%。从业人员96624人，下降5.8%。

生态环保工作稳步推进，可持续发展成为共识。全面实施天然林保护和退耕还林政策，切实加强生态环境保护。广泛开展人工造林、封山育林、退耕还林等工程项目，积极实施甘蔗、粮食下山等管理措施，森林面积不断回升。2004年完成公益林建设14.5万亩，人工造林面积4万亩，封山育林9.5万亩，义务植树120.2万株。治理水土流失面积26.5平方公里。有效保护了全州的天然林资源和生物多样性，改善了局部地区群众的生产生活条件为传统产业的提升及新兴产业的培植打下了坚实的基础。

进一步加大科技推广和应用的力度，全年通过州级科技成果鉴定28项，其中：一等奖3项，二等奖9项，三等奖16项。全州普及九年义务教育和扫除青壮年文盲工作得到不断加强。到年底，全州小学学龄儿童入学率达99.35%，比上年上升0.64个百分点。初中阶段毛入学率94.97%，比上年上升3.14个百分点。农民小学毕结业人员448人，成人技术毕结业人员77596人，农民扫盲毕结业人员2272人，并实现了省级扫盲验收工作目标。继续加强实施“村村通”广播电视工程，广播电视人口覆盖率进一步提高。卫生综合服务能力进一步提高，条件得到改善，各类传染病得到有效控制。加强对流动人口的管理，严格控制人口过快增长，人口出生率为14.23‰，人口自然增长率控制在9.22‰。社会保障事业进一步得到完善，实有登记失业人数5531人，城镇登记失业率为3.88%。

【投资环境】　到2004年底，西双版纳州公路通车里程已达6139.97公里，实现了乡乡通、村（行政村）村通。区域内以国道213、214线构成与云南省、大西南公路网相联系的公路交通脊架。6条出境公路直通老挝、缅甸，其中4条公路可与泰国相连。形成以景洪为中心，国道为干线，连接城乡、辐射全州，沟通省内外、邻国的公路交通网。

景洪港属国家级水路口岸，自1994年开始建设，已初具规模。澜沧江—湄公河航运营运繁忙，百吨级机船可直抵老挝、泰国。国内航道标准已达六级。民用有机动船61艘，比上年下降45.5%。

西双版纳口岸机场属国家级航空口岸，具有全天候起降条件，为B－737型飞机起降的国家4c型机场，可同时停放6架波音飞机，已有至北京、上海、天津、广州、重庆、成都、昆明、大理、丽江9条国内航线和泰国曼谷国际航线，景洪至昆明航线已成为国内航空热线之一。

全州水电装机容量9.89万千瓦，并具有省级漫湾电站220千伏变电网。境内澜沧江段具有可供开发的景洪、橄榄坝、勐松三座大型水电站，总装机225万千瓦。

西双版纳在提升传统产业和发展新兴产业的基础上，把林业、旅游与文化、电力、云麻、傣药、畜牧业与绿特食品加工业培育壮大成为六大支柱产业，形成特色鲜明、结构合理、可持续发展的支柱产业群，促进我州经济社会快速协调全面发展。

【重点项目介绍】　西双版纳州勐腊县大沙坝水库：是云南省重点建设项目，为国家中型水库。工程批准概算10124万元，1999年12月破土动工。是一个以灌溉、防洪为主、兼顾发电、旅游、养殖、城镇供水等综合利用的水利水电工程。

勐海县大型灌区水利设施建设：设计灌溉面积31.3万亩，新增面积1万亩，改善面积7000亩。渠道防渗加固6.5公里，总投资4395万元。人畜饮水工程：建成后可解决12.73万人用水，总投资5960万元。澜沧江景洪段防洪大堤一期工程：按20年一遇洪水水位设计，总投资1.16亿元。

天然林保护工程：规划期从1998年到2010年，建设规模1975万亩，其中公益林275万亩，森林管护1700万亩。总投资3.6亿元。退耕还林工程：建设规模新增还林面积85万亩，工期从2002到2010年。总投资8.67亿元。易地搬迁扶贫项目：搬迁安置

4370户，20840人贫困人口，从2001年到2010年，总投资1.19亿元。

昆曼公路经思茅至小勐养公路：公路全长97.77公里，总投资36.5亿元。旅游西环线：是西双版纳州连接西部旅游景区，通往240边境贸易区和省级口岸打洛的一条重要陆路通道，是云南省扶持项目。公路全长90公里，拟按山岭重丘四级公路修建，已投入使用。昆曼公路经勐养至磨憨公路：公路全长175公里，总投资46亿元。0538线勐腊（勐醒）至勐满（中老岔河口岸）公路，公路全长147公里，四级油路改造，总投资8820万元。县际公路勐腊县勐远至关累公路：四级公路42公里，总投资2520万元，已投入使用。勐泐故宫公路：建设一级公路4.06公里，总投资9000万元。

西双版纳口岸机场扩建工程：建设规模跑道往北延长200米，新建滑行道820米，站坪扩建1.35万平方米及完善部分供电、导航等配套设施，总投资9686万元。

景洪电站装机175万千瓦，78.58亿度/年，总投资100.6亿元。

西双版纳州傣族园二期工程：建设规模景区公路、游路、供电、给排水、卫生、垃圾污水处理旅游厕所等基础设施，总投资2600万元。

州医院综合住院楼：建筑面积1.65万平方米，总投资3200万元。

中国科学院西双版纳热带植物园新大桥：桥面宽7米，长250米，通车承载20吨以上，总投资2227万元。

云南省
楚雄彝族自治州

【经济与社会发展】 2004年，楚雄彝族自治州（以下简称楚雄州）经济和社会发展取得了较好成绩，呈现出经济发展、社会进步、民族团结的大好局面。全年GDP达到162.3亿元，同比增长11.5%。经济结构趋向良好，一、二、三产业增加值比由上年的27.9:43.9:28.2调整为27.2:45:27.8，继续巩固了“二、三、一”的产业结构。

全年实现农业总产值70.86亿元，同比增长6.8%。粮食种植面积298.9万亩，减少13万亩，下降4.2%。经济作物播种面积141.3万亩，增加9.4万亩，增长7.1%。全年粮食产量93.9万吨，增长0.3%。其中：秋粮72万吨，增长3.8%；夏粮21.9万吨，下降9.8%。粮食作物与经济作物种植比为67.9:32.1，经济作物种植比重比上年提高2.4个百分点。油料、瓜果、蔬菜、肉类、水产品等产品产量均有增长，设施农业、订单农业发展较快，农业产业化经营迈出新的步伐。

全年实现工业增加值57.5亿元，同比增长11.3%。完成工业总产值137.9亿元，增长10.2%。其中：规模以上工业企业实现产值87亿元，增长13.9%。规模以上工业企业产值和增加值分别占全部工业产值和增加值的63.1%和69.4%，分别比上年提高2.5和下降4.6个百分点。规模以上工业企业经济效益综合指数224.86%，比上年提高9.2个百分点；实现利税29.39亿元，增长18.2%，其中实现利润6.54亿元，增长37%；资产负债率68.78%，下降1.35个百分点。全州82个主营建筑单位，完成总产值13.5亿元，增长8%，实现利润3572万元，增长27.8%。

全年实现社会商品零售总额42.9亿元，同比增长17%。公有制经济实现7.9亿元，增长2.4%，其中国有及国有控股经济实现5.5亿元，增长7.8%；非公有制经济实现35亿元，增长20.9%。全年旅游业接待国际游客6709人次，接待国内游客240.8万人次，实现旅游总收入8.55亿元，增长1.5%。

财政金融运行平稳，全年完成财政总收入31.59亿元，比上年增收2.56亿元，增长8.8%。州内地方财政支出32.4亿元，增长11.9%。年末金融机构各项存款余额164.5亿元，比年初增长12.2%，各项贷款余额106亿元，比年初增长9.4%。金融机构净投放现金10.1亿元，下降22.6%。

深化投资体制改革，固定资产投资持续增长。全年完成全社会固定资产投资56.4亿元，同比增长28%。全年新增固定资产22亿元，下降14.8%。新开工项目761个，增长27%。

重点产业建设取得新突破。积极应对宏观经济环境的变化和煤电油运等“瓶颈”制约，重点产业建设于稳中求进中取得新突破。烟草、冶金矿产业、天然药业、绿色食品及其他绿色产业、旅游业五大重点产业全年实现增加值76.4亿元，增长10.6%。五大产业增加值占GDP比重47.1%。

非公有制经济快速发展，所有制结构调整进展明显。通过深化企业改革，国有企业退出一般性竞争领域取得明显进展。按新统计口径，非公有制经济增加值占楚雄州GDP的比重为40.2%，比2003年提高2.3个百分点。

围绕推进“工业强州”战略，坚持以加快发展、提高效益为目标，以园区为载体，以项目为支撑，调整优化工业结构，努力推进了新型工业化进程。通过采取落实责任，加强协调，多渠道筹集改革成本等措施，以产权制度改革为核心的国有企业改革不断推进，全州纳入省考核的国有及国有控股企业122户，已完成改制117户，改制面达95.9%，基本实现云南省下达的三年国有企业深化改革目标任务。全年非公经济实现增加值65.2亿元，增长22.8%。楚雄医药工业园区入园企业已有7户，完成投资近4亿元。10项重点工业项目建设有效推进，澜沧江啤酒集团楚雄有限公司旧生产线自动化改造及新建易拉罐、黑啤酒生产线建设项目已建成投产，滇能集团楚雄水电建设项目和云南玉飞达钛业有限公司（武定）钛白粉、钛矿、硫酸生产线改扩建项目进展顺利，其他项目正在抓紧实施。全年实现工业总产值137.9亿元，增长10.2%；实现工业增加值57.5亿元，增长11.3%。并已取得一定成效，规模经济效益开始反映出来。

全州各级各部门抓住机遇，充分发挥本州的区位和资源优势，加强与友好城市和周边地区的合作与交流。对外经济贸易继续扩大，全年完成进出口总额6305万美元，比上年增长1.68倍。

人民生活水平不断提高。全年农民人均纯收入2022元，同比增长6%；城镇居民人均可支配收入8639元，增长9.5%。年末全州总人口256.18万人，少数民族人口81.87万人，其中彝族人口66.30万人。人口自然增长率为4.78‰。

社会保障体系不断健全，就业再就业工作成就显著。认真抓好下岗职工《再就业优惠证》和小额信用贷款发放工作，切实抓好税费减免政策的落实，积极拓宽就业渠道，千方百计扩大就业。全州城镇新增就业和再就业1.31万人，其中有1.22万名下岗职工实现再就业。进一步扩大城镇职工社会保险覆盖面，加强个体经济等组织中的灵活就业人员参加社会保险工作，认真落实五项社会保险费统征，规范和完善了社会保险费征缴。养老保险新增2900人，工伤保险新增5200人，生育保险新增5200人，基本医疗保险新增5800人，失业保险新增6500人。及时足额发放下岗职工基本生活费和企业离退休人员基本养老金。全州农村居民参加社会养老保险人数达27.1万人，新增投保164人。进一步加大劳动执法监察力度，加强和规范劳动合同管理，及时调处劳动争议案件。认真开展农民工劳动保障权益保护专项检查，切实维护了劳动者合法权益。

积极促进协调发展，社会事业全面进步。教育、文化、卫生、体育等事业进一步加快发展。2004年全州各级列入科技计划项目69项，全年获省级科技进步奖6项，州级奖励38项。科技进步对国民经济增长的贡献率由2003年的40.5%提高到41.3%。

【投资环境与招商引资】 楚雄州以水利、交通为重点的基础设施建设成绩显著。全州已建成中小型水库1037座，总库容10.3亿立方米。有效灌溉面积171万亩，其中节水灌溉面积42.3万亩。全州公路通车里程达14131公里，其中二级以上公路276公里；全年完成邮电业务总量4.83亿元。年末全州拥有固定电话26.1万部；移动电话36.5万部，电话普及率达24.4部/百人。建成了宽带网，为实现电子商务、电子政务和信息化构筑了平台。全州生态环境进一步改善，污染治理取得成效，全州城市人均公共绿地面积5.88平方米；工业污染源重点考核企业如期实现达标排放。

2004年，楚雄州政府系统勤政廉政建设得到加强，政府职能进一步转变，驾驭市场经济的能力进一步提高。全州全力实施“引资兴州”战略，树立大开放促大发展的观念，改善招商引资的软硬环境，加紧实施交通、通信、能源、水利、市政等一批重点工程建设，完善政策法规，改进招商引资方式和方法，加大招商引资目标责任考核力度，坚持“走出去”与“引进来”相结合，加强与昆明、攀枝花等周边地区和浙江等发达地区的交流与合作，突出推进水电资源开发、中国轻纺城、中国禄丰恐龙城等重大项目的招商引资工作。全年引进招商项目195项，协议总投资70亿元，实际到位资金18亿元，同比增长36.4%，其中引进省外资金9.9亿元。

【重点项目介绍】 2004年，楚雄州重点项目实施进展良好。南永二级公路二期工程已完成投资2亿元，永武高速公路和4条县际油路已开工建设；县际油路广（通）至姚（安）线已竣工投入使用；元谋丙巷河水库、牟定龙虎水库、元谋和蜻蛉河两个大型灌区续建配套工程、楚雄九龙甸水库除险加固等14件在建大中型水利建设项目、楚雄老城区供水管网改造等项目实施进展顺利，部分项目实施已完成或基本完成；装机容量1.2万千瓦的双柏三丘田电站、禄丰220千伏输变电、武定110千伏输变电等工程已竣工投产；总装机容量7.69万千瓦的9座水电站开发项目、6个县市县城阿电网改造等工程实施正抓紧推进。确保了楚雄州固定资产投资的大幅度增长，有力拉动了国民经济的健康发展。

云南省
大理白族自治州

【经济与社会发展】 2004年，大理白族自治州（以下简称大理州）经济建设成效显著，呈现出总量快速增长，结构趋于优化，效益明显提高的特点。全年GDP达到201亿元，同比增长12%。其中：第一产业增加值60.16亿元，增长6%；第二产业增加值65.11亿元，增长16%；第三产业增加值75.79亿元，增长13.7%。完成财政总收入29.58亿元，增长13.7%。

农村经济结构进一步优化。在加强粮食综合生产能力的基础上，积极推进农业种植结构的调整，粮经种植比例由上年的72:28调整为

71:29。农业产业化发展方面，完成了各县市的优势农产品区域布局规划，初步形成了11个农业产业化基地，核桃、梅果、奶牛等优势产业带动作用明显增强。畜牧业生产持续发展，肉、蛋、奶产量达30.17万吨、1.9万吨、15.01万吨，分别增长7.3%、11.7%和27.17%。

工业经济总量和效益同步快速增长。工业更新改造力度进一步加大，全年完成更新改造投资8.9亿元，同比增长24.7%。邓川蝶泉乳品公司1千吨灭菌奶一期生产线等一批项目相继投产并发挥效益，推动了主要工业品产量的增长和工业经济效益的不断提高。全年完成工业总产值129亿元，同比增长19.5%；工业增加值50亿元，增长16%。工业产品产销衔接较好，规模以上工业产品销售率为94.2%。规模经济效应初步显现，规模以上企业实现工业增加值32.22亿元，占工业增加值的比重达64%。

居民住房、汽车、电脑、通信、教育、旅游等消费热点继续升温，居民消费支出增长加快，消费需求继续扩大，全年实现社会消费品零售总额52.66亿元，增长11.4%。金融运行态势良好，年末金融机构存款余额、贷款余额、城乡居民储蓄余额分别比上年末增加25亿元、16亿元和17亿元。

旅游支柱产业地位继续巩固，旅游基础设施和旅游景点建设步伐不断加快，洱源九气台旅游景区温泉城一期等项目已基本完工。全年累计接待国内游客511万人次，比上年增长7.1%；海外游客13.6万人次，增长13.5%。实现旅游总收入33.15亿元，增长17.2%；旅游外汇收入3502万美元，增长20.8%。

重点项目建设取得新成果。在国家实施宏观调控的情况下，全州各级各部门采取有效措施，扎实工作，使固定资产投资继续保持了较高的增长速度，全年完成全社会固定资产投资62.5亿元，同比增长31%，投资拉动仍是经济增长的主要动力。

基础设施和基础产业重点建设项目总体进展顺利，年初确定的87个基础设施和基础产业建设的重点项目中，已开工74项。交通能源建设方面：马安公路、巍南公路、石门至兰坪公路、剑鹤公路4个项目已基本完工；214国道大理至凤仪段改造、祥宾公路、宾邓公路、永昌公路永平段油路工程、雪山河二大桥等项目建设顺利实施。县城电网改造工程，已有弥渡、南涧、巍山等县动工。水利建设方面：宾川海稍水库、巍山福庆水库等已基本完工；宾川大型灌区建设、巍山五茂林水库、南涧母子垦水库、云龙天池水库、巍山西河治理、南涧大龙潭水库除险加固工程等项目正抓紧施工。城建环保建设方面：祥云截污管网工程已竣工；大理市下关老城区供水管网改造、大理市东城区供排水管网二期、漾濞县城供水工程、宾川县城垃圾处理场工程正在抓紧实施。

对外开放进一步扩大。随着发展环境的不断优化，外贸出口、对外经济技术合作方面取得了新突破。外贸出口实现持续增长，全年完成进出口总额3620万美元，同比增长26.3%，其中出口3082万美元，增长25.2%。对外经济技术合作稳步发展，全年新批外商投资企业4户，实际利用外资500万美元。对内经济合作又上新水平，年内又有重庆力帆、上海鸿骏等多家国内著名企业来大理投资；全年签订经济技术与合作项目100个，实际到位资金11亿元，增长21%。

进一步加大对科教文卫等社会事业方面的投入。全年组织实施科技计划项目55项，科技工作进一步加强。教育事业上，大理新世纪中学已建成投入使用；高中扩招、农村中小学危房改造等工程正在抓紧建设，办学条件进一步改善。全州初中毕业生升入高中阶段毛入学率达到42.4%，比上年提高6.3个百分点。群众性文体活动蓬勃发展，文化事业稳步推进。公共卫生服务体系得到加强，州、县两级疾病预防控制中心、突发性公共卫生事件医疗救治体系建设工程进展顺利，部分已建成。

环境保护工作得到高度重视，环境质量不

断改善。各县市水质、大气标准得到巩固提高；全州城镇建成区绿化覆盖率达15.9%，比上年提高1.5个百分点。洱海保护工作进一步加强，积极实施了湖泊环境管理、洱海湖滨带恢复、环湖城镇垃圾处理、流域水土保持等系统工程，洱海环境质量比上年有所提高。生态建设得到加强，全年完成退耕还林12万亩、天然林保护工程公益林建设31.8万亩。新建户用沼气池2.4万户，治理水土流失面积1.4万公顷。执行严格的国土资源管理政策，基本农田保护工作进一步得到加强。

就业再就业工作取得实效。全年开发就业岗位1.61万个，城镇新增就业1.55万人，其中失业人员再就业7230人；年末城镇登记失业率为3%。社会保障工作稳步开展，各项社会保障待遇按时足额发放。城镇职工参加保险的覆盖面进一步扩大，全州参加养老、医疗和失业保险的职工人数分别为11.04、19.2和8.04万人，比上年同期增长7.4%、4.3%和4.7%。

城乡人民生活继续改善，收入稳步增加。全年计城镇居民人均可支配收入8758元，同比增长5%；农村居民人均纯收入达到2090元，增长6.7%。计划生育工作继续加强，人口自然增长率控制在5.98‰以内，年末总人口为338万人。

扶贫济困工作积极推进。继续加大了对农村特困群众、边远山区贫困群众的扶贫救助力度，全年使用以工代赈资金6100万元、小额信贷扶贫资金5000万元、温饱村和重点村建设资金1500万元，有近4万贫困人口解决温饱问题，比上年增加2000人。切实帮助社会弱势群体解决生产生活上的具体困难。城镇居民最低生活保障范围扩大到5.19万人，比上年增加1600人。劳务输出工作有效推进，建立健全了劳务输出组织机构，加大了工作力度，全年劳务输出达4.08万人。

【投资环境】 2004年，大理州继续加大投资环境的改善力度。进一步加大改善投资环境的力度，特别是改善投资软环境，力争使大理州州的投资环境成为西部自治州中最优之一。

完成了洱河南路综合管网工程、大凤公路新桥至纸厂等项目建设，全州其他各县城镇基础设施投入力度进一步加大，一批污水处理厂、垃圾处理厂、供排水工程等市政项目顺利实施，城乡面貌迅速改变。

继续加强价格及收费管理，加大了对重点行业和重点商品的专项治理检查，市场经济秩序进一步规范。进一步解放思想，更新观念，切实将利用外资工作作为促进经济发展的大事来抓。加强大理州地方性涉外经济法规建设，坚持依法行政，营造良好的法制环境。建立健全服务体系，强化服务功能，提供良好的服务条件；重点是转换政府职能，提高服务水平，切实把政府职能转变到宏观调控、社会管理、公共服务上来。加强对现有政策的清理、修订和落实工作，努力形成既体现优惠、公平，又能激励创新的机制。

【重点项目介绍】 国家南方电网滇西变电枢纽大理500千伏变电站：2003年底开工，总投资8.16亿元，一期将安装总容量为75万千伏安的分相式变压器一组，扩建500千伏昆明厂口开关站出线间隔1个，新建昆明厂口至大理的500千伏的输电线路264公里，将于2005年5月完工，进行带电调试并投入运行。

大理至丽江铁路：大丽铁路南起大理广大铁路大理东站，向北经海东、上村、西邑、鹤庆至丽江。全长166.7公里，大理州境内有139公里。全线按国铁一级标准设计，总投资47亿元，工期3年半，将于2008年6月完工通车。

小湾电站：小湾电站是西电东送的主力电站，建成后将实行云南对广东的点对点供电，装机容量420万千瓦。于2002年1月开工，计划2010年首台机组发电。2004年10月小湾电站提前1年实现截流。根据工程的进展情况，小湾电站将提前两年实现首台机组发电。

云南省
德宏傣族景颇族自治州

【经济与社会发展】 2004年，德宏傣族景颇族自治州（以下简称德宏州）GDP达到48.3亿元，同比增长10%。其中：第一产业增加值14.6亿元，下降3.3%；第二产业增加值12.96亿元，增长25.1%；第三产业增加值20.74亿元，增长11.5%。完成全社会固定资产投资12.79亿元，增长7.2%。完成地方财政一般预算收入3.25亿元，增长5.7%，完成社会消费品零售总额19.04亿元，增长5.9%。

通过实施商品粮基地、糖料基地、冬大豆良种繁育基地建设，农业基础设施条件得到改善，农村经济全面发展，农业生产水平不断提高，全州建成优质稻生产基地4个，农业商品率达65%。大小春粮食总产量29.83万吨。甘蔗388.4万吨，糖47.5万吨，油料1.33万吨，茶叶5167吨，水果8.29万吨。全年肉类总产量3.29万吨，增长8%。乡镇企业保持稳定发展，全州有乡镇企业13903个，总产值11.12亿元，增长10.2%，营业收入13.2亿元，增长12%。利税总额1.32亿元，增长3%，实现增加值2.78亿元，增长8.1%。生物资源产业开发得到进一步提高，柠檬、麻竹、咖啡、澳洲坚果、滇皂荚、山苍子、魔芋、番麻8个开发项目原料基地达到26万亩。水利以江河治理、节水工程为重点，切实加大山区“五小”水利建设力度，已建成水库69座，总库容20176万立方米。

积极调整产品结构，培育新的工业经济体系，使工业生产高速增长，经济效益逐步好转。全年工业总产值26.97亿元，同比增长3.5%。其中：规模以上工业企业产值19.24亿元，增长46.8%。加大生物资源的开发与加工。魔芋精粉厂、剑麻制品厂、滇皂荚厂、山苍子加工厂相继建成并部分投产，扩建了昔马电解铝厂，基本形成以水电工业为基础、制糖业为支柱，有一定规模的建材、电冶、医药、绿色生物资源为原料的加工业组成的民族工业体系。

全年实现进出口总额2.9亿美元，同比增长22.1%，其中：出口2.05亿美元，增长15.1%；进口8500万美元，增长42.9%。年末全州有边贸企业367家，外商投资企业67家。旅游业全年接待国内外游客251.6万人次，实现旅游总收入21.55亿元。

教育、科技、文化、卫生事业不断发展，全州有幼儿园59所、小学759所、普通初级中学64所（职中3所）、普通中学15所（职中6所）、中专4所、电大、教育学院各1所，特殊教育学校6所。“两基”和“普九”成果得到加强，幼儿入园率达32.59%，适龄儿童入学达到99.05%，初中入学率98.08%，高中入学率9.6%。

全州有艺术表演团体6个、艺术研究所1个、群艺馆1个，文化馆7个，公共图书馆7个，乡镇文化站61个。广播电台1座，广播人口覆盖率90.95%；电视台6座，电视综合人口覆盖率98.78%。出版各类报纸219.1万份，出版各类书籍9种，57.8万册。

卫生医疗及社会保障事业状况得到改善，全民健身运动蓬勃开展，各族人民健康水平明显提高。全州有各类专业技术人员17645人，适龄儿童入学率99.05%，有2所普通高等院校和5所中等专业学校，全州64个乡镇有61

个建立了文化站。卫生事业迅速发展，有卫生机构98个，医院床位3244张，卫生技术人员3041人，健全了卫生、防疫、保健和医疗服务综合体系，健康水平有了明显提高。

【投资环境】 德宏州有一个3C级机场，于1990年正式通航，先后开通了厦门——德宏、成都——德宏、贵阳——昆明——德宏的直达航线，近期还开通了丽江、版纳省内环线，德宏公路四通八达，公路通车里程达4924.55公里，先后建成了高等级的320国道德宏段，实现环州经济干线网络高等级化，新建和改造了县乡公路，在云南省率先实现了村村通公路。

德宏州邮电通讯发展迅速。德宏州电信建成了交换程控化，传输数字化，天上有微波，地下有光缆的立体现代化电信网络，实现了乡乡通光缆，村村通电话。建成了两个环型传输网，数字数据网，综合业务数字网，数据宽带网等多种先进的业务网。在城市建设方面，以道路建设为主，加快自来水厂和垃圾处理厂、污水处理厂的改造、扩建和新建小城镇建设，使德宏州市容市貌有了较大改观。2004年德宏州发电总装机容量24.3万千瓦，发电量84506万千瓦小时，不仅满足了德宏州国民经济和社会发展需要，而且还逐步向境外售电，率先实现农村初级电气化目标。

德宏州现有瑞丽、畹町两个国家一类口岸和陇川章凤、盈江两个国家二类口岸，有5个边贸货场，口岸的基础设施已初具规模，瑞丽市姐告边境贸易区的正式运行，标志着边境贸易进入了新的发展阶段。瑞丽姐告边境贸易区经2000年国务院批准设立为全国唯一实施“境内关外”特殊管理模式的边境特区，在投资贸易、工商管理、税收、土地、金融、外汇、出入境等方面执行特殊优惠政策。德宏州还制定了《德宏州鼓励外商、外来投资若干政策规定》，通过竭力加强“软”、“硬”环境建设，营造良好的投资环境。

【经济技术协作】 2004年，德宏州签订经济协作项目2项，投资总额1.42亿元。建立友好州市5个，友好县市15个。通过开展横向经济技术协作，为盈江县山区群众脱贫致富发展了柑桔、荔枝、香蕉等水果生产基地5250亩，接受建设希望小学5所，建设资金28万元，与湖南省宝庆实业有限公司签订了投资2.5亿元建瑞丽新东方珠宝城及土地开发项目。内引外联成效显著，引进马来西亚资金2.14亿元，建成全州最大的户宋河电站，瑞丽市引进内地资金10亿元，使姐告成为云南省最大的内陆口岸，引进云南华丰集团股份有限公司资金1.2亿元，建成云南省最大的综合批发市场。

在经济技术协作中注重边疆急需的各类技术人才的培训与干部交流，共培训各类技术人才350人次，进行干部交流21人次。成功地举办了第五届“滇西民族艺术节”、“姐告边交会”、“中缅瑞丽胞波节”，加强了德宏同周边国家和内地的经贸、文化交流与协作。

【重点项目介绍】 大盈江防洪治理工程：总投资1.4亿元，已完成投资1.2亿元，项目完成后可保护农田21.35万亩。瑞丽江界河治理：总投资1.49亿元，已完成投资1亿元，项目的实施对防治国土流失、保护农田、发展旅游起到了较好作用。

陇川县麻粟坝水库：已列入西部大开发的重点项目计划，总投资54672万元，已完成5800万元。是以灌溉防洪为主，结合养殖、发电、旅游等综合利用的大（二）型水利工程，设计灌溉面积22.68万亩。盈江灌区建设配套与节水改造项目：设计灌溉面积33.33万亩，计划投资4.13亿元，已完成投资1686万元。盈江县回龙河水库：计划投资1.04亿元，库容1478万立方米，改灌溉面积5.4万亩。

盈江平原至那邦二级公路：总里程92.18公里，总投资23444万元，已竣工。

德宏州体育运动中心：占地面积312.18亩，建设内容：田径运动场、体育馆、游泳馆、综合训练馆。总投资1.67亿元，已完成投资1154万元。

【特色旅游】 德宏州自然环境优美，历史文化灿烂，民族风情独特，被国内外誉为“孔雀之乡”、“神州之乡”和“歌舞之乡”。

德宏拥有瑞丽江、大盈江国家级风景名胜区和国家级优秀旅游城市瑞丽市、潞西市。德宏四季如春，空气清新，鸟语花香，阳光明媚，是一块无污染的净土。德宏山川秀美、平坝广阔、翠竹遍野、四季鲜花、热带水果、独树成林、傣家竹楼、景颇山寨，构成了得天独厚的自然风光与人文风光，不愧为是东南亚和南亚的精典画卷。参加瑞丽江原始森林漂江游，既可欣赏热带雨林景观，又可领略共饮一江水的中缅两国风光，“一个坝子、两个国家、三座县城”的奇观将使你流连忘返。

全州旅游软硬件设施正在逐步完善，全州有旅行社 29 家，A 级旅游景区（点）共 7 个。潞西市的主要景点有勐巴娜西珍奇园、树包塔奇观、芒市镇教派齐全的南传上座部佛寺和三仙洞；瑞丽市的畹町原始森林漂江游、滇缅公路的终点—畹町桥、畹町生态园、扎朵佛脚印风景区、姐勒金熊塔、麓川古城、淘宝场、姐告口岸、中缅一条街；陇川县的景罕玉兔塔、诱人的景颇绿叶宴、邦角景颇山官衙门；盈江县的允燕佛塔、榕树王、凯邦亚湖、马嘉里事件纪念碑、明代所建的“八关九隘”、姐冒仙人洞、虎跳石与落水洞奇观；梁河县的南甸宣抚司署建筑群等风景名胜，美不胜收。

德宏具有特殊魅力的边贸集市和异国情调。德宏与缅甸的国境线长达 500 多公里，同一民族跨境而居，有两个国家级口岸和两个省级口岸，还有许多陆路通道和渡口。中缅两国人民历史上友好往来，有着边境贸易、通婚、互市的习惯。在瑞丽等口岸城市，不仅有来自缅甸的边民和华侨，还有来自港、澳、台地区及泰国、印度、巴基斯坦等国的客商。在这些现代化的边境城市，尤以珠宝玉石等商品多姿多彩，琳琅满目，独领风骚。神秘的南方丝绸之路经过梁河和盈江，从芒允镇出境，这条古道将吸引无数的寻古探险者。此外，德宏还有抗日战争时期的遗迹，如雷允飞机制造厂遗址、滇西抗日战争纪念碑和旧战场等。

德宏州内居住着傣族、景颇族、阿昌族、傈僳族、德昂族等少数民族，是全国景颇族、德昂族和阿昌族的主要聚居地。德宏的少数民族各具特色，观光民族风情，品尝民族餐饮，参加民族节日，对游客有着巨大的诱惑力。亦可跨出国门，饱览缅甸风光，领略异国风情。德宏之旅风光无限，前途无量。

云南省
怒江傈僳族自治州

【经济与社会发展】　2004 年，怒江傈僳族自治州（以下简称怒江州）经济仍保持较高增长，全年 GDP 达到 16.2 亿元，同比增长 8%。其中，第一产业增加值 3.8 亿元，增长 1.1%；第二产业增加值 6.5 亿元，增长 12.2%；第三产业增加值 5.9 亿元，增长 8.4%，三次产业结构比例为 23:40:36。实现地方财政收入 1.48 亿元，增长 17.16%。

继续以扶贫攻坚为核心，解决“三农”问题为重点，进一步加强农业农村工作。多渠道筹措资金，增加投入，切实改善了农村生产生活条件。全年投入农业的资金达 2.6 亿元，实施了以工代赈、易地开发、退耕还林、天然林保护、通村公路等工程建设。完成农田（地）改造 2.58 万亩，建设改造水利工程 38 件，改善灌溉面积 6.57 万亩，解决了 325 个村、2.87 万人的饮水问题，完成退耕还林面积 4.5 万亩，落实森林管护 1286 万亩，开工建设乡村公路近1400公里。加大了农业产业结构调整力度和农业科技推广力度。经济作物种植面积和冬季农业开发面积比上年大幅度增加，良种推广面积达75.7万亩，重大科技推广面积63.6万亩，优质粮豆所占比例达44%。加大农村劳动力转移和输出力度。全年共转移农村劳动力9050人，劳务输出收入1818万元。通过以上措施，实现了农村经济的稳步增长。全州农业总产值5.8亿元，增长1.9%，农民人均所得970元，增长2.3%。全年粮食总产量15.9万吨，下降2.1%。实现畜牧业产值20363万元，增加2178万元，增长11.97%；畜牧业经济收入16475万元，增加1120万元，增长7.2%，占农村经济总收入的26.45%，大小牲畜存栏同比增长1.33%；肉类增长6.15%。全年又新解决了1.5万贫困人口的温饱问题。

全年完成造林面积15.36万亩，完成退耕还林（草）4.5万亩，退耕还林粮食兑现2250万斤，粮食折现4008万元，种苗补助费到户225万元。退耕还林共投入资金35.1万元。全年落实天然林管护面积1286.3万亩，天保资金拨付到县3003万元，完成投资2391.87万元。

全年完成工业总产值71839万元，同比下降9.9%。其中：轻工业5300万元，下降45.3%；重工业66539万元，下降4.5%。限额以上工业产值完成52176元，增长3.1%。全州列入改制计划的89户国营企业已完成85户，占总户数的95%。

全年完成全社会固定资产投资11.28亿元，同比增长55%；在建项目123个，增长41.4%，其中：新开工项目46个，同比下降17.9%。金六二级公路、六库电站、兰坪铅锌矿开发和六库新区开发四大龙头项目全部开工。贡丙公路，城网改造，迪麻洛电站、利沙底电站、嘎拉博电站、州人民医院住院大楼等十大重点建设项目，总体进展顺利，共完成投资6.4亿元。国家西部易地扶贫安置试点工程2004年度项目均完成全部前期工作；边境民族贫困乡开发完成2004年度7个乡镇、总建设规模1400万元。

对内对外开放和招商引资成效显著。全年共签订招商协议31项，协议引资44.54亿元，实际启动24项，引资8.45亿元，同比增长4倍，其中，小水电招商引资成效尤为显著。批准投资开发项目18个，实际开工建设9个，引进投资6亿元。边贸进出口总额2.83亿元，同比增长15.4%。

教育系统继续坚持“两基”工作“重中之重”的地位不动摇。全年小学招生8344人，初中招生6855人，高中招生3869人，中专录取人（其中包括考取州内外五年制大专1128人）。本科考取518人，专科考取610人。修善改造任完成了青少年校外活动场建设项目和田径运动场规划的前期工作。

全年组织各种演出65场，全年电影放映3813场，进一步丰富了农村文化活动。收缴非法音像制品2050盘、非法书刊2716册，有力地打击了违法违规经营活动。

卫生工作在各级党委政府的高度重视下，切实加强农村卫生工作，积极推行新型农村合作医疗制度，妇幼保健，疾病预防工作取得了新的成果，全州医疗卫生系统各种人才得到了进一步加强。

全年实现社会消费品零售总额完成6.4亿元，增长18%。居民消费价格总水平上涨6.5%。城镇登记失业率6.2%；全年城镇居民人均可支配收入4300元，增长10%；农民人均纯收入970元，增长2.3%。

【投资环境】　怒江州地处青藏高原南延部份横断山脉纵谷地带，由于受地质构造运动和第四纪冰川等多重影响，形成和造就了闻名于世的高山大峡谷地貌景观和得天独厚的立体气候环境，并蕴藏着丰富的矿藏资源、生物资源、水能资源和旅游资源。这里还具有发展边境贸易的区位优势，片马口岸、亚坪通道和丹珠通道是目前怒江州边境贸易的重要载体。今非昔比的怒江州已初步形成基础扎实、服务配套、商家云集、具备开放开发条件、具有巨大发展潜力和广阔开发前景的重要地区。

2004年，怒江州围绕“构建两个国家级基地，打造一个世界级品牌”的战略目标，以矿电经济为主攻方向，继续推进经济结构战略性调整。一是全面启动兰坪铅锌矿开发，该项目的实施，标志着兰坪有色金属基地建设启动。二是着力推进怒江干流水电开发。怒江水电开发是全州加快发展的突破口和切入点，按照州委的统一部署，在省级相关部门、设计单位的共同努力下，继规划研究，开发与保护大讨论之后，年内又组织了4次较大规模的实地考察调研和四次汇报争取工作，完成了试点工程——六库电站项目申请报告书编制、水土保持方案审批、现场施工用地预申请、地质灾害评估、可研审查、水资源报告审查及取水预申请、环境影响评价、融资等项工作。怒江干流开发已进入科学决策阶段，六库电站已完成开工准备，进入核准程序。在推进干流开发的同时，抓住国家加大扶持中小水电开发的机遇，进一步加快全州小水电开发步伐。年内开工建设了迪麻洛、亚目河、嘎拉博、芭蕉河、匹河、利沙底、拉甲河、隔界河等9个电站，装机规模达12万千瓦。

电网工程，继一、二期农网改造工程后，又启动了城网改造和西部农网完善工程，至年底，以110千伏线路为骨架的地方电网已现雏形，初步构建了厂网分开、有序竞争的电力产业框架，为培育水电支柱产业和建设国家级水电基地奠定了基础。“三江并流”世界自然遗产申报成功，全州旅游业开始进入围绕主题全面规划阶段。同时，通过全国范围内的怒江水电开发与生态环境保护问题大讨论，使怒江知名度大大提升，成为许多游客向往的旅游目的地。

【重点项目介绍】 金六二级公路：建设规模97公里，按二级公路标准修建，总投资9.2亿元，累计到位资金11350万元，累计完成投资1.98亿元。贡丙公路油路改造工程：扩建44公里，总投资2640万元，累计完成投资1994万元。六库至丙中洛二级油路建设：正在与云南省公路规划设计院协商，力争2005年底前完成工可报告。贡德滇西北旅游环线公路：由云南省公路规划设计院承担，现已完成工可报告，力争年内通过审查立项，完成初步设计。

六库新区开发：建设规模为5.6平方公里，主要是对泸水县城搬迁至六库江西赖茂后的市政基础设施建设，总投资1.5亿元。2003年12月开工，2004年完成投资5600万元。州人民医院：建设8900平方米的住院大楼，总投资1280万元。2004年4月开工建设。

六库电站：设计装机5×3.6万千瓦，总投资9.92亿元，2004年累计完成投资1549万元，累计到位资金4000万元，项目由省工程咨询中心受省发改委委托在昆明召开了《怒江州六库水电站可行性研究报告》评审会，并建议批准实施。贡山县迪麻洛河电站：总装机5.6万千瓦，总投资34000万元，2004年3月开工。利沙底电站：总装机2×0.63万千瓦，总投资7540万元。2004年2月开工。贡山县嘎拉博河电站：总装机1.8万千瓦，总投资1.01亿元。怒江干流梯级开发：怒江干流中下游水电规划已通过审查，其环境评价大纲及环境评价报告已得到国家环保总局的认可。国家发改委、环保总局、水利部正联文上报国务院请求审查批复。

城网改造：总投资为1.53亿元的怒江州城网改造工程已于2003年10月开工建设。黄木110千伏变电站扩容改造已完工、福贡上帕至兰坪黄木110千伏送电线路、110千伏上帕变电站已建成投运、亚目河至上帕110千伏送电线路已完成，10千伏以下改造进展顺利。

兰坪铅锌矿：建设规模为年生产20万吨，总投资12亿元。

云南省
迪庆藏族自治州

【经济与社会发展】 2003年，迪庆藏族自治州（以下简称迪庆州）GDP达到19.73亿元，同比增长35.6%，完成年度计划125.2%。其中，第一产业增加值4.59亿元，增长3.2%，第二产业增加值7.48亿元，增长90.1%，第三产业增加值7.66亿元，增长24.9%。实现地方财政一般预算收入1.1亿元，增长35.63%，完成年度计划112.2%。实现社会消费品零售总额5.77亿元，增长35.4%。全年农民人均纯收入达到1276元，增长14.3%；城镇居民人均可支配收入10201元，增长9%。城镇登记失业率4.2%。人口自然增长率5.92‰。全年接待国内外旅游人数194.7万人次，增长50.2%。

通过贯彻中央实施积极财政政策和扩大内需方针，抓住国家发行西部专项国债、实施天然林保护工程等重大历史机遇，采取一系列扩大投资规模的措施，全年完成固定资产投资21.22亿元，同比增长61.4%。保持了投资需求对经济增长的拉动。实施了国道214线香格里拉区哇迪至松园桥二期工程、迪庆机场扩建、德（钦）维（西）油路、香格里拉金江公路改造、香格里拉县城至碧塔海公路改造、羊拉公路改线工程、香格里拉县城规3号路、香格里拉坛城广场、维西拉嘎洛电站、冲江河电站扩容、退牧还草工程、特困村安居工程、迪庆州民族中专教学楼、迪庆州图书馆、贫困地区义务教育二期工程、德钦里农铜矿、香格里拉普朗铜矿等50个建设项目。同时，加强了项目前期工作，重点开展了小中甸水库及坝后电站、德钦县城搬迁、德钦羊拉铜矿、香格里拉普朗铜矿、香格里拉县城集中供暖、梅里雪山雨崩景区开发、迪庆州尼打木自然保护区建设和管理、碧塔海生态环境综合治理、纳帕海湿地环境保护与整治等33个项目前期工作。

【投资环境】 根据国家产业政策及我州经济社会发展思路及产业重点，为进一步加快扩大对内对外开放的步伐，尽快形成全方位、多层次、宽领域的对内对外开放新格局，促进经济发展和社会进步。迪庆州人民政府重新制定出台了《迪庆藏族自治州人民政府关于进一步扩大对内对外开放的若干暂行规定》和《迪庆州招商引资奖励暂行办法》，全面优化投资软环境，把招商引资优惠政策落到实处，加大招商引资和对外开放力度。探索利用外资新方式，拓展利用外资新领域。在积极扩大外资直接投资方式的基础上，根据迪庆实际，加快外商以BOT、TOT、项目融资等方式的投资试点，同时积极探索以产业投资基金和风险投资等方式吸收外商投资。完善代理制、委托制和奖励制度。按照招商规范认真做好各类招商引资项目的前期准备和包装工作，建立招商项目库。

转变政府职能，依法行政，搞好服务，改革审批制度，提高工作效益，放开和扩大民营投资与州外资金准入领域，如城市基础设施建设，旅游景区景点建设公路建设，电站建设等既是基础设施但又有利益回报的领域，鼓励外商投资迪庆基础设施、支柱产业、环保建设领域，拓宽投融资空间，真正把招商引资各项政策落到实处，切实改善迪庆投资软环境，吸引更多州外资金参与迪庆开发建设；把国有资产所有权与经营权分开，充分发挥政府资金的导向作用。

为了分类审批建设项目，提高审批质量，

规范建设项目管理，迪庆州人民政府于2000年制定颁布了《迪庆藏族自治州建设项目管理暂行办法》，明确凡在迪庆州行政区域内的集体、个体私营、国内引资项目实行登记备案制。根据国家和青海省的有关政策法规，修改完善了《迪庆州基本建设投资项目登记备案制实施细则》及迪庆州基本建设项目贴息贯彻落实意见等上报州政府审批，报经州政府批准设立了迪庆州人民政府外来投资服务中心，除积极帮助州外来迪投资企业协调和解决生产经营中的困难外，还帮助外商推荐选择投资项目，并对重点项目主动配合有诚意的投资者进行实地考察和洽谈。为简化审批手续、提高工作效率、改善投资环境、吸引外来资金，促进经济的发展，创造了良好的条件。

组织开展了“2004中国云南香格里拉松茸交易会”、“香格里拉PECC第二届国际生态旅游论坛”、德钦弦子节，维西兰花节等一系列活动，并积极开展以迪庆为中心覆盖滇川藏三省区的“中国大香格里拉生态旅游圈”建设，进一步扩大香格里拉品牌的影响，促进对外开放。

根据《当前迪庆州鼓励发展的产业产品目录》，鼓励投资方向为：农牧业、林业、水利、电力、交通、有色金属、医药、轻工、建筑建材、城市基础设施及房地产、资源综合利用和环境保护、旅游、商业、其他服务业共82个类别。

截至2004年末，全州水电装机容量达15.8万千瓦；公路通车里程3879公里，其中等级公路3508公里。全州3个县均已通油路，所有乡镇和178个村通公路；迪庆机场通航以来，相继开通了昆明—香格里拉、成都—昆明—香格里拉—拉萨、成都—香格里拉、广州—香格里拉—拉萨、广州—香格里拉、西双版纳—香格里拉5条往返航线；固定电话用户达3.434万户，移动电话用户达6.8万户，移动通信和广播电视覆盖全部乡镇，电话普及率达到每百人28.8部；县城供水、道路、垃圾和污水处理等一批城市基础设施项目相继建成投入使用，市容市貌有了明显改观，城镇化建设取得明显成效。

【重点项目介绍】　2004年，迪庆州建设项目计划安排的重点是农业、扶贫、交通、市政、旅游等基础设施建设，同时兼顾社会发展项目。全年共安排建设项目9类58项，其中续建28项，拟新开工30项。行业结构为：农林牧水6项，扶贫2项，市政建设8项，旅游4项，交通7项，社会事业11项，能源10项，工业9项，国土整治1项。全年共完成投资21.21亿元，同比增61.4%。

在58个重点项目中羊拉公路改线工程、霞若—拖顶油路、送电到乡工程、维西水泥场等7个项目年内完工；国道214线香格里拉区哇迪至松园桥二期工程、德（钦）维（西）油路、香格里拉县独客宗古城市政工程、香格里拉坛城广场、冲江河电站扩容、迪庆州民族中专教学楼、精品旅游景区建设、开发区绿色产业园区等一批项目进展顺利。按照加强国债项目管理的要求，重点围绕国债项目工程质量、建设进度、资金使用、招投标等主要环节，多次开展检查，及时发现问题，采取整改措施，有效保证了全州国债项目的顺利建设。

【东西对口支援】　2004年，迪庆州招商引资方式出现新的转变，开始向外主动联系，广交朋友，积极推进整体性合作和区域性合作。州政府主动与国内外著名企业、知名人士和友好地区进行广泛接触，继续实施“请进来，走出去”的双向开放战略，年内接待国外宾客及新闻记者442人次。继续加强迪昆友好合作和全面实施滇沪对口帮扶迪庆工作。全年签订国内外经济合作项目55项，协议引进州外资金72.03亿元，实际到位7.26亿元，同比增长56.47%。其中实际到位省外资金5.24亿元，增长155.6%。

甘肃省
甘南藏族自治州

【经济与社会发展】 2004年，甘南藏族自治州（以下简称甘南州）经济社会继续保持了快速发展的良好势头，全年GDP达到21.81亿元，同比增长11.3%。其中：一、二、三产业增加值分别增长3.2%、22.8%和12.4%。全年完成大口径财政收入2.05亿元，增长18.4%。

畜牧业注重畜产品品质和安全，实施农牧互补战略开局良好，牛羊育肥、奶牛养殖、绒山羊养殖和草产业基地建设试点在5个县（市）全面推开，农牧业组织化和产业化经营有了新的提高，畜牧业生产连续获得丰收。全年各类牲畜总增率达到27.34%，出栏率达到31.51%，商品率达到26.27，分别比上年增长0.7、0.36和0.58个百分点；全年肉类总产量3.48%万吨，增长3.07%，奶类总产量6.25万吨，增长3.2%，各类牲畜年末存栏291.73万头只。农业在局部遭受自然灾害和粮食作物播种面积减少的情况下，通过进一步加大种植结构调整和科技推广服务力度，粮食总产量仍达到9.82万吨，增长2.18%；油料总产量1.4万吨。增长3.79%，藏中药材、青稞、马铃薯、优质牧草等特色作物种植面积较上年有所增加。大力推进农牧业产业化进程，农畜产品加工龙头企业带动作用增强，乳品、牛羊肉、山野珍品等地方优势特色产品市场竞争力有了一定提高。乡镇企业快速发展，全年实现乡镇企业增加值2.099亿元，增长19.6%，实现利税6540万元，增长15.96%。

国有及国有控股企业基本完成改制任务，工业企业技术改造步伐加快，企业经济效益继续好转；全年完成工业增加值3.85亿元，同比增长11%，其中国有及规模以上非国有工业企业完成增加值3.25亿元，增长12%。

全年完成全社会固定资产投资15.45亿元，同比增长61.9%，固定资产投资继续保持了对经济增长的强劲拉动作用。重点安排了一批工农业、生态环境、交通、能源、城镇、公检法司及社会事业等基础设施项目。

消费品市场供销两旺，物价总水平稳中有升，全年完成社会消费品零售总额7.67亿元，同比增长10.6%，居民消费价格的指数为104.4，上涨4.4%。外贸出口创汇1600万美元，同比增长78%。金融运行保持平稳，年末金融机构各项存款余额29.62亿元，同比增长22.76%，贷款余额17.93亿元，增长32.74%。

教育工作以强化基础教育为重点，扎实安排并研究制定“两基”攻坚的政策措施，办学条件不断改善；深入推进教育改革，优化教育资源配置，强化教学管理，教学质量稳步提高。

卫生工作以加疾病预防控制体系和医疗救治体系建设为重点，医疗卫生条件有了明显改善。全州人口增长率继续下降，年末总人口66.69万人，人口自然增长率6.58‰，文化、体育、广播电视等均取得新成绩和新进步。

人民生活继续改善，全年城镇居民人均可支配收入4773元，净增1293元，农牧民人均纯收入1433元，净增92元，增长6.86%，切实加强社会保障工作，健全了“两个确保”机制，促进“三条保障的协调运用，确保了6174万城镇困难人口的基本生活。城镇登记失业率控制在4.19%以内。

【投资环境与招商引资】　甘南州位于长江、黄河上游，甘肃省南部，地处青藏高原东北部，公路四通八达，对外交通便利，以州府所在地合作市为中心，形成树状交通网络，213国道纵贯全州，各县县城对外都有三级油路连接，通信设施已建成了通达州内7个县的二级光缆干线。完成了以州府合作市为中心的甘南本地电话网络，数字移动网络覆盖全州县以上城市和重点乡镇及干线公路；全州计算机实现了拨号上互联网。电力供应条件方便，经过城乡电网改造后，110千伏线路通达各县（市），35千伏线路覆盖大部分乡镇。州内水电供应充足，电价较低。

甘南州地下矿藏比较丰富，储量可观，已发现矿产地270多处，其中大型矿床13处，中型矿床33处，有金、银、铜、铅、锌、大理石等42个矿种，已探明贮量的有23种，14个矿种贮量已得到不同程度的开发。其中金矿分布广，储量较大。2004年全州黄金产量达2743公斤，而且保持良好的发展势头。

甘南州地域辽阔，民族风情和自然风光独特，有藏传佛教格鲁派六大名寺之一的夏河县拉卜楞寺，被称为“虎穴仙女”的碌曲县郎木寺，历史悠久的卓尼禅定寺等100多处佛教寺院；有玛曲黄河首曲、碌曲县则岔石林、莲花山、桑科草原等优美的自然风景区，有天险腊子口、俄界会议遗址等9处革命遗址，还有许多独具地方民族特色的宗教节日、民间歌舞、采花节等群众性传统文化活动。

甘南州制定了《关于甘南州鼓励内外资经济组织和个人投资的若干规定》、《关于对招商引资项目实行“一站式”服务的规定》。主要包括对投资者的税收优惠，使用土地优惠和费用优惠政策，外来投资购买、兼并、租赁企业的优惠政策。制定《关于进一步加快实施科教兴州战略的意见》、《关于引进人才、培养人才、使用人才、留住人才的办法》和《关于进一步放开放活科技机构和科技人员开展技术开发与承包的办法》。使投资政策环境得到进一步改善，有力地促进了甘南州的对外开放和人才引进。

2004年，甘南州不断加大招商引资工作力度，全年共签订各类招商引资合同项目59项，总投资35.2亿元，拟引进资金34.8亿元，已到位资金2.21亿元。其中：水电开发29项，总投资27.04亿元；旅游开发4项，总投资9330万元；矿产开发8项，总投资2亿元；畜产品开发3项，总投资2.17亿元；中藏药材开发4项，总投资9816万元；产权转让7项，总投资1.76亿元；其他4项，总投资3020万元。

【对口支援】　2004年参与甘南州社会帮扶、支援的国家、省、州县单位共有524个，帮扶人员3341人。重点帮扶甘南州的99个扶贫开发工作重点乡和524个重点村。以上地区、单位和人员通过帮助理清发展思路，论证项目，争取资金，科技帮扶，资助贫困学生及向贫困户捐款捐物等形式共折合资金199.71万元。

兰州市对口帮扶甘南州工作取得明显进展。在双方认真研究和协商的基础上，拟定了支持甘南州发展的“3421”帮扶计划，即“坚持3个结合，办好4件实事，促进2个发展，实现1个目标”。

“坚持3个结合”就是坚持财务援助，智力支持和社会捐助相结合；坚持政府主导与市场化运作相结合；坚持近期目标与长远目标相结合。“办好4件实事”，一是投资550万元建成兰州市对口帮扶甘南州援建的标志性工程州藏医院综合业务楼。总建筑面积5773.6平方米，于2004年11月竣工。该项目的建使用，将进一步推动甘南州藏医药事业的发展和加快甘南州丰富的中藏药资源的开发步伐。二是5年内筹资100万元，帮助甘南州中小学装备60套“中国教育卫星宽带多媒体接收系统”。三是协助甘南州做好在兰州市城关区排水沟南路建工程占地41亩的经济适用住房552套、兰州市城关区大沙坪建占地74亩的经济适用性住房1000套的选址定点工作，并按经济适用性住房建设政策，减免有关费用。四是动员全社会向甘南州各国扶贫困县捐款捐物。每年动员全市党政事业机关副县级以上在职干部捐款捐物，资助特困生完成小学或初中的学业。“促进2个开发”，一是促进甘南州自然资源和旅游资源开发，二是促进人力资源开发。“实现1个目标”，就是促进甘南州科技、教育、文化、卫生、体育事业全面进步，实现社会经济协调发展。两地还经常互派干部挂职锻炼，扩大交流合作，密切帮扶关系，增强了帮扶工作的针对性。

【重点项目介绍】 退牧还草工程：禁牧休牧470万亩，其中休牧400万亩，禁牧70万亩，总投资9400万元。干旱草场灌溉项目：玛曲县干旱草场灌溉项目和合作市、夏河县节水灌溉项目总投资750万元，已全面完成建设任务。碌曲县节水灌溉项目总投资150万元，新增节水灌溉面积1500亩，即将开工建设。天然草原植被恢复与建设项目：玛曲、碌曲、合作、夏河4个县市天然草原植被恢复与建设项目总投资5854万元，已全面完成各项建设任务，并通过州级验收和省级验收工作。

易地搬迁牧民新村建设项目：全州10个牧民新村建设实施易地搬迁1332户8100人，总投资1.29亿元。甘南州二期第三批人饮工程：解决8个县（市）、44个乡镇、10个村、4056户、2.5万人饮水困难，总投资900万元，工程共计58项，大部分工程已完工。

G213线临夏至合作公路（甘南段）：由省公路局组织实施，2004年12月开工建设。S210线巴（仁口）至代（古寺）公路（甘南段）：2004年5月开工，总投资2300万元。国道G213线合作至郎木寺段：二级公路161.179公里，总投资8.4773亿元，已竣工通车。

新型藏药高技术产业化示范工程项目：主要建设濒危藏药材药源种植基地6000亩。保护性开发濒危藏药材基地1万亩。建成前处理及提取车间、丸剂车间、胶囊剂车间、制剂车间和相应的生产线，总投资5842万元。

2004年新开工建设14座水电站，总投资16.91亿元，装机容量21.51万千瓦，使在建水电站达到28座。总投资2.5亿元的二期农村电网改造工程基本完成。

合作市城区集中供热工程：总供热面积80万平方米，总投资5751.4万元，已完成热场所有项目的62%工程量，1号换热站已开工建设。

甘肃省
临夏回族自治州

【经济与社会发展】 2004年，临夏回族自治州（以下简称临夏州）国民经济保持了快速健康发展。全年GDP达到42.5亿元，同比增长10.7%。其中：一、二、三产业分别增长5.7%、15.6%、10.9%。财政收入完成良好，全年完成大口径财政收入3.25亿元，财政支出16亿元。消费市场持续活跃，全年社会消费品零售总额达到14.45亿元；金融机构年末存款余额达到54.5亿元，增长18.43%。

农村经济稳步发展。全年完成农业总产值22.2亿元，增长5.2%。粮食总产量达到47.49万吨，创历史最高水平。进一步做大做强畜牧产业，新建规模养殖场84个，扶持发展规模养殖大户1036户，年末大牲畜存栏达31.22万头，肉类总产量达6.52万吨，分别增长7.91%和30.7%。特色基地建设步伐加快，洋芋、花椒、双低油菜等优势农产品种植规模进一步扩大，催生了一批龙头企业，促进了农业产业化进程。乡镇企业完成增加值12.96亿元，增长18.45%。全年输转劳务35万人次，实现劳务收入4.42亿元。进一步加大扶贫开发力度，全年有7.36万人脱贫，农民人均纯收入达到1284元。

坚持实施“改革抓企业”战略，列入改制计划的68户企业中，62户已完成改制任务，工业生产效益逐步好转，全年完成工业总产值34.41亿元，增加值10.47亿元。交通运输业稳步发展，完成客运量724.6万人，增长13.8%；货运量317.7万吨，增长9.7%；

统筹经济社会协调发展，加大社会事业力度，全年共安排科技项目51项，其中省级9项，州级43项，全年共获得州级科技成果20项，其中17项成果达到国内先进水平以上。“两基”攻坚项目的实施，41所学校自改扩建，州县（市）医院传染病区、乡镇卫生院建设，临夏、永靖、东乡3个县图书馆等项目的实施，显示了教育、文化、卫生等基础设施建设的新亮点。广播、电视人口覆盖率分别达到78.33%和87.15%。适龄儿童入学率达到96.79%，人口自增率控制在8.5‰以内。

【投资环境与招商引资】 临夏州是民族自治州地方改革试验区，黄河上游多民族经济开发区和少数民族自治地方，具有其他地区无法比拟的区域改革优势。为了积极吸引内、外地客商来临夏州投资兴业，已制定了《临夏回族自治州实施西部大开发战略建设全省民营经济示范区若干优惠政策》、《临夏州招商引资奖励办法》、《关于大力发展非公有制经济的规定》等。同时设立了临夏州政务中心，为投资者在项目审批等方面提供了一条龙的便利服务。

到2004年底，临夏州公路里程1999.29公里，其中，二级公路190.39公里，三级公路739公里，四级公路和等外公路1069.85公里。初步形成了以州府所在地为中心，以国、省道为骨架，县道为支线、乡道为经络，连接州内外，贯穿各县（市），通达各乡镇的公路网络。全州已建成水电站44座，装机容量41664千瓦。已完成农网改造。全州劳动力总计97万人，其中农村剩余劳动力35万人，城镇剩余劳动力3万人。

临夏州畜牧产业势头强劲。全州有天然草场面积462.6万亩，年产鲜草150多万吨，农作物秸杆年产量达221.17万吨，以苜蓿为主的多年生优质牧草种植面积达33.55万亩，牛、羊、猪、鸡是主要畜禽品种。全州有千头牛规模养殖基地4个、万只羊规模养殖基地1个、5000口猪规模养殖基地1个，有各类规模养殖场525个、规模养殖户3.15万户。建成了以康美牛业有限责任公司、甘肃天地乳品有限责任公司为代表的畜产品加工企业85个。2004年全州肉类总产量达6.52万吨，农民人均牧业纯收入220元，畜牧业已成为农村经济的支柱产业。

临夏州农林产业特色明显。已建成1.1万亩高效节能日光温室；1.67万亩塑料大棚；40万亩洋芋，年产10.2万吨；47万亩花椒，年产1148万吨；5.8万亩啤特果，年产1.68万吨；25万亩“双低”油菜，年产2.8万吨；10万亩蚕豆，年产2万多吨；10万亩中药材，年产1.09万吨等13个农林产品生产基地，建成139处农林产品交易批发市场，建成88果品厂、什锦食品、进军药业、莲花湖食品等一批“农”字牌企业，4个农业科技示范园区已经建成，3个正在建设。农林特色产业的开发潜力较大，发展前景十分广阔。

临夏境内河流纵横，水利能源潜力巨大。黄河自西横贯而过，洮河、湟水河、大夏河等30多条河流纵横全州，水资源总量336.51亿立方米。除已开发利用和准备开发利用的水能资源外，还有水能理论蕴藏量32.8万千瓦，尚有28.8万千瓦可供开发利用，具有建设水电站条件和优势。

临夏州共有各类旅游景区、景点107处，其中人文类76处，自然类31处。国家级重点风景名胜区1处，国家级地质公园1处，国家级文物保护单位2处，国家级森林公园1处，省级文物保护单位15处，省级自然保护区1处，平均每76平方公里有1个景点。在甘肃省6条旅游开发专线中，东南文物古迹自然风光开发线和甘川九寨沟民俗风情自然风景开发线两条专线途经临夏。

【重点项目介绍】 东乡南阳渠灌溉工程：旨在解决临夏州东乡、和政、临夏三县部分地区干旱落后面貌的跨流域调水工程。新建牙塘水库容1920立方米。干渠全长56.7公里，总投资5.56亿元，建成后将新增灌溉面积12.2万亩、改善0.7万亩，解决28.03万人、5.3只头大牲畜、20.7万只小牲畜的饮水困难，而且还可以增加城镇供水、生态供水、水库养殖、发电、旅游等综合效益。

临夏市污水处理工程：埋设城区雨水管网管道31.5万公里，城区污水管网管道34.74公里，建设日处理污水3万吨的污水处理厂一座，总投资8689.7万元，计划2005年8月底并试运行。建成后可日处理污水1.5万吨，有效改善投资环境和人居环境，加速临夏市经济发展。

东乡县至永靖县公路改造：改造公路65公里，总投资2850万元。工程建成后，可加快东乡、永靖两县的商贸交流，促进县域经济发展。

康乐县县域给水扩建工程：建设输水管线246.5千米，总投资1002万元。工程建成后，可解决城区3.6万人的饮水问题。

和政至合作公路：按四级公路标准新建公路27公里，总投资3250万元。

【东西对口支援】 临夏州农村社会帮扶工作，得到了国台办、国侨办、国家地震局等帮扶单位的大力支持，自1995年以来共帮扶资金4286.5万元。其中国台办帮扶1583.49万元，中国日报社帮扶248.2万元，侨办帮扶2454.76万元，国家地震局帮扶180万元。

国侨办自1998年开始帮助临夏州积石山县，共落实投资、引资及物资折价1928.67万元，其中直接投资1059.17万元，物资折价120.25万元，帮助引资资金749.25万元。特别是2004年，国侨办帮扶工作力度不断加大，工作成效更加明显：南德温牛冻精捐赠项目，共计捐增冻精44500剂。卫生院改建项目，总投资170万元，有效地解决了群众就医难、看病难的问题。贫困学生救助项目，共发放救助金41.59万元，救助贫困学生3000名。侨居工程项目，总投资214.5万元，共修建侨居乐民新村5个，侨居乐新户325间，切实解决了贫困群众的住房困难。药材种植项目，协议资金2000万元，黄芪育苗610亩，推广种植中药材1000亩。香料种植项目，引进香料品种22个。建成60亩示范园一处，种植欧美杨育苗600亩，累计完成投资100万元。医疗卫生人员培训项目，组织14名专家对积石山县的300多名医护人员进行短期培训，同时安排积石山县4名骨干医师到暨南大学附属第一医院进行一年的免费进修学习。在2004年8月份举办的华商投资交易会上，国侨办积极协调，联系沈阳市波尔山养殖基地有限公司，达成了养殖5万只波尔山羊的合同协议，投资达2400万元。在2004年“兰洽会”上经国侨办帮助协调，积石山县与新疆农六师达成劳务协议，为积石山县劳务输出工作开辟了新的途径。

青海省
海北藏族自治州

【经济与社会发展】 2004年，青海省海北藏族自治州（以下简称海北州）国民经济继续保持良好发展势头。全年 GDP 达到 17.4 亿元，同比增长 10.8%。其中：第一产业增长 2.1%；第二产业增长 15.8%；第三产业增长 11.8%。全年地方财政一般预算收入 8000 万元，增长 12.8%。一般预算支出 5.01 亿元，增长 20.1%。年末金融机构各项存款余额 10.8 亿元，比年初增长 15%；各项贷款余额 5.3 亿元，下降 3.2%。全社会固定资产投资首次突破 10 亿元大关，达到 10.6 亿元。

全年农作物播种面积 46.3 万亩，增长 4.9%。粮油草特种植比例由上年的 25.9:59.2:14:0.9 调整为 36.1:42.5:12.1:9.3。粮油总产 4985.1 万公斤，下降 8.9%。粮食、油料良种覆盖率分别达到 93.2% 和 97.7%。繁活各类仔畜 100.3 万头只，下降 4.7%。牲畜品种改良工程稳步推进，畜群畜种结构进一步优化，育肥贩运规模不断扩大。育肥贩运牛羊 68.1 万头只，实现销售收入 2.2 亿元。建成青稞良种繁育基地 1 万亩、暖棚 10.34 万平方米、改良草场 2.1 万亩、划区轮牧 9.52 万亩、围栏封育 87.6 万亩；解决饮水困难人口 1.08 万人、牲畜 21.5 万头只；人工造林 1.95 万亩，封山育林 14.6 万亩，荒山荒滩种草 7.8 万亩。

全年规模以上工业企业完成产品销售收入 7.9 亿元，增长 25.4%。发电量 4.1 亿千瓦时，增长 4.7%。电解铝生产由于受原材料紧缺、价格上扬等因素的影响，产量、效益同时下滑，生产铝锭 1.3 万吨，下降 7.8%；碳化硅、冷冻畜肉、硅铁等产品均保持了快速增长势头，成为全州工业发展的中坚力量。

2004 年，海北州“两基”人口覆盖率达 86.03%。首批民族教育发展基金 600 万元在刚察县启用。16 所中小学校危房改造和“二期义教”工程相继竣工；严格执行中小学义务教育阶段“一费制”，教育乱收费得到有效遏制。坚持科技与农牧业生产相结合，强化科普教育和农牧民科技知识培训，落实科技项目 15 项，科研经费 80 万元。以预防保健和农村卫生工作为重点，深入推进卫生体制改革，突发公共卫生事件应急机制初步建立。4 县全部纳入新型农村合作医疗试点范围，群众参加率超过 80%；州县医院传染病区（科）和州紧急救援中心项目开工建设，第二批疾控中心项目竣工交付使用。大力弘扬民族文化，群众性文化体育活动蓬勃开展；广播电视覆盖率分别为 83.57%和 91.54%。加强计划生育和优生优育服务网络建设，人口自然增长率控制在计划目标以内。

旅游景点建设取得新突破，基础服务设施得到一定改善，接待中外游客 48 万人次，旅游收入 4500 万元。

人民生活继续改善，消费品市场更趋活跃，扶贫、就业工作取得新成绩，养老、医疗、失业、工伤保险覆盖面进一步扩大。城镇居民人均可支配收入达 7051 元，同比增长 8.3%，农牧民人均纯收入 1849 元，增长 8.4%，增幅首次超过城镇居民收入增幅。12 个村扶贫开发整村推进项目全面完成，户均投资 6500 元。年内 6654 人稳步实现脱贫。发放各类救灾救济款 1800 万元。输出转移劳动力 4.3 万人次。发放养老金、失业保险金、下岗职工生活保障金 5000 万元，发放率均达到 100%，452 家行政企事业单位 15703 人加入医保。安置城镇各类人员再就业 2720 人，城镇登记失业率为 4%。

【投资环境与招商引资】　2004 年，海北州出台了《海北州基本建设项目管理办法》和《海北州政府投资公益性项目统筹管理办法（试行）》，从而使项目管理有章可循。为更进一步吸引外部资金，加快海北州的经济发展和社会进步，制定了《海北藏族自治州招商引资优惠办法》。规定：凡在海北州新办非国家明令禁止的各种形式的经济实体、共益事业或参与现在企业改制、改组、改造的各方客商，均可在土地使用、现有厂房和设备使用、税收配套服务等方面享受优惠政策。

海北州境内主要公路干线有 109 线，315 线、227 线、湟嘉公路、民门线等国道 5 条、省道 3 条，主要公路等级达到国家二级公路标准，通车里程1870公里。过境铁路有青藏线及支线哈热线。州府所在地距省会城市西宁100公里，交通便利。州内电力供应十分充足，门源、祁连、刚察、海晏四县电网并入全省大电网，境内有110千伏变电站5座，总容量15.45万千伏安，110千伏线路3条，35千伏线路10条。现除刚察县外，其他3个县城都处在110千伏大电网覆盖之下。州府及4个县县城与国内外各地的通讯实现了程控化，中国移动和联通移动电话网络已开通，全州绝大部分城镇和部分乡被移动和联通网络覆盖。

2004年，海北州以煤炭、水电、火电、石棉为主体的招商引资工作取得突破性进展，并向高新农业、房地产、铁合金等行业扩展。全年招商引资到位资金4.5亿元，同比增长45.2%。续建重点招商项目建设顺利，门源多龙、祁连地盘子水电站已经建成投产。门源玉龙滩、仙米水电站建设已建成投产。

重点招商引资项目取得进展，由西部矿业建设总投资10.3亿的西海火电厂已经开工建设，项目由西北电力设计院实行总承包，设备已经招标；海北州与甘肃省张掖市达成了合作协议，由张掖市筹措16亿资金开发黑河中游两省共管地段的夹道沟和三道湾水电站，税收按比例分享。

【重点项目介绍】 2004年，海北州重点工程建设取得积极进展，海塔尔、柴达尔煤矿建设分别累计投资3100万元和4700万元；江仓煤矿一期45万吨露采和二期60万吨井采建设项目可行性研究报告已通过省级论证；门源县8口年产6万吨以上矿井技术改造通过验收，投入正常生产。煤炭生产克服停产整顿带来的压力，原煤产量199.6万吨，增长11%。西海热电联产改扩建项目累计完成投资900万元；海北历史上投资规模最大的第一座10万千瓦级火电项目动工兴建；仙米、玉龙滩水电站建设接近尾声；纳子峡、东旭二级等水电站开工建设；多龙、地盘子水电站建成并网发电。

【主要资源介绍】 矿产资源：海北州域辽阔，地质构造复杂，成矿条件有利，矿产资源品种多，储量大。已探明黑色金属矿产、有色金属矿产、黄金金属矿产、非金属矿产、可燃性矿产品种达30多种。主要矿产有：黑色金属铁、锰、铬，有色金属铜、铅、锌，贵重金属金、银、铂，非金属矿产磷、重晶石、滑石、石灰岩、硅石，可燃性矿产资源开发的优势品种，具有储量大、质量好、易开发的特点。已探明煤炭储量为25亿吨，石棉2000万吨。

水力资源：海北州蕴藏着极为丰富的水利资源。外流水系和内陆水系水电理论蕴藏量约148.38万千瓦，其中可以开发利用水电装机容量近73万千瓦。

旅游资源：海北州旅游资源丰富。青海湖烟波浩森，雄浑壮阔，驰名中外；鸟岛万鸟翔集，蔚为壮观，已辟为鸟岛自然保护区；海心山岛上岩石嶙峋，林木葱笼，风光旖旎，自古以产“龙驹”闻名；仙米林区，八宝林区，森林茂密，奇峰竞秀，水流清澈，鸟语花香，各种珍惜动物隐没其间；银光闪烁的祁连山雪峰，雄奇挺拔；海晏、刚察湖滨草原，一碧万顷，令人陶醉，是理想的旅游避暑胜地。还有传说中的西王母修行居住的年钦夏格日山和神奇的库仑铜柱；有西部歌王王洛宾的世界名曲《在那遥远地方》采风构思的金银滩。情趣各异的草原民俗风情，更具诱人的特色。

动植物资源：海北州野生动植物资源十分丰富，在深山峡谷和林海栖息的珍禽异兽有：鹿、麝、豹、熊、猞猁、野牛、野驴、旱濑、岩羊、雪鸡、天鹅等30余种。海北州中药资源丰富，不仅种类多，而且储量大。已被采集利用的有：鹿茸、大黄、冬青、秦艽、白芍、枸杞子、冬虫夏草、雪莲、手掌参、柴胡、黄芪、党参、羌活、麻黄、沙棘等300余种。

太阳能资源：海北州大气尘埃和水汽含量少，空气洁净，气候干燥，降雨量少，云量少，日照充足，是太阳辐射值最高地区。全州各地年日照时数大于2600小时以上地区占80%。年辐射总量达600万焦耳/平方米地区占90%以上。全州太阳能分布总趋势是西南高、东北低。太阳能在小时上的分布一般是夏季多、冬季少。最大值在5～7月份，最少值在11月至翌年1月。

森林资源：海北州宜林地少，森林种类简单。主要以祁连山高山针叶林为主。森林资源少，地理分布不均。全州森林面积（含灌木林）513.2万亩，占土地面积的1/10。全州有林地占7%。森林主要分布在祁连县黑河和门源县大通河中下游峡谷地区。森林蓄积量330.46万立方米。

青海省
黄南藏族自治州

【经济与社会发展】　2004年，黄南藏族自治州（以下简称黄南州）经济继续快速发展，全年GDP达到19.66亿元，同比增长11.7%。其中：第一产业增加值5.87亿元，增长2%；第二产业增加值9.07亿元，增长19.4%；第三产业增加值4.73亿元，增长8.9%。财政一般预算收入1.91亿元，增长1.57倍；地方一般预算收入6600万元，增长2.19%。全年城镇居民人均可支配收入6700元，增长9.14%。农牧民人均纯收入1659.42元，增长7.9%。

农牧业生产再获丰收，全年农作物播种面积1.95万公顷，粮食、油料、蔬菜作物总产量分别达到2.97万吨、7000吨和1.3万吨，分别增长3.02%、38.39%和17.31%。畜群畜种结构趋于优化，积极推广了欧拉羊、鲁西黄牛等优良牲畜品种，良种畜比例达到35%，母畜比例达到58%；存栏各类牲畜204.61万头（只），牲畜总增率、商品率分别达到42.68%和41.52%；设施农牧业发展较快，新增设施面积10.3万平方米，牛羊育肥规模达到25万头（只），规模化牛羊育肥基地17处，初步形成了隆务河、黄河谷地优质肉牛羊育肥带。全年肉类产量3.14万吨，奶类产量2.85万吨。减免牧业税、农业税和取消农林特产税830万元，兑现种粮补助金50万元，农牧民人均减负增收40.94元。

工业生产总体运行良好，全年实现工业增加值5.48亿元，同比增长16.11%。改革开放深入推进，国有企业改制面达到98%。财政体制改革不断深入，完善了州对县财政管理体制和转移支付办法，推行了部门预算改革。土地使用权和矿业产权市场化改革继续深化。消费品市场进一步活跃，全社会消费品零售总额1.74亿元，同比增长9.4%。

固定资产投资高速增长，全年完成固定资产投资11.73亿元，同比增长56.28%。其中：基本建设投资10.07亿元，增长91.2%；地方项目投资总量大，增速高，地方项目投资11.67亿元，占投资总额的99.49%，增长58.52%；非国有制投资已成为全社会投资的主要力量，非国有制企业投资达9.8亿元，占总投资额的83.56%，增长1.5倍。全年开工建设各类项目205项，竣工89项。

社会保障力度继续加强。城镇职工基本养老保险、城镇职工失业保险方面工作稳步推进，工伤保险启动实施。全州参加城镇职工基本养老保险5755人，参加城镇职工医疗保险14388人，参加失业保险7958人。全年实现城镇就业再就业1344人，城镇新增就业人员609人，城镇登记失业率控制在4%以内。

科技项目工作和农牧民科技培训力度加大，全年实施科技项目11项，培训农牧民6590人（次）。教育体制改革和教育布局调整取得新进展，办学条件继续改善，全州适龄儿童入学率达97.2%，青壮年非文盲率达到86%。医疗基础设施有了明显的改善，初步建立了突发性公共卫生事件应急指挥疾病预防控制、医疗救治和卫生监督执法体系，农牧民新型合作医疗试点工作稳步推进，农牧民参加率达到85%。积极落实计划生育政策和计划生育目标责任制，人口出生率控制在15.96‰以内。文化、体育、广播电视等社会事业不断进步，文化“三下乡”活动深入开展。继续实施广播电视“村村通”工程，广播、电视覆盖率分别达到71.65%和83.74%。旅游资源开发取得新进展，坎布拉国家地质公园挂牌，成功举办了2004年中国·热贡文化摄影节。

【投资环境与招商引资】 黄南州对投资兴办企业的国内外客商在市场准入、税收优惠、土地使用和软环境等方面给予优惠。除国家法律、法规明令禁止和限制的行业外，其他行业一律放开；放宽对注册资本限额的要求；简化投资项目审批程序。

对符合国家以及鼓励类产业的企业，在2010年以前，其主营业务收入占企业总收入70%以上的，减按15%税率征收企业所得税；新办生产性企业、商贸流通企业，自生产经营之日起5年内免征企业所得税，期满后减按15%的税率征收企业所得税5年；新建基础设施、生态环境建设和高新技术项目，自生产经营之日起8年内免征企业所得税，期满后减半征收企业所得税2年；经批准投资举办基础教育、高等教育、特殊教育的，暂免征收企业所得税；新办旅游资源开发企业，自经营之日起免征企业所得税6年，期满后减按15%的税率征收企业所得税；对符合国家和鼓励类产业的外商投资项目，暂免征收地方所得税；新办投资开采矿产资源的企业，自生产经营之日起暂免征收资源税5年；投资兴办农牧业产业化经营的企业，从受益年度起5年内免征农业税和牧业税；新办生产性企业，自生产经营之日起5年内免征车船使用税、房产税或城市房地产税、车船使用牌照税，免征建设期内土地使用税；新建基础设施、生态环境建设和高新技术项目，自生产经营之日起10年内免征车船使用税、房产税或城市房地产税、车船使用牌照税，免征建设期内土地使用税。

生产性企业以协议出让方式取得国有土地使用权的，可免缴60%的国有土地使用权出让金，企业可以先缴纳应缴部分的30%，其余在5年内分期缴纳；从事基础设施建设或公益性建设项目，依照国家规定可以使用国有划拨土地的，经土地行政主管部门核准，以划拨方式供地；使用国有荒山、荒地等未利用地从事造林、种草等生态建设或农牧业综合开发项目以及兴办社会公益事业的，免缴国有土地有偿使用费。土地使用权50年不变，可以依法继承，使用期满后，原使用权人优先受让。达到合同约定的投资金额或符合生态建设条件的，土地使用权可以依法转让、出租、抵押。

黄南州境内河流水能资源理论蕴藏量308.8万千瓦。其中黄河过境流程长257公里，理论蕴藏量242万千瓦；隆务河系黄河一级支流，理论蕴藏量24万千瓦；泽曲河系黄河一级支流，理论蕴藏量3.9万千瓦。现在黄河、隆务河等河段上建有各类大中小型水电站21座（含在建项目）。

黄南州现已探明具有一定储量的矿种有25种，矿产地153处。具有一定规模和储量的矿产地多浪尕日寨多金属矿、老藏沟铅锌矿、多确壳金砷矿、同仁恰东铜金矿、官秀寺金矿、河南西倾山多金属矿。泥炭、砷、硫是黄南的优势矿种。

州境内药用植物丰富，有经济价值的300余种，主要有大黄、秦艽、冬虫夏草、马勃、雪莲、贝母、党参、沙参、黄芪、羌活、甘草、刺五加等，依托其建立了东格尔藏药厂等。

2004年，黄南州有16个项目签订了投资意向协议，13个项目已开工和实施，实际到位资金达到3.09亿元。

【重点项目介绍】 黄河直岗拉卡水电站：装机容量19.2万千瓦，总投资14.2亿元，工期

4年，已完成投资8亿元。黄河康扬水电站：装机容量28.4万千瓦，总投资16.8亿元，工期4年，已完成投资6亿元。才塘水电站：装机容量7200千瓦，总投资5200万元，工期20个月，已完成投资1400万元。麻巴水电站：装机容量4500千瓦，总投资3900万元，已完成投资3000万元。江什加水电站：装机容量4000千瓦，总投资3500万元，已完成投资2000万元。隆峡水电站：装机容量3750千瓦，总投资1.02亿元，已完成投资1000万元。

【扶贫开发与东西对口支援】　2004年，全州争取各类扶贫资金和帮扶资金5600万元，全面完成了同仁县赛加滩小型调庄移民安置工程，19个扶贫开发整村推进项目通过省级验收。全年扶持贫困户2653户、1.37万人，新解决了2137户、1.16万贫困人口的温饱问题。农民工培训“阳光工程”全面启动，培训农民2801人。劳务输出人数达6.67万人（次），人均创收937.95元。

全年得到各类援助资金达400万元。其中：国家建设部为泽库、尖扎两县贫困地区学生资助7.2万元；香港基督教励行会资助30万元建成泽库县中心合作卫生院；辽宁省本级及本溪、铁岭两市为贫困地区修建道路、卫生室建设及培训干部等援助资金260万元，为贫困户捐赠衣物1000件。辽宁本溪免费为黄南州培养34名民族高中生；本溪市资助200万元，建成泽库县县城本溪路及5所村级卫生室，80栋贫困牧民定居点工程年内已完成40栋。铁岭市为尖扎县资助50万元，实施了12个建设项目。

青海省
海南藏族自治州

【经济和社会发展】　2004年，海南藏族自治州（以下简称海南州）国民经济持续高速增长，全年GDP达到23.7亿元，同比增长12.8%。完成地方一般预算收入9900万元，增长9.5%。城镇居民人均可支配收入6301元，增长8.5%，农牧民人均纯收入2258元，增长8.3%，实现社会消费品零售总额4.9亿元，增长12.52%。

农牧业产业化进程加快，特色经济持续发展。订单农作物面积达到2242亩，比上年增加1919亩。蔬菜、中藏药材、油菜等经济作物面积逐年扩大。日光节能温室达到3198座、1599亩。畜牧业生产发展势头良好。畜群、畜种结构进一步优化，共引进各类优良畜种7491头（只）。牲畜总增率达到42.84%、出栏率达到42.38%、商品率达到35.89%、母畜比例为52%。新建高标准牲畜暖棚1175座、14.58万平方米，年内育肥贩运牛羊47.8万头（只），出售羔羊30万只。农牧业产业化进程加快，共和县雪峰乳业有限责任公司、贵南县草业公司、同德县宝岭生物有限公司等一批产业化龙头企业的带动作用逐步显现。加强劳务输出工作，加大劳动技能培训力度，完成农民工技能培训3920人，转移农村剩余劳动力7.5万人次（其中跨省输出4611人次），实现劳务收入1.13亿元，人均创收1500元。

进一步深化企业改革，强化企业管理，加大结构调整力度，企业经济效益和市场竞争能力明显提高，工业经济保持了产销两旺、效益显著的良好发展态势。全年实现工业增加值3.82亿元，同比增长51.6%。工业产销率达98.2%。规模以上工业企业实现产品销售收入

4.13亿元，增长77.75%；实现利润总额8000万元，增长27倍。工业在国民经济中的比重增加，占GDP的15.98%，比上年提高了4.8个百分点。工业企业的发展速度和效益都有了较大幅度的改善和提高，是历年来发展水平最好的一年。

固定资产投资稳步增长，项目建设成效显著。全年完成固定资产投资20.6亿元，同比增长32.59%，超计划目标5.6亿元。重点项目建设进展顺利，共和大水水库、贵德贺尔加至罗汉堂公路、151污水垃圾处理工程、恰卜恰团结北路及绿洲路道路工程等项目相继建成，全州二期人饮工程、恰卜恰镇西区供水工程、县乡及乡村公路建设项目、中小学危房改造、县级传染病科等项目建设进展良好。

旅游基础设施建设步伐加快，非公有制经济发展迅速。以青海湖、贵德等旅游景区基础设施建设为重点，投资9900万元。集中精力加强了151基地污水及垃圾处理工程、151环境整治工程、贵德河滨公园步行道等项目和旅游行业管理、市场监管等工作，促进了旅游业的较快发展。全年共接待游客61.7万人(次)，增长2.8%，实现旅游收入3300万元，增长93.2%。

非公有制经济发展迅速，个体工商户达7776户，从业人员14277人，实现增加值4.04亿元，同比分别增长6.15%、15.58%、28.3%；私营企业230户，从业人员7627人，实现增加值1.71亿元，分别增长19.17%、45.02%和1.6倍。

社会保障体系不断完善，城乡居民收入不断提高。全年安置城镇各类下岗失业人员3433人，全州城镇新增就业人员2154人，城镇登记失业率控制在3.8%以内。全州有10578人参加失业保险；有8516名职工和2099名退休人员参加了基本养老保险；有18532名职工参加了基本医疗保险；有9798户、25925名城镇居民享受最低生活保障。扶贫工作进一步加强，全年共投入扶贫资金5700万元，在5个县12个乡镇16个贫困村整村推进扶贫开发工作，年内解决温饱人口8019人。

社会事业投入力度不断加大。农牧区民族寄宿制学校建设、二期义教工程、中小学危房改造、贫困地区基础教育工程、职业学校建设等项目进展顺利。文化广播电视事业进一步发展，广播、电视覆盖率分别达到88%和87.22%。公共卫生体系建设进一步加强，5个县疾控中心及州医院救援中心建设项目开始实施，农牧区医疗卫生条件进一步改善。文化阵地建设步伐加快，群众性文化娱乐活动丰富多彩。民族团结进步创建活动深入开展，成效显著。全州计划生育率达到96.9%，人口自然增长率控制在8.83‰以内。科技对经济的贡献率不断提高。

【投资环境和招商引资】 为鼓励和吸引外商和区外客商，充分利用其奖金、技术、管理方式及市场空间优势，共同参与海南州经济建设和开发，按照《海南藏族自治州关于推进民族地区经济发展的优惠办法（试行）》，对投资者免征五年企业所得税，新建企业返还三年增值税中地方留成部分，另外对建筑、运输、农、林、牧等行业企业都有税费方面的优惠政策，并就投资项目的审批、投资者权益保障等做了一系列的优惠政策。落实《中共海南州委、海南州人民政府关于鼓励和促进非公有制经济发展的决定》，对非公有制经济发展的资金、政策以及环境、组织领导等方面给予了大力支持，保证为前来投资的客商提供高效、优质服务。

坚持以优势资源为依托，充分发挥青海湖王牌景点的辐射效应，利用省、州、县举办的各种大型节庆活动，努力搭建招商引资平台，促进了开放型经济的进一步发展。全年共实施招商引资项目57个，到位资金3.56亿元。其中：省外到位资金3.34亿元，同比增长21%。招商引资的主要项目有：共和县鑫源铁合金项目，引进山东省淄博资金1200万元，于2004年购置2台6300矿热炉，当年完成安装工作；青海湖制药厂改扩建项目，引进新疆阿勒泰资金1900万元，2004年已全面建成；兴海县铜峪沟铜矿地勘项目，引进资金2300万元，已完成投资1600万元；贵德夏都旅游俱乐部二期工程，引进资金1000万元，完成投资700万元；共和县金安小区房地产开发工程，引进甘肃省信阳资金3000万元，累计完成投资2500万元。

【重点项目介绍】 共和县大水水库：总投资2600万元，水库库容615万立方米，2003年5月开工。共和县草地围栏续建工程：总投资1700万元，围栏封育244.44万亩。贵南赛什塘病险水库工程：总投资950万元，2003年开工。同德县良种肉羊繁育项目：总投资700万元，2004年年初开工，建成围栏4.2万亩，畜棚105座及草场施肥、种草、科技培训等工程。兴海牧民聚居半舍饲项目：总投资400万元，2004年5月份开工，建成围栏2.1万亩，种植一年生牧草1.52万亩，畜棚101座。以上项目均已完成。

共和恰卜恰镇团结南路、绿洲路道路排水工程：总投资1700万元，2004年4月开工。共和恰卜恰镇西区供水工程：总投资650万元，2004年年初开工。拉西瓦镇集贸市场：总投资600万元，2003年开工。以上项目均已完成。

贵德贺尔加至罗汉堂公路：总投资1.68亿元，建设三级油路40公里、砼路9公里，完成投资1.47亿元。贵德昨那至红柳滩公路：总投资1.5亿元，全长三级油路14公里、桥梁3座，已建成通车。共和县城至过马营公路：总投资8000万元，全长三级油路101公里，2003年开工，已完成投资6700万元。共和县沙珠玉乡公路续建工程：总投资1.21亿元，计划建设四级油路36.5公里，2004年6月开工，已完成投资920万元。海南州村级道路硬化和通砂路工程：总投资4000万元，建成全州36个行政村53.7公里道路硬化及47个行政村467公里通砂路，已全面竣工。

151三星级宾馆建设项目：总投资1700万元，2004年5月开工。青海湖151景区垃圾、污水处理工程：总投资900万元，2004年4月份开工。以上项目均已建成运营。

中小学危房改造工程：总投资800万元，建筑面积10059平方米，2004年6月开工。海南州职业技术学校综合教学楼：总投资200万元，建筑面积2000平方米，2004年5月开工。以上项目均已完成。

共和龙羊峡变电所改造工程：总投资1000万元，2004年开工，当年建成。贵德县麻吾水电站：总投资1000万元，装机容量2864千瓦，2004年开工，已完成投资800万元。贵南县“十五”电气化建设郭玉乎电站：装机容量1260千瓦，2003年开工，已完成投资1000万元。贵南县以电代燃料工程都兰电站：总投资1000万元，装机容量1000千瓦，2004年开工，已完成投资800万元。

青海省
果洛藏族自治州

【经济与社会发展】 2004年，果洛藏族自治州（以下简称果洛州）国民经济总体上保持了快速、稳定发展的态势。全年GDP达到7.16亿元，同比增长7.2%。其中：第一产业增加值2.5亿元，增长5.3%；第二产业增加值1.05亿元，增长2.2%；第三产业增加值3.61亿元，增长10.3%。一、二、三产业的比重由上年的35.5:15.42:49.08调整为34.9

:14.65:50.45。全年完成地方财政收入1400万元，下降49.3%。

农牧业继续坚持“以草为本，强化基础，优化结构，增加效益”的发展方针，全年实现农牧业总产值34.46亿元，同比增长2.97%。繁活各类仔畜68万头（只），各类牲畜增加63.2万头（只），总增率27.67%。出售商品畜55.57万头（只），商品率24.33%；繁殖母畜120.99万头（只）。生产牛奶38112吨，肉类22072吨，绵羊毛881吨，牛毛绒631.44吨。农作物播种面积640公顷，油料作物63公顷，粮食产量1716吨，增长1.78%。

全年工业企业完成现价总产值4800万元，同比下降8.63%；实现工业增加值1600万元，增长1.8%，其中规模以上工业企业完成增加值700万元，下降1.5%。年内开工生产的企业14家，亏损企业6家，亏损面达42.86%，亏损额490万元；工业产品产销率89.5%。

加强整顿和规范市场经济秩序，净化市场环境，完善市场机制，制定优惠政策，鼓励个体私营经济向规模化、上档次方面发展。全年完成社会消费品零售总额1.25亿元，同比增长13.08%。全州共有个体工商户1714户，从业人员2970人，注册资金3700万元，分别增长9.94%、11.7%和12.14%；私营企业33户，从业人员485人，注册资金1.67亿元，分别增长26.92%、3.85%和3.34倍。

邮政通迅快速发展，全年完成邮政业务总量3100万元，同比增长27.27%；电信业务总量1500万元，增长32.51%；移动电话用户6990户，增加1090户，联通用户6174户。

旅游业以建州五十周年庆典活动为契机，加大宣传，提高景点知名度，全年共接待游客60960人次，其中境外游客1868人次，收入250万元。

固定资产投资继续呈现上长趋势，全年总投资在50万元以上的施工项目个数159个，比上年增加24个。完成全社会固定资产投资6.2亿元（含西久公路、214国道），增长2.47%。其中：完成州属固定资产投资3亿元，下降17.81%。

教育事业围绕“两基”攻坚目标，大力营造基础教育的政策、体制和投入环境，进一步强化管理，夯实基础。全州共有各类学校74所，其中：中学14所、小学58所，电大1所，职校1所。各类专任教师1353人。学龄儿童入学率92.3%，比上年提高2.5个百分点，牧民子女入学率91.3%。

科技工作以科技示范、科技培训、优良品种引进试验和牛羊育肥等技术推广项目为重点，安排“草原鼠害数量动态调查研究”、“果洛地区人工种草与气候条件的关系试验研究”、“高寒牧区小尾寒羊引种杂交试验”等6项科技项目；举办家庭防疫员培训班75期，受训人数2745人次；编辑版科普类图书4000多册；播放科技知识节目12期24次。

文化事业蓬勃发展，全州共有文化事业单位15个，其中艺术事业单位1个，图书馆1个，群众文化事业单位7个，电影放映单位15个；广播站8个，电视转播台209个（包括发射台），广播电视覆盖人口7.24万，覆盖率50.1%。卫生事业健康发展。全州共有卫生机构69个（不含诊所等），其中：县及县以上医院10个，乡镇卫生院43个，疾病预防控制中心7个。卫生人员816人，病床494张。

人民生活不断提高。城镇居民人均可支配收入7638元，同比增长9%；农牧民人均纯收入1807.92元，增长6%。社会保障工作以促进就业，完善社会保障体系，维护劳动者合法权益为重点稳步推进。年内共安置各类下岗失业人员1047人，登记失业率4.1%，农牧民有序流动21564人次；为678名企业退离休人员发放养老金570万元；“两个确保”继续巩固；医疗保险参保人员占应保人员的87%；全州完成脱贫人口5664人。

【投资环境与招商引资】 果洛州交通便利，全州公路通车里程2592公里，214国道横贯全州，花（石峡）吉（迈）和西（宁）久

（治）两条省道连接全州6个县，初步形成以国道、省道为主骨线，州县公路为经纬支干、县乡公路为网络的四级连通、较为方便的运输格局。建成有青海东部电网向州府大武110千伏和大武—甘德—达日35千伏输电线路；其他各县均有小水电，装机容量1万多千瓦。铺设有西宁—玛多、花石峡—达日—大武和达日—班玛久治、西宁—大武通信光缆，形成了本地通信网。全州6个县都开通了程控电话、移动电话，部分牧区还开通了移动电话。

为了吸引更多投资者到果洛州投资和发展，制定了一系列的优惠政策，出台了许多受投资者欢迎的办法。对外商投资企业允许有5年试运营期；对兴办符合国家及地区要求的企业，13年内免征城市房地产税、车船使用牌照税、教育附加、城市维护建设税，并免征地方所得税15年。特别在土地征购方面，投资者可享有诸多减免优惠措施，对全州经济社会发展有重大影响的项目，还可采取“政策随项目”的方法，特事特办。为简化办事环节，清理不合理收费，提高办事效率，州政府组织有关部门和单位决定取消了诸多不必要的手续与收费项目。果洛州还在电力供应、生产生活用水、生产和后勤保障方面做出大量工作，尽量保证与投资者兴办企业要求的基础设施建设。

根据优势资源特点，精心编制出《果洛藏族自治州招商指南》，利用第五届青洽会的大好时机，积极向州内外客商大力推介和宣传州内资源开发项目，促成了德尔尼铜矿（二期）、雪山有限责任公司产权改革等一批重点项目的签约。青洽会期间共签约招商引资协议资金3.92亿元，创历届青洽会签约之最。同时，利用建州50周年庆典之际举办成就展和商贸洽谈活动，广泛宣传自治州优势资源开发项目，一大批项目引起省内外客商的极大关注，期间签订项目协议资金近4亿元。

【东西对口支援】　2004年，中国普天信息产业集团给达日、甘德两个国定贫困县无偿援助资金1700万元。主要用于贫困牧民定居点建设、培训实用技术明白人、改善基础教育办学条件、解决贫困牧民子女上学困难、引进经济技术协作项目等。

【重点项目介绍】　退牧还草工程：充分利用国家对“三江源”地区生态工程的有利政策，围绕实施“生态立州”战略的工作思路，加强领导，精心组织，坚定不移地实施退牧还草、限牧育草、封山育草等重点工程，减轻天然草场压力，遏制草原退化，促进全州经济的可持续发展。全州已完成减畜19.25万只羊单位；以草定畜区围栏建设基本完成，甘德、达日、玛沁3个县896户以草定畜户已安装围栏830套（达日县430套、甘德县400套）；搬迁社区建设任务基本完成，牧民喜迁新居，全州共建设496套搬迁户住房，年内搬迁入住新居的牧户435户。

德尔尼铜矿：分两期办理项目审批手续，一期工程承接前面的工作完成整个日处理矿石1000吨规模的一期工程审批手续，二期工程申报扩建至日处理8000吨矿石规模。省发改委已正式批一期工程可行性研究报告复。2004年8月，举行开工典礼。项目征地共208公顷，分三期进行，一期征地已获省国土资源厅批准，二、三期征地预审已通过。累计完成投资6000万元。

【主要资源介绍】　畜牧业资源：藏系绵羊是果洛主要畜种之一，其数量约占牲畜总量的一半以上，是周转快、效益高的优良畜种，所产羊毛称“西宁毛”。具有纤维长、富光泽、弹性好等优点，是编织长毛绒的上等原料，在市场上颇为走俏。牦牛是青藏高原的特有畜种，素有“高原之舟”的美称，所产牛毛绒细度均匀，强度、伸度和弹性较好，可编织牛绒衫和编织毛毯等，绵羊、牦牛的皮张亦是制革行业的重要原料。

野生植物资源：野生植物有冬虫夏草、雪莲、大黄、红景天、贝母、知母、秦艽、当归、党参、川芎、黄芪、羌活、蕨麻等名贵药材，冬虫夏草驰名中外。

水能资源：境内有较大河流36条，湖泊100多个，黄河自西向东绕穿全境，流长760

公里。长江二级支流大渡河流域的上游，流长210公里；雅砻江支流长145公里。黄河干流在州内总落差1090米，装机大于1万千瓦的站址有7处，境内水能蕴藏量为354万千瓦。

旅游资源：境内山河壮丽，风景优美，旅游资源得天独厚，黄河上游有宛如明镜的鄂陵湖、扎陵湖和托索湖；有海拔6282米雄伟的阿尼玛卿雪山；有神秘美丽的年保叶什则山；有风景如画的班玛仁玉；有众多的藏传佛教寺院。每年的夏秋季节，这里碧水蓝天，绿原雪峰，帐篷点点，笛声阵阵，牧歌悠悠，牛羊成群，构成一幅令人陶醉的图画，是理想的河源风情旅游圣地。

青海省 玉树藏族自治州

【经济与社会发展】 2004年，玉树藏族自治州（以下简称玉树州）国民经济持续快速发展，全年GDP达到1.08亿元，同比增长8.58%，其中：第一产业增加值6.44亿元，增长5%；第二产业增加值1.84亿元，增长13%；第三产业增加值2.54亿元，增长15.29%。全年城镇居民人均可支配收入7882.65元，增长10.96%；农牧民人均纯收入1662.38元，增长11.13%；实现社会消费品零售总额2.1亿元，增长11.61%，解决温饱人口7500人。

农牧业基础地位得到加强。实现了农牧业增产增效和农牧民增收。减免了三江源地区的农牧业税和农林特产税，争取相应的转移支付资金1700万元，仅此一项农牧民人均减负77.38元。全年粮食总产量1938万公斤，比上年增长37.38%。畜牧业生产效益逐步提高。总增率、出栏率、商品率分别达到34.84%、38.43%、31.04%。农牧业结构调整力度加大，共建成青稞生产基地8万亩、洋芋生产基地4000亩、日光节能温棚216栋、优质饲草料种植1.95万亩、2处鲜奶供应基地、4处牛羊育肥基地，4亩中藏药材试种和野血牦牛提纯复壮工程试验成功。

固定资产投资增势强劲，基础设施建设步伐加快。全年完成固定资产投资5.85亿元，同比增长22.64%。农村牧区公路建设项目进展顺利，共完成投资1.274亿元。固定资产投资拉动GDP增长3个百分点以上。

生态环境保护与建设工作取得新进展，天然草原退牧还草示范工程进展顺利，共落实禁牧面积738.52万亩。建成移民社区5个，集中安置项目户793户。完成全部以草定畜户的围栏建设任务，638户自主安置户全部得到安置。总投资2000万元的天保、退耕还林、长防林等林业生态工程得到顺利实施。

全年完成地方财政一般预算收入2000万元，地方财政支出5.33亿元。金融运行基本平稳，年末金融机构各项存款余额4.46亿元，增加5200万元；各项贷款余额5.46亿元，减少3100万元。

认真兑现出台的一系列优惠政策，有力地促进了非公有制经济的健康发展。安冲腰刀、民族服饰、帐篷加工、陶艺、佛教工艺品、嘛呢石刻等“六小”工程得到重点扶持，在市场上初见效益。到年底，全州有个体工商户达2425户，从业人员4912人，注册资金3700万元，分别增长5.3%、10%和13%；私营企业61家，从业人员863人，注册资金6.26亿元，分别增长20%、6%和24%。非公有制经济对地方财政收入的贡献率较上年有新的提高。

就业和社会保障工作扎实推进，强化政府促进劳动力就业的政策引导和管理服务职能。多形式引导就业，多渠道增加就业。全年安置城镇各类人员就业1452人，其中城镇新增就业319人，城镇登记失业率为4.2%。农牧区剩余劳动力转移就业达34360人（次）。“两个确保”、“三条保障线”得到巩固。全州城镇低保总人数9283人，做到了“应保尽保”。全年发放救灾粮188万公斤，资金500万元。确定了农牧区特困人口16956人，并以每人每年不少于110元的标准进行了救助。出台了《玉树州职工个人政策性住房抵押贷款暂行办法》，全年累计发放公积金贷款1000万元。

教育优先发展的战略得到落实。全州学龄儿童入学率82%，比上年增加4.9个百分点。青壮年文盲率由上年的29%下降到25%。勒巴沟、文成公主庙、嘉纳嘛呢石堆等申报国家级文物保护单位工作启动。州县两级初步建立了突发公共卫生事件应急机制，疾病预防控制和重大疫情信息网络体系进一步完善，农牧区新型合作医疗制度试点工作有序进行，32806名牧民群众参加了医疗保险，占应参保人数的96%。人口与计划生育工作取得新成绩，人口出生率控制在12.3‰以内。

【投资环境与招商引资】 2004年，玉树州投资环境进一步改善，对外开放水平不断提高。通过举办玉树赛马节，参加郁金香节、第四届康巴艺术节、青洽会以及藏羚羊申报2008年奥运会吉祥物活动，招商引资和经贸交流活动富有成效。全年共签约招商引资项目11个，项目金额1.9亿元，其中落实8个项目，到位资金1.13亿元，到位率58.2%。实施了结古至巴颜喀拉山口“绿色通道”工程，有力地维护了市场经济秩序。

交通建设已实现以结古为中心，以国道干线为主骨架，以县乡公路为辐射的公路交通网络，州府结古镇至各县县城已形成黑色化。境内有214、109国道921公里，省级干线公路650公里，县通公路1520公里，乡通公路2507公里，专用公路105公里。南及西面可直达川藏公路213线，北与国道109线接通。巴塘支线机场已列入全省机场建设计划，有望近期开工建设。

全州有电站20座，总装机容量达17157千伏，电力充足。县以上行政区与生活及生产用水均为自来水，州府结古镇已建成日供水3000吨的水厂，完全可解决城镇的生活及生产用水。邮电通讯事业快速发展。西宁至玉树长途通讯光缆实现光纤化，与国际国内通讯实现程控化。无线寻呼、移动通讯和联通已开通使用，交换机总容量2万门。

【重点项目介绍】 巴塘机场：已完成厂址选择、地质调查、地形测绘、气象观测和飞行程序设计等基础性工作，国家民航总局组织的专家组在巴塘进行了场址比较和选择，并在西宁召开的预可研报告评审会上顺利通过了评审，由省环科院编制的巴塘机场《环境评估书》已完成野外调查工作。

玉树、囊谦两县农业综合开发项目：玉树县完成工程量的20%，囊谦县完成30%；州级草原防火体系建设项目已完成，总投资300万元；治多、曲麻莱县各20万亩的草原灭虫项目已实施完成，并通过省级验收；退牧还草工程进展顺利，已搬迁户安置403户，零散搬迁户1468户，以草定畜户3276户，总投资1.26亿元；积极实施扶贫整村推进项目35个，覆盖6县17个乡、25个村，扶持贫困人口3046户14493人。100座蔬菜日光节能温棚已建成并投入使用；长防林工程、退耕还林、人工种草等项目全面完工。

全州农村公路建设：总投资9000万多元，已全面启动，其中通村公路总里程401公里，桥梁80座，通乡公路总里程518公里，天葬台公路107公里。全年完成通村公路、天葬台公路的全部建设内容和14座独立桥。杂多旦莫云、治多县索加和曲麻莱麻多等3条通乡公路已开工建设，完成投资5100万元。

杂多县龙青峡电站：于2003年11月开

工，已完成导流明渠开挖及一期导流施工，累计完成投资1亿元。称多县拉贡电站：于2004年4月开工，到年底完成进场公路施工任务，已进入主体工程施工阶段。聂恰二级电站：于2004年12月开工。囊谦白扎电站、香达电站修复方案及可研编制工作已完成，为2005年开工建设做准备；40座乡级光伏电源建设除囊谦县尕羊乡以外，其他各乡均已交付使用；总投资2600万元的18个村级光伏电源工程已启动建设，部分村已竣工；一、二期农网改造已完成固定资产移交。

【东西对口支援】 2004年，东部地区对口支援单位辽宁省盘锦市、辽阳市、营口市、葫芦岛市以及中国节能投资总公司为玉树建设投资达430万元，这些资金的投入为加快玉树州贫困地区水、电、路以及科教文卫等基础设施建设步伐，促进经济和社会发展，帮助贫困群众脱贫致富发挥了很大的作用。

对口支援玉树县的盘锦市，全年援助资金达47万元。主要援助学校教育及各乡镇和县级有关部门。对口支援囊谦县的营口市，全年援助资金990万元，其中援助基建项目500万元，扶贫项目490万元。对口支援杂多县的辽阳市，全年援助资金130万元，其中乡村学校助学资金20万元，公路建设项目50万元，购置其他设备50万元，学校扩建10万元。对口支援治多县的葫芦岛市，全年援助资金150万元。其中葫芦岛市100万元，中国节能投资总公司援助资金50万元。

青海省
海西蒙古族藏族自治州

【经济与社会发展】 2004年，海西蒙古族藏族自治州（以下简称海西州）GDP达到100.33亿元，同比增长15.8%。其中：第一产业4.07亿元，增长5.3%；第二产业67.15亿元，增长16.9%；第三产业29.11亿元，增长14.7%。完成财政一般预算收入14.79亿元，增长22.9%。其中：地方财政一般预算收入完成4.5亿元，增长31.6%。年末金融机构各项存款余额76.85亿元，增长16.8%；各项贷款余额41.65亿元。

农牧业结构继续优化，在政策措施的有力支持下，农民种粮和投入的积极性进一步提高。粮食播种面积稳中有增，油菜、蔬菜、中药材等经济作物种植面积基本保持稳定。畜牧业生产克服了雪灾等自然灾害的影响，保持了稳定的发展势头。全年牲畜出栏率、商品率、总增率、肉类总产量均比上年有所提高。设施农牧业、订单农牧业快速发展。新建成畜用暖棚720幢、日光节能温室1100座；完成牛羊订单81072头（只），农作物订单5.52万亩。扶贫工作进一步加强。香巴扶贫开发项目全面建成。劳务经济快速发展。输出劳务5.49万人（次），实现劳务收入6600余万元。全年实现农业增加值4.07亿元，同比增长5.3%。

工业经济快速增长，全年完成增加值56.32亿元，同比增长20%，59户规模以上工业企业实现利润27.2亿元，为经济发展做出了重大贡献。州属工业继续保持高速增长态势，全年实现增加值9亿元，增长31.4%。州属重点监控企业实现利润1.26亿元，增长70.4%。

第三产业发展势头良好，交通运输、邮电通讯、商贸饮食、旅游、文化娱乐等进一步发展，一些新的消费领域逐步扩大，经济发展的活力进一步增强。

对外开放和招商引资工作取得新进展，投资主体多元化格局正在形成。全年共签约项目98个，实施项目32个，实际到位资金27.96亿元，直接利用外资1600万美元。

社会保障体系进一步完善，城乡居民收入增加。全州养老保险、失业保险、医疗保险范围不断扩大，城镇低保做到了应保尽保，农村医疗保险试点工作稳步开展。全年各类社会保障支出2.23亿元，“两个确保”和三条生活保障线得到全面落实。就业和再就业工作进一步加强。全年国有企业下岗职工实现再就业1228人，城镇失业人员通过各种渠道实现就业或再就业5912人，一次性安置下岗失业人员447人。全年城镇居民人均可支配收入7899元，增长9.8%；农牧民人均纯收入2120元，增长7.5%。

各类市场和服务设施的建设，以及教育、旅游、房地产、电信、个人消费信贷等消费领域的扩大，有力地拉动了消费品市场，消费品市场一直保持着良好的态势。全年完成社会消费品零售总额15.7亿元，增长18%。价格工作进一步加强，大力整顿价格和收费秩序，实行了机关事业单位收费公示制，组织开展了教育、卫生、电力、涉农收费、成品油价格的专项检查和治理，进一步规范了全州医疗服务价格。

社会事业投入力度进一步加大。全州13个中小学危房改造工程、二期义教工程开工建设，教学条件继续改善。普及九年义务教育和基本扫除青壮年文盲工作得到进一步加强，“普及九年义务教育”人口覆盖率达到94.4%，学龄儿童入学率达到99.1%。教育资源整合取得实效。公共卫生体系建设进一步加强。格尔木市计划生育综合服务楼、全州第二批5个国债疾病预防控制项目建成，5个传染病区改造、急救中心项目开工建设。新增医疗设备184台件，培训医护人员320名，城乡医疗卫生条件明显改善。人口与计划生育工作目标全面完成。文化体育广播电视事业进一步发展。7个县级文化馆、图书馆和都兰吐蕃文化保护项目基本建成。

【投资环境与招商引资】 随着龙羊峡至乌兰330千伏、乌兰至格尔木330千伏、乌兰至德令哈110千伏、乌兰至都兰110千伏、格尔木至锡铁山110千伏输变电工程、格尔木大干沟水电站工程的建成，使海西州大部分地区电力紧缺问题得到缓解。109、315、215国道在州内基本实现黑色化，县乡道路得到了不同程度的改造。全州的交通状况得到了进一步的改善。

认真贯彻落实《青海省人民政府关于鼓励外商投资的若干规定》、《青海省人民政府关于改善投资环境保护投资者合法权益的暂行规定》等各项优惠政策，努力为投资商创造透明、稳定、可预见的政策环境。对一些重大资源开发项目，采取“一事一议”的方式进行协商、洽谈，灵活处置投资活动中的一些难题。共对74项建设项目的招投标情况进行了公告，中标金额5亿元。

深化行政审批制度改革，简化和规范项目审批手续，建立和完善行为规范运转协调、公正透明、廉洁高效的行政管理体制，提高办事能力。年内清理、修订，共废除文件114份，修订32份，取消行政事业性收费项目72项，转为经营服务性项目9项，为投资者提供了一个比较宽松的投资环境。研究制定了一系列项目审批和管理办法，明确了政府有关部门在招商引资工作中的职责与义务。

采取多种形式的招商方式，采用股权融资、项目融资等方式，拓宽投融资渠道，扩大引资规模，实现投资主体多元化，并采用网上招商、联合招商等方式，提高了招商的成功率。与此同时，全州积极走出去，借助全国各地举办的招商引资洽谈这一平台，大力宣传海西优势资源开发项目和投资环境，进一步提高了柴达木盆地在国内外的影响力和知名度。

强化服务意识，提高服务质量。对所有投资商始终以诚相待，给予及时协调解决投资中遇到的各种问题，并在生活上给予最大关心和帮助。改变了长期以来外地投资商认为西部地区办事效率不高，服务意识不强的观念和看法，使投资商真正感受到海西是真心为企业的发展创业全力提供了优质的服务。

聘请和邀请了专家学者到海西州进行调查研究，对海西州在项目建设领域、项目布局和开发步骤等方面提出了合理的、切实可行的意见，并高质量的制作了一批经济效益突出、市场前景广阔的优势资源开发项目的可行性研究，为成功的招商引资提供了扎实可靠的依据。这些项目推出后倍受国内外客商关注，极大地提高了招商引资项目的成功率。全年共签约项目98个，实施项目32个，实际到位资金27亿元，直接利用外资1600万美元。

【重点项目介绍】 青海油气资源勘探开发项目进展顺利，油气生产量400万吨；花土沟—格尔木输油管道复线建成运营；青海油田30万吨甲醇项目开工建设。中信国安西台30万吨钾镁肥项目、青海锂业盐湖综合利用项目基本建成。冷湖大盐滩30万吨钾肥项目，完成6平方公里盐田建设及抽卤试验；青海盐业公司双百万吨原盐扩建项目完成设备订购；柯柯8万吨精制盐项目建成。青海山川矿业大风山30万吨天青石采选工程建成投产；3万吨碳酸锶工程建成试生产；青海碱业90万吨纯碱项目加快推进。西旺矿业生铁冶炼、西部矿业15万吨铅锌采选工程进行设备安装；大柴旦滩间山金矿开发项目开工建设，10万吨硫酸项目建成。鱼卡、大煤沟、木里煤炭综合开发项目进展顺利，已形成一定的生产开发规模。

青藏铁路格拉段工程实现正线铺轨777公里；西部通道当金山—花土沟二级公路改造工程基本建成；德令哈—都兰三级公路改造工程建成通车。315国道察汗诺—德令哈段、天峻—木里二级公路改扩建工程进展顺利。格尔木30万千瓦燃气电站开工建设；马海2.1万千瓦燃煤电厂正在进行设备安装；德令哈110千伏变电站扩容项目基本建成。农牧区基础设施和生态环境建设快速推进，完成24条乡村公路、2条村级道路硬化工程和6条通乡油路。病险水库加固工程基本完成，建成22项人畜饮水工程和都兰、乌兰4407户农村能源”一池三改”项目；格尔木东西干渠改造工程、天峻草原生态治理和综合开发、防风治沙、重点生态保护区建设工程稳步推进。全年完成造林种草23万亩，封山滩育林草28万亩。

新疆维吾尔自治区
克孜勒苏柯尔克孜自治州

【经济与社会发展】 2004年，是克孜勒苏柯尔克孜自治州（以下简称克州）成立50周年。全年GDP达到14.28亿元，同比增长11%。其中：第一产业增加值4.33亿元，增长7%；第二产业增加值2.85亿元，增长17%；第三产业增加值7.1亿元，增长11.3%。

农村经济在结构调整中稳步发展。实现农林牧渔业总产值8.64亿元，同比增长6.9%。农作物播种面积65万亩，下降3.4%。粮食、油料播种面积下降，蔬菜、棉花和瓜果播种面积扩大，粮食产量16.54万吨，下降6.3%，棉花产量达8244吨，增长33.3%。林业生产稳步发展，特色林果业发展速度加快。全年完成造林面积7.57万亩，退耕还林还草面积4.22万亩。年末实有果类面积19.46万亩，增长24.7%，产量4.83万吨，增长16.6%。其中：葡萄面积6.42万亩，产量3.18万吨，杏面积11.75万亩，产量1.42万吨，石榴面积0.25万亩，产量500吨。畜牧业生产持续增长，年末牲畜存栏数158.66万头（只），增长3.3%，肉类总产量2.4万吨，增长7.3%，牲畜出栏数达91.11万头，增长4.03%，商品率为52.22%。农牧民收入稳定增加，全年农牧民人均纯收入1406元，增长6.5%。

工业生产稳步增长，行业结构得到进一步调整。国有工业企业改制不断深化，企业呈现出良好发展势头。全年全部工业企业完成产值2.63亿元，同比增长10%。规模以上工业企业经济效益有所下降，实现销售收入1.73亿元，增长62.9%；亏损企业亏损总额1790万元，增长1.5倍；企业亏损面43%，比上年上升3个百分点。

固定资产投资结构进一步改善。全社会固定资产投资总额累计完成7.44亿元，同比增长63%。其中：国有经济投资4.36亿元，增长50.4%；非国有经济投资3.08亿元，增长85%。

外贸进出口大幅度增长。州境内的伊尔克什坦口岸和吐尔尕特两口岸，进出口货物量达56.91万吨，增长88.7%，进出口货值3.9亿美元，增长108.6%；边贸企业进出口贸易总额4013万美元，增长107.4%。其中：出口总额1148万美元，增长8.5倍，进口总额2865万美元，增长57.9%。

以中坤集团整合旅游资源为契机，举办了国际热气球比赛、国际大学生登山运动等一系列活动，进一步提高克州的知名度。全年接待国内外游客12.17万人次，增长18.8%。其中：国内游客10.84万人次，增长16.2%；国外游客1.34万人次，增长46.6%；实现旅游总收入2433万元，增长26.7%。

全年实现地方财政收入7966万元，同比增长26.2%；财政支出8.89亿元，增长8.94%，自给率为9%。年末金融机构各项存款21.47亿元，增长11.95%。其中：城乡居民储蓄存款余额12.01亿元，增长11.93%；各项贷款8.96亿元，增长8.99%。

科技成果转化和先进实用技术推广进程加快，社会事业改革稳步推进，公共卫生体系显著加强，疾病预防控制网络建设继续加强，教育、文化、体育、广播电视等社会事业持续健康发展，人口继续保持低生育水平，年末总人口达到46.8万人，人口出生率为17.41‰。人民生活有所提高，全年城镇居民可支配收入5200元，增长6.12%。社会保障工作稳步推进，实现再就业6367人，城镇登记失业率为4.7%；低保工作稳步加强，城市居民纳入低保2.05万人。

【投资环境与招商引资】　经过建州50年以来的建设与发展，克州的交通、通信、电力、城镇设施等基础条件发生了显著变化，投资环境有了明显改善。314线、315线、中巴公路3条国道以及306线、309线和214线3条省道，形成连接三县一市，贯穿南北疆，通达中西亚的公路交通网，中—吉—乌铁路正在筹划中，克州首府城市阿图什市高速公路直达喀什国际机场。通信网络和技术装备与全国发展水平相适应。已全面实现城乡用电同网同价，装机容量4×5万千瓦的布伦口—公格尔水利枢纽工程正在积极筹建中，为大规模生产用电提供可靠的保障。在城镇基础设施方面，教育、文化、卫生、体育等设施基本健全，服务能力和服务水平明显提高。在政府职能转变、提高党政机关工作效率、改善服务质量、政策支持以及法制化、市场化建设等方面也取得了积极进展。

招商引资取得可喜成绩，全年引进各类项目57个，其中区外项目26个，合同引资13.88亿元，当年执行合同3.23亿元，增长7.7%。矿产资源开发、房地产、旅游业等一批招商项目相继开工建设。

【东西对口支援】　根据中央和自治区对口扶贫精神，2001年以来，江西省、山东省、及自治区乌鲁木齐市先后扶助克州，为当地教育和经济建设做出了瞩目的贡献，有力地加速了克州各项事业发展的进程。

【重点项目介绍】　卡拉贝利水电站：是一座综合利用的工程，具有灌溉、发电、保护生态环境等综合利用效益。坝高79.2米，水库总库容1.65亿立方米，具有多年调节性能。水电站装机49.5兆瓦，保证出力13.9兆瓦，年发电量2.28亿千瓦时，设计水头50.2米，117.3立方米每秒。估算工程静态总投资5.4亿元，动态投资6.36亿元。

阿图什市农副产品批发市场：占地面积194960平方米。项目建成后，年销售收入1035万元，投资回收期7年~8年。对进一步加快阿图什市场体系建设，改善农副产品交易环境，促进"三农"经济和本地区经济发展，提高农牧民收入，都将发挥巨大的作用。总投资3920万元。

阿图什市集中供热：阿图什市是州府所在地，现有城市人口6万人，实行集中供热，对缓解城市污染，给市民营造一个良好的工作和生活环境，促进经济可持续发展具有重要意义。建设规模为新增供热能力3×28兆瓦，供热面积143万平方米。总投资8000万元。

巴仁杏产业化建设项目：充分利用阿克陶县的资源优势，大力发展巴仁杏，并扩大现有种植面积，保持水土，防风固沙，同时开展巴仁杏深加工，延伸农业产业链，变资源优势为经济优势。主要建设内容包括10万亩巴仁杏生产基地；建巴仁杏深加工基地，进行制干、制脯或制作杏仁饮料等深加工项目，总投资8000万元。

新型石膏建材项目：乌恰县境内石膏资源丰富，已探明储量约1.2亿吨，矿床分布集中，主要沿喀康公路两侧产出，交通便利，易采易运。其中储量达8000万吨的乌恰县石膏矿位于县城东北5公里处，以硬石膏为主，矿带长3公里，宽1公里，出露地表标高达150米。通过开发新型石膏板材，采取以工厂方式统一生产各类拼装型板房，解决南疆农牧区500万人口的居住问题。拟建年产5万吨优质石膏粉厂和年产石膏板材5万/平方米的加工厂，总投资1200万元。

口岸工贸园区开发建设项目：伊—吐口岸是新疆口岸建设的重点工程，为伊尔克什坦和吐尔尕特口岸的共管机构，占地5平方公里。两个口岸年过货量将达30~50万吨，过境人次为10~15万。拟在关外境内地段开辟出集加工、商贸、仓储、观光旅游为一体的现代化口岸工贸园区：吐尔尕特口岸（关外境内）筹建占地2万平方公里的工业园区，以进口废旧金属钢材、皮革制品及食品深加工为主的现代化工业园区；伊尔克什坦口岸规划新建集商贸交易、购物、宾馆停车场的边贸综合交易市场及监管货仓。项目总投资4200万元，其中工业园区建设投资2000万元，边贸综合交易市场及附属基础设施建设投资1500万元，监管货仓投资700万元。

【口岸建设】 克州位于祖国最西部，与哈萨克斯坦、吉尔吉斯斯坦共和国接壤，是古丝绸之路西线交通要塞，柯尔克孜族与吉国主体民族属同一民族。所辖乌恰县境内有吐尔尕特和伊尔克什坦两个国家一类陆路口岸。随着中国与俄罗斯、中亚等周边国家进入全面合作的新阶段，进出口贸易快速增长。2004年，吐尔尕特口岸进出口货物量达24.68万吨，进出口货值1.38亿美元。其中：出口货物量6.04万吨，货值8604万美元；伊尔克什坦口岸进出口货物量达28.8万吨，进出口货值2.85亿美元。其中：出口货物量11.9万吨，货值2.4亿美元。出口货物主要以纺织品、轻工机械、农产品、陶瓷为主。

克州首府城市阿图什市市内有西域商贸城国家二类口岸，占地面积6万平方米，拥有摊位5000多个，集批发、零售、出口贸易为一体。入驻商家经营主要以纺织品、家电为主。离阿图什市443公里喀什境内的红旗拉甫口岸也是对第三国开放的国家一类口岸，经巴基斯坦到西亚各国，西部大开发修建的中巴公路已全线贯通。

新疆维吾尔自治区
巴音郭楞蒙古自治州

【经济与社会发展】　2004年，巴音郭楞蒙古自治州（以下简称巴州）GDP达到229.5亿元，同比增长13%。其中：第一产业增加值40.3亿元，增长11.5%；第二产业增加值145亿元，增长13.9%，第三产业增加值44.2亿元，增长11.7%。完成地方财政收入11亿元，增长14.8%；完成全社会固定资产投资153亿元，增长33.1%。完成进出口总额5584万美元，增长15.6%；年末金融机构各项存款余额为217.15亿元，比年初增长4.73%。

农业结构调整力度加大，农村经济取得新进展。共播种各类作物372.66万亩，比上年增长12.4%；种植业结构不断优化，粮食种植面积87.38万亩，增长33.5%，总产量33.63万吨，增长25.5%；棉花播种面积171.14万亩，增长19.4%，总产量达到20.81万吨，增长20.3%；饲草饲料面积35.48万亩，增长8.5%。畜牧业生产形势良好，年末牲畜存栏396.99万头（只），增长6.6%；林业和特色园艺业继续保持较快发展势头，以香梨、葡萄、杏、红枣等为主的林果种植面积97.35万亩，增长18.7%；农村道路、农田水利等基础设施和小城镇建设步伐加快，完成县乡公路总里程1167公里，新增高标准节水灌溉面积8.36万亩；农业产业化步伐加快，龙头企业共带动农户6.6万户，订单农业面积达125万亩。

石油石化、矿业、电力和农副产品加工四大产业取得新进展，工业经济保持良好发展势头。实现工业增加值107.2亿元，同比增长11.8%，建筑业实现增加值37.8亿元，增长19.7%。重点骨干企业运行平稳，产品产量大幅度增加，塔里木油田分公司、巴州电力、天源化工等48家重点利税企业生产运行稳定，石油、煤炭、发电量、水泥、轮胎、造纸和番茄酱等主要工业产品产量大幅增加。地方工业显著增强，发展步伐不断加快。地方工业增加值达到11.4亿元，增速由上年的13%提升到15%。一批新的经济增长点不断涌现，工业经济后劲显著增强。罗布泊4万吨钾盐工业场项目基本完成；金特和钢一期30万吨生产线投产出钢；金川煤矿全面投产；益隆红柱石一期5万吨项目建成投产，二期10万吨扩建加紧进行。工业园区经济成为新的亮点，实现工业产值23.5亿元，增长30%。企业改革稳步推进，企业活力不断增强。引进国投公司参与罗布泊钾盐开发，矿业发展迈出坚实的一步；博湖苇业顺利收购凯进公司，生产能力由5万吨增至10万吨；全力做好库棉职工安置工作，恢复生产工作正在加紧进行；巴州陶瓷厂、南贸公司等6户企业资产整合、兼并改制、破产重组工作基本完成。

全年实现社会消费品零售总额43.6亿元，同比增长13.9%。居民消费价格总指数为103.9%。人民生活水平不断改善，城镇居民人均可支配收入8000元，增长6.7%；农牧民人均纯收入增加348元，达到3866元。计划生育工作进一步加强，人口素质进一步提高，人口自然增长率7.5‰。全年实现再就业2.16万人，城镇登记失业率为2.6%，比上年下降0.4个百分点。

【投资环境与招商引资】　巴州具有相对明显的区位优势、充足的能源、完善的城市功能，投资环境良好。

巴州区位优势明显，在新疆具有重要的战略地位，是进入新疆南部的门户和开发建设南疆的"桥头堡"。境内塔里木河形成的绿色走廊维系着新疆通往祖国内地的第二条战略通道。经过长期建设，巴州已具有较好的交通条件。国家在新疆境内的7条国道有5条穿越巴州。铁路直通西安、乌鲁木齐、喀什等地。航空班机直飞北京、乌鲁木齐等城市，建成了轮南—库尔勒、库尔勒—鄯善等输油管线，州府库尔勒市是南疆地区唯一具备公路、铁路、航空、管道立体运输网络的城市。投资4.57亿元的库尔勒机场迁建工程于2003年开工建设，将于2005年8月份投入使用，库尔勒至和硕高速公路将在2005年8月份建成通车，届时乌鲁木齐到库尔勒的时间大为缩短，经济联系将更为紧密。

巴州能源结构合理，全州电力总装机容量45万千瓦，已形成水力、天然气、火力发电相结合的供电体系。开都河干流水能蕴藏量达150万千瓦，规划建设11级梯级电站。国电公司开都河中游河段水电开发工程已开始启动实施。

巴州城市功能完善，全州程控电话交换容量26.6万门，电话普及率高于全疆、全国平均水平，移动通讯、邮政传输网络已经形成。州府库尔勒市是新疆重点建设的第二大城市，基础设施建设不断加快，道路、供水、排水等城市功能已基本配套，服务功能正逐步完善。近年来，相继荣获全国文明城市、国家卫生城市、全国科技工作先进市、中国优秀旅游城市和国家环保模范城等称号。

巴州采取了一系列措施，不断营造良好的投资环境，为招商引资和经济技术协作"搭桥铺路"、"筑巢引凤"。根据国家西部大开发的方针政策，结合巴州实际，州委、州人民政府发布实施了《中共巴音郭楞蒙古自治州委员会、巴音郭楞蒙古自治州人民政府关于进一步改善投资环境的若干意见》和《中共巴音郭楞蒙古自治州委员会、巴音郭楞蒙古自治州人民政府关于扩大对内对外开放的优惠政策》，对招商引资工作进行有效政策推动。成立了巴州改善投资环境监督检查小组，负责对各部门履行招商引资及项目审批、管理职责情况进行监督检查，切实保护投资者利益，为投资者提供优质服务，确保已承诺优惠政策的兑现；简化办事程序，提高服务效率。为便于各部门之间协调，成立了行政服务中心，负责中外投资项目的接待、咨询、联络和协调服务等工作。

充分利用良好的投资环境，通过"走出去，请进来"，坚持全方位、宽领域、多层次的对外开放，对外招商引资成效显著。2004年参加了厦门投资洽淡会、乌洽会、西安东西合作项目洽谈会，推荐展示巴州招商引资项目，通过招商引资活动，宣传巴州，提高巴州知名度。其中乌洽会共签订各类协议154个，总金额101.4亿元，比上届增长92%；厦投会签订协议5个，总金额2.55亿元，比上届增长41.6%。引进自治区外到位资金10.9亿元，增长14.9。利用外资2994万美元，其中借用国外贷款2140万美元，增长38.7%；吸收外商直接投资854万美元。对外贸易继续保持增长，全年实现出口总额3141万美元，进口总额651万美元。

【东西对口支援】 河北省是巴州的对口支援地区。7年来，援疆工作取得了明显成效，突出表现在为巴州经济社会发展提供了强有力的人才和智力支持。从1998年开始，河北省已陆续为巴州选派了三批共110名援疆干部，增进了民族团结，促进了两地之间的经济协作与交流。7年来，河北到巴州的考察团达到201个、2112人次，巴州赴河北考察团103个、903人次，两地签订友好州市3个、友好县市7个、友好单位19个，推动了两地经济的交流、互补和共同发展。据不完全统计，河北累计已在巴州投资项目37个，总金额12.7亿元。其中：河北方面出资5837万元；无偿给巴州援助资金、物资设备和捐建希望小学总额2568.6万元，有力地支持了巴州经济和社会发展。

【重点项目介绍】　2004年，巴州进一步加大固定资产投资力度，实施重大项目领导分工责任制，确定的56个重点建设项目进展顺利。

收尾项目5项。益隆红柱石、巴州农网一二期改造、国道218线库尉公路改造工程已基本完工；库尔勒市供水管网改扩建工程已完成输配水管道29.3公里；库尔勒市石化大道集中供热工程设备已到位。

续建项目23项。塔河治理子项目、博斯腾湖灌区改造（二期）、迪那河灌区改造、特色农产品基地、退耕还林、“三北”四期、林纸一体化、防病改水等8个项目已基本完成年度计划；库尔勒机场迁建工程等10个项目正加紧建设；和静菱镁矿道路、芳香植物综合加工等4个项目正在分别进行设备考察、方案设计等开工前准备工作；罗布泊钾肥基地年产120万吨钾肥项目正在进行水资源评价工作。

新开工项目23项。牧区水利试点、香梨名优特稀水果加工、沙漠公路塔河桥至草湖乡道路、博斯腾湖重点风景名胜区、塔河公园景区基础设施等12个项目已开工；富纶公司海岛丝项目已基本完工；察汗乌苏水电站道路及房建工程已开工，施工用电工程已完工并投入运行；其他项目正在进行可研、初设报批及方案研究等前期工作。

新疆维吾尔自治区
昌吉回族自治州

【经济与社会发展】　2004年，昌吉回族自治州（以下简称昌吉州）国民经济结构调整深入推进，三次产业结构不断优化。全年GDP达到211.8亿元，同比增长14%。其中：一、二、三产业分别增长9.3%、18.3%、13.2%。第一产业稳步攀升，第二产业继续保持强劲拉动，第三产业贡献份额不断提升，三次产业之比为30∶42∶28，分别拉动国民经济增长2.9、7.3和3.9个百分点。以二、三产业为主的城市经济占GDP的70%，较上年提高1.6个百分点，在国民经济中的主导地位进一步确立。全年实现地方财政收入10.2亿元，比上年净增1亿元。

农业经济结构更趋合理，农业产业化进程加快。大力推进畜牧业为主的农业结构调整，提高农业产业化经营水平。全年完成农业产值84.2亿元，同比增长10.1%，其中畜牧业占44.5%，农牧民人均纯收入的1/3和增收的1/2来自畜牧业，在农业中的主导地位进一步巩固。产业化经营步伐加快，打造了166家龙头企业，其中国家级6家、区级26家。粮食、棉花、番茄、乳品等12个优势主导产业带形成规模，订单面积占75%，辐射带动10多万农户，农牧民来自产业化经营的收入接近总收入的一半。农业机械化水平大幅度提升，对农业增长的贡献率达到26.4%，是发展最快的一年。劳务经济成效明显，转移农村劳动力7万人次，创收2.5亿元；村集体经济实力不断壮大，有收益村达到824个，占总数的77.4%。农村税费改革深入推进，人均减负156元，减负率达53%；粮食直补政策落实到位，兑现6800万元，人均增收90元。

城市经济快速发展。新型工业化进程向前推进。全年完成工业总产值153.3亿元，同比增长13.1%，拉动经济增长4.5个百分点。机电、农牧产品加工等支柱产业继续壮大，对工业的贡献率达到40%。

园区建设迈出新步伐，昌吉、米泉两个高

新技术产业开发区与乌鲁木齐经济技术开发区联姻结亲，阜康重化工基地建设启动，米泉石化工业园正在紧锣密鼓筹建之中。产业集群优势初步显现，园区经济正在成为新的经济增长点，园区工业增加值占全部工业增加值1/3以上的份额。企业经营素质和核心竞争力进一步增强。

第三产业发展势头看好，实现增加值58.9亿元，呈现出传统行业强劲增长、新兴产业后劲很足的特点，特别是旅游业增势迅猛，成为一大亮点，全年接待游客313.5万人次，收入7.1亿元，增长34.6%。完成外贸进出口总额3.12亿美元（含兵团），增长87.7%。其中：出口2.1亿美元，增长92.1%。实现社会消费品零售总额42.3亿元，增长16.3%。

城市群战略稳步推进。城市基础设施建设投入12.6亿元，增长25.6%，创历史新高，城市化水平达到42%，比上年提高1.2个百分点，打造了一批精品亮点工程。在全疆城市“天山杯”竞赛中，4个县市荣获“综合杯”奖，名列全疆第一。公路建设力度加大，投入2.8亿元、建成888公里，投入资金及建设里程都超过以往任何一年。

固定资产投资取得新进展。认真落实固定资产投资和重点项目建设目标责任制，形成了上下联动抓投资、齐心协力促发展的良好局面。全年实施项目470个，完成地方固定资产投资63.6亿元，增长19.3%，比上年净增12亿元。

加快推进“科教兴昌”步伐，工农业等各个领域科技投入和创新力度不断加大，以昌吉国家级农业示范园区为代表的一批科技示范园区建设稳步推进，科技成果转化基地正在形成。科技信息“村村通”工程全面启动，特派员制度深入推进，项目争取工作成效显著，促进了经济社会的发展。昌吉市荣获全国首批科技示范市称号，吉木萨尔县荣获全国科普示范县称号，昌吉州被评为全国信息化建设优秀示范单位。

大力发展教育事业，农村“普及九年义务教育”成果进一步巩固，小学、初中普及率分别达到99.9%和98.9%；学校基础设施投入力度加大，资源配置明显优化，教学水平不断提高。中小学危房改造、高中扩招等一大批项目的投入使用，为教育事业的健康发展奠定了基础。民汉合校及双语教学有了新进展；民办教育快速壮大，资产逾10亿元，在校生3万多人；职业技术教育迅速发展，积极探索并大胆实践与国外院校合作办学的新路子。

利用国债资金加强了卫生防疫体系和卫生基础设施建设，全州医疗水平明显提升。农牧区新型合作医疗试点取得初步成效，20万适龄儿童接受麻疹强化免疫，全社会疾病防控能力明显提高。认真落实人口与计划生育政策，人口自然增长率为6.96‰，昌吉州被评为全国计生协会工作先进地州。

优待老年人各项规定得到落实，关爱老年人社会氛围逐步形成。文化体育、广播电视、档案、统计、司法、红十字会、残疾人工作等社会事业取得新的进步。社会公益事业投入力度加大，增长11.3%，占总支出的1/3。全州在岗职工工资总额和平均工资水平继续上升，城镇职工年均工资13099元，比上年增加742元。农牧民人均纯收入4712元，增加456元；实现城镇就业再就业2万人以上；城镇登记失业率控制在3.8%以内。

乌鲁木齐市昌吉州经济一体化步伐加快，“规划统一、财政统一、市场统一”的工作目标正在积极推进。

【投资环境与招商引资】 昌吉州区位优势突出，基础设施完善。从东西北三面环保自治区首府乌鲁木齐市，拥有乌拉斯台和亚中商城两个对外通商口岸。昌吉州首府昌吉市距乌鲁木齐国际机场18公里，距乌鲁木齐市区36公里，乌昌一级公路将两个市区连为一体。境内亚欧大陆桥、312、216、217三条国道及吐—乌—大高等级公路、乌奎高速公路横贯昌吉州。亚欧光缆从境内通过，全疆最大的电力网覆盖全地区，通讯邮电畅通无阻，城市道路及供排水等配套设施日益完善，功能齐全，具备承接大规模投资能力。昌吉州建设健全了生产要素市场，加快了资本市场和劳务市场建设，拓宽了投融资渠道。结合农业产业化及城镇化发展进程，促进了劳动力优化组合和合理流动。规范房地产市场，进一步发展技术、信息、产权等市场，大力发展中介组织。从而使各要素市场规范化、高效运作。

为实施西部大开发战略，加快经济发展，鼓励中外企业、个人到昌吉州境内投资，开展经济技术合作，昌吉州还出台了一系列优惠政策，主要有：税收优惠政策、土地使用优惠政策、产权交易优惠政策以及简化行政审批手续等。中外投资者可以投资国家投资产业指导目录中所允许的所有产业项目，鼓励重点投资农业包括农林牧业综合开发及其产品深加工；基础产业包括水利、能源、交通、通信、环保、供电、供气、给排水等基础设施建设；化学工业包括石油化工、天然气、精细化工、农用化工；采掘业包括有色金属、黑色金属和非金属矿藏的勘探和加工；建筑工业包括新型或节能建筑、装饰材料；新型产业包括新材料、生物工程技术、节约能源开发技术、资源再生及综合利用技术；环保旅游产业及科教文体卫生娱乐咨询等行业。

通过加大项目推介、签约、跟踪落实等工作力度，提高了招商引资成功率。全年招商引资落实到位资金 53.3 亿元，达到历史最好水平。24 家上市公司云集昌吉，新加坡丰益集团、瑞典沃尔沃、江苏维维、澳洋科技等一批世界 500 强及国内外知名企业落户发展。

【东西对口支援】 昌吉州积极开展同沿海先进省份的交流合作，派遣干部学习、挂职，开展全方位、多层次的经济联合与协作。福建省与昌吉州为对口支援，在福建省援疆干部的帮助下，昌吉州在资金利用、技术改造、人才引进等方面取的了长足进展，扩大和加强了昌吉州在闽的影响和招商力度。

【重点项目介绍】 2004 年，昌吉州计划安排重点建设项目 32 项，其中续建项目 13 个，新开工项目 19 个，另外安排 29 项自治州预备重点建设项目。

昌吉州五县市草原围栏建设项目：按计划于 2005 年全部完工；米泉市污水处理厂一期工程：完成投资 1200 万元，完成 7.2 公里管网铺设及配套设施建设，污水处理厂土建工程已完成招投标工作，计划 2005 年全部完成交付使用。昌吉热电厂二期扩建工程：全年完成投资 7100 万元，项目初步设计方案已通过评审并上报中国华电集团。天山纺织工业园区建设项目：全年完成投资 6000 万元，厂房建设已完成 85%。昌吉州三北四期防护林和退耕还林项目：已全部完工，共完成造林面积 35.9 万亩，完成投资 14360 万元。昌吉州县乡公路建设项目：已全部完工，完成投资 13489 万元。昌吉市供水改扩建及供水管网改造工程：完成 30 公里管网铺设及配套设施建设投资 3000 万元。“500”水库受水区西延干渠工程：于 2004 年 9 月份已全面开工建设，计划 2005 年 10 月底完成全部工程。

新疆维吾尔自治区博尔塔拉蒙古自治州

【经济与社会发展】 2004 年，博尔塔拉蒙古自治州（以下简称博州）GDP 达到 36.9 亿元，同比增长 11.9%。其中：第一产业增加值 9.19 亿元，增长 6.9%；第二产业增加值

5.37 亿元，增长 9.2%；第三产业增加值 10.94 亿元，增长 16.9%。全部工业企业完成增加值 2.38 亿元，增长 16.3%。实现社会消费品零售总额 8.06 亿元，增长 13.7%。完成全口径财政收入 4.53 亿元，增长 34.5%，其中地方财政收入 2.56 亿元，增长 26.8%。地方财政支出 7.48 亿元，增长 22.8%。

加大了对农业扶持力度，农业生产在结构调整中平稳发展。全年农林牧渔业总产值 18.53 亿元，同比增长 7.2%。全年粮食播种面积 33.36 万亩，增长 17.6%，粮食总产 20.16 万吨，增长 13.2%；棉花播种面积 45.23 万亩，增长 4.7%，皮棉总产 5.88 万吨，增长 14.7%；油料播种面积 8.38 万亩，下降 25.6%，油料总产 1.49 万吨，下降 27%；甜菜播种面积 2.84 万亩，下降 36.6%，甜菜总产 9.7 万吨，下降 40.8%；枸杞播种面积 5.5 万亩，下降 11.7%，枸杞总产 8338 吨，下降 8.9%。畜牧业产值 5.74 亿元，增长 4.99%。肉类总产量 2.57 万吨，增长 10.2%；绵羊毛产量 2758 吨，增长 19.5%；禽蛋产量 1.48 万吨，下降 0.8%。年末牲畜存栏 134.08 万头（只），比上年增长 4.5%。农区畜牧存栏 70.47 万头（只），增长 7.8%，占牲畜总存栏数的 52.6%。

社会保障和福利事业取得新进展。博州有 2.65 万职工参加了失业保险，比上年增长 5.3%；有 1.89 万职工参加了基本养老保险，增长 16.3%；有 3.93 万职工参加了基本医疗保险，增长 5.7%。博州得到最低生活保障救济人数 17560 人，增长 3.5%；国家抚恤、补助各类优抚对象 1051 人。全州有各类社会福利院 15 个，床位 239 张，收养人数 135 人。全年社会销售福利彩票 1369 万元，增长 30.4%；筹集社会福利资金 465 万元，增长 3.56 倍；接受社会捐赠 109.77 万元，增长 44.4%。

年末全州总人口 45.2 万，增长 2.8%；其中：城镇人口 13.9 万人，乡村人口 31.3 万人。全年人口出生率 12.71‰，死亡率 3.02‰，人口自然增长率 9.68‰。全年农村居民人均纯收入 3904 元，增长 10.9%；在岗职工工资总额 5.49 亿元，增长 10.6%；全年在岗职工平均货币工资 11138 元，增长 7.5%。扣除物价因素，实际增长 5.7%。年末城镇居民人均居住建筑面积 22.75 平方米，增长 7.6%；农村居民人均居住建筑面积 23.63 平方米，增长 8.4%。

科技教育等社会事业不断进步。全年用于科技项目的社会总投资 3.31 亿元，同比增长 10.33%。科研成果不断涌现，已登记的重大科技进步成果 17 项，组织实施国家级科技项目 4 项。中等专业学校在校学生 489 人，增长 17.8%；职业中学在校学生 2015 人，增长 18.5%。普通高中在校生 9589 人，增长 27.3%；普通初中在校学生 18075 人，比上年下降 2.5%；小学在校学生 33195 人，增长 0.7%。学龄儿童入学率达 99.13%，比上年提高 0.53 个百分点；幼儿园在园幼儿 6202 人，增长 7.2%。全州有艺术表演团体 2 个，乡镇文化站 18 个，村级文化室 306 个，文化馆 3 个，公共图书馆 4 个，博物馆 1 个，档案馆 5 个，已开放各类档案 3001 卷。广播电视台 1 座，电视发射台和转播台 4 座。广播人口覆盖率 92%，电视人口覆盖率 90%。有线电视用户 3.39 万户。出版各种报纸 189.65 万份。共有卫生机构 82 个，其中医院 20 个，卫生院 20 个，卫生防疫、防治机构 5 个，妇幼保健机构 5 个，其他卫生机构 32 个；拥有病床 1932 张，专业卫生技术人员 2539 人；乡镇卫生院 20 个，乡村医生和卫生员 185 人。地方运动健儿在自治区青少年年度比赛中，获金牌 1 枚，银牌 5 枚，铜牌 14 枚。

【投资环境与招商引资】 2004 年，博州各种交通工具完成货物周转量 5.53 亿吨公里，增长 8.4%；完成旅客周转量 4.67 亿人公里，增长 20.1%。阿拉山口口岸贸易高速增长。进出口货物 940.67 万吨，增长 24.5%；进出口贸易货值 28.42 亿美元，增长 24.4%；缴关税及代征税 31.79 亿元，增长 43.3%。完成邮电业务收入1.75亿元，增长8%；年末固定电话用户达11.54万户；移动电话年末达14.38万户，增长21.9%；接待国内外游客35.5万人次，增长41%；旅游收入5300万元，增长43%；计算机互联网络已初具规模，形成了快速便捷的传递媒体信息网。

全年完成招商引资总成交额26.6亿元，已到位资13.9亿元，签订招商引资项目合同118个，同比增长84.4%，已开工建设的项目105个，交流各类专业技术人才450人次。

【东西对口支援】　湖北省从多方面对博州的大力对口支援。湖北省13个部门对博州的对口单位给予了资金和设备支持。三年来，湖北省各级各部门为博州无偿援助资金和设备已超过2000万元，其中2004年无偿援助资金和设备680万元。40名援疆干部在博州期间撰写了100多篇工作研究文章和工作建议，撰写论文30篇，2004年5月湖北联合广告公司投资1500万元开发了精河县枸杞产业。湖北省十所高等院校定向为博州招生145名本科生，并减免了有关费用。为博州无偿援助医疗设备、车辆等，举办了专题学术讲座100余次，有利提高了博州医疗技术水平。积极开展了“希望工程”资助贫困学生2.4万元，一年来，湖北派出各类代表团、考察团26批200余人，来博州进行慰问、考察或商贸洽谈。2004年，湖北省政府无偿援助的500万元建成了博州党校综合楼—楚天楼，2004年~2005年用无偿援助500万元建成了阿拉山口口岸委学校教学楼。

【重点项目介绍】　2004年，博州重点建设项目共26项，其中开工建设项目17项，未开工项目9项，完成投资5.63亿元。

博乐市垃圾处理厂及管网扩建工程完成投资505万元；阿拉山口环保绿化工程完成投资492万元；博州退耕还林还草工程完成投资1705万元；博州退牧还草建设项目完成投资2015万元；赛里木湖环湖—温泉县公路建设工程完成投资1675万元；博河流域大型灌区续建配套及节水改造工程完成投资800万元；精河流域大型灌区续建配套及节水改造工程完成投资300万元；博州农网扩建改造工程完成投资2114万元；博乐市小营盘小城镇综合开发项目完成投资250万元；博州县乡公路改造建设工程完成投资1.46亿元；赛里木湖旅游区基础设施建设完成投资831万元。

【口岸和博乐市边境经济合作区建设】　阿拉山口口岸总投资2.14亿元，绿化面积5.31平方公里，全部建筑物建筑面积54万平方米，常住人口1.73万人，过货量940.67万吨，到2004年口岸累计完成过货量4570.67万吨，占全疆16个口岸过货量的95%，居全国同类口岸中排名第一位。完成关税及代征税31.79亿元，累计向国家上缴关税及代征税115.41亿元。口岸财政预算内收入为5538万元，实现财政收入8500万元，较上年同期增收3807万元，增幅81.12%。占全州地方财政收入的33.2%。2004年口岸引进各类招商引资项目31个，计划投资总额8.06亿元。年底完成投资5.01亿元。口岸共注册企业456户，其中工商企业137户，注册资金2.83亿元；私营企业319户，注册资金9.61亿元；从业人员2551人；个体工商户519家，注册资金1762万元，就业人员1116人。到2004年底，口岸GDP为4.88亿元，同比增长23.04%。其中：第二产业1.17亿元，增长15.72%，第三产业3.71亿元，增长5.71%，口岸GDP中非公有制经济GDP为3.2亿元，占58.6%，工业企业有4家监控加工企业，口岸工业增加值8434万元，全社会固定资产投资完成2.14亿元，增长16.3%。口岸银行存款余额14.08亿元，各项贷款余额1.74亿元，下降13%。

博乐市边境经济合作区招商引资扩建、新建项目14个，已完成投资4308万元。辖区内累计实现GDP22亿元，合作区现有国有企业12家，非公有制企业64家，个体工商户467户。1996至2004年共完成税收2.72亿元。

新疆维吾尔自治区
伊犁哈萨克自治州

【经济与社会发展】 2004年，伊犁哈萨克自治州（以下简称伊犁州）全年GDP达到312.88亿元，同比增长12.6%。其中：第一产业增加值104.33亿元，增长6.2%；第二产业增加值99.47亿元，增长19.8%；第三产业增加值109.09亿元，增长12.3%。地方财政收入17.58亿元，财政支出56.7亿元，分别增长22.1%和13.9%。完成固定资产投资119.63亿元，增长30.5%。其中：更新改造13.74亿元，基本建设76.9亿元，房地产开发投资12.05亿元。

全年实现农业总产值138.83亿元，同比增长7.2%。粮食总产量192.36万吨，油料21.29万吨，棉花11.99万吨，甜菜150.79万吨，麻类9.73万吨，水果11.66万吨；年末牲畜存栏1465.5万头（只），肉类总产量34.77万吨，牛奶53.21万吨，绵羊毛2.89万吨，水产品1.69万吨，禽蛋7.72万吨，乡镇企业总产值152.01亿元，总收入159.53亿元，实现利润9.67亿元。

全年工业实现增加值52.08亿元，同比增长21.25%。全年发电量208138万千瓦时，生产原煤571.51万吨、水泥162.19万吨、生铁66886吨、纱29864吨、机制糖14.77万吨。全年完成旅客周转量44.33亿人公里，货物周转量34.44亿吨公里；完成货物运量2683万吨，旅客运量5666万人次。

全年对外贸易完成进出口总额112080万美元，同比下降14.6%。其中：进口28417万美元，下降46%；出口83663万美元，增长6.6%。边民互市出口额3000万美元。

全年共安排各级科技计划项目85项，国家级项目11个，自治区级科技计划项目42项，地州级科技计划项目32项。项目拨款825万元，登记科技成果42项，申请专利50项，国家批准39项。

现有卫星地面接收站757座，有线电视网覆盖24个县（市）；广播人口覆盖率88.4%，电视人口覆盖率87.8%；现有艺术表演团体26个，群众艺术馆27个，公共图书馆23个，展览馆6个。有卫生机构782个，拥有病床1.41万张，专业卫生技术人员2.06万人，各种城镇社区综合服务中心79个。

全年完成社会消费品零售总额73.3亿元，同比增长14.82%。其中：城市消费品零售总额27.4亿元，农村消费品零售额45.9亿元。全年接待国内外旅游购物者453万人次，旅游收入9.67亿元。城市居民人均消费性支出5286元，农牧民人均纯收入3285元，在岗职工平均货币工资12259元。

伊犁州拥有各类专业技术人员10.01万人，其中少数民族专业技术人员6.1万人，24个县（市）已全面完成普及初等教育，在此基础上，有16个县（市）基本普及了九年制义务教育。2004年，小学毕业升学率94.07%，小学在校生38.82万人，中学在校生19.18万人，初中毕业升学率52.42%，成人高等学校在校生11726人，成人中等专业学校在校生630人。各类学校已用哈、汉、维、蒙古、锡伯、柯尔克孜、俄罗斯等7种语言文字进行教学。伊犁哈萨克自治州从本地实际出发，坚持民族教育为重点，牧区教育为难点，优先发展民族教育，独立设置了739所民族中、小学校。在牧区采取灵活多样的办学方式，举办全寄宿制和半寄宿制学校及固定教学点，流动教学点。

伊犁州各乡镇大多数有乡文化站、村文化室，共有专业文艺工作者898人，其中少数民族704人。广大农牧区普遍有乡卫生院、村卫生所。

伊犁州民族传统体育项目在历次的新疆和全国民运会上名列前茅，2004年州直体育代表团获71枚金牌、64枚银牌、58枚铜牌的佳绩。赛马、马术、摔跤、射箭、叼羊等民族体育活动也在一些大型比赛中多次取得好成绩。

【投资环境与招商引资】 改革开放以来，伊犁州从实际出发，根据国家和新疆维吾尔自治区的各项方针政策，先后制定出台了促进本地区发展的各项优惠政策。到2004年，伊犁州公路通车里程达到3.1万多公里，全州221个乡镇已全部开通了班车。已形成以奎屯为枢纽的大十字骨架和以伊宁、布尔津、北屯、额敏为中心的干支衔接、四通八达的公路网络。

横贯伊犁州的北疆铁路在州境内长约200公里，全州有民用机场4个：伊宁机场、塔城机场、阿勒泰机场和富蕴机场，四个机场与乌鲁木齐机场航线相通。年末电话用户89.61万户，移动电话普及率19.7部/百人，固定电话普及率23.5部/百人，互联网用户5.96万户，邮电和分支机构187处。计算机互联网络已初具规模，形成了电话、电报、无线寻呼、传真等多样化，快速便捷的信息传递媒体网。

伊犁州通过内联外引招商引资取得了丰硕成果，2004年乌洽会共签订各类合同307个，总金额7.03亿元；内联合同169个，金额88.9亿元；外贸合同89个，金额6.06亿美元；对外经济技术合作合同4个，金额1826万美元。2004年伊犁州新增审批利用外资项目6个，合同金额3457.05万美元，合同利用外资金额2335.01万美元，实际利用外资476.34万美元。招商引资项目525个，金额158.52亿元，执行项目508个，金额54.68亿元。

【东西对口支援】 江苏省为伊犁州对口支援单位，自2002年以来，第四批援疆干部先后邀请了400余批、3300余人次的江苏各级领导干部和企业家、专业技术人员来伊犁考察指导；协调组织118批、近1500人次的伊犁州各级干部和专业技术人员到江苏考察学习；多渠道争取江苏为伊犁州培训干部1091人，安排各类挂职干部232名；从江苏和内地引进300多个经济发展项目，协议总金额达26亿元；促成江苏省为伊犁州援建伊宁市江苏路、汉家公主纪念馆、霍城县江苏中学、霍城县清水河江苏路、霍城县江苏医院等9大援疆建设项目，成为江苏人民支援伊犁建设的历史见证，为伊犁的经济建设和社会发展做了大量的实事好事，赢得了伊犁州各族干部群众的高度评价和广泛赞誉。

【重点项目介绍】 2004年，伊犁州重点建设项目前期工作进展顺利，为今后西部大开发战略在伊犁州的全面实施奠定了基础。

吉林台一级水电站工程：工程位于伊犁州尼勒克县境内伊犁河第二大支流喀什河的中游，是一座以发电为主，兼有防洪和灌溉效益的综合利用工程，总装机容量46万千瓦，总库容25.3亿立方米，静态总投资20.8亿元。

卡普其海综合水利枢纽工程：工程位于伊犁州巩留县境内伊犁河第一大支流特克斯河的下游，是一座以灌溉为主，兼有发电和防洪等效益的水利综合利用工程，总库容13.7亿立方米，总装机容量32万千瓦，其中一期为2×8万千瓦，静态总投资18.2亿元，工程全部建成配套后，可净增灌溉面积27.8万公顷，改善灌溉面积7.07万公顷。

伊犁河拦河引水枢纽及北岸干渠工程：全长约154公里，受益灌区总控制面积为283.6万亩，规划净灌溉面积为239.52万亩，总投资157666万元。

伊犁河流域牧区水利工程：范围为自治区人民政府确定的4个牧业县：昭苏县、特克斯县、新源县、尼勒克县，1个半农半牧县：巩留县，新建人工灌溉草场229.3万亩，天然灌溉草场145.54万亩，退耕还草161.88万亩，饲料地 49.1 万亩，总投资 23 亿元。

交通基础设施建设：包括精—伊—霍铁路建设，正线 302 公里，总投资 60 亿元；G312 赛里木湖—霍尔果斯段公路，G218 线清水河—伊宁段公路，G218 线那拉提—巴仑台段公路，G217 线奎屯—库车段公路，伊犁河大桥等。

生态环境综合治理工程：包括伊犁河中上游生态环境综合治理工程，哈巴河县和布尔津县生态环境综合治理工程，哈巴河县和布尔津县生态环境综合治理工程，哈巴河县生态环境综合治理工程总投资 2231.84 万元，布尔津县生态环境综合治理工程总投资 1.3 亿元，伊宁县、霍城县、巩留县、察布查尔县防风林工程，2004 年天然草原退牧还草、退耕还林工程，奎屯市、伊宁市垃圾处理厂，伊宁市污水处理厂等。

旅游资源开发建设项目：包括喀纳斯旅游景区建设，喀纳斯机场，纳拉提机场，霍城林则徐旅游景区基础设施建设项目，昭苏夏塔旅游风景区基础设施建设总投资 9702 万元，特克斯乌孙—夏都旅游风景区基础设施建设总投资 9223.47 万元。

专题研究篇

吉林省推进传统农业向现代化农业转变的对策研究

一、吉林省农业发展的基本特征

在全国的比较中，吉林省的农业生产具有与其他省份不同的特点，主要表现在：

（一）种植业比重高，是以粮食生产为主体的农业区域

据多年统计资料显示，在吉林省的农业生产结构中，种植业产值占农业总产值的比重达50%～70%多。在粮食种植面积中以玉米为主，从而为玉米后续产业的发展准备了良好的资源条件。到20世纪80年代中期，吉林省的玉米种植面积已经占到全省粮食作物总播种面积的50%多，到一直到现在。玉米兼有粮食作物、饲料作物、经济作物三种用途可谓多功能作物。为玉米后续产业的发展准备了较好资源条件。

（二）商品粮基地数量多，形成了区域化、大规模的商品粮生产

商品粮基地数量多达33个市（县），形成了区域化、大规模生产。商品粮基地市（县）人均占有耕地4.2亩，是全省平均水平的1.42倍，产量占全省总产量的90%多，商品量占总商品量的90%以上。

（三）粮食商品率和人均占有粮食水平高，多年来一直位居全国首位

自1984年吉林省粮食产量连续3年实现跨跃式增长后，人均粮食占有量和粮食商品率一直持续地保持在全国第一的水平，人均占有粮食900多公斤，是全国平均水平的2.3倍。

（四）粮食生产在农村经济中占据重要的位置，是农民收入的主要来源

其主要标志是，在近些年来农林牧渔业总产值中，粮食的产值占30%以上，在农民的收入结构中，来自粮食生产的收入占家庭收入的60%～70%。

（五）以玉米资源为基础的畜牧业以较快的速度向前发展，初步形成了畜牧业大省的基本框架

在20世纪80年代末以前，吉林省是一个肉类调入省份，1998年以后，吉林省的人均肉类产量达到了全国第一的水平，成为我国重要的肉类输出大省。

二、吉林省实现传统农业向现代农业转变的主要任务

（一）实现农业结构的战略性调整

1998年以后，我国农业形势的总体判断是农业已经开始进入新的发展阶段，进入新的发展阶段的一个重要任务就是推进农业结构的战略调整。根据目前国内国际的农产品市场的形势和竞争的趋势，以及吉林省农业资源，推进农业现代化的进程中，农业结构的战略性调整主要包括以下内容，第一，在种植领域，在适当调减和稳定玉米种植面积的基础上，形成一个以玉米、大豆和水稻为主体的种植业结构，重点实现数量型增长向质量型增长的转变，实现优质粮食工程，推进玉米的产业化经营。第二，发挥玉米资源丰富的优势，大力发展畜牧业，特别是在市场分层化的基础上，重点发展精品畜牧业，形成畜牧业的市场竞争优势。第三，东部山区在保护资源的基础上，大力发展多种经营，形成特产经济优势。第四，西部要加大生态建设力度，重视草业发展，并以草业为基础，发展舍饲畜牧业。第五，在种植业和畜牧业的基础上，大力发展农畜产品加工业，以农畜产品加工业拉动种植业和畜牧业的发展，提高农业的市场竞争力。

（二）努力推进农业规模化经营

农业规模化经营有利于机械化作业，产生规模效益，有利于实行专业化生产，区域化布局，规范化管理。要充分发挥吉林省的粮食资源优势，大力发展畜牧业和农产品加工业，在粮食转化产业中拓宽农民就业之路，为实现农业规模经营创造条件。农产品加工业属于劳动密集型产业，有利于吸收更多的剩余劳动力就业。在未来10年内，要着重发展5～10公顷经营规模的家庭农场。吉林省作为玉米大省，具有丰富的精饲料资源，发展畜牧业具有极大的潜力，而畜牧业发展基本不受土地规模的限制，因此，吉林省应注重首先在畜牧业领域实现规模化经营，建立一批现代化的畜牧企业。

（三）全面实施农业技术改造

当前农业生产正面临着人口增加的巨大压力和入世后来自国外竞争的巨大挑战，未来吉林省农业的发展必须依靠科技，关键是靠农业生物技术，其次是机械技术。农业生物技术的创新与发展将成为吉林省农业跨越式发展的主导力量。机械技术的研究要立足当地农业资源，研制开发成本低、易操作、适用性强的农业机械和农产品加工机械。

（四）实现农业经营主体的现代化

实现农业现代化就要实现农业经营主体的现代化，即培养现代化的农民。农民受教育程度的提升是经济发展的必然要求。另外，现代农业的操作机械化、技术科学化等也要求农民知识化、现代化。为了提高培训质量，农民培训应制度化；增加建设农业科技示范区，注重实效以星星之火达到燎原的目的。

（五）建立现代农业经营组织制度

农业产业化经营是引导分散农户的小生产进入社会化大生产的一种组织形式，是多元参与主体自愿结成的利益共同体，也是市场农业的基本经营方式。具体讲，它是以市场为导向，以农户经营为基础，以“龙头”企业为主导，以系列化服务为手段，通过实行产供销、种养加、农工贸一体化经营，将农业再生产过程的产前、产中、产后诸环节联结为一个完整的产业系统。

农业合作经营组织。一般有以下几种形式：一是农户之间的相互联合，由农户共同出资，共同劳动，实行按劳分配和按资分配相结合的合作经营组织。二是农户与村级社区合作组织联合。三是农民自愿组成的各类专业协会和研究会。四是从事农产品流通的市场中介型合作组织。

农业的公司化经营。一般是指以土地入股方式组成由入股者参加的农业股份有限公司，在不改变土地公有制的前提下，把承包户的土地使用权作为股东，由公司聘任种田能手并善于经营者为公司经理，负责农业经营事宜，入股者也可成为公司员工，按股和按劳取酬，实行公司化管理。

（六）绿色生态型农业模式的建设

绿色生态型农业指的是大农业，包括生态种植业、生态林业、生态牧业和生态渔业等。绿色生态型农业把现代科学成果与传统农业技术的精华有机结合，把农业生产、农村经济发展和生态环境治理保护及资源的可持续开发和利用融为一体，具有生态合理性、功能良性循环的新型农业体系。绿色生态农业模式的建设与发展应实现三个转变，即由追求产品数量向追求产品质量转变；由面对国内市场向国内国际市场转变；由单一的以生产功能为主向复合的以生产、生态等综合功能转变。

三、实现传统农业转变的基本途径

（一）以农业的比较优势为基础，以市场为导向优化农业结构

优化农业结构的目标是由产量最大化调整为效益最大化。人民生活水平提高，对农产品的品种和质量有更高的要求，如高淀粉玉米、高油大豆、优质水稻、精品畜牧业等优质产品的需求量不断增加。农产品的价值增值主要是在加工流通环节实现。应发展农产品精深加工业，培植“航母”型加工龙头企业。

（二）工业化和城市化推进土地相对集中

城市化是伴随工业而产生的一种现象，工业化带动了城市化，城市化反过来促进了工业化。工业化和城市化的发展引起产业结构和就

业结构的深刻变化，必然促进大量农村人口向非农产业转移，进而加速土地流转，推进土地相对集中，以实现规模化经营和机械化作业。

（三）实施现代化农业技术服务体系建设

农村市场体系建设。市场体系是由市场主体、市场客体、市场机制、市场组织和市场类型等构成的综合体。农村市场体系的建设包括农产品集贸市场、农产品零售市场、农产品批发市场以及期货市场。

农业科技服务体系建设。高等农业院校加强科教兴农，参预农业科技示范园区建设；开展大学生带科技下乡活动；政府投入专项资金，在各地区成立科技支农服务部；进一步发挥县乡农技推广站、龙头企业技术推广的功能；各地区成立农民专业协会，起到农业专家与农民之间桥梁作用；重视发挥农业产业化龙头企业在农业科技推广中的作用，进一步构建以农业产业化龙头企业为主体的技术推广服务体系。

农业公共产品服务体系建设。长期以来，在公共产品的供给上，政府的重工轻农政策造成了城乡相对独立的公共产品供给体系。财政对农业、农村公共产品供给表现在：对农村基础教育投入不足、对农业社会化服务体系及农业基础设施建设支持力度不够，财政支持的公共产品范围较窄。所以，国家财政必须加大对农业、农村公共产品支持力度，建设城乡一体化供给体系。

（四）构建多元化的农村教育体系，提高农民的现代农业经营素质

构建多元化的农村教育投资体系，加大各级政府对农村教育的投入，鼓励和引导企业、社会各界人士投资兴办农村教育。

构建农村教育的梯级教育体系，确保农村九年义务教育基础上，稳步推进农民中专、农民高等学校、农民职业中学、农民职业技能培训学校及成立有关部门组织的农民扫盲班。

制定并实施“农村现代通讯设施建设工程”加快诸如光缆、微波等现代通讯设施建设，使农村学校具有利用现代教育手段的条件和能力，使农村学生和农民能通过计算机等现代教学设备接受先进教育资源的良好教育。

（五）坚持科学的发展观，实现城乡、区域、人与自然之间的协调发展，消除城乡二元经济结构

城乡协调发展的实质是解决“三农”问题，通过工业化、城市化、市场化促进“三农”问题的解决。区域协调发展的实质是发挥中部、西部和东部的资源优势，促进共同发展。人与自然的协调发展的实质是节约资源，实现对资源的可持续利用。

四、推进传统农业向现代农业转变的战略选择

（一）技术选择战略

吉林农业现代化的技术选择战略是：以相对丰裕的要素替代相对稀缺的要素，继续走“集约经营”、精耕细作的道路，依靠农业生物技术和机械技术。积极应用现代工业成果和工程技术措施，改善农业生产条件，不断开拓农业生产新领域，从而实现农业生产的良性发展，并最终实现农业现代化。

（二）区域发展战略

发展现代农业要与产业结构调整、当地资源相结合，因地制宜，发展区域特色农业。吉林省根据地形地貌可分为西部草原区、中部台地平原区、东部山区，不同地区其资源优势不同，应发展相应的产业。西部草原区，在发展粮食生产的同时，发展半舍饲畜牧业，建设畜牧业加工企业，同时建设水产品基地，杂粮、杂豆生产基地。中部台地平原区，土壤肥沃，盛产粮食，应发展舍饲精品畜牧业。东部山区，耕地较少，但多种经营资源丰富，应大力发展药材等特产业、葡萄酒业，并在该地区建设一个规模较大的药材初加工企业。

（三）产业布局战略

21 世纪产业结构调整的显著特征是知识产品市场化、资本化的程度不断提高。因此，吉林省在“十一五”期间及以后重点发展知识密集型和技术密集型产业。在主导产业和优势产业的发展上，重点发展优势产业，把主导产

业和优势产业统一起来。吉林省以粮食和畜产品加工业为主导产业，2000年长春—吉林—四平地区玉米、大豆、肉牛、生猪、肉鸡的生产基地面积分别占全省的64.5%、88.1%、69.2%、64.3%、70.6%，所以吉林省农畜产品加工业主要分布在这一地区。通过发展区域特色产业实现全省产业结构的优化。

（四）劳动力转移战略

1.通过农业综合开发，改造大量中低产田，提高劳动力的利用率（吉林省有中低产田的面积为3500万亩）。

2.搞好农业产业化经营，拉长拓深农业链条，扩大劳动力就业。

3.加快工业化、城市化建设步伐，进行户籍制度等配套改革，实现城乡劳动力双向流动。

4.积极开拓国际劳务市场。

5.继续扶持引导个体私营经济的发展壮大，大力发展第三产业。

6.加强对用人单位拖欠农民工工资的管理。

7.实施劳动力教育与培训战略。

8.改革与完善现行土地流转制度，加快土地合理流转。

五、推进传统农业向现代农业转变的政策

（一）农业科技政策

应设立专项农业科技研发基金，并加大财政投入力度，建立政府投入为主导、社会投入多元化的农业科技投入体系，用于农作物品种改良，化肥、农药、栽培、灌溉等技术的研究。引导高校、研究所与企业联合研究开发技术，加强对农业科技工作的组织领导，制定、完善农业科技政策与法规，建立监督机制，实施科技发明成果转化效益分红政策。

（二）现代农业人才开发政策

现代农业人才开发的主体是农业的生产、经营、销售及其具体的组织管理人才。21世纪的竞争是科学技术的竞争，是教育水平的竞争，是人的素质竞争，教育是一个地区经济发展的先决条件，是一切资源中最重要资源。要把教育作为重点，把发展普及农村九年制义务教育和农村成人教育作为今后一个时期吉林省农村经济工作重点来抓，切实把发展农村教育事业落在全面提高农业劳动者素质上来，努力提高农村劳动力的素质和就业能力，重视并引导农民技能培训、职业培训和农村各类教育事业的发展，要继续实行优生优育的人口政策，提高农业人才资源的供给质量；贯彻“科教兴国”政策。

（三）农业资金政策

国家财政的支持政策。国家财政对农业的支持主要是指国家财政预算中用于农业的各项投资支出。吉林省作为国家粮食生产安全基地，应有较大的财政倾斜政策。

农业金融政策。农村信用社的信贷资金重点支持粮食主产区生产主导产品；支持贫困地区，缩小区域差距；支持农产品加工业拉动经济增长。降低贷款利率，减化贷款程序同时加大各项贷款的数额。

（四）农业结构优化政策

在推动吉林省农业结构优化方面，要对吉林省畜牧业发展给予高度重视。畜牧业发展不受土地规模的限制，在吉林省农业现代化进程中可以把畜牧业作为首先现代化的突破口，率先在畜牧业领域实行现代化。

优化农业结构要实施以下政策：在大农业内部，对主要粮食和畜产品实行生产直接补贴和粮食价格补贴；对于产品结构优化，实行优质品种补贴，对于区域结构的优化通过项目支持和产业带动发挥区域资源优势，通过农产品加工业培育农产品市场，优化农业结构；加快社会保险制度改革，提高农业抗御风险能力。

（五）农业产业化经营政策

农业产业化经营是推进农业现代化的重要路径。在推动农业产业化经营方面，要积极抓好农业产业化三个“要素”的建设。从农业产业化发展的一向经验看，产业化的发展有三个基本要素，即起“龙头”作用的加工企业，为加工企业提供原料的生产基地，具有市场开拓能力的主导产品。三者缺一不可，舍弃任何一个，都使农业产业化难以健康发展。

农业产业化经营对于推进传统农业向现代农业转变，优化农业结构，促进农村城市化等意义重大。在推动农业产业经营方面，还应制定如下政策通过财政、金融、税收等政策扶持一批能够带动一项产业，发挥区域资源优势，富裕一方百姓的大型龙头企业。农业产业化经营中，龙头企业与农户的利益联结机制以合同订单为主要形式，其比重由2000年的51.6%增长到2002年的60.2%，但合同的稳定性较差，所以政府应出台合同管理规范条例，同时加强其他利益联结方式的管理，鼓励农民协会和农民中介组织的发展，使农民具有与公司平等谈判的能力。

（六）农村合作经济组织发展政策

政府应制定农村合作经济组织发展的政策，规范和健全农村合作经济组织法律制度，培育农村合作经济组织良好的外部环境。通过财政、金融支持农村股份合作经济组织的发展，尤其是土地股份合作，按合作面积进行奖励，通过政府扶持典型，达到扩展的目的，并推进产权制度改革。加快农村合作经济组织的组织创新和规范化建设，积极培育农民经纪人队伍，组建流通合作经济组织。由政府牵头，围绕本地区主导产业和产品及其关键技术发展各类专业协会和研究会。

（吉林省发展和改革委员会　郭庆海等）

树立科学发展观　统筹江西城乡发展

江西是一个农业大省，农业比重和就业结构均高于全国平均水平，城市化率又低于全国，城乡差别表现出来的矛盾更加突出，制约经济社会持续发展的因素更为显现，统筹城乡发展更为迫切，关系到江西的工业化、城市化和可持续发展。统筹城乡经济社会发展，是江西全面实现小康社会和在中部崛起面临的重大课题。

一、江西城乡发展进入新阶段

（一）江西工业和城市发展进入新阶段

1. 对江西工业化所处阶段的判断。根据《江西统计年鉴2004》，江西人均GDP在2003年为6712元，按当年汇率换算为812美元；2003年江西农业劳动力比重为42%，2003年江西城市化水平为34.02%，虽然按当年汇率折算的江西人均GDP小于1000美元，但如果折算为1980年不变价，则2003年江西人均GDP超过1000美元。因此，除了城市化水平稍低外，江西其他两项指标在2003均已超过工业化第一、第二阶段转折时的经济指标。综合这些因素，可以认定约2003年江西已开始进入工业化中期阶段，即工农业、城乡平等发展阶段。

2. 进入21世纪以来，江西工业化和城市化水平快速提高。20世纪90年代，江西工业年均增长速度11.3%，城市化率年均增长速度3.1%。进入21世纪以来，江西工业年均增长12.9%，明显高于20世纪90年代，江西工业增长速度和城市化进程明显加快，经济社会处于快速发展阶段。

（二）江西农业发展进入新阶段

1. 江西农业在国民经济中的份额不断降低，但农业作为国民经济和社会发展的基础作用并未改变。随着工业化的发展，江西农业在国民经济中的份额不断降低，从1978年的41.6%，下降为2003年的19.8%，降到20%以下，与此同时江西工业化水平则不断提高。

2. 农村劳动力的就业结构发生了根本性

变化。一是从 1992 年开始，农业从业人员的绝对数量开始减少，2003 年比 1991 年减少 313.5 万人；二是从 1996 年开始，农业从业人员占全社会劳动力的比重已经下降到 50%以下。这标志着江西工业化进程发展到一个新的阶段，也标志着江西二元经济结构进入一个快速变革阶段。

3. 农业全面发展，部分农产品出现了阶段性相对过剩。江西农业经过 20 多年发展，主要农产品产量大幅度增长，实现了由短缺到阶段性过剩的历史性跨越。到 1997 年江西粮食总产量达到 1767.7 万吨，比 1978 年增长 57%。之后，虽然回落，但多数年份仍在 1500 万吨以上。棉花总产量达到 13.239 万吨，比 1978 年增加 2.8 倍；油料总产量达到 105.62 万吨，比 1978 年增加 6.8 倍，水果 67.6384 万吨，比 1978 年增加 22.1 倍；肉类总产量 227.5735 万吨，比 1978 年增加 7.66 倍；水产品总产量 115.08 吨，比 1978 年增加 18.4 倍。由于主要农产品生产的全面增长，出现阶段性相对过剩，价格下跌。

二、江西城乡发展新阶段存在的主要问题

（一）农产品结构性矛盾加剧

在粮食生产和供给结构中，优质粮不足，大路货有余，产销结构不平衡的问题，仍较突出。江西种植的稻米以口感较差的杂交稻和早籼稻为主，稻米整体质量欠佳，在食用方面和加工增值方面的竞争力都较差。在水果生产结构方面，江西水果产量的绝大部分是以鲜果消费为主的柑橘、梨、西瓜等，水果的品种结构比较单一，适合不同需要的不同特色品种和不同上市期的品种相对较少，且用于加工的水果比例很低。在渔业结构方面，江西鱼产品的主要品种是传统的鲤鱼、鲢鱼、草鱼、鲫鱼、鳙鱼，受市场欢迎的名、特、稀、优品种则生产不足，没有形成规模，市场缺口较大。水产品加工程度低，以鲜食为主。

（二）农业科技与生产相脱离，技术进步慢

江西农产品的科技含量低，农业的科技支持状况与新阶段的要求极不适应。一方面，目前的农业生产技术体系是适应短缺经济的体系，在从品种培育、种子营销到大田栽培的整个系统，都是以高产为核心。以追求高产为单一目标的品种杂交培育，使作物自身的一些重要品质、品质资源丧失，直接导致农产品品质的下降，产量增加是以品质下降为代价的。这种以高产为核心的农业生产技术体系，已无法适应新阶段农业发展的优化结构、提高品质和增加收入的要求。另一方面，农业科技的总体水平不高，存在着“四多四少”，即常规技术多，重大关键技术和高新技术少；产量技术多，品质技术少；生产技术多，加工技术少；知识形态技术多，转化为现实生产力的技术少。农业科技的应用研究与生产联系不紧密，研究开发水平低，基础研究不够，科技成果有效供给不足的深层原因在于科技体制弊端。农业技术进步涉及科研、推广、生产应用三个环节，科技推广是中心环节。科技推广乏力是江西农业技术进步缓慢的主要原因。农业技术推广机制不活，推广手段落后，推广队伍素质不高，推广的后续服务不到位。

（三）农村基础设施落后，无法支撑现代农业发展

江西现有的农业水利设施大多是 20 世纪 50～60 年代修建的，大部分已年久失修，功能老化，配套不全，保障能力大大下降。全省水库中约有 1/3 带病运行，60%的排灌工程设施需要维修，许多河道淤积，防洪排涝能力减弱。进入 21 世纪以来，因水利设施老化，江西农田有效灌溉面积逐年减少，年均减少 1 万公顷。农村交通设施和人畜饮水设施落后。据不完全统计，目前需要建设的农村公路 1 万公里，500 万农村居民还未饮用上安全的饮用水。农村教育、卫生、科技推广、信息等设施建设落后，难以适应农村经济社会发展的要求。

（四）农业产业化经营组织不完善，难以适应市场经济发展

市场化的“公司＋农户”利益分配机制和

风险保障机制不健全，公司与农户之间不能真正形成关系紧密的利益共同体。公司往往实际上买断农户的产品。以农产品收购的合作经营为例，从一方面说，如果市场价格超过了公司与农户所签合同收购价，农户一般将产品在市场上自由出售，违背与公司的合约，对公司利益造成损害；从另一方面说，如果农产品供过于求，市场价格大幅度下降，农产品市场成为买方市场，这时公司从自身利益出发，对合同农户将十分挑剔，不愿以较高的合同价或保护价收购产品，损害农民利益。由于农户往往是以接受公司的条件为前提而加入合作组织的，使公司具有更大的支配地位。在市场经济条件下，任何经营实体首先是利益主体，其行为必然从自身利益出发。建立健全公司与农户之间的利益分配机制和风险保障机制，是发展农业产业化经营中一个必须解决的问题。

（五）工农关系扭曲、城乡发展失调制约了经济社会发展

为了保证从农业中获取稳定的工业化资金，从20世纪50年代后期开始，我国逐步建立了城乡分割的体制。1955年，国务院发布了《关于农村粮食统购统销的暂行规定》，实行定产、定购、定销的“三定”政策。由于各地把定产、定购的指标定得过高，再加上农业税，给农民造成巨大压力，导致大量农民流入城市。1956年和1957年，国家先后发布关于防止农村人口盲目外流的指示，规定公安机关应当严格户口管理，粮油部门不得对无城市户口的人员供给粮食，各单位不得私自招用农民工，城市政府应当将流入城市的农民遣返原籍。随着计划经济体制的确立，城乡分割的户籍制度开始与城乡分割的粮油供给制度、劳动就业制度、养老保险制度、医疗保障制度、住宅制度、婚姻制度、教育制度、财政制度、分配制度和流通制度相结合，逐步形成了城乡分割体制。尽管20世纪80年代以后农村大量劳动力流入城市打工，但这是一种体制外的、暂时的流动，不改变户籍，不享受城市福利，也不纳入城市就业管理。进入21世纪以来，江西城乡发展进入新阶段，但城乡二元结构仍未发生根本性的改变。

三、统筹江西城乡发展的指导思想、目标、标志和基本思路

（一）指导思想

以党的十六大及十六届三中、四中全会精神为指导，紧紧围绕江西省委提出的实施大开放主战略，以工业化为核心和“三个基地、一个后花园”发展战略，把“五个统筹”尤其要把统筹城乡发展放在突出位置，并作为贯彻实施科学发展观最重要的内容，进一步转变发展观念，提升发展理念，完善发展思路，促进城乡经济和社会协调发展。

（二）发展目标

近期目标是指21世纪前10年的目标。这一时期大致相当于江西工业化中期阶段。江西人均GDP增长率，2000年至2003年分别为10.23%、7.31%、11.66%、14.31%。结合工业化第二阶段人均GDP增长较快的世界工业化发展一般情况，江西在到2010年的未来6年时间里人均GDP增长9%左右是可能的，届时，江西人均GDP基本上可达2000美元(1980年不变价)，达到工业化中期阶段结束时的人均GDP标志值。根据工业化中期阶段农村与城市，农业与工业必须平等发展的要求，在21世纪头10年，江西城乡发展比较协调的关系应该是城乡平等发展，农村不应该再向城市部门提供剩余。

长期目标是逐步推进农业现代化，实现城乡一体化。

（三）发展的标志

在江西工业化中期阶段发展期间，统筹江西城乡发展的标志主要有以下五点：

1. 逐步实现城乡居民人均可支配收入的市场合理性，达到城乡市场平等；

2. 工农业增长速度比维持在2.5~2:1的区间内；

3. 保持人均GDP增长速度为9%，即GDP增速为10%左右；

4. 农业剩余劳动力转移加快。农业劳动

力份额年均下降1.7个百分点左右，到2010年农业劳动力份额下降到30%以下；

5.城市化进程加快。城市化率年均提高1.81个百分点，到2010年，江西城镇化率基本达到50%，初步实现城市化。

（四）基本思路

1.统筹城乡产业发展，加速城乡产业融合。统筹城乡产业发展，加速城乡产业融合，核心是科学进行城乡产业布局。产业布局的不平衡性，是产生城乡就业、收入、消费水平和选择机会差异的关键因素。统筹城乡产业布局，就是把城市和农村紧密地联系起来，综合考虑与研究，科学摆布城乡产业布局，合理分工，优势互补，避免产业重构和过度竞争，促进生产力在城乡地域空间上的合理分布、组合和配置，强化城乡产业支撑，实现城乡经济结构优化和产业升级。在发展方向上，城市要加快产业升级换代步伐，按照城乡统筹、合理分工的要求，将技术成熟、产品成型的劳动密集、资源密集的产业，采取技术转移、设备转移、兼并联合、设立分公司或建分厂等形式，逐步向农村转移，加快培植农村新的产业优势。小城镇要加强园区建设，为承接城市的产业转移和农村的乡镇企业的进一步发展和农业产业化龙头企业的引进提供载体和良好的条件。加大政策扶持和引导，利用市场机制，鼓励城市工商业到农村创办农产品加工企业，鼓励城市企业到农村发展二、三产业；鼓励富裕起来的农民到小城镇投资兴业。

在促进城乡产业融合的工作中，重要的是协调城乡工业发展。对技术档次低，劳动密集度大，且适宜在农村生产的产业和产品，如农产品加工业，应让位于农村工业；结合城市国有企业改革，引导上述产业向农村转移，以包、租、卖的形式向农村经营者转让；对在城市生产上述产品和兴办上述产业者，应实行比农村更高的税率及差别利率，用行政力量形成农村同类产业的比较优势，对某些特别适合在农村生产的产品，则禁止在城市生产；用税收、利率和财政贴息等政策，鼓励农村发展能多吸纳劳动力的劳动密集型产业，相应限制农村发展资金密集型的产业；政府应鼓励农民集资兴建城镇，并建立小城镇建设专项资金，让农村工业向小城镇集中，发挥城镇的聚集效应；对城市企业在转产升级中发生的困难，可设立专项贷款为升级转产企业提供优惠贷款，同时给予一定的税收优惠；城市产业转产升级要更多地利用外资，农村工业化发展更多地利用国内资金，以解决城乡工业化对资金的争夺。

2.统筹江西城乡就业，提高全社会就业水平。扩大农民就业，根本在于建立城乡统筹的社会就业体系，逐步实现城乡劳动力与就业市场的一体化，逐步做到农民变民工、变市民、变职工。首先，要改革户籍制度，形成统一的城乡劳动力市场和劳动用工管理制度。取消农业、非农业户口性质，按照实际居住地登记户口的原则，以合法固定住所、稳定生活来源为基本落户条件，建立起城乡统一的户口登记制度，为城乡劳动力合理流动创造条件。其次，要逐步取消农民进城的一切限制和障碍，对“城里人”与“乡下人”、“本地人”与“外地人”、“常住人”与“流动人口”要一视同仁，让进城农民工在工作和生活上逐步享受到与市民同等的待遇。第三，实行城乡统一的就业和求职登记制度。第四，统一城乡劳动力市场，要在所有街道（乡镇）建立公共职业介绍机构网点，在有条件的社区和行政村建立服务窗口。第五，要尽快建立健全统一的城乡劳动力培训体系，建立覆盖城乡的培训网络，不断提高农民就业择业的能力。第六，引导人才下乡，改变农村人才缺乏、文化科技卫生落后的状况。要制定激励政策，把城市文化、科技、卫生“三下乡”活动经常化、制度化；鼓励城市科技人员到农村创业发展，尤其要重点扶持科研单位或科技人员到农村建立科技推广方面的中介组织；制定鼓励政策，引导大学生到农村工作；创新机制，积极开展下乡支农志愿者活动；继续实施“帮扶工程”，有计划地组织城市各部门直接与欠发达地区的村庄挂钩，进行对口帮扶。

3. 统筹江西城乡建设，提高城市化水平。要统筹城乡规划和建设，树立城乡统一规划、统一建设的理念，把推进农村城市化进程与推进农村新社区建设结合起来，把农村的发展与建设纳入城乡一体化规划范畴，统一纳入政府宏观规划，促进城镇有序发展，农民梯度转移。一是编制城乡基础设施建设规划，构建城乡共享的环境、交通、电力、信息、教育、文化、卫生等基础设施网络体系，满足城乡居民生产生活需要。二是编制城乡用地规划，合理布局建设用地、住宅用地、农业生产用地与生态用地。要以基础设施项目为依托，优化各种资源配置，加速农村与城市对接，实现基础设施城乡共享和有效利用，形成以城带乡、城乡一体的城乡结构，促进共同繁荣。要充分发挥城乡规划综合调控作用，形成完善配套的城镇体系，使大中小城市和小城镇协调发展。三是要逐步把县以下的中小型基础设施和公用事业建设纳入政府投资的范围。国家应该彻底改革目前城乡二元的公共品供给政策，把农村公共基础设施建设以农民为主变成以国家财政为主。

4. 统筹江西城乡教育事业发展。进一步调整并完善农村义务教育的管理体制和投入机制，加大中央和省级政府对农村基础教育的投入。一是落实和完善教育管理体制，保障农村教育规范发展。建立农村教育发展县长负责制。县级政府要切实担负起对本地教育发展规划、经费安排使用、校长和教师人事等方面进行统筹管理的责任。乡镇政府要积极筹措资金，改善农村中小学办学条件。建立和完善农村中小学教职工工资保障机制，确保农村中小学校公用经费及时到位。要改革农村教育管理体系，合理配置农村教师资源，使农村教育真正成为服务“三农”的教育。二是盘活农村教育资源，促进农村教育加速发展。按照社会大教育理念和市场原则，采取多样化的形式，吸引社会资源办农村教育，优化农村教育资源的配置。三是优化农村教育结构，实现农村教育协调发展。要有效地统筹农村基础教育、职业教育和成人教育资源，以提高农民的生产技能和进城务工手段为重点，建立“三教统筹”的大教育结构。紧密联系农村实际，突出农村特色，推进农村中小学课程和教学改革；坚持以就业为导向，大力发展职业教育；坚持城乡互动，充分利用城镇的教育资源，发展农村成人教育。要进一步明确和落实以输入地政府为主搞好进城务工子女的义务教育，使城市教育切实担负起进城务工农民子女就学的责任。同时，要大力发展农村远程教育，建立城乡教育网络，使农村能充分享受城市先进的教育资源。

5. 统筹江西城乡医疗卫生事业发展。农村公共卫生是基本的公共产品，需要国家财政和地方政府预算的大力支持。要围绕形成一个符合农村实际的农村合作医疗体系，加快建立农村公共卫生保障体制，建立农村卫生专项转移支付制度，保证落后地区农村公共卫生服务的投入。一是要在城乡之间公平分配卫生资源。政府的主要职责应是强化农村公共卫生服务。要对乡卫生院重新定位，建立和完善农村卫生专项转移支付制度，增强公共财政对村级卫生室的支持。二是要以大病防治为重点，在农村建立大病、重病社会统筹机制。扶持倡导和发展农村合作医疗制度，对农民生活影响最大的是一些大病和重病的医疗费用，应当尽快纳入社会统筹，让全社会来负担，降低农民因病致贫的风险。三是要改革农村现行医疗卫生管理体制，重建村级合作医疗体系。赋予村卫生室承担卫生行政部门的预防保健职责，并给予相应的财政支持。四是要尽快将农民工纳入城镇公共卫生医疗保障体系。

6. 统筹江西城乡社会保障。完善农村社会保障制度的总体思路是：从农村实际出发，坚持城乡一体化的政策导向，坚持分阶段、逐步完善的原则，坚持地区差异原则，加大政府对农村社会保障的投入力度，优先解决农民的基本生活保障问题，建立多层次的农村社会保障体系，逐步缩小城乡社保水平的差距，最终建立城乡一体化的社会保障体系。一是加快建立农村最低生活保障制度。可以先从经济较发达地区起步，最终建立城乡一体化的最低社会保障制度。二是积极建立多层次、多类型的农村医疗保障制度。要将建立以大病统筹为主的互助合作医疗制度作为完善农村保障制度的重点，完善其他形式的农村合作医疗制度。三是要坚持家庭养老保障与社会养老保险相结合的制度，逐步提高社会化养老的程度。四是应按照农民工的实际需要，分阶段、分层次，逐步建立社会保障制度。

四、统筹江西城乡发展的抓手

（一）狠抓农村教育

一是建议由中央、省、市县三级负担农村教育投入，同时根据经济发展情况，先免除农村贫困地区义务教育阶段教育收费，再免除农村其他地区义务教育阶段教育收费。二是建立农村教育政府一把手负责制。三是狠抓农村职业教育培训。四是狠抓各种形式的农民职业和技术培训。五是加快农村教育体制改革。当前，农村教育与城市一样，基本上是应试教育，培养出来的学生难以满足城乡工农业发展对劳动者素质的要求。为此，要改革农村教育体制，该应试教育为技能教育，职业教育。

（二）着力推进农村工业化

一是建立农村工业集中区，着力推进江西农村工业化。农村工业集中区应建立在农村人口聚居中心。农村工业集中区主要发展农村非农产业。农村工业集中区主要聚集农村乡镇企业、农业产业化龙头企业、个体私营企业以及吸引的外资企业、外商企业。建议国家和省对农村工业集中区的企业要制定税收、金融等方面的优惠政策。二是大力发展乡镇企业和个私企业。要建立灵活的投融资体制，实行优惠的政策，调动农民和社会各界发展乡镇企业和个私企业的积极性，充分发掘和利用当地的资源优势，形成有特色的支柱产业和拳头产品。三是大力发展农业产业化。当前，江西要突出抓好以农产品加工业为主的农业产业化龙头企业的发展。要改善投资环境，吸引国内外大型农业产业化龙头企业到江西发展。最后，要协调城乡工业发展。

（三）着力推进城镇化

城镇化是推动农村富余劳动力转向非农产业、进入城镇的主要途径，并能通过要素聚集促进工业化的发展。一是坚持江西大中小城市和小城镇协调发展，实施区域性中心城市和中心城镇带动战略。要把区域性中心城市构筑成区域经济的核心增长极、对外竞争的主要载体和辐射带动农村经济的龙头；要提高小城镇的发展水平和质量，促进农村劳动力就地转向二、三产业，推进农村的非农化。二是调整城镇化发展方向。当前我省城市化发展要调整发展目的，由解决城市问题转向解决农村问题；调整发展思路，由先造“城”转向先造“市”；调整发展重点，由遍地开花转向以县城和中心镇为重点；调整发展策略，由单纯建设转向建设与管理并举。三是加强城镇产业发展，以产业快速发展带动城镇化快速发展。

（四）大力发展县域经济

县域经济是国民经济的重要基础，它与农业、农村、农民紧密相连，发展县域经济是统筹城乡发展的纽带和重要载体。第一，县要因地制宜，发展特色经济。县要发展产业集群，突出资源、技术优势及传统优势，形成小产品、大产业的经济发展格局。第二，加大农村基础设施建设，着力改善农村居民的生产生活条件。国家对农口投资的范畴要由投资农业向投资农村，由改善农业生产条件向改善农村生产和生活条件拓展，重点用在农村公路建设、农田水利建设、困难地区人畜饮水项目，农村医疗卫生建设以及农村信息等方面；大力推进骨干河道治理、大中型病险水库除险加固和大型灌区节水改造。各级政府要发挥财政资金的导向作用，鼓励民间资金投资农村基础设施建设。第三，发展中小企业是县域经济的重要增长点。中小企业能够解决千家万户的就业和收入，国计和民生，一定要统筹兼顾中小企业、中小城镇的发展。

五、统筹江西城乡发展的保障措施

（一）体制和政策保障

1. 推进农村土地制度改革。加快土地制度改革，首先，要明晰农民产权的各项权能并赋予其应有的法律地位。一是保持现有土地集体所有的制度框架不变，改变现存制度下所有权虚置和乡村行政机构超越土地所有权主体问题，将土地所有权真正落实到劳动群众自治组织，使土地集体所有真正变成劳动群众自己所有。二是改现在的土地集体所有制为国家所有制。国家按目前国有土地的管理方式将土地的使用权、占有权、收益权等项权能出让给农民个人，真正实现土地所有权与其他权能的分离。出让金可以农业税的形式逐年抵扣；享受农业补贴的农民可直接使用补贴款项抵扣出让金。其次，推动土地的有序顺畅流转。现有土地流转的主要障碍是农地的承包经营权不具有农地使用权的全部功能。因此，要从法律上明确承包权具有物权中的全部使用权功能，实现土地顺畅流转。最后，要改革土地征占用制度。要严格区分公益性用地和经营性用地，公益性用地要提高补偿标准，合理调整土地增值收益在国家和农民间的分配关系；经营性土地要真正引入市场机制，开展集体用地交易试点，由市场机制决定土地占用价格。探讨建立中央政府、省级政府与省以下政府的土地出让金的分成制度，并将土地出让金纳入国家及地方预算，以体现国家对土地的所有者权利，抑制地方政府的扩张冲动和对土地资源的粗放性使用。探索土地出让金按年征收的可能性，以避免地方政府的急功近利，促进地方土地资源的可持续开发和利用。建立农业用地非农化实现“土地换社保”的政策，集中农业用地转为非农用地形成的批租收益的一定比例，建立专户定向用于失地农民的社会保障。实施被征地农民社会保障，可先实行基本生活保障方式，也可实行基本生活保障与社会保险相结合的办法；少数地方有条件的，还可直接纳入城镇社保体系。

2. 加快农村税费制度改革，逐步统一城乡税制。统一城乡税制的主要对策，一是逐步建立和完善农村公共财政体制，过渡期内可在加大中央和省、设区市三级对农村财政转移支付的同时，逐步将农村公益性支出和乡镇行政管理支出列入政府预算，并逐步增加农村基础设施和公共服务设施建设投入。二是巩固和完善以县统筹为主的农村义务教育，有条件的地方逐步实行省和县（市）统筹，区别情况实行不同的统筹比例，中央逐步加大对农村义务教育的投入。

3. 完善国家和省对农业和农民的支持与保护制度。完善国家和省对农业和农民的支持与保护制度，必须进一步调整国民收入分配结构和财政支出结构，努力增加政府财政支农资金投入总量。省级政府新增财政收入要向“三农”倾斜。要逐步把农村公益事业发展和公共设施建设纳入各级财政支持范围。要按照建立公共财政体制的要求，调整财政支农资金的使用方向，转变补贴方式。充分利用 WTO 的“绿箱”政策，增加农业科研和推广、质量安全和检验检测、农产品流通设施、农民培训等方面的投入。逐步将县以下以改善农民基本生产和生活条件为重点的中小型基础设施建设纳入各级政府基建投资的范畴。要改革农业支持管理体制，改变投资多头管理的状况。重点投入以下几个方面：一是考虑建立农业收入保障体系，利用政府财政支持，推动建立符合国情的农业及农民收入保险制度和体系。逐步扩大农业保险范围，增加保险险种，对农业保险实行财政补贴和减免税政策，并对农业灾害保险立法，以降低农民经营风险，保障农民最低收入水平。二是保障农村义务教育经费。在取消农业税的同时，要保证农村基础教育工作的正常运转。三是提供结构调整援助。通过农业生产结构的优化调整，实现区域间的适度分工与协作，积极发展农业产业化，推进农业的区域化、专业化和现代化进程。四是增加对农业科研和技术推广的投入。

推进农村金融改革与创新。以促进农村金融市场的发展为目标，着重从三个方面推行农村金融体制的改革：一是搞好农村信用社改革试点工作，彻底解决农村信用社普遍存在的所有权不清晰、法人治理结构不完善、管理水平较低以及缺乏有效激励机制和内部人控制等问题。二是逐步放开利率管制，实行利率市场化，并建立有效的监管机制。三是增强农业银行为“三农”服务的功能，恢复农业发展银行的政策性功能，解除信用社沉重的包袱，增强农村信用社支农能力，建立多元化的农村金融服务体系。四是积极谨慎地促进民间金融发展和改革创新，有条件地放宽对民间金融发展的限制，促进农村金融市场发展。

4．推进乡镇基层政权组织的改革。要按照公共财政的要求框定政府职责，乡镇政府要从生产经营活动中退出。必须实行政企分开、政社分开，还权于企业，还权于社会。随着乡镇教育等方面的职能上划县里，乡镇事业所剩不多，乡镇政府职能越来越弱化，可以把撤销乡镇级政府或实行乡镇自治作为一种选择进行探索。要强化权力制约和监督，扩大乡镇民主。

5．化解乡村债务危机。

（1）挖掘乡村传统偿债方式的潜力。一是强力收欠。二是债权债务重组。三是核销划转债务。四是清理整顿利息。

（2）建立国家债务清偿机制。因体制问题导致的乡村债务，要通过国家债务清偿机制给予清偿。国家应设立乡村债务准备金，并纳入财政预算，用于清偿国家应当承担的部分乡村债务。其来源主要有三个方面：一是国家通过转移支付拿出一部分作为偿债准备金，二是属于国家商业银行的贷款，可以挂账停息，利息由国家偿债准备金支付；三是国家从农业支持保护经费中提取一定的经费充实准备金。这种筹资方式既不影响中央财政的运转，又能帮助乡村化解债务危机。

（3）建立地方政府偿债机制。地方政府也要按照中央政府的模式建立乡村偿债准备金，纳入地方财政预算。地方政府主要是指省级政府和地（市）级政府，不是指县级政府。因为负债乡村所在的县基本上是农业财政，如果让县级政府偿还，“羊毛出在羊身上”，最后还会落到乡村的头上。其收入来源主要有以下几个方面：一是从财政收入中提取一部分。二是从支农资金中提取一部分。三是从扶贫资金中开支一部分。四是从其他途径筹集一部分。

（二）技术保障

1．推进农业机械化。农业机械化的主要任务和主攻方向：一是要把主要农产品生产过程机械化和产业经营有机结合起来。二是对农业机械化进行结构性调整。要进一步发展烘干、精深加工、新鲜包装等机械设备，大力研制开发蔬菜生产、畜禽水产养殖和特种经济作物生产加工的农机，着力推进品种工程、优质饲料工程、疫病防治工程、包鲜储运工程、质量检测和卫生安全工程的农业机械化及信息服务网络现代化。三是建立与农业机械化相适应的农村经济体制。

2．促进生态建设现代化。首先要以产业化为龙头，确保农产品质量安全。其次要推进粮食等主导产业的生态建设。最后，要建立生态农业技术保障体系。必须加强生态农业技术标准和关键技术的攻关研究，逐步建立和完善生态农业的生产资料、生产基地标准、生产技术标准体系和产品标准体系，为生态农业建设和科学管理提供全方位技术支撑。

3．发展农业信息化。一是建立农业专家系统。二是建立和推广应用农业网络技术。

4．推广应用适用农业技术。一是要抓好农作物良种的示范推广工作。二是要抓好无公害农产品生产配套技术的示范推广工作。三是要抓好节约成本、增加效益的综合栽培技术的示范推广工作。四是要抓好重大病虫害控制技术的示范推广工作。五是要抓好科学施肥技术的示范推广工作。

5．完善农业科技研究开发和推广体系。

6．加快建立农产品质量标准体系。目前，江西大量的农产品处于无标生产、无标上市、无标流通的状况，不能适应市场需求多样化、产品用途专门化和产品安全的要求。因此，要加快农产品质量标准体系建设。只有建立起严格的、科学合理的质量标准，才能真正实现农产品的优质优价，也才能促进农产品质量的提高。

（三）法制保障

1. 认真贯彻落实《农业法》、《农村土地承包法》等国家法律、法规。

2. 完善农业支持立法，提升农业和农产品竞争力。江西可考虑制定农业补贴条例、农业灾害救助条例、农业投入条例等。

3. 完善农产品市场主体立法。要确立包括农业行业协会和农民专业合作经济组织和农业股份制合作企业在内的农产品市场主体的法律地位，规范这些市场主体的组织形式和经营秩序，赋予其贸易纠纷起诉主体资格。

4. 健全技术法规体系。

5. 加强农业执法工作。一是要加大执法力度，严厉惩处各种农业违法行为，建立公正、公平和诚信的农村市场经济秩序，为农业和农村经济发展创造良好的外部环境。二是在农资打假工作中，要坚持打假与扶优相结合，实施名牌战略，积极扶持和宣传优质农资产品，开展识假辨假培训，提高农民辨别真伪的能力。

（江西省发展和改革委员会）

云南省主要矿产资源及可持续发展研究报告

一、云南省主要矿产资源及开发利用状况

（一）资源储量基本情况

云南省共发现矿产142种，已查明资源储量的矿产85种，其中能源矿产2种，金属矿产38种，非金属矿产45种；已投入开发的矿产80种。

云南省保有资源储量总量居全国较前位次，共有61种矿产的保有资源储量居全国前10位，39种矿产的保有资源储量居前五位。保有资源储量列全国前3位的矿产有25种，其中列第1位的是铅、锌、锡、磷、铟、铊、镉、蓝石棉、水泥配料用砂岩等9种；第2位的有钛铁砂矿、铂族金属、锗、砷、硅灰石、霞石正长岩、硅藻土等7种，第3位的有铜、镍、锰、锑、锶、锆、银、芒硝、化肥用蛇纹石等9种；铅、锌、锡、磷的保有资源储量在全国具有绝对优势，而煤具有区域优势，同为云南的优势矿产。

（二）矿产资源产业在云南省经济中的重要地位

2003年云南省规模以上矿业企业完成工业总产值531.36亿元，占全省规模以上工业总产值1557亿元的34%，其中采选业与冶炼及加工制品业产值之比为1:9.2。全省矿业从业人员32.36万人，矿产资源产业的可持续发展关系到云南省经济社会的发展和关系到数十万人的就业。

（三）主要优势矿产资源的资源储量（截至2003年底）

1. 磷、煤、镍是云南省资源储量保证程度最高的矿种。

（1）磷：保有资源储量392618.8万吨，约占全国磷资源储量的55%，其中Ⅱ级品以上的磷矿石资源储量约占全国同类级别磷矿石资源储量的66%，已探明的资源在数量和质量上位于全国之首。全省磷矿石产量年均1000万吨左右，2004年为1218万吨。

（2）煤：保有资源储量250.16亿吨，居全国第八位。各类煤矿生产能力约4000万吨，资源开发强度低，已占用资源储量74.24亿吨，占保有资源储量的30.13%。

（3）镍：保有资源储量84.21万吨，其中

元江红土型硅酸镍矿床已开始用湿法生产工艺投入生产。

2. 云南省具有优势但仍需进一步提高保障能力的矿种是铅、锌、锡、银、钛。

（1）铅、锌：铅保有资源储量718.36万吨；锌保有资源储量2125.48万吨，均居全国第一位。2004年电解铅和电解锌产量为22.4万吨和49.6万吨。

（2）锡：资源储量原生矿106.06万吨，居全国首位，砂矿19.15万吨。锡产量占全国锡产量的50%左右，居首位，占世界锡产量的近20%。采选企业年生产能力437万吨，冶炼加工企业年生产能力7.15万吨。

3. 铁、铜、铝等大宗矿产资源省内供应不能满足需求。

（1）铁：保有资源储量35.29亿吨，居全国第六位。目前选矿技术尚不能处理的菱铁矿等矿石有14.1亿吨，占全省铁资源储量的40%，经过选矿后可用于冶炼的矿石4.53亿吨，占资源储量的12.8%，可直接入炉的矿石仅有3.1亿吨，占资源储量的8.8%。现时有效供给严重不足。

（2）铜：储量168.9万吨，保有资源储量875.21万吨。已探明的储量中，有17%左右的因品位低，地处边远山区，暂时难以利用。近期可供开发利用的还不到保有量的30%，资源保证程度较差。2003年云南省自产铜精矿含铜仅为9.9万吨，自给率约为30%。

（3）铝：储量为412万吨，资源储量4250万吨，约占全国资源储量的1.5%，铝土矿不是云南省的优势资源。全省共有电解铝产能约45万吨，目前，氧化铝全部需要从国外或省外购买。

4. 有找矿前景但需加强勘查力度的主要矿种有金、银、铂、钯、钴、锰、钨、钼、锑等。

5. 不能满足需求的矿种是石油和天然气，仅天然气有少量产出。

（四）主要矿产资源的开发利用情况及水平（截至2003年底）

全省地质勘查成果已有80%以上直接提供经济建设使用，促进了矿业支柱产业及后续相关产业的发展。共有各类矿山企业7119个，其中国有矿山企业236个，集体矿山企业1297个，私营矿山企业3865个，外资（含港、澳、台资）矿山企业12个，股份公司、股份合作及联营等其他企业1709个。开发利用的矿种有80种。全年生产矿石1.8亿吨，其中固体矿产17438万吨，液体矿产391万立方米，气体矿产（天然气）550万立方米。矿产品销售产值超过亿元的矿种有：煤、铁、锰、铜、铅、锌、锡、金、磷、盐矿、水泥及建筑用灰岩、砖瓦用粘土。实现利税最高的矿种为：煤、铅、锌、金、锡、磷、盐矿、水泥及建筑用灰岩、砖瓦用粘土。

云南省国有及国控股矿业企业的矿产资源总体开发利用水平在全国属于先进水平，锡选矿回收、火法精炼技术质量达到国际先进水平；精锡、精铜质量达到国际先进水平；锡、铜、锌、铝冶炼工艺及部分技术经济指标在全国处于领先地位，但矿产资源的总体开发利用水平与发达国家之间有很大差距。

二、云南省矿产资源开发利用中存在的主要问题

（一）矿产资源管理缺乏有效的宏观调控，没有严格执行矿产资源规划。

（二）矿业权市场体系有待进一步健全，矿产资源开发秩序需要继续整顿和规范。

（三）矿产资源开发利用粗放，浪费现象和环境污染仍较突出，矿产资源消耗较快。

（四）一些矿产资源呈现资源储量负增长，保证程度下降。

（五）一些地区一些部门，提出了超过资源承载能力和环境容量的、不切合实际的目标。

三、主要矿产资源的需求分析

（一）“十一五”期末矿产品产量需求预测

根据《云南省新型工业化重点产业发展规划纲要》的发展目标，预计到2010年煤炭产量达8800万吨；10种有色金属200万吨，其

中铜35万吨、锡6万吨、锌60万吨、铅23万吨、电解铝65万吨以上；锗28吨、铟60吨；金5万两（4687.5千克）、银268吨；钢800万吨；高浓度磷复肥500万吨，黄磷50万吨。矿业总产值预期达1000亿元左右，工业增加值350亿元左右，实现利税80～100亿元。

（二）主要矿产现有储量的保障年限研究

按2003年主要矿产的储量（只用已探明的可供建设利用的储量，而不考虑远景的资源量）和开采能力计算，主要矿种的保障年限为：

锰矿的保障程度不足5年；铜、铅、锌、镍、原生锡矿、铋、银、锑等为5年～10年；铁、钨、砂锡矿、金等为10年～15年；磷、钛等为15年～20年，富磷矿为10年；煤的保障程度最高；油、气、氧化铝全靠从省外和国外购进。

云南省矿产资源保障程度不高与资源需求量大之间的矛盾日趋突出，但是，云南省成矿地质条件优越，找矿潜力巨大，矿业基础雄厚，以丰富的矿产资源为依托的矿业具有很大的发展潜力，此外，还可充分利用“两种资源，两个市场”。因此，强化地质勘查，发现新的矿产地和增加主要矿产资源的可采储量是云南省矿业可持续发展的当务之急和重中之重。

四、主要矿产资源可持续发展战略

（一）加大重要成矿带和优势矿产的调查评价

“三江”成矿带中段、南段和滇中有色金属成矿带为云南省最重要成矿带，其次是滇东南成矿带和滇东北成矿带。将开展1:25万区域综合调查评价，1:20万区域重力和1:20万区域化探调查评价；加强重要成矿带1:5万综合地质矿产调查；开展新矿种的勘查方法试验；加强区划综合研究和大型、超大型矿床成矿预测工作。

加强金、银、铜、铅、锌、锡、锑、锰等优势矿产资源的调查评价，力争有色、贵金属矿产资源量有较大增长。

（二）多渠道筹措资金，推进商业性矿产资源勘查

1.金属矿产勘查重点地区：

（1）“三江”中段有色、贵金属矿产资源集中区（国家级），包括德钦羊拉勘查区、维西—兰坪勘查区等。

（2）“三江”南段有色、贵金属矿产资源集中区（国家级），包括澜沧江中下游、哀牢山地区，含南汀河勘查区、景谷民乐勘查区、思茅大平掌勘查区、金平—绿春勘查区、宾川小龙潭勘查区等。

（3）攀西—滇中金属矿产资源集中区（国家级），包括东川勘查区、元谋勘查区、武定新村勘查区等。

（4）滇东南有色、贵金属矿产集中区（省级），包括马关—麻栗坡勘查区、富宁勘查区、个旧勘查区、邱北腻脚勘查区和河口龙博河勘查区等。

（5）滇东北有色、贵金属矿产资源集中区（省级），包括会泽勘查区、巧家大石包—松梁勘查区、彝良勘查区等。

2.煤及煤层气勘查重点地区

滇东曲靖煤、煤层气勘查区；滇东北昭通煤勘查区；滇西双江、耿马等第三系盆地煤勘查区等。

（三）大型矿业企业集团要加大找矿投入，一是以延长矿山服务年限，稳定矿山生产为目的，在现生产系统本区及周边加强地质找矿；二是与省内外地质勘查单位合作，发现新的矿产地，营造可持续发展的基础。

（四）云南省正成为中国参与中国—东盟自由贸易区的主体和前沿，政府采取了一系列举措，支持和鼓励企业走出国门，进入东南亚矿产资源开发市场，寻找和建立矿物原料供应基地，确保资源安全。

（五）进一步改善投资环境和矿业秩序，吸引国外、省外资金和技术，加速勘查和开发矿产资源。

（六）依靠科技进步，产业升级，改造传

统矿业的装备和工艺，提高矿产资源“三率”指标和综合利用水平。

（七）加强二次资源回收利用，建立循环经济。

五、“十一五”具体目标

（一）建议投资5亿元（国家大调查资金2亿元，省安排3亿元），除继续加强“十五”期间业已立项的资源区及新发现尚未评价的大中型矿床评价、勘查力度外，重点在4个资源富集区（“三江”中—南段、滇中、滇东北和滇东南）开展战略找矿工作。预期提交资源量：铜400万吨、铅锌500万吨、银2万吨、锡10万吨；力争提交金100吨、锑10万吨。

（二）进一步完善关于“引进来、走出去”的法律、法规体系和境外风险勘查机制，力争在周边国家建立2～3个紧缺矿种资源基地。

（三）进一步挖掘和发挥优势矿产资源潜力，使短缺矿产资源有所突破并建立稳定的供给体系，基本形成矿产资源供给与矿业生产协调发展的格局。

六、矿产资源合理开发和利用的政策建议

（一）按照“五个统筹”，坚持科学发展观，走新型工业化道路，推动经济和社会全面协调可持续发展。实现全面建设小康社会和现代化目标，不能走过量消耗自然资源特别是不可再生矿产资源的老路。企业应该依靠科技进步不断解放生产力，研究和采用新技术，提高资源利用率，转变经济增长方式。

（二）宏观调控的重点：坚持科学发展观和正确的政绩观，把握投资总规模，调整和优化产业结构，坚决遏制部分行业和地区盲目投资、低水平重复建设，甚至是高水平重复建设。同时，制定切合实际的矿产资源发展规划，支持有市场、有效益的企业和项目加快发展。

矿业的宏观规模要与云南省经济社会发展需要与资源承载能力和环境容量相适应，才能实现可持续发展。对钢铁、电解铝等生产规模应该继续加强调控。改善和加强宏观调控的依据是矿业经济的总规模，即多大的规模是可以实现全面协调可持续发展的。

矿业盲目投资和低水平扩张的体制根源尚未根本消除，今后不仅需要保持矿业领域必要的投资增长，同时还要防止投资需求过度膨胀。

（三）建议由政府建立每年不低于5000万元的风险勘查基金，扶持地勘单位和矿山企业（包括民营矿山企业）对有望地段进行风险勘查，扶持方向应是紧缺的铜、铅、锌、铁、锡、富磷矿、稀贵金属等矿种。还要高度重视危机矿山接替资源找矿工作，应积极配套资金，争取国家危机矿山找矿和资源接替的专项基金。

（四）资源整合是矿业行业整合的重中之重，应坚持由政府导向，整合的主体是企业。加快矿业体制、地质勘探体制和国有矿业企业改革，努力发展具有国际竞争力的矿业集团和地质勘探集团。在矿业权管理改革中应适当提高市场准入资格，加大执法和监管力度，维护和形成良好的矿业秩序。

加快矿业体制、地质勘探体制和国有矿业企业改革，努力发展具有国际竞争力的矿业集团和勘查集团。支持和引导非公有制资本进入矿业。

（五）推进“两个市场，两种资源”战略的实施，既积极引进来，加强国内资源勘查，又大力走出去，在海外建立矿物原料供应基地。

建议政府设立东南亚勘查基金，扶持地质勘探单位及企业走出去。

建议建立面向东南亚开放的矿业权市场，加大招商引资的力度，吸引外资进入云南进行地质勘查和矿业开发。

（六）矿业的可持续发展要与县域经济的发展、边境经济的发展、城镇化和“三农”问题联系起来考虑。

（云南省主要矿产资源及可持续发展研究课题组）

关于提高宁夏粮食生产能力的思考

宁夏位于我国西北部的黄河中上游地区，按自然条件和经济发展水平分为北部引黄灌区和南部山区。北部引黄灌区是黄河河套平原的前沿基地，地势平坦、坡降适宜、引水方便，是全国大型灌区中自流灌溉条件比较优越的区域之一。千百年来在黄河水的孕育下，平原区沉积了深厚的淤灌层，形成了肥沃的土壤条件，以占全区29%的耕地生产了全区74%的粮食，是西北乃至全国重要的商品粮生产基地之一。得益于引黄灌区优越的自然条件，宁夏1984年率先在西北地区实现了粮食自给有余，结束了从外地调粮的历史。随着农业基础设施的逐步改善，粮食总产量也由20世纪90年代初的200万吨提高到目前的300万吨，人均占有量由400公斤增加到500公斤。“九五”时期宁夏农民收入的90%来源于粮食生产，“十五”以来随着农业生产结构的调整，粮食生产对农民增收的贡献虽有所下降，但仍然保持着粮食增产农民增收的势头。2004年因粮食增产全区农民人均纯收入增长13.5%，农民来源于粮食生产的人均纯收入比上年增长37.6%，粮食生产大县的农民来源于粮食生产的人均纯收入增长了40%。

宁夏是全国5个少数民族自治区之一，回族人口占总人口的1/3以上，粮食生产能力的提高，不仅促进了农民增收，还保障了民族区域稳定，也为西北地区粮食安全供应做出了应有的贡献。1998年以来宁夏年平均向外省区输出粮食50万吨左右，其中向兰州、西安、呼和浩特、阿拉善盟、鄂托克前旗等地调剂小麦5万吨左右，向新疆的乌鲁木齐、陕北的榆林和靖边、甘肃的平凉和庆阳、内蒙的阿拉善和鄂尔多斯等地调剂稻谷10万吨左右，向四川、云南、福建等地销售玉米40万吨，并供应驻宁的武警、消防、空军部队的军用粮食。

一、宁夏粮食产业发展的区位优势及市场竞争能力

（一）宁夏自然条件较好，具备生产优质无公害粮食的优势

宁夏引黄灌区太阳辐射强、日照时间长、昼夜温差大、有效积温高，工业不发达，污染源少，气候干燥，农作物病虫害轻，特别适合于发展优质、无公害粮食。主栽的小麦品种宁春4号是加工高档通用和专用面条粉的优质原料，生产的面粉面筋含量高、灰分低、粉色纯白、粉质细腻、口感滑爽，特别适合于西北地区城乡居民喜食面条的饮食习惯。近年来以“塞北雪”面粉公司为代表的大型面粉龙头企业，创出了宁夏小麦面粉品牌。“塞北雪”牌面粉通过了ISO9002国际认证，1996年至2003年间曾三次被中国绿色食品发展中心评为“绿色食品”，在中国国际农业博览会上评为“名牌产品”，中国粮食行业协会认定为“放心粮油食品”和推荐产品，由于其质量上乘，价格适中，在国内市场较受欢迎，每年有2/3的产品销往北京及周边的陕、甘、蒙、青等地。宁夏是全国的粳稻最佳生产区，生产的大米以其品质优良、口感好享有盛誉，培育的“兴唐贡米”被国家绿色食品发展中心和国家粮食行业协会确定为“绿色食品”和“放心米”，其产品主要销往陕、甘、蒙、青等周边省区，一些高档米还销往北京、厦门、杭州、南京、深圳等地；近年来针对黄河水源紧缺的问题，引黄灌区成功地推广应用了旱育稀植与节水控灌相结合的水稻栽培技术，不仅有效地解决了水稻生产中耗水量大的问题，每亩还可

增产稻谷70公斤左右。玉米由于生长季节光照充足、成熟度好、色泽鲜艳，专用淀粉玉米的淀粉含量高达75%以上，饲用玉米蛋白质含量在12%～14%，远高于东北、华北主产区7%～9%的水平，而且收获季节气候干燥、气温较高利于玉米脱水，入库含水量较低，利于贮藏和运输，有西部玉米“黄金产业带”之誉，产量占全区粮食总量的三分之一。

宁夏南部山区属雨养农业，其降水特点是“十年九旱”，但又是“十秋九不旱”，降水规律与马铃薯需水特性基本吻合；这里气候冷凉、土地面积广阔、土层深厚、含钾量丰富、土壤轻质、通气性好、海拔较高、气候冷凉、日照充足、雨热同季、昼夜温差大、生长周期长，具备马铃薯合理轮作倒茬的需求，利于预防和减轻病虫危害，生产的马铃薯淀粉、干物质积累和质量接近德国、美国等先进国家水平，是国内主要的优质马铃薯主产区之一，也是筛选培育优良品种、繁殖脱毒种薯和生产优质商品薯的理想地区之一，据中科院的专家调研分析，亩产最高可达到5吨，鲜薯及加工产品具有广阔的市场前景，尤其是精淀粉的质量和价格具有较强的市场竞争能力。同时宁南山区的气候特点特别适宜于小杂粮的生长期短、适应范围广、耐旱耐瘠等特性。在宁南山区，小杂粮既可作为填闲补种作物，又适宜于生产条件差的丘陵山地、新垦荒地和一些旱薄地种植，其生产过程中基本不施农药和化肥，是自然态的绿色食品。如盐池、彭阳的荞麦及苦荞，海原、固原的小扁豆，西吉、海原的豌豆，隆德、泾源的蚕豆等产品，果实丰满，质量上乘，富含蛋白质和维生素，营养价值高，普遍具有较高的医疗保健和食疗同源的功效，深受人民的偏爱，是调整饮食结构的主要食品，也是本地区提高土地利用率，优化粮食产量结构，促进农业增效、农民增收的优势特色传统产业。

（二）宁夏粮食生产具有高收益、低成本、低价格优势

宁夏每50公斤粳稻生产成本比全国低4.1%，每50公斤玉米生产成本比全国低23.1%，与北方春麦主产区黑龙江省相比宁夏小麦每亩净产值和纯收益分别高出98.9元和4.9元。马铃薯每公顷收益高于全国著名的马铃薯产区内蒙古300～450元，鲜薯出售价格低于国际市场90元/吨，仅相当于欧洲市场的1/3，也低于邻近的青海、甘肃40～60元/吨。马铃薯淀粉成本低于国际市场500元/吨，而且鲜薯淀粉含量提高一个百分点，经济效益增加30元。从全国的生产情况来看，小杂粮种植面积小、品种繁多，不利于机械化作业，属于劳动密集型产品，普遍存在着生产成本高的问题。而宁夏南部山区劳动力资源丰富，适于广泛种植小杂粮，同时煤炭、电力资源较充裕，小杂粮及其制品具有低成本优势。

（三）引黄灌区耕地产出水平较高，产地优势明显

宁夏引黄灌区每公顷耕地农业总产值21151元，不仅高于全国平均水平，还高于农业大省山东2041元/公顷，主要栽培作物是粳稻、春小麦和玉米。三大作物单位面积主产品产量达到6100公斤/公顷，超过了产粮大省吉林省6074公斤/公顷的单产水平。根据国家发改委价格司汇编《2003年全国农产品成本收益资料》，按2003年各省（区）平均出售价收购，再加上运输费，从吉林、黑龙江、内蒙古运到宁夏的粳稻费用分别高于宁夏产地平均出售价65元/吨、122元/吨和138元/吨，运到宁夏的玉米费用分别高于宁夏产地平均出售价格141元/吨、86元/吨和88元/吨。从产麦大省山东、河南、内蒙古运到宁夏的小麦费用分别高于宁夏产地平均出售价110元/吨、150元/吨和80元/吨。

（四）引黄灌区节水潜力大

国家分配的水资源不仅能满足农业用水需求，还能保障工业用水。黄河流经宁夏397公里，干流过境流量325亿立方米，国家每年分配的可耗用黄河水量为40亿立方米，还有可开发利用的地下水资源15亿立方米。1998年～2003年多年平均耗用黄河水量33.7亿立

方米。宁夏引黄灌区是全国大型灌区中最古老的灌区之一，距今已有2000多年的历史，干渠砌护率只有18%，存在输水、配水过程中的渗漏严重，农村水利工程产权不清、责任不明、经营管理不善等节水问题，特别是支斗渠管理粗放，灌溉方式落后，渠系有效利用系数仅为0.43，水浇地平均毛灌溉定额1034立方米/亩，单方用水生产粮食仅为0.6公斤。这种低效率的用水方式中蕴藏着巨大的节水潜力，如控灌水稻要比淹灌亩均节约水量100立方米，100万亩的水稻一年就可以减少1亿立方米的用水量。面对水资源日益紧缺、利用效率较低、节水潜力大的局面，近年来，宁夏加大了灌区节水改造力度，目前灌区节水灌溉面积已占总灌溉面积的45.2%，其中与旱育稀植栽培相结合的水稻节水控灌面积已占种植面积的50%以上。2000年~2003年累计少引黄河水量35.3亿立方米，2004年引用黄河水量比2002年减少10.2%，为发展节水型灌区奠定了基础。今后在不增加引用黄河水量的情况下，通过渠道砌护、更新建筑物、末级渠道改造、量水设施配套、沟渠清淤整治等工程措施，使渠系水利系数由目前的0.43提高到0.5，田间水利系数由目前的0.8提高到0.85以上，可节水4亿立方米；打破过去传统的大水漫灌方式，按照作物生理需水适当调节灌溉时间和灌溉水量，结合旱育稀植栽培水稻节水控灌面积达到100%，积极推行小麦小畦灌溉，提高单种玉米种植比重，并配套科学施肥技术，提高耕地保水、蓄水能力等，可节水4亿立方米；推广滴灌、喷灌、管灌等节水技术、加强供水管理及水价形成机制改革，对支斗渠量水设施进行改造，逐步实行计量到斗渠、收费到户的终端水价制度，促使农民增强节水意识，还可节约部分水资源；各项措施到位，可节约的水资源6~10亿立方米，单方水粮食生产量由目前的0.6公斤提高到1公斤，不仅为新开发的生态农林业区提供水量，还可转让2亿立方米水量供工业和城市发展。

二、“十一五”期间宁夏粮食生产能力分析

（一）耕地资源与粮食种植面积

根据宁夏统计局2004年的土地详查，扣除2000—2004年宁夏完成的退耕地造林后，2004年末全区耕地总面积为1658万亩。宁夏现有已开发的荒地资源1050万亩，“十一五”期间自治区计划开垦宜农荒地100万亩，到“十一五”末全区共有耕地1758.1万亩。按自治区《优势特色农产品区域布局发展规划》，“十一五”期间，全区蔬菜种植面积达到100万亩，按1.6的复种指数计算占用耕地65万亩；优质牧草达到1000万亩，2004年底已达到人工草地面积667万亩，还需耕地335万亩；枸杞、红枣、葡萄等优势特色林果发展100万亩，2004年底已建设50万亩，还需耕地50万亩；扣除这些优势特色产业用地后，到2010年还有耕地1300万亩，满足1330万亩的粮食种植（其中小麦480万亩、水稻100万亩、玉米350万亩、马铃薯200万亩、小杂粮210万亩）后，还剩余耕地160万亩。因此，宁夏的耕地资源能够满足粮食生产需求。

（二）粮食生产能力

目前宁夏的粮食总产基本稳定在300万吨左右。“十一五”期间，引黄灌区改造中低产田200万亩，可增产粮食30万吨。积极争取国家扶持，将引黄灌区列入国家优质粮食产业工程，通过以畦田建设为主的标准粮田建设、增施有机肥、提高新品种的供应能力、全面推广水稻旱育稀植栽培技术、适当扩大单种玉米、降低病虫害损失等措施，提高单产水平，其中小麦单产提高2%、水稻单产提高3%、玉米单产提高5%，还可增产粮食30万吨；开发建设灌区内现有的零星荒地及水利工程覆盖范围内、水源条件较好的后备土地资源100万亩，可增产粮食20万吨；按照山区人均3亩高标准旱作基本农田、1亩水浇地的规划，“十一五”期间，每年按35万亩的建设进度，南部山区建设200万亩高标准旱作基本农田，还可增产粮食12万吨；到2010年全区粮食综合生产能力有望达到392万吨。

（三）向西北缺粮省区调剂品种的能力

西北的大部分地区属半农半牧区，气候干燥，降雨量少，水资源极其匮乏，生态环境恶劣，土地荒漠化严重，粮食自给能力较低。据有关专家预测，今后随着人口的增长、城市化及经济发展步伐的加快，西北地区粮食缺口将逐年增加，2005 年西北地区粮食缺口在 765 万吨左右，2010 年在 946 万吨左右。宁夏作为西北的一部分，虽然地小人少，不是全国粮食主产区，但其铁路、公路、空运、媒体、电话、通讯网络四通八达，距离西北缺粮省区较近，独特的地理区位和资源优势，在西北区域粮食供求平衡中具有不可替代的作用。将宁夏的粮食调运到兰州的运输费只有 100 元/吨，调运到西宁的运输费仅为 150 元/吨，只是东部产粮大省运费的 1/2，区位优势十分明显。通过提高农业综合生产能力建设，“十一五”末，宁夏按 390 万吨的生产能力、350 万吨的粮食总产量、630 万人的总人口、400 公斤的人均消费量计算，2010 年满足宁夏城乡居民 252 万吨的粮食需求量后，还有近 100 万吨的粮食可向西北缺粮地区进行品种调剂。

三、提高宁夏粮食综合生产能力的政策措施

（一）抓住国家支持粮食产业发展的有利时机，把引黄灌区建成国家重要的商品粮基地

一是充分利用国家农业综合开发项目资金，加大引黄灌区以盐渍化为主的中低产田改造力度。引黄灌区现有灌溉耕地 620 万亩，长期以来由于黄河沿岸和灌区稍段排水困难、部分干支渠渠道侧渗严重等，灌区北部农田地下水位较高，土壤盐渍化已成为制约引黄灌区农业生产的主要因素，灌区现有中低产田 420 万亩，占灌溉总面积的 68%。1998 年以来，在国家的大力支持下，宁夏积极探索盐渍化中低产田改造的经验和方法，取得了初步成效，目前利用国家农业综合开发项目资金已改造中低产田 200 多万亩。“十一五”期间，进一步发挥国家农业综合开发项目投资效益，加大明沟、竖井、暗管等有效的骨干排水体系建设力度，加强渠道防渗衬砌，减少渠道渗漏危害，同时充分利用灌区现有的 4000 眼机井，实行灌排结合、以灌代排、井抽沟排等沟渠井站联合调控方式，合理开发利用浅层地下水，在减少引用黄河灌溉水量的同时，降低地下水位，力争改造中低产田 200 万亩，其中 2005 年～2007 年改造 100 万亩，2007 年～2010 年再改造 100 万亩。

二是加大灌区宜农荒地开发建设力度。宁夏引黄灌区及周边低扬程地区现有宜农荒地 110 万亩。紧紧抓住国家继续搞好大中型农田水利基础设施建设、不断加大对小型农田水利基础设施建设投入力度的有利时机，设立省级小型农田水利设施建设补助专项资金，支持农户投工投劳开展小型农田水利设施建设，开发建设灌区及周边低扬程地区的宜农荒地资源，到 2010 年开发建设灌溉耕地 100 万亩，其中 2005 年～2007 年完成 50 万亩，2007 年～2010 年完成 50 万亩。

三是大力实施引黄灌区优质粮食产业工程。抓住国家正在实施优质粮食产业工程的有利时机，在做好项目前期工作，积极争取国家扶持的同时，多方整合资金，加大引黄灌区畦田建设力度，推行秸秆还田、绿肥种植、过腹还田、增施有机肥、测土施肥等提高土壤有机质含量，建设标准粮田 400 万亩，发展优质粮食产业基地。同时采取强化优质专用粮食品种良种育繁体系建设，提高良种扩繁供应能力和更新换代能力；完善重大病虫害灾情监测预警系统，提高综合防控能力和应急救灾能力；推进现代农机装备，提高灌区粮食生产的机械化水平，降低生产成本；扶持壮大粮食加工企业，提高粮食加工转化能力和市场竞争能力等一系列措施，尽快解决好粮食产业中资金投入少、机械化作业水平低、良种供应能力不足、适合于加工增值的优质专用粮食种植规模小、加工增值率低、种粮农民增产不增收等突出问题，把引黄灌区建成国家重要的商品粮基地。

四是积极推行粮食补贴政策。建立稳定的粮食补贴制度，每年安排专项资金在对引黄灌

区种粮农民进行直接补贴的同时，重点对优质水稻、专用玉米进行良种补贴，并实行春耕化肥补贴和农机具购置补贴，全部免征农业税及附加，保护和提高种粮农民积极性。

（二）大力扶持南部山区马铃薯和小杂粮产业基地建设

马铃薯是宁夏的四大粮食作物之一，也是宁夏南部山区传统优势产业。针对目前产业发展中存在的品种退化严重、优质专用品种覆盖率低、综合高产技术配套应用不足、生产经营粗放等问题。根据不同用途、不同加工方法，采用引种、常规育种、生物技术等方法，选育适合本地种植的不同类型品种，特别是适合各种深加工的专用型品种，继续采取政府采购，一步到位的“三位一体”法（即政府 + 脱毒中心 + 农户）和“四位一体”即（政府 + 龙头企业 + 脱毒中心 + 农户）运行模式，统一规划，统一技术操作规程，统一管理，统一销售，促进马铃薯生产基地向脱毒化、专用化方向发展。同时根据生产中存在的问题，组织科技人员进行技术攻关，集成和组装优质高效、低成本生产技术，加强栽培技术规程和脱毒种薯生产标准的宣传培训和推广应用，改变传统的、粗放的耕作方式，培育壮大马铃薯产业基地。

随着我国小杂粮加工技术的发展和加工品种增多，市场需求量逐年增加，出口创汇和外销量不断上升，国家已将小杂粮作为贫困地区调整农业结构和提高农产品在国际市场竞争力的主要产业进行投资扶持。要抓住机遇，挖掘小杂粮在宁南山区农业生产中发展潜力，尽快解决生产规模小、基地分散，产品、品种单一等问题，扩大宁南山区优质小杂粮基地建设规模，逐步引导小杂粮生产向优质、高效、高附加值、高科技含量的方向发展，使小杂粮成为宁南山区农民增收的重要产业之一。

（三）推进粮食产业化经营，提高粮食产业的整体效益

粮食产业化经营是有效保护和提高粮食综合生产能力和粮食产业市场竞争力，实现种粮农民增收的重要途径。要把粮食综合生产能力的建设与粮食产业化发展结合起来，进一步加快现有国有粮食加工企业改革的步伐，切实转变企业经营机制，发挥国有粮食购销企业在农村的经营网点、仓场设施等方面的传统优势，利用国有粮食购销企业和国有粮食加工企业内在的“亲缘”关系，强化产前、产中、产后等粮食生产领域的服务，带动粮食产业化经营。利用国家发展现代农业、扶持农产品深加工产业的优惠政策和扶持资金，尽快培育壮大技术含量高、市场前景好、产品竞争力强的民营粮食加工企业，扶持农民经济合作组织和多元化中介组织，按照市场化、企业化、多元化、系列化的动作模式，为农民提供生产资料、粮食储存、加工、运输、销售、市场信息等服务，以规范的“订单农业”，促进粮食产业化经营。同时进一步转变政府部门职能，与粮食加工、销售等相关部门形成合力，切实做好指导、服务、监督、协调工作，积极营造粮食产业化发展的环境，保证粮食产业化经营的稳步发展。

（四）高度重视农业科技进步，提高粮食生产的科技含量和竞争力

科技进步是提高粮食综合生产能力的必由之路，以优质高产粮食新品种的选育为重点，大力开展科研攻关，并加强农业科技服务体系建设，粮食发展的科技创新和应用能力。抓住国家实施“阳光工程”的有利时机，加大农民技术培训力度，重点抓好良种繁育、良法栽培和防灾减灾等科技推广力度。通过政府组织推动，科研、教学、推广机构带动，农业企业和中介服务组织拉动，专家、技术人员与农民互动等多种形式，实施科技入户工程，加快科技成果转化，提高粮食生产的科技含量和竞争力。引黄灌区重点推广旱育稀植与节水控灌相结合的优质水稻栽培技术和高淀粉、高蛋白优质玉米栽培技术及符合加工专用需求的优质小麦栽培技术，提高粮食单产和品质。南部山区重点推广旱地冬小麦膜侧、半水浇地地膜玉米、脱毒专用马铃薯、优质小杂粮栽培技术，提高基本农田的粮食产出能力和粮食生产的抗灾减灾能力。

新疆维吾尔自治区成立50周年经济建设辉煌成就

新中国成立前，半封建、半殖民地的社会制度及落后的生产方式，严重地阻碍了新疆经济社会发展进程，经济发展落后，生产水平低下，几乎没有现代工业，处在单一、封闭的自然经济状态。1949年新疆和平解放，开创了历史的新纪元。1955年10月1日，新疆维吾尔自治区成立，掀开了新疆历史发展的新篇章。自治区成立50年来，尤其是改革开放以来，在党中央、国务院的亲切关怀和全国人民的大力支持下，自治区党委、人民政府带领新疆各族人民，团结奋斗，锐意进取，抢抓机遇，加快建设步伐，积极推进改革开放，大力发展各项社会事业，经济建设和各项社会事业取得了辉煌成就，新疆的面貌发生了翻天覆地的变化，呈现出政治稳定、经济繁荣、民族团结、人民安居乐业的大好局面。

一、国民经济快速增长，综合经济实力显著增强

2000年，新疆实现GDP 1364亿元，人均GDP 7377元，实现了GDP比1980年翻三番、人均GDP翻两番半的目标，总体上实现了由温饱向小康的历史性跨越。进入21世纪，自治区紧紧抓住西部大开发的历史机遇，积极实施优势资源转换战略，大力加强基础设施建设，加快了新疆经济社会的发展。2004年全区GDP 2200亿元，比1955年增长41.4倍，比1978年增长11.5倍，人均GDP由1955年的241元增加到11199元。财政日益发展壮大，2004年完成地方财政一般预算收入191.3亿元，比1955年增长110倍，比1978年增长26倍。

农业综合生产能力大幅提高，农村经济全面发展。2004年农业增加值444.7亿元，比1955年增长14.3倍，比1978年增长6.1倍。现代工业从无到有，经过50年的努力，新疆已形成了以石油开采、石油化工为主导，包括钢铁、有色金属、煤炭、建材、纺织、食品、电力、化工等门类比较齐全的具有特色的现代工业体系。2004年工业增加值745亿元，比1955年增长84倍，年均增长9.5%；比1978年增长10.3倍，年均增长9.8%。第三产业发展迅速。2004年第三产业增加值745.38亿元，比1955年增长86.5倍，比1978年增长26.4倍。其中1978年～2004年年均增长13%。三大产业的比例日趋合理，一、二、三次产业在GDP中的比重由1955年的54.4:26.1:19.5调整为2004年的20.2:45.9:33.9，产业结构层次逐步由低级向高级迈进，实现了由单一农牧业经济向初步工业化的历史跨越，已形成了以农业为基础，以工业为主导的国民经济体系。

二、实施优势资源转换战略，资源开发利用成效显著

农业资源开发取得巨大成就。50年来，自治区始终把发展农业和农村经济放在经济工作的首位，通过政策支持、资金投入和科技推广，加快水土开发和特色农产品基地建设，加大农业结构调整力度，形成了具有新疆特色的农业产业体系。粮食总产量由1955年的147万吨增加到2004年的828.53万吨，增长4.6倍，从1983年开始结束了吃调进粮的历史，粮食自给有余。

棉花总产量由1955年的2.51万吨增加到

2004年的175.25万吨，增长68.8倍，比1978年增长30.9倍，成为农民增收的第一大产业。新疆棉花在总产、单产、品质、商品量、调出量和人均占有量上已连续11年位居全国首位，已成为全国最大的商品棉生产基地。

大力发展畜牧业，加快传统畜牧业向现代畜牧业转变，进行了水、草、林配套的大面积草原建设和水、草、林、田、路、牧民定居点配套的畜产品基地建设，现代畜牧业稳步发展。2004年末牲畜存栏头数达到5206.37万头（只），比1955年增长12倍。主要畜产品产量大幅增加，肉类总产量由1955年的6.7万吨增加到2004年的128.13万吨，增长18倍；牛奶产量由1978年的4.5万吨增加到2004年的133.32万吨，增长28.6倍。

以环塔里木盆地为重要基地的林果业快速发展，总面积已达1004万亩，形成了特色优质林果产品产业带，带动了农民增收。水果产量由1955年的12.33万吨，增加到2004年的264.2万吨，增长20.4倍。

利用丰富的农产品资源，大力发展农副产品深加工业，独具特色的纺织、绿色食品加工业迅速崛起，有些产品已在国内外市场上具有较强竞争力。纱产量由1955年的0.37万吨增加到2004年的29.14万吨，增长77.8倍；糖产量由1959年的0.09万吨增加到2004年的37.26万吨，增长413倍；番茄酱的生产能力占到全国的90%以上，形成了亚洲最大的番茄生产、加工基地，使我国成为继美国、意大利之后的世界第三大番茄制品生产国。农业产业化进程加快，带动能力进一步增强。2004年新疆农业产业化企业已有762家，自治区级重点龙头企业突破100家，其中国家级龙头企业24家，龙头企业带动农户占全区农户总数的60%，产业化基地种植面积约占耕地面积的55%。全区农民专业合作经济组织1465个，会员人数达到13万人左右。

石油天然气资源勘探、开发、利用硕果累累。国家和新疆十分重视新疆石油、天然气资源的开发。20世纪50～70年代，主要对准噶尔盆地西北缘和塔里木盆地西南缘进行了石油勘探开发，建成了西北第一大油田——克拉玛依油田。从20世纪80年代中期开始，国家实施“稳定东部、发展西部”的石油开发战略，石油天然气的勘探开发在准噶尔盆地、塔里木盆地和吐鲁番—哈密盆地全面展开并取得重大突破，石油、石化工业增加值占全区工业增加值的66%左右，已成为自治区重要的主导产业。原油产量由1955年的3.29万吨增加到2004年的2253.02万吨，增长了684倍，1990年～2004年，新疆原油产量平均每年增加100万吨以上，原油增长量已连续15年位居全国第一。天然气产量由1955年的88万立方米增加到2004年的57.48亿立方米，增长了6531倍。石油和天然气产量分别居全国第三位和第二位，已形成了准噶尔盆地、塔里木盆地和吐哈盆地三大石油天然气生产基地，成为国家重要的能源生产基地。石油化工得到较快发展，相继建成了克拉玛依石化、独山子石化、乌鲁木齐石化等一批大中型石油化工项目，初步形成了克拉玛依、独山子、乌鲁木齐、库尔勒、泽普等不同规模、各具特色的石油化工基地。截至2004年底，自治区原油加工能力达到2000万吨，乙烯生产能力22万吨，聚酯生产能力11万吨，聚乙烯14万吨。已初步建立起具有炼油、化肥、塑料、化纤等综合生产能力的原油加工和石油化工体系，可生产汽油、煤油、柴油、润滑油、沥青、焦炭、化纤等约200种石油化工产品，已成为我国西部重要的石油及石油化学工业基地。

煤炭资源的勘探、开发得到重视。自治区成立以来，逐步加快了煤炭资源开发步伐，煤炭工业不断壮大。建成了乌鲁木齐、哈密三道岭、艾维尔沟三大煤炭生产基地和克州康苏、拜城铁力克、库车俄霍布拉克、塔城铁厂沟等一批中小型矿区。原煤产量由1955年的64.55万吨增加到2004年的3749.4万吨，增长了57倍。近几年来，积极推进煤电、煤化工基地建设，哈密煤电基地已开工建设，新疆电网与西北电网联网工程前期工作取得积极进展，为实现“西电东送”奠定了基础。

金属矿产资源勘探开发规模不断扩大。在加强矿产资源勘探的基础上，相继建成了新疆八一钢铁厂、喀拉通克铜镍矿、阿舍勒铜矿、阿西金矿等一大批重点项目，钢铁、贵金属、有色金属矿产资源开发已初具规模。钢产量由1955年的7700吨增加到2004年的249.13万吨，增长了322.5倍。铜、铝、黄金生产从无到有，也达到了一定水平。

旅游业蓬勃发展。1978年以来，随着经济发展和对外开放的扩大以及交通通信等基础设施的改善，新疆旅游资源开发逐步加快，名牌精品逐渐形成。2004年全区已开发利用的景区（点）468处，被评为国家A级景区的63个，其中4A级景区3个，3A级景区18个，2A级景区29个，1A级景区13个。形成了以丝绸之路为主线、以“五区三线”为重点的旅游发展格局。“五区”即以喀纳斯湖为重点的生态旅游区，以天池和博斯腾湖为重点的风景旅游区，以吐鲁番、库车为重点的古文化遗址旅游区，以喀什为重点的民俗风情旅游区和以伊犁为重点的塞外江南旅游区。“三线”即以乌鲁木齐为中心，辐射南、北疆及东疆的南线、北线、中线三条旅游线路。阜康天池、布尔津喀纳斯、吐鲁番葡萄沟、乌鲁木齐南山、和硕金沙滩等已成为国内外影响较大的名牌旅游景点。吐鲁番市、库尔勒市、乌鲁木齐市、喀什市、克拉玛依市、哈密市相继跨入全国优秀旅游城市行列。新疆接待入境游客由1978年的88人次增加到2004年的31.69万人次；旅游外汇收入由4.6万美元增加到9100万美元，增长1977倍。2004年旅游总收入达到116.5亿元人民币。1978年以来，新疆已累计接待海外旅游者310万人次，接待国内游客7550万人次，旅游总收入接近570亿元人民币。旅游业的快速发展，带动了相关产业的发展，促进了就业。新疆已有旅行社322家，其中国际旅行社39家；旅游星级宾馆饭店273家，其中五星级7家，四星级15家；旅游股份有限公司4家。旅游直接从业人员近15万人，间接从业人员达60多万人，各类语种的翻译导游6300多人。

三、基础设施建设成就斐然，对经济发展的支撑能力大大提高

新疆维吾尔自治区成立以前，水利设施很少，公路通车里程短、路况差，没有一寸铁路，没有正规的发电厂，基础设施十分薄弱。自治区成立后，特别是党的十一届三中全会以来，自治区始终把基础设施建设作为经济建设的重点，在国家的大力支持下，进行了大规模的投资建设，1955年～2004年，新疆全社会固定资产投资累计完成7991亿元，建成投产了一批对新疆经济发展有重大影响的项目，累计建成投产项目9万多个，形成了一大批新的生产能力，对拉动经济增长发挥了重要作用。近10年来，尤其是西部大开发以来，新疆在基础设施建设方面规模之大、范围之广前所未有。1995年～2004年（10年）累计完成全社会投资6515亿元，是1955年～1994年（40年）的3.4倍，其中西部大开发以来（2000年～2004年），累计完成投资4293亿元，超过前45年的总和。年均增长17.4%。一大批水利、电力、交通等对新疆经济发展有重大影响的基础设施和基础产业项目开工建设或建成使用，极大改善了基础设施条件，为今后新疆大开发、大发展奠定了坚实的基础。

水利建设成就显著。自治区党委、人民政府始终把水利建设摆在基础建设的首位，坚持开源与节流相结合，以节水为核心，大规模地兴建水利工程，拓展了绿洲面积，创建了新疆有史以来最辉煌的水利建设成绩。相继建成了塔里木农业灌排和环保一期工程、乌鲁瓦提水利枢纽、哈密榆树沟水库、阿克苏协和拉水库、伊犁特克斯山口水利枢纽等一批重点水利工程，50年来，修建大小水库487座，水库总库容达到78亿立方米，有效灌溉面积达到310.7万公顷，极大地改善了农业生产条件，有力地促进了农业资源的开发和经济发展。目前，新疆正在大力推广节水灌溉，节水灌溉面积已达到129万公顷，对缓解全区缺水问题和确保国民经济持续发展具有深远意义。

交通建设取得突破性进展。公路建设逐步推进，先后续建、新建了国道 312、314、217、216 线新疆境内段及 68 条省道和一批县乡公路。建成沙漠公路、吐—乌—大高等级公路、乌—奎高速公路，结束了区内没有高速公路的历史。到 2004 年底，新疆公路通车里程已达 8.68 万公里，分别比 1955 年和 1978 年增长 8.8 倍和 2.6 倍。其中高速公路 431 公里，一级公路 352 公里，二级公路 6000 多公里。新疆 15 个地州市和所有县（市）全部通柏油路，99.6% 的乡镇和 90% 以上的行政村通了公路。现已基本形成了以乌鲁木齐为中心，以国道干线为主骨架，环绕准噶尔盆地、塔里木盆地，穿越古尔班通古特沙漠、塔克拉玛干沙漠，横贯天山，连接南北疆，辐射地、州、市、县、乡镇和主要工矿区、经济开发区、农牧团场、开放口岸，东联甘肃、青海，南接西藏，西出中亚、西亚各国，四通八达的干支线公路运输网络。

铁路运输从无到有，不断发展。1962 年兰新铁路铺轨到乌鲁木齐，建起了沟通新疆与内地的钢铁大动脉，结束了新疆没有铁路的历史。“六五”期间建成了全长 475 公里的南疆铁路吐鲁番—库尔勒西段，结束了南疆没有铁路运输的历史。“七五”期间兰新铁路向西延伸到阿拉山口，架通了亚欧第二座大陆桥。“八五”期间完成了兰新铁路复线建设。“九五”期间完成了南疆铁路西延至喀什工程建设。“十五”期间，新疆第一条电气化铁路——精伊霍铁路开工建设。2004 年，铁路营运里程已达 2999 公里以上，构成横贯东西、连接南北疆、衔接内地、沟通亚欧的铁路运输干线。

民航建设取得长足进展。先后完成了乌鲁木齐、喀什、阿勒泰、克拉玛依、伊宁和塔城等 12 个机场与 1 个全天候备降机场的建设与改造，开工新建那拉提、喀纳斯支线机场，改造、完善了通信、导航、服务设施，扩大、更新了民航机队，民航运力迅速增加。2004 年航线里程已达 11.18 万公里，运送旅客 516.4 万人次，货邮运输量 8.6 万吨。随着新疆航空运输市场的进一步开放，20 余家航空公司开辟至新疆航线，形成了以乌鲁木齐为中心，连接国内外 65 个大中城市和区内 12 个地、州、市的空运网，新疆已成为我国拥有航站最多、航线最长的省区。

管道运输逐步延伸。为适应石油、天然气的开发利用，加强了石油、天然气管道建设，1958 年建成了当时全国最长的克拉玛依—独山子原油输送管道，之后又相继建设了克拉玛依—独山子管道复线、克拉玛依—乌鲁木齐（双线）、轮南—库尔勒、鄯善—乌鲁木齐等输油和输气管道，管道运输里程 3003 公里，是全国管道运输里程最长的省区。2004 年建成投产了目前中国距离最长、投资最多、运输量最大的“西气东输”管道工程，全长 4000 公里，年输气量 120 亿立方米，目前，中哈原油管道、乌鲁木齐—兰州成品油管道、鄯善—兰州原油管道已开工建设，为建设国家重要的能源安全大通道奠定了基础。

电力工业迅速发展。解放后，陆续建设了苇湖梁发电厂、乌拉泊水电站、红雁池电厂、红山嘴水电站、克拉玛依电厂等，填补了新疆电力工业的空白。尤其是改革开放以来，以电源建设和扩大电网覆盖面为重点，建成了玛纳斯二电厂、红雁池第二发电厂、伊犁火电厂、哈密二电厂、达坂城风力发电场等一批骨干电厂，全区发电设备装机容量由 1955 年的 2.32 万千瓦扩大到 2004 年的 552 万千瓦，增长 237 倍。发电量由 1955 年的 0.55 亿千瓦小时增加到 2004 年 266.3 亿千瓦时，增长 483 倍。建成了以乌鲁木齐为中心，东至哈密地区，西至克拉玛依市，南至库车县，北到吉木萨尔县的 220 千伏主力电网，和田、伊犁、阿勒泰等地州 110 千伏区域电网的覆盖范围和可靠性在不断扩大和提高，已基本满足了经济发展和人民生活的需要。近年来，实施了全疆电网联网和农村电网建设与改造工程，农牧区通电覆盖面不断扩大。

邮电通信建设突飞猛进。邮电通信业从上世纪70年代末以来，实行了高起点规模经营，大量采取高新技术，在很短时期内，邮电通信能力迅速增加，实现了超常规、跨越式发展。先后建成了覆盖全疆的光缆干线，完成了亚欧光缆新疆段，初步形成了程控交换、光纤通信、数字微波、卫星通信、移动通信等完整的现代化通讯体系。目前，新疆所有的乡镇都已开通电话并进入长途自动网，70%的行政村通了电话，GSM网、CDMA网覆盖了所有市县和95%以上的乡镇团场。2004年完成邮电业务总量153.18亿元，比1955年和1978年分别增长1316倍和322倍。全区邮路总长12.4万公里，比1955年和1978年分别增长6.9倍和1.5倍。固定电话普及率由1989年的每百人0.54部上升到2004年的26.3部，移动电话普及率达到每百人24.9部，固定电话普及率、移动电话普及率均居西部之首。电信宽带ADSL业务快速发展，“网络快车”等业务逐步走进千家万户。

四、积极发展外向型经济，对外开放水平不断提高

改革开放以来，依托独特的资源优势和向西开放的地缘优势，大力实施“全方位开放，向西倾斜，外引内联，东联西出”的对外开放战略，努力扩大外贸出口，积极有效地利用外资，加强横向经济联合与协作，对外开放程度大大提高。初步形成了内容丰富、形式多样的对外开放格局，对促进经济和社会发展发挥着日益重要的作用。

对外贸易取得突破性进展。改革开放以来，新疆努力营造“大通关”环境，加大口岸建设力度，开辟了17个一类口岸，11个二类口岸，口岸过货能力明显增强，进出口总额由1955年的5100万美元增加到2004年的56.36亿美元，增长110倍，其中出口总额由2000万美元增加到30.47亿美元，增长154倍。边境贸易得到长足发展，是继黑龙江省之后我国第二大边境贸易区，成为我国向西开放的重要大通道和桥头堡。加大国际市场开拓力度，大力实施“走出去”战略，已与135个国家和地区建立了经贸关系，拥有国家级开发区3个，省级开发区、边境经济技术合作区10个，西部国际商贸中心建设初见成效，外贸市场多元化格局初步形成。自1992年以来，新疆连续成功举办了13届“乌鲁木齐对外经济贸易洽谈会”，签订了大批外贸和外资合同，对外贸易成交总额207.3亿美元，国内贸易和经济技术合作成交额2336.44亿元。“乌洽会”已成为中国西部及周边国家颇具影响的经贸盛会，正由区域性经贸洽谈会向国际博览会的目标迈进。

利用外资取得实效。新疆利用外资工作经历了20世纪80年代的开拓和探索阶段之后，20世纪90年代进入稳步发展阶段，特别是进入新世纪以来，自治区抓住国家西部大开发机遇，把招商引资作为加快经济发展的突破口，努力改善投资环境，扩大利用外资领域和市场准入，简化利用外资审批程序，积极引导外资参与交通、能源、农副产品加工等项目建设，取得丰硕成果。1978年以来累计利用外资31.46亿美元，外商直接投资5.68亿美元，建设了吐—乌—大高等级公路、奎—赛高等级公路、塔里木农业灌排及环保工程、达坂城风力发电厂、南北疆光缆工程、新疆光明工程等一批项目，建成新疆天山毛纺织股份有限公司、新疆溢达纺织有限公司、新疆新捷股份有限公司等一批企业，还引进了大量的先进技术、设备和管理经验，取得了良好的经济和社会效益。到2004年底，共批准外商投资企业1363家。

对内开放步伐加快。开展了多层次、多领域、多形式的国内横向经济联合，与兄弟省区市的经济技术交流日益活跃。2004年引进区外资金321.74亿元，比2000年增长4.5倍。

五、经济体制改革不断深化，社会主义市场经济体制初步建立

十一届三中全会以来，按照国家的统一部署，在新疆维吾尔自治区党委、人民政府的正确领导下，进行了农村、国有企业、非公有制经济、财税、投资、金融、流通等方面改革，初步构筑了适应社会主义市场经济要求的新的经济体制框架。

推进国有企业改革。国有经济结构和布局趋于合理，国有资本逐步退出一般竞争性领域，向石油石化、电力、钢铁等优势行业、优势企业集中，一批劣势企业退出国有序列，消除了一批亏损源；加快建立和完善现代企业制度和公司制改革，地方国有大中型企业初步完成了公司制改革，大中型企业主辅分离、辅业改制工作扎实推进；加大中小企业放开搞活力度，国有中小企业基本完成改制。为推进国有资产管理体制改革，完善国有资产监督管理体系，确保国有资产保值增殖，2004 年成立了新疆国资委。推进国有企业股份制改造，进一步完善公司法人治理结构，改革和完善了国有企业经营管理人才选拔和任用方式。

社会保障制度改革取得较大进展。新疆统一的社会保障信息网络系统建设已经启动，一个保障制度规范化、资金渠道多元化、管理服务社会化、独立于企业事业单位之外的社会保障体系正在逐步形成。基本养老保险、失业保险、医疗保险覆盖面进一步扩大，工伤和生育保险全面启动。到 2004 年底，全区已有 173.76 万人参加了基本养老保险，有 195.97 万城镇职工参加了基本医疗保险，138.58 万职工参加了失业保险，城镇居民最低生活保障人数达到 58.84 万人，基本实现应保尽保，养老金的社会发放率达到 90%以上。

市场配置资源的基础性作用日益明显，国民经济的市场化程度进一步提高。适应社会主义市场经济的要求，加大价格改革力度，大幅度减少政府定价目录，目前，在社会商品零售环节，市场调节价的比重已超过 95%。企业上市融资规模迅速扩大，新疆共有上市公司 27 家，上市公司总市值 403.21 亿元，累计募集资金 107.43 亿元。劳动力市场体系和就业服务网络初步形成。加大所有制结构调整力度，所有制结构多样性的格局已经初步形成。改革开放 20 多年来，新疆非公有制经济如雨后春笋般蓬勃兴起，打破了国有经济一统天下的局面，形成了多种经济形式并存的所有制新格局，在促进地方经济发展、繁荣城乡市场、扩大就业渠道、增加财政收入等方面发挥了积极作用，做出了重要贡献。1997 年～2004 年是自治区历史上非公有制经济发展速度最快、成效最为显著的时期。2004 年非公有经济的总户数达到 51 万户，从业人员达到 132 万人，注册资金达 808.3 亿元，创造的 GDP 约占全区的 21.8%。全区私营企业 4.3 万户，注册资金 643.2 亿元，从业人员 57.25 万人；个体工商户 46.66 万户，注册资金 86.84 亿元，从业人员 74.12 万人。

政府机构改革进展顺利，职能有了积极转变。政府调控突出了宏观性、战略性、政策性，强调重要的预期指标，逐步减少了对微观经济的直接管理。重视运用计划、财政、税收、价格等经济手段以及政策、法律手段调节经济运行，政府管理经济的方式已由直接调控逐步转变为以经济和法律手段为主的间接调控。

六、生态环境显著改善，可持续发展能力继续增强

新疆维吾尔自治区成立以来，特别是改革开放和实施西部大开发战略以来，按照国家“再造一个山川秀美的西部”的总体构想，坚持“保护与建设并举”，全面推进生态建设和环境保护。从 1996 年开始，先后启动了天山、阿尔泰山天然林保护和平原绿化、保护荒漠植被三大生态建设工程。停止了对天山、阿尔泰山天然林的采伐，对平原河谷林和荒漠林采取了封育禁伐措施。塔里木河流域综合治理项目全面展开，累计完成投资 44.3 亿元，已成功向下游进行调水，流域内天然荒漠林和荒漠植被开始得到恢复，初步发挥了改善流域生态、保护下游绿色走廊的作用。半个世纪以来，新疆绿洲面积由解放初期的 1.3 万平方公里扩展到 7.07 万平方公里，耕地面积由 1800 万亩增加到 6000 多万亩，森林覆盖率由 1978 年的 1.03%提高到 2004 年的 2.94%，绿洲森林覆盖率已达到14.95%。新疆有12个地州、81个县市实现了农田林网化，45个县市实现了平原绿化，新疆93%的农田得到了林网的有效保护，绿洲内部生态趋于稳定，绿洲外围生态治理步伐加快，荒漠化程度趋于减缓。已建自然保护区26个，其中国家级自然保护区7个，自然保护区总面积20.42万平方公里，占全区国土面积的12.3%。建成森林公园45个，国家级生态示范区8个。

七、各项社会事业蓬勃发展，人民生活水平明显提高

大力实施“科技兴新”战略，实施了863计划、高技术产业化计划、星火计划、火炬计划等主要科技攻关计划，形成了一支多学科、多层次、有一定科研攻关能力的科技队伍，取得了一批有价值的科研成果。新疆维吾尔自治区成立以来，累计获得国家级重大科技成果10项，自治区级重大科技成果8044项，其中获国家级奖励2013项。2004年，新疆拥有科学研究与技术开发机构249个，从事科技活动人员2.51万人，其中科学家和工程师1.66万人。拥有国家和自治区重点实验室11个，自治区级工程技术研究中心11个，生产力促进中心8个。科技成果转化加快，具有新疆特色和优势的高新技术产业得到较快发展。众和公司的精铝已经占有全国82%的市场，具有国际先进技术的高压电极箔在我区已投入生产，成为全国该产品领域惟一的生产企业。特变电工生产的超高压变压器在技术含量和生产规模上都处于国际领先水平。在牛羊育种研究、胚胎移植新技术研究及兽疫防治技术研究方面，都达到了国内先进水平，其中牛胚胎年产量占全国五成以上，有力的促进了国家胚胎移植技术产业化进程。风能技术、太阳能技术、生物医药、芳香产品和维吾尔医药等产品的开发和应用，有力地推动了利用高新技术改造传统产业的步伐。

教育事业稳步发展。普通高等院校由1955年的3所发展到2004年的28所，在校生由2125人增加到2004年的16.82万人，增长78倍，每万人拥有大学生由1955年的4.15人增加到85.7人。国家实施了“贫困地区义务教育工程”，使新疆贫困地区城乡中小学办学条件和质量有了较大提高，入学率和巩固率大幅度提高。同时，新疆对贫困地区学生采取免收学杂费、书本费等政策，从2003年开始已连续两年实行了对56个县205万贫困中小学生义务教育阶段免收课本费和学杂费，小学学龄儿童入学率达到97.8%。自治区基础教育“两基”目标（基本普及九年义务教育和基本扫除青壮年文盲）已基本实现。

医疗卫生条件明显改善。新疆卫生机构由1955年的376个发展到2004年9087个，增长24倍，卫生技术人员由7369人发展到9.98万人，增长12.5倍，每千人拥有的医生数、每千农业人口拥有的乡镇卫生院床位数、乡镇卫生人员数均高于全国平均水平。农村医疗保健水平明显提高，基本形成县、乡、村三级医疗预防保健网，城市社区卫生服务覆盖面不断扩大。已有疾病预防控制中心（防疫站）226所，建立和完善了应急医疗救治体系。开展了13个县（市）的新型农村合作医疗试点工作。人口平均寿命从1949年的不足30岁、1982年的60岁延长到目前的67.41岁。

文化事业基础设施建设不断加强，建设了一批县级图书馆、文化馆，积极推进乡村文化站建设，基层文化设施建设取得显著成效。目前，全区共有文化馆、艺术馆108个，公共图书馆92个，博物馆25个，档案馆135个。具有浓郁民族特色和地域特点的文化事业得到长足发展，从1952年到2004年，新疆出版的图书由166种发展为3750种，报纸由4种发展到88种，其中少数民族文字报纸41种。独具特色的新疆歌舞在国内外享有盛誉，深受欢迎。

群众性体育活动广泛开展，全民健身活动生动活泼，竞技体育取得较好成绩。2000年~2004年，新疆运动员在国际、洲际比赛中，共获20个冠军，15个亚军。在全国正式比赛中，共获71枚金牌，81枚银牌。尤其是

2004年，新疆残疾选手首次参加第12届雅典残奥会，取得1金、3银、2铜的优异成绩，并有2名运动员破2项世界纪录，实现了新疆选手在残奥会历史上奖牌零的突破。达瓦孜传人“高空王子”阿迪力·吾守尔近年来连创吉尼斯世界纪录。

广播、电影、电视事业有了很大发展。特别是“村村通工程”、“西新工程”的实施，使新疆广播电视基础设施建设大大加强，规模和质量达到新水平。新疆电视台已于1997年进入卫星转播。全区现有广播电台6座，电视台10座，中短波广播发射台和转播台40座，1千瓦以上电视发射台和转播台64座，新疆广播人口覆盖率92.9%，电视人口覆盖率92.5%，有线电视用户130.27万户。

各族人民生活不断改善。经济的快速发展，使人民生活水平有了较大提高。2004年城市居民人均可支配收入7503元，比1978年增长22.5倍；农牧民人均纯收入2245元，比1978年增长17.9倍。新疆人口城镇化率超过35%。城镇居民恩格尔系数为36.1%，农村居民恩格尔系数为45.2%。扶贫开发成效显著，1994年以来已累计解决300余万贫困人口的温饱问题，农牧民贫困发生率下降到4%，2004年帮助105万低收入贫困人口稳定脱贫，基本实现“八七”扶贫攻坚计划。各族群众的生活条件特别是住房和交通条件大为改善。城市居民人均居住面积由1978年的3.5平方米增加到18.82平方米，农村人均居住面积由1981年的7.83平方米增加到19.1平方米。就业再就业工作不断加强，2004年实现就业再就业36.96万人，城镇登记失业率3.8%。实施了抗震安居工程，已有18.5万户约72万人搬进新居。

新疆维吾尔自治区成立以来的50年，是中国共产党造福各族人民的伟大实践，是在党的民族政策光辉照耀下取得辉煌成就的50年，是各族人民群众艰苦奋斗、开拓进取的50年，是改革、发展硕果累累的50年，是政治稳定、民族团结的50年，是各民族共同发展繁荣的50年。这50年之所以能取得这样伟大的成就，归功于党中央、国务院的亲切关怀与大力支持，归功于自治区党委、人民政府的正确领导，归功于全区各族人民团结奋斗。总结50年的发展成功经验，就是要坚持党的基本路线，立足于新疆区情，正确处理改革、发展、稳定的关系，促进经济持续快速协调健康发展和社会文化繁荣昌盛。

新疆经济建设尽管取得了巨大成就，但是总体发展水平同内地发达省区还有很大的差距，经济社会发展还面临着许多亟待解决的问题。主要是经济结构调整的任务还十分繁重；农业基础薄弱，抵御自然灾害的能力不强，农民增收的途径少；工业化率低，工业结构相对单一，地方工业整体实力不强，非公有制经济比重低；财力比较弱；矿产资源勘探程度普遍较低，家底不清；公共设施建设滞后，农村教育、文化、医疗卫生水平低；人民群众生产生活中存在的困难仍然十分突出，特别是下岗职工再就业、待业青年就业、困难群体的帮扶任务依然十分繁重。这些问题需要引起高度重视，采取有力措施逐步加以解决。

本世纪头20年是必须紧紧抓住并且可以大有作为的重要战略机遇期，新疆具备加快发展的条件，也面临许多加快发展的有利条件。随着西部大开发战略全面推进，新疆作为重点地区将得到国家更大的支持，去年中央又做出了“稳疆兴疆，富民固边”的重大战略部署，为新疆经济发展和社会稳定提供了根本保障。国际环境总体稳定，和平与发展仍是时代的主题，新疆的发展和稳定具有良好的外部环境。全国经济进入新一轮发展的上升时期，将有力地带动新疆经济增长及产业结构、消费结构的升级。特别是新疆改革开放和现代化建设所取得的巨大成就及积累的丰富经验，为今后的发展奠定了坚实的基础。

新疆维吾尔自治区党委六届四次全委（扩大）会议描绘了新疆经济和社会发展的宏伟蓝图，到2020年，在优化结构和提高效益的基础上，新疆生产总值将达到7200亿元（2000

年不变价），比2000年翻两番半，与全国同步全面建设小康社会，真正使新疆成为我国21世纪经济增长新的支点。届时，新疆综合实力和竞争力明显增强，建立起完善的社会主义市场经济体制和更具活力、更加开放的经济体系；基础设施日趋完善；建成全国重要的能源生产基地、石油天然气化工基地、煤电煤化工基地、向西出口加工基地、特色旅游基地和特色农产品生产、加工基地，基本实现工业化；城镇化水平达到50%左右，城乡人民物质文化生活达到全国中等水平；可持续发展能力不断提高，生态环境有较大改善；建立起比较完善的社会保障体系和就业机制；形成比较完善的国民教育体系、科技和文化创新体系、全民健身和医疗卫生体系，国民素质进一步提高；精神文明建设和民主法制建设取得明显进展，人民的政治、经济、文化权益得到切实尊重和保障。

新疆的经济和社会发展前景令人鼓舞，任务也十分艰巨。我们要紧密团结在以胡锦涛同志为总书记的党中央周围，在新疆维吾尔自治区党委、人民政府的正确领导下，万众一心，团结拼搏，开拓进取，扎实工作，为建设繁荣、富裕、文明的新疆而努力奋斗。

（新疆维吾尔自治区发展和改革委员会主任　刘晏良）

统计资料篇

2004 年全国各地区地区生产总值综合分析表（按东部、中部及西部地区统计）

地区	国内生产总值（亿元）		占全国比重（%）		占全国比重位次		同比增长速度（%）		增长速度位次		增减幅度	
	2004 年	2003 年	2004 年	2003 年	2004 年	2003 年	2004 年	2003 年	2004 年	2003 年	± 百分点	位次
东部地区	95305.75	79283.40	58.39	58.50								
北京	4283.31	3663.10	2.63	2.70	15	15	13.2	10.7	10	21	2.5	5
天津	2931.88	2447.66	1.80	1.81	21	21	15.7	14.8	2	2	0.9	18
河北	8768.79	7098.56	5.38	5.24	6	5	12.5	11.6	15	14	0.9	17
辽宁	6872.65	6002.54	4.22	4.43	8	8	12.8	11.5	13	16	1.3	14
上海	7450.27	6250.81	4.57	4.61	7	7	13.6	11.8	9	12	1.8	10
江苏	15403.16	12460.83	9.45	9.19	3	2	14.9	13.6	4	7	1.3	14
浙江	11243.00	9395.00	6.90	6.93	4	4	14.3	14.4	5	3	－0.1	28
福建	6053.14	5232.17	3.71	3.86	11	11	12.1	11.6	21	14	0.5	22
山东	15490.73	12435.93	9.50	9.18	2	3	15.3	13.7	3	6	1.6	11
广东	16039.46	13625.87	9.84	10.05	1	1	14.2	14.3	6	4	－0.1	28
海南	769.36	670.93	0.47	0.50	28	28	10.4	10.5	31	22	－0.1	28
中部地区	40349.51	33301.08	24.72	24.57								
山西	3042.41	2456.59	1.87	1.81	18	20	14.1	13.9	7	5	0.2	25
吉林	2958.21	2522.62	1.81	1.86	20	18	12.2	10.2	18	24	2.0	7
黑龙江	5303.00	4430.00	3.25	3.27	13	13	11.7	10.3	24	23	1.4	13
安徽	4812.68	3972.38	2.95	2.93	14	14	12.5	9.2	15	30	3.3	1
江西	3495.94	2830.46	2.14	2.09	16	16	13.2	13.0	10	8	0.2	25
河南	8815.09	7048.59	5.41	5.20	5	6	13.7	10.8	8	19	2.9	2

续表

地　区	国内生产总值（亿元）		占全国比重（%）		占全国比重位次		同比增长速度（%）		增长速度位次		增减幅度	
	2004 年	2003 年	2004 年	2003 年	2004 年	2003 年	2004 年	2003 年	2004 年	2003 年	± 百分点	位次
湖北	6309.92	5401.71	3.87	3.99	10	10	11.3	9.4	27	29	1.9	9
湖南	5612.26	4638.73	3.44	3.42	12	12	12.0	9.6	22	28	2.4	6
西部地区	27585.13	22954.66	16.90	16.94								
重庆	2665.39	2250.56	1.63	1.66	24	23	12.2	11.5	18	16	0.7	21
四川	6556.01	5456.32	4.02	4.03	9	9	12.7	11.8	14	12	0.9	18
贵州	1591.90	1356.11	0.98	1.00	26	26	11.4	10.1	26	26	1.3	14
云南	2959.48	2465.29	1.82	1.82	19	19	11.5	8.6	25	31	2.9	2
西藏	211.50	184.50	0.13	0.14	31	31	12.2	12.1	20	10		27
陕西	2883.51	2398.58	1.77	1.77	22	22	12.9	10.9	12	18	2.0	7
甘肃	1558.93	1304.60	0.96	0.96	27	27	10.9	10.1	30	26	0.8	20
青海	465.73	390.21	0.29	0.29	29	29	12.3	12.1	17	10	0.2	24
宁夏	460.35	385.34	0.28	0.28	30	30	11.0	12.2	29	9	-1.2	31
新疆	2200.15	1877.61	1.35	1.39	25	25	11.1	10.8	28	19	0.3	23
广西	3320.10	2735.13	2.04	2.02	17	17	11.8	10.2	23	24	1.6	11
内蒙古	2712.08	2150.41	1.66	1.59	23	24	19.4	16.8	1	1	2.6	4
全国合计	163240.39	135539.14					13.46	12.17			1.29	

注：1. 资料来源：国家统计局核算司（表中数字不含港、澳、台地区）。

2. 本表绝对数按当年价格计算，增长速度按可比价格计算。

3. 全国合计为各地区之和。

2004年全国各地区第一产业增加值综合分析表（按东部、中部及西部地区统计）

地区	第一产业增加值（亿元）		占全国比重（%）		占全国比重位次		同比增长速度（%）		增长速度位次		增减幅度	
	2004年	2003年	2004年	2003年	2004年	2003年	2004年	2003年	2004年	2003年	±百分点	位次
东部地区	8659.01	7305.88	41.52	42.54								
北京	102.90	95.64	0.49	0.56	26	26	1.9	3.3	29	22	-1.4	27
天津	102.29	89.66	0.49	0.52	27	28	5.1	6.1	20	5	-1.0	25
河北	1370.40	1064.33	6.57	6.20	4	6	6.7	6.1	12	5	0.6	19
辽宁	769.90	615.80	3.69	3.59	13	13	7.9	7.2	9	3	0.7	16
上海	96.71	90.64	0.46	0.53	28	27	-5.0	-0.2	30	29	-4.8	30
江苏	1315.38	1106.35	6.31	6.44	5	4	6.0	-0.1	15	28	6.1	4
浙江	816.00	728.00	3.91	4.24	10	10	3.7	3.6	28	19	0.1	22
福建	777.87	692.94	3.73	4.03	12	11	4.5	3.3	23	22	1.2	14
山东	1778.30	1480.67	8.53	8.62	1	1	6.9	5.6	11	10	1.3	13
广东	1245.42	1093.52	5.97	6.37	6	5	4.2	2.3	25	27	1.9	10
海南	283.84	248.33	1.36	1.45	23	23	8.0	9.0	6	1	-1.0	25
中部地区	6869.63	5420.22	32.94	31.56								
山西	253.37	215.19	1.21	1.25	25	25	4.5	6.9	23	4	-2.4	28
吉林	560.96	486.90	2.69	2.83	17	17	8.0	5.9	6	7	2.1	9
黑龙江	587.76	500.80	2.82	2.92	16	16	12.2	2.4	2	25	9.8	3
安徽	932.42	732.81	4.47	4.27	9	9	8.6	-2.2	5	30	10.8	2
江西	711.70	560.00	3.41	3.26	14	14	8.0	2.7	6	24	5.3	6
河南	1647.48	1239.70	7.90	7.22	2	2	12.8	-2.5	1	31	15.3	1

续表

地　区	第一产业增加值（亿元）		占全国比重（%）		占全国比重位次		同比增长速度（%）		增长速度位次		增减幅度	
	2004 年	2003 年	2004 年	2003 年	2004 年	2003 年	2004 年	2003 年	2004 年	2003 年	± 百分点	位次
湖北	1020.09	798.35	4.89	4.65	8	8	6.5	5.8	13	9	0.7	16
湖南	1155.85	886.47	5.54	5.16	7	7	7.4	3.6	10	19	3.8	8
西部地区	5325.49	4450.37	25.54	25.91								
重庆	431.32	336.36	2.07	1.96	20	20	4.7	4.2	22	16	0.5	20
四川	1394.26	1128.61	6.69	6.57	3	3	5.9	5.5	16	11	0.4	21
贵州	334.11	298.37	1.60	1.74	22	22	5.3	4.6	19	15	0.7	16
云南	604.33	502.84	2.90	2.93	15	15	5.6	5.5	17	11	0.1	23
西藏		40.62				31		3.4		21		
陕西	394.98	320.03	1.89	1.86	21	21	9.8	5.1	4	14	4.7	7
甘肃	281.40	236.61	1.35	1.38	24	24	6.5	5.4	13	13	1.1	15
青海	57.81	46.15	0.28	0.27	30	30	3.8	3.8	26	18	0.0	24
宁夏	65.13	55.50	0.31	0.32	29	29	3.8	2.4	26	25	1.4	11
新疆	444.70	412.90	2.13	2.40	19	19	5.1	8.2	20	2	-3.1	29
广西	811.38	652.28	3.89	3.80	11	12	5.4	4.0	18	17	1.4	11
内蒙古	506.07	420.10	2.43	2.45	18	18	11.7	5.9	3	7	5.8	5
全国合计	20854.13	17176.47					7.03	3.69			3.34	

注：1. 资料来源：国家统计局核算司（表中数字不含港、澳、台地区）。

2. 本表绝对数按当年价格计算，增长速度按可比价格计算。

3. 全国合计为各地区之和。

2004 年全国各地区第二产业增加值综合分析表（按东部、中部及西部地区统计）

地区	第二产业增加值（亿元）		占全国比重（%）		占全国比重位次		同比增长速度（%）		增长速度位次		增减幅度	
	2004 年	2003 年	2004 年	2003 年	2004 年	2003 年	2004 年	2003 年	2004 年	2003 年	± 百分点	位次
东部地区	50379.52	40579.88	61.15	61.09								
北京	1610.37	1311.86	1.95	1.98	16	16	16.7	11.9	11	28	4.8	1
天津	1560.16	1245.29	1.89	1.87	18	17	19.8	18.0	2	7	1.8	10
河北	4635.23	3657.19	5.63	5.51	5	5	14.2	14.3	24	20	-0.1	21
辽宁	3278.88	2898.89	3.98	4.36	8	8	16.0	12.3	17	25	3.7	4
上海	3788.22	3130.72	4.60	4.71	7	7	14.9	16.1	21	14	-1.2	26
江苏	8716.11	6787.11	10.58	10.22	3	2	17.1	17.2	7	8	-0.1	20
浙江	6045.00	4941.00	7.34	7.44	4	4	16.2	16.7	13	11	-0.5	23
福建	2950.33	2492.73	3.58	3.75	11	11	15.2	16.0	19	15	-0.8	24
山东	8724.52	6656.85	10.59	10.02	2	3	19.2	17.0	3	9	2.2	7
广东	8890.29	7307.08	10.79	11.00	1	1	18.4	20.0	5	4	-1.6	27
海南	180.41	151.16	0.22	0.23	30	30	15.8	19.0	18	5	-3.2	28
中部地区	19834.71	15999.88	24.07	24.09								
山西	1810.08	1389.33	2.20	2.09	15	15	16.8	16.0	9	15	0.8	15
吉林	1379.31	1143.39	1.67	1.72	20	19	14.8	14.3	22	20	0.5	16
黑龙江	3155.33	2532.45	3.83	3.81	9	10	12.9	11.9	29	28	1.0	13
安徽	2169.82	1780.60	2.63	2.68	14	14	13.8	12.6	28	23	1.2	11
江西	1595.74	1227.38	1.94	1.85	17	18	18.6	24.3	4	3	-5.7	30
河南	4515.35	3551.94	5.48	5.35	6	6	16.2	17.0	13	9	-0.8	24

续表

地区	第二产业增加值（亿元）		占全国比重（%）		占全国比重位次		同比增长速度（%）		增长速度位次		增减幅度	
	2004年	2003年	2004年	2003年	2004年	2003年	2004年	2003年	2004年	2003年	±百分点	位次
湖北	2994.67	2580.58	3.63	3.89	10	9	13.9	10.2	27	31	3.7	4
湖南	2214.41	1794.21	2.69	2.70	13	13	16.2	12.4	13	24	3.8	3
西部地区	12172.37	9836.13	14.77	14.81								
重庆	1181.24	977.30	1.43	1.47	24	23	16.2	16.0	13	15	0.2	18
四川	2690.00	2266.06	3.27	3.41	12	12	17.7	16.5	6	12	1.2	11
贵州	714.66	579.31	0.87	0.87	27	27	14.2	13.3	24	22	0.9	14
云南	1314.19	1069.29	1.60	1.61	22	21	15.0	10.5	20	30	4.5	2
西藏		47.99				31		34.7		1		
陕西	1416.82	1133.56	1.72	1.71	19	20	16.8	14.8	9	18	2.0	9
甘肃	758.18	607.62	0.92	0.91	26	26	12.6	12.2	30	26	0.4	17
青海	227.06	184.26	0.28	0.28	29	29	16.4	16.4	12	13	0.0	19
宁夏	239.42	192.00	0.29	0.29	28	28	14.1	18.8	26	6	-4.7	29
新疆	1010.07	796.84	1.23	1.20	25	25	14.3	12.1	23	27	2.2	7
广西	1288.26	1007.96	1.56	1.52	23	22	17.1	14.6	7	19	2.5	6
内蒙古	1332.47	973.94	1.62	1.47	21	24	27.5	27.9	1	2	-0.4	22
全国合计	82386.6	66415.89					16.63	16.02			0.61	

注：1. 资料来源：国家统计局核算司（表中数字不含港、澳、台地区）。

2. 本表绝对数按当年价格计算，增长速度按可比价格计算。

3. 全国合计为各地区之和。

2004 年全国各地区第三产业增加值综合分析表（按东部、中部及西部地区统计）

地区	第三产业增加值（亿元）		占全国比重（%）		占全国比重位次		同比增长速度（%）		增长速度位次		增减幅度	
	2004 年	2003 年	2004 年	2003 年	2004 年	2003 年	2004 年	2003 年	2004 年	2003 年	± 百分点	位次
东部地区	36267.23	31397.64	60.66	60.44								
北京	2570.04	2255.60	4.30	4.34	9	9	11.6	10.3	11	10	1.3	12
天津	1269.43	1112.71	2.12	2.14	16	16	11.7	11.8	10	5	-0.1	26
河北	2763.16	2377.04	4.62	4.58	7	7	12.5	10.0	7	14	2.5	3
辽宁	2823.87	2487.85	4.72	4.79	6	6	10.7	11.7	16	6	-1.0	30
上海	3565.34	3029.45	5.96	5.83	5	5	12.9	8.0	5	27	4.9	1
江苏	5371.68	4567.37	8.98	8.79	2	2	13.7	11.9	2	4	1.8	8
浙江	4382.00	3726.00	7.33	7.17	4	4	13.9	13.8	1	1	0.1	24
福建	2324.94	2046.50	3.89	3.94	11	11	10.8	9.6	15	21	1.2	13
山东	4987.91	4298.41	8.34	8.27	3	3	12.3	12.0	8	3	0.3	23
广东	5903.75	5225.27	9.87	10.06	1	1	10.4	9.5	20	22	0.9	17
海南	305.11	271.44	0.51	0.52	28	28	9.6	7.7	26	28	1.9	7
中部地区	13645.18	11336.30	22.82	22.87								
山西	978.96	852.07	1.64	1.64	23	23	12.7	12.8	6	2	-0.1	26
吉林	1017.94	892.33	1.70	1.72	22	22	11.1	7.7	12	28	3.4	2
黑龙江	1559.92	1396.75	2.61	2.69	15	15	9.3	10.1	30	12	-0.8	29
安徽	1710.44	1458.97	2.86	2.81	14	14	13.0	11.4	4	7	1.6	10
江西	1188.50	1043.08	1.99	2.01	18	18	9.6	7.4	26	30	2.2	5
河南	2652.26	2256.95	4.44	4.34	8	8	10.6	9.9	18	15	0.7	19

续表

地区	第三产业增加值（亿元）		占全国比重（%）		占全国比重位次		同比增长速度（%）		增长速度位次		增减幅度	
	2004 年	2003 年	2004 年	2003 年	2004 年	2003 年	2004 年	2003 年	2004 年	2003 年	±百分点	位次
湖北	2295.16	2022.78	3.84	3.89	12	12	9.5	9.7	28	18	-0.2	28
湖南	2242.00	1958.05	3.75	3.77	13	13	10.2	9.7	23	18	0.5	21
西部地区	9875.77	8668.17	16.52	16.69								
重庆	1052.83	936.90	1.76	1.80	20	20	10.4	9.4	20	23	1.0	15
四川	2471.76	2061.65	4.13	3.97	10	10	10.9	10.1	14	12	0.8	18
贵州	543.13	478.43	0.91	0.92	26	26	12.0	10.2	9	11	1.8	8
云南	1040.96	893.16	1.74	1.72	21	21	10.7	8.3	16	26	2.4	4
西藏		95.89				31		6.9		31		
陕西	1071.71	944.99	1.79	1.82	19	19	9.5	8.5	28	24	1.0	15
甘肃	519.35	460.37	0.87	0.89	27	27	11.0	9.8	13	17	1.2	13
青海	180.86	159.80	0.30	0.31	29	29	10.2	9.7	23	18	0.5	21
宁夏	155.80	137.84	0.26	0.27	30	30	9.8	8.4	25	25	1.4	11
新疆	745.38	667.87	1.25	1.29	25	25	10.4	10.5	20	9	-0.1	25
广西	1220.46	1074.89	2.04	2.07	17	17	10.6	9.9	18	15	0.7	19
内蒙古	873.53	756.38	1.46	1.46	24	24	13.4	11.2	3	8	2.2	5
全国合计	59788.18	51946.79					11.58	10.46			1.12	

注：1. 资料来源：国家统计局核算司（表中数字不含港、澳、台地区）。

2. 本表绝对数按当年价格计算，增长速度按可比价格计算。

3. 全国合计为各地区之和。

2004 年全国各地区工业增加值综合分析表（按东部、中部及西部地区统计）

地区	工业增加值（亿元）		占全国比重（%）		占全国比重位次		同比增长速度（%）		增长速度位次		增减幅度	
	2004 年	2003 年	2004 年	2003 年	2004 年	2003 年	2004 年	2003 年	2004 年	2003 年	± 百分点	位次
东部地区	36951.10	28004.20	67.42	50.90								
北京	1259.5	970.8	2.30	2.33	14	14	19.9	12.3	23	28	7.6	4
天津	1395.6	1027.8	2.55	2.46	13	13	26.5	20.1	2	14	6.4	8
辽宁	2255.7	1764.3	4.12	4.23	8	7	23.4	18.5	13	18	4.9	13
河北	2459.2	1810.3	4.49	4.34	6	6	22.2	20.1	19	14	2.1	22
上海	3427.0	2767.1	6.25	6.63	5	5	19.0	22.0	24	8	-3.0	29
江苏	6447.5	4620.6	11.76	11.08	3	3	23.4	22.7	13	6	0.7	25
浙江	4173.4	3194.0	7.61	7.66	4	4	21.1	23.7	21	5	-2.6	28
福建	1845.8	1461.4	3.37	3.50	9	9	23.5	23.9	11	4	-0.4	27
山东	6498.3	4695.2	11.86	11.26	2	2	26.5	22.7	2	6	3.8	16
广东	7086.4	5606.3	12.93	13.44	1	1	22.4	21.9	18	9	0.5	26
海南	102.7	86.4	0.19	0.21	30	30	18.4	24.9	26	2	-6.5	31
中部地区	10752.20	8340.90	19.62	16.19								
山西	1242.8	882.2	2.27	2.12	15	16	21.2	24.2	20	3	-3.0	29
吉林	994.3	806.7	1.81	1.93	18	18	18.6	17.9	25	19	0.7	24
黑龙江	1619.6	1380.2	2.96	3.31	11	10	15.3	13.6	29	24	1.7	23
安徽	1082.2	834.7	1.97	2.00	17	17	25.1	19.8	7	17	5.3	10
江西	617.8	440.3	1.13	1.06	22	24	26.1	21.0	4	11	5.1	12
河南	2332.7	1754.1	4.26	4.21	7	8	23.6	19.9	10	16	3.7	17

续表

地　区	工业增加值（亿元）		占全国比重（%）		占全国比重位次		同比增长速度（%）		增长速度位次		增减幅度	
	2004 年	2003 年	2004 年	2003 年	2004 年	2003 年	2004 年	2003 年	2004 年	2003 年	± 百分点	位次
湖北	1664.7	1356.2	3.04	3.25	10	11	22.8	12.5	16	27	10.3	1
湖南	1198.1	886.5	2.19	2.13	16	15	24.1	20.7	9	13	3.4	19
西部地区	7104.70	5361.40	12.96	9.54								
重庆	579.7	477.9	1.06	1.15	25	22	23.5	21.1	11	10	2.4	21
四川	1546.5	1156.0	2.82	2.77	12	12	25.8	21.0	5	11	4.8	14
贵州	438.4	331.9	0.80	0.80	27	27	20.1	13.5	22	25	6.6	7
云南	881.2	719.7	1.61	1.73	19	19	16.6	9.1	27	31	7.5	5
西藏	14.4	11.0	0.03	0.03	31	31	14.1	9.5	31	30	4.6	15
陕西	870.7	664.7	1.59	1.59	20	20	22.9	16.8	15	22	6.1	9
甘肃	505.1	389.8	0.92	0.93	26	26	15.7	13.0	28	26	2.7	20
青海	132.4	95.5	0.24	0.23	29	29	24.8	15.9	8	23	8.9	2
宁夏	147.0	105.1	0.27	0.25	28	28	25.8	17.5	5	21	8.3	3
新疆	616.9	463.2	1.13	1.11	23	23	14.4	10.8	30	29	3.6	18
广西	595.6	436.9	1.09	1.05	24	25	22.8	17.6	16	20	5.2	11
内蒙古	776.8	509.7	1.42	1.22	21	21	38.5	31.5	1	1	7.0	6
全国合计	54808.0	56226.5					22.79	20.47			2.32	

注：1. 资料来源：国家统计局统计快报（表中数字不含港、澳、台地区）。

2. 工业增加值按当年价格计算，增长速度按可比价格计算。

3. 全国合计为各地区之和。

2004 年全国各地区城镇固定资产投资综合分析表（按东部、中部及西部地区统计）

地区	固定资产投资（亿元）		占全国比重（%）		占全国比重位次		同比增长（%）	
	2004 年	2003 年	2004 年	2003 年	2004 年	2003 年	速度	位次
东部地区	32542.70	25715.70	56.43	56.14				
北京	2333.00	1999.90	4.05	4.37	9	6	16.66	28
天津	1131.15	931.70	1.96	2.03	21	21	21.41	24
辽宁	2580.26	1771.20	4.47	3.87	6	8	45.68	2
河北	2438.59	1772.80	4.23	3.87	7	8	37.56	5
上海	2862.95	2245.50	4.96	4.90	5	5	27.50	14
江苏	5008.19	4011.60	8.69	8.76	2	3	24.84	19
浙江	3969.60	3198.50	6.88	6.98	4	4	24.11	20
福建	1594.54	1229.30	2.77	2.68	15	13	29.71	12
山东	5419.26	4163.90	9.40	9.09	1	1	30.15	11
广东	4905.59	4145.10	8.51	9.05	3	2	18.35	27
海南	299.57	246.20	0.52	22.44	29	29	21.69	22
中部地区	12908.28	9711.00	22.38	21.20				
山西	1315.18	998.80	2.28	2.18	20	20	31.68	10
吉林	1061.71	872.90	1.84	1.91	24	23	21.63	23
黑龙江	1316.97	1069.50	2.28	2.33	19	18	23.14	21
安徽	1606.38	1184.50	2.79	2.59	14	14	35.62	7
江西	1488.40	1099.10	2.58	2.40	16	15	35.42	8
河南	2434.88	1677.20	4.22	3.66	8	10	45.18	3

续表

地　区	固定资产投资（亿元）		占全国比重（%）		占全国比重位次		同比增长（%）	
	2004年	2003年	2004年	2003年	2004年	2003年	速度	位次
湖北	2005.15	1573.70	3.48	3.44	11	11	27.42	15
湖南	1679.61	1235.30	2.91	2.70	13	12	35.97	6
西部地区	12212.94	9422.50	21.18	20.57				
重庆	1400.58	1040.60	2.43	2.27	17	19	34.60	9
四川	2322.91	1835.10	4.03	4.01	10	7	26.58	17
贵州	776.45	667.90	1.35	1.46	26	26	16.26	30
云南	1065.70	839.20	1.85	1.83	23	24	26.99	16
西藏	167.76	134.00	0.29	0.29	31	31	25.22	18
陕西	1378.16	1071.00	2.39	2.34	18	17	28.68	13
甘肃	660.66	553.70	1.15	1.21	27	27	19.32	26
青海	275.21	236.90	0.48	0.52	30	30	16.17	31
宁夏	314.51	263.10	0.55	0.57	28	28	19.54	25
新疆	1038.42	892.60	1.80	1.95	25	22	16.33	29
广西	1105.08	791.30	1.92	1.73	22	25	39.66	4
内蒙古	1707.50	1097.10	2.96	2.39	12	16	55.64	1
全国合计	57663.92	45811.70					28.57	

注：1. 资料来源：国家统计局统计快报（表中数字不含港、澳、台地区）。

2. 全国合计为各地区之和。

2004 年全国各地区社会商品零售总额综合分析表（按东部、中部及西部地区统计）

地区	全社会消费品零售总额（亿元）		占全国比重（%）		占全国比重位次		同比增长速度（%）		增长速度位次		增减幅度	
	2004 年	2003 年	2004 年	2003 年	2004 年	2003 年	2004 年	2003 年	2004 年	2003 年	± 百分点	位次
东部地区	31739.7	27766.4	58.29	58.30								
北京	2191.8	1916.7	4.03	4.02	11	11	14.4	14.5	11	5	-0.10	28
天津	1052.7	922.3	1.93	1.94	18	18	14.1	10.9	13	16	3.20	9
河北	2522.9	2177.9	4.63	4.57	8	9	15.8	10.7	4	22	5.10	2
辽宁	2642.8	2330.8	4.85	4.89	7	7	13.4	12.3	20	10	1.10	24
上海	2454.6	2220.6	4.51	4.66	9	8	10.5	9.1	30	31	1.40	21
江苏	4159.7	3566.5	7.64	7.49	3	3	16.6	13.7	3	6	2.90	14
浙江	3645.4	3157.1	6.69	6.63	4	4	15.5	10.9	6	16	4.60	5
福建	1995.8	1740.4	3.67	3.65	13	13	14.7	13.1	9	8	1.60	20
山东	4483.4	3936.5	8.23	8.27	2	2	13.9	22.2	17	1	-8.26	31
广东	6370.4	5606.0	11.70	11.77	1	1	13.6	11.8	18	12	1.80	19
海南	220.2	191.6	0.40	0.40	28	28	14.9	10.9	7	16	4.00	6
中部地区	13801.3	12071.9	25.35	25.35								
山西	884.8	729.3	1.63	1.53	23	23	21.30	13.70	2	6	7.60	1
吉林	1252.6	1110.3	2.30	2.33	16	16	12.80	10.10	27	24	2.70	16
黑龙江	1555.4	1376.5	2.86	2.89	14	14	13.00	10.10	24	24	2.90	14
安徽	1503.1	1331.2	2.76	2.80	15	15	12.90	9.80	25	27	3.10	11
江西	1059.9	923.2	1.95	1.94	17	17	14.80	11.70	8	13	3.10	11
河南	2808.2	2426.4	5.16	5.10	5	5	15.70	10.80	5	19	4.90	3

续表

地 区	全社会消费品零售总额（亿元）		占全国比重（%）		占全国比重位次		同比增长速度（%）		增长速度位次		增减幅度	
	2004年	2003年	2004年	2003年	2004年	2003年	2004年	2003年	2004年	2003年	±百分点	位次
湖北	2667.5	2358.7	4.90	4.95	6	6	13.10	10.80	22	19	2.30	18
湖南	2069.8	1816.3	3.80	3.81	12	12	14.00	10.80	15	19	3.20	9
西部地区	8908.40	7783.20	16.36	16.34								
重庆	955.0	835.5	1.75	1.75	21	21	14.30	9.50	12	28	4.80	4
四川	2384.0	2091.1	4.38	4.39	10	10	14.00	13.00	15	9	1.00	26
贵州	517.6	458.8	0.95	0.96	26	26	12.80	10.20	27	23	2.60	17
云南	884.9	782.5	1.63	1.64	23	22	13.10	10.00	22	26	3.10	11
西藏	63.7	58.3	0.12	0.12	31	31	9.30	9.20	31	30	0.10	27
陕西	966.5	853.2	1.78	1.79	20	20	13.30	17.20	21	3	-3.90	30
甘肃	535.8	474.6	0.98	1.00	25	25	12.90	9.50	25	28	3.40	7
青海	115.6	102.7	0.21	0.22	30	30	12.60	11.50	29	14	1.10	24
宁夏	137.8	120.8	0.25	0.25	29	29	14.10	15.20	13	4	-1.10	29
新疆	482.1	421.2	0.89	0.88	27	27	14.50	11.20	10	15	3.30	8
广西	973.4	857.7	1.79	1.80	19	19	13.50	12.20	19	11	1.30	23
内蒙古	892.0	726.8	1.64	1.53	22	24	22.70	21.30	1	2	1.40	21
全国合计	54449.4	47621.5					14.37	11.72			2.65	

注：1. 资料来源：国家统计局编《中国统计摘要2004》（表中数字不含港、澳、台地区）。

2. 全国合计为各地区之和。

2004年全国各地区进出口总额综合分析表（按东部、中部及西部地区统计）

地区	进出口总额（亿美元）		占全国比重（%）		占全国比重位次		同比增长速度（%）		增长速度位次		增减幅度	
	2004年	2003年	2004年	2003年	2004年	2003年	2004年	2003年	2004年	2003年	±百分点	位次
东部地区	10695.29	7864.60	92.61	92.42								
北京	946.62	685.00	8.20	8.05	4	4	38.20	30.46	16	18	7.74	11
天津	420.41	293.42	3.64	3.45	8	8	43.30	28.63	9	21	14.67	7
河北	135.26	89.78	1.17	1.06	10	10	50.70	34.70	4	14	16.00	4
辽宁	344.37	265.09	2.98	3.12	9	9	29.90	21.94	24	28	7.96	10
上海	1600.19	1123.40	13.86	13.20	3	3	42.40	54.68	10	5	-12.28	27
江苏	1708.57	1136.17	14.80	13.35	2	2	50.40	61.64	5	4	-11.24	26
浙江	852.29	614.11	7.38	7.22	5	5	38.80	46.37	15	10	-7.57	23
福建	475.49	353.26	4.12	4.15	7	7	34.60	24.40	18	25	10.20	9
山东	606.74	446.37	5.25	5.25	6	6	35.90	31.54	17	16	4.36	14
广东	3571.33	2835.25	30.93	33.32	1	1	26.00	28.24	26	22	-2.24	19
海南	34.02	22.75	0.29	0.27	26	26	49.50	21.85	6	29	27.65	2
中部地区	485.32	365.96	4.21	4.30								
山西	53.82	30.90	0.47	0.36	19	20	74.20	33.65	1	15	40.55	1
吉林	67.93	61.48	0.58	0.72	13	11	10.50	66.07	31	3	-55.57	30
黑龙江	67.91	53.29	0.59	0.63	14	14	27.40	22.53	25	27	4.87	13
安徽	72.11	59.48	0.62	0.70	11	12	21.20	42.26	29	13	-21.06	29
江西	35.29	25.28	0.31	0.30	25	25	39.60	49.23	13	7	-9.63	25
河南	66.20	47.12	0.57	0.55	16	17	40.50	47.11	11	9	-6.61	22

续表

地　区	进出口总额（亿美元）		占全国比重（%）		占全国比重位次		同比增长速度（%）		增长速度位次		增减幅度	
	2004 年	2003 年	2004 年	2003 年	2004 年	2003 年	2004 年	2003 年	2004 年	2003 年	± 百分点	位次
湖北	67.72	51.09	0.59	0.60	15	15	32.50	29.24	21	20	3.26	16
湖南	54.34	37.32	0.47	0.44	18	18	45.60	29.76	8	19	15.84	5
西部地区	367.30	279.30	3.18	3.28								
重庆	38.57	25.95	0.33	0.30	21	24	48.70	44.73	7	11	3.97	15
四川	68.71	56.34	0.59	0.66	12	13	22.00	26.07	28	23	-4.07	21
贵州	15.14	9.84	0.13	0.12	28	28	53.80	42.40	3	12	11.40	8
云南	37.51	26.69	0.32	0.31	22	23	40.50	19.85	11	30	20.65	3
西藏	2.00	1.60	0.02	0.02	31	31	25.00	23.80	27	26	1.92	18
陕西	36.43	27.83	0.32	0.33	24	22	30.90	25.13	23	24	5.77	12
甘肃	17.73	13.27	0.15	0.16	27	27	33.60	51.31	20	6	-17.71	28
青海	5.76	3.39	0.05	0.04	30	30	69.70	72.08	2	2	-2.38	20
宁夏	9.08	6.53	0.08	0.08	29	29	39.00	47.40	14	8	-8.40	24
新疆	56.36	47.70	0.49	0.56	17	16	18.20	77.19	30	1	-58.99	31
广西	42.78	31.87	0.37	0.37	20	19	34.20	31.15	19	17	3.05	17
内蒙古	37.23	28.29	0.32	0.33	23	21	31.60	16.23	22	31	15.37	6
全国合计	11547.91	8509.86					36.38	38.42			-2.04	

注：1. 资料来源：中国海关总署《海关统计 2003 年 12 月》（表中数字不含港、澳、台地区）。

2. 进出口总额为商品经营单位所在地。

3. 全国合计为各地区之和。

2004年全国各地区出口总额综合分析表（按东部、中部及西部地区统计）

地区	出口总额（亿美元）		占全国比重（%）		占全国比重位次		同比增长速度（%）		增长速度位次		增减幅度	
	2004年	2003年	2004年	2003年	2004年	2003年	2004年	2003年	2004年	2003年	±百分点	位次
东部地区	5467.58	4023.07	92.15	91.81								
北京	205.75	168.87	3.47	3.85	8	7	21.80	33.88	25	15	-12.08	22
天津	208.61	143.49	3.52	3.27	7	9	45.40	23.36	7	25	22.04	4
河北	93.40	59.28	1.57	1.35	10	10	57.60	29.04	3	18	28.56	2
辽宁	189.18	145.79	3.19	3.33	9	8	29.80	17.89	17	29	11.91	10
上海	735.07	484.53	12.39	11.06	3	3	51.70	51.24	4	6	0.46	15
江苏	874.97	591.13	14.75	13.49	2	2	48.00	53.68	5	5	-5.68	19
浙江	581.59	415.95	9.80	9.49	4	4	39.80	41.43	10	12	-1.63	17
福建	293.96	211.32	4.95	4.82	6	6	39.10	21.65	11	26	17.45	6
山东	358.54	265.57	6.04	6.06	5	5	35.00	25.81	13	22	9.19	11
广东	1915.58	1528.48	32.28	34.88	1	1	25.30	29.03	23	19	-3.73	18
海南	10.93	8.66	0.18	0.20	26	27	26.10	5.74	22	31	20.36	5
中部地区	260.19	196.77	4.75	4.50								
山西	40.35	22.72	0.68	0.52	12	17	77.60	36.70	1	14	40.90	1
吉林	17.15	21.82	0.29	0.50	24	18	-21.40	23.42	31	24	-44.82	29
黑龙江	36.82	28.74	0.62	0.66	15	14	28.10	44.64	19	9	-16.54	25
安徽	39.37	30.64	0.66	0.70	14	12	28.50	24.91	18	23	3.59	13
江西	19.95	15.05	0.34	0.34	23	24	32.50	43.06	15	11	-10.56	21
河南	41.76	29.79	0.70	0.68	11	13	40.20	40.59	9	13	-0.39	16

续表

地区	出口总额（亿美元）		占全国比重（%）		占全国比重位次		同比增长速度（%）		增长速度位次		增减幅度	
	2004年	2003年	2004年	2003年	2004年	2003年	2004年	2003年	2004年	2003年	±百分点	位次
湖北	33.82	26.55	0.57	0.61	16	15	27.40	26.55	20	20	0.85	14
湖南	30.97	21.46	0.52	0.49	17	19	44.30	19.55	8	27	24.75	3
西部地区	205.94	162.44	3.47	3.71								
重庆	20.91	15.85	0.35	0.36	22	23	31.90	45.28	16	8	-13.38	23
四川	39.84	32.09	0.67	0.73	13	11	24.20	18.33	24	28	5.87	12
贵州	8.67	5.88	0.15	0.13	28	28	47.40	33.03	6	16	14.37	8
云南	22.39	16.77	0.38	0.38	21	22	33.50	17.27	14	30	16.23	7
西藏	1.30	1.21	0.02	0.03	31	31	7.40	49.38	30	7	-41.98	28
陕西	23.97	17.34	0.40	0.40	19	21	38.20	26.02	12	21	12.18	9
甘肃	9.96	8.77	0.17	0.20	27	26	13.60	59.74	29	3	-46.14	30
青海	4.55	2.74	0.08	0.06	30	30	66.00	81.46	2	2	-15.46	24
宁夏	6.46	5.12	0.11	0.12	29	29	26.20	56.10	21	4	-29.90	27
新疆	30.47	25.41	0.51	0.58	18	16	19.90	94.12	27	1	-74.22	31
广西	23.86	19.70	0.40	0.45	20	20	21.10	30.72	26	17	-9.62	20
内蒙古	13.56	11.56	0.23	0.26	25	25	17.30	43.25	28	10	-25.95	26
全国合计	5933.71	4382.28					36.43	35.65			0.78	

注：1. 资料来源：中国海关总署《海关统计 2003 年 12 月》（表中数字不含港、澳、台地区）。

2. 出口总额为商品经营单位所在地。

3. 全国合计为各地区之和。

2004 年全国各地区进口总额综合分析表（按东部、中部及西部地区统计）

地　区	进口总额（亿美元）		占全国比重（%）		占全国比重位次		同比增长速度（%）		增长速度位次		增减幅度	
	2004 年	2003 年	2004 年	2003 年	2004 年	2003 年	2004 年	2003 年	2004 年	2003 年	± 百分点	位次
东部地区	5227.72	3841.54	93.11	93.07								
北京	740.87	516.13	13.20	12.50	4	4	43.5	29.39	14	21	14.11	12
天津	211.80	149.93	3.77	3.63	7	7	41.3	34.11	16	18	7.19	13
河北	41.86	30.51	0.75	0.74	11	11	37.2	47.32	20	10	－10.12	23
辽宁	155.19	119.30	2.76	2.89	9	9	30.1	27.28	23	24	2.82	16
上海	865.12	638.87	15.41	15.48	2	2	35.4	57.40	22	9	－22.00	28
江苏	833.60	545.04	14.85	13.20	3	3	52.9	71.27	10	2	－18.37	24
浙江	270.70	198.16	4.82	4.80	5	5	36.6	57.96	21	8	－21.36	27
福建	181.53	141.94	3.23	3.44	8	8	27.9	28.72	25	22	－0.82	19
山东	248.21	180.80	4.42	4.38	6	6	37.3	40.95	19	14	－3.65	20
广东	1655.75	1306.77	29.49	31.66	1	1	26.7	27.32	26	23	－0.62	18
海南	23.09	14.09	0.41	0.34	20	20	63.9	34.57	7	17	29.33	8
中部地区	225.15	169.20	4.00	4.09								
山西	13.47	8.18	0.24	0.20	25	26	64.6	25.85	6	25	38.75	4
吉林	50.78	39.66	0.90	0.96	10	10	28.0	105.07	24	1	－77.07	31
黑龙江	31.10	24.55	0.55	0.59	14	13	26.7	3.89	26	29	22.81	11
安徽	32.75	28.84	0.58	0.70	13	12	13.5	66.90	31	3	－53.40	30
江西	15.34	10.23	0.27	0.25	23	23	49.9	59.35	12	6	－9.45	22
河南	24.45	17.33	0.44	0.42	17	17	41.1	59.72	17	5	－18.62	25

续表

地　区	进口总额（亿美元）		占全国比重（%）		占全国比重位次		同比增长速度（%）		增长速度位次		增减幅度	
	2004 年	2003 年	2004 年	2003 年	2004 年	2003 年	2004 年	2003 年	2004 年	2003 年	± 百分点	位次
湖北	33.89	24.54	0.60	0.59	12	14	38.1	32.29	18	19	5.81	14
湖南	23.37	15.87	0.42	0.38	19	19	47.3	46.81	13	11	0.49	17
西部地区	161.37	116.87	2.87	2.83								
重庆	17.66	10.10	0.31	0.24	22	24	74.9	43.87	4	12	31.03	7
四川	28.88	24.26	0.51	0.59	15	15	19.1	38.08	28	15	－18.98	26
贵州	6.47	3.96	0.12	0.10	28	28	63.3	58.40	8	7	4.90	15
云南	15.12	9.93	0.27	0.24	24	25	52.4	24.59	11	26	27.81	9
西藏	0.70	0.39	0.01	0.01	31	31	80.5	－20.41	3	31	100.91	1
陕西	12.46	10.48	0.22	0.25	26	22	18.8	23.58	29	27	－4.78	21
甘肃	7.77	4.50	0.14	0.11	27	27	72.6	37.20	5	16	35.40	6
青海	1.21	0.65	0.02	0.02	30	30	85.1	41.30	2	13	43.80	3
宁夏	2.62	1.41	0.05	0.03	29	29	85.4	22.61	1	28	62.79	2
新疆	25.89	22.29	0.46	0.54	16	16	16.1	61.17	30	4	－45.07	29
广西	18.92	12.17	0.34	0.29	21	21	55.5	31.85	9	20	23.65	10
内蒙古	23.67	16.73	0.42	0.41	18	18	41.5	2.83	15	30	38.67	5
全国合计	5614.24	4127.61					36.74	42.00			－5.26	

注：1. 资料来源：中国海关总署《海关统计 2003 年 12 月》（表中数字不含港、澳、台地区）。
2. 进口总额为商品经营单位所在地。
3. 全国合计为各地区之和。

附　　录

中西部地区外商投资优势产业目录

（2004 年修订）

根据 2002 年 2 月发布的《指导外商投资方向规定》（国务院令第 346 号），为实施国家西部大开发战略，鼓励中西部地区利用外资，引进先进技术、设备，发展中西部地区比较优势产业和技术先进的企业，促进产业结构的优化升级，带动中西部地区经济整体素质的提高，依据国家产业政策，对 2000 年 6 月公布的《中西部地区外商投资优势产业目录》进行修订。

属于本目录的外商投资项目，享受《指导外商投资方向规定》的鼓励类项目的相关政策及《国务院办公厅转发外经贸部等部门关于当前进一步鼓励外商投资意见的通知》（国办发［1999］73 号）中的有关优惠政策。

本目录生效前按原目录批准的项目，仍按原目录规定享受有关政策。符合本目录规定的在建项目，可按照本目录的有关政策执行。

各有关方面依据本目录审批外商向中西部地区投资的项目时，要全面贯彻国家产业政策，严格执行国家有关法律、法规，按照现行的审批权限和程序进行审核，要注重生产技术水平的提高和产品结构的改善，注重资源的合理利用和对生态环境的保护，防止重复建设和盲目扩大生产能力。

国家将根据经济发展和国内外市场环境变化的需要，适时对此目录进行调整、修订。

山西省

1. 牧草饲料作物种植及深加工
2. 退耕还林还草、天然林保护等国家重点生态工程后续产业开发
3. 节水灌溉技术开发及应用
4. 煤炭加工应用技术开发和产品生产
5. 高岭土勘查、开发及综合利用
6. 钡盐生产（中方控股）
7. 大麻、亚麻纺织品生产
8. 液压技术系统及模具生产
9. 旱地、山地中小农业机械及配套机具制造
10. 大型建筑钢结构件技术开发及生产
11. 煤矸石、洗中煤、焦炉煤气余热发电、供热等综合利用
12. 城市供气、供热、供排水管网建设、经营（大中城市中方控股）
13. 旅游景区（点）开发及其配套设施建设、保护和经营
14. 公路旅客运输

吉林省

1. 长白山生态可食资源的开发、培育养殖和加工
2. 退耕还林还草、天然林保护等国家重点生态工程后续产业开发
3. 节水灌溉技术开发及应用
4. 镍矿勘探开发
5. 动植物药材资源开发生产（列入国家保护的资源除外）
6. 油页岩资源开发及综合利用
7. 汽车零部件制造
8. 大规格超高功率石墨电极及特种石墨开发生产
9. 城市供气、供热、供排水管网建设、经营（大中城市中方控股）
10. 冰雪旅游资源开发及滑雪场建设、经营

11. 旅游景区（点）开发及其配套设施建设、保护和经营
12. 公路旅客运输

黑龙江省

1. 亚麻纺织品及制品生产
2. 退耕还林还草、天然林保护等国家重点生态工程后续产业开发
3. 节水灌溉技术开发及应用
4. 煤炭加工应用技术开发和产品生产
5. 石墨产品深加工
6. 中药冻干粉针制剂生产
7. 电工仪表及电网智能管理控制系统设备制造
8. 城市供气、供热、供排水管网建设、经营（大中城市中方控股）
9. 冰雪旅游资源及森林旅游资源开发
10. 旅游景区（点）开发及其配套设施建设、保护和经营
11. 公路旅客运输

安徽省

1. 粮食、马铃薯、棉花、油料种子开发生产（中方控股）
2. 退耕还林还草等国家重点生态工程后续产业开发
3. 茶叶综合加工（不含我国传统工艺的绿茶和特种茶）
4. 节水灌溉技术开发及应用
5. 煤炭加工应用技术开发和产品生产
6. 电工薄膜生产
7. 塑料复合包装材料生产
8. 新工艺软质湿法造粒碳黑生产
9. 大型散装水泥装备制造
10. 平板玻璃深加工
11. 农用塑料节水器材制造
12. 叉车等工程机械、自动化立库及其仓储物流系统开发与制造
13. 城市供气、供热、供排水管网建设、经营（大中城市中方控股）
14. 旅游景区（点）开发及其配套设施建设、保护和经营
15. 公路旅客运输

江西省

1. 退耕还林还草等国家重点生态工程后续产业开发
2. 节水灌溉技术开发及应用
3. 稀土深加工及应用产品生产
4. 钨、钼矿深加工
5. 高档日用陶瓷生产
6. 粉石英、硅灰石、海泡石、黑滑石、化工用白云石等非金属矿选冶
7. 有机硅开发与应用
8. 氯化亚砜生产及应用、AC 发泡剂生产
9. 赤霉素生产
10. 城市供气、供热、供排水管网建设、经营（大中城市中方控股）
11. 旅游景区（点）开发及其配套设施建设、保护和经营
12. 公路旅客运输

河南省

1. 退耕还林还草、天然林保护等国家重点生态工程后续产业开发
2. 节水灌溉技术开发及应用
3. 天然碱矿开采、加工
4. 煤炭加工应用技术开发和产品生产
5. 平板玻璃深加工
6. 钨、钼矿深加工
7. 洁霉素
8. 电能综合管理自动化及电工仪表制造
9. 城市供气、供热、供排水管网建设、经营（大中城市中方控股）
10. 旅游景区（点）开发及其配套设施建设、保护和经营
11. 公路旅客运输

湖北省

1. 退耕还林还草、天然林保护等国家重

点生态工程后续产业开发
2. 节水灌溉技术开发及应用
3. 动植物药材资源的开发生产（列入国家保护的资源除外）
4. 麻纺织及高档服装面料生产
5. 石英玻璃深加工
6. 激光工业加工设备、激光医用设备开发与制造
7. 光电子技术和产品开发
8. 数控机床关键零部件（高速主轴、刀库、动力卡盘）
9. 热灌装 PET 瓶及瓶坯生产
10. 汽车零部件制造
11. 城市供气、供热、供排水管网建设、经营（大中城市中方控股）
12. 旅游景区（点）开发及其配套设施建设、保护和经营
13. 公路旅客运输

湖南省

1. 退耕还林还草等国家重点生态工程后续产业开发
2. 节水灌溉技术开发及应用
3. 苎麻纺织品及制品生产
4. 钨、钼矿深加工
5. 铋化合物生产
6. 钡盐生产（中方控股）
7. 激素类药物深度开发
8. 新型橡胶机械成套设备制造
9. 城市供气、供热及供排水管网建设、经营（大中城市中方控股）
10. 旅游景区（点）开发及其配套设施建设、保护和经营
11. 公路旅客运输

重庆市

1. 天然香料的种植和加工
2. 退耕还林还草、天然林保护等国家重点生态工程后续产业开发
3. 高产优质蚕桑基地建设
4. 节水灌溉技术开发及应用
5. 苎麻纺织品及制品生产
6. 天然气下游化工产品生产和开发
7. 动植物药材资源开发生产（列入国家保护资源的除外）
8. 新型医疗器械产品开发及生产
9. 汽车零部件制造
10. 城市供气、供热、供排水管网建设、经营（大中城市中方控股）
11. 旅游景区（点）开发及其配套设施建设、保护和经营
12. 公路旅客运输

四川省

1. 退耕还林还草、天然林保护等国家重点生态工程后续产业开发
2. 节水灌溉技术开发及应用
3. 稀土深加工及应用产品生产
4. 高产优质蚕桑基地建设及丝绸产品加工
5. 苎麻纺织品及制品生产
6. 动植物药材资源开发生产（列入国家保护资源的除外）
7. 天然气下游化工产品生产和开发
8. 电工薄膜生产
9. 城市供气、供热、供排水管网建设、经营（大中城市中方控股）
10. 旅游景区（点）开发及其配套设施建设、保护和经营
11. 公路旅客运输

贵州省

1. 退耕还林还草、天然林保护等国家重点生态工程后续产业开发
2. 节水灌溉技术开发及应用
3. 煤炭加工应用技术开发和产品生产
4. 马铃薯、魔芋等产品深加工
5. 特色食用资源开发
6. 磨料磨具产品生产
7. 钛冶炼
8. 钡盐生产（中方控股）

9. 苎麻产品深加工
10. 动植物药材资源开发生产（列入国家保护资源的除外）
11. 磷化工产品生产
12. 城市供气、供热、供排水管网建设、经营（大中城市中方控股）
13. 旅游景区（点）开发及其配套设施建设、保护和经营
14. 公路旅客运输

云南省

1. 优质桑、蚕的种植、养殖及产品的开发生产
2. 退耕还林还草、天然林保护等国家重点生态工程后续产业开发
3. 节水灌溉技术开发及应用
4. 煤炭加工应用技术开发和产品生产
5. 特色食用资源开发
6. 马铃薯产品深加工
7. 天然橡胶、亚麻的加工及开发
8. 动植物药材资源开发生产（列入国家保护资源的除外）
9. 铜、铅、锌、镍有色金属矿的勘探及开发
10. 磷化工产品生产
11. 轻型车用柴油发动机及零部件制造
12. 城市供气、供热、供排水管网建设、经营（大中城市中方控股）
13. 旅游景区（点）开发及其配套设施建设、保护和经营
14. 公路旅客运输

西藏自治区

1. 高原生态特色农牧业产业化经营、蔬菜基地、商品粮油基地、禽类养殖基地及草场建设
2. 退耕还林还草、天然林保护等国家重点生态工程后续产业开发
3. 农畜产品加工
4. 节水灌溉技术开发及应用
5. 硼砂、硼镁石开采，加工（限于合资、合作）
6. 铬矿的开采与加工（中方控股）
7. 毛纺产品加工制造
8. 盐湖资源的开发利用
9. 藏药新品种、新剂型产品生产
10. 民族特需产品、工艺美术品、包装容器材料及日用玻璃制品生产
11. 城市供气、供热、供排水管网建设、经营（大中城市中方控股）
12. 旅游景区（点）开发及其配套设施建设、保护和经营
13. 公路旅客运输

陕西省

1. 粮食、马铃薯、棉花、油料种子开发生产（中方控股）
2. 退耕还林还草、天然林保护等国家重点生态工程后续产业开发
3. 节水灌溉技术开发及应用
4. 煤炭加工应用技术开发和产品生产
5. 优质酿酒葡萄基地建设及优质葡萄酒酿制
6. 钼、钛等金属矿产开发及深加工
7. 金属功能材料生产
8. 动植物药材资源开发生产（列入国家保护资源的除外）
9. 天然气下游化工产品生产和开发
10. 现场总线智能仪表制造
11. 数控机床、数控刀具及关键零部件设计与制造
12. 高炉煤气能量回收透平装置设计制造
13. 城市供气、供热和供排水管网的建设、经营（大中城市中方控股）
14. 旅游景区（点）开发及其配套设施建设、保护和经营
15. 公路旅客运输

甘肃省

1. 退耕还林还草、天然林保护等国家重

点生态工程后续产业开发
2. 节水灌溉技术开发及应用
3. 马铃薯产品深加工
4. 优质酿酒葡萄基地建设及优质葡萄酒酿制
5. 优质啤酒原料种植、加工
6. 稀土深加工及应用产品生产
7. 天然气化工、管道
8. 集成电路封装
9. 港口及船舶用毫米波导航设备
10. 钻机及油田设备制造
11. 城市供气、供热、供排水管网建设、经营（大中城市中方控股）
12. 旅游景区（点）开发及其配套设施建设、保护和经营
13. 公路旅客运输

青海省

1. 有机天然农畜产品基地建设和产品精深加工
2. 高原动植物资源保护、种养与加工利用（列入国家保护的资源除外）
3. 退耕还林还草、天然林保护等国家重点生态工程后续产业开发
4. 节水灌溉技术开发及应用
5. 碳酸锶、金属锶等锶盐生产（限于合资、合作）
6. 盐湖资源开发和综合利用
7. 天然气下游化工产品生产和开发
8. 牛羊绒产品深加工及藏毯生产
9. 中、藏药新品种、新剂型产品生产
10. 城市供气、供热、供排水管网建设、经营（大中城市中方控股）
11. 旅游景区（点）开发及其配套设施建设、保护和经营
12. 公路旅客运输

宁夏回族自治区

1. 枸杞种植及其深加工
2. 退耕还林还草、天然林保护等国家重点生态工程后续产业开发
3. 节水灌溉技术开发及应用
4. 煤炭加工应用技术开发和产品生产
5. 碳基材料生产
6. 优质酿酒葡萄基地建设及优质葡萄酒酿制
7. 马铃薯产品深加工
8. 天然气下游化工产品生产和开发
9. 聚氯乙烯树脂生产
10. 子午线轮胎生产
11. 片式固体钽电解电容器生产
12. 城市供气、供热、供排水管网建设、经营（大中城市中方控股）
13. 旅游景区（点）开发及其配套设施建设、保护和经营
14. 公路旅客运输

新疆维吾尔自治区（含新疆生产建设兵团）

1. 优质蕃茄、枸杞种植及深加工
2. 退耕还林还草、天然林保护等国家重点生态工程后续产业开发
3. 节水灌溉技术开发及应用
4. 甜菜糖加工及副产品综合利用
5. 天然香料、食用菌的种植、加工
6. 优质酿酒葡萄基地建设及优质葡萄酒酿制
7. 棉籽、葵花、红花油脂深加工
8. 亚麻种植及其制品生产
9. 高档棉毛产品升级改造
10. 铜、铅、锌、镍有色金属矿的勘探及开发
11. 蛭石、钠硝石、云母、石棉、膨润土等非金属矿产的综合利用
12. 煤炭加工应用技术开发和产品生产
13. 高档皮革产品制造
14. 乙烯下游深加工产品及精细化工产品生产
15. 天然气下游化工产品生产和开发
16. 维吾尔族特色药用植物种植、加工和制药新工艺开发

17. 以牛羊内脏为原料的生物制药产品的开发利用
18. 民族特需产品、工艺美术品、包装容器材料及日用玻璃制品生产
19. 城市供气、供热、供排水管网建设、经营（大中城市中方控股）
20. 旅游景区（点）开发及其配套设施建设、保护和经营
21. 公路旅客运输

内蒙古自治区

1. 煤炭加工应用技术开发和产品生产
2. 退耕还林还草、天然林保护等国家重点生态工程后续产业开发
3. 草原生态旅游资源开发、建设和经营
4. 节水灌溉技术开发及应用
5. 毛纺织、针织品高新技术产品开发
6. 饲料加工业
7. 天然气下游化工产品开发和利用
8. 蒙药材加工
9. 以牛羊内脏为原料的生物制药产品的开发利用
10. 稀土深加工及应用产品生产
11. 民族特需产品、工艺美术品、包装容器材料及日用玻璃制品生产
12. 煤矸石、洗中煤、焦炉煤气余热发电、供热等综合利用
13. 城市供气、供热、供排水管网建设、经营（大中城市中方控股）
14. 旅游景区（点）开发及其配套设施建设、保护和经营
15. 公路旅客运输

广西壮族自治区

1. 木薯综合开发利用
2. 天然香料种植和加工
3. 退耕还林还草等国家重点生态工程后续产业开发
4. 节水灌溉技术开发及应用
5. 蔗糖加工及副产品综合利用
6. 动植物药材资源开发生产（列入国家保护资源的除外）
7. 铟、铅、锌的深加工及应用
8. 锰的深加工
9. 滑石和重晶石采选和深加工
10. 松香深加工
11. 氟化盐生产
12. 城市供气、供热、供排水管网建设、经营（大中城市中方控股）
13. 旅游景区（点）开发及其配套设施建设、保护和经营
14. 公路旅客运输

部分地区招商引资项目简介

重庆市

重庆长寿至万州高速公路经营权转让项目：项目业主是重庆市高速公路发展有限公司。该路段属于沪蓉国道主干线的一段，建设里程约为182公里，总投资约为59.40亿元，已于2003年12月建成通车。拟以合资方式转让部分经营权。

万州港区江南沱口作业区一期工程建设经营项目：项目业主是万州港口（集团）有限责任公司。总投资5.76亿元，建设3000吨级集装箱专用泊位2个，设计年吞吐量为20万标箱。拟采用合资、合作形式。

特种钢模具及汽车模具制造中心工程项

目：招商单位是重庆市长寿晏家工业园区。项目总投资2亿元，建筑面积12万平方米，购置特种钢模具生产线一条，汽车模具生产设备60台。拟采用独资形式。

汽车轴承生产基地改扩建项目：项目业主是重庆轴承工业公司。总投资1亿元，扩建成年产500万套的新基地，主要包括套圈锻造车间、套圈车削及热处理车间等配套设施。拟采用合资形式。

大型输变电设备及产品项目：项目业主是重庆市亚东亚电气（集团）有限责任公司，总投资2.52亿元，项目达产形成年产110～220千伏变压器500万千伏安、互感器2500台、220千伏开关设备（间隔）、110～500千伏隔离开关3060组的能力，拟采用合资、合作形式。

数控机床产业化基地建设项目：项目业主是重庆第二机床厂。总投资2亿元，年产数控车床3500台、数控车床高速主轴单元1000套和加工中心用刀架和刀库4000套。拟采用合资、合作形式。

醋酸项目：招商单位是重庆化工园区。总投资18.3亿元，建设形成年产40万吨醋酸的能力。拟采用独资、合资或引进技术的方式。

石柱优质黄连GAP基地和深加工产业化项目：目前项目业主是重庆市石柱县中药材公司。总投资1.9亿元，年产黄连饮片300吨，黄连上清软胶囊1万万粒，配套建设黄连GAP基地5万亩。拟采用合资、独资形式。

重庆生产力促进中心能力建设项目：牵头单位是重庆市科学技术委员会。总投资1.33亿元，建设服务和展示场地，组建及重组渝港生产力、科技检测、信息服务、物流大型科学仪器协作、制造业工程创新、咨询培训、国际科技交流合作、科技成果评估鉴定以及科技中介服务超市等。拟采用独资、合作形式。

长江广阳岛综合开发项目：招商单位是南岸区长江广阳岛管理委员会。总投资38.7亿元，项目定位为集都市文化、体育健身、旅游娱乐、度假休闲于一体的综合旅游基地，功能划分为西部高级商务休闲区、中部温泉度假区和东部休闲娱乐区。拟采用独资方式。

青海省黄南藏族自治州

同仁扎毛水库：设计库容量5200万立方米，总装机容量4000千瓦，年发电量2080万千瓦时，项目总投资17.87亿元。是一座以灌溉、防洪、发电为主，兼顾生态治理、旅游、养殖的中型综合性水利枢纽工程。建设条件优越，交通便利。该项目可行性研究报告已编制完成，已列入地方重点建设项目。

铝板带生产项目：在黄南地区建设铝板带生产线，其主要目的是为铝深加工产品（如铝箔、铝塑复合板、铝塑复合管等）的生产提供坯料。规划产量的57%用于深加工产品的生产。在本地区发展电解铝生产的基础上，利用低价位电解铝液，开发生产优质铝板带材，不仅产品有较强的市场竞争力，而且具有较好的市场前景。

铝塑复合板项目：拟投资1.43亿元，生产铝塑复合板、铝深层板。项目建设期1.5年，投资回收期7.6年，年产值2.3亿元，年利润3000万元。该项目省发改委已立项批复，并列入地方资源开发重点建设项目。

铝塑复合管生产项目：总投资4400万元，年产直径3～14毫米的铝塑复合管800万米。该项目可行性研究报告已完成，并列入地方资源开发重点建设项目。

牛羊副产品系列加工项目：该项目采用预煮、炒配、干燥等工艺，生产各类速冻保鲜的小包装、牛肉干、肉脯及肉松等。项目总投资5400万元人民币。年销售收入1600万元人民币，年利润3000万元人民币，投资回收期2年。该项目完成可行性研究报告，并列入地方资源开发重点建设项目。

青海省海南藏族自治州

生态建设项目：塔拉滩休牧还草生态治理工程项目，总投资3.48亿元，工程建设规划及项目建议书已上报，并正在着手编制可研及实施方案；青海湖湿地保护工程项目，总投资1亿元，项目建议书已编制完成；贵南县木格滩生态治理工程，总投资8600万元，正在编制可研。

水利项目：共和恰让水库：总投资4000万元，编制完成可研报告并通过省级审查，抓紧编报设计；贵德县马仁格羊水库，总投资8400万元，编制完成可研报告并通过省级审查，抓紧编报设计；贵南森多卡加水库，总投资3800万元，目前已编制完成可研报告并通过省级审查；同德县香池水库项目，总投资9800万元，目前正在编制项目建议书；拉西瓦南干渠项目，总投资3.5亿元，项目建议书已编制完成；黄清草原灌溉引水工程，总投资7800万元，可研编制完成。

有色金属和贵金属、精选、冶炼系列化深加工项目：兴海铜峪沟铜矿开发项目，总投资1亿元，目前正在抓紧落实公路等基础设施前期工程；兴海索拉沟银矿开发项目，总投资2亿元，目前正在进行地质勘察工作。

州境内黄河各主要支流的小水电资源开发。曲什安河当村电站项目：装机1.3万千瓦，总投资8200万元；同德尕干河香池电站项目：装机1260千瓦，总投资1.18亿元。

中藏药开发生产项目：总投资2.99亿元，目前已提交项目可行性研究报告及新产品方案；贵南县大黄种植及综合加工项目：总投资3600万元，已提交项目可行性研究报告。

农牧业产业化项目。海南州草产业化建设项目：总投资5000万元，已提交项目可行性研究报告及工程设计；贵德县无公害蔬菜生产基地建设项目：总投资1800万元，可行性研究报告已编制完成；共和县牛羊育肥基地建设项目：总投资950万元，正在编制项目建议书；贵南县优质牛羊肉生产加工项目：总投资800万元，提交项目可行性研究报告及产品方案。

以青海湖南岸旅游景区、贵德黄河旅游景区、龙羊峡旅游景区、兴海赛宗寺旅游景区和旅游设施的配套建设为重点的主要项目。151南山景区开发建设、二郎剑民俗风情园、151宾馆升级改造，扩大接待设施规模、海滨旅游美食及购物一条街等项目：总投资5000万元；龙羊沙湖旅游区开发项目：总投资3000万元；贵德县河滨游乐园项目：总投资1500万元，以上项目正在进行可行性研究。贵德县黄河北岸旅游度假村项目：总投资3000万元。

云南省德宏傣族景颇族自治州

低热值燃料及伴生资源综合开发利用项目：德宏州拥有一定规模储量的原炼燃砂床储量。目前全州已探明原煤储量近1000万吨，估计储量约3000万吨以上，资源综合开发利用具有很好的开发前景。欢迎业主以合资方式投资。

林纸一体化项目：拟建设20万吨林竹、蔗渣浆工厂及10万吨纸厂，并建设20万亩竹林（纤维）基地。估算投资8亿元，项目生产后年工业产值18亿元，缴税1.6亿元以上。欢迎业主以独资或合资方式投资。

德宏水牛产业开发项目：计划投资8000万元，规模30万元，开发水牛奶肉制品系列产品。合作方式：对外招商融资、独资、合资均可。

德宏州国家级口岸物流中心：占地517亩，地点：畹町经济开发区，总投资6677.65万元人民币，现已完成可研报告，欢迎业主以独资方式投资。

德宏州年产3万吨咖啡精加工厂（德宏州现有咖啡种植3.4万亩）：计划总投资12亿元，其中扩大种植投资1亿元，改扩建加工厂1500万元，流动资金500万元。合作方式：对外招商融资、独资或合资均可。

德宏州盈江县澳洲坚果种植开发项目（目前种植面积1万亩，且已经进入盛产期）：该项目资产评估价值1400万元，债务860万元，出售价格450万元。合作方式：对外招商融资整体出售。

德宏州潞西高纯多晶硅厂建设（建设规模850吨/年），计划投资85481万元，主要生产电池用多晶硅片。合作方式：对外招商融资、独资或合资均可。

潞西市东山乡万亩生态茶园建设项目（现已经开发种植2000亩茶园）万亩茶园：估算总投资2300万元，项目建设地点：东山乡翁角弄丘、拱岭村、帮达。合作方式：对外招商融资、独资或合资均可（公司+基地+农户）。